Stimmen zu vorangegangenen Auflagen

„Perfekt als Einstieg in SAP R/3, nicht nur für Studenten. Präzise, praxisnah, am Geschäftsprozess orientiert“

Prof. Dr. Wilhelm Mülder, HS Niederrhein

„Didaktisch und strukturell gut aufgebaut, umfassend.“

Prof. Dr. Andreas Hilbert, TU Dresden

„Die durchgängige Behandlung eines konkreten Geschäftsprozesses mit SAP R/3 gefällt mir besonders gut.“

Prof. Dr. Horst Grauer, FH Würzburg-Schweinfurt

„Das einzige Werk, in dem das R/3-System anhand eines durchgängigen Beispiels für jeden nachvollziehbar dokumentiert und erläutert ist“

Prof. Dr. Wolfgang Hennevogl, FH Regensburg

„Ein gelungener detaillierter Grundkurs SAP R/3.“

Prof. Dr. Jan Helmke, Hochschule Wismar

„Optimal – sehr gute Auswahl des Stoffes.“

Prof. Dr. Roland Pfennig, FH Ravensburg

„Ein sehr gelungenes Lehrbuch, das die komplexe Thematik SAP R/3 sehr anschaulich, umfassend und fundiert präsentiert.“

Prof. Dr. Hinrich Schröder, FH NORDAKADEMIE, Elmshorn

André Maassen
Markus Schoenen
Detlev Frick
Andreas Gadatsch

Grundkurs SAP R/3®

Lern- und Arbeitsbuch mit durchgehendem Fallbeispiel – Konzepte, Vorgehensweisen und Zusammenhänge mit Geschäftsprozessen

Mit 512 Abbildungen

4., überarbeitete und erweiterte Auflage

vieweg

Bibliografische Information Der Deutschen Bibliothek
Die Deutsche Bibliothek verzeichnet diese Publikation in der Deutschen Nationalbibliografie; detaillierte bibliografische Daten sind im Internet über <http://dnb.ddb.de> abrufbar.

1. Auflage 2002
   Diese Auflage erschien unter dem Titel „Lern- und Arbeitsbuch SAP R/3®“
2. Auflage 2003
3. Auflage 2005
4., überarbeitete und erweiterte Auflage Juli 2006

Lektorat: Günter Schulz / Andrea Broßler

Der Vieweg Verlag ist ein Unternehmen von Springer Sciene + Business Media.
www.vieweg.de

Konzeption und Layout des Umschlags: Ulrike Weigel, www.CorporateDesignGroup.de
Umschlagbild: Nina Faber de.sign, Wiesbaden
Druck- und buchbinderische Verarbeitung: MercedesDruck, Berlin
Printed in Germany

ISBN-10 3-8348-0182-8
ISBN-13 978-3-8348-0182-1

VORWORT ZUR 4. AUFLAGE

Für die meisten Unternehmen zählt die Entwicklung von betrieblicher Software nicht zu ihrer Kernkompetenz, so dass eine Ressourcenbindung nicht unbedingt wettbewerbsrelevante Vorteile verspricht. Daher führen immer mehr Unternehmen ERP-Standardsoftware zur Abbildung ihrer betrieblichen Abläufe ein. Einer der größten Anbieter auf dem ERP-Softwaremarkt ist die SAP AG mit ihrem Produkt R/3. Die ERP-Standardsoftware R/3 kann aufgrund ihres umfassenden Charakters als ein Beispiel für eine softwaremäßige Umsetzung betriebswirtschaftlicher Theorie und Praxis gesehen werden.

Der vorliegende Text ist aus einer Veranstaltung an der RWTH Aachen entstanden und bis zur 4. Auflage weiterentwickelt worden. Mit der 4. Auflage wurde das Autorenteam ergänzt. Prof. Dr. Detlev Frick (Hochschule Niederrhein) und Prof. Dr. Andreas Gadatsch (FH Bonn-Rhein-Sieg) vertreten an ihren Hochschulen das Fach Wirtschaftsinformatik und haben langjährige SAP-Erfahrung aus Praxisprojekten und ihrer Hochschultätigkeit. Das Grundkonzept, die geschäftsprozessorientierte Sichtweise, des Werkes soll mit der Erweiterung im Autorenteam aber nicht verändert werden.

Die geschäftsprozessorientierte Sichtweise über alle relevanten Geschäftsprozesse in einem Unternehmen wurde insbesondere gewählt, um den für ERP-Software typischen Integrationsaspekt deutlich hervorzuheben. Der Blick über den „Tellerrand" wird begünstigt. Auf die isolierte Darstellung lediglich einzelner Teilbereiche wurde bewusst verzichtet.

Zur Unterstützung und Vertiefung des Lernprozesses werden die Ausführungen zu den einzelnen R/3-Komponenten von einer durchgängigen Fallstudie begleitet. Die umfassende Fallstudie ist das Ergebnis von sehr vielen Lehrveranstaltungen.

Das vorliegende Buch ist nicht nur als Nachschlagewerk zu R/3 gedacht. Es soll auch anderen R/3-Einsteigern helfen, Konzepte, Vorgehensweisen und Zusammenhänge zwischen den R/3-Komponenten zu verstehen. Die Fallstudie wurde konzipiert auf Basis R/3-IDES-Releases 4.6C. Sie lässt sich aber aber auch mit der SAP R/3 Enterprise Version (Release 4.7) durchführen.

In Abgrenzung zur ersten Auflagen wurden (in der zweiten Auflage) die für die Durchführung der Fallstudie notwendigen Customizing-Einstellungen beigefügt. Weiter wurde (in der zweiten Auflage) die Fallstudie – neben ihrer Überarbeitung – um das Berichtswesen ergänzt. Zudem wurden die technischen Erläuterungen zu R/3 aus didaktischen Gründen weiter nach hinten verlegt. Die Abgrenzung der dritten zur zweiten Auflage besteht im wesentlichen in der Fehlerbereinigung. In der vierten Auflage wurden die Kapitel 1-3 der aktuellen SAP-Produktlandschaft angepasst. Dafür wurde auf die technische Darstellung der Systemadministration verzichtet. Damit soll der stärkeren Geschäftsprozessorientierung der Darstellung Rechnung getragen werden.

Aachen, Mönchengladbach und St. Augustin im März 2006

André Maassen, Markus Schoenen, Detlev Frick und Andreas Gadatsch

INHALTSVERZEICHNIS

ABBILDUNGSVERZEICHNIS

TABELLENVERZEICHNIS

ABKÜRZUNGSVERZEICHNIS

ABAP/4	Advances Application Programming, 4. Generation
ABRV	Abrechnugsvorschrift für Produktkostenplanung
ALE	Application Link Enabling
ATP	Available To Promise
B2B	Business to Business
BANF	Bestellanforderung
BAPI	Business Application Programming Interface
BDC	Batch Data Communication
BDE	Betriebsdatenerfassung
BFA	Business Framework Architektur
BO	Business Object
BOR	Business Object Repository
BuKrs	Buchungskreis
BW	Business Warehouse
C/S	Client/Server Architektur
C2B	Consumer to Business
CCMS	Computing Center Management System
CO	Modul Contolling
CpD	Conto pro Diverse
CPIC	Common Programming Interface Communications
CRM	Customer Relationship Management
DBMS	Datenbank Management System
DEÜV	Datenerfassungs- Übertragungsverordnung
DLL	Dynamic Link Library
DTA- Formate	Datenträgeraustausch-Formate
DYNPRO	Dynamisches Programm, Bildschirmbilder
ECR	Efficient Consumer Response
EROF	Status „ERÖFFNET"
ERP	Enterprise Research Planning
FCS	First Customer Shipment
FE-AUF	erstellte Fertigungsaufträge
FERT	Fertigerzeugnis
FHMI	Fertigungshilfsmittel
FI	Modul Finanzwesen
FI-AA	Komponente Anlagenbuchhaltung
FI-GL	Finanzwesen- General- Ledger
FREI	Status „FREIGEGEBEN"
GLD	Gleitender Durchschnittspreis
GoB	Grundzüge ordnungsgemäßer Buchführung
GUI	Graphical User Interface
GuV	Gewinn- und Verlustrechnung
HAWA	Handelswaren
HR	Modul Persoalwesen
HTML	Hypertext Markup Language
http	Hypertext Transfer Protocol
IAC	Internetanwendungskomponente
IDES	Internet Demonstration and Education System
IDOC	Intermediate Document

IM	Investitionsmanagement
IMG	Implementation Guide, Einführungsleitfaden
IS	Industry Solution
ISO-Codes	Genormte Codes für alle Maßeinheiten
IS-P	SAP Publishing
IS-U	SAP Utilities
ITS	Internet Transaction Server
J2EE	Java 2 Platform, Enterprise Edition
K-AUFT	Kundenauftrag (noch ohne Warenausgang)
LAN	Local Area Network
LG-BST	Lagerbestand
LIS	Logistikinformationssystem
LUW	Logical Unit Work
MABS	Materialverfügbarkeit geprüft
MARA	Datenbanktabelle
MM	Modul Materialwirtschaft
NLAG	Nichtlagermaterial
NORM	Arbeitszeitplanregel
OLE	Object Linking Embedding
PAI	Process After Input
PBO	Process Before Output
PL-Auf	Simulationsauftrag auf Dispositionsplanung
PM	Modul Instandhaltung
PP	Modul Produktionsplanung
PS	Projektsystem
QM	Modul Qualitätssicherung
RFC	Remote Function Call
ROH	Materialart Rohmaterial
RTF	Rich Text Format
SAP	Systeme, Anwendungen und Programme
SD	Modul Vertrieb
SI-BED	Simulierter Bedarf
SPAM	SAP Patch Manager
SQL	Sructured Query Language, Datenbanksprache
SSL	Secure Socket Layer
TCP/IP	Transmission Control Protocol/Internet Protocol
UNBW	Unbewertetes Material
VERP	Verpackungsmaterial
W3C	World Wide Web Consortium
W-BEST	Warenbestand
WAN	Wide Area Network
WebAS	Web Application Server
WE/RE-Konto	Wareneingangs- Rechnungseingangs- Verrechnungskonto
WF	Modul Workflow
WWW	World Wide Web
XML	Extensible Markup Language
XXL	EXtended EXport of Lists

1 Einsatz betriebswirtschaftlicher Standardsoftware

1.1 Betriebswirtschaftliche Standardsoftware

Betriebswirtschaftliche Standardsoftware besteht aus Applikationen, die entweder aus einzelnen Softwarepaketen oder integrierten Komplettpaketen bestehen.

- *Büro-Applikationen* dienen der arbeitsplatzunabhängigen Bereitstellung von Grundfunktionen, wie sie typischerweise für Büroarbeitsplätze notwendig sind (z. B. Textverarbeitung).
- *Business-Applikationen* dienen der Funktionsorientierten Unterstützung spezifischer Arbeitsplatztypen (z. B. Applikation „Vertriebsabwicklung“ für Sachbearbeiter im Vertrieb).
- *Kommunikations-Applikationen* dienen der Unterstützung von arbeitsplatzübergreifenden Tätigkeiten durch die Bereitstellung von Kommunikationsfunktionen (z. B. E-Mail).
- *Branchen-Applikationen* unterstützen die Prozesse ausgewählter Branchen (z.B. Telekommunikation oder Versicherungen).

1.2 Enterprise Resource Planning Systeme

Enterprise Ressource Planning (ERP)-Systeme unterstützen auf Basis einer gemeinsamen Datenbasis ganzheitlich die betriebswirtschaftliche Prozesse in einem Unternehmen. Typische Beispiele sind Prozesse im Finanzwesen und Controlling, der Produktionsplanung- und Steuerung, des Einkaufs und der Logistik, dem Vertrieb und Versand sowie der Personalwirtschaft.

Ein wesentliches Merkmal integrierter Standardanwendungssoftware ist die gemeinsame Verwendung von Daten. So werden Vertriebsdaten, wie z.B. Kundenstammsätze, durch Mitarbeiter im Vertrieb angelegt. Der Debitorenbuchhalter kann die im ERP-System verfügbaren Informationen (Anschrift, usw.) aufgreifen und um spezifische Informationen der Buchhaltung erweitern (z. B. Kreditlimit, Kontonummer, Zahlungsmodalitäten). Beide Mitarbeiter greifen auf dieselben Daten zu.

Abbildung 1: Datenintegration in einem ERP-System

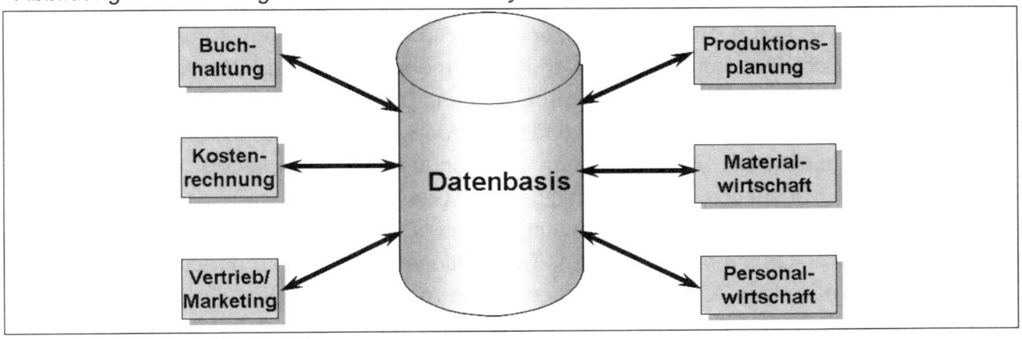

Die Datenintegration macht sich vor allem in der „Durchbuchung“ von Geschäftsvorfällen in allen aktivierten Komponenten der Standardanwendungssoftware bemerkbar. Verwendet ein Unternehmen beispielsweise ein integriertes Anwendungssystem mit den Teilfunktionen Logistik/Materialwirtschaft, Produktionsplanung und Buchhaltung, so bewirkt eine Wareneingangsbuchung eines für die Produktionssteuerung notwendigen Rohmaterials folgende Aktivitäten:

- Fortschreibung der mengenmäßigen Lagerbestände in der Logistik und Materialwirtschaft
- Auslösung eines Produktionsauftrages, der auf dieses Material wartet,
- Erhöhung der Lagerwerte in der Buchhaltung.

Nur eine durchgängige Verbindung mehrerer Anwendungsbausteine zu einem Geschäftsprozess erlaubt es, auf Schnittstellen weitgehend zu verzichten und Daten nur einmal, am Entstehungsort, zu erfassen und in allen Komponenten weiterzuverarbeiten. Integrierte Datenbanken erfordern die Plausibilitätsprüfung aller Daten schon bei der Eingabe in das System. So müssen auch bei einer mengenmäßigen Wareneingangsbuchung die buchhaltungsrelevanten Datenfelder erfasst und geprüft werden. Es muss z. B. festgestellt werden, ob eine mit dem Wareneingang zu belastende Kostenstelle überhaupt existiert. Ebenso müssen in einem solchen Beispiel die Daten des Geschäftsvorfalls in alle betroffenen Anwendungsbausteine weitergereicht, d.h. „durchgebucht" werden.

ERP-Systeme unterstützten Funktionen, die zur operativen Bearbeitung der regelmäßig anfallenden Geschäftsvorfälle eines Unternehmens notwendig sind. Beispiele sind die Erfassung von Bestellungen, Aufträgen, Durchführung der Lohn- und Gehaltsabrechnung usw. Sie grenzen sich hierdurch von Managementinformationssystemen ab, welche für die Unterstützung der Analyse von Daten eingesetzt werden können, z. B. für Kundenumsatzanalysen.

Integrierte Standardsoftwaresysteme basieren auf einem einheitlichen Entwicklungskonzept. Einzelne unabhängig voneinander konzipierte Teilfunktionen lassen sich nicht zu einem Gesamtsystem integrierten. Das einheitliche Entwicklungskonzept ist in Form eines Schichtenmodells angelegt. Auf einer unteren Ebene wird ein Basissystem mit übergreifenden, für alle Teil-Funktionen notwendigen „Services" konzipiert. Das SAP-System verfügt z. B. über die herstellerspezifische Programmiersprache ABAP/4, einer Programmiersprache der 4. Generation und ein von allen Softwaremodulen gemeinsam genutztes Data Dictionary. Daneben werden bei integrierten Systemen einheitliche Standards eingesetzt, so z. B. ein einheitliches Bildschirm- und Druck-Layout, verwendete Datenbanksysteme bzw. Datenbanksystemschnittstellen und Verwendung offener Schnittstellen (z. B. TCP/IP).

ERP-Systeme sind keine Einplatz-Systeme, wie z. B. ein Textverarbeitungsprogramm, das auf einem einzelnen Arbeitsplatz vollständig installiert und genutzt wird. Sie unterstützen betriebswirtschaftliche Funktionen, die in der Regel von mehreren Mitarbeitern in verschiedenen Abteilungen und auch an unterschiedlichen Standorten benötigt werden. Aus diesem Grund ist eine Schichtenarchitektur notwendig, die meist in Form des Client/Server-Prinzips mit einer Trennung der Präsentation, Verarbeitung und Datenhaltung realisiert wird.

Die Unterstützung operativer Geschäftsvorfälle erfordert die Veränderung von Daten mit Hilfe von Online-Transaktionen. ERP-Systemen arbeiten transaktionsorientiert, d.h. sie stellen eine Reihe von Transaktion zur Unterstützung der Geschäftsprozesse zur Verfügung (z. B. Transaktion zum Anlegen eines Kundenauftrags, zur Erfassung einer Bestellung, zum Ändern eines Mitarbeiterstammsatzes u. a.). Transaktionen sind logisch abgeschlossene Vorgänge, die aus einzelnen Aktionen bestehen. Diese Aktionen sind stets vollständig oder gar nicht durchzuführen. Damit wird sichergestellt, dass die zugrunde liegende Datenbank immer von einem konsistenten Zustand in einen anderen konsistenten Zustand überführt wird.

1.3 Einführung von ERP-Systemen

Die Einführung einer betriebswirtschaftlichen Standardanwendungssoftware stellt häufig nicht gekannte Anforderungen an die Mitarbeiter in den betroffenen Unternehmen. Neben fachlich-betriebswirtschaftlichen Fragestellungen werden auch völlig neue Anforderungen an die Zusammenarbeit der Mitarbeiter innerhalb und zwischen den betroffenen Bereichen des Unternehmens gestellt, da integrierte Softwaresysteme keine Abteilungsgrenzen kennen. Die Einführung einer betriebswirtschaftlichen Standardanwendungssoftware, insbesondere von klassischen ERP-Systemen, stellt einen massiven Eingriff in ein Ordnungssystem dar, der ohne Konflikte nicht zu bewältigen ist[1]. Aus diesem Grund ist die Wahl der geeigneten Grundstrategie eine besonders sensible und für den weiteren Projektverlauf wichtige Aufgabe, die nur mit Unterstützung der Unternehmensführung erfolgen kann.

Zur Einführung einer betriebswirtschaftlichen Standardanwendungssoftware gibt es zwei Grundstrategien: Die „Big-Bang-Strategie", d.h. den stichtagsbezogenen Austausch des Systems in einem Zug oder die „Sukzessiv-Strategie", d.h. die schrittweise Verlagerung von Prozessen in ein neues System[2].

Beim Big-Bang besteht die Möglichkeit diesen für das Gesamtunternehmen oder, im Falle einer dezentralen Organisationsform, sukzessive nach der Festlegung eines Mastersystems, für dezentrale Einheiten (z. B. Länder oder regionale Niederlassungen) als so genannten Roll-Out durchzuführen.

Bei der Sukzessiv-Strategie sind Kriterien für die Definition der Schrittfolge zu definieren, üblicherweise unterscheidet man die abteilungsbezogene bzw. funktionsorientierte Umstellung und die marktorientierte bzw. prozessbezogene Umstellung des System.

---

[1] Vgl. Maucher, 2001, S. 23

[2] Vgl. ausführlich Gadatsch, 2005.

2 Überblick über die SAP-Software-Komponenten

2.1 Kurze Historie der SAP AG

Die Firma SAP (SAP = **S**oftware, **A**nwendungen und **P**rodukte in der Datenverarbeitung) wurde 1972 von fünf ehemaligen IBM-Mitarbeitern, Dietmar Hopp, Hans-Werner Hector, Hasso Plattner, Klaus Tschira, and Claus Wellenreuther mit dem Ziel gegründet, eine betriebswirtschaftliche Standardanwendungssoftware zu entwickeln.
Im Jahr 1973 ist die Entwicklung der ersten Standardsoftware für den Bereich Finanzbuchhaltung abgeschlossen. Sie bildet die Basis für das SAP R/1-System. Der Buchstabe R steht für Real Time-Datenverarbeitung.
Das Nachfolgeprodukt SAP R/2 erlangt als erstes ERP-System breite Marktakzeptanz. Das System muss aber noch auf Großrechnern betrieben werden. Im Jahre 1988 geht SAP an die Börse.
Mit dem nächsten Versionssprung im Jahre 1992 wird ein völlig überarbeitetes Produkt dem Markt vorgestellt. SAP R/3 basiert auf einer Client/Server-Architektur, unterstützt das relationale Datenbankkonzept und kann auf der Hardware von verschiedenen Herstellern mit unterschiedlichen Betriebssystemen betrieben werden. Mit diesem System hat SAP weltweit die Marktführerschaft im Bereich der Standardanwendungssoftware erreicht. Seit 1998 wird die SAP AG auch an der New Yorker Börse (NYSE) notiert. Das letzte SAP R/3-Release wird 2009 aus der Wartung genommen.
Im Jahre 2002 hat SAP den nächsten Technologiesprung unternommen und das System SAP R/3 Enterprise dem Markt vorgestellt. Das bisherige Basissystem wurde durch den SAP Web Application Server (SAP WebAS) abgelöst. Funktional sollte damit keine Veränderung erfolgen. Allerdings sind die Teilmodule neu geordnet worden und bereits einige Erweiterungen möglich.
Seit 2004 ist die neu geordnete Produktlandschaft mit dem zentralen Produktpaket mySAP Business Suite am Markt verfügbar. Die Technologiekomponenten wurden getrennt von den Anwendungskomponenten unter dem Sammelbegriff Netweaver zusammengefasst.

2.2 ERP-Software-Markt

Der ERP-Software-Markt hat trotz allgemeiner Wachstumsschwächen bisher eine kontinuierliche Steigerung gezeigt. Nach einer IDC-Prognose wird im Jahr 2004 ein weltweiter Umsatz von 26,7 Mrd. US-$ erreicht. Dies entspricht einer Steigerung von 7% gegenüber 2003. Bis zum Jahr 2008 soll das ERP-Marktvolumen bis auf 37 Mrd. US-$ steigen.

Abbildung 2: Marktanteile ERP-Software (weltweit) (Quelle: IDC)

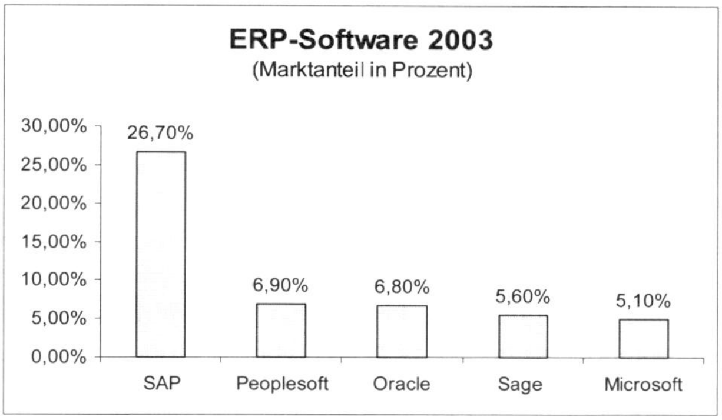

Bei den Großunternehmen (Unternehmen mit mehr als 1000 Mitarbeitern) in Deutschland hat SAP einen Marktanteil von über 80%, d.h. in allen großen Unternehmen wird in den betriebswirtschaftlichen Abteilungen SAP benutzt.

Einige Eckdaten zur SAP AG:

- 32.205 Mitarbeiter (Ende 2004)
- 7.514 Mio. Euro Jahresumsatz (2004)
- 88.700 Installationen (Ende 2004)
- 26.150 Kunden (Ende 2004)
- 12 Mio. Anwender in 120 Ländern (Ende 2004)

2.3 SAP-Produktlandschaft

Die SAP-Produktlandschaft stellt eine betriebswirtschaftliche Komplettlösung für sämtliche unternehmensinternen Funktionsbereiche, aber auch für alle unternehmensübergreifenden Prozesse bereit. Dabei gehen die Produktkomponenten teilweise weit über den klassischen ERP-Ansatz hinaus. Die nachfolgende Abbildung zeigt die Produktlandschaft im Überblick.

Abbildung 3: SAP-Produktlandschaft (Quelle: SAP AG)

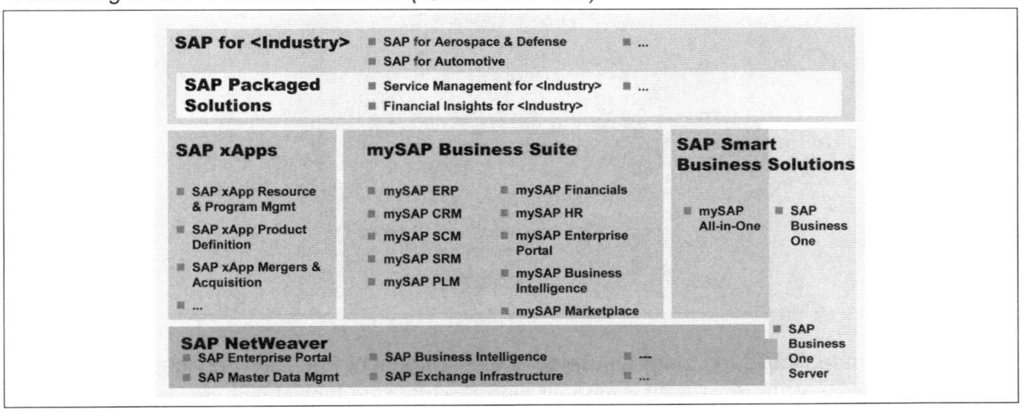

Die Produktlandschaft ist vertikal in drei Bereiche aufgeteilt. Auf der unteren Ebene finden sich die technologischen Produktkomponenten unter dem Sammelbegriff SAP Netweaver. Auf diese Komponenten wird im nächsten Abschnitt noch näher eingegangen.

Auf der mittleren Ebene finden sich die betriebswirtschaftlichen Produktkomponenten. Diese Ebene ist horizontal in drei Bereiche unterteilt. Unter dem Begriff xApps (Extented Applications) finden sich komponentenübergreifende betriebswirtschaftliche Lösungen. Diese Lösungen verbinden also die übrigen Komponenten mit Hilfe von xApps, um komplette betriebswirtschaftliche Prozesse abbilden zu können, die mehrere Komponenten umfassen. xApps setzen allerdings den Einsatz von SAP Enterprise Portal voraus. In der Mitte ist die mySAP Business Suite angesiedelt, die sämtliche betriebswirtschaftlichen Produktkomponenten enthält. Vervollständigt wird diese Ebene durch die SAP Smart Business Solutions. Hier sind die Produkte angesiedelt, die auf mittelständische und kleinere mittelständische Unternehmen abzielen. Hier findet man neben dem Produkt SAP All-in-One (eine vorkonfigurierte Lösung für die mittelständische Industrie) noch das eigenständige Produkt SAP Business One (eine Lösung für kleinere mittelständische Unternehmen).

Abbildung 4: Small Business Solution und mySAP

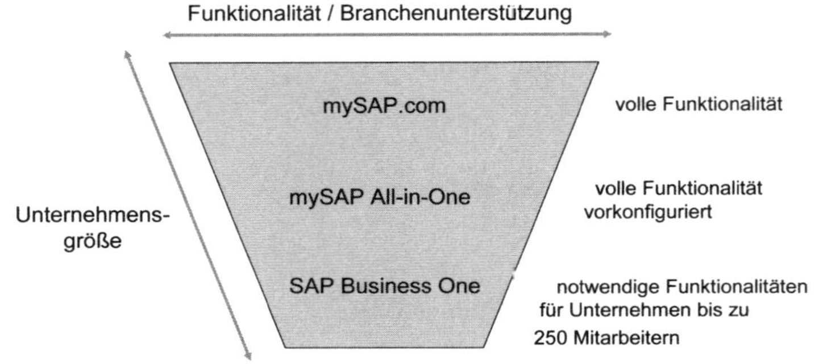

Auf der obersten Ebene in der Abbildung 3 sind die Industrielösungen angesiedelt. Darunter werden spezielle Zusatzlösungen verstanden, die nur in einer bestimmten Branche benötigt werden. SAP hat für 23 Branchen solche angepassten Lösungen vorbereitet.

Abbildung 5: SAP for Insurance (Quelle: SAP AG)

Die nachfolgende Abbildung zeigt als Beispiel eine Übersicht über die Versicherungslösung (SAP for Insurance). In der ERP-Lösung ist eine Erweiterung hinsichtlich der gesetzlich vorgeschriebenen Berichterstattung vorgenommen worden. Außerdem wird die Standardlösung um spezielle Lösungskomponenten z. B. für das Policenmanagement oder dem Bereich des Inkasso/Exkasso ergänzt. Damit wird den besonderen Anforderungen der Versicherungsbranche Rechnung getragen.

2.3.1 Betriebswirtschaftliche Produktkomponenten

Im Zentrum der neu geordneten SAP-Produktlandschaft ist die mySAP Business Suite mit ihren vielfältigen Komponenten angesiedelt. Diese Komponenten sollen nachfolgend kurz erläutert werden. Neue SAP-Kunden können nur noch Lizenzen der mySAP Business Suite oder einzelner Komponenten erwerben.

Abbildung 6: mySAP Business Suite (Quelle: SAP AG)

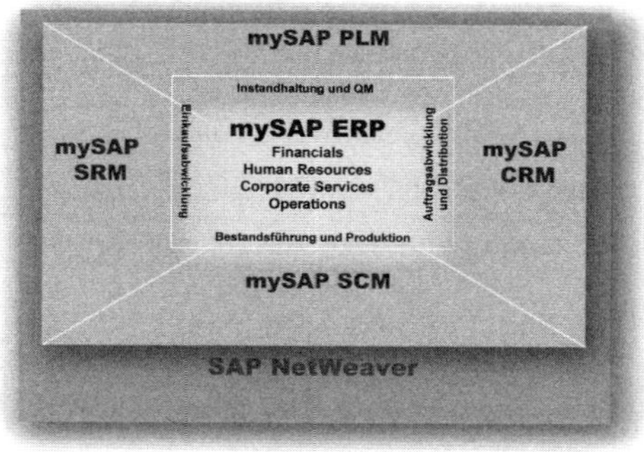

- *mySAP ERP*: Hier sind sämtliche ERP-Funktionen zusammengefasst worden. Diese Komponente entspricht im Wesentlichen dem Vorgängerprodukt SAP R/3 Rel. 4.6C. Unter Financials werden u. a. die Funktionalitäten zum externen und internen Rechnungswesen zusammengefasst. Human Resources stellt u. a. die Funktionalitäten zur Personaladministration und –abrechnung zur Verfügung. Corporate Services ergänzt diese Funktionen u. a. um das Travelmanagement und Corporate Real Estate. Operations beinhaltet u. a. die Funktionalitäten zum Einkauf (Purchasing) und Produktionsplanung (Production Planing).
- *mySAP CRM*: Das mySAP Customer Relationship Management ergänzt die unternehmensinternen ERP-Funktionalitäten und die kundenbezogenen Prozesse. Hier finden sich u. a. Funktionalitäten aus dem Marketing (Kampagnenmanagement), Kundenbetreuung (Customer Interaction Center) oder zum Servicemanagement.
- *mySAP SCM*: Das mySAP Supply Chain Management erweitert sämtliche Funktionalitäten der Logistikkette. Hier werden u. a. Funktionen für die Planung, Einkauf, Warehouse Management und Transport bereitgestellt.
- *mySAP SRM*: Das mySAP Supplier Relationship Management liefert Erweiterungen zum Lieferantenmanagement. Hier lassen sich u. a. Funktionen zum Management von Kontrakten und für den elektronischen Einkauf finden.
- *mySAP PLM*: Das mySAP Production Lifecycle Management ergänzt die Funktionen, die im Rahmen des Produktlebenszyklus benötigt werden. Hier kommen u. a. Funktionen zum Programmmanagement und Dokumentenmanagement hinzu.

Die weiteren Darstellungen in diesem Buch werden sich auf den Teil der Komponente mySAP ERP beschränken.

2.3.2 Technologische Produktkomponenten

Der Übergang von dem SAP R/3-System in die mySAP-Produktlandschaft ist auch von einer Erneuerung technologischer Produktkomponenten gekennzeichnet. SAP hat mit dem Sammelbegriff SAP Netweaver die verschiedenen Technologieebenen geordnet und ihr eine klare Struktur gegeben.

Abbildung 7: SAP Netweaver (Quelle: SAP AG)

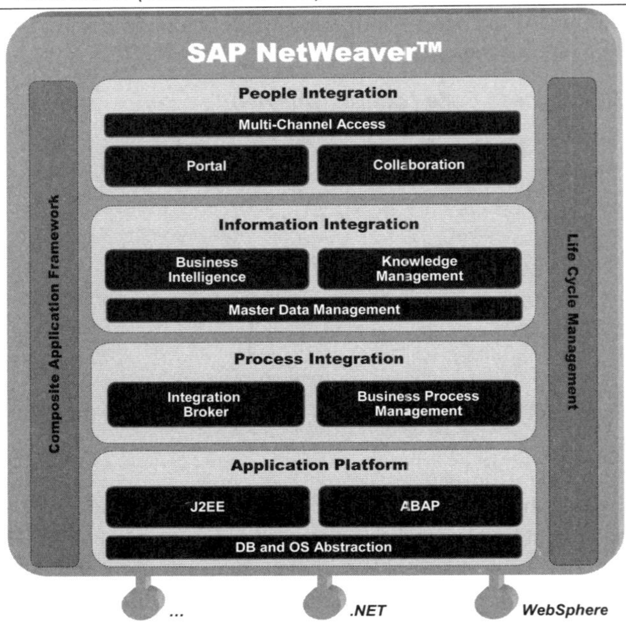

SAP Netweaver ist insbesondere durch seine vier Integrationsebenen gekennzeichnet. Auf diesen Ebenen wurden die Technologiekomponenten neu geordnet. Nachfolgend werden diese Ebenen kurz erläutert.

- *People Integration:* Hier wurden die Technologiekomponenten zusammengefasst, die die Zusammenarbeit von Personen oder Personengruppen unterstützen. Das SAP Enterprise Portal liefert eine webbasierte Oberfläche für die Integration verschiedenster Anwendungen. Damit lassen sich einheitliche Zugänge für Mitarbeiter, Partner, Lieferanten oder Kunden schaffen. Auch die Zusammenarbeit (Collaboration) in den einzelnen Gruppen wird z. B. durch elektronische Team Rooms und gemeinsame Dokumentablagen im Netz unterstützt.
- *Information Integration:* Hier wurden die Komponenten zusammengefasst, die die Integration von Informationen unterstützen. Daneben existiert auf dieser Darstellungsebene noch eine Komponente zum Wissensmanagement (Knowledge Warehouse) und zur Harmonisierung von Stammdaten (Master Data Management). Die letztgenannte Komponente ist dann erforderlich, wenn Stammdaten von mehreren Systemen genutzt werden und eine systemsübergreifende Konsistenz der Stammdaten sichergestellt werden muss.
- *Process Integration:* Auf dieser Ebene soll die Prozessintegration erfolgen. Hier stehen die beiden Technologiekomponenten Integration Broker und Business Process Management zur Verfügung. Hier ist insbesondere das Enterprise Application Integration (EAI)-Tool der SAP, der SAP Exchange Server (SAP XI) zu nennen.
- *Application Platform:* Diese Ebene ersetzt die alte SAP-Basis durch den völlig neuen SAP Web Application Server (SAP WebAS). Damit wurde die Technologie auf dieser E-

bene grundsätzlich erneuert. Der SAP WebAS bietet offene Web-Schnittstellen und ist auch als Standalone-Variante einsetzbar. Neben der klassischen ABAP/4-Programmierumgebung unterstützt der SAP WebAS auch die Programmierung mit Java. Damit steht auch ein J2EE-konformer Applikationsserver zur Verfügung.

Zusammengefasst lässt sich die mySAP Technologie wie in der nachfolgenden Abbildung 8 darstellen: Die Schnittstelle zu den unterschiedlichen Benutzergruppen soll über das SAP Enterprise Portal erfolgen, der SAP WAS liegt als neue Basis unter den verschiedenen SAP-Komponenten und die Integration mit den weiteren IT-Systemen im Unternehmen übernimmt die SAP XI.

Abbildung 8: mySAP Technologie

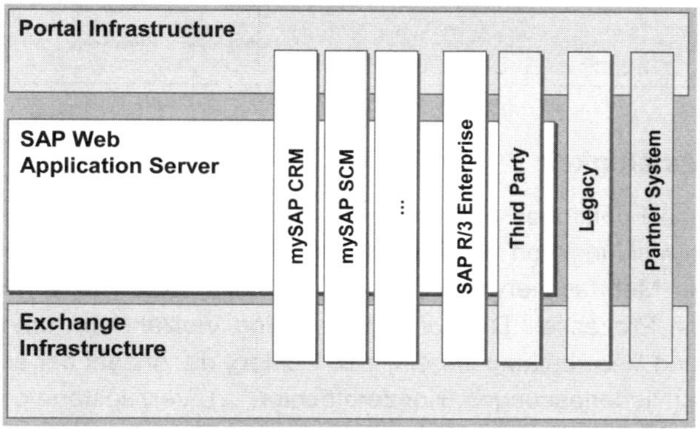

2.3.3 SAP R/3 Enterprise

Um den bisherigen Kunden einen reibungslosen Übergang von der SAP R/3- in die mySAP-Produktlandschaft zu erlauben, hat die SAP AG quasi ein Übergangsprodukt zur Verfügung gestellt. SAP R/3 Enterprise bietet die Funktionalität der Version SAP R/3 Rel. 4.6C und verfügt schon über die neue Basis-Komponente (SAP WebAS). An einigen Stellen wird dieses Produkt auch als SAP R/3 Rel. 4.7 bezeichnet. SAP R/3 Enterprise bietet die gesamten Kernfunktionen der Komponente mySAP ERP. Es fehlen nur die kollaborativen Szenarien. Für dieses Buch wurde das IDES (Internet Demonstration und Evaluation System) auf der Basis von SAP R/3 Enterprise benutzt.

Abbildung 9: SAP R/3 Enterprise (Quelle: SAP AG)

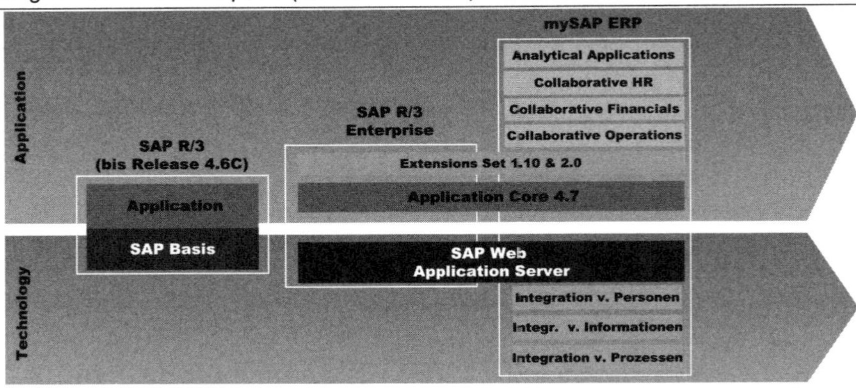

2.3.4 Anpassungsfähigkeit

Betriebswirtschaftliche Funktionen und Prozesse sind häufig nicht so unterschiedlich, dass eine individuelle Entwicklung von Softwarelösungen für jedes Unternehmen gerechtfertigt wäre. Im Sinne einer Mehrfachverwendung beinhaltet SAP standardisierte, in Software gegossene, betriebliche Prozesse.[3] Dennoch gibt es eine Vielzahl von unternehmensspezifischen Parametern und Verarbeitungsregeln, z.B. Konten, die Anzahl der selbstständig bilanzierenden Einheiten (Niederlassungen, Konzerntöchter, ...), Verzugstage oder Mahntexte bei Mahnverfahren. Die Anpassung an solche individuellen Belange, d.h. die Einstellung der unternehmensspezifischen Parameter (z.B. Standardvorgaben für die Umsatzsteuer bei Auslandsgeschäften) und Verarbeitungsregeln (z.B. Skontoregeln) bedeuten Erweiterung bzw. Änderung des SAP-Standards. Es stehen folgende Möglichkeiten für die Anpassung zur Verfügung[4]:

- Customizing,
- Erweiterungen im SAP-Standard,
- Modifikationen des SAP-Standards,
- Eigenentwicklungen.

Die von der SAP „gewollte“ Methode ist das Customizing. Mit Hilfe dieses Werkzeugs können die unternehmensneutral gelieferten Funktionalitäten angepasst werden. Das Customizing enthält im Kern eine Liste oder einen Strukturplan von einstellbaren Parametern oder Variablen. Diese Liste wird als Implementation Guide (IMG) bezeichnet. Bei der Einstellung wird nicht die SAP-Software im Sinne einer Veränderung oder Erweiterung des Programmiercodes modifiziert, sondern die Einstellung von bereits in der Software vorgegebenen Parametern oder Variablen vorgenommen, z.B. die Festlegung der verfügbaren Materialarten mit zugehörigen Pflegebildschirmen etc. Der IMG ist baumartig aufgebaut. Die Einstellungsmöglichkeiten sind inhaltlich gebündelt (Controlling, Vertrieb, Unternehmen usw.). Da das Customizing für die Anpassung ausdrücklich vorgesehen ist, ist dies zugleich die für die Software ungefährlichste Art der Anpassung. Releasewechsel haben keine Auswirkungen,

[3] Vgl. Thome, Rainer, Vom Customizing zur Adaption des Standardsoftwaresystems R/3, in Schriften zur Unternehmensführung, Band 62, Wiesbaden 1998, S. 48.

[4] Vgl. Möhrlen, SAP-Kompendium, CD-ROM, 1999, S. 13f.

die gemachten Einstellungen werden beibehalten. Die einzelnen Änderungen bzw. die Einstellungsmöglichkeiten werden als IMG-Aktivitäten bezeichnet.
Für Erweiterungen des Standards werden R/3 so genannte Customer-Exits mitgegeben. Hier können an vorbereiteter Stelle im Quelltext von Programmen, Menüs und Dynpros Bereiche, so genannte „leere Modifikationshülsen"[5] mit kundenspezifischer Logik ausgestaltet werden. Ein Dynpro ist ein DYNamisches PROgramm, welches aus einem Bildschirmbild und der damit verbundenen Ablauflogik besteht. Ein einfaches Beispiel hierzu: Beim Anlegen von Materialstammdaten werden die Grunddaten gepflegt. Hier kann u.a. angegeben werden, wie lang, breit, schwer ein Material ist, in welcher Mengeneinheit es geführt wird und wie es heißt (Bezeichnung). Mengeneinheit und Bezeichnung sind sog. Mussfelder, d.h. die Pflege dieser Felder ist obligatorisch. Verantwortlich für diese Pflegeforderung ist das Dynpro des Grunddatenbildschirms. Das Springen zu den Daten der Buchhaltung – dazu ist ein Bildschirmwechsel erforderlich – wird nicht gestattet.
Der Kunde kann die SAP-Erweiterungen aus einer Liste auswählen und bearbeiten. Der Zugang zu den Modifikationshülsen im Quelltext wird konstant gehalten. Customer-Exits sind somit aufwärtskompatibel. Weiter können Erweiterungen mittels User-Exits vorgenommen werden. Ein User-Exit beschreibt den Zeitpunkt und Ort in einem SAP-Programm, an dem ein kundeneigenes Programm aufgerufen werden kann. So können Fremdanwendungen mittels User-Exits in die Menüstruktur integriert werden, z.B. ein kundeneigenes Routenfindungsprogramm. Da auf Programmteile und Datenobjekte des Standards zugegriffen wird, muss bei Releasewechsel geprüft werden, ob die Erweiterung durch einen User-Exit zum Standard passt. Die Erweiterungen des Standards durch Exits stellen eine besondere Form des Customizings dar. Ihre Einstellung ist im IMG integriert. Das Customizing bietet keine Unterstützung zur Modifikation der Anwendungen.
Die Abbildung 10 zeigt den SAP-Referenz-IMG. Dieser beinhaltet sämtliche Systemeinstellungsmöglichkeiten. Typischerweise wird für das Unternehmen, welches das R/3-System betreibt bzw. betreiben will, der so genannte Unternehmens-IMG eingerichtet. Der Unternehmens-IMG stellt im Prinzip eine Zusammenstellung von IMG-Aktivitäten dar, d.h. er filtert die für das jeweilige Unternehmen relevanten Einstellungsmöglichkeiten aus dem SAP-Referenz- IMG. Er sollte die Anwendungskomponenten mit ihren IMG-Aktivitäten umfassen, die im Unternehmen eingesetzt werden sollen. Sollen z.B. nur die Finanzbuchhaltung und die Materialwirtschaft von R/3 im Unternehmen unterstützt werden, so sollten sich auch die zugehörigen Anwendungskomponenten im Unternehmens-IMG befinden.

[5] SAP R/3 Online Hilfe.

Abbildung 10: Implementation Guide (IMG)

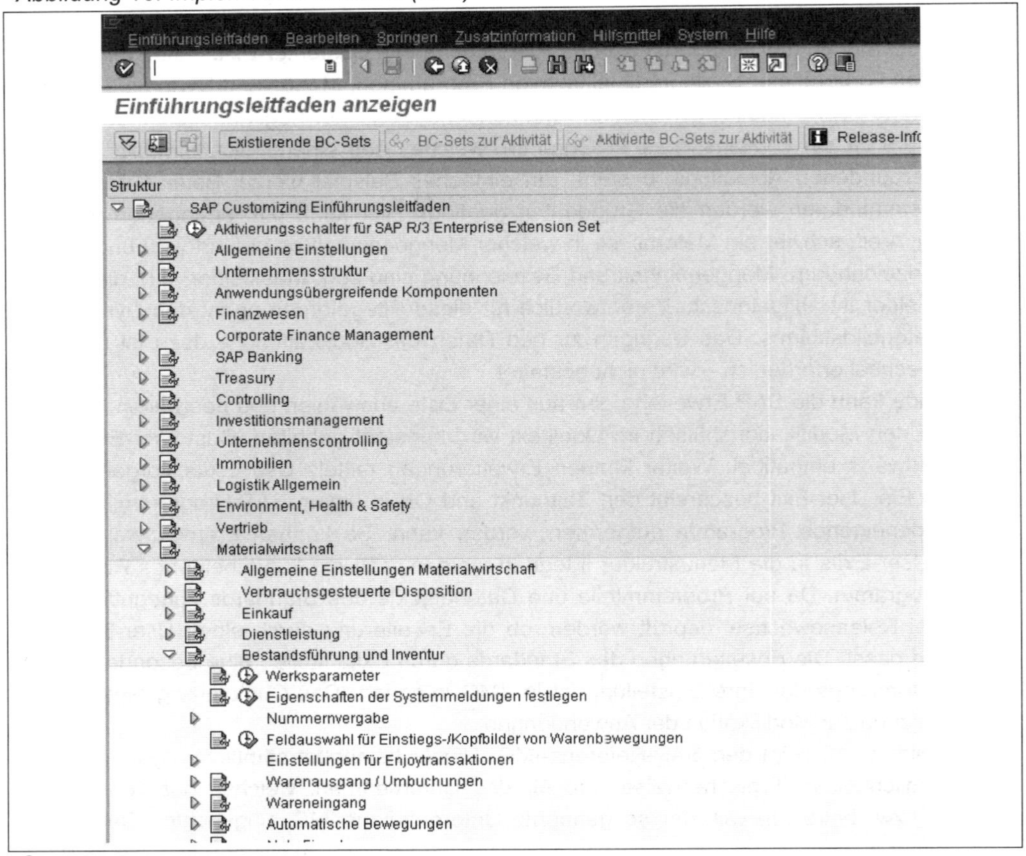

©SAP AG

Eine Art zweiten Filter stellt das Customizingprojekt dar. Das Customizingprojekt reduziert auf Basis des Unternehmens-IMG die Anzahl der IMG-Aktivitäten bezogen auf ein bestimmtes Einführungsprojekt von Anwendungskomponenten. Beide Mechanismen – Unternehmens-IMG und Customizingprojekt – dienen der Komplexitätsreduktion der Fülle der IMG-Aktivitäten auf die jeweils relevanten. Der IMG des Customizingprojekts wird als Projekt-IMG bezeichnet. Darüber hinaus können so genannte Sichten auf den Projekt-IMG die Auswahl an Aktivitäten weiter verkleinern. Es kann beispielsweise nach Muss- oder Kann-Arbeitsschritten, nach kritischen oder unkritischen Arbeitsschritten differenziert werden. Eigendefinierte Sichten sind herstellbar. Verfügbare Sichten werden im Customizing-Einstiegsmenü aufgelistet.

Darüber hinaus unterstützt das Customizing den Releasewechsel und den Transport von Einstellungen aus Testsystemen in das Produktivsystem. Das Produktivsystem ist das System, mit dem das Unternehmen seine betrieblichen Abläufe tatsächlich abbildet. Der Transport von Customizing-Einstellungen ist ein extrem wichtiges Werkzeug. Üblicherweise werden Customizing-Einstellungen zunächst auf einem Testsystem ausprobiert. Erweisen sich die Einstellungen als funktionsfähig, so werden sie mittels der Transportfunktion in das Produktivsystem überspielt.[6]

Modifikationen des SAP-Standards bedeuten eine tief greifende Vorgehensweise bei der Anpassung. Dabei werden vorhandene Programmteile und Datenobjekte des Standards verändert. Das Eingreifen in die Standardquellen sollte - wenn möglich - umgangen werden, da zum einen umfangreiches Wissen über Tabellen- und Datenstrukturen notwendig ist, damit die Modifikationen funktionsfähig durchgeführt werden. Zum anderen können solche Anpassungen bei Releasewechsel überschrieben werden oder „ins Leere laufen". Weiter kann der Support für die modifizierte Anwendung nicht geleistet werden.

Ähnlich zur Modifikation ist die Eigenentwicklung. Beispielsweise sollen Bildschirmbilder (sog. Dynpros) erzeugt werden, die mittels R/3 die Pflege von externen Vertriebsinformationssystemen ermöglichen, oder es werden spezielle, im Standard nicht verfügbare, Funktionen benötigt. Dazu werden teilweise auch eigene Datentabellen produziert. Die vorhandenen R/3-Anwendungen werden also durch unternehmenseigene R/3-Bildschirmbilder bzw. Anwendungen ergänzt. Weiterhin können für Eigenentwicklungen eigene Tabellen angelegt werden.

2.3.5 Entwicklungsumgebung und Standards

SAP-Systeme können auf einer Vielzahl von Rechner-Plattformen der unterschiedlichsten Hersteller installiert werden. Die Systeme sind voll skalierbar unter Beibehaltung der gleichen betriebswirtschaftlichen Funktionalität. D.h. es kann von einer kleinen Windows NT-Installation bis hin zu einer auf mehrere Rechner verteilten UNIX-Umgebung mit mehreren Hundert Anwendern wachsen, ohne dass die Anwendungsprogramme ausgetauscht oder angepasst werden müssen.

Die Endanwender der SAP-Systeme benutzen Clients, die unter Windows-Oberflächen (z. B. Windows NT/2000/XP) laufen. Die SAP-Systeme lassen sich auf unterschiedlichen Server-Betriebssystemen (z. B. HP UX, Solaris, Windows 2003 Server, Linux) betreiben. Ebenso sind verschiedene Datenbanksysteme einsetzbar (z. B. Oracle, DB2).

Das SAP-System orientiert sich und unterstützt eine Vielzahl von offenen und herstellerspezifischen IT-Standards. Hierzu gehören neben offiziellen Standards internationaler Normungsgremien (z. B. X.400, TCP/IP) auch Industriestandards (z. B. OLE von Microsoft) oder Standards von Herstellervereinigungen (z. B. die Standards der W3C).

Die Einführung und der Betrieb von SAP-Systemen wird in der Regel nicht in einem einzelnen SAP-System durchgeführt werden können. Dazu ist der Aufbau einer Entwicklungsumgebung notwendig. Die SAP AG empfiehlt dazu eine Drei-System-Landschaft. In Abbildung 11 ist eine solche Drei-System-Landschaft dargestellt.

Die Customizing- und Entwicklungsaktivitäten werden in einem System und in evtl. mehreren parallelen Entwicklungsmandanten, für unterschiedliche Entwicklungsversionen, durchgeführt. Abgeschlossene Entwicklungsschritte werden durch das Change Management über so genannte Transporte in das Test- und Abnahmesysteme geliefert. Damit lassen sich einzelnen Test- und Abnahmeversionen sehr genau zurückverfolgen (Konfigurationsmanagement). Die abgenommenen Versionen werden wiederum über das Change Management und dem Transportmechanismus in das Produktionssystem ausgeliefert.

[6] S. auch Kapitel 6.1.6.

Abbildung 11: Organisation der Entwicklungsumgebung

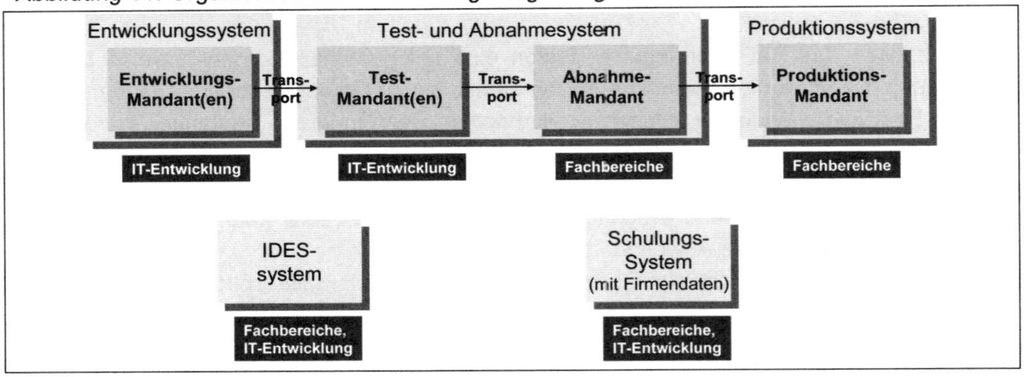

Daneben werden je nach Bedarf häufig noch weitere Systeme für Schulungs- und Evaluationsaufgaben betrieben. In manchen Fällen werden Schulungsmandaten mit Produktivdaten auch auf dem Test- und Abnahmesystem betrieben.

Die einzelnen Systeme haben unterschiedliche Anforderungen an die Performanz der Hardware. Für das Produktionssystem existieren in der Regel sehr hohe Anforderungen an Performanz und Verfügbarkeit. Die Performanz-Anforderungen an die übrigen Systeme sind dagegen deutlich niedrigen angesiedelt.

Die Entwicklung und Einführung von solch komplexen Systemen benötigt entsprechende Einführungsprojekte und Vorgehensmodelle. Die Vorgehensmodelle unterscheiden sich deutlich von den Vorgehensmodellen für die Erstellung von Individualsoftware.

Diesen Umstand hat die SAP recht früh mit der Entwicklung eines eigenen Vorgehensmodells Rechnung getragen. Das ASAP (Accelerated SAP) genannte Vorgehensmodell wurde Interessierten kostenfrei zur Verfügung gestellt. Später wurde das Vorgehensmodell um vor- und nachgelagerte Aktivitäten ergänzt. Zur Definition des eigentlichen Projektumfangs wurde ein so genannter Solution Map Composer bereitgestellt. Außerdem wurden Tools zur Unterstützung von Verbesserungsmaßnahmen beim Betrieb von SAP-Systemen entwickelt. Damit lassen sich z. B. die produktiven Systeme in den ersten Monaten hinsichtlich der Performanz optimieren.

Der aktuelle Schritt in dieser Entwicklung ist der SAP Solution Manager, der die Methoden und Werkzeuge in einem System zusammenfasst. Der Solution Manager unterstützt nicht nur die gesamten Entwicklungsphasen, sondern kann auch für Management des Betriebs von SAP-Systemen eingesetzt werden. Die Abbildung 12 zeigt die Funktionalitäten des SAP Solution Manager im Überblick.

Abbildung 12: SAP Solution Manager (Quelle: SAP AG)

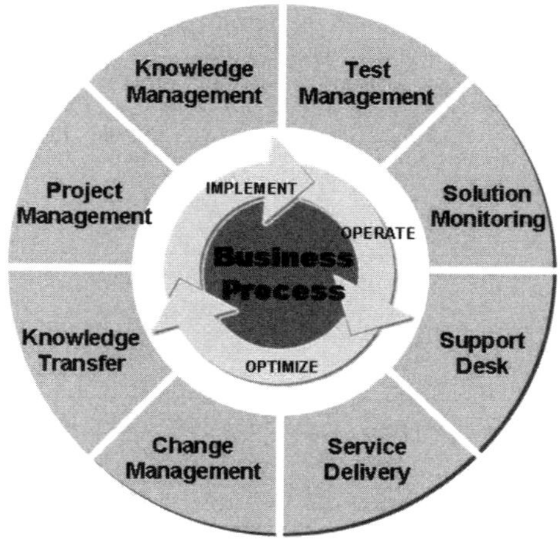

2.3.6 Allgemeine Systemeigenschaften

Alle bisher beschriebenen Produktkomponenten der SAP weisen eine Reihe von allgemeinen Systemeigenschaften auf, die in diesem Abschnitt noch kurz zusammengefasst werden.
Die Produktkomponenten sind mehrsprachig und konsequent auf einen internationalen Einsatz hin konzipiert. Im Rahmen der Systemkonfiguration werden länderspezifische Besonderheiten ebenso berücksichtigt wie z. B. Musterkontenpläne, Bankdaten oder Umsatzsteuer-Regelungen. In der Buchhaltung können je bilanzierender Einheit neben der Hauswährung bis zu zwei weitere Währungen parallel geführt werden.
Alle Produktkomponenten sind mandantenfähig und in der Lage, in einer Installation mehrere rechtlich und wirtschaftlich selbständige Unternehmen abzuwickeln, z. B. Mutter- und Tochtergesellschaften.
Die Organisationsstrukturen eines Unternehmens wie Werke, Lagerorte, Vertriebsorganisationen, Niederlassungen lassen sich flexibel über so genannte Organisationselemente in den Systemen abbilden.
Die Produktkomponenten zeichnen sich durch die Integration von mehreren betriebswirtschaftlichen Teilkomponenten aus. Alle Transaktionen werden auf einer zentralen Datenbasis durchgeführt. Durch die Standardsystemschnittstellen mit einer sehr großen Anzahl von vorbereiteten Business-Szenarien lassen sich die verschiedenen Produktkomponenten sehr einfach miteinander integrieren.

2.3.7 Systemarchitektur

Betriebswirtschaftliche Anwendungssoftware erfordert eine Unabhängigkeit des Anwenders von technischen Implementierungsfragen. Das grundlegende Prinzip der SAP-Systeme ist eine dreistufige Client/Server-Architektur, die auf einer Vielzahl an Hardware- und Systemplattformen implementierbar ist. Das SAP-System unterscheidet:

- Datenbankdienste zur Speicherung und Abfrage der betriebswirtschaftlichen Daten,
- Anwendungsdienste zur Abwicklung der betriebswirtschaftlichen Funktionalität und
- Präsentationsdienste zur Führung der Benutzerdialoge über eine grafische Oberfläche.

Dies bedeutet, dass die Daten (Programme, Systemeinstellungen, Anwendungsdaten) über einen Datenbankserver bereitgestellt werden. Die Anwendungen (Buchhaltung, Logistik u. a.) werden durch einen oder mehrere Applikationsserver zur Verfügung gestellt. Die Benutzerdialoge der Front-Ends werden durch Präsentationsserver abgewickelt, die in der Regel auf PC-Basis installiert sind. In der Praxis liegen Daten- und Anwendungsserver bei kleineren Installationen allerdings häufig auf einem Rechner. Das Grundprinzip der SAP-Architektur wird in der Abbildung 13 dargestellt.

Abbildung 13: Dreistufige Client-/Server-Architektur

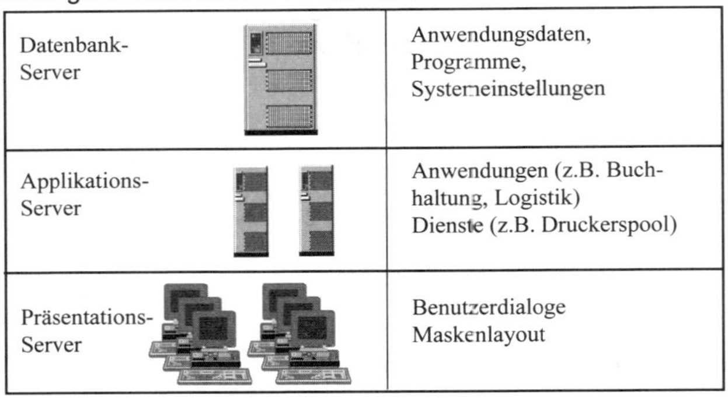

Allgemein ist die Client-/Server-Architektur ist eine kooperative Form der Informationsverarbeitung, bei der sich mehrere Softwarekomponenten bei der Aufgabenerledigung ergänzen. Diese Softwarekomponenten befinden sich auf einem Rechner oder sind auf unterschiedliche Rechner aufgeteilt. In diesem Fall müssen die Rechner sind miteinander vernetzt sein. In jedem Fall wird das TCP/IP-Protokoll zur Kommunikation zwischen den Sonftwarekomponenten genutzt. Einige Softwarekomponenten bieten Dienste an (engl.: server), andere Komponenten (engl.: clients) nehmen diese bei Bedarf in Anspruch.
Wenn der Benutzer z. B. aus einer Maske heraus eine Auswertung anfordert, dann benutzt die Präsentationsanwendung (SAP GUI) in der Rolle eines Clients einen Dienst des Applikationsrechners in der Rolle des Servers. Dieser muss sich für die Auswertung Daten aus der Datenbank liefern lassen. Dazu tritt der Applikationsrechner wiederum als Client an den Datenrechner heran und nutzt dort angebotene Services.

2.4 Wirtschaftlichkeit des Einsatzes von SAP

Häufig sind mit der Einführung eines SAP-Systems wirtschaftliche Erwartungen verbunden, welche die Wettbewerbsfähigkeit des Unternehmens erhalten und sichern sollen. Neben den reinen Anschaffungskosten für die Standardsoftware fallen andere Kostenarten bei der Einführung eines SAP-Systems wesentlich stärker ins Gewicht. Die wesentlichen Kostenkategorien einer SAP-Einführung sind:[7]

- Kosten für externe Berater,
- Kosten zur Anschaffung oder Erweiterung der Hardware- und Systemsoftware
- Kosten für die Abstellung eigener Mitarbeiter für das Einführungsprojekt,
- Anschaffungs- und Wartungskosten für die SAP-Standardsoftware,
- Kosten für Schulungsmaßnahmen.

[7] vgl. Buxmann/König, 1996.

Wegen des hohen Bedarfes an produktspezifischem Know-how ist eine Einführung von SAP-Systemen in aller Regel mit dem Einsatz externer Berater verbunden. Berater kommen üblicherweise in allen Projektphasen zum Einsatz, insbesondere bei der oft mit der SAP-Einführung verbundenen Reorganisation der Geschäftsprozesse (Business Reengineering), vor allem aber beim Customizing des SAP-Systems, der Anwenderschulung, der Realisierung von Erweiterungen (insbesondere Eigenentwicklungen mit der von SAP entwickelten Programmiersprache ABAP/4) und sehr häufig über längere Zeiträume hinweg bei der Einführungsunterstützung des produktiven Systems (häufig noch 2-3 Jahre nach Produktivstart). Demzufolge stehen Beraterkosten, wie die obige empirische Untersuchung zeigt, an erster Stelle der Kostenarten, die mit der Einführung von SAP-System verbunden sind.
Da die Einführung von Client-/Server-Systemen vor allem bei einem Wechsel von Großrechnersystemen mit Hardwareerweiterungen (Server, Endgeräte, Netzwerk) verbunden ist, erklärt dies die an zweiter Stelle genannte Kostenart für entsprechende Erweiterungen der DV-Infrastruktur. Außerdem ist für die SAP-Einführung eine entsprechende Entwicklungsumgebung bereit zu stellen, die selten in dieser Form bereits in den Unternehmen existiert. Unternehmen, denen bereits eine Netzinfrastruktur mit geeigneten Endgeräten zur Verfügung steht, können mit geringeren Kosten rechnen.

Abbildung 14: Einführungszeiten in Monaten (Quelle: Meta-Group)

	Durchschnitt	Kleinster	Größter
Baan	25	12	38
JDEdwards	22	6	44
Lawson	23	7	56
Oracle	26	4	70
PeopleSoft	25	12	48
SAP	20	3	48
SSA	17	9	25

Die Projektlaufzeit und damit die Dauer der SAP-Einführung variiert je nach Projektumfang und Komplexität erheblich. Eine Studie der META-Group aus dem Jahre 1999 hat die in der Abbildung 14 dargestellten Einführungszeiten für unterschiedliche Standardsoftwaresysteme ergeben. Je nach Dauer der Einführungszeit fallen auch entsprechende Kosten für das Einführungsprojekt an.
Trotz der enormen Kosten zeigt der Erfolg des SAP-Systems, dass dem Aufwand erhebliche Nutzenpotenziale gegenüberstehen, die einen Einsatz rechtfertigen können. Die wesentlichen Nutzenkategorien einer R/3-Einführung sind:[8]

- Bessere Planung, Steuerung und Kontrolle der betrieblichen Geschäftsprozesse,
- Einheitliche und konsistente Datenbasis,
- Verbesserte Flexibilität im Hinblick auf eine Anpassung der Informationssysteme und Geschäftsprozesse an geänderte Anforderungen,
- Verkürzung von Durchlaufzeiten der betrieblichen Geschäftsprozesse,

[8] vgl. Buxmann/König, 1996.

- Qualitative Verbesserung der betrieblichen Geschäftsprozesse.

Während in der Vergangenheit mit der Einführung von Standardsoftware vor allem die DV-gestützte Abdeckung wichtiger Unternehmensfunktionen im Vordergrund des Unternehmensinteresses stand, wird bei der R/3-Einführung vor allem eine Verbesserung der Unterstützung der betrieblichen Geschäftsprozesse gesehen.

3 Einführung in die Bedienung von SAP-Systemen

3.1 Systemstart, An- und Abmeldung

Die Benutzung des SAP-Systems wird im folgenden auf der Grundlage des IDES-Systems (IDES= **I**nternet **D**emonstration and **E**valuation **S**ystem) gezeigt, das ein von der SAP mit dem SAP-System ausgeliefertes Beispielunternehmen darstellt. Der Start von SAP wird auf der Betriebssystemebene des Arbeitsplatzrechners durch einen Doppelklick auf das SAP-Logon-Symbol eingeleitet.
Danach öffnet sich ein Fenster (Abbildung 15) mit den SAP-Systemen, die gestartet werden können. Zu jeden der angegebenen Systeme sind vorher die notwendigen Anmeldedaten hinterlegt worden. Nach Auswahl des IDES-Systems kann über den Logon-Button die Anmeldung erfolgen.

Abbildung 15: SAP-Logon-Auswahlbildschirm

©SAP AG

Nach dem Start des ausgewählten SAP-Systems erscheint ein Anmeldebild (vgl. Abbildung 16), in das die personenbezogenen Daten (Mandant, Benutzeridentifikation, Kennwort und Sprachenschlüssel) zu erfassen sind.

Abbildung 16: Anmeldebild

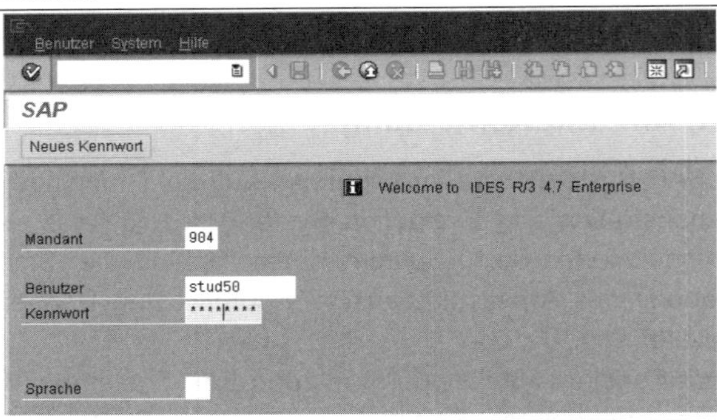

Nach Erfassung der Anmeldedaten ist die ***ENTER***-Taste oder der ***ENTER***-Button[9] mit der Maus zu betätigen.

Der Mandant beinhaltet das technische System, in dem gearbeitet wird. Die Mandantennummer kann je nach Installation unterschiedlich sein. In unserem Beispiel wird das verwendete IDES-System über den Mandanten 904 erreicht. Der Sprachenschlüssel steuert die Sprache für Menübefehle, Fehlermeldungen, Dokumentation und Inhalte (z. B. Kostenarten- und Kostenstellentexte). Je nach Systemkonfiguration sind Mandant oder Sprachkennzeichen bereits vorbelegt, so dass keine Eingabe erforderlich ist. Nach der Anmeldung (Login) kann das System benutzt werden.

Beim erstmaligen Systemstart wird ein Initial-Kennwort vorgegeben, das zwangsweise vom Anwender geändert werden muss. Während des Anmeldevorgangs können Sie ein neues Kennwort vergeben. Das Passwort sollte regelmäßig gewechselt werden. Während des Anmeldevorgangs können sie ein neues Kennwort vergeben. Hierzu klicken Sie schon während der Anmeldung auf der Drucktastenleiste „Neues Kennwort" oder die Taste „F5" (vgl. Abbildung 17).

Abbildung 17: Neues Kennwort vergeben

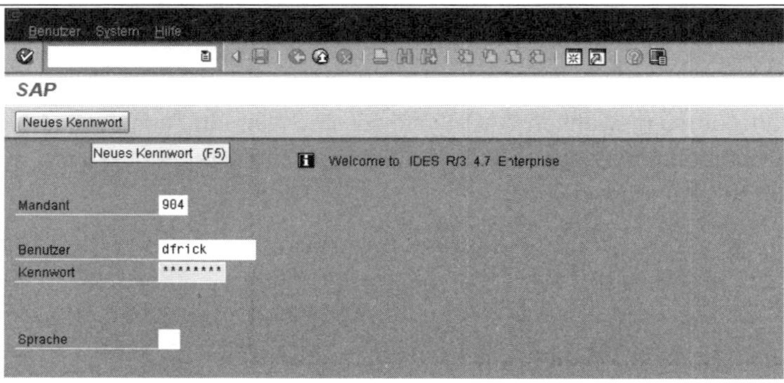

Sie erhalten anschließend ein Fenster geöffnet, in dem Sie verdeckt ihr neues Kennwort erfassen (vgl. Abbildung 18).

[9] Vgl. Abschnitt 3.3.2.

Abbildung 18: Kennwort wechseln

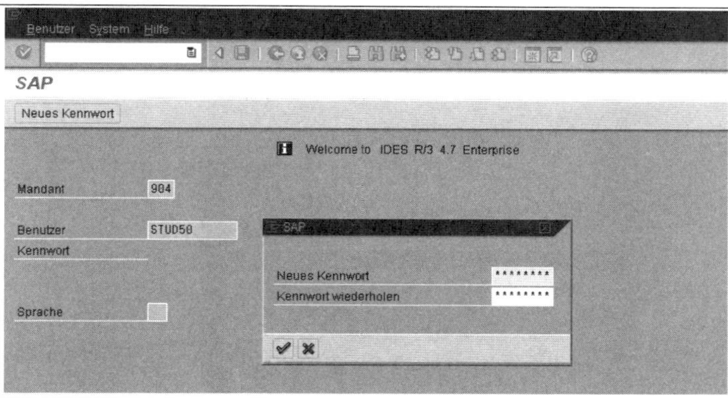

©SAP AG

Das neue Kennwort muss zweimal eingegeben werden und ist sofort wirksam. Nach der Beendigung der Arbeit mit dem SAP-System erfolgt die Abmeldung (Log Off) durch den in Abbildung 19 dargestellten Befehl aus der Menüleiste (System-Abmelden). Alternativ kann das SAP-System auch über den „Fenster schließen"-Button, wie bei allen Windows-Anwendungen, verlassen werden.

Abbildung 19: Abmeldevorgang

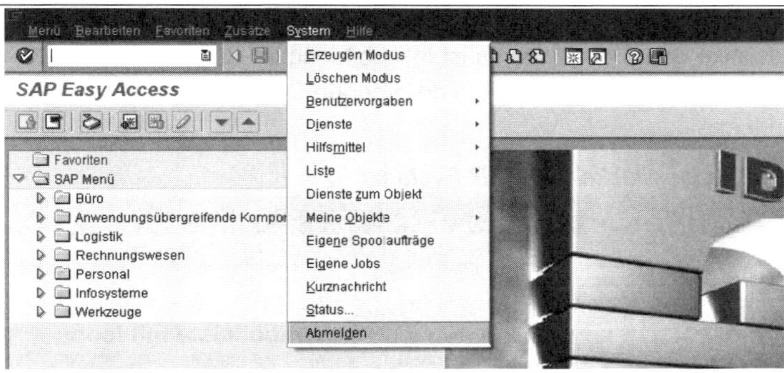

©SAP AG

Nach der Abmeldung erscheint eine Sicherheitsabfrage, die mit „Ja" zu quittieren ist.

Abbildung 20: Sicherheitsabfrage Abmeldevorgang

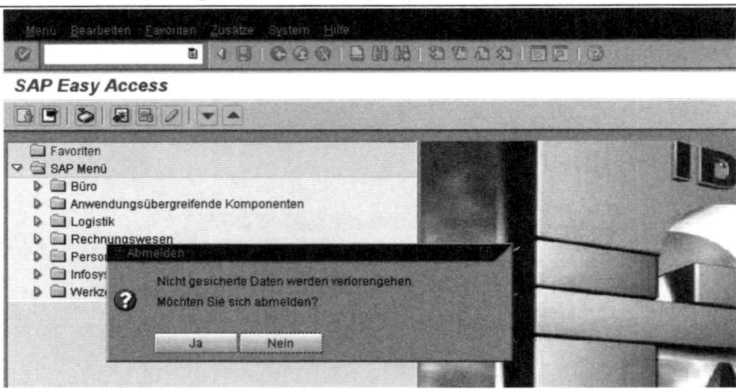

©SAP AG

3.2 Benutzeroberfläche

Die SAP-Benutzungsoberfläche bietet eine rollenbasierte Menüführung, d. h. der Umfang der Menüpunkte orientiert sich an den vom Benutzer benötigten Funktionen. Daneben stellt das SAP-System eine Fülle an standardisierten GUI-Elementen (GUI = Graphical User Interface) zur Verfügung. Dies sind u. a. Mausbedienung für alle Funktionen, Drucktasten, Auswahlknöpfe, Radiobuttons, Pop-Up-Menüs und Rollbalken.
Eine typische Maske des SAP-Systems ist in Abbildung 21 dargestellt. Zu sehen sind Eingabefelder, Drucktasten und die bereits aus der vorigen Darstellung bekannte Symbolleiste mit verschiedenen Icons.

Abbildung 21: Typische Maske des SAP-Systems

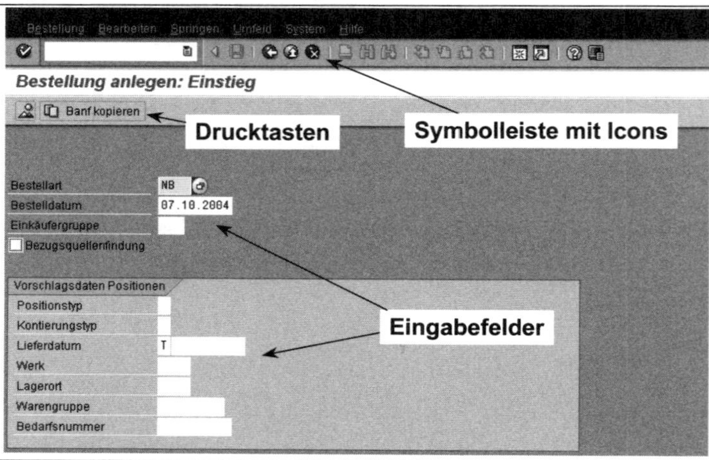

©SAP AG

3.3 Navigation im SAP-R/3-System

3.3.1 Menüstruktur

Alle Funktionen des SAP-Systems lassen sich über eine tief geschachtelte Menüstruktur ansteuern. Hierzu steht ein Explorer zur Navigation zur Verfügung, der intuitiv bedienbar ist. Die Baumstruktur ist rollenabhängig, d. h. der Funktionsumfang wird an die vom Bearbeiter benötigten Funktionen angepasst. Im Folgenden wird jedoch immer der Maximalumfang (SAP Menü) genutzt.

Abbildung 22: SAP-Menü

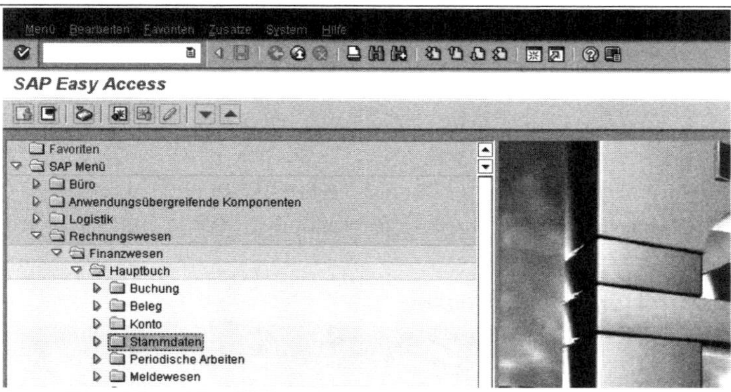

©SAP AG

Im Folgenden wird die Bildschirmfolge dargestellt, mit der die Anzeigetransaktion für ein Sachkonto erreicht werden kann. Hierzu ist die folgende Baumstruktur, wie in Abbildung 23 dargestellt, aufzugliedern.

Abbildung 23: Menüpfad Verwaltung Sachkonten

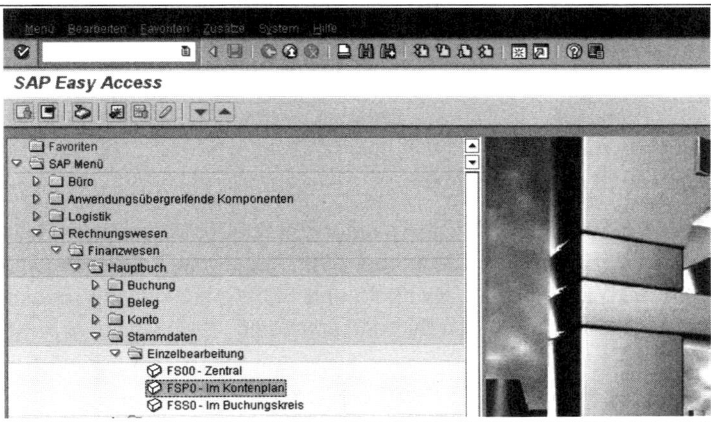

©SAP AG

Der vollständige Menüpfad lautet: ***Rechnungswesen ⇒ Finanzwesen ⇒ Hauptbuch ⇒ Stammdaten ⇒ Einzelbearbeitung.***

Anschließend ist die gewünschte Transaktion „FSPO – Im Kontenplan" zu markieren und mit ***ENTER*** zu aktivieren. Nach Ausführung des obigen Menübefehls gelangt man in das Startbild zur Kontenplandaten-Bearbeitung. Hier ist in das Feld „Sachkonto" das gewünschte Konto (hier 140000) und in das Feld „Kontenplan“ der Eintrag „INT“ (Internationaler Kontenplan) einzutragen. Anschließend wird mit ***ENTER*** bestätigt.

Abbildung 24: Startbild Anzeige Sachkontenstamm

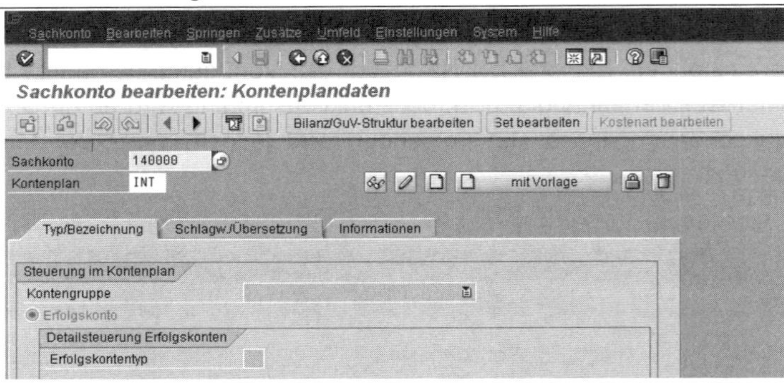

©SAP AG

Nach Ausführung von ***ENTER*** wird das Sachkonto angezeigt (vgl. Abbildung 25). Durch Aktivierung der verschiedenen Reiter (z. B. Informationen) können unterschiedliche Bereiche des Stammsatzes angezeigt werden.

Abbildung 25: Anzeige Sachkontenstamm

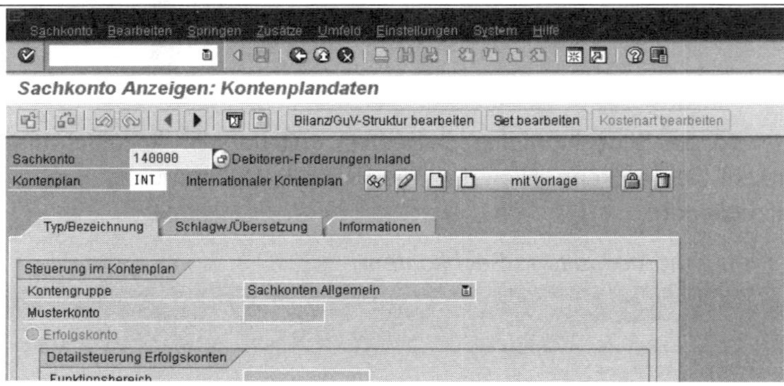

©SAP AG

3.3.2 Symbole und Funktionstasten

Die grafische Oberfläche des SAP-Systems unterstützt häufig verwendete Befehle über spezielle Icons. Parallel dazu ist die Eingabe über eine Taste bzw. Tastenkombination möglich. Die Abbildung 26 zeigt ausgewählte Symbole und Funktionstasten der Funktionsleiste, die bei vielen Bildschirmbildern am oberen Bildrand erscheint.

Abbildung 26: Symbole und Funktionstasten

Symbol	Taste	Bedeutung
	Enter	Dateneingabe bestätigen
	F11	Sichern der Dateneingabe
	F3	Schritt zurück
	F15	Aktion beenden
	F12	Aktion abbrechen
	STRG+Bild hoch	Blättern zur ersten Seite
	STRG+Bild runter	Blättern zur letzten Seite
	Bild hoch	Blättern vorwärts
	Bild runter	Blättern rückwärts

©SAP AG

Enter | Dateneingabe bestätigen

Durch ***ENTER*** werden die im Eingabefenster vorgeschlagenen Eingaben bestätigt. Nach dem Befehlt werden die Daten vom SAP-System geprüft. Werden keine Fehler festgestellt, kann die ggf. nächste Maske angezeigt werden. Im Fehlerfall werden Fehlermeldungen oder Warnungen (die nochmals mit ***ENTER*** bestätigt werden müssen) erzeugt.

F11 | Sichern der Dateneingabe

Mit dieser Funktion wird geprüft, ob die erfassten Daten fehlerfrei sind. Ggf. werden die Daten auf der Datenbank fortgeschrieben. Ansonsten wird eine Fehlermeldung oder eine Warnung erzeugt. Warnungen müssen mit ***ENTER*** bestätigt werden, Fehlermeldungen müssen mit Datenkorrekturen bearbeitet werden.

F3 | Schritt zurück

Im Einstiegsbild einer Anwendung springt das System zurück zum Menü des Arbeitsgebietes. In einem Detailfenster geht das Programm zurück zum Einstiegsfenster.

F15 | Aktion beenden

In einer Anwendung wird die Anwendung beendet, anschließend wird die vorherige Menüebene angezeigt. In einem Anmeldefenster wird der Benutzer vom System abgemeldet. Auf dem SAP-Hauptmenü wird der Modus beendet.

F12 | Aktion abbrechen

Dieser Befehl bricht die aktuelle Anwendung ab. Eingegebene Daten werden nicht gesichert.

	STRG+Bild hoch	Blättern zur ersten Seite
	STRG+Bild runter	Blättern zur letzten Seite
	Bild hoch	Blättern vorwärts
	Bild runter	Blättern rückwärts

Diese Symbole unterstützen das Blättern in Berichten zur jeweiligen Position bzw. vor oder zurück.

3.3.3 Arbeiten mit mehreren Fenstern

Mit dem SAP-System ist paralleles Arbeiten mit mehreren virtuellen Bildschirmfenstern (Modi) möglich. Die Umschaltung zwischen den Modi erfolgt mit der Standard-Tastenkombination ALT+TAB, mit der üblicherweise zwischen einzelnen Tasks umgeschaltet werden kann. Ein neues Fenster kann über die folgende Menüfolge eröffnet werden (vgl. Abbildung 27): **System ⇒ Erzeugen Modus.**

Abbildung 27: Erzeugen Modus

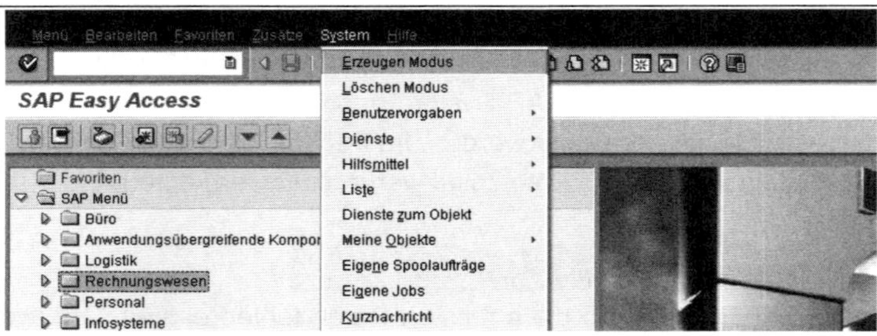

In der Abbildung 28 sind zwei aktive Fenster (Modi) dargestellt.

Abbildung 28: Bildschirm mit zwei aktiven Modi

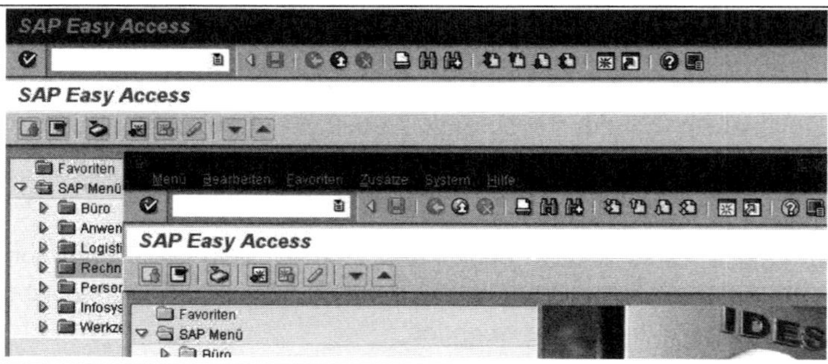

Aktive Bildschirme können über den folgenden Menüpfad geschlossen werden: **System ⇒ Löschen Modus.**

Abbildung 29: Löschen Modus

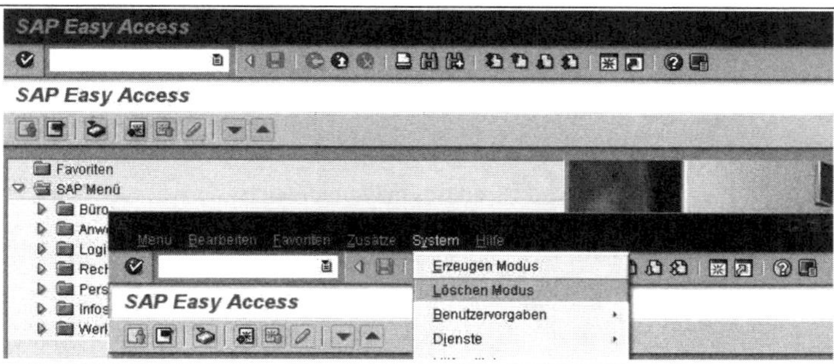

©SAP AG

Ggf. fragt das System nach, ob Sie bereits erfasste Daten sichern wollen oder sich, falls Sie das letzte Fenster schließen wollen, vom System abmelden möchten.

3.3.4 Hilfefunktionen

Das SAP-System stellt dem Anwender vielfältige Hilfemöglichkeiten zur Verfügung. Die kontextsensitive Hilfe (vgl. Abbildung 30) gibt detaillierte Informationen zu Bildschirmelementen (Felder, Menüs) oder auch zu Fehlermeldungen. Durch die Positionierung des Cursors auf das gewünschte Feld und das Drücken der Funktionstaste F1 erhält man detaillierte Informationen und Verweise. Eine Liste der möglichen Eingabefelder oder Matchcodes erhält man durch die Cursorpositionierung auf das Eingabefeld und das Drücken der Funktionstaste F4.

Abbildung 30: Kontextsensitive Hilfe über F1

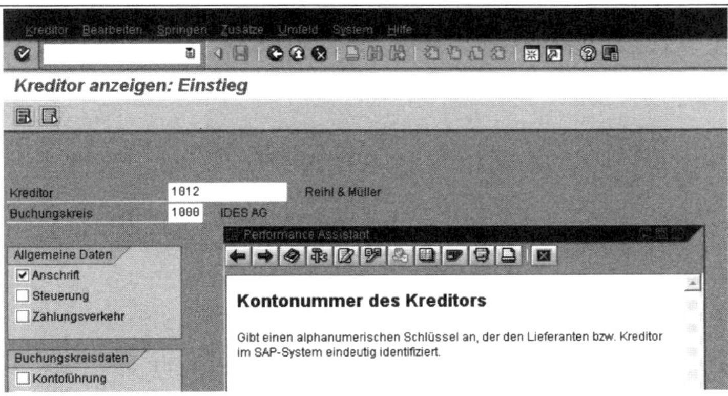

©SAP AG

Die vollständige Systemdokumentation (SAP Online-Hilfe)wird auf CD-ROM ausgeliefert. Da die Systemdokumentation sehr umfangreich geworden ist, wird man sie in der Regel auf einem Server für alle Benutzer des SAP-Systems zentral installieren. Dem einzelnen Benutzer wird die Hilfe über einen Web-Browser, also außerhalb der SAP-GUI, angezeigt (vgl. Abbildung 31). Im SAP-System erreicht man die Online-Dokumentation über das Menü **Hilfe ⇒ SAP-Bibliothek.**

Abbildung 31: Beispiel-Dokumentation

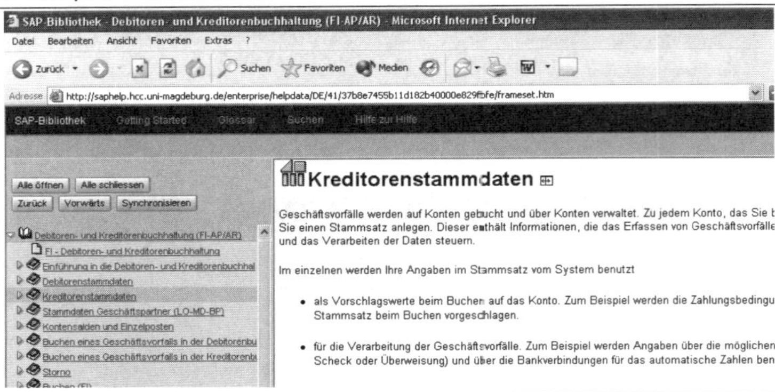

©SAP AG

Wichtige SAP-Begriffe werden im Glossar kurz erläutert, das über das Menü (Hilfe⇒Glossar) zu erreichen ist. Eine themenbezogene Dokumentation für das jeweils aktive Menü bzw. die aktive Transaktion erhält man ebenfalls über das Menü: **Hilfe ⇒ Erweiterte Hilfe.**
Die Systemdokumentationen sämtlicher SAP-Systeme sind auch im Internet über die URL: http://help.sap.com erreichbar.

Abbildung 32: SAP Help Portal

©SAP AG

3.3.5 Transaktionscodes

Der normale Weg, ein SAP-Programm zu starten, ist die Auswahl über das SAP-Menü. Zusätzlich bietet das System die Möglichkeit, eine Transaktion durch Aufruf Ihres technischen-Namens (Transaktionscode - TCODE) direkt zu starten. Die Befehlssyntax hierzu lautet **„/Nnnnn“** im Kommandofeld. Der String „nnnn“ bezeichnet hierbei den Transaktionscode. Ein neuer Modus und eine Transaktion wird mit „/Onnnn“ gestartet. In Abbildung 33 wird exemplarisch gezeigt, wie eine Transaktion im Befehlsfenster gestartet wird. In der SAP R/3 Enterprise-Version existieren insgesamt 72205 verschiedene Transaktionen.

Abbildung 33: Transaktionsstart

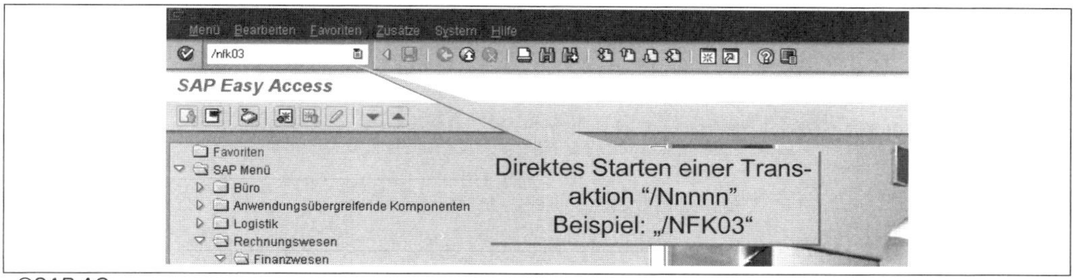

©SAP AG

Sie können jederzeit über den folgenden Befehl Informationen über den jeweils benutzten Transaktionscode erhalten, alternativ können Sie den Transaktionscode dem SAP-Menü entnehmen: **System ⇒ Status.**

3.3.6 Matchcodes

Matchcodes erleichtern die Suche nach nicht bekannten Schlüsselbegriffen von Stamm- und Bewegungssätzen. Die Suche nach einem Matchcode zeigt dem Benutzer die zugehörigen Primärschlüssel an, die zum jeweiligen Matchcode gefunden wurden. Matchcodes stehen zur Verfügung wie Kontonummern, Kundennummern etc. Individuelle Matchcodes können vom Anwender im Rahmen des Customizing frei definiert werden.

Abbildung 34: Matchcode

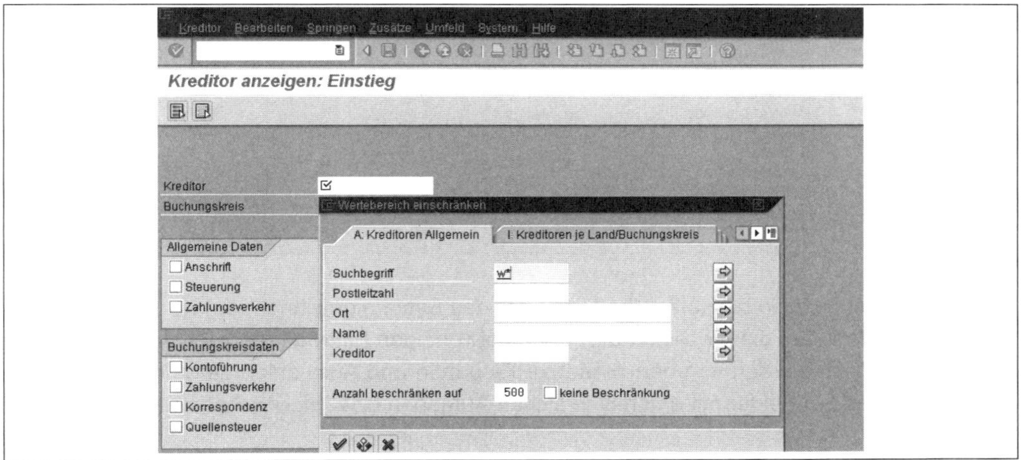

©SAP AG

3.3.7 Individualisierung der Menüs

Das SAP-System bietet ab Release 4.6 eine Reihe von komfortablen Möglichkeiten, die Menüstrukturen an die Anforderungen der Arbeitsplätze anzupassen. Zum einen lassen sich benutzerindividuell so genannte Favoriten anlegen. Dies können SAP-Transaktionen oder auch Links auf Internet- bzw. Intranet-Seiten sein.

Abbildung 35: Favoriten

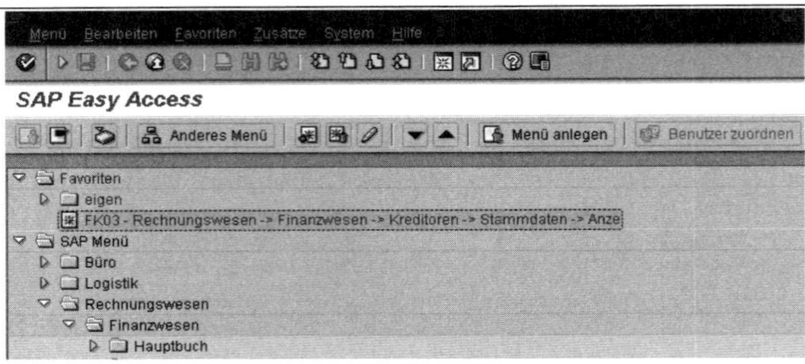

©SAP AG

Weiterhin können mit Hilfe von Aktivitätsgruppen an den Anforderungen der Benutzer orientierte Rollen festgelegt werden, so dass nur die für den Benutzer notwendigen Transaktionen im SAP-Menü dargestellt werden.

Abbildung 36: Beispiel Rolle Kreditorenbuchhalter

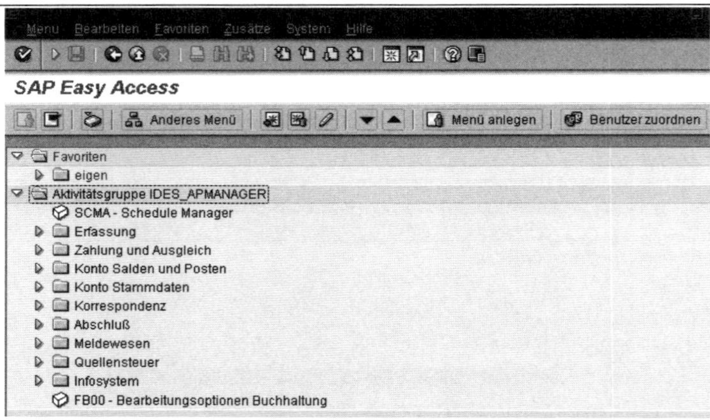

©SAP AG

Hierdurch lässt sich ein besserer Überblick über das System gewinnen, da das sehr umfangreiche SAP-Menü auf die jeweils für die Arbeit notwendigen Einträge reduziert wird.
Im Arbeitsbereich werden von dem Benutzer Eingaben und Auswahlen gefordert. In R/3 erfolgt die Eingabe in Felder mit unterschiedlichen Aufgaben bzw. Eigenschaften:

3.4 Das R/3 Benutzerkonzept

Jeder Benutzer des R/3-Systems erhält, wie erwähnt, einen eigenen Benutzernamen, mit dem er sich am System anmelden muss, um arbeiten zu können. Mit dem Benutzernamen ist ein Benutzerstammsatz verbunden, der die persönlichen Informationen (wie Name, Adresse, etc.) des Benutzers sowie bestimmte benutzerspezifische Voreinstellungen (z.B. Standarddrucker, Vorschlagswerte für bestimmte Felder wie Buchungskreis etc.) enthält. Hiermit ist nicht nur die handelnde Person festgelegt, sondern mit dem Benutzernamen sind im System gleichzeitig bestimmte Berechtigungen zu Transaktionen verknüpft.
In R/3 ist ein positives Berechtigungskonzept implementiert, d.h. wenn ein neuer Benutzer angelegt wird, hat dieser zunächst einmal „keine Rechte". Abhängig von der Position und dem Tätigkeitsbereich werden dem Benutzer Transaktionen erlaubt (positiv), ihm Berechti-

gungen gegeben. Im Gegensatz dazu steht die negative Variante (in R/3 nicht angewendet): jeder Benutzer erhält alle Berechtigungen und abhängig von seinem Wirkungskreis werden ihm Handlungen verboten. Die Vergabe von Berechtigungen ist prinzipiell aus mehreren Gründen sinnvoll:

- ✘ Bestimmte Benutzer dürfen nur Zugriff auf bestimmte Daten haben, so darf es zum Beispiel außerhalb der Personalabteilung keinem Mitarbeiter möglich sein, auf Gehaltsinformationen anderer Mitarbeiter zuzugreifen oder gar Änderungen vorzunehmen.
- ✘ Einhaltung des Vier-Augen-Prinzips: Danach darf niemand die Berechtigung erhalten, seine eigene Arbeit zu „kontrollieren" und diese als gültig zu bezeichnen. Zum Beispiel darf ein Einkäufer nicht gleichzeitig Bestellungen tätigen und daraus resultierende Rechnungen kontrollieren und bezahlen.
- ✘ Um die Systemintegrität zu bewahren, dürfen bestimmte Änderungen am System nur von einem festgelegten Personenkreis vorgenommen werden, damit gewährleistet ist, dass Änderungen abgestimmt erfolgen und nachvollziehbar bleiben.
- ✘ Bestimmte betriebliche Funktionen (z.B. Einkauf) sind personenbezogen angelegt. Die einem Einkäufer obliegende Funktion der Außenvertretung des Unternehmens ist als Berechtigung im System abzubilden, so dass dieser z.B. eigenständig Verträge für das Unternehmen abschließen kann (z.B. Bestellung).

Globale umfassende Rechte, wie sie z.B. der Super-User hat, haben nur wenige Mitarbeiter, wobei es letztlich immer zumindest einen geben muss, der umfassende Rechte hat und sich nahezu ungehindert im System bewegen kann. Dies ist notwendig, damit anderen etwas erlaubt werden kann und zur Erfüllung spezieller Aufgaben. Letzteres heißt nicht, dass Systemadministratoren immer alles dürfen und sich daher sämtliche Gehälter der Vorgesetzen anschauen können. Im Auslieferungsmandanten sind schon einige User mit entsprechend weitreichenden Rechten angelegt. Aus Sicherheitsgründen sollten die mit einem Standardpasswort belegten „Super-User" nach Erstellung eines eigenen Super-Users deaktiviert werden.

Ob ein Benutzer sich in Arbeitsbereichen bewegen darf, wird durch eine Berechtigungsprüfung ermittelt. Dazu ist in den Programmen, Funktionsbausteinen etc. festgelegt, wann und wo geprüft wird. Bei dieser Prüfung handelt es sich um den Vergleich der Werte eines zugewiesenen Berechtigungsprofils mit Werten des Programms, das gerade ausgeführt werden soll. Fehlen Berechtigungen, wird der Zugriff auf das Programm verweigert. Mit Berechtigungsprüfungen können Funktionen oder Objekte geschützt werden.[10] Das R/3-Berechtigungskonzept umfasst im Prinzip die folgenden Elemente:

- Objekte,
- Felder,
- Berechtigungen,
- Berechtigungsprofile (Sammel-/Einzelprofile).

Objekte i.S. der Berechtigung sind eine Einheit, mit der Aktionen ausgeführt werden können. Ein solches Objekt ist z.B. „Materialstamm – Werk". Hierbei geht es darum, Materialstammsätze anzulegen, zu ändern etc. Der Zusatz Werk in der Objektbeschreibung zeigt an, dass nicht nur das Objekt Materialstamm mit seinen zugehörigen Aktionen, sondern auch ein

[10] Vgl. Möhrlen, SAP® R/3® Basissystem, 1999, S. 448-451.

Feld, genauer das Feld Werk, von der Berechtigung geschützt werden soll. Mit dem Begriff Werk wird hier üblicherweise eine Produktionsstätte verbunden. Z.B. werden Materialstammsätze mit Zuordnung zu einem Werk geführt. Ein Berechtigungsobjekt definiert somit einen bestimmten Tätigkeitsbereich und zugehörige Berechtigungsfelder (höchstens bis zu 10 pro Objekt), wobei auch Aktionen als Berechtigungsfeld gelten. Zur Übersichtlichkeit gruppieren Objektklassen ähnliche Objekte, z.B. Objekt „Materialstamm – Werk" ist der Objektklasse „Materialwirtschaft – Stammdaten" zugeordnet.

Abbildung 37: Objekte als Gegenstand von Berechtigungen

Eine Berechtigung ist nun eine bestimmte Kombination von zulässigen Werten (Aktivitäten und Felder) zu einem Berechtigungsobjekt. Angewendet auf das Beispiel der Materialwirtschaft wäre eine Berechtigung für das Objekt „Materialstamm – Werk" die Aktivität „anzeigen" und der Feldwert 1000. Wenn ein Benutzer diese Berechtigung zugewiesen bekommt, kann er sich beliebige Materialstammdaten zum Werk mit dem Schlüssel 1000 anzeigen lassen. Bei Aufruf der Anwendung wird der so genannte Authority-Check durchgeführt, d.h. die Anwendung prüft die Berechtigungsfelder auf ihre Werte. Die Anwendung greift somit auf den Benutzerstammsatz zu. Die Anwendung „Material ändern" könnte von einem Benutzer, der die Beispielberechtigung hat, nicht aufgerufen werden. Der in der Anwendung implementierte Authority-Check verhindert dies. Die Berechtigung erlaubt nur das Anzeigen von Stammdaten. Ebenso können Stammdaten aus anderen Werken nicht angezeigt werden. Das Vorgehen des Authority-Checks wiederholt – in stark vereinfachter Form – die Abbildung 38.[11]

[11] Der Berechtigungsname MATST ist von den Autoren frei erfunden und dient nur als Beispiel.

Abbildung 38: Authority-Check (vereinfachte Darstellung)

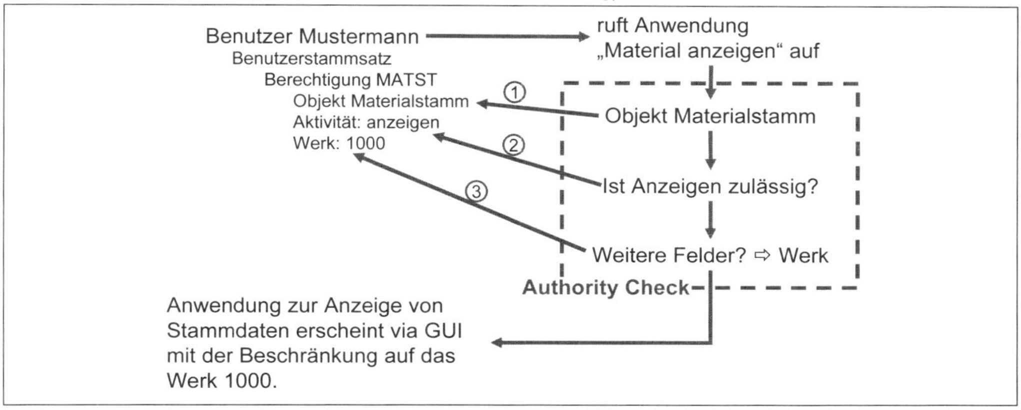

Die Berechtigungen werden üblicherweise in Profilen zusammengefasst. Erst die Berechtigungsprofile werden den Benutzerstammsätzen zugeordnet. Die in Profilen zusammengefassten Berechtigungen beschreiben letztlich den Arbeitsplatz und die damit zusammenhängenden betrieblichen Tätigkeiten.

Abbildung 39: Sammelprofil

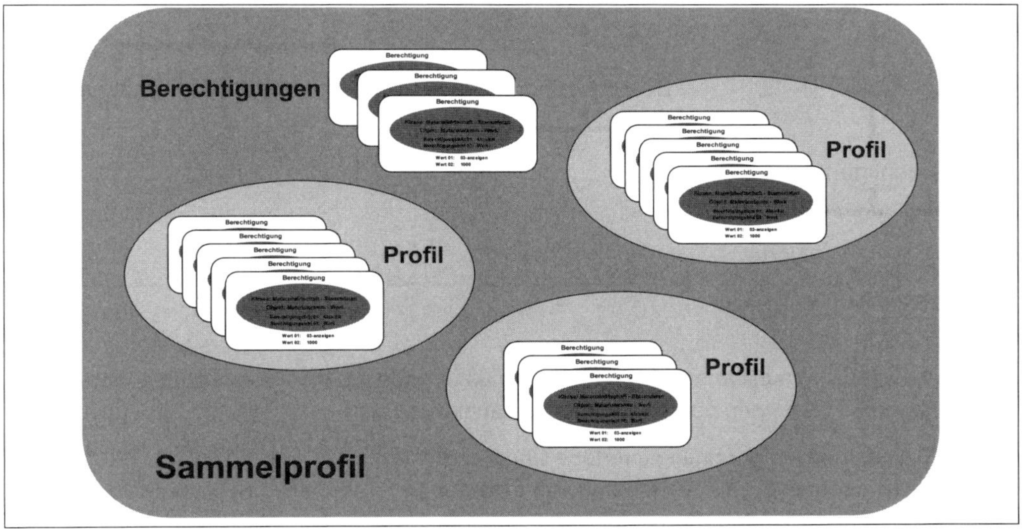

Profile, die nur Berechtigungen enthalten, werden Einzelprofile genannt. Berechtigungsprofile können außerdem weitere bereits definierte Profile enthalten. Diese übergeordneten Profile heißen dann Sammelprofile. Sammelprofile können auch Berechtigungen und/oder weitere Sammelprofile beinhalten. Eine dem Aufgabenfeld eines Benutzers entsprechende Zusammenstellung von Profilen wird auch als Rolle bezeichnet.

Während Rollen, Berechtigungsprofile und Benutzerstammsätze mandantenabhängig sind, sind die Berechtigungsobjekte mandantenübergreifend verwendbar. Wird nun ein neuer Benutzer im System angelegt, so werden diesem neben den persönlichen Stammdaten (Adresse, Telefon, etc.) auch ein oder mehrere Berechtigungsprofile (Einzel- oder Sammelprofile) zugeordnet. So kann z.B. den Mitarbeitern der Abteilung Rechnungswesen, die für die Lieferantenbearbeitung zuständig sind, das Profil BUCHUNG_KREDITORENKONTEN zugeordnet werden, ein Profil LÖSCHEN_VON_KONTEN sollte jedoch nur dem Abteilungsleiter zugeordnet werden.

Des Weiteren lassen sich verschiedene Benutzertypen unterscheiden. Die Typen stehen auch wieder in Verbindung mit den Tätigkeiten der Benutzer. Es gibt folgende Benutzertypen:

- Dialog
  Dies ist die Voreinstellung bei der Einrichtung eines Benutzers. Der Benutzer arbeitet per Dialog mit dem R/3-System. Dateneingaben können Hinweise, Fehlermeldungen oder weitere Bildschirmbilder zur Eingabe hervorrufen.

- Hintergrund
  Solche Benutzer haben Zugriff auf im Hintergrund laufende (Batch-)Aufträge, z.B. größere Reports oder Druckaufträge. Die Benutzer überwachen die Aufträge und lassen sich entsprechende Ergebnisse anzeigen. Ein Logon im üblichen Weg ist nicht möglich.

Abbildung 40: R/3-Berechtigungskonzept

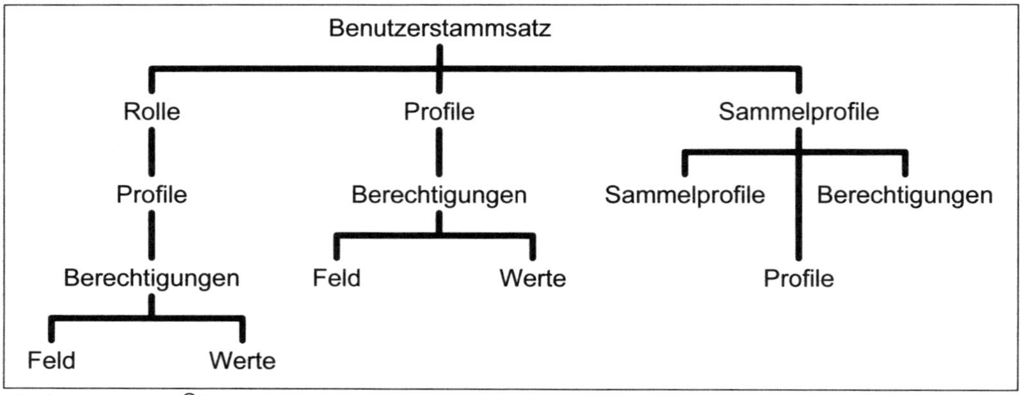

In Anlehnung an ©SAP AG

- BDC
  Batch Data Communication (BDC) ist für Benutzer gedacht, die für eine Datenübernahme aus externen Systemen per Batch-Input zuständig sind.

- CPIC (Common Programming Interface Communications)
  CPIC-User sorgen für die Ausführung von externen Programmen, d.h. sie überwachen die Programm-zu-Programm-Kommunikation.[12]

[12] Vgl. Möhrlen, SAP® R/3® Basissystem, 1999, S. 454f.

4 Personalwirtschaft

Die Anwendungskomponenten der Personalwirtschaft (HR) dienen der Unterstützung aller personalwirtschaftlichen Aufgaben und Prozesse, wie Personalbeschaffung, Bewerbermanagement, Personalabrechnung, Zeitwirtschaft, Reisekostenabrechnung etc. Im Folgenden werden i.S. der sich anschließenden Fallstudie die Teilbereiche Personaladministration und Organisationsmanagement kurz vorgestellt.

4.1 Personaladministration

Das Arbeitsgebiet Personaladministration bietet eine Verwaltung sämtlicher Mitarbeiterdaten, d.h. die elektronische Führung einer Personalakte. Es geht also um die Erfassung von mitarbeiterbezogenen Daten zur Verwaltung, Zeiterfassung und Abrechnung.

4.1.1 Infotypen

Die mitarbeiterbezogenen Daten werden in sog. Infotypen verwaltet. Die Infotypen gruppieren Datenfelder nach inhaltlichen Gesichtspunkten, wie z.B. Daten zur Person oder Basisbezüge. Aus Datenbanksicht stellen Infotypen eine zusammengehörige Menge von Datensätzen dar. Jeder Infotyp wird durch einen vierstelligen Schlüssel identifiziert. Typischerweise werden die Daten (Infotypsatz) eines Infotyps über eine Bildschirmmaske gepflegt. Der Infotyp legt also fest, welche Daten gepflegt werden müssen, der Infotypsatz bildet dann die konkrete Ausprägung.

Abbildung 41: Daten des Infotyps Basisbezüge (0008)

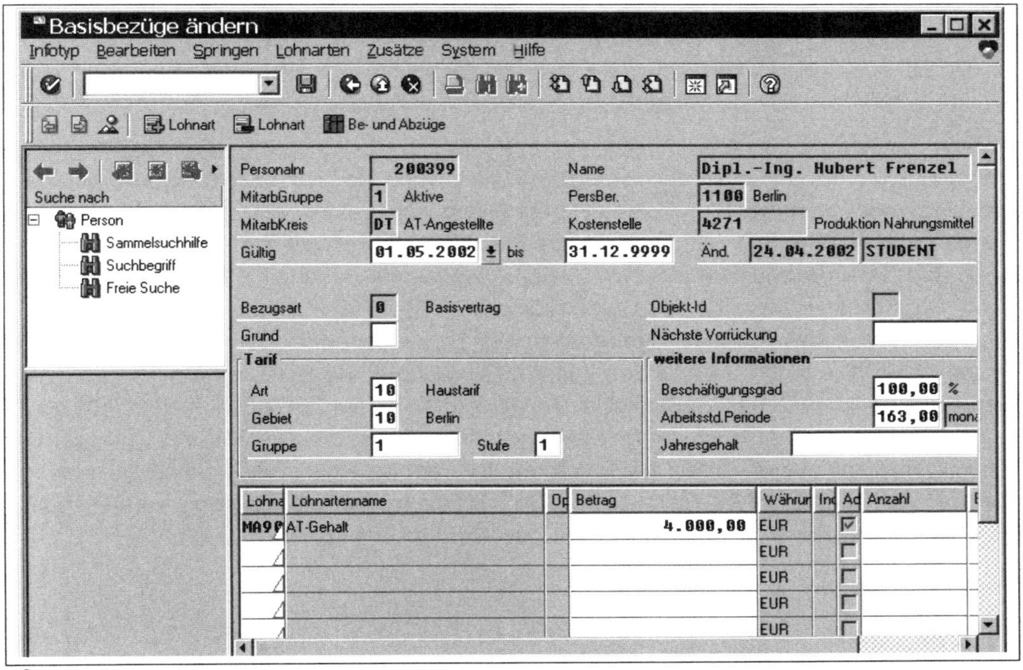

©SAP AG

Bei der Pflege von mitarbeiterbezogenen Daten können auf vielerlei Datenvorauswahlen zurückgegriffen werden, um so Pflegeaufwand zu sparen. Ein Beispiel dafür ist der Infotyp 0007 Sollarbeitszeit. Die Arbeitzeit (Arbeitszeitanteil, Arbeitsstunden pro Tag, etc.) müssen nicht einzeln gepflegt werden. Durch Auswahl einer Arbeitszeitplanregel (hier NORM) werden u.a. die Felder der Arbeitszeit gefüllt.

Abbildung 42: Infotyp 0007 Sollarbeitszeit

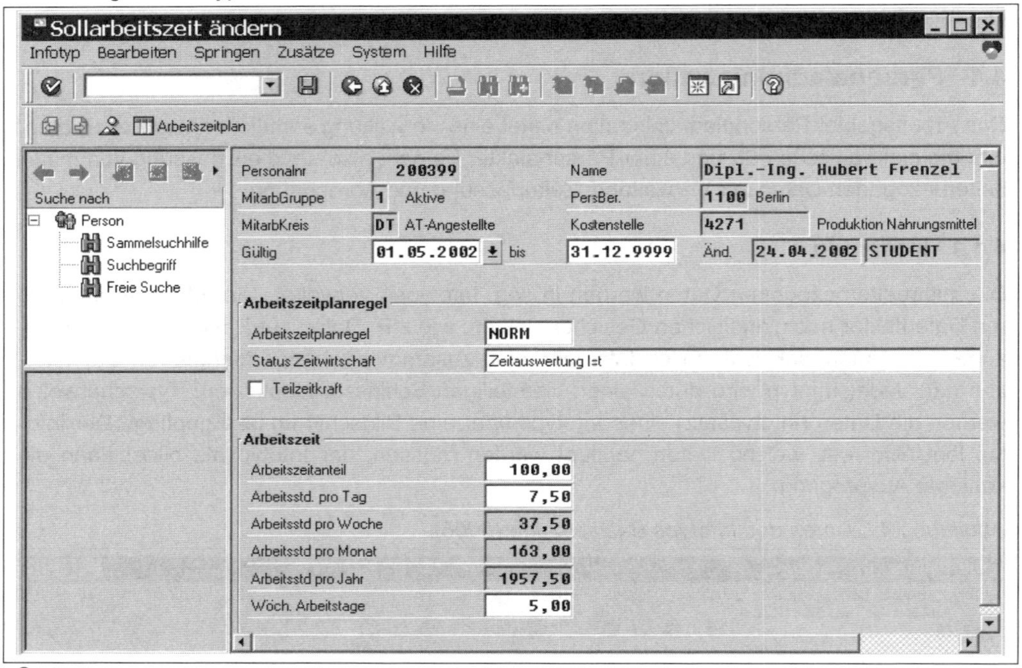

©SAP AG

Außerdem gibt es der Arbeitszeitplanregel entsprechende Monatsarbeitspläne, also die Pläne, welche besagen, wann und wie lange der Mitarbeiter in einem bestimmten Monat arbeiten soll bzw. welche Soll-Zeit der durch die Zeitwirtschaft ermittelten Ist-Zeit gegenüber gestellt wird. Durch die Auswahl der NORM-Regel werden diese Pläne für den Mitarbeiter relevant. Die Abbildung 43 zeigt einen Arbeitszeitplan für den Monat September. Damit die Arbeitszeitpläne generiert werden können, müssen Einstellungen im Customizing vorgenommen werden. Die tägliche Arbeitszeit – in der Abbildung 43 ebenfalls mit Schlüssel NORM versehen – wird im Tagesarbeitszeitplan festgelegt. Mit diesem verbunden ist eine Pausenregelung NORM, für die auch wieder Daten hinterlegt werden müssen. Wie der typische wöchentliche Rhythmus aussehen soll, bestimmt der Periodenarbeitszeitplan in Zusammenarbeit mit dem jeweiligen Tagesarbeitsplan. So kann beispielsweise festgelegt werden, dass fünf Tage in der Woche gearbeitet wird und das Wochenende frei ist.

Abbildung 43: Arbeitszeitplan

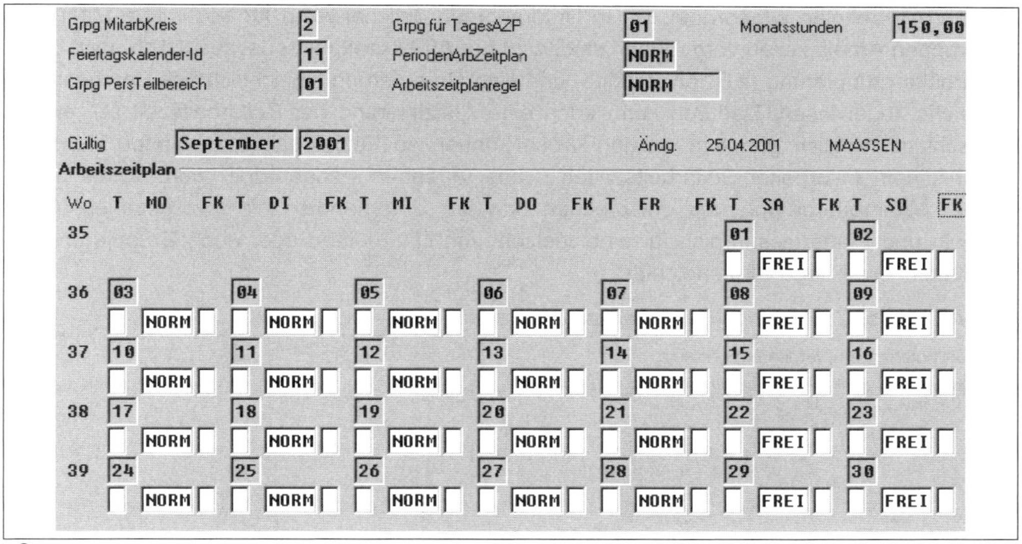

©SAP AG

Auf Basis des Periodenarbeitszeitplanes und in Abhängigkeit vom jeweiligen Feiertagskalender erstellt die Arbeitszeitplanregel dann letztlich den obigen Arbeitszeitplan.

Abbildung 44: Pausen-, Tages- und Periodenarbeitszeitplan

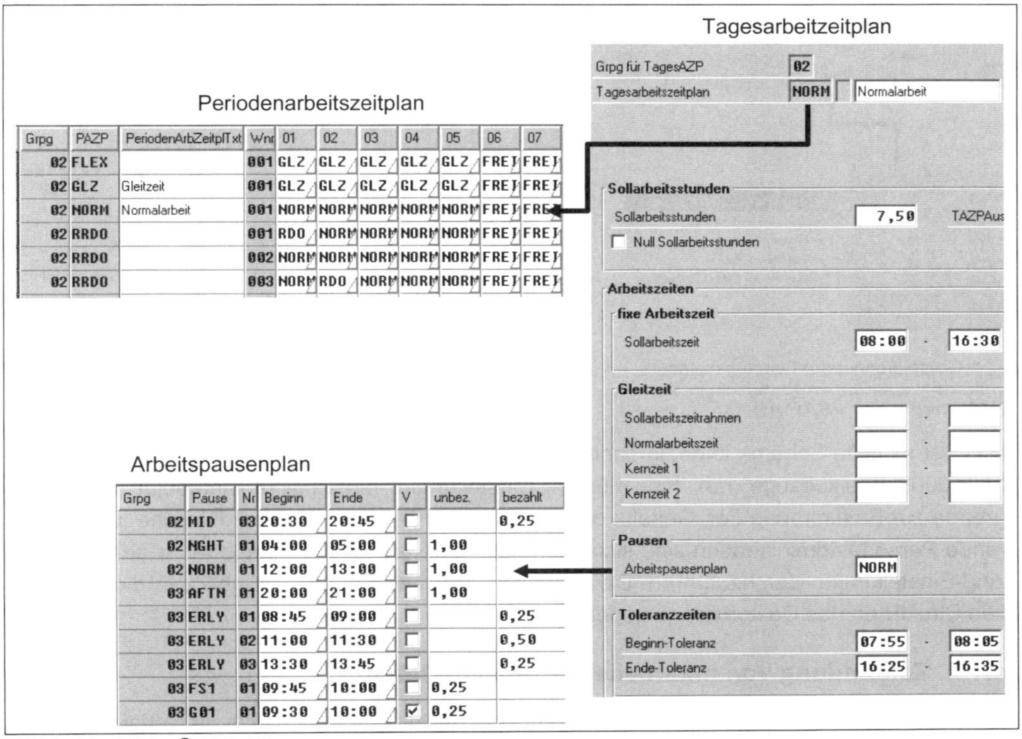

Bildschirmbilder ©SAP AG

Dazu wird der im Infotyp Sollarbeitszeit gepflegten Regel ein Feiertagskalender und ein Periodenarbeitszeitplan zugeordnet. Da in Unternehmen üblicherweise für bestimmte Mitarbeitergruppen Arbeitszeiten vorgegeben sind, wird der Arbeitszeitplanregel zusätzlich noch eine Mitarbeitergruppierung (z.B. Angestellte) und eine Gruppierung hinsichtlich des Personalteilbereichs zugewiesen. Dadurch kann auch eine Antizipierung der Sollarbeitszeit i.S. eines Vorschlags möglich gemacht werden. Auch können so Fehleingaben verhindert werden, wenn einem Mitarbeiter Sollarbeitszeiten – aus Versehen - zugeordnet werden, die nicht seiner Mitarbeitergruppierung entsprechen bzw. im Unternehmen nicht vorgesehen sind. Regeln und Pläne lassen sich für eine Vielzahl von Mitarbeitern oder auch Gruppierungen einsetzen. Die Pflege wird erleichtert.

Abbildung 45: Customizing der Arbeitszeitplanregel

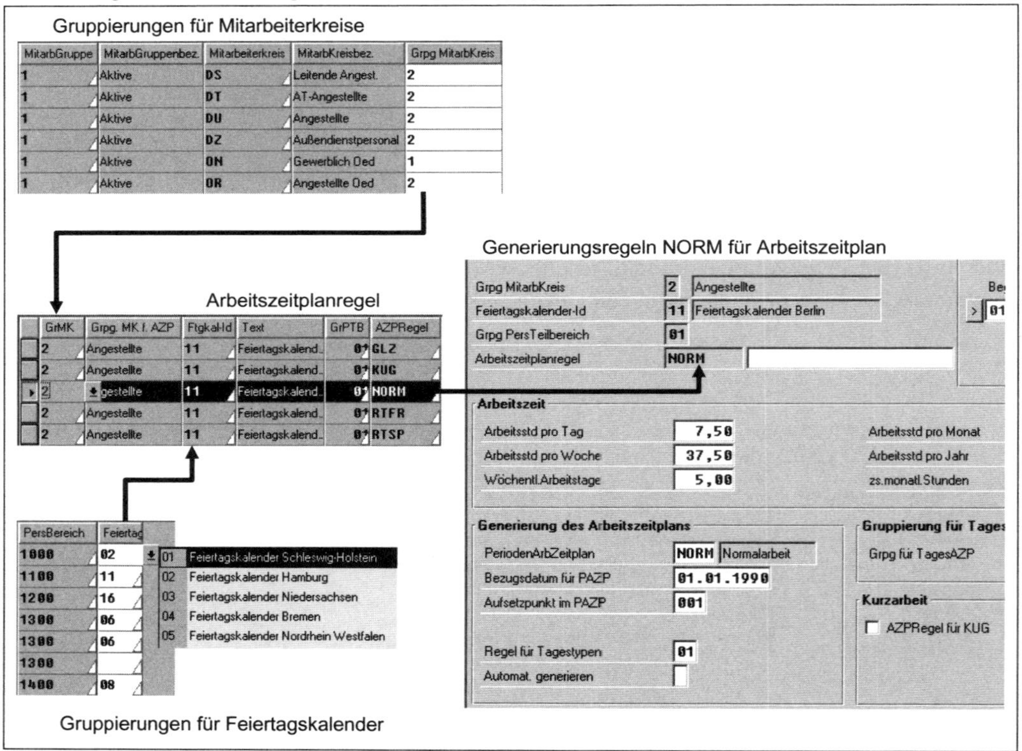

Bildschirmbilder ©SAP AG

Das dargestellte Schema findet in ähnlicher Weise auch Anwendung bei der Pflege des Infotyps 0008 Basisbezüge, d.h. hier müssen Einstellungen hinsichtlich Tarifgebiet und Tarifgruppe zur Bestimmung des Gehalts oder des Lohnes gemacht werden. Für eine funktionierende Personaladministration sind sicherlich noch eine erhebliche Menge mehr an Customizing-Einstellungen durchzuführen. Das verkürzte Beispiel soll einen Einblick in die komplexen Strukturen des Customizings gegeben.

4.1.2 Zeitbindung von mitarbeiterbezogenen Daten

Da die elektronische Personalakte Daten umfasst, die sich im Beschäftigungsverlauf ändern, die alten Daten für eine historische Auswertung aber erhalten bleiben sollen, ist eine zeitabhängige Speicherung notwendig. Ein Beispiel dafür ist der Infotyp Organisatorische Zuordnung mit dem Schlüssel 0001. In ihm ist die Eingliederung des Mitarbeiters in die Aufbauorganisation hinterlegt. Damit Abteilungs- oder Positionswechsel im Unternehmen im Zeitablauf nachvollziehbar bleiben, darf der bestehende Infotypsatz nicht überschrieben/geändert werden. Jeder Infotypsatz wird daher mit einem eigenen Gültigkeitszeitraum abgelegt. Unabhängig davon ist das Ändern von bestehenden Infotypsätzen möglich. Dies zeigt ein einfaches Beispiel bezogen auf die Sollarbeitszeit (Infotyp 0007). Ein Mitarbeiter wird am 01.04.2002 eingestellt und hat eine tägliche Arbeitszeit von 8 Stunden, die zunächst unbefristet gilt, d.h. die Gültigkeit des Infotypsatzes wäre 01.04.2002 bis 31.12.9999 (kann für „unbefristet" eingesetzt werden). Ab dem 01.08.2002 wird die Arbeitszeit verkürzt. Eine Änderung des vorhandenen Infotypsatzes würde den Verlust der Arbeitszeithistorie bedeuten. Es wäre im Nachhinein nicht mehr ermittelbar, welche Veränderungen der Arbeitszeit im Zeitablauf stattgefunden haben. Daher wird eine Abgrenzung vorgenommen. Es wird ein neuer Infotypsatz auf Basis des Infotyps 0007 Sollarbeitszeit für den Zeitraum ab dem 01.08.2002 angelegt. Der „alte" Infotypsatz wird automatisch zum 01.08.2002 abgegrenzt.

Abbildung 46: Gültigkeit von Infotypsätzen

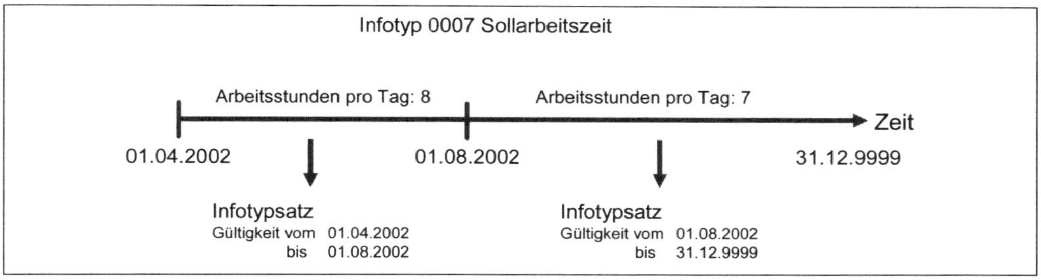

Die Historienfähigkeit der verschiedenen Infotypen wird durch ihre jeweilige Zeitbindung beeinflusst. Die Zeitbindung bestimmt, ob ein Infotypsatz zu jedem Zeitpunkt existieren muss, d.h. eine zeitlich lückenlose Definition wie bei der Sollarbeitszeit, oder Überschneidungen bzw. parallele Existenzen zulässig sind.

- Zeitbindung 1
  Zu jedem Zeitpunkt der betrieblichen Zugehörigkeit bzw. Tätigkeit <u>muss</u> genau ein gültiger Infotypsatz vorhanden sein. Die Gültigkeitszeiträume dürfen sich nicht überschneiden. Die Datensätze werden voneinander - zum Beginndatum des neuen Satzes - abgegrenzt. Die Abgrenzung wird vom System angezeigt. Beispiele für solche Infotypen sind die Organisatorische Zuordnung (0001) und die Daten zur Person (0002).

- Zeitbindung 2
  Die Pflege eines Infotyps ist nicht Pflicht, allerdings <u>kann</u> zu jedem Zeitpunkt höchstens ein Infotypsatz existieren, z.B. der Infotyp Urlaubsanspruch (0005). Ein neuer Datensatz wird beim Hinzufügen wieder von seinem Vorgänger abgegrenzt. Die Abgrenzung wird vom System angezeigt.

- Zeitbindung 3
  Zu jedem Zeitpunkt können beliebig viele Infotypsätze existieren, z.B. ein Datensatz des Infotyps Qualifikation (0024).

Welche Infotypen zur Verfügung stehen und welche Zeitbindung sie haben, wird über das Customizing festgelegt. Berechtigungen zur Pflege lassen sich infotypenweise vergeben.

Abbildung 47: Customizing der Infotypen

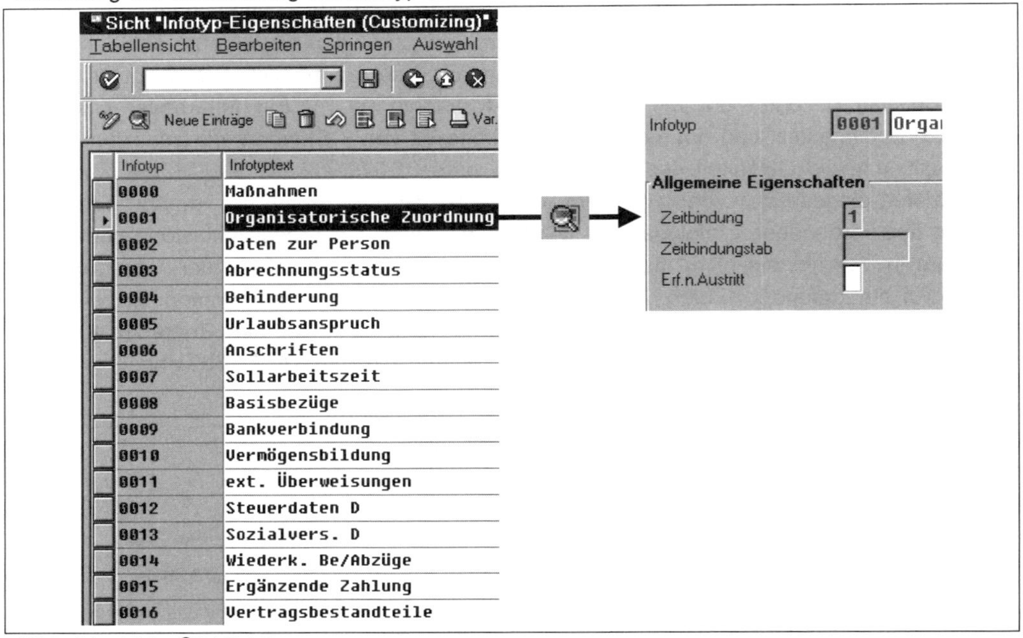

Bildschirmbilder ©SAP AG

Infotypen fassen – wie eingangs erwähnt – gleichartige oder ähnliche Informationen zusammen, für die eine bestimmte Zeitbindung existiert. Problematisch wird dieser Zusammenhang, wenn Teile des Infotyps einer Zeitbindung 1 zuzuordnen sind, während andere Teilbereiche der Zeitbindung 2 eher zuzuordnen sind. Ein solcher Fall tritt beim Infotyp Anschriften (0006) auf. Hier werden der ständige Wohnsitz, der Zweitwohnsitz und die Heimatanschrift erfasst. Ein ständiger Wohnsitz muss zu jedem Zeitpunkt existieren (Zeitbindung 1). Eine Heimatanschrift kann hingegen gepflegt werden (Zeitbindung 2 oder 3). Pro Anschriftsart einen eigenen Infotyp anzulegen, erscheint allein schon wegen der inhaltlichen Zusammengehörigkeit wenig sinnvoll.

Für solche Fälle bietet R/3 Infosubtypen. Diese teilen den Infotyp in kleinere Bereiche auf. Den Subtypen kann jeweils eine eigene Zeitbindung zugeordnet werden. Dadurch sind sie separat historienfähig. Auf das Beispiel angewendet, würden für den Infotyp Anschriften drei Subtypen gebildet. Der Infotyp Anschriften bekommt dann die Zeitbindung T als Kennzeichen, dass Subtypen existieren und diese die Zeitbindung (1-3) bestimmen. Berechtigungen können auch subtypweise vergeben werden.

4.1.3 Personalmaßnahmen

Für personalwirtschaftliche Vorgänge (z.B. Einstellung, Austritt) sind typischerweise mehrere Infotypen notwendig. Daher können die Infotypen, die für einen Vorgang erforderlich sind, in Personalmaßnahmen gebündelt werden. Die Infotypen werden systemgeführt nacheinander zur Bearbeitung angeboten. Sie müssen vom Sachbearbeiter nicht einzeln aufgerufen wer-

den. Dadurch wird nicht nur die Datenerfassung erleichtert, sondern es kann sichergestellt werden, dass kein notwendiger Infotyp ausgelassen wird.
Die Zuordnung im Customizing von Infotypen zu einer Maßnahme geschieht, indem die Infotypen zu einer Infotypgruppe zusammengefasst werden. Diese werden dann ihrerseits der Personalmaßnahme zugeordnet. Die folgenden Personalmaßnahmen sind u.a. im R/3-Standard realisiert:

- Einstellung,
- Organisatorischer Wechsel,
- Vorruhestand/Pensionierung,
- Austritt aus dem Unternehmen,
- Wiedereintritt in das Unternehmen.

Durchgeführte Personalmaßnahmen lassen sich im Infotypen Maßnahmen (0000) für jeden Mitarbeiter einzeln dokumentieren. Der Infotyp Maßnahmen ist üblicherweise der erste zu pflegende Infotyp bei Durchführung einer Personalmaßnahme.
Zur Beschleunigung von Vorgängen gibt es die Möglichkeit der Maßnahmenschnellerfassung. Dabei werden in einem speziellen Erfassungsbildschirm sämtliche Musseingabefelder zur Pflege angeboten, die für diesen personalwirtschaftlichen Vorgang mindestens gebraucht werden. Maßnahmenschnellerfassungen werden im Standardsystem für die Einstellung und den organisatorischen Wechsel angeboten.
Sind von Datenänderungen eines Infotyps Personaldaten eines anderen Infotyps betroffen (Wechselwirkung), so wird dieser Infotyp automatisch mit zur Bearbeitung angeboten. Diese Automatik wird auch als dynamische Maßnahme bezeichnet. Soll ein Infotypsatz geändert oder abgegrenzt werden, so ist dies - je nach zugrunde liegendem Infotypen – nur über eine Personalmaßnahme möglich. Beispielsweise können Änderungen bzgl. der Zuordnung eines Mitarbeiters zur Aufbauorganisation (Infotyp 0001 Organisatorische Zuordnung) nur über die Personalmaßnahme „Organisatorischer Wechsel“ durchgeführt werden.
Für viele personalwirtschaftliche Vorgänge müssen häufig Fristen gewahrt werden. Damit Personalmaßnahmen rechtzeitig möglich sind, kann ein Sachbearbeiter sich über den Infotyp Terminverfolgung (0019) erinnern lassen. Beispielsweise könnte sich der Sachbearbeiter vier Wochen vor Ablauf der Probezeit eines neuen Mitarbeiters vom System auf diesen Umstand aufmerksam machen lassen.

4.2 Organisationsmanagement

Mit der Personalmaßnahme Einstellung sollen vakante Planstellen besetzt werden. Eine Planstelle beschreibt die organisatorische Zusammenfassung von Tätigkeiten in einer Position, z.B. Abteilungssekretärin. Die Planstelle ist die Basis für die Erstellung eines Besetzungsplans und Teil der Aufbauorganisation. Die Abbildung der Aufbauorganisation, d.h. der funktionalen Unternehmensstruktur, ist ein Hauptziel der Komponente Organisationsmanagement.
Planstellen haben teilweise gleiche Eigenschaften bzw. lassen sich über ihre prinzipielle Funktion klassifizieren, z.B. Sekretärin oder Abteilungsleiter. Solche Daten werden in der Stelle als weiteres Element der Aufbauorganisation hinterlegt. Die Planstelle beschreibt eine konkret zu besetzende Position, die Stelle in R/3 hingegen eine prototypische Funktionsbeschreibung einer Tätigkeit. Bei der Erstellung einer Planstelle liefert die Stelle als Hilfsmittel allgemeine Stellenbeschreibungen. Die Planstelle übernimmt bei einer Zuordnung Aufgaben und Eigenschaften der Stelle. Der Planstelle lassen sich weiterhin ein Arbeitsplatz, d.h. ein

konkreter, physischer Ort, und Aufgaben, d.h. individuelle der Planstelle zugeordnete Tätigkeiten (z.B. Einbau von Baugruppen, Bewerber beurteilen etc.), zuordnen. Die Person, die die Planstelle besetzt, wird als Inhaber bezeichnet. Die Zuordnung der Person zur Planstelle geschieht beispielsweise durch die Personalmaßnahme Einstellung und dabei über den Infotyp Organisation.

Gruppierungen von Planstellen werden zu Organisationseinheiten zusammengefasst (z.B. Einkaufsabteilung oder internes Rechnungswesen). Zur Darstellung von Hierarchien können Leiterplanstellen den Organisationseinheiten zugeordnet werden oder Organisationseinheiten mit anderen Organisationseinheiten verknüpft werden. Linienorganisation und Matrixorganisationen sind darstellbar.

Organisationseinheiten, Planstellen und Arbeitsplätze können i.S. des Controlling Kostenstellen zugeordnet werden, so dass die jeweils entstehenden Personalkosten bei den Kostenbetrachtungen mit einfließen können.

Die Eigenschaften und Informationen zu den Elementen der Organisationsstruktur werden wie in der Personaladministration durch Infotypen(sätze) verwaltet. Ein Beispiel für diese inhaltliche Zusammenfassung ist der Infotyp 1011 Sollarbeitszeit. Dieser legt Sollarbeitszeiten für Organisationseinheiten, Planstellen oder Arbeitsplätze fest. Diese können bei einer Neubesetzung einer Planstelle dann mit der Sollarbeitszeit des Infotyps 0007 (Arbeitszeit im Personalstammsatz) verglichen werden. Auch die verbale Beschreibung der Stelle bzw. Planstelle wird über einen Infotyp gepflegt (Infotyp 1002 Verbale Beschreibung).

Nicht alle Infotypen lassen sich für sämtliche Elemente einsetzen, beispielsweise kann über den Infotypen 1003 Abteilung/Stab eine Organisationseinheit mit einem Kennzeichen versehen werden, das die Einheit als Stab oder Abteilung kennzeichnet. Auch bei den Infotypen des Organisationsmanagements besteht wieder eine Zeitbindung.

Abbildung 48: Organisatorische Personalstruktur

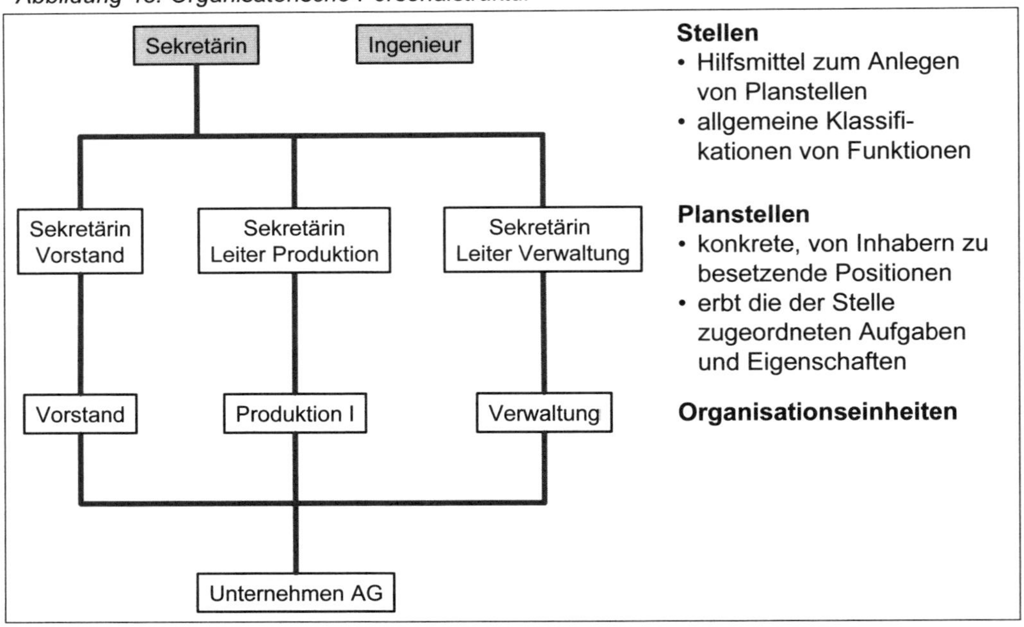

Die Elemente und Hierarchien der Aufbauorganisation können dann in einem weiteren Schritt als Berichtsstruktur dienen, beispielsweise um Personalbedarfs- oder Personalkostenplanungen durchzuführen. Die erstellte Aufbauorganisation kann also auch als Berichtsstruktur verwendet werden.

4.3 Unternehmensstruktur in der Personalwirtschaft

Von der Aufbauorganisation zu unterscheiden ist die sog. Unternehmensstruktur in R/3. Ziel der Unternehmensstruktur ist die betriebliche Organisation der Daten für unternehmensexterne und –interne Zwecke. Eine Organisation der Daten nach innerbetrieblichen Gesichtspunkten ist z.B. die Organisation nach Profitcentern oder Kostenrechnungskreisen zur Auswertung von Kosten. Rohstoffe werden in Lagern geführt. Entsprechend existiert in R/3 eine Organisationsebene Lager. Für die Erstellung einer Bilanz ist eine finanzwirtschaftliche Einheit/Ebene notwendig (extern), der die entsprechenden Stamm- und Bewegungsdaten zugeordnet werden können. Die Unternehmensstruktur stellt somit betriebliche Bezugspunkte dar, die der Aufbauorganisation ähneln. Während also bei der Aufbauorganisation das Organigramm abgebildet werden soll, schafft die Unternehmensstruktur die notwendige Datenstruktur mit ihren Bezugspunkten für die betrieblichen Transaktionen. Die Unternehmensstruktur kann wie die Aufbauorganisation als Basis für Berichte verwendet werden. Trotz des verwendeten Begriffs der Unternehmensstruktur werden deren Einheiten/Ebenen auch als R/3-Organisationsebenen bezeichnet.
Die Minimal-Ausstattung an Unternehmensstruktur ist ein Mandant mit einem so genannten Buchungskreis. Unternehmenseinheiten (mit oder ohne Rechtsform), für die ein eigener Jahresabschluss mit Bilanz und GuV erstellt werden kann, werden in R/3 aus finanzwirtschaftlicher Sichtweise mittels Buchungskreis dargestellt. Der Buchungskreis bildet damit die kleinste selbständig bilanzierende Einheit. Geschäftsvorfälle können nur in einem Buchungskreis bearbeitet werden, daher muss in jedem Mandanten mindestens ein Buchungskreis eingerichtet sein. Der Buchungskreis wird im System durch einen vierstelligen Schlüssel repräsentiert.
Bestehen mehrere selbständig bilanzierende Einheiten, dann können entsprechend auch mehrere Buchungskreise mittels Customizing angelegt bzw. Buchungskreise kopiert werden. Der Buchungskreis ist dem Mandanten untergeordnet. Ein Mandant kann mehrere Buchungskreise beinhalten, jeder Buchungskreis gehört aber zu genau einem Mandanten. Grundsätzlich gilt, dass Daten, die dem übergeordneten Ebene zugeordnet sind, von den jeweils untergeordneten Ebenen genutzt werden können. Für Mandant und Buchungskreis bedeutet dies, dass Daten die dem Mandant zugeordnet sind, auch allen Buchungskreisen zur Verfügung stehen.[13]

Abbildung 49: Verhältnis Mandant – Buchungskreis

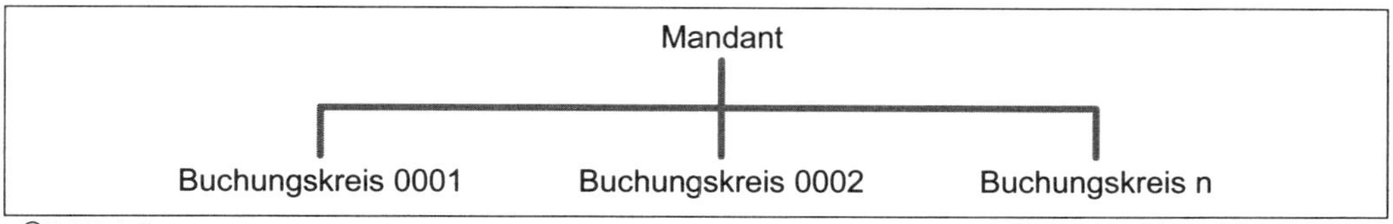

©SAP AG

Die personalwirtschaftlichen Ebenen der Unternehmensstruktur sind direkt der Hauptachse Mandant – Buchungskreis zugeordnet. Der Buchungskreis ist unterteilbar in Personalberei-

[13] S. auch Kapitel 5.1.4, S. 108.

che. Der Personalbereich stellt einen abgrenzbaren Bereich im Untenehmen dar, er ist einem Buchungskreis eindeutig zugeordnet.
Die Gründe für eine Einteilung sind frei entscheidbar (keine Außenwirkung wie im Falle des Buchungskreises). Der Personalbereich selbst besteht wiederum aus ein bis mehreren Personalteilbereichen. Der Personalteilbereich ist ein nach Zeit-, Abrechnungs- oder administrativen Aspekten abgrenzbarer Teil eines Personalbereichs.[14]

Abbildung 50: Unternehmensstruktur in der Personalwirtschaft

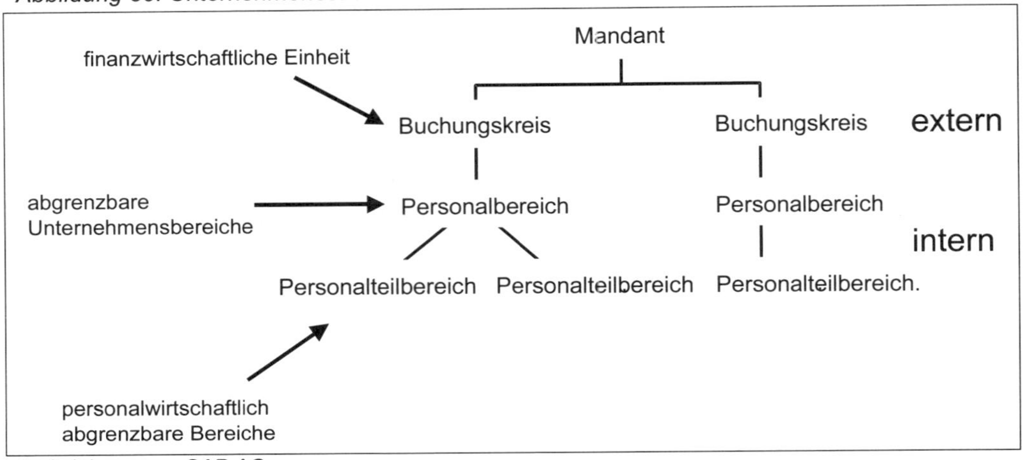

In Anlehnung an SAP AG

Aus administrativer Sicht lassen sich:

- Mitarbeitergruppe,
- Mitarbeiterkreis und
- Abrechnungskreis

unterscheiden.
Eine Mitarbeitergruppe ist eine Gruppe von Personen, für die die gleichen personalwirtschaftlichen Regelungen gelten, z.B. Aktive, Rentner, Freiberufler etc. Der Mitarbeiterkreis spezifiziert die Gruppen dann genauer, z.B. außertarifliche Angestellte. Der Abrechnungskreis gruppiert aus Sicht der Personalabrechnung Mitarbeiter, die zum gleichen Zeitpunkt abgerechnet werden. Mit den vorgestellten Ebenen können zur Arbeitserleichterung Vorschlagswerte oder gleiche Verfahrensschemata verbunden werden, z.B. welcher Monatsarbeitsplan für welchen Mitarbeiterkreis üblicherweise im Unternehmen verwendet wird. Die Vorschlagszuordnung wird im Customizing vorgenommen. Weiter dienen die Ebenen auch als Selektionsmöglichkeit für Auswertungen.

Nachträgliche Änderungen der R/3-Unternehmensstruktur sollten vermieden werden und lassen sich häufig nur mit sehr viel Aufwand betreiben. Beispielsweise kann der Kontenplan eines Buchungskreises nach seiner Produktivsetzung nicht mehr geändert werden, ohne dass die bisher gepflegten Daten verloren gehen. Sämtliche Zuordnungen gelten als verbindlich. Eine Gehaltsüberweisung an einen Mitarbeiter, dessen Personalteilbereich nicht dem entsprechenden Buchungskreis zugeordnet ist, würde R/3 (zu Recht) verweigern.

[14] Vgl. Möhrlen, SAP®-Kompendium, 1999, S. 640 f.

4.4 Eine geschäftsprozessorientierte Fallstudie

Die vorausgegangenen und folgenden Erläuterungen zu den Anwendungskomponenten werden anhand einer Fallstudie vertieft. Aufgezeigte Konzepte, Zusammenhänge und Hintergründe sollen auf operativer Ebene verdeutlicht werden. Die Bearbeitung der Fallstudienbereiche wird durch ausführliche Pflegeanleitungen unterstützt. Die für die Pflege erforderlichen Daten befinden sich im Anhang A. Die Ausnahme hiervon stellen die notwendigen Daten zur Pflege einer Planstelle und zur Einstellung eines Mitarbeiters dar. Diese können zur Vereinfachung der Pflegeprozedur direkt den Pflegeanleitungen entnommen werden, während die folgenden Pflegenanleitungen eher exemplarischen Charakter haben. Die für die Fallstudie wesentlichen Customizing-Einstellungen können im Anhang B eingesehen werden.

Der Ablauf der Fallstudie wird in der Abbildung 51 skizziert. Die thematische Gliederung dieses Buches orientiert sich weitergehend an diesem Ablauf. Die Darstellung von R/3 im bereichsübergreifenden Prozess soll die Informationsflüsse und die daraus entstehenden Verknüpfungen von Daten (und Informationen) verdeutlichen und so dem Leser die betriebliche Unterstützungsfunktion der Software zeigen. Hierbei wird insbesondere der Integrationsgedanke konkretisiert.

Abbildung 51: Ablauf der Fallstudie

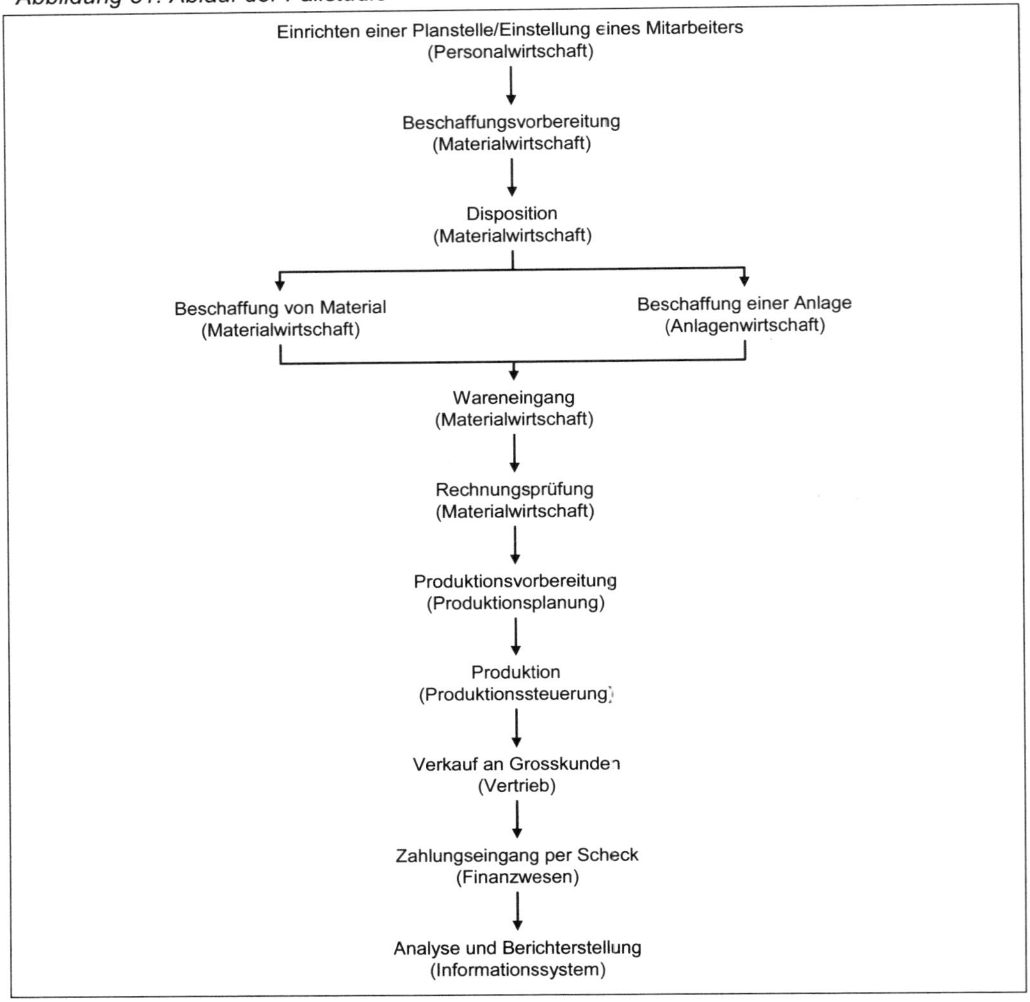

Das Unternehmensszenario, auf dem die Fallstudie basiert, sieht wie folgt aus. Der neu eingerichtete Unternehmenszweig „Müsli-Naturkost" hat sich zum Ziel gesetzt, zwei neue Müsliprodukte im Markt zu platzieren. „Nussper Trio" richtet sich speziell an die Nuss-Liebhaber unter den Müslikäufern, wobei „Innova Vital" ein neues Design-Produkt für die junge Generation darstellt. Zur Zubereitung von „Innova Vital" braucht keine Milch mehr eingekauft zu werden, das Milchpulver ist schon integriert, so muss nur noch Wasser zugegeben werden.

Zutatenlisten:

Innova Vital	**Nussper Trio**
Haferflocken	Haferflocken
Honig	Honig
Leinsamen	Leinsamen
Naturidentische Aromen (Mischung)	Naturidentische Aromen (Mischung)
Vitamine (Mischung)	Vitamine (Mischung)
Trauben (getrocknet)	Trauben (getrocknet)
Aprikosen (getrocknet)	Cashew-Kerne
Erdbeeren (gefriergetrocknet)	Haselnüsse
Milchpulver	Vollmilch-Schokolade-Flocken
Sonnenblumenkerne	Walnüsse

Beide Produkte sind in einer 500g Faltschachtel (das Müsli selbst ist noch einmal in einer Tüte) und in einer 1000g Tüte erhältlich. Zum Transport werden die Müsli-Produkte in Kartons und weiter auf Leihpaletten gepackt. Jeder Karton enthält 10 x 1000g oder 20 x 500g Müsli. Auf eine Palette können bis zu 6 Kartons gepackt werden. Folgende Verpackungsmaterialien werden verwendet:

Etikett Innova Vital	Karton 10x1kg oder 20x500g
Etikett Nussper Trio	Tüte 1kg
Clip	Tüte 500g
Palette Typ A	
Faltschachtel Innova Vital	
Faltschachtel Nussper Trio	

Aufgabe 1

Die beiden Müsliprodukte waren bisher nicht im Sortiment. Daher müssen zunächst die personellen und maschinellen Kapazitäten geschaffen werden. Konkret bedeutet dies die Schaffung einer Planstelle und die Einstellung eines neuen Mitarbeiters. Außerdem muss die Müslimixmaschine noch angeschafft werden.[15]

Der neue Mitarbeiter soll ein Ingenieur sein. Das Arbeitsverhältnis beginnt zum nächsten 1. eines Monats. Er wird unbefristet eingestellt unter Berücksichtigung einer sechsmonatigen Probezeit. Alle weiteren Daten sind der rechten Spalte der jeweiligen Pflegeanleitung zu entnehmen, wobei u.U. zeitliche Anpassungen vorgenommen werden müssen. Persönliche Daten des Mitarbeiters können beliebig gepflegt werden.

Der neue Mitarbeiter soll eine Planstelle besetzen. Legen Sie vor der Einstellungsmaßnahme eine Planstelle an. Nach der Einrichtung einer Planstelle soll der Mitarbeiter eingestellt werden. Benutzen Sie dazu die Personalmaßnahme „Einstellung“. Die Personalnummer ist die 2001xx.

---

[15] S. auch Kapitel5.4, S. 268.

Folgende Pflegeanleitungen stehen für die Pflege der Aufgabe zur Verfügung, wobei nicht alle zur Anwendung kommen müssen:

- Planstelle einrichten
- Personalmaßnahme – Einstellung
- Personalstamm ändern
- Personalstamm erweitern (anlegen)
- Personalstamm kopieren
- Personalstamm löschen

Hinweis für die Verwendung der Pflegeanleitungen:

Bei der Pflege von Stammsätzen durch mehrere Anwender in einem Mandanten ist zu beachten, dass das „xx“ bei den Identnummern jeweils durch eine Gruppen- oder Teilnehmernummer ersetzt wird. So können mehrere Fallstudien parallel im gleichen Mandanten „unabhängig“ voneinander durchgeführt werden.

Beispiel: Ein neuer Mitarbeiter soll eingestellt und in R/3 gepflegt werden. Dieser bekommt laut Aufgabenstellung oder Pflegeanleitung die Personalnummer „2001xx“. Haben zwei Anwender die Gruppennummer 06, so lautet die zu pflegende Personalnummer 200106.

Eingaben sind *kursiv* und Menüpunkte sind in GROSSBUCHSTABEN geschrieben. Informationen zu einzelnen Feldern, Dialogfenstern oder Bildschirmbildern sind mit ▸ gekennzeichnet.

Planstelle einrichten

<table>
<tr><th>FENSTER</th><th>MENUEPFAD/EINGABE</th></tr>
<tr><td>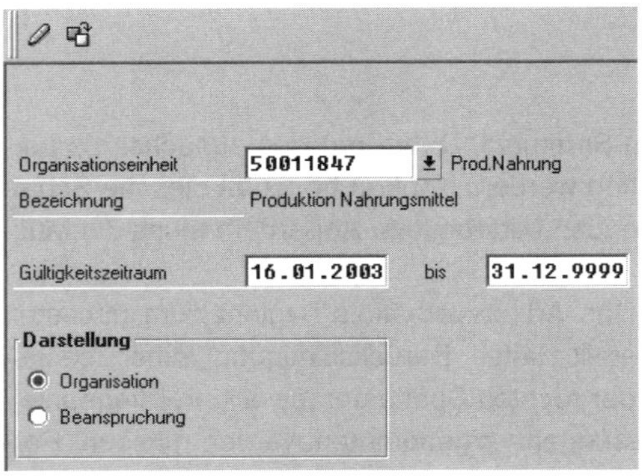
</td><td>PERSONAL ⇨ PERSONALMANAGEMENT ⇨ STELLENWIRTSCHAFT ⇨ ORGANISATION ⇨ ÄNDERN

Organisation ändern

Organisationseinheit: 50011847
▸ Prod. Nahrung; Ermittlung über Taste F4.</td></tr>
</table>

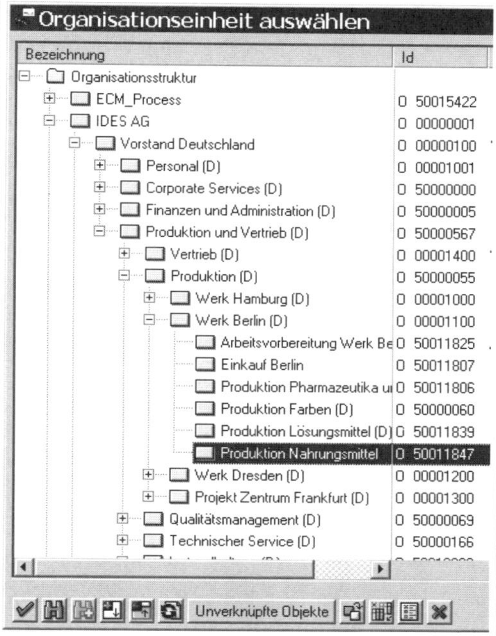

Produktion Nahrungsmittel anklicken und ✔ weiter

‣ Die Suchhilfe kann hier mit ausgewählt werden.

Gültigkeitszeitraum: *heute bis 31.12.9999*

‣ Angabe, für welchen Zeitraum die Änderung gültig ist. 31.12.9999 ist gleichbedeutend mit unbefristet. Die angestrebte Änderung der Organisationseinheit wird damit zeitlich festgelegt, d.h. die noch anzulegende Planstelle wird der Organisationseinheit „Prod.Nahrung" entsprechend des oben gesetzten Gültigkeitszeitraumes zugeordnet sein. Die Planstelle selbst kann eine viel längere Gültigkeit aufweisen. Sie ist dann keiner Organisationseinheit zugeordnet. Es werden alle Organisationseinheiten angezeigt, die innerhalb dieses Zeitraums gültig sind.

ändern

Organisation ändern

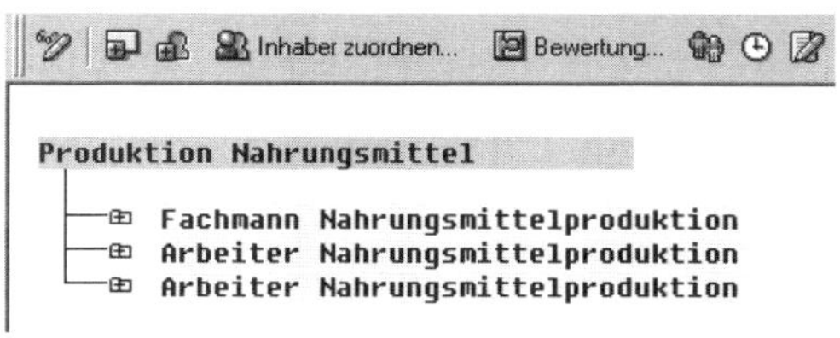

Organisationseinheit **Produktion Nahrungsmittel** durch anklicken markieren

BEARBEITEN ⇨ ANLEGEN ⇨ PLANSTELLE

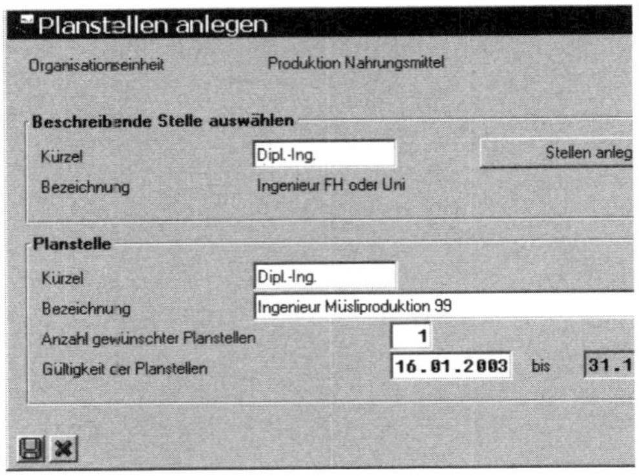

Kürzel (Stelle): *Dipl.-Ing.*

‣ Kann auch über die Suchhilfe Taste F4 ermittelt werden. Die Stelle klassifiziert Funktionen in einem Unternehmen (z.B. Sekretärin).

Kürzel (Planstelle): *Dipl.-Ing.*

‣ Bei Auswahl der Stelle über F4 wird Text automatisch geladen.

Bezeichnung: *Ingenieur Müsliproduktion xx*

‣ xx steht für Gruppennummer. Die Bezeichnung erscheint in der Struktur.

Gültigkeit der Planstellen: *von heute an*

sichern

Organisation ändern

Planstelle hinzugefügt

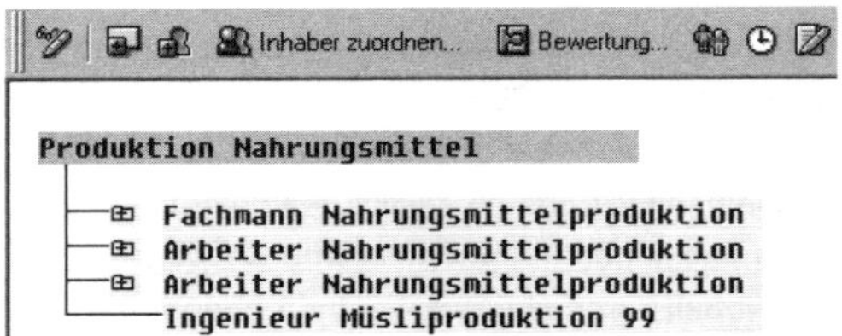

‣ Der neu angelegten Planstelle werden im Folgenden Eigenschaften in Form von Infotypen zugeordnet.

PERSONAL ⇨ ORGANISATIONSMANAGEMENT ⇨ EXPERTENMODUS ⇨ PLANSTELLE

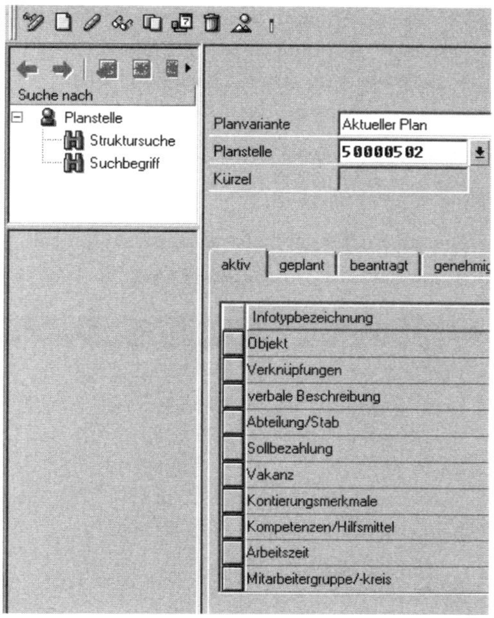

Planstelle pflegen

Planstelle: *zuvor selbst gepflegte Planstelle*

▸ Bitte nicht die im Bildschirmbild gezeigte Planstelle 5000502 verwenden!

▸ Über die Struktursuche kann die zu pflegende Planstelle gesucht werden.

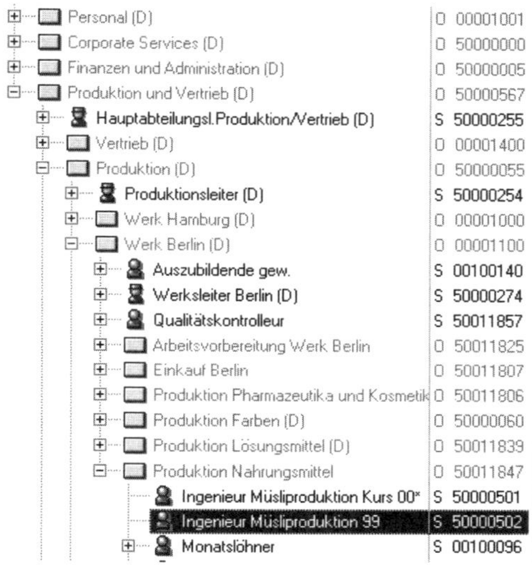

▸ Die Daten zu den Infotypen Objekt (1000) und Verknüpfungen (1001) wurden automatisch bei Anlage der Planstelle angelegt. Infotypen, zu denen bereits Daten gepflegt sind, sind gekennzeichnet.

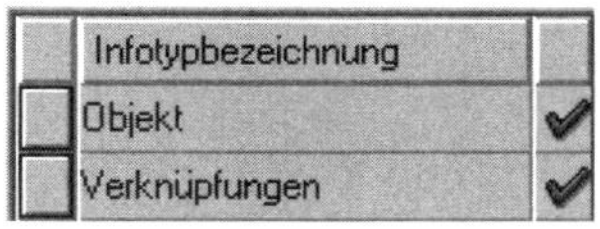

Arbeitszeit markieren

Zeitraum von: *heute bis 31.12.9999*

▸ Im Bereich **Zeitraum** wird die zeitliche Gültigkeit des Infotypsatzes festgelegt.

anlegen (Infotypsatz)

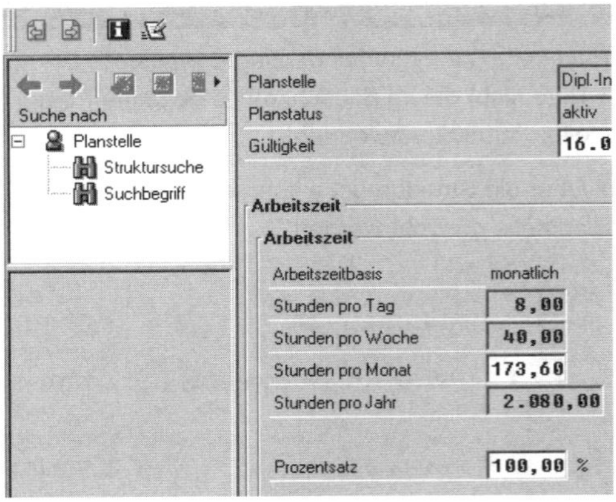

Infotyp 1011 Arbeitszeit hinzufügen

‣ Arbeitszeit und Beschäftigungsumfang der Planstelle festlegen. Dadurch wird verhindert, dass eine Planstelle doppelt besetzt wird.

Gültigkeit: *heute bis 31.12.9999*

Stunden pro Woche: *37,50*

‣ Anstelle der Eingabe können auch Vorgaben übernommen werden. Vorgabewerte

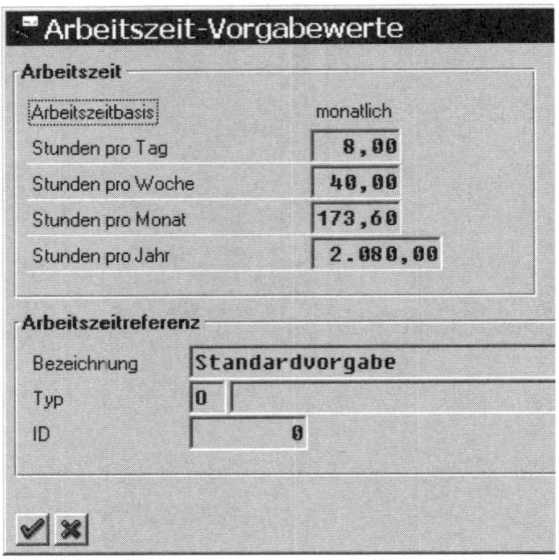

übernehmen

Prozentsatz: *100,00*
‣ voll zu besetzende Stelle

Daten aktualisieren

sichern

‣ Mitarbeitergruppe/-kreis anklicken

Zeitraum von: *heute bis 31.12.9999*

anlegen

Infotyp 1013 Mitarbeiterkreis/-gruppe hinzufügen

‣ „Art" des Mitarbeiters für diese Planstelle festlegen.

Gültigkeit: *01.12.2000 bis 31.12.9999*

Mitarbeitergruppe: *1*
‣ Aktive; Gruppe von Personen, für die die gleichen personalwirtschaftlichen Regelungen gelten

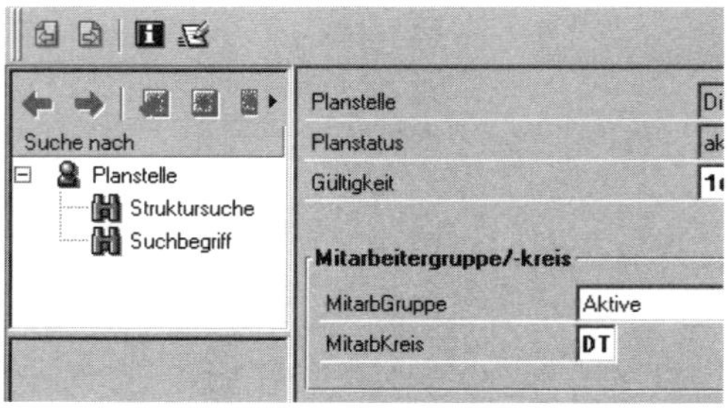

z.B. Aktive, Rentner, Freiberufler etc.

Mitarbeiterkreis: *DT*

▸ AT-Angestellte; Teilgruppe der Mitarbeitergruppe, für die die gleichen personenbezogenen Regelungen gelten. Beispiel: ein Aktiver kann ein Angestellter, Beamter, oder Praktikant sein.

sichern

Bewertung Tarif anklicken (u.U. ist scrollen erforderlich)

Zeitraum von: *heute bis 31.12.9999*

anlegen

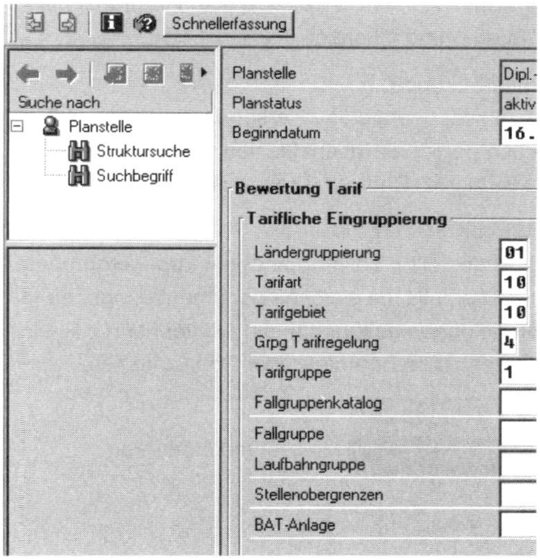

Infotyp 1501 Bewertung Tarif hinzufügen

Gültigkeit: *01.12.2000 bis 31.12.9999*

Ländergruppierung: *01*

Tarifart: *10*

▸ Haustarif.

Tarifgebiet: *10*

▸ Berlin.

GrTarifregelung: *4*

▸ Regelung für außertarifliche Angestellte.

Tarifgruppe: *1*

▸ Einteilung hinsichtlich der Arbeitsbewertung.

sichern

Personalmaßnahme - Einstellung

<table>
<tr><th>FENSTER</th><th>MENUEPFAD/EINGABE</th></tr>
<tr><td>
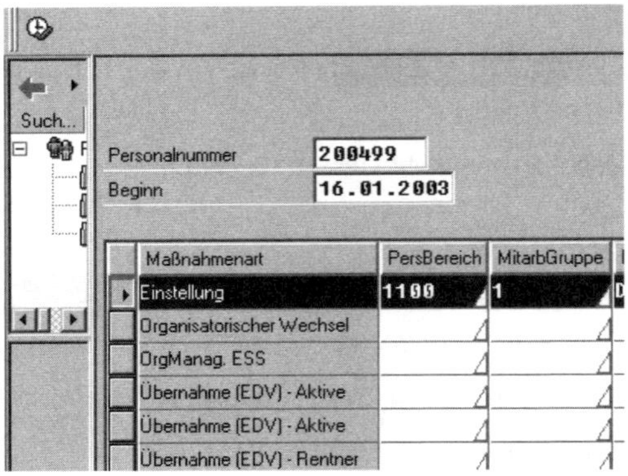

</td><td>
PERSONAL ⇨ PERSONALMANAGEMENT ⇨ ADMINISTRATION ⇨ PERSONALSTAMM ⇨ PERSONALMAßNAHMEN

Personalmaßnahmen

Personalnummer: 2001xx
▸ xx steht für Gruppennummer

Beginn: heute
▸ Eintrittsdatum

PersBereich: 1100
▸ Berlin; Personalbereich, d.h. ein abgrenzbarer Unternehmensbereich.

MitarbGruppe: 1
▸ Aktive; Gruppe von Personen für die die gleichen personalwirtschaftlichen Regelungen gelten z.B. Aktive, Rentner, Freiberufler etc.

MitarbKreis: DT
▸ Angestellte; Teilgruppe der Mitarbeitergruppe für ebenfalls die gleichen personenbezogenen Regelungen gelten, d.h. ein Aktiver kann z.B. ein Angestellter, Beamter, oder Praktikant sein.

Maßnahme markieren

 weiter
</td></tr>
</table>

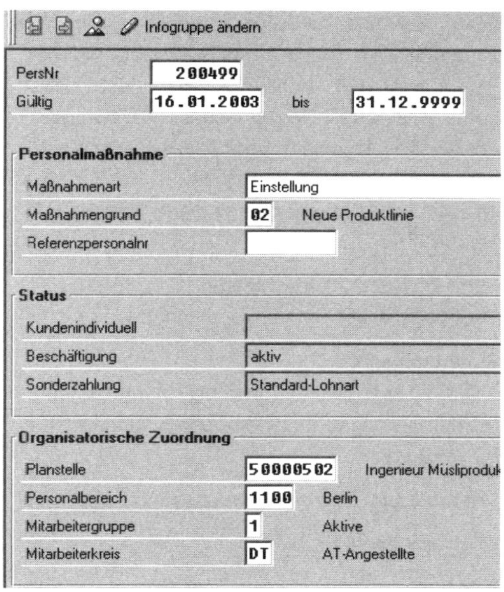

Maßnahmen anlegen (Infotyp 0000)

Gültig: *heute bis 31.12.9999*

- Die Gültigkeit hat Auswirkungen auf die Organisatorische Zuordnung.

Maßnahmengrund: *02*

- neue Produktlinie.

Planstelle: *Hier die zuvor selbst angelegte Planstelle eingeben.*

- Im Beispiel hat die Planstelle die Identnummer 50000502.

- Kann auch über Taste F4 (Suchhilfe) ermittelt werden.

sichern

Daten zur Person anlegen (Infotyp 0002)

- Eingabe beliebiger persönlicher Daten.

Gültig: *vom System vorgeschlagenes Datum übernehmen*

sichern

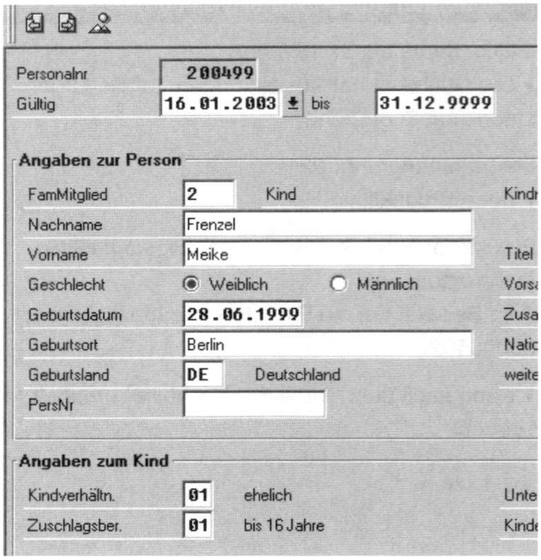

Familie/Bezugsperson anlegen (Infotyp 0021)

- Da der neu einzustellende Mitarbeiter ein Kind hat, müssen nun Angaben zu eben diesem Kind gemacht werden. Dies ist insbesondere wegen der Kindergeldzahlung oder anderer Zuschläge notwendig. Für die Behandlung des Kindergeldes im öffentlichen Dienst gibt es einen eigenen Infotyp (0118).

FamMitglied: *2 (voreingestellt)*
- Kind; Auswahl der Verwandtschaftsart.

Kindnummer: *01*
- Dient dazu, gleiche Infotypen zu unterscheiden, bei dem zweiten Kind würde bspw. Kindnummer 02 eingetragen.

Vorname etc: *beliebige Eingabe*

Kindverhältn.: *01*
- ehelich.

Zuschlag: *01*
- bis 16 Jahre; gibt den Status des Kindes i.S. der Zuschlagsberechtigung an.

Unterbringung: *01*
- im Haushalt.

KindergeldBer: 02
- Kindergeld berechtigt; Für die Kindergeldberechnung im öffentlichen Dienst Deutschland ist dieses Feld irrelevant. Hierfür wird ausschließlich der Informationstyp 0118 (Kindergeldberechtigung OeD D) herangezogen.

sichern

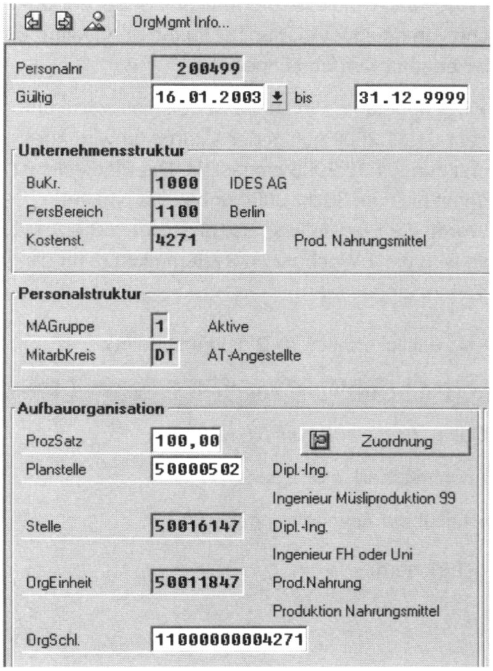

Organisatorische Zuordnung anlegen (Infotyp 0001)

Gültig: *01.12.2000 bis 31.12.9999*

Teilber.: *Produktion I über F4 auswählen*
Personalteilbereich ist nach Zeit-, Abrechnungs- oder administrativen Aspekten abgrenzbarer Teil eines Personalbereichs.

GeschBer.: *1500*
▸ Organisatorische Einheit des Finanzwesens (Tätigkeits- oder Verantwortungsbereich) für die externe Berichterstattung.

AbrKreis: *D2*
▸ Ein Abrechnungskreis beinhaltet eine organisatorische Einheit, deren Mitarbeiter zum gleichen Zeitpunkt abgerechnet werden.

AnstVerh.: techn. Angestellter
▸ technischer Angestellter; Statistische Größe

ProzSatz: *100,00*
▸ Angabe mit welchem Beschäftigungsgrad dieser Mitarbeiter die Planstelle besetzt.

OrgSchl.: *durch* *wird das Feld automatisch gefüllt.*
▸ Der Organisationsschlüssel detailliert die Unternehmensstruktur und die Personalstruktur.

sichern

▸ Das Erscheinen des folgenden Dialogs ist davon abhängig, ab wann die Planstelle gültig ist.

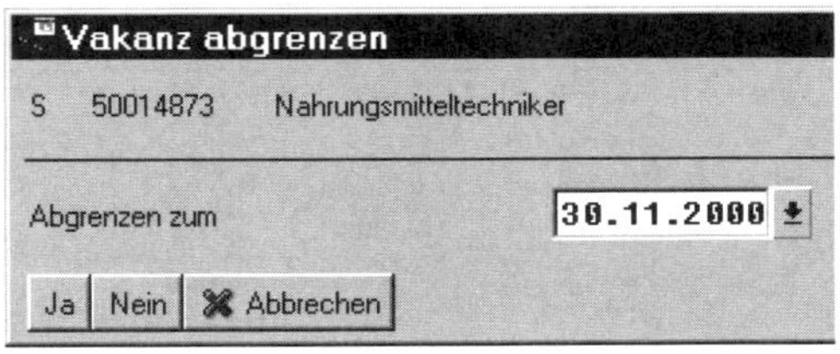

▸ Hier wird festgelegt, ob die Vakanz einer Planstelle aus der Existenz des Infotyps 1007 "Vakanz" abgeleitet werden kann (durch Ja anklicken) oder ob jede unbesetzte Planstelle als vakant gilt. "Vakanz" bedeutet, dass eine Planstelle, die unbesetzt ist, wieder besetzt werden soll.
Vakanzen können z.B. bei der Erstellung einer Kostenvorschau im Rahmen der Personalkostenplanung berücksichtigt werden. Vakanzen werden auch in der Laufbahn- und Nachfolgeplanung

eingesetzt, wo diese Information z.B. bei der Suche von geeigneten Planstellen für einen Mitarbeiter benutzt werden können.

▸ Die angelegte Planstelle ist beispielsweise ab dem 01.11.2000 gültig, der Mitarbeiter wird aber erst zum 01.12.2000 eingestellt. Die Planstelle ist damit bis zum 30.11.2000 unbesetzt (vakant). Wurde die Planstelle später angelegt, z.B. 23.11., so wird die 1 Woche vom System nicht mehr als Vakanz angesehen.

Ja anklicken (sofern Dialog erscheint)

Anschriften anlegen (Infotyp 006)

Gültig: *01.12.2000 bis 31.12.9999*

Anschriftenart: *ständiger Wohnsitz*

▸ beliebige Anschrift angeben

sichern

Sollarbeitszeit anlegen (Infotyp 0007)

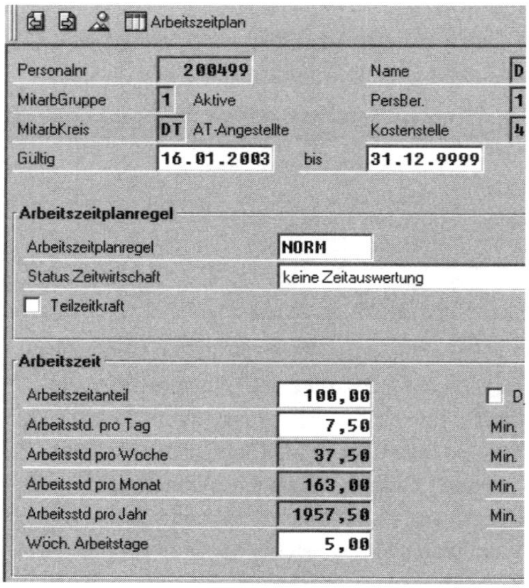

Arbeitszeitplanregel: *NORM*

▸ Basis für die Berechnung der monatlichen Arbeitszeiten, beinhaltet z.B. den Feiertagskalender eines Bundeslandes, hier Berlin.

Status Zeitwirtschaft: *keine Zeitauswertung*

▸ Mitarbeiter nimmt an Zeitauswertung teil, z.B. werden seine Ist-Zeiten über ein Zeiterfassungsgerät erfasst.

um die Arbeitszeitplanregel zu übernehmen

Arbeitszeitplan anklicken für Anzeige des Arbeitszeitplans.

oder direkt sichern

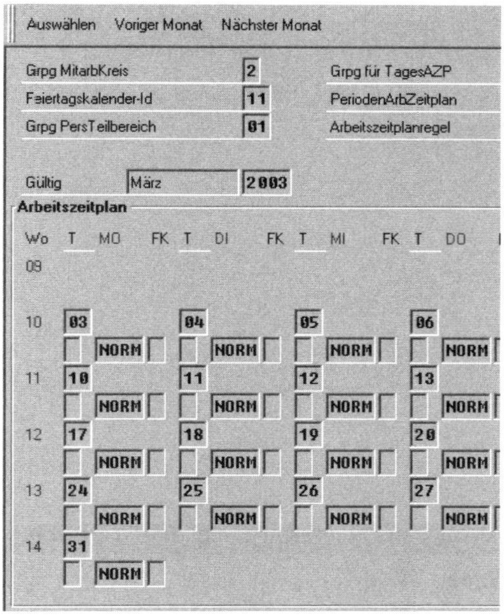

Monatsarbeitszeitplan anzeigen

Arbeitzeitplanregel: *NORM*

▸ Durch Doppelklick auf NORM kann die genaue Tagesarbeitszeit eingesehen werden.

zurück und sichern

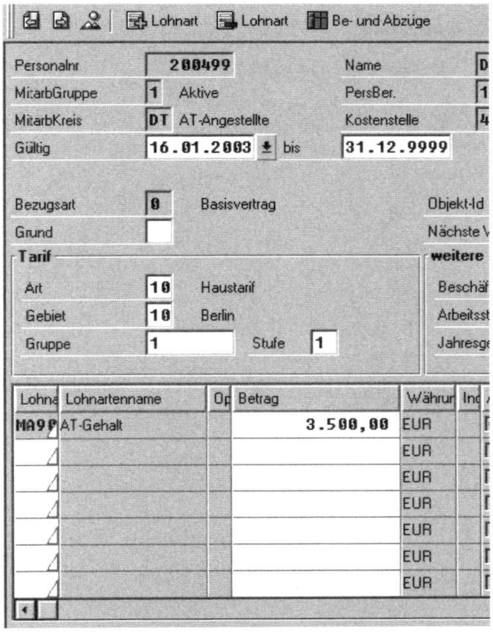

Basisbezüge anlegen (0008)

Tarifart: *10*

Tarifgebiet: *10*

Tarifgruppe: *1*

▸ Im Customizing festgelegte Tarifstruktur.

Stufe: *1*

Lohnart: *MA90*

▸ Die Lohnart MA90 wird automatisch eingestellt. Durch Auswahl von Tarifgruppe und Stufe wird der monatliche Betrag vom System vorgeschlagen.

sichern

Bankverbindung anlegen (Infotyp 0009)

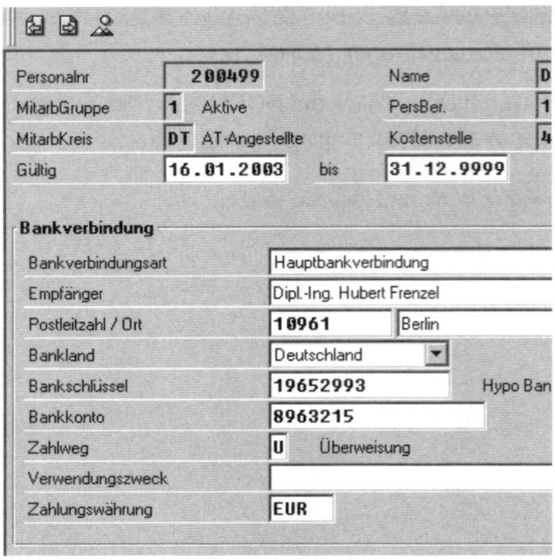

Bankschlüssel: *mit F4 Bank aussuchen*

Bankkonto: *beliebige Kontonummer.*

 sichern

Vermögensbildung anlegen (Infotyp 0010)

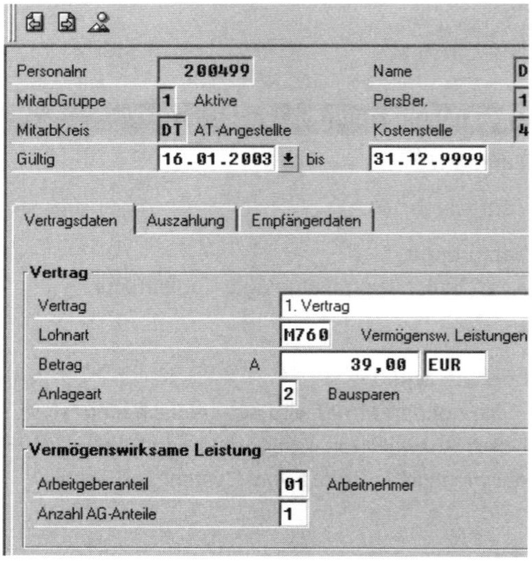

Betrag: *39,00*

Anlageart: *2*

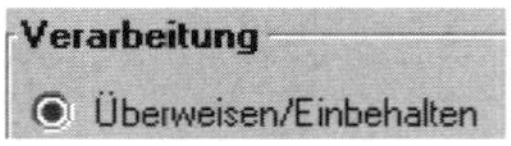

anklicken

Vermögensbildung anlegen (Infotyp 0010)

Empfänger: *DWUEROT*

sichern

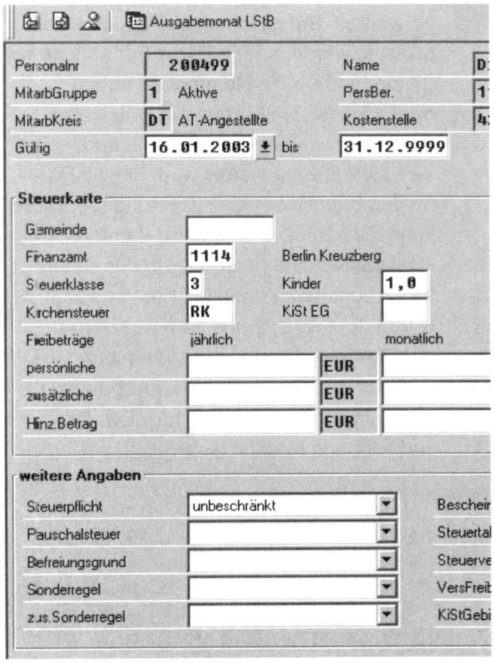

Steuerdaten D anlegen (Infotyp 0012)

Finanzamt: *1114*

Steuerklasse: *3*

Kirchensteuer: *RK*

Kinder: *1*

Steuerpflicht: *unbeschränkt*

▸ Eine Veränderung der folgenden Voreinstellungen ist für die Fallstudie nicht notwendig:

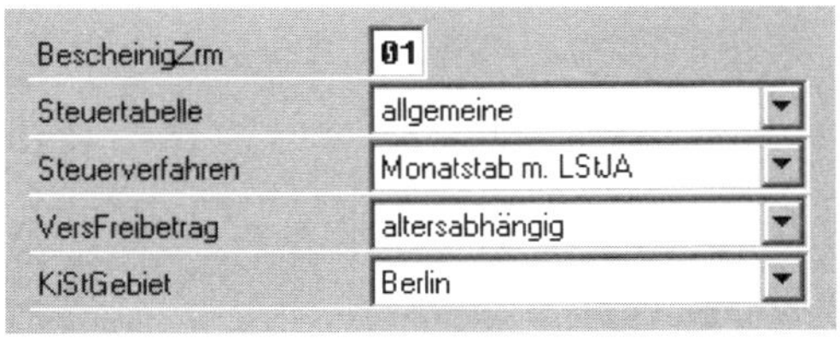

sichern

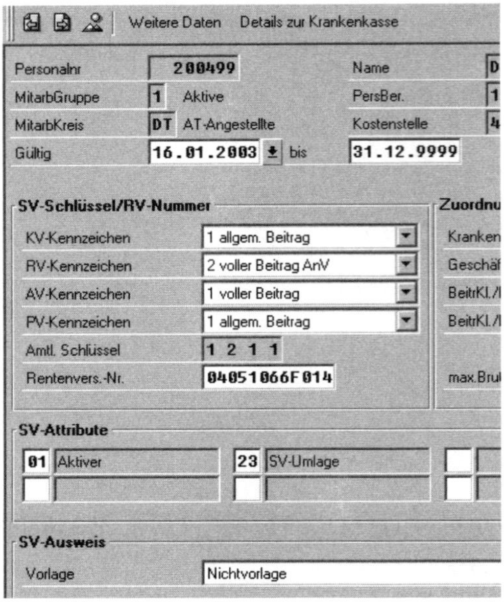

Sozialversich. D anlegen (Infotyp 0013)

Rentenvers.-Nr: *siehe folgende Erläuterung*

▸ Die zwölfstellige Versicherungsnummer setzt sich gemäß § 147 Abs. 2 des Sechsten Buches Sozialgesetzbuch nach Maßgabe der folgenden Teilen zusammen:

(a) der Bereichsnummer, zweistellig, beschreibt Region in der der Versicherte gemeldet ist;

(b) dem Geburtsdatum, Format tt.mm.jj;

(c) Anfangsbuchstabe des Geburtsnamens des Versicherten, Großbuchstabe;

(d) der Seriennummer; zweistellig, bezeichnet die Versicherten, die an demselben Tag geboren sind und deren Geburtsname mit dem gleichen Buchstaben beginnt. Für männliche Versicherte werden die Ziffern 00 bis 49, für weibliche Versicherte die Ziffern 50 bis 99 verwendet. Bei gleichem Namen und Geburtstag würde einer z.B. die Seriennummer 27, der andere die Nummer 28 haben;

(e) der Prüfziffer; wird errechnet, indem der Buchstabe in der neunten Stelle durch eine zweistellige Zahl ersetzt wird, die die Position des Buchstabens im deutschen Alphabet kennzeichnet. Die Ziffern der damit zwölfstelligen Nummer werden - an der ersten Stelle beginnend - mit den Faktoren 2, 1, 2, 5, 7, 1, 2, 1, 2, 1, 2 und 1 multipliziert. Von den Produkten werden die Quersummen gebildet. Die Quersummen werden addiert. Die Summe wird durch 10 dividiert. Der verbleibende Rest ist die Prüfziffer.

Beispiel mit F=06:

0	4	0	5	1	0	6	6	**0**	**6**	0	1
×	×	×	×	×	×	×	×	×	×	×	×
2	1	2	5	7	1	2	1	2	1	2	1
=	=	=	=	=	=	=	=	=	=	=	=
0	4	0	25	7	0	12	6	0	6	0	1

Quersumme je Produkt

0 4 0 7 7 0 3 6 0 6 0 1

Gesamtquersumme

34

34 ÷ 10 = 4 (Prüfziffer)

▸ Idealerweise sollte eine tatsächlich existierende Rentenversicherungsnummer vergeben werden, um Probleme bei der Eingabe zu vermeiden.

SV-Ausweis: *Nichtvorlage*

▸ Sozialversicherungsausweis

Krankenkasse: *TKK*

sichern

DEÜV anlegen (Infotyp 0020)

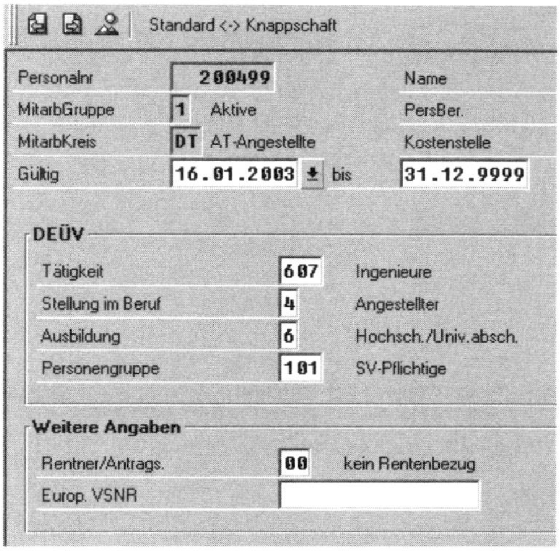

▸ In diesem Infotyp werden für die Datenerfassungs- und Übertragungsverordnung (DEÜV) relevante Daten, d.h. der versicherungsrechtliche Status eines Mitarbeiters, erfasst.

Tätigkeit: *607*

Stellung im Beruf: *4*

Ausbildung: *6*

Personengruppe: *101*

Rentner/Antrags.: *00*

▸ kein Rentenbezug

sichern

Vertragsbestandteile anlegen (Infotyp 0016)

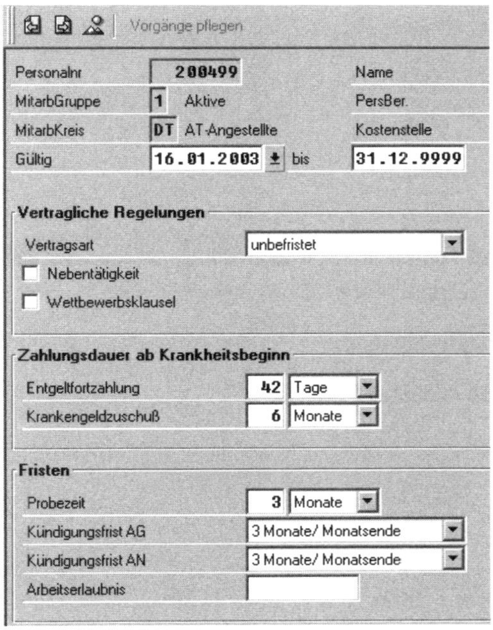

Vertragsart: *unbefristeter Vertrag*

☑ Wettbewerbsklausel

▸ Tätigkeitseinschränkungen nach Beendigung des aktuellen Arbeitsverhältnisses.

Probezeit: *3 Monate*

Kündigungsfrist AG und AN: *3 Monate/Monatsende*

sichern

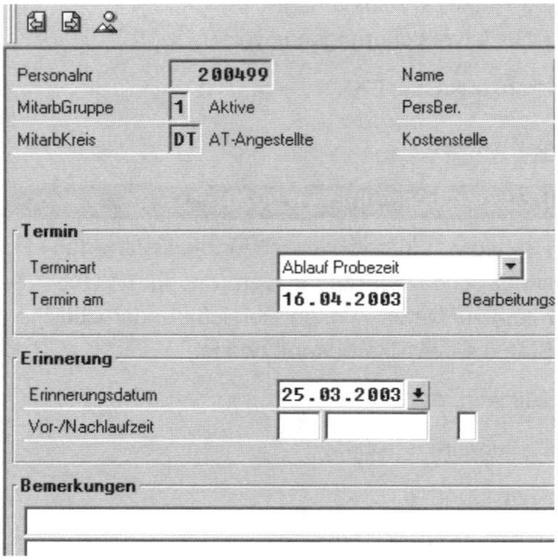

Terminverfolgung anlegen (Infotyp 0019)

▸ Damit Personalmaßnahmen rechtzeitig möglich sind, kann ein Sachbearbeiter sich über die Terminverfolgung erinnern lassen.

Terminart: *Ablauf der Probezeit*
▸

Erinnerungsdatum: 25.03.2003
▸ Wahlweise kann das Erinnerungsdatum über die Eingabe einer Vor-/Nachlaufzeit ermittelt werden (siehe Screen).

und sichern

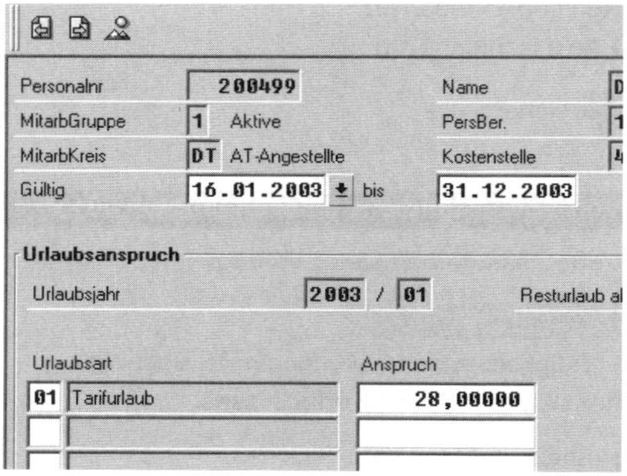

Urlaubsanspruch anlegen (Infotyp 0005)

▸ vorgeschlagene Daten übernehmen!

sichern

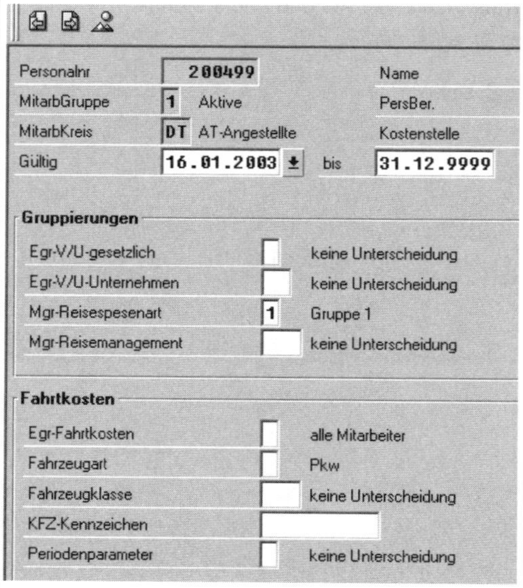

Reiseprivilegien anlegen (Infotyp 0017)

▸ vorgeschlagene Daten übernehmen!

sichern

Satz wurde hinzugefügt

▸ Der neue Mitarbeiter wird aufgrund der Angaben im Infotyp 0001 (Organisatorische Zuordnung) der Planstelle automatisch zugewiesen

Personalstamm ändern

Sollen Daten von Mitarbeitern geändert bzw. korrigiert werden, ohne dass ein neuer Infotypsatz angelegt wird, so ist wie folgt vorzugehen. Änderungen werden nicht in der Historie fortgeschrieben.

Anwendungsbeispiel: Bankverbindung; der Mitarbeiter hat versehentlich die falsche Bankverbindung bei der Einstellung angegeben.

<table>
<tr><th>FENSTER</th><th>MENUEPFAD/EINGABE</th></tr>
<tr><td>
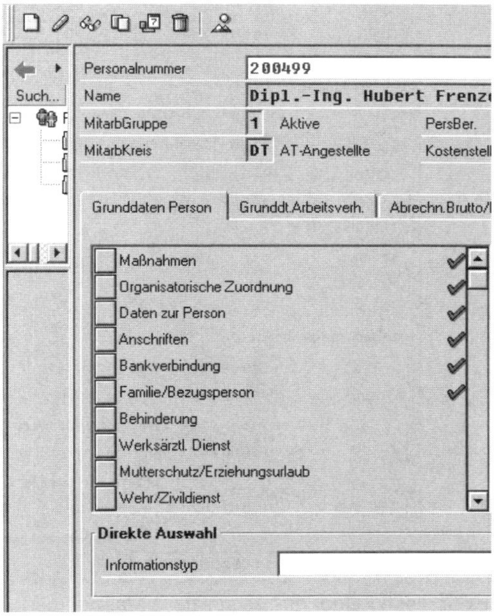

</td><td>
PERSONAL ⇨ PERSONALMANAGEMENT ⇨ ADMINISTRATION ⇨ PERSONALSTAMM ⇨ PFLEGEN

Personalstammdaten pflegen

Personalnummer: 2004xx
▸ xx steht für Gruppennummer

▸ Es können nun die Daten geändert werden, die ein Häkchen besitzen. Nur diese sind schon gepflegt und damit änderbar.

▸ Bankverbindung und ändern anklicken
</td></tr>
</table>

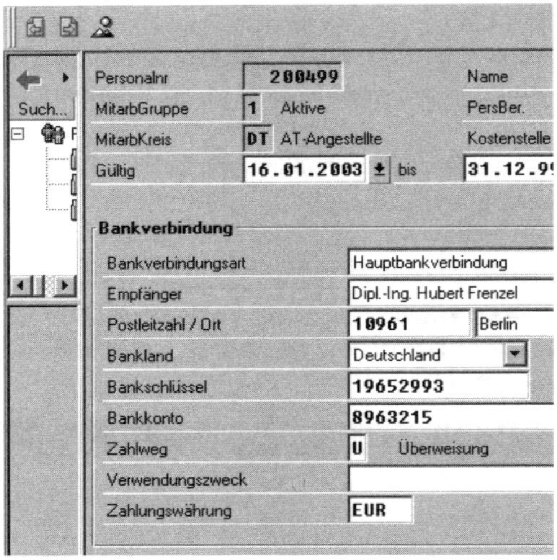

Bankverbindung ändern (Infotyp 0009)

▸ Die Daten der Bankverbindung können nun geändert werden. Es erfolgt keine Abgrenzung!

sichern

▸ Felder, die grau unterlegt sind, können hier nicht geändert werden. Siehe dazu das folgende Beispiel des Infotyps 0001

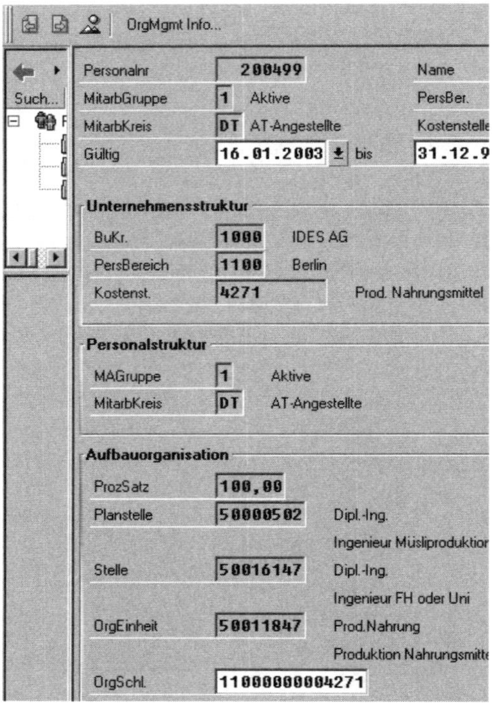

▸ Für diese Felder gibt es spezielle Maßnahmen z.B. Organisatorischer Wechsel (ähnlich zur Einstellung einer Gruppierung von Infotypen).

Personalstamm erweitern (anlegen)

Sollen weitere Daten eines Mitarbeiters angelegt werden, nachdem bereits ein Personalstammsatz für den Mitarbeiter erstellt worden ist, so muss der Stammsatz erweitert werden, d.h. weitere Infotypensätze angelegt werden. Darüber hinaus kann die Anwendung „Anlegen" auch zur Erstellung von neuen Infotypsätzen bereits gepflegter Infotypen verwendet werden, z.B. bei einer Adressänderung nach einem Umzug. Das erneute Anlegen eines Infotypen bringt die Historienfunktion mit sich (siehe dazu weiter Personalstamm kopieren). Anwendungsbeispiel: Es sollen noch Daten hinsichtlich einer besonderen Qualifikation des Mitarbeiters gepflegt werden.

FENSTER	MENUEPFAD/EINGABE
	PERSONAL ⇨ PERSONALMANAGEMENT ⇨ ADMINISTRATION ⇨ PERSONALSTAMM ⇨ PFLEGEN

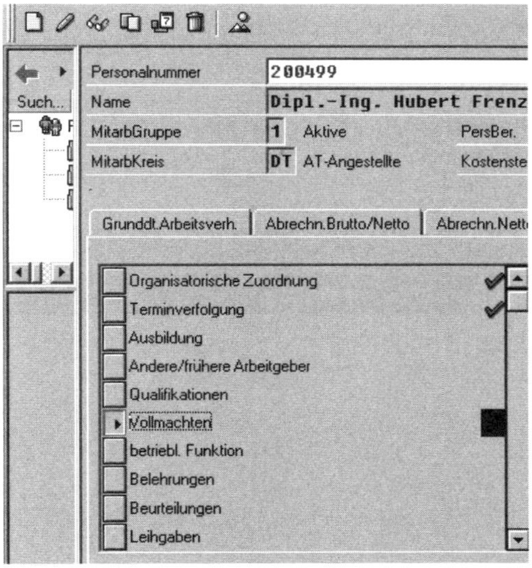

Personalstammdaten pflegen

Personalnummer: *2004xx*

▸ xx steht für Gruppennummer

▸ Vollmachten und anlegen anklicken

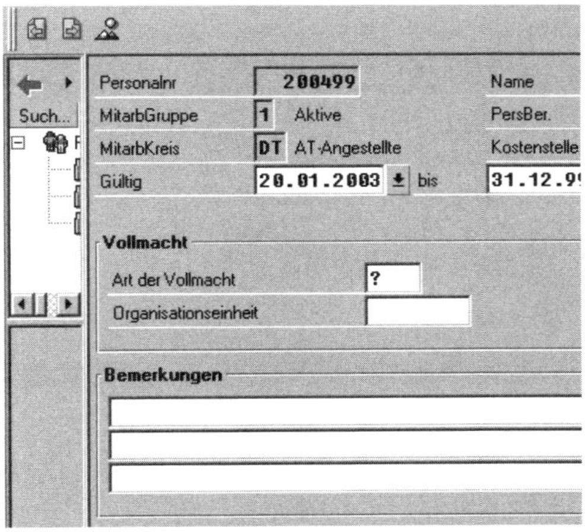

Vollmachten anlegen

▸ Hier können nun Vollmachten hinterlegt werden. Der Infotyp hat die Zeitbindung 2, d.h. es muss kein Infotypsatz existieren, aber wenn einer existiert, dann nur einer.

Personalstamm kopieren

Mit der Kopierfunktion können neue Infotypsätze eines bereits gepflegten Infotyps angelegt werden. Hierbei wird die Historie aufgezeichnet, mit dem Vorteil, dass der Eingabebildschirm mit den noch aktuell gültigen Daten gefüllt ist. Bei der erneuten Anlage eines Infotyps spielt die Zeitbindung eine entscheidende Rolle.

Anwendungsbeispiel: Nach der Probezeit soll das Gehalt auf die Stufe C steigen.

FENSTER	MENUEPFAD/EINGABE
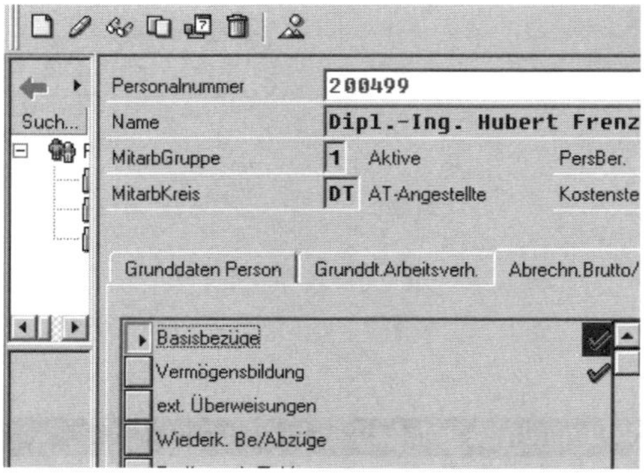	**PERSONAL** ⇨ PERSONALMANAGEMENT ⇨ ADMINISTRATION ⇨ PERSONALSTAMM ⇨ PFLEGEN **Personalstammdaten pflegen** Basisbezüge kopieren anklicken
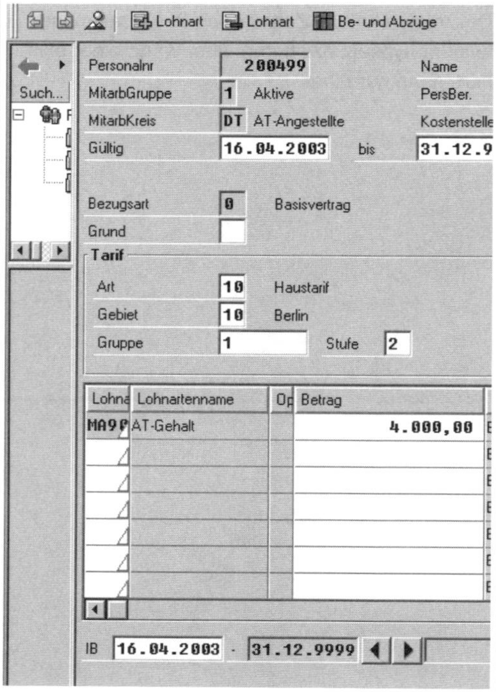	**Basisbezüge kopieren (Infotyp 0008)** Gültig: *16.04.2003* ▸ Nach Ablauf der Probezeit – Einstellung war am 16.01.2003 - wird nach AT-Stufe 2 bezahlt. Stufe: *2* weiter Datensatz gültig 16.01.2003 - 31.12.9999 wird am Ende begrenzt ▸ Zeitbindung 1 durch Subtyp 0 Basisvertrag. Manche Infotypen teilen sich aufgrund der unterschiedlichen Zeitbindung der Daten in verschiedene Infosubtypen auf. Der Infosubtyp ist somit keine Ebene unter dem Infotyp. sichern

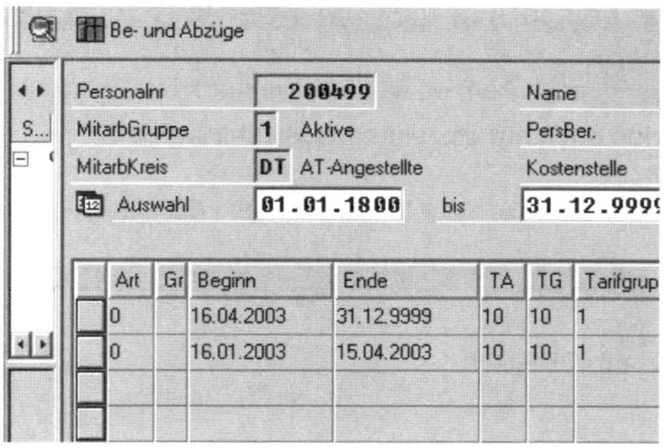

Basisbezüge Überblick

Basisbezüge

Überblick anklicken

▸ Hier kann die Historie der Basisbezüge eingesehen werden.

Bestimmte betriebswirtschaftliche Prozesse in der Personaladministration sind in Maßnahmen abgebildet und sollten nicht über die Änderung oder Anlage einzelner Infotypen erledigt werden, z.B.

- Wiedereintritt ins Unternehmen,
- organisatorischer Wechsel,
- Änderung der Bezüge,
- Bewerber einstellen.

Bringen Änderungen oder Anlagen einzelner Infotypen Auswirkungen auf andere Infotypen mit sich, so werden diese automatisch zur Bearbeitung angeboten.

Personalstamm löschen

Es können Teile (Infotypen) oder der ganze Stammsatz gelöscht werden. Diese Funktion sollte allerdings „sparsam" eingesetzt werden, da die Daten unwiderruflich gelöscht werden. Infotypen der Zeitbindung 1 (zu jedem Zeitpunkt muss ein gültiger Satz für den Infotyp vorhanden sein) können immer dann nicht gelöscht werden, wenn kein Vorgängersatz existiert. Der Vorgängersatz wird dann entsprechend um den Zeitraum des gelöschten verlängert.

FENSTER | **MENUEPFAD/EINGABE**

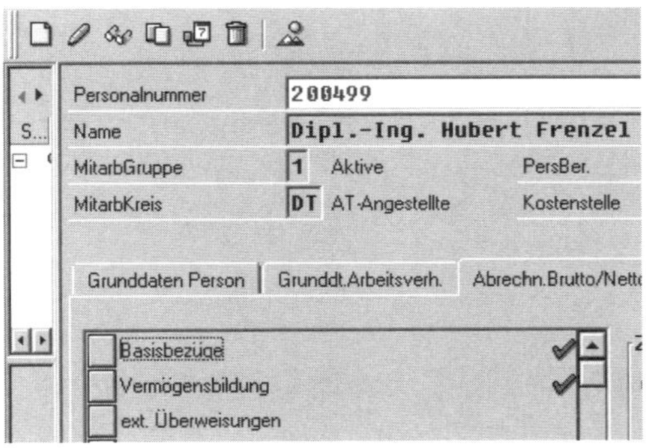

PERSONAL ⇨ PERSONALMANAGEMENT ⇨ ADMINISTRATION ⇨ PERSONALSTAMM ⇨ PFLEGEN

Personalstammdaten pflegen

▸ Eingabe der Personalnummer des Mitarbeiters, dessen Daten gelöscht werden sollen.

HILFSMITTEL ⇨ PERSONALNUMMER LÖSCHEN

▸ Wenn nur ein Infotypsatz gelöscht werden soll, muss der Infotyp in der Liste markiert und anschließend (löschen) angeklickt werden. Mittels der Übersicht-Drucktaste kann eine Liste der zum Infotypen existierenden Datensätze angezeigt werden.

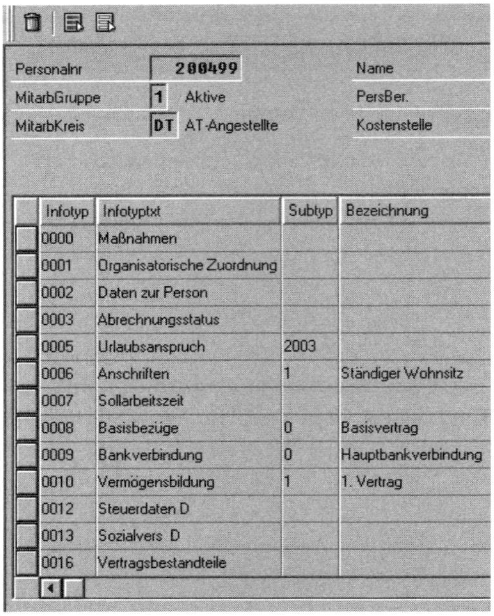

Personaldaten löschen

anklicken, es werden alle markiert. Es können auch nur einzelne ausgewählt werden.

anklicken zur Initiierung des Löschvorgangs

Nochmaliges Betätigen der Löschtaste löscht Personalnummer vollständig

anklicken

5 Materialwirtschaft

5.1 Materialwirtschaft - Einkaufsvorbereitung

Zur Durchführung der betrieblichen Prozesse sind die unterschiedlichsten Materialien notwendig, z.B. Rohstoffe, Halbfabrikate, Verpackungsmaterial etc. Dabei müssen die Materialien nicht unbedingt direkt dem Endzweck, d.h. dem Fertigerzeugnis als Zutat dienen, vielmehr werden auch sog. Nichtlagermaterialien wie Büroeinrichtungen und –hilfsmittel (Bleistift, Papier etc.) benötigt. Der Begriff des Materials ist in R/3 also weiter gefasst, als der Begriff umgangssprachlich vermuten lässt. Unter Material werden hier nicht nur Rohstoffe, Baugruppen etc. verstanden, sondern auch Sachmittel und Dienstleistungen. Ebenso gelten Fertigerzeugnisse als Material.
Neben der physischen Notwendigkeit der Materialwirtschaft gilt es auch finanzwirtschaftliche Anforderungen zu beachten. Material muss nicht nur mengenmäßig erfassbar sein, sondern auch bewertet werden, d.h. wertmäßig fortgeführt werden.
Für einen erfolgreichen Fremdbeschaffungsprozess werden geeignete Lieferanten benötigt. Auch hier gilt es wieder, unterschiedliche logistische und finanzwirtschaftliche Sichtweisen zu beachten. Im Sinne einer Bezugsquellenermittlung muss weiter bekannt sein, welcher Lieferant welche Materialien liefert.
Bevor also Material bestellt werden kann, um es in den betrieblichen Prozessen einzusetzen, müssen einige Voraussetzungen geschaffen werden. Dazu gehören die Material- und Lieferantenstammdaten . Daher wird der Einkauf hier in seine Vorbereitung, d.h. in die Stammdatenpflege, und in den eigentlichen Beschaffungsprozess (Bestellung, Wareneingang, Rechnungsprüfung etc.) geteilt. Der Beschaffungsprozess und seine Vorbereitung sind Teil der Materialwirtschaft.

5.1.1 Unternehmensstruktur in der Materialwirtschaft

Materialstammdaten und auch Bewegungsdaten bedürfen einer Zuordnung zur Unternehmensstruktur. Beispielsweise ist neben den Eigenschaften eines Materials für den reibungsarmen betrieblichen Ablauf die Angabe des Lagers notwendig, in dem sich das Material in einer bestimmten Stückzahl befindet. Für die mengenmäßige Bestandsführung ist demnach die Organisationsebene „Lager" erforderlich. Die wertmäßige Erfassung kann in Zuordnung zu einem Werk erfolgen.
Das Beispiel veranschaulicht, dass nur dann eine den Einkauf vorbereitende Stammdatenpflege erfolgen kann, wenn bestimmte Unternehmensstrukturen (also Bezugspunkte, denen Daten zugeordnet werden) in SAP R/3 vorhanden sind. Die Einrichtung dieser Unternehmensstruktur und ihrer Ebenen erfolgt im Customizing. Im Folgenden werden die für die Fallstudie relevanten Organisationsebenen vorgestellt

5.1.1.1 Werk/Lager(ort)

Während der Buchungskreis eine organisatorische Einheit der Finanzbuchhaltung ist, sind das Werk und der Lagerort der Logistik zuzuordnen. Werk und Lagerort gliedern sich direkt an der Hauptachse Mandant – Buchungskreis an.
Das Werk ist typischerweise eine Betriebsstätte oder eine Niederlassung innerhalb eines Unternehmens, in der Materialien produziert bzw. Waren und Dienstleistungen bereitgestellt werden. Demzufolge umfasst das Werk die Vorgänge der Produktion, Beschaffung, Instand-

haltung und Disposition. Abhängig vom Unternehmensgegenstand kann ein Werk in verschiedenen Rollen auftreten, z.B.:

- als Produktionsstätte,
- als zentrales Auslieferungslager zur Bereitstellung von Waren für die Verteilung,
- regionales Vertriebsbüro (Werksverkauf),
- Hauptsitz eines Unternehmens,
- Instandhaltungsstandortwerk (Instandhaltungsobjekte, die sich räumlich in diesem Werk befinden, werden zugeordnet).

Da Materialbestände aktivierungspflichtig sind (Umlaufvermögen) und auch Wareneingänge (meistens) bezahlt werden müssen, wird die für betriebliche Abläufe notwendige Verbindung zur Finanzbuchhaltung durch die Zuordnung eines Werkes zu einem Buchungskreis geschaffen. Ein Werk ist genau einem Buchungskreis zugeordnet, einem Buchungskreis können keine oder viele Werke zugeordnet werden. Der Fall „keine" tritt beispielsweise bei Banken auf, die eben keine Betriebsstätten im Sinne eines Werkes besitzen (nur wertmäßige Sichtweise). Im Gegensatz dazu führen z. B. Stahlunternehmen mit Gießereien und Walzwerken meistens mehrere Werke an verschiedenen Standorten.
Die Einlagerung von Materialien findet in einem Lagerort statt. Die Bestimmung des Lagerortes wird durch räumliche und/oder verteilungstechnische Bedingungen determiniert. Jedem Werk können viele Lagerorte zugeordnet sein. Ein Lagerort wiederum ist mindestens einem oder – beispielsweise im Hinblick auf Zentrallagerorte - mehreren Werk(en) zugeordnet. Die Abbildung 52 zeigt ein Zuordnungsbeispiel.

Abbildung 52: Unternehmensstrukturbeispiel I

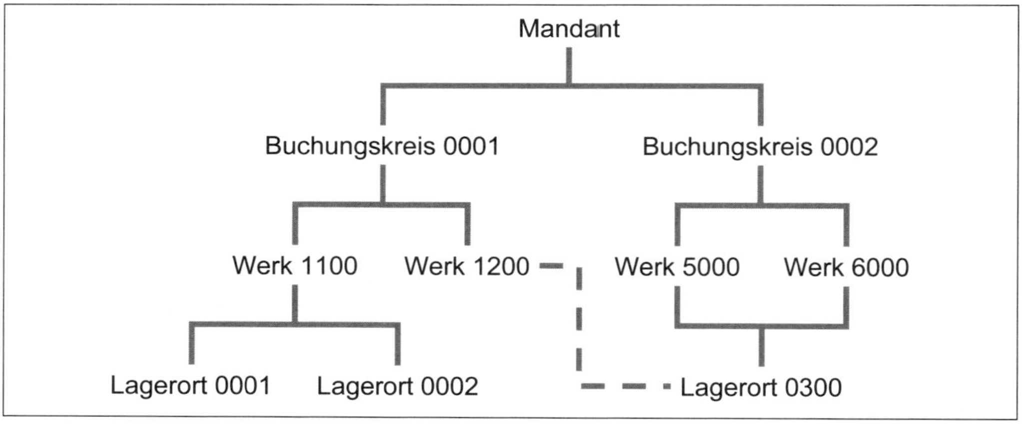

Der Mandant umfasst hier zwei Buchungskreise. Dem Buchungskreis 0001 sind zwei Werke zugeordnet. Dem Werk 1100 sind zwei Lagerorte zugeordnet. Der Buchungskreis 0002 umfasst ebenfalls zwei Werke. Diese haben einen gemeinsamen Lagerort. Der Lagerort 0300 könnte zudem auch als Lagerort für das Werk 1200 fungieren. Die Abbildung 53 konkretisiert die Ausführungen.

Abbildung 53: Unternehmensstrukturbeispiel II

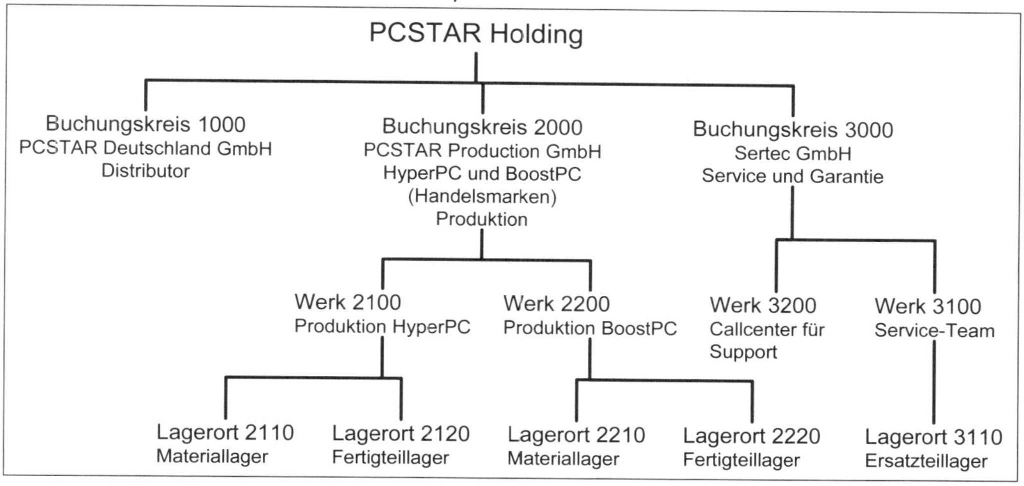

5.1.1.2 Einkaufsorganisation

Die Einkaufsabteilung ist für die Beschaffung von Materialien und Dienstleistungen zuständig. Sie handelt beispielsweise Einkaufskonditionen aus oder wickelt Bestellungen ab. Alle Positionen eines Einkaufsbelegs, d.h. Anfrage, Bestellung, Kontrakt oder Lieferplan, gehören damit zu ihrem Einflussbereich. Der Datenbezugspunkt für die Einkaufsabteilung ist in der R/3-Unternehmensstruktur die Einkaufsorganisation. Beschaffungsprozesse geschehen somit immer in Zuordnung zu einer Einkaufsorganisation. Diese findet ihre „logistische" Anbindung an die Unternehmensstruktur über das Werk. Mittels der immer bestehenden Verbindung eines Werkes mit einem Buchungskreis wird dann die finanzwirtschaftliche Anbindung gewährleistet. Die richtige betriebswirtschaftliche Zuordnung der finanzwirtschaftlichen und logistischen Ströme geschieht durch Angabe der Organisationsebene in den Einkaufsbelegen, z.B. müssen bei einer Bestellung – neben der Einkaufsorganisation – auch immer Angaben über das Werk gemacht werden.
Je nach Unternehmen, welches einkaufstechnisch abgebildet werden soll, können verschiedene Zuordnungen in R/3 entstehen.

- eine Einkaufsorganisation beschafft für alle Buchungskreise eines Mandanten

  Hierbei könnte es sich um einen konzernweiten Einkauf handeln. Alle Werke für die beschafft werden soll, werden der Einkaufsorganisation zugeordnet. Die Einkaufsorganisation wird keinem Buchungskreis direkt zugeordnet. Bei Beschaffungsvorgängen für ein Werk wird der Buchungskreis eben über dieses Werk ermittelt.

Abbildung 54: Einkaufsorganisation beschafft für alle Buchungskreise

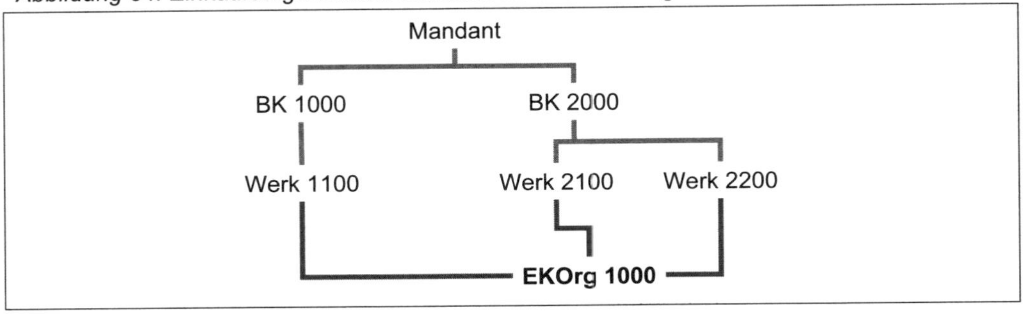

- eine Einkaufsorganisation beschafft für genau einen Buchungskreis

Die Einkaufsorganisation ist direkt einem Buchungskreis zugeordnet und ist damit für die Beschaffungsvorgänge der dem Buchungskreis zugeordneten Werke zuständig. Ein Beispiel dafür wäre der Zentraleinkauf für ein (einzelnes) Unternehmen.

Abbildung 55: Einkaufsorganisation beschafft für genau einen Buchungskreis

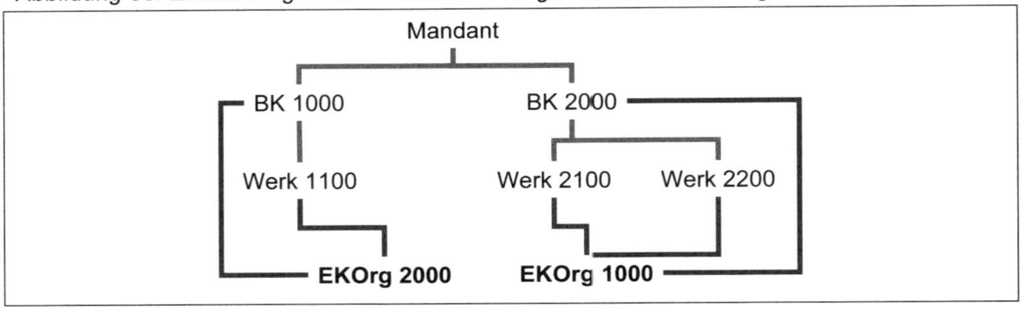

- eine Einkaufsorganisation beschafft für ein Werk

Eine Einkaufsorganisation ist für die Beschaffungsprozesse eines Werkes zuständig. Sie muss einem Werk und einem Buchungskreis zugeordnet werden.

Abbildung 56: Einkaufsorganisation beschafft für genau ein Werk

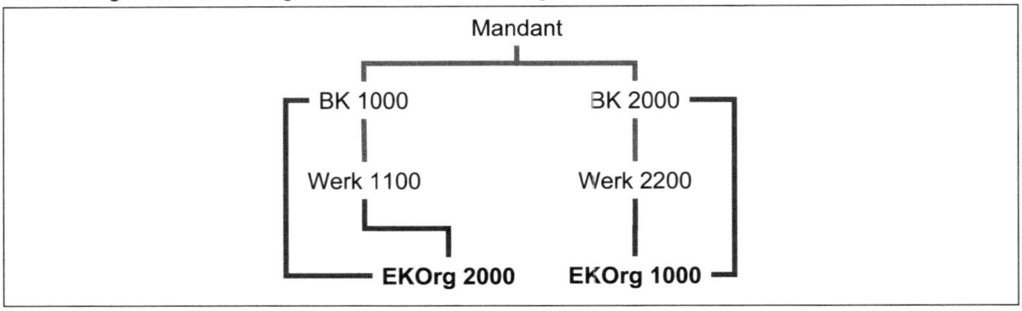

- Mischformen

Die Einkaufsorganisation 2000 im folgenden Beispiel ist buchungskreisübergreifend tätig, d.h. für die Werke 1100 und 2100 zuständig. Daneben ist die Einkaufsorganisation 1000 für die Werke des Buchungskreises 2000 zuständig. Das Werk 2100 kann von zwei Einkaufsorganisationen bedient werden.

Abbildung 57: Varianten bei Zuordnung

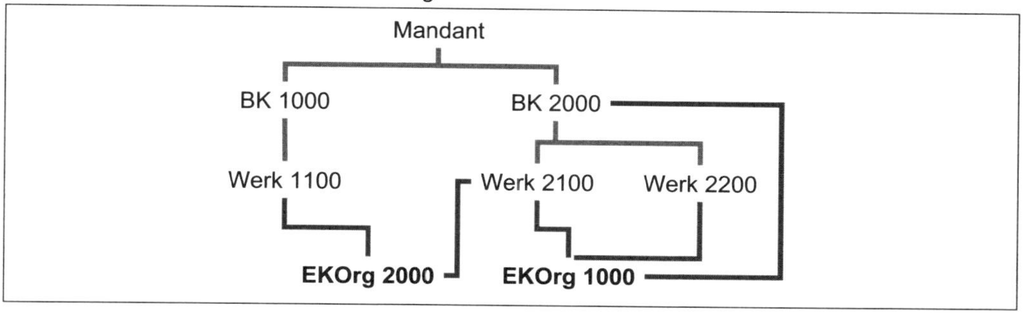

Im Prinzip kann also eine Einkaufsabteilung die Beschaffung für ein bis mehrere Werke organisieren, unabhängig davon, in welchem Buchungskreis sich dieses Werk befindet. Es können auch mehrere Einkaufsorganisationen in einem Mandanten festgelegt werden.
Eine Zuordnung, wie in Abbildung 58 dargestellt, ist nicht möglich, da die Einkaufsorganisation 1000 dem Buchungskreis 2000 zugeordnet ist und damit nur für dessen Werke zuständig sein kann.

Abbildung 58: Nicht zulässige Zuordnung Einkaufsorganisation - Werk

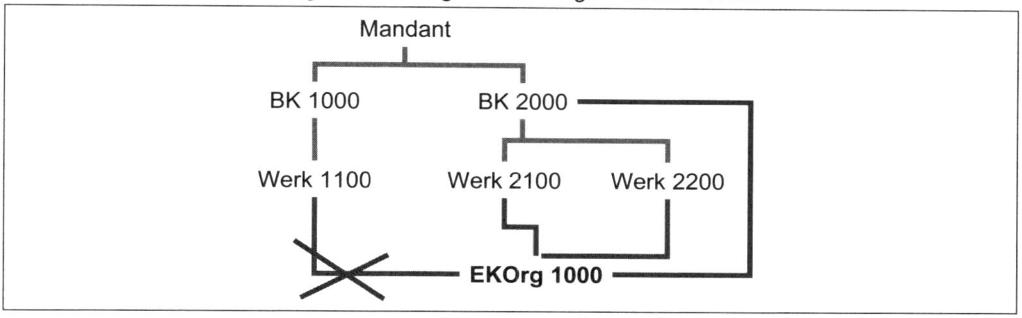

Außerdem kann die Einkaufsorganisation in mehrere Einkäufergruppen untergliedert werden. Diese sind dann für operative betriebliche Teilbereiche oder auch Produkte zuständig.
Durch die Zuordnung einer Einkaufsorganisation zu einem Buchungskreis werden die möglichen Zuordnung dieser Einkaufsorganisation zu Werken auf eben diesen Buchungskreis beschränkt.

5.1.2 Materialstammdaten

Der Materialstammsatz enthält sämtliche, für die Beschreibung eines Materials wichtigen Daten. Er wird von verschiedenen Unternehmensfunktionen (Einkauf, Produktionsplanung, Vertrieb usw.) genutzt:

- im Einkauf für die Bestellabwicklung,
- in der Bestandsführung für Warenbewegungsbuchungen und Inventurabwicklung,
- in der Rechnungsprüfung für das Buchen von Rechnungen,
- im Vertrieb für die Auftragsabwicklung,
- in der Produktionsplanung und -steuerung für Bedarfsplanung, Terminierung und Arbeitsvorbereitung.

Jeder Fachbereich möchte daher auch unterschiedliche Informationen zu einem Material hinterlegen, wodurch sich aus den Fachbereichen heraus unterschiedliche Sichten auf den einzelnen Materialstammsatz ergeben. Diese Sichten können einzeln gepflegt werden. Dadurch pflegen die Mitarbeiter eines Funktionsbereichs die Daten, die für diesen Bereich relevant sind. Dementsprechend liegt auch die Verantwortlichkeit in der Datenpflege bei den Mitarbeitern der Fachbereiche.

5.1.2.1 Materialsichten

Es existieren die folgenden Sichten für Materialien in R/3.

- Arbeitsvorbereitung
Daten zur Vorbereitung der Fertigung von Halbfabrikaten und Fertigerzeugnissen, z.B. Toleranzdaten hinsichtlich der Eigenlieferung, Eigenfertigungszeit.

- Buchhaltung
Daten zur Bewertung und zur Kontenfindung, z.B. Standardpreis oder gleitender Durchschnittspreis, Bewertungsklasse für Zuordnung beispielsweise zum Rohstoff- oder Ersatzteilekonto.

- Disposition
Informationen zur Materialdisposition, z.B. Sicherheitsbestand, zu geplanten Liefer- oder Fertigungszeiten für ein Material.

- Einkauf
Daten, die im Rahmen des direkten Einkaufs benötigt werden, wie Bestellmengeneinheit, für dieses Material zuständige Einkäufer, akzeptierte Lieferungstoleranzen.

- Fertigungshilfsmittel
Informationen zum Material bei der Verwendung als Fertigungshilfsmittel (z.B. Schmierstoffe etc.).

- Kalkulation
Angabe von Kalkulationsspezifischen Informationen wie Kalkulationslosgröße, Planpreise, Stücklisten, die der Kalkulation zugrunde liegen sollen, etc.

- Klassifizierung
Möglichkeit zur Klassifizierung von Material mit gleichen Attributen (siehe auch Abbildung 59) z.B. LKW. Hier können zusätzliche, über die Sichten hinausgehende, Daten angegeben werden, wie PS, Zulassung, Kennzeichen etc.

- Grunddaten
Technische allgemeingültige Daten, wie z.B. Konstruktionszeichnungsnummern, EAN, Abmessungen, Gewichte, Basismengeneinheiten, etc.

- Lagerung
Informationen zur Lagerung und zum Transport wie Größe, Temperaturbedingung, Haltbarkeitsdaten, Etikettierungsart.

- Werks-/Lagerortbestand
Pflege von Materialbeständen der laufenden und der Vorperiode.

- Prognose
Information zur Vorhersage des Materialbedarfs, z.B. gleitender Mittelwert.

- Qualitätsmanagement
Angabe von technischen Prüfdaten und –Intervallen.

- Vertrieb
Informationen zum Verkauf und Versand.

Teilweise sind für die einzelnen Sichten, aufgrund ihrer Datenfülle, mehrere Pflegebildschirmbilder notwendig (z.B. Disposition 1-4).
Der Vorteil der Integration aller Materialdaten in einem einzigen Datenbankobjekt liegt in der Verhinderung einer fachbereichsspezifischen Datenredundanz. Allerdings werden nicht immer sämtliche Sichten auf ein Material benötigt. Beispielsweise müssen für Rohstoffe lediglich dann Einkaufsdaten gepflegt werden, wenn sie fremdbeschafft sind. Werden die Rohstoffe ausschließlich weiterverarbeitet, ist z.B. die Vertriebssicht nicht erforderlich. Büromaterial wird meistens nicht (in großem Stil) gelagert, sondern in irgendeinem Schrank im Büro bevorratet. Stammdaten hinsichtlich einer Bestellung lassen sich vertreten, aber eine Bestandsführung und damit die Sicht „Lagerung“ machen wenig Sinn. Die jeweils von den Fachabteilungen im betrieblichen Prozess zu pflegenden Sichten ergeben sich daher in Abhängigkeit vom Material bzw. der jeweiligen Materialart (Rohstoffe, Fertigerzeugnisse etc.).
Die einzelnen Sichten des Materialstammsatzes haben unterschiedliche Bezugspunkte in der Unternehmensstruktur bzw. werden in Zuordnung zu verschiedenen Organisationsebenen angelegt. Allgemeingültige Daten werden auf Mandantenebene, Daten für spezielle Betriebsstätten auf Werksebene und für einzelne Lager gültige Daten auf Lagerortebene (z.B. Rohstofflager, Fertigwarenlager usw.) „abgelegt“. Wichtig ist hierbei, dass ein Material auch auf jeder genutzten Ebene angelegt wird. So kann zwar ein Material bestellt und geliefert werden, sollte das Material allerdings für den bestimmten Lagerort nicht angelegt sein, ist eine Verbuchung nicht möglich. Es ist eine entsprechende Nachpflege notwendig.
Abhängig davon, für welchen Fachbereich Daten eingegeben werden, d.h. welche Sicht gepflegt wird, müssen daher die Organisationsebenen angegeben werden, also eine (betriebliche) Zuordnung zur bereits über das Customizing gepflegten Unternehmensstruktur (z.B. Buchungskreis, Werk, Lager, etc.) getroffen werden. In der Tabelle 1 sind die Materialsichten und ihre für die Pflege erforderlichen bzw. die optionalen Organisationsebenen angegeben. Ist eine Ebene optional, so können durch Angabe dieser Ebene mehr Datenfelder angeboten werden. Umgekehrt kann die Nichteingabe optionaler Elemente bei der entsprechenden Sicht die (gepflegten) Daten reduzieren.
Der Vorteil dieser Ebenenzuordnung liegt im operativen betrieblichen Ablauf. Gepflegte Grunddaten eines Materials können von verschiedenen Werken verwendet werden, da sich diese auf Mandantenebene befinden. Die Mitarbeiter der Werke können so den eventuell schon vorhandenen Stammsatz um ihre Daten ergänzen, ohne die Daten des anderen zu stören bzw. zu zerstören.

Tabelle 1: Abhängigkeit zwischen Fachbereich und Organisationsebenen

Sicht	Ebene	Angabe ist ...
Arbeitsvorbereitung	Werk	erforderlich
allg. Werksdaten/Lagerung	Werk Lagerort	erforderlich optional
Buchhaltung 1+2	Werk	erforderlich
Disposition 1-4	Werk Lagerort	erforderlich optional
Einkauf	Werk	optional
Einkaufsbestelltext	keine	
Fertigungshilfsmittel	Werk	erforderlich
Grunddaten	keine	
Kalkulation 1+2	Werk	erforderlich
Klassifizierung	keine	
Lagerung	Werk Lagerort	optional optional
Lagerverwaltung 1+2	Werk Lagerort	optional erforderlich
Prognose	Werk	erforderlich
Qualitätsmanagement	Werk	erforderlich
Vertrieb – Verkaufsorg. Daten 1+2	Verkaufsorg.	optional
Vertrieb – allg./Werksdaten	Werk Verkaufsorg.	optional optional
Vertriebstext	Werk Verkaufsorg.	optional optional

keine = Mandantenebene

In Anlehnung an SAP AG

Gerade Fertigerzeugnisse gleichen sich zwar in ihren Merkmalen, haben aber unterschiedliche Ausprägungen. Desktop-Computer beispielsweise haben Hardwarekomponenten wie Grafikkarte, Prozessor, Festplatte etc. Allerdings gibt es verschiedene Desktop-Computer. Einige haben eine 80 GB Festplatte, andere nur eine 40 GB große Festplatte. Da Merkmale wie Festplattengröße, Prozessor, Arbeitsspeicher das Fertigerzeugnis Desktop-Computer letztlich bestimmen, ist es sinnvoll, diese Informationen im Materialstammsatz festzuhalten. Für die Pflege solcher Informationen bzw. Merkmale sind in den Sichten des Standard-R/3-Fertigerzeugnisses keine Datenfelder vorgesehen. Die Pflege von solchen „Zusatzfeldern" geschieht über die so genannte Klassifizierung. Gleiche Merkmale von Materialien werden in einer Klasse zusammengefasst. Über die Materialstammsatzsicht Klassifizierung kann einem Material eine (oder mehrere) Klasse(n) mit Merkmalen zu gewiesen werden. Die unterschiedlichen Ausprägungen können in dieser Sicht gepflegt werden.

Abbildung 59: Klassifizierung

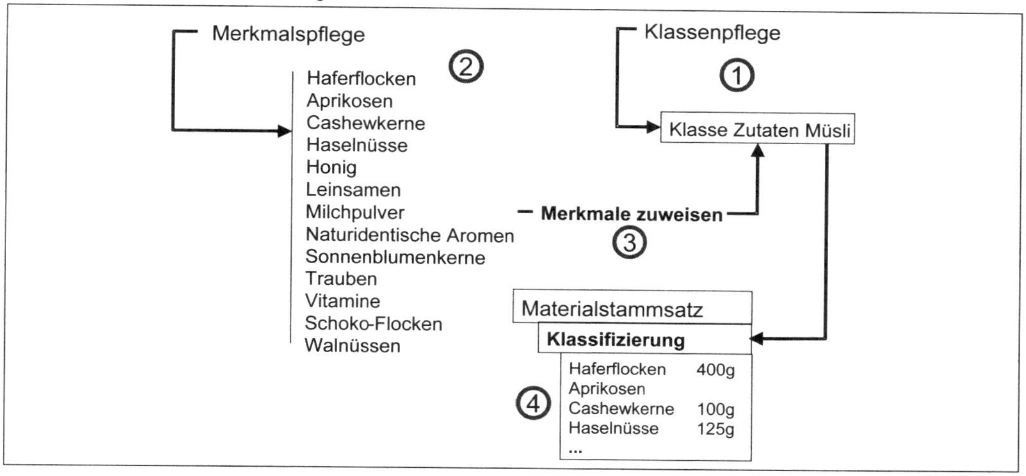

Zunächst wird eine Klasse angelegt. Danach werden Merkmale angelegt. Diese werden der Klasse zugeordnet bzw. die Merkmale können auch einer schon bestehenden Klasse zugeordnet werden. Die eingerichtete Klasse mit ihren Merkmalen wird in der Sicht „Klassifizierung" im Materialstammsatz ausgewählt. Hier werden die Merkmale „bewertet", d.h. es werden ihnen Merkmalsausprägungen zugewiesen. Enthält z.B. ein Müsli keine Aprikosen, so wird keine Ausprägung angegeben.

5.1.2.2 Materialbewertung

Zuvor wurde gesagt, dass der Buchungskreis die bilanzierende Einheit repräsentiert. Finanzwirtschaftliche Vorgänge werden also in Zuordnung zum Buchungskreis gestaltet. Die Buchhaltungssicht eines Materials wird aber in Zuordnung zu einem Werk gepflegt.[16] Das Werk scheint also in Materialwirtschaft die wertmäßig bestandsführende Einheit zu sein.

Dieser „Schein" ist darauf zurückzuführen, dass die wertmäßige Führung aller Materialbewegungen in Zuordnung zu einer besonderen Ebene geschieht, dem Bewertungskreis. Dieser legt die (Bewertungs-)Ebene für die wertmäßige Führung der Materialien fest. Zur Auswahl stehen dafür eben das Werk oder der Buchungskreis. Ist der Bewertungskreis gleich dem Buchungskreis, so wird ein Material, das in verschiedenen Werken geführt wird, in allen dem Buchungskreis zugeordneten Werken gleich bewertet. Bei einer Zuordnung zum Werk werden die Materialien getrennt bewertet, d.h. ein Material, das in zwei Werken geführt wird, kann unterschiedlich bewertet werden. Über das Customizing ist festgelegt, auf welcher Ebene die Bewertung durchgeführt wird. Letztlich fasst bei einer Bewertung auf Werksebene der zugeordnete Buchungskreis als extern bilanzierende Einheit die Daten der Bewertungskreise wieder zusammen.

Das Werk ist in der Regel die Ebene für die Materialbewertung. Die einmal festgelegte Bewertungsebene kann nachträglich also im laufenden Unternehmensbetrieb nicht direkt geändert werden. Diese Situation zeigt die Abbildung 60.

[16] S. auch Tabelle 1.

Abbildung 60: Bewertungskreis im Customizing

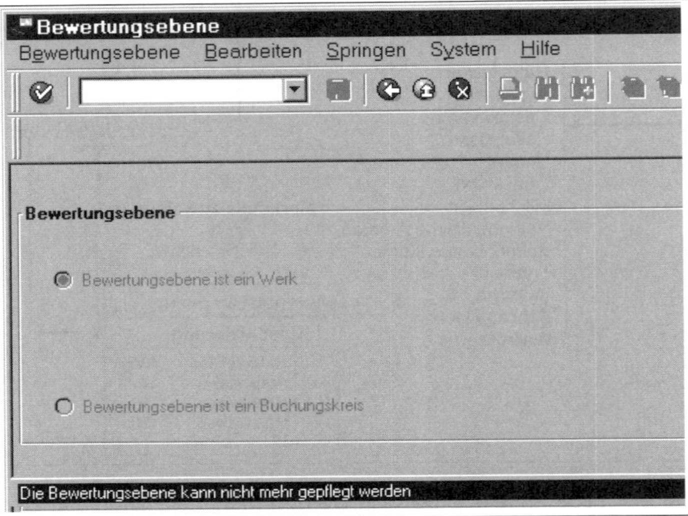

©SAP AG

Der Bewertungskreis ist ein Werk. Die Statuszeile informiert über die nicht mehr mögliche direkte Änderung der Bewertungsebene. Die Festlegung der Bewertungsebene gilt für den gesamten Mandanten. Dies bedeutet, dass es einen Bewertungskreis auf Werksebene und einen Bewertungskreis auf Buchungskreisebene in einem Mandanten nicht geben kann. Die Abbildung 61 zeigt eine solche nicht zulässige Zuordnung.

Abbildung 61: Bewertungskreis, Werke und Lager in der Unternehmensstruktur

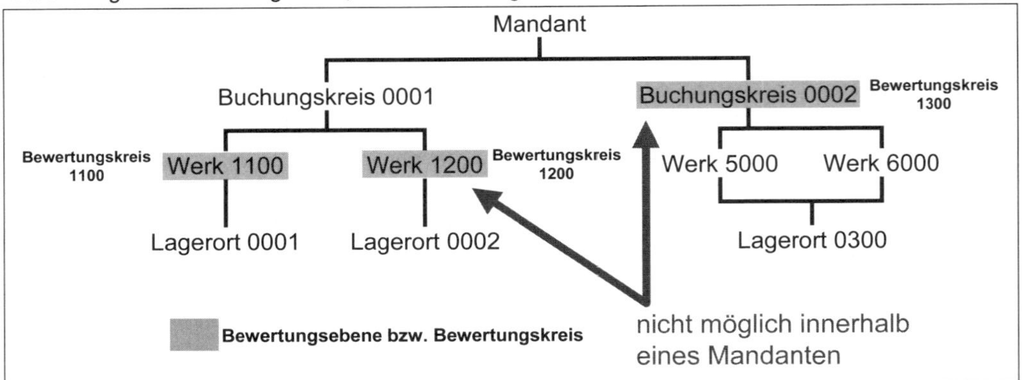

In Anlehnung an SAP AG

Die Feststellung des Bestandswertes bzw. die Veränderung des Bestandswertes bei Änderung von Bestandsmengen oder Materialpreisen ist Aufgabe der Materialbewertung. Die Bewertung kann zum einen nach dem Standardpreisverfahren (S), d.h. mit einem konstanten Preis erfolgen. Zum anderen kann zur Anpassung an Schwankungen des Einstandspreises der gleitende Durchschnittspreis (V) verwendet werden. Die beiden Arten der (Bewertungs-)Preissteuerung unterscheiden sich durch die Bestandswertermittlung bei Wareneingang bzw. Rechnungseingang.[17]

---

[17] S. auch Kapitel 5.3.7, S. 236.

Eine Bewertung zum Standardpreis (Preissteuerung S) bedeutet, dass alle wertmäßigen Bestandsbuchungen zu einem im Materialstammsatz festgelegten Preis durchgeführt werden. Der Bestandswert ergibt sich - unabhängig vom Einstandspreis - aus dem gepflegten Bewertungspreis multipliziert mit der Bestandsmenge. Die Differenz zwischen Einstands- und Bewertungspreis bleibt für die Materialbewertung unberücksichtigt und wird als Aufwand bzw. als Ertrag verbucht.
Bei einer Bewertung mit dem Standardpreis wird der gleitende Durchschnittspreis zusätzlich mitgeführt, um festzustellen, wie stark die Einstandspreise im Durchschnitt vom Standardpreis abweichen. Die folgende Abbildung zeigt an einem Beispiel die Ermittlung des Bestandswerts bei Zugang und Preissteuerung S (Standardpreis).

Abbildung 62: Bestandswert und Preissteuerung S

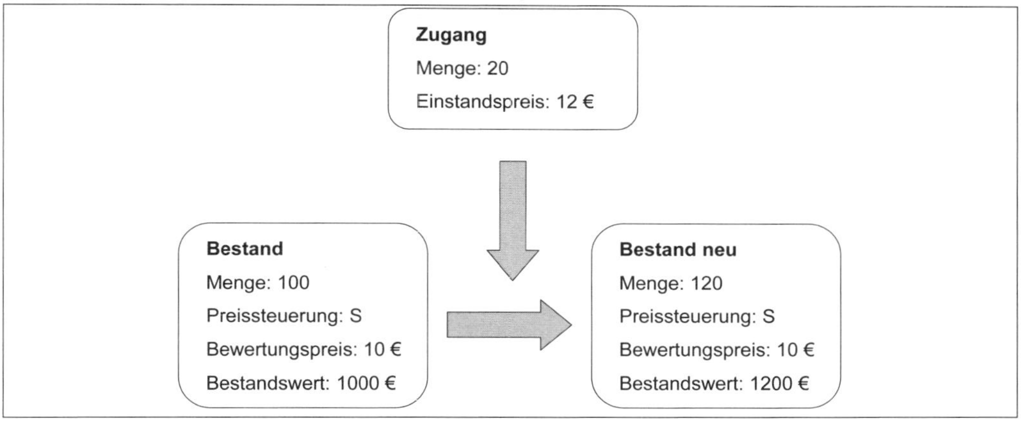

Ein weiteres Beispiel: 1 t Sand hat einen Marktpreis von 100 € je Tonne. Für den Sand ist ein Standardpreis von 95 € je Tonne im Materialsstammsatz als Bewertungspreis angegeben. Werden 50 Tonnen neu in das Lager aufgenommen, so erhöht sich der Bestandswert um 50 x 95 €. Die Differenz von 50 x 5 € würde als Ertrag gebucht.

Abbildung 63: Bestandswert und Preissteuerung V

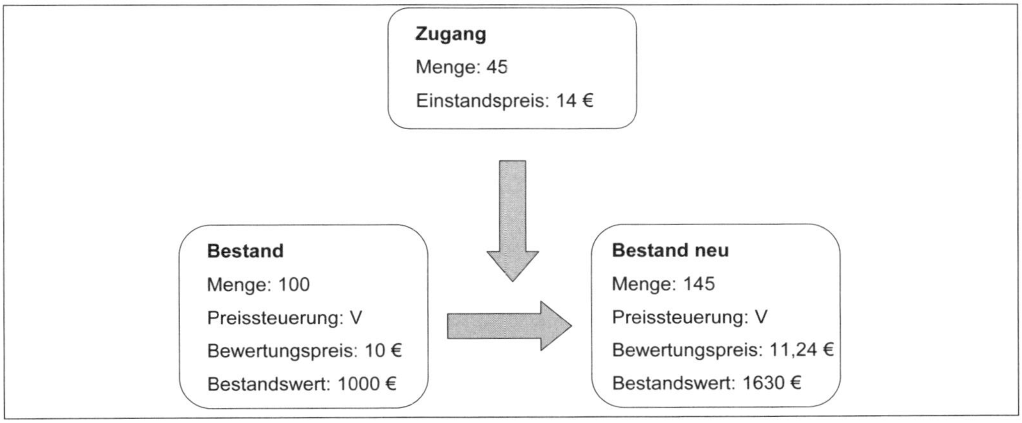

Der gleitende Durchschnittspreis berücksichtigt Abweichungen zwischen Bewertungspreis und Einstandspreis anteilig. Der Bestandswert berechnet sich aus dem alten Wert + Zugangsmenge x Einstandspreis. Der Bewertungspreis wird konsequenterweise angepasst.

Eine andere Preiseinheit, z.B. 30 € je 20 kg, als die Bewertungspreiseinheit, z.B. 1,75 € je 1 kg, wird berücksichtigt. Welche Preissteuerung verwendet werden soll, wird in der Buchhaltungssicht festgelegt.
Eine bereits gepflegte Preissteuerung kann geändert werden.

- Änderung der Preissteuerung S nach V
  Die Änderung ist ohne Bedingungen möglich. Der gleitende Durchschnittspreis nimmt „zum Start" den Standardpreis an.
- Änderung der Preissteuerung V nach S
  Der Wechsel in der Bewertung vom gleitenden Durchschnittspreis zum Standardpreis ist nicht möglich, wenn das Material getrennt bewertet wird. Getrennte Bewertung bedeutet, dass Teilbestände eines bestimmten Materials, beispielsweise wegen unterschiedlicher Qualität oder Herkunft, anders bewertet werden als der Rest oder weitere Teile. Weiter ist eine Änderung nicht möglich, sofern der Standardpreis aus einer Kalkulation stammt und ungleich dem gleitenden Durchschnittspreis ist.
  Im Falle einer zulässigen Änderungssituation wird der gleitende Durchschnittspreis als Standardpreis übernommen.

Die Änderung der Preissteuerung geschieht über eine eigene Anwendung. Sie verändert den Bestandswert zunächst nicht, da stets der bestehende Bewertungspreis von der neuen Preissteuerung übernommen wird.

Abbildung 64: Änderung der Preissteuerung

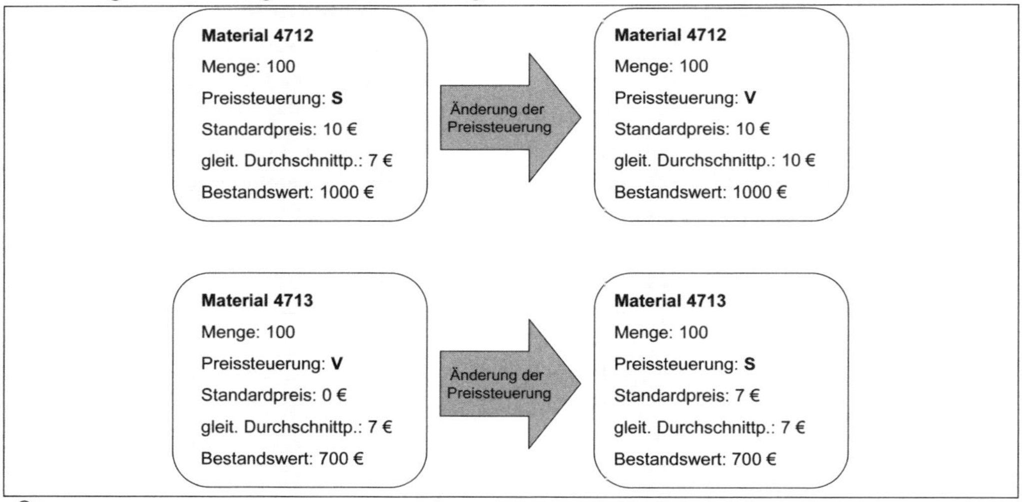

©SAP AG

Neben einer Änderung der Preissteuerung kann auch i.S. einer Umbewertung eine Änderung des Preises notwendig sein. Die Preisänderung ist prinzipiell von der Preissteuerung unabhängig.
Bei sich stark verändernden Einstandspreisen kann es notwendig werden, den Standardpreis anzupassen. Der gleitende Durchschnittspreis wird zwar bei Materialien, die mit Standardpreis bewertet sind, mitgeführt, eine u.U. notwendige Anpassung des Standardpreises muss aber dennoch manuell durchgeführt werden.
Da sich der gleitende Durchschnittspreis an Änderungen in den Einstandspreisen anteilig anpasst, ist eine manuelle Bewertungspreisänderung möglicherweise dann erforderlich,

wenn längere Zeit kein Zugang des Materials stattgefunden hat, so dass bei einer Bestandserhöhung die daraus entstehende anteilige Anpassung nicht den realen Wert widerspiegelt.
Die Umbuchung aus einer Umlagerung von einem Werk zu einem anderen kann ebenfalls zu Veränderungen in der Bewertung führen, sofern die Bewertungsebene, d.h. der Bewertungskreis, gleich dem Werk ist. Dies ist dann der Fall, wenn der Bewertungspreis im empfangenden Werk ein anderer ist als im abgebenden Werk. Beispielsweise wird ein Material im Werk 1000 mit 5 € je kg bewertet. Das Werk 1100 bewertet das Material mit 6 € je kg. Die Verbuchungsweise im empfangenden Werk ist abhängig von der gewählten Preissteuerung. Bei der Preissteuerung V verändert (hier verringert) sich der Bewertungspreis entsprechend dem Materialzugang. Bei der Preissteuerung S wird der Zugang mit 6 € je kg bewertet. Die Preisdifferenz wird hier als Ertrag aus Umlagerung verbucht.
Die angebotenen Preissteuerungen V und S entsprechen im Prinzip den gesetzlichen Vorgaben zur Bewertung von Vorräten (Umlaufvermögen). Es gilt – wie bei allen Vermögensteilen und Schulden – der Grundsatz der Einzelbewertung. D.h. „beim ersten Mal“ werden die tatsächlichen Anschaffungskosten bzw. die Herstellkosten angesetzt. Am Bilanzstichtag wird dann dieser Wert mit dem Tageswert verglichen. Es gilt das strenge Niederstwertprinzip, d.h. es darf höchstens zu Anschaffungskosten bzw. Herstellkosten bewertet werden. Liegt am Bilanzstichtag der Wert jedoch darunter, dann muss dieser niedrigere Tageswert nach § 253 (4) HGB angesetzt werden. [18] Der Standardpreis entspricht dieser Einzelbewertung.
Eine Einzelbewertung wird schwer möglich, sofern sich der Bestand aus verschiedenen Lieferungen zu verschiedenen Preisen zusammensetzt. Daher ist die Anwendung einer Durchschnittsbewertung nach § 240 (4) HGB oder die Verbrauchsfolgebewertung nach § 256 HGB bei der Bilanzierung gleichartiger Vorräte zulässig. Die Durchschnittsbewertung, genauer die permanente Durchschnittswerteermittlung, entspricht der Preissteuerung V (gleitender Durchschnittspreis). Auch gilt wieder das strenge Niederstwertprinzip. Die Bewertung nach Verbrauchsfolgen, d.h. First-in-first-out-Verfahren (FIFO) und Last-in-first-out-Verfahren (LIFO), wird von R/3 unterstützt.
Eine Besonderheit im Rahmen der Bestandsbewertung stellt das Konsignationslager dar. Konsignationslager enthalten Waren, die Eigentum des Lieferanten sind. Das Lager selbst befindet sich allerdings auf dem Gelände des zu beliefernden Unternehmens. Die Verbindlichkeit entsteht erst bei Entnahme der Materialien. Die Rechnung wird nach vereinbarten Perioden fällig, z.B. monatlich. Da der Konsignationsbestand für das belieferte Unternehmen jedoch jederzeit verfügbar ist, wird dieser unter derselben Materialnummer geführt wie der eigene Bestand. Allerdings sind Konsignationsbestände nicht bewertet. Die Bewertung erfolgt erst bei Entnahme abhängig von der Preissteuerung.

5.1.2.3 Materialart

Materialien in Unternehmen unterscheiden sich häufig in ihren Eigenschaften. Dennoch lassen sich gewisse Gemeinsamkeiten bei den Eigenschaften feststellen. Zur Gruppierung verschiedener Materialien, die die gleichen Eigenschaften haben, bietet SAP R/3 Materialarten bei der Materialanlage an. Die Materialart ROH gruppiert beispielsweise Rohmaterialien. Im R/3-Standard (auch im IDES-System) wird zunächst davon ausgegangen, dass Rohstoffe fremdbeschafft und anschließend weiterverarbeitet werden. Die Materialart ROH legt daher fest, dass zwar Einkaufsichten aber keine Vertriebssichten gepflegt werden können. Material, das nicht auf Lager gehalten, sondern sofort ver- bzw. gebraucht wird, z.B. Büromaterialien,

[18] Vgl. Deitermann,/Schmolke, 2000, S. 262 f.

Computer, kann als so genanntes Nichtlagermaterial klassifiziert werden (Material NLAG). Verpackungsmaterial (Materialart VERP) oder Leihgut (wieder verwendbare, rückgabepflichtiges Verpackungsmaterial oder Transporthilfsmittel) sind weitere Beispiele. Die jeweiligen Materialarten bieten relevante Sichten bzw. Datenfelder. Die Abbildung 65 zeigt eine Auswahl der im IDES System (Version 4.6C) angebotenen Materialarten. Darüber hinaus können bei Bedarf noch weitere Arten erstellt werden.

Abbildung 65: Materialarten

AEM	Muster	IBAU	Instandhaltungs-Baugruppe	VKHM	Verkaufshilfsmittel
COMP	Komponenten, zugekauft	INTR	Intramaterial	VOLL	Vollgut
CONT	KANBAN-Behälter	KMAT	Konfigurierbares Material	WERB	Werbemittel
COUP	Coupon	LEER	Leergut	WERT	Wertmaterial
DIEN	Dienstleistung	LEIH	Leihgut-Packmittel	WETT	Wettbewerberprodukt M.
ERSA	Ersatzteile	LGUT	Leergut Warenwirtschaft	YCON	Konfigurierb. Mat. MPW
FERT	Fertigerzeugnis	MODE	Mode (saisonal)	ZSER	SP: Dienstleistungen
FGTR	Getränke	NLAG	Nichtlagermaterial		
FHMI	Fertigungshilfsmittel	NOF1	Non Food		
FOOD	Food (excl. Frische)	PIPE	Pipeline-Material		
FRIP	Frischprodukte	PROC	Prozeß-Material		
HALB	Halbfabrikat	PROD	Produktgruppe		
HAWA	Handelsware	ROH	Rohstoff		
HERS	Herstellerteil	UNBW	Unbewertetes Material		
HIBE	Hilfs-/Betriebsstoff	VERP	Verpackung		

©SAP AG

Neben den oben erwähnten Sichten (Bildschirmbildern) und Datenfeldern bestimmt die Materialart auch:

- die Zuordnung von Nummernkreisen für die eindeutige Materialnummer,
- die Vergabeart der Materialnummer,
- ob das Material eigen- oder fremdbeschafft wird,
- die Pflegebildschirmbilder mit ihren Eingabefeldern,
- ob Bestandsführungspflicht besteht,
- die Kontenverbuchung.

Die dafür notwendigen Einstellungen sowie die daraus resultierenden Konsequenzen werden im Customizing erstellt und festgelegt.

Für die Materialart ROH (Rohstoffe) können beispielsweise die in Abbildung 66 gezeigten Einstellungen gemacht werden.

Jedes Material, zu dem ein Stammsatz geführt werden soll, erhält eine eindeutige Nummer. Diese Materialnummer dient aus Datenbanksicht als Primärschlüssel. Daher kann jede Nummer auch nur einmal vergeben werden. Ob die jeweilige Nummer intern (vom System) oder extern (vom Benutzer) vergeben wird und welche Art von Nummer vergeben werden soll, wird eben durch die Materialart bestimmt. Die Eindeutigkeit in beiden Varianten wird immer geprüft. Bei der internen Vergabe wählt das System fortlaufende Nummern aus dem entsprechenden Nummernkreis. Bei externer Vergabe wird die vom Benutzer eingegebene Nummer nicht gegen diesen Nummernkreis verprobt. Damit nicht Nummern eines bestimmten Nummernkreises aus Versehen vergeben werden, muss die extern vergebene Nummer eine alphanumerische Nummer sein. Für Rohstoffe kann der Benutzer hier freigewählte „externe“ Nummern vergeben.

Es kann bestimmt werden, ob ein Material intern i.S. der Eigenfertigung bestellt werden darf. Gleiches gilt für die externe Bestellung. Für die Rohstoffe ist nach diesen Einstellungen keine interne Beschaffung zulässig, sie können allein fremdbeschafft werden. Hat ein Unternehmen die Möglichkeit, Rohstoffe auch intern zu beschaffen, so müsste die interne Bestellung erlaubt werden.

Abbildung 66: Eigenschaften der Materialart ROH festlegen

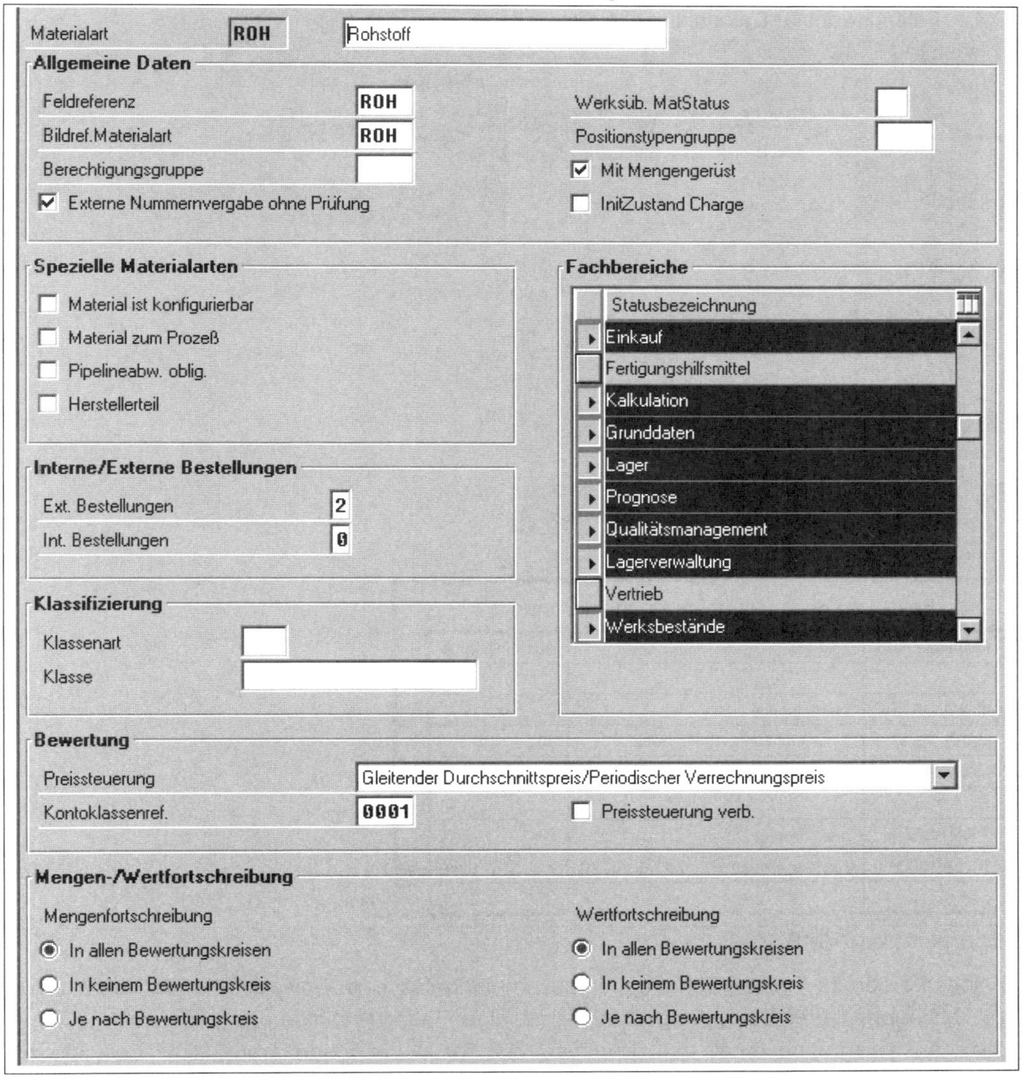

Weiter wird bestimmt, welche Sichten zur Eingabe erscheinen sollen (Fachbereiche). Die in der Abbildung angegebene Reihenfolge der Sichten entspricht nicht der Pflegefolge bei der Materialanlage.

Welche Eingabefelder in den Sichten erscheinen sollen, wird über die Zuordnung einer Feldreferenz bestimmt. Im Beispiel der Abbildung 66 ist das die Feldreferenz ROH. Die Feldreferenz legt darüber hinaus fest, welche Felder vom Benutzer ausgefüllt werden müssen und welche nicht (Muss- und Kannfelder). Die Feldreferenzen sind ebenfalls im Customizing hinterlegt. Die Abbildung 67 zeigt die Feldreferenz ROH und ihre Feldeigenschaften.

Abbildung 67: Eingabefelderbestimmung im Rahmen einer Feldreferenz

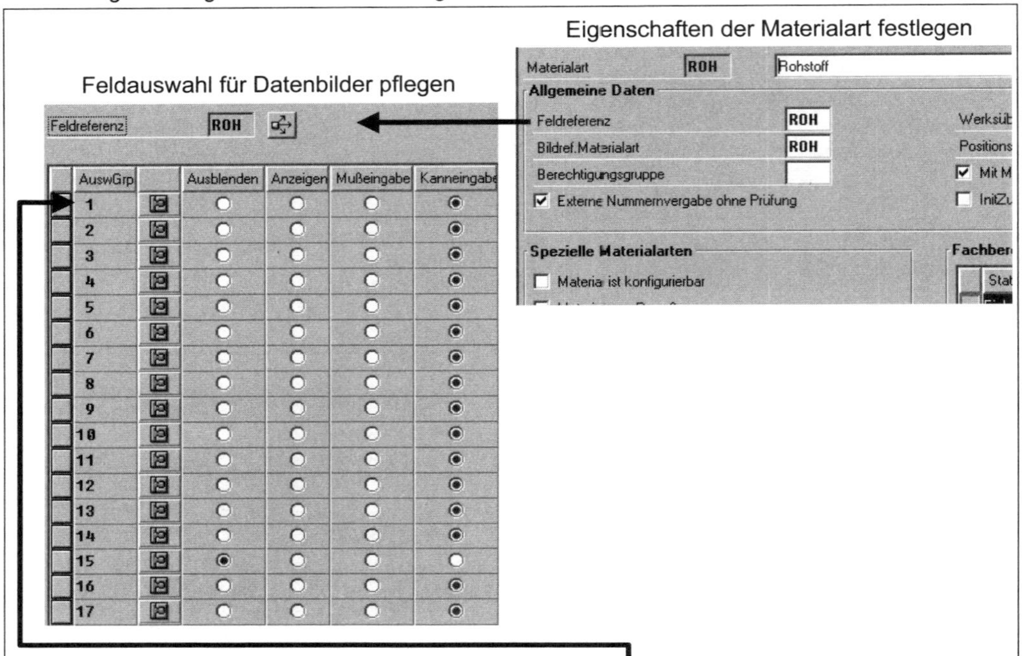

Felder zu Feldauswahlgruppen zuordnen

Feldname	Text	Auswahlgruppe
...	...	...
MARA-MATKL	Warengruppe	2
MARA-MEABM	Einheit für Länge/Breite/Höhe	18
MARA-MEINS	Basismengeneinheit	1
....	...	...
T005U-BEZEI	Bezeichnung	89
T006A-MSEHT	Text zur Maßeinheit (max. 10-stellig)	1
...	...	...

Bildschirmbilder ©SAP AG

Felder werden zu Feldauswahlgruppen zusammengefasst. Im Beispiel sind die Felder Text zur Maßeinheit und Basismengeneinheit zu einer Feldauswahlgruppe zusammengefasst. Jede Auswahlgruppe erhält eine Nummer (hier 1). In der Feldreferenz ROH bzw. in der Feldauswahl für die Datenbilder kann dann bestimmt werden, ob die Auswahlgruppe 1 (mit ihren beiden Feldern) nur angezeigt wird, als Muss- oder Kannfeld erscheint oder gar nicht angezeigt wird. Die Einstellung gilt für die gesamte Feldergruppe.

Ebenfalls legt die Materialart fest, ob das Material mengen- und/oder wertmäßig geführt werden muss. Beispielsweise ist für Nichtlagermaterial eine mengenmäßige Führung nicht notwendig bzw. nicht zulässig.

Abbildung 68: Eigenschaften der Materialart NLAG festlegen

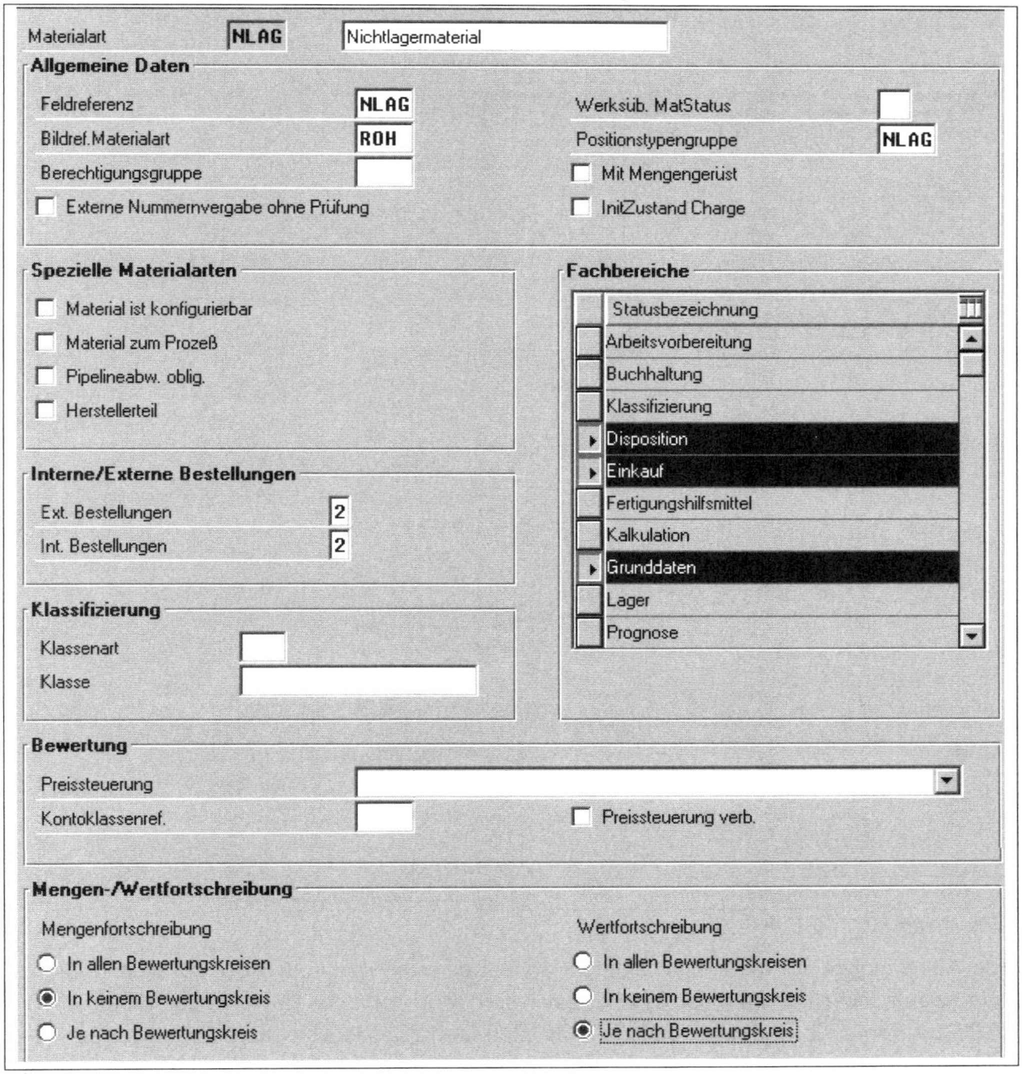

Die Materialart nimmt auch Einfluss die Preissteuerung. Je nach Materialart wird die Preissteuerung S oder V vorgeschlagen. Bei Rohstoffen wird V vorgeschlagen, da hier bilanztechnisch die permanente Durchschnittswertermittlung sinnvoll ist.

Finanzwirtschaftliche Buchungen im Rahmen von Warenbewegungen (Bestandsveränderungen) werden in R/3 automatisch durchgeführt. Welches Bestandskonto dabei verwendet wird, wird wieder durch die Materialart gesteuert. Methodisch geschieht dies durch so genannte Bewertungsklassen. Die Bewertungsklasse legt fest, auf welches (Bestands-)Konto eine Warenbewegung gebucht wird. Die Angabe der Bewertungsklasse ermöglicht synchron zur mengenmäßigen Bestandsbuchung auf Seiten der Materialwirtschaft die wertmäßige Verbuchung einer Materialbewegung.

Gepflegt wird die Bewertungsklasse in der Buchhaltungssicht des Materialstammsatzes, wobei abhängig von der Materialart mehrere Bewertungsklassen zur Auswahl stehen.

Abbildung 69: Bewertungsklasse in der Buchhaltungssicht festlegen

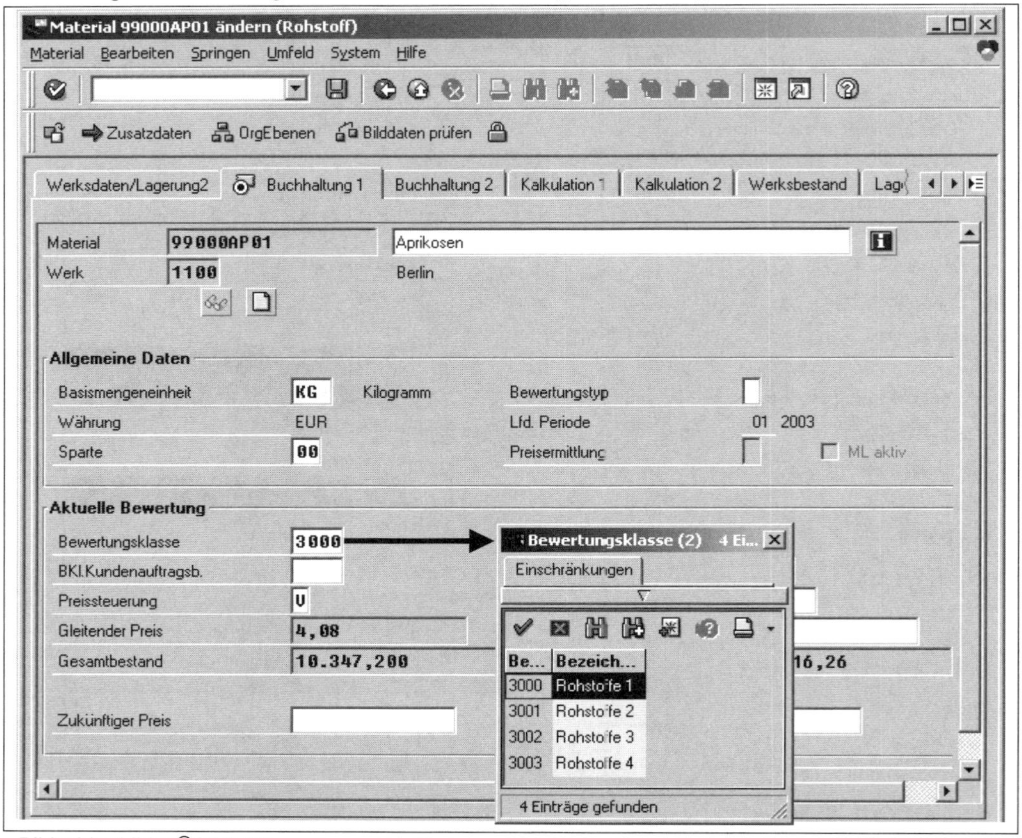

Bildschirmbilder ©SAP AG

Die Abhängigkeit zur Materialart entsteht, indem einer so genannten Kontoklassenreferenz mindestens eine Bewertungsklasse zugewiesen wird (z.B. die Bewertungsklassen 3000-3003 zur Kontoreferenzklasse 0001). Die Kontoreferenzklasse wird ihrerseits wieder der Materialart zugeordnet.

Abbildung 70: Bewertungsklasse zuordnen

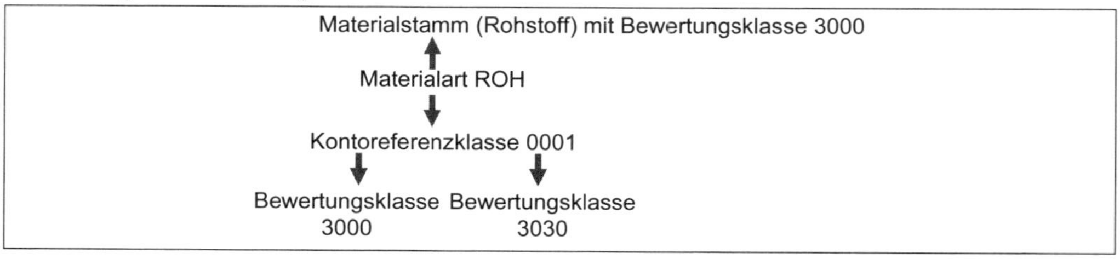

Der Mechanismus zur automatischen Kontenfindung und Erzeugung der Buchungszeilen soll im Folgenden am Vorgang einer Bestandsbuchung erläutert werden. Das Ziel ist für eine

Warenbewegung, hier Warenausgang, einen Buchungssatz ohne Eingriff eines Benutzers zu erzeugen (Buchung auf Verbrauchskonto und Bestandskonto).
Bei der Erfassung des Warenausgangs ist u.a. die Angabe des Werks, für welches der Vorgang geschehen soll, notwendig. Über die bestehende Verbindung von Werk (bzw. Bewertungskreis) und Buchungskreis kann der Kontenplan ermittelt werden, denn ein Buchungskreis hat genau einen Kontenplan. Der Kontenplan ist ein Verzeichnis aller verfügbaren Sachkonten, z.B. Industriekontenrahmen oder Gemeinschaftskontenrahmen. Einem Buchungskreis bzw. Bewertungskreis ist stets ein Kontenplan zugeordnet. Werk bzw. der Bewertungskreis und Buchungskreis werden zusammengefasst über die sog. Bewertungsmodifikationskonstante. Über die Angabe des Werkes kann das System letztlich auf die Bewertungsmodifikationskonstante schließen.

Abbildung 71: Bewertungsmodifikationskonstante

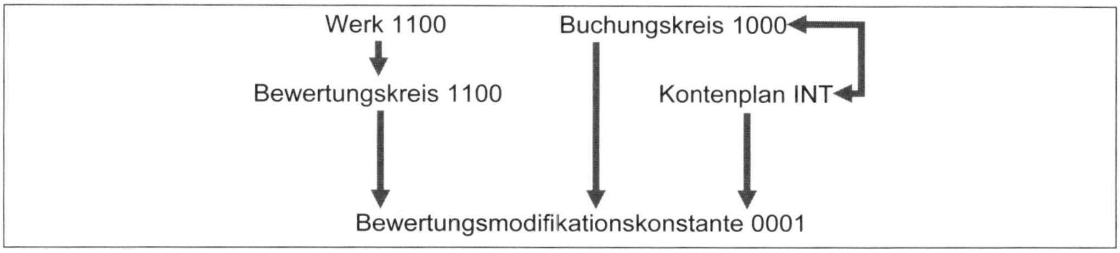

Für die buchhaltungsrelevanten Vorgänge der Bestandführung, hier der Vorgang des Warenausgangs, existieren sog. Vorgangsschlüssel. Diese umfassen im Kern das Sachkonto in Abhängigkeit von Bewertungsklasse (aus Materialstamm) und Bewertungsmodifikationskonstante (aus Werksangabe), sowie Regeln (Buchungsschlüssel) zur Zuordnung von Soll- und Haben-Buchung.
Bei einem Warenausgang würde – Bewertungsklasse 3000 vorausgesetzt – das Sachkonto 300000 im Vorgang BSX gefunden. Damit müsste dem System aber eindeutig klar sein, dass es sich um einen Warenausgang und den Vorgang BSX handelt. Erschwert wird die Auswahl durch eine Vielzahl von Warenausgangsvarianten, z.B. kann ein Warenausgang für einen Fertigungsauftrag, für eine Umlagerung, Verkauf oder für ein Projekt durchgeführt werden. Außerdem ist noch nicht klar, ob auf das Bestandskonto 300000 im Soll oder im Haben gebucht werden soll und welches die i.S. der GoB[19] erforderliche Gegenbuchung ist.
Die Gegenbuchung und damit die richtige Erstellung des Buchungssatzes wird durch die so genannte Bewegungsart in Zusammenarbeit mit der Kontomodifikation für Bewegungsarten bestimmt. Die Bewegungsart drückt die betriebliche Motivation der Materialbewegung aus, d.h. über die Bewegungsart kann unterschieden werden, ob der Warenausgang eben beispielsweise für einen Fertigungsauftrag, für eine Umlagerung, Verkauf oder für ein Projekt durchgeführt wird.

[19] Grundsätze ordnungsgemäßer Buchführung.

Abbildung 72: Vorgangsschlüssel

Gruppe RMK Buchungen der Materialwirtschaft (MM)

Vorgänge

Bezeichnung	Vorgang	Kontenfindung
Ertrag Agenturges.	AG1	☑
Umsatz Agenturges.	AG2	☑
Aufwand Agenturges.	AG3	☑
Aufwand/Ertrag aus Konsi-Material-Verbr	AKO	☑
Aufwand/Ertrag aus Umlagerung	AUM	☑
Rückstellungen nachträgliche Abrechnung	B01	☑
Erträge nachträgliche Abrechnung	B02	☑
Rückstellungsdifferenzen	B03	☑
Deltabuchung zum Bestand	BSD	☑
Bestandsveränderung	BSV	☑
Bestandsbuchung	BSX	☑
Nachbewertung sonstiger Verbräuche	COC	☑
Delkredere	DEL	☑
Kleindifferenzen Materialwirtschaft	DIF	☑
Einkaufskonto	EIN	☑
Einkaufsgegenkonto	EKG	☑
Frachtverrechnung	FR1	☑
Frachtrückstellung	FR2	☑
Zollverrechnung	FR3	☑
Zollrückstellung	FR4	☑
Frachteinkaufskonto	FRE	☑
Fremdleistung	FRL	☑
Fremdleistungen Nebenkosten	FRN	☑
Gegenbuchung zur Bestandsbuchung	GBB	☑
Kontierte Bestellung	KBS	☐

Vorgang AUM „Aufwand/Ertrag aus Umlagerung“
Kontenplan INT
Buchungsschlüssel 83 Aufwand und 93 Ertrag

Bewertungsmod	Bewertungsklas	Soll	Haben
0001	3000	235000	285000
0001	3001	235000	285000
0001	3030	235000	285000

Vorgang BSX „Bestandbuchung“
Kontenplan INT
Buchungsschlüssel 89 Zugang und 99 Abgang

Bewertungsmod	Bewertungsklas	Konto
0001	3000	300000
0001	3001	300010
0001	3030	303000

Bildschirmbilder ©SAP AG

Die Zuordnung der betriebswirtschaftlich richtigen Gegenbuchung zu einer Bewegungsart geschieht über die Kontomodifikation für Bewegungsarten (Customizing). Hier werden der Bewegungsart u.a. die Vorgangsschlüssel und die richtige Aufstellung des Buchungssatzes mitgegeben.

Abbildung 73: Kontomodifikation für Bewegungsart 261

Bewegungsart 261 Warenausgang für Fertigungsauftrag (interner Verbrauch)

Wertfortschreibung: Ja
Mengenfortschreibung: Ja
Vorgangsschlüssel: GBB (Gegenbuchung zur Bestandsbuchung)

Bewertungsmod	Allg. Modifikation	Bewertungsklas	Soll	Haben
0001	VBR	3000	400000	400000
0001	VBR	3001	400010	400010
0001	VBR	3030	403000	403000

Vorgangsschlüssel: BSX (Bestandsbuchung)

Bewertungsmod	Bewertungsklas	Konto
0001	3000	300000
0001	3001	300010
0001	3030	303000

Bildschirmbilder ©SAP AG

Bei der Pflege des Warenausgangsbelegs muss nun zunächst die Bewegungsart, z.B. 261 Warenausgang für Auftrag, und das Werk, aus dessen Lager die Waren entnommen werden, ausgewählt werden. Daraus ergeben sich die Vorgangsschlüssel und die Bewertungsmodifkationskonstante. Über das zu entnehmende Material wird die Bewertungsklasse ermittelt.

Bewertungsklasse und Bewertungsmodifikationskonstante weisen gemeinsam innerhalb eines Vorgangsschlüssels auf das Sachkonto. Weitere Einstellungen in der Kontomodifikation und die Buchungsschlüssel (aus den Vorgangsschlüsseln) stellen dann den finalen Buchungssatz auf. Die Abbildung 74 fasst noch einmal zusammen.

Abbildung 74: Automatische Kontenfindung bei Materialbewegungen

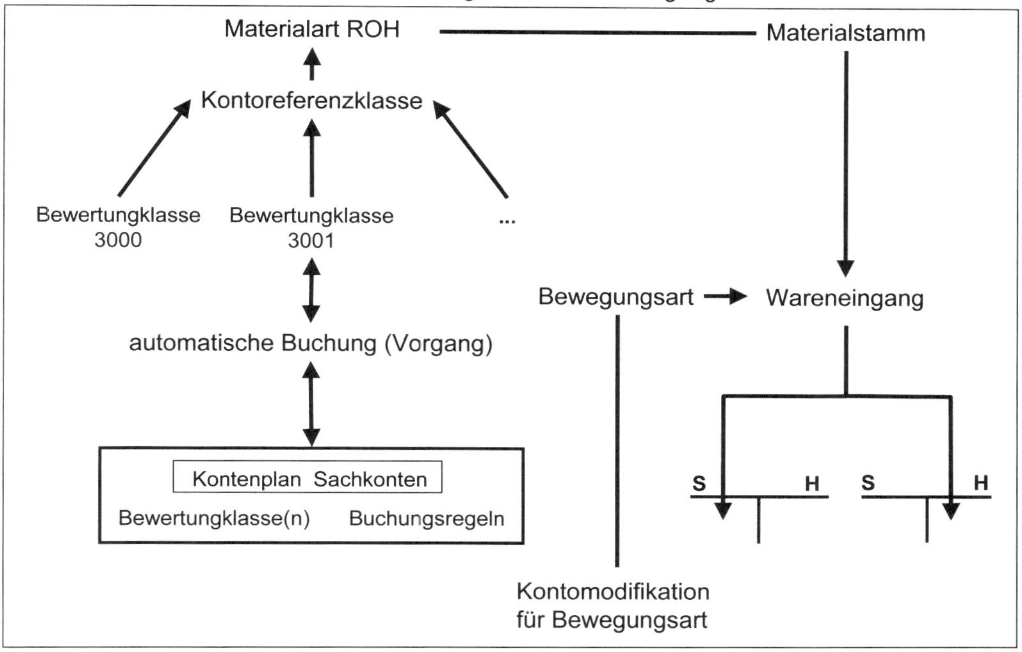

Unter Umständen ist es notwendig, die Materialart, die einem Material zugeordnet ist, im Nachhinein zu ändern. Beispielsweise soll ein bisher Fremdbeschafftes Material nun in Eigenfertigung hergestellt werden. Die Änderung sollte gut überlegt sein, da mit ihr weitreichende Konsequenzen verbunden sind. Beispielsweise werden bei einer Änderung in eine Materialart, die andere Sichten zulässt, die Felder einer Sicht, die es bei der neuen Materialart nicht mehr gibt, auf ihren Initialwert zurückgesetzt. Genauso können sich die angebotenen Bewertungsklassen ändern, was starke Auswirkungen auf die Kontofindung hätte.

5.1.2.4 Branche

Neben der Einteilung in Materialarten muss das Material einem bestimmten Industriezweig, d.h. einer Branche, zugeordnet werden. Die Branche ist im Gegensatz zur Materialart nicht mehr änderbar. Die Branche determiniert ähnlich zur Materialart die erscheinenden Bildschirmbilder sowie die Eingabefelder auf den einzelnen Bildschirmbildern. Neben den seitens des R/3-Standards angebotenen Branchen können auch eigene Branchen angelegt bzw. vorhandene angepasst werden.

Die Materialart in Verbindung mit zusätzlichen Bildfolge- und Feldauswahlbestimmungen soll helfen, die z.B. für Rohstoffe gesetzten Bild- und Feldparameter branchenspezifischen Gegebenheiten anzupassen. Hier wird wieder auf die auch für die Materialarten geltenden Feldreferenzen verwiesen. Der Branche Nahrungsmittel (F) ist die Feldreferenz P zugeordnet. Die Funktionsweise ist die gleiche wie bei der Feldauswahl für die Materialart. Die Abbildung 75 zeigt den Zusammenhang für die Branche „Nahrungsmittel“.

Es stellt sich nun die Frage nach der Dominanz von Einstellungen, denn die Feldreferenz ROH der Materialart weist die Auswahlgruppe 1 als Kann-Felder, die Branche „Nahrungsmittel" aber als Muss-Felder aus. Die Musseinstellung der Branche Nahrungsmittel „schlägt" die Kanneinstellung der Materialart ROH. Die Basismengeneinheit wird dadurch obligatorisch. Ein Mussfeld bzw. eine Mussfeldgruppe dominiert grundsätzlich ein Kannfeld bzw. eine Kannfeldgruppe.

Abbildung 75: Branche einstellen (Customizing)

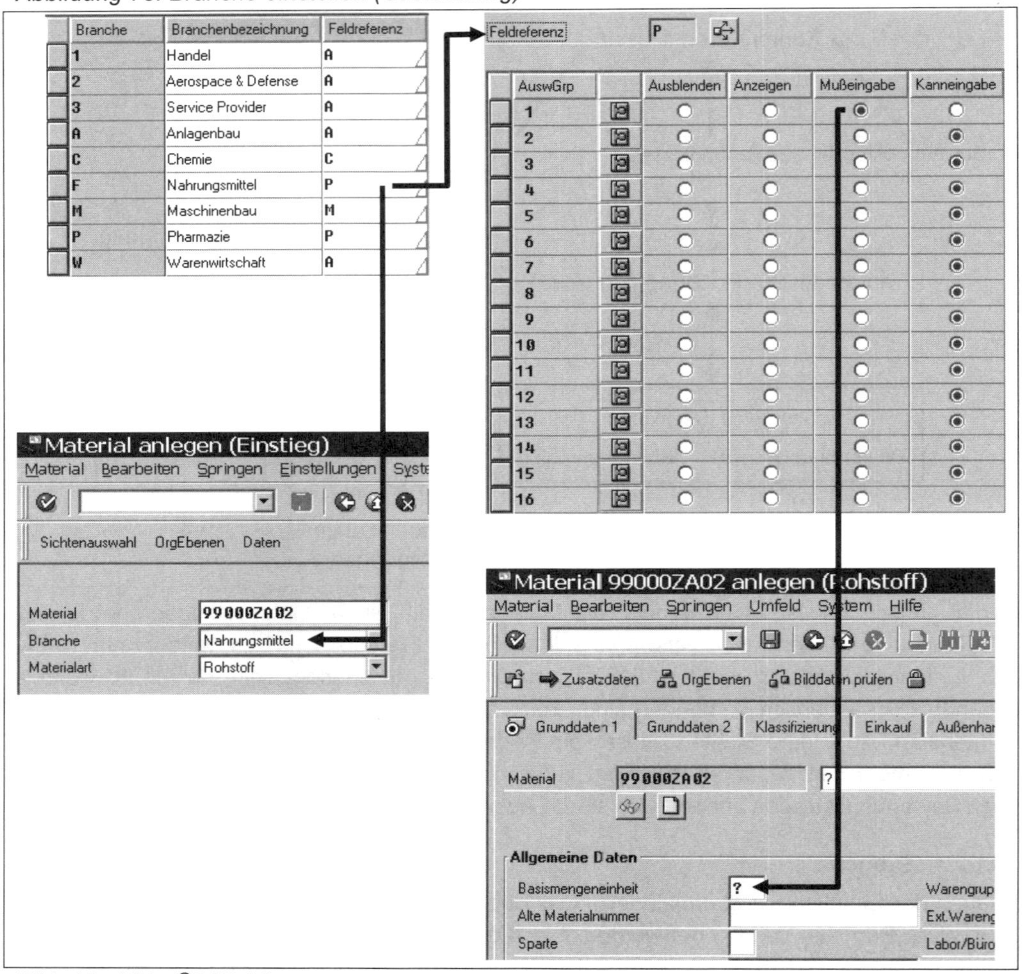

Bildschirmbilder ©SAP AG

5.1.2.5 Anwendungen bei der Materialstammdatenpflege

Nachdem die Materialnummer, die Materialart und die Branche eingegeben wurden, die zu pflegenden Sichten ausgewählt wurden und die Zugehörigkeit zur Unternehmensstruktur gesetzt sind, kann ein neues Material angelegt werden.

Da i.S. der Datenintegrität nicht mehrere Fachbereiche parallel an demselben Material arbeiten können, müssen die jeweiligen Daten sequentiell aus den Fachbereichen heraus gepflegt werden. Dabei ist zu beachten, dass die Erweiterung des Materialstammsatzes um eine

Sicht über den Menüpunkt «ANLEGEN» erfolgt. Wenn ein Fachbereich seine Sicht der Daten gepflegt hat, wird der entsprechende Materialstammsatz mit einem Pflegestatus versehen. Dadurch ist für das System ersichtlich, welche Sichten gepflegt sind. Die Pflege von Sichten ist die Voraussetzung dafür, dass R/3-Komponenten mit diesem Materialstammsatz arbeiten können, z.B. kann die Fertigung ein Fertigerzeugnis nur dann produzieren, wenn dessen Sicht Arbeitsvorbereitung gepflegt ist. Der Menüpunkt Material «ÄNDERN» dient nur zur Veränderung von Daten in bereits bestehenden Sichten. Eine Anwendung für die Anzeige steht ebenfalls zur Verfügung.
Ein Materialstammsatz kann auch gelöscht werden. Dies ist jedoch im Gegensatz zu den meisten Windows®-Anwendungen, bei denen Löschvorgänge meist nur durch eine Sicherheitsabfrage „verkompliziert" werden, bei SAP R/3 komplexer. Zur Löschung von gepflegtem Material bedarf es im Prinzip dreier Schritte:

1. Das Material muss zum Löschen vorgemerkt sein.

Zur Löschvormerkung wird die Materialnummer benötigt. Es kann differenziert gelöscht werden. Differenziert insoweit, als dass Organisationsebenen angegeben werden können, auf denen Materialdaten zum Löschen vorgemerkt werden sollen. Das Setzen des Kennzeichens auf einer bestimmten Ebene bewirkt, dass die Materialstammdaten auf dieser Ebene und auf allen hierarchisch untergeordneten Ebenen zum Löschen vorgemerkt sind. Wird beispielsweise eine Löschvormerkung auf Werksebene gesetzt, so werden auch alle Daten auf Lagerortebene zum Löschen vorgemerkt. Daten auf Mandantenebene - wie die Grunddaten - bleiben hingegen bestehen.

Abbildung 76: Material zum Löschen vormerken

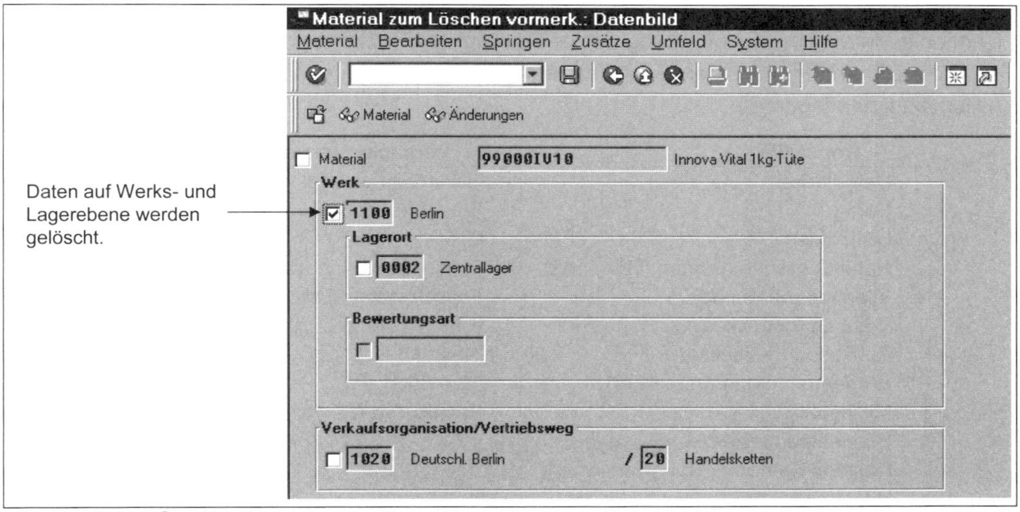

Bildschirmbild ©SAP AG

Trotz seiner Löschvormerkung kann das Material weiter verwendet werden. Es wird aber bei jedem Vorgang, an dem dieses Material beteiligt ist, eine Warnmeldung ausgegeben. Die Löschvormerkung kann jederzeit zurückgenommen werden, solange der Stammsatz noch nicht physisch gelöscht bzw. archiviert wurde.

2. Archivierungslauf starten

In R/3 werden die Daten nicht einfach physisch gelöscht, sondern archiviert. Zunächst werden die Daten, die zum Löschen vorgemerkt sind, in einem Vorlauf gesammelt. Dadurch wird ein so genannter Archivierungsjob erzeugt. Dazu muss insbesondere die Tabelle (in der die Materialstammdaten geführt sind) angegeben werden. Dieser Archivierungsjob muss dann anschließend (oder zeitversetzt) angestoßen werden. Die Daten werden dann aus den Anwendungstabellen der Datenbank gelöscht und ins Archivsystem eingestellt. Sie können jederzeit zu Auswertungszwecken wieder verwendet werden. Eine Reanimation ist möglich. Die Archivierungsvorgänge können anhand von Reports nachvollzogen werden.

3. Daten aus dem Archiv löschen

Abschließend können die archivierten Daten, sofern erforderlich (beispielsweise nach Ablauf einer Aufbewahrungsfrist), gelöscht werden.

Die Archivierung bzw. Löschung von Stammdaten wird in SAP R/3 auch unter dem Begriff der Reorganisation geführt, da mit diesem Vorgang auch eine physikalische Entlastung der Datenbank angestrebt wird.
Wird der Löschvorgang in Abbildung 76 über die oben genannten Schritte weiter geführt, so sind zwar Grunddaten und Teile der Vetriebsdaten weiter verfügbar, Lagerbestände oder buchhalterische Daten hingegen sind nicht mehr vorhanden.
Die Verhinderung des „einfachen Löschvorgangs" besteht in erster Linie auf Grund der Integration der Materialstammdaten mit anderen Daten, z.B. müsste erst eine zu dem Material existierende Bestellung archiviert werden, bevor der Materialstammsatz selbst archiviert werden kann.

5.1.3 Fallstudie - Materialstammdaten

Aufgabe 2

Damit die Materialien zur Mischung der beiden Müsliprodukte beschafft und eingelagert werden können, sind im nächsten Schritt die Materialstammdaten einzupflegen. Folgende Materialien sind zu pflegen:

Rohstoffe	Verpackungsmaterial
Haferflocken	Etikett Innova Vital
Honig	Etikett Nussper Trio
Leinsamen	Clip
Naturidentische Aromen (Mischung)	Faltschachtel Innova Vital
Vitamine (Mischung)	Faltschachtel Nussper Trio
Trauben (getrocknet)	Karton 10x1kg o. 20x500g
Aprikosen (getrocknet)	Tüte 1kg
Erdbeeren (gefriergetrocknet)	Tüte 500g
Milchpulver	Palette Typ A
Sonnenblumenkerne	
Cashew-Kerne	
Haselnüsse	
Walnüsse	
Vollmilch-Schokolade-Flocken	

Die Schlüsselkonventionen sowie die einzelnen Daten der Materialien können der Pflegetabelle «Materialstammdaten Rohstoffe» und «Materialstammdaten Verpackungen» im Anhang entnommen werden.
Das Unternehmen hat eine Einkaufsabteilung und eine Produktionsstätte. Die Materialien werden in vier verschiedenen Lagern verwaltet. Für sämtliche Pflegevorgänge ist die nachstehende Unternehmensstruktur zu verwenden.

Abbildung 77: Unternehmensstruktur in der Fallstudie

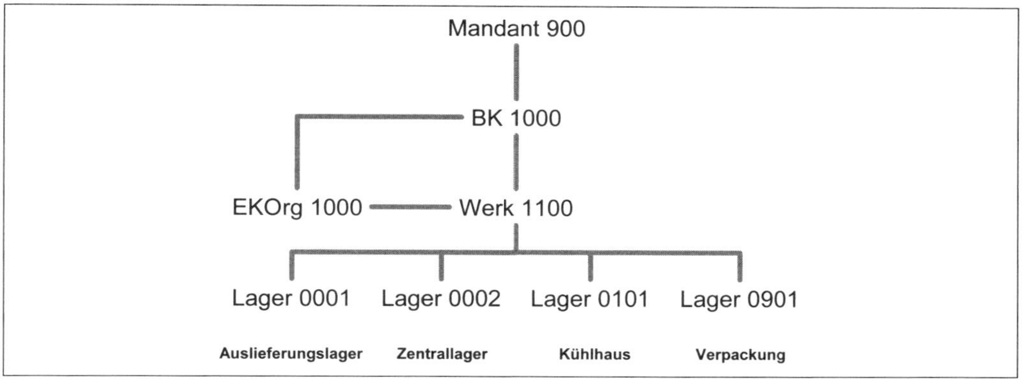

Es stehen folgende Pflegeanleitungen für diesen Teil der Fallstudie zur Verfügung.

- Material anlegen,
- Material anzeigen,
- Material ändern,
- Materialien in einer Übersichtsliste anzeigen.

Material anlegen

FENSTER	MENUEPFAD/EINGABE
	**LOGISTIK** ⇨ MATERIALWIRTSCHAFT ⇨ MATERIALSTAMM ⇨ MATERIAL ⇨ ANLEGEN SOFORT **Rohstoff anlegen : Einstieg** ▸ „Rohstoff" Aprikosen (getrocknet) wird hier angelegt Material: *xx000mi01 (mit xx = Gruppennummer)* Branche: *Nahrungsmittel* ▸ Branche bestimmt mit der Materialart zusammen u.a. Inhalte der Pflegebildschirme Materialart: *Rohstoff* ▸ Die Vorlage kann verwendet werden, wenn Materialien ähnliche Eigenschaften aufweisen. weiter

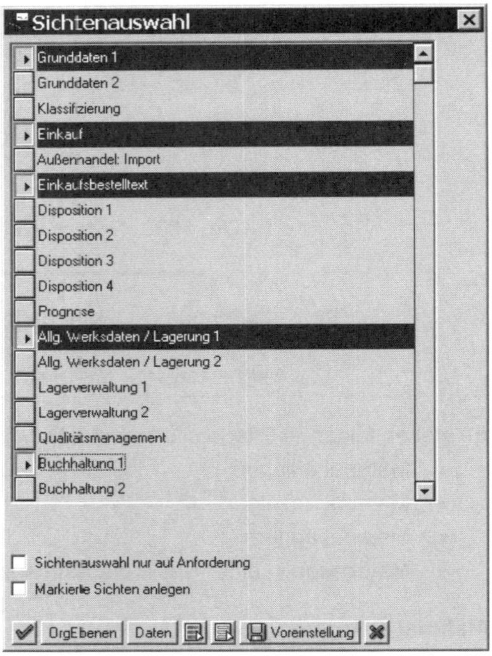

▸ zu pflegende Sichten auswählen

Grunddaten1
Klassifizierung
Einkauf
Einkaufsbestelltext
Allg. Werksdaten/Lagerung 1
Buchhaltung 1

✔ weiter

▸ Zuordnung von physischen Beständen

Werk: *1100*

▸ Werk in Berlin.

Lagerort: *0101*

▸ Kühllager.

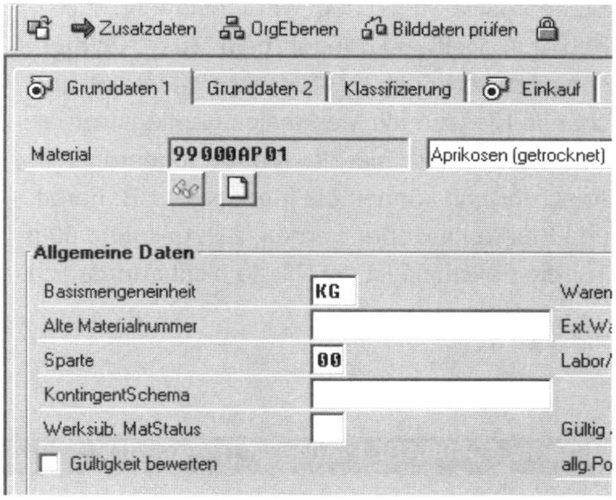

 weiter (führt zur ersten ausgewählten Sicht)

Material 99000AP01 anlegen (Rohstoff)

Materialkurztext: *Aprikosten (getrocknet)*

Basismengeneinheit: *KG*

▸ Grundlage aller Mengenberechnungen, hier Kilogramm. Die Basismengeneinheit kann später nur dann geändert werden, wenn keine Bestände vorhanden sind und/oder keine Bestellungen bzw. Bestellanforderungen vorhanden sind.

Warengruppe: *015*

▸ Gruppierung von Materialien und Dienstleistungen nach ihren Merkmalen, z.B. Lebensmittel oder 008 für Verpackungen.

Sparte: *00*

▸ Hier können noch weitere Angaben zum Material gemacht werden, die mandantenweit verwendet werden können.

 weiter

Material 99000AP01 anlegen (Rohstoff)

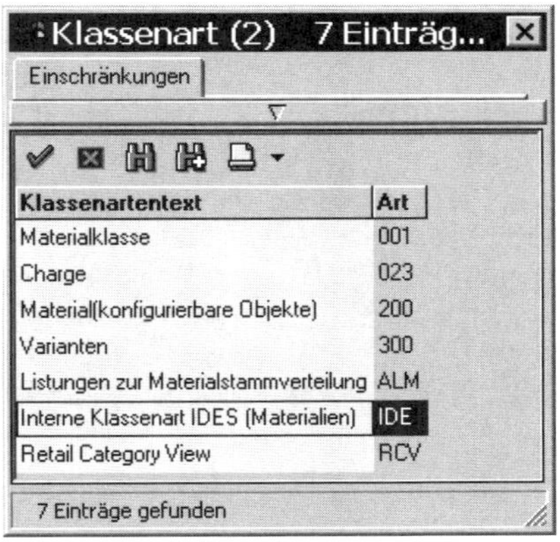

IDE auswählen.

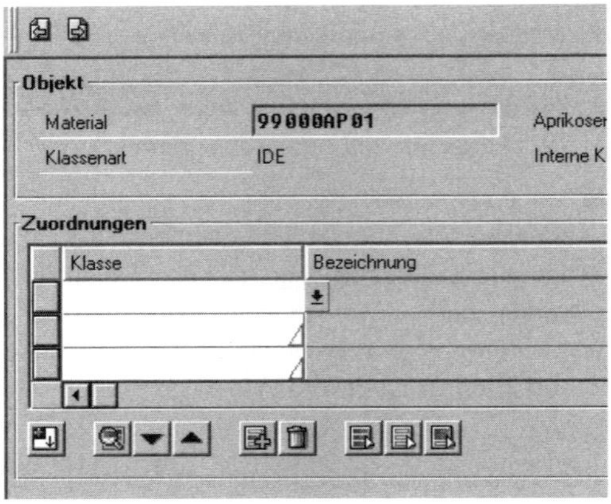

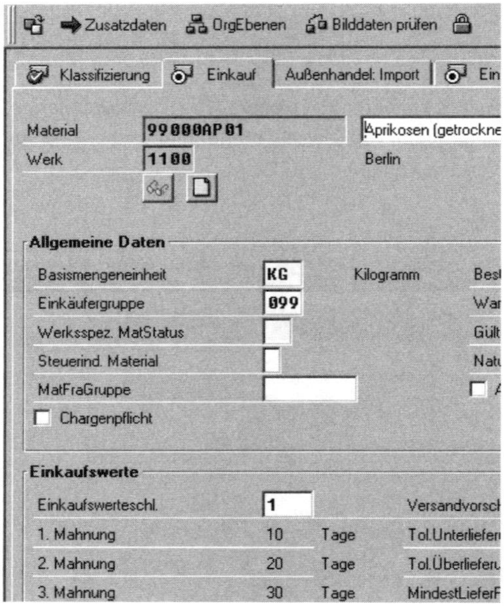

Klassifizierung

▸ Speicherung von Informationen, die nicht in Standardsichten gepflegt werden können, z.B. Papier in „weiß, 80 g" oder „gelb, 80 g". Es müssen dazu vorher im R/3-Klassensystem entsprechende Klassen mit Merkmalen gepflegt werden. Das Material wird hier der Klasse zugeordnet. Anschließend können die Merkmale, z.B. Farbe und Stärke, bewertet werden, z.B. gelb und 80 g. Für die Fallstudie ist die Pflege nicht erforderlich.

mit weiter

Material 99000AP01 anlegen (Rohstoff)

Bestellmengeneinheit: *kar*

▸ Die Bestellmengeneinheit muss nur eingegeben werden, sofern sie von der Basismengeneinheit abweicht, z.B. Basismengeneinheit in Stück und Bestellmengeneinheit in Kartons.

▸ Für typische Abweichungen wie Gramm und Kilogramm ist der notwendige Umrechnungsfaktor dem System bekannt, bei oben genanntem muss ein Umrechnungsfaktor festgelegt werden (siehe folgendes Bild). Das Dialogfeld erscheint automatisch.

1 Karton Aprikosen enthält 5 KG.

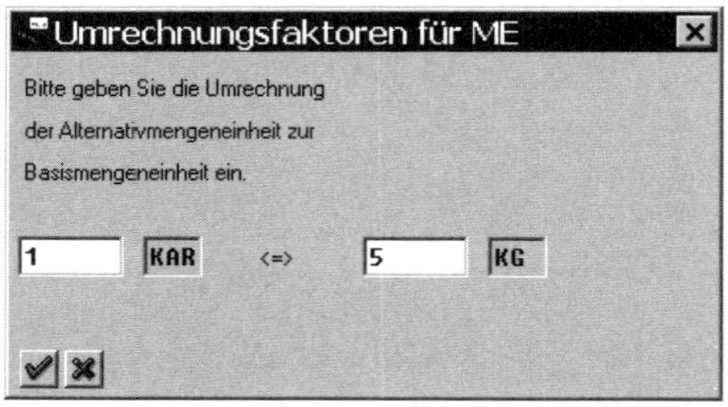

weiter

Einkäufergruppe: *0xx*

▸ für dieses Material zuständiger Einkäufer.

Einkaufswertschl.: *1*

▸ Der Schlüssel steht für Mahnfristen und Toleranzen hinsichtlich Über – oder Unterlieferungen. Er wird als Vorschlagswert in Bestellungen übernommen.

weiter

Prüfen Sie die Daten zum Einkaufswerteschlüssel

Daten werden eingeblendet.

weiter

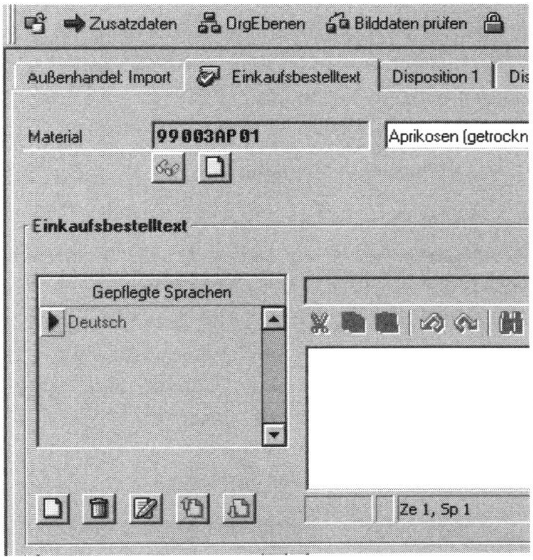

Material 99000AP01 anlegen (Rohstoff)

‣ Text für eine nähere Beschreibung des Materials.

Sprache: *DE*

Langtext: *beliebige Eingabe*

2x weiter, da nach der Überprüfung der Eingaben gefragt wird.

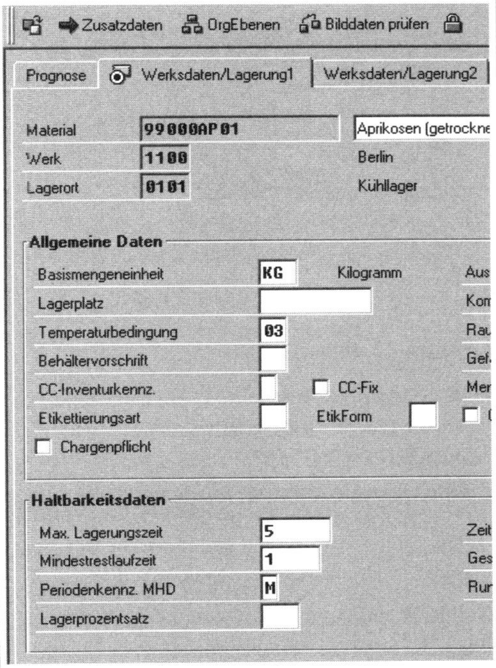

Material 99000AP01 anlegen (Rohstoff)

Temperaturbedingung: *03*

‣ Kennzeichen für die Lagerungstemperatur.

Max. Lagerungszeit: *5*

‣ längste zulässige Lagerungszeit.

Zeiteinheit: *MON*

‣ Monat; Zeiteinheit für die Max. Lagerungszeit.

Mindestrestlaufzeit: *1*

‣ Laufzeit, die das Material bei Wareneingang mindestens noch haltbar sein muss.

Gesamthaltbarkeit: *6*

‣ Zeitraum, innerhalb dessen das Material insgesamt haltbar (von Herstelldatum bis zum Mindesthaltbarkeitsdatum) ist.

Periodenkennz. MHD: *M*

‣ Monat; Zeiteinheit für Mindestrestlaufzeit und Gesamthaltbarkeit.

weiter

Achtung: Im Wareneingang muß das Herstelldatum eingegeben werden

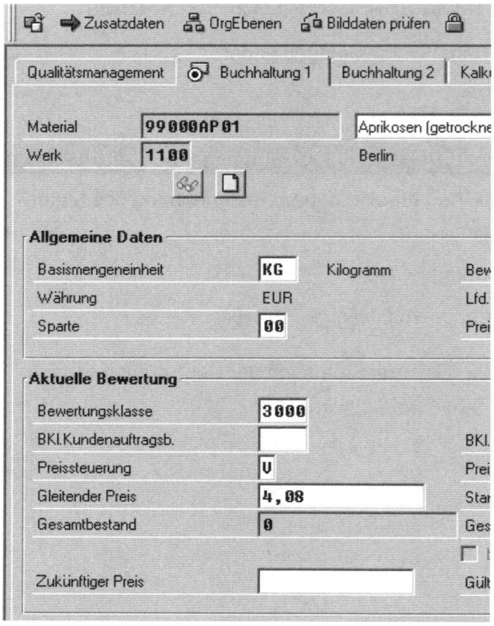

weiter

Material 99000AP01 anlegen (Rohstoff)

Bewertungsklasse: *3000*

▸ Rohstoffe 1, sorgt für entsprechende Kontenfindung und wertmäßige Buchung.

Preiseinheit: *1*

▸ Anzahl der Mengeneinheit, auf die sich der Preis bezieht, hier auf 1 Kilogramm (Basismengeneinheit!).

Preissteuerung: *V*

▸ gleitender Durchschnittspreis.

Gleitender Preis: *4,08*

▸ Angabe in Währungseinheit des Buchungskreises. Die Preisangabe ist zwar für eine richtige Bewertung erforderlich, aber hier nicht zwingend notwendig. Spätestens beim ersten Wareneingang wird der gleitende Durchschnittspreis fortgeschrieben (gilt nicht für Standardpreis).

Daten sichern oder weiter

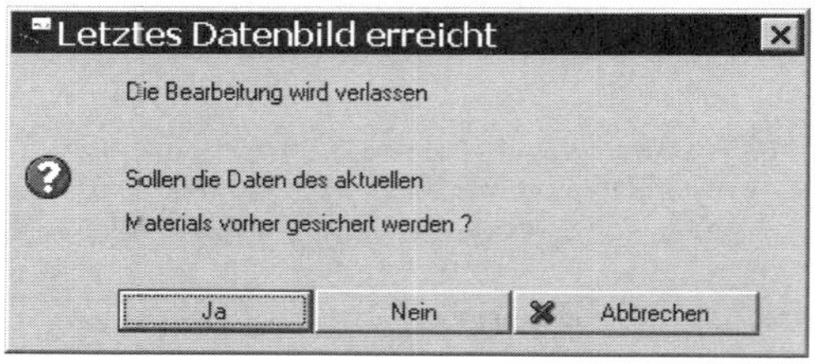

Daten sichern: Ja

Material anzeigen

FENSTER	MENUEPFAD/EINGABE
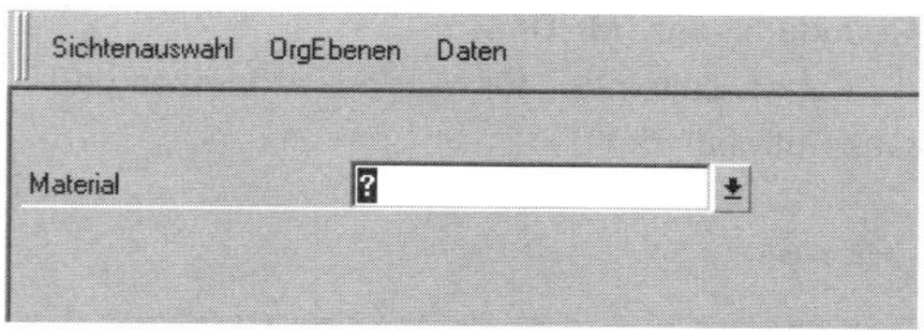	**LOGISTIK** ⇨ MATERIALWIRTSCHAFT ⇨ MATERIALSTAMM ⇨ MATERIAL ⇨ ANZEIGEN ⇨ ANZEIGEN AKT. STAND **Material anzeigen: Einstieg** ▸ Nur Sichten mit ihren Inhalten von bereits gepflegtem Material können anzeigt werden. ▸ Falls die Materialnummer zunächst nicht bekannt ist, kann die Matchcodesuche zur Ermittlung verwendet werden.

 oder die Taste F4 drücken führt zu:

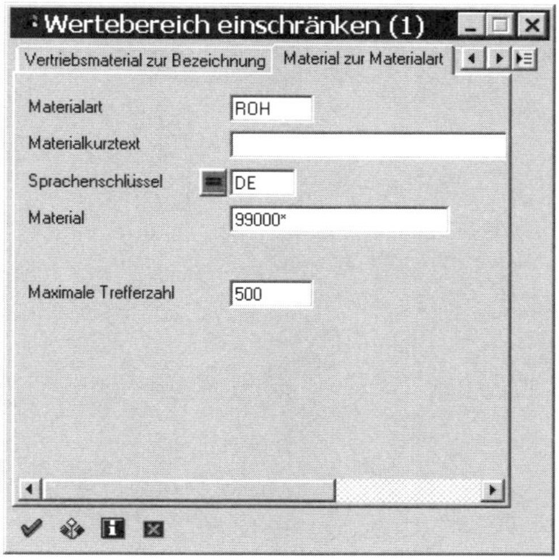

Material: *xx000**

▸ Es werden alle Materialien in einer Trefferliste zur Auswahl angezeigt, die mit der Gruppennummer + 00 beginnen.

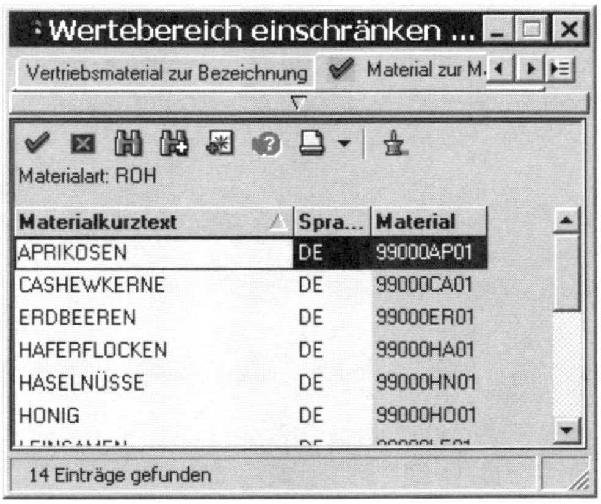

▸ Das gesuchte Material auswählen (hier nur eines zur Auswahl) und auf  klicken.

Material anzeigen: Einstieg

▸ Die Materialnummer kann auch – sofern bekannt - sofort eingegeben werden.

 weiter

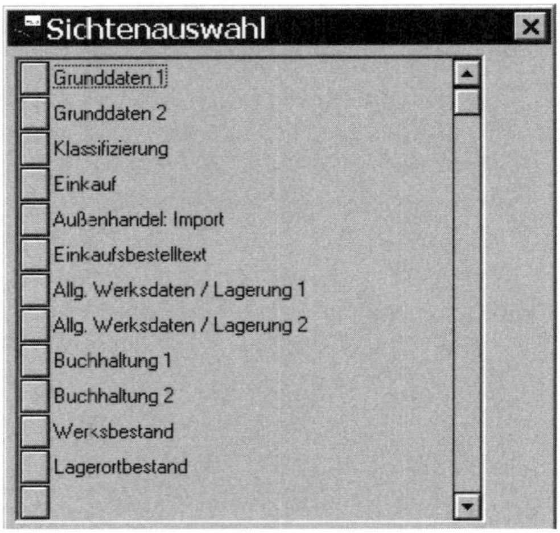

▸ Es werden nur die Sichten zur Auswahl angeboten, die auch über MATERIAL ANLEGEN gepflegt worden sind.

▸ Allg. Werksdaten / Lagerung 1 auswählen

▸ Mit  können alle Sichten zur Anzeige ausgewählt werden

auf  klicken

Werk: *1100*

Lagerort: *0101*

▸ Das Material kann beispielsweise in verschiedenen Lagern vorgehalten werden. Daher ist die Zuordnung notwendig. Sollen nur Grunddaten angezeigt werden, werden keine Organisationsebenen verlangt, da die Grunddaten der Mandantenebene zugeordnet sind.

auf  klicken

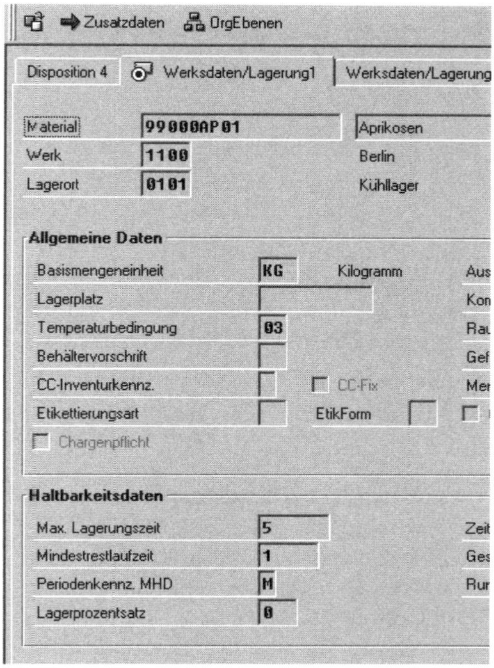

Material 99000AP01 anzeigen (Rohstoffe)

▸ Die erste Sicht, die angezeigt wird, ist Grunddaten 1.

Weitere Sichten können durch Klicken auf die Registernasen angezeigt werden, oder für den Ausstieg wählen.

▸ Wahlweise können die Register direkt angeklickt werden.

Material ändern

Es bestehen verschiedene Möglichkeiten, Materialdaten zu ändern. Material kann sofort geändert werden, d.h. die geänderten Daten stehen unmittelbar nach der Sicherung zur Verfügung. Weiter kann die Änderung von Daten auch in die Zukunft verlegt werden, d.h. geplant werden. Dazu muss zum angegebenen Gültigkeitsdatum die Änderung aktiviert werden. Hier wird die sofortige Änderung der Materialstammdaten vorgeführt.

FENSTER	**MENUEPFAD/EINGABE**

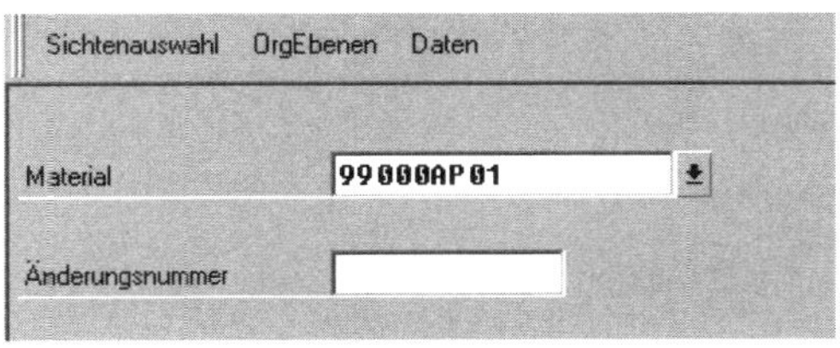

LOGISTIK ⇨ MATERIALWIRTSCHAFT ⇨ MATERIALSTAMM ⇨ MATERIAL ⇨ ANZEIGEN ⇨ ANZEIGEN AKT. STAND

Material ändern: Einstieg

Material: *xx000AP01 (mit xx = G.-Nr.)*

▸ Die Eingabe einer Änderungsnummer ist nur dann notwendig, wenn der Änderung von Daten eine Gültigkeitsbedingung, ein Revisionsstand oder eine die Änderung betreffende Dokumentation mitgegeben werden soll.

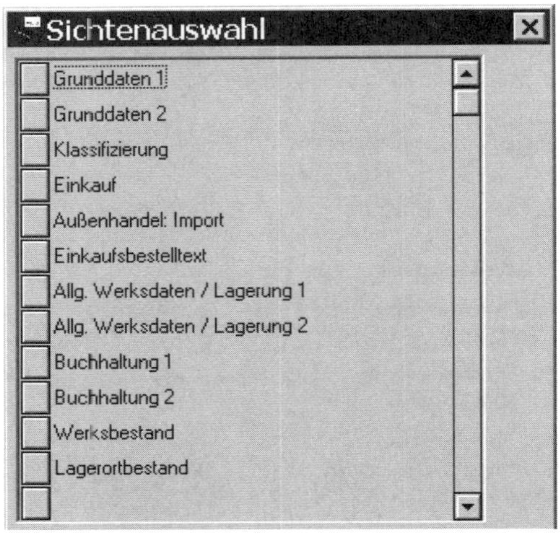

▸ Es werden nur die Sichten zur Änderung angeboten, die auch über MATERIAL ANLEGEN gepflegt worden sind. Sollen weitere Sichten angelegt werden, so ist dies über die Anwendung MATERIAL ANLEGEN zu tun.

Einzelne Sichten auswählen.

auf ✔ klicken

Werk: *1100*

Lagerort: *0101*

auf ✔ klicken.

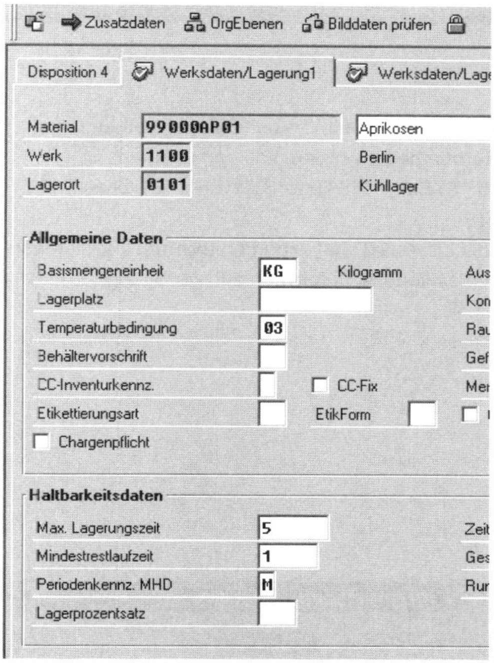

Material 99000AP01 ändern (Rohstoffe)

▸ Die Daten können geändert werden, allerdings sind – abhängig von der Verwendung der Daten – manche Feldinhalte nicht änderbar, z.B. Basismengeneinheit, wenn schon Bestände vorhanden sind.

weiter für nächste Sicht (sofern vorher ausgewählt)

Nach Änderung Daten sichern oder weitere Sichten über die Register auswählen.

Materialien in einer Übersichtsliste anzeigen

FENSTER	MENUEPFAD/EINGABE

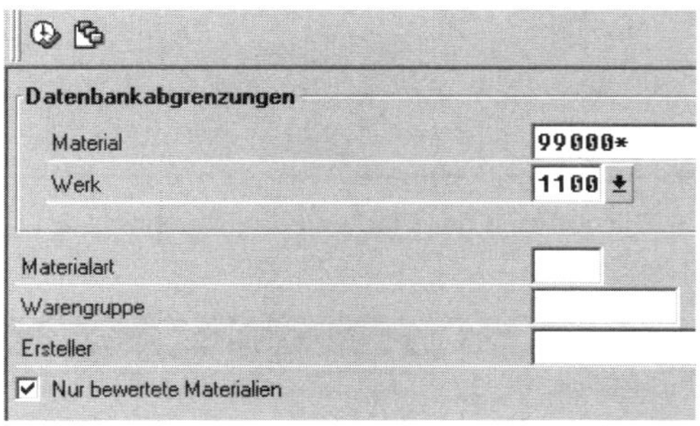

LOGISTIK ⇨ MATERIALWIRTSCHAFT ⇨ MATERIALSTAMM ⇨ SONSTIGE ⇨ MATERIALVERZEICHNIS

Materialverzeichnis

Material: *99000**

Werk*: 1100*

▸ Alle <u>bewerteten</u> Materialien, deren Nummern mit obigem Stamm beginnen und die dem Werk 1100 zugeordnet sind, werden nun in einer Liste ausgegeben. Weitere Einschränkungen in der Treffermenge können über Materialart, Warengruppe und Ersteller vorgenommen werden.

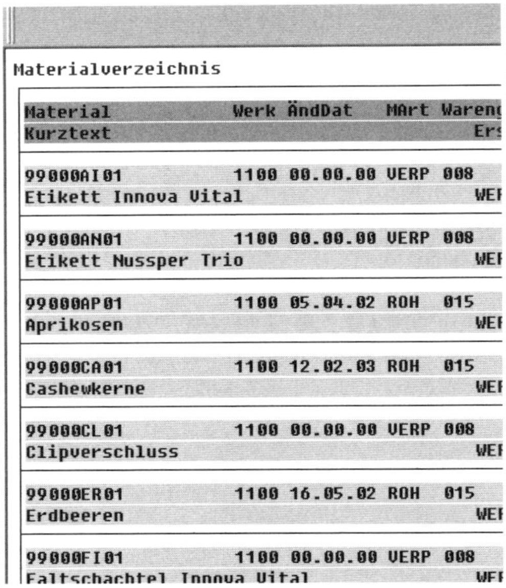

Materialverzeichnis

Liste verlassen mit

- Soll die Liste mit einer Officeanwendung weiterbearbeitet werden, so kann über **SYSTEM** ⇨ LISTE ⇨ SICHERN ⇨ LOKALE DATEI die Liste als Datei exportiert werden. Dazu stehen verschiedene Dateitypen zur Verfügung.

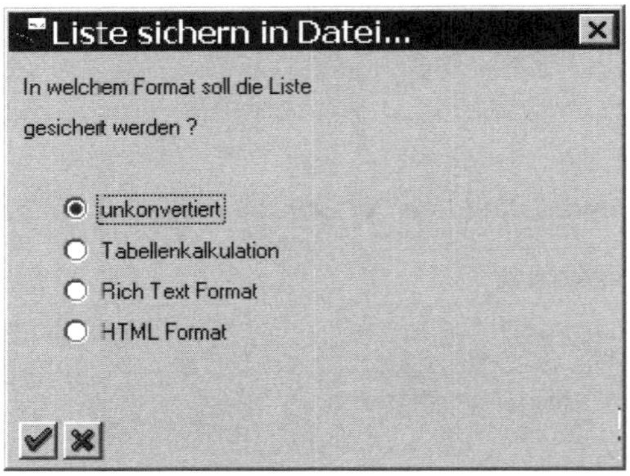

- Danach sind der Pfad und der Dateiname anzugeben.

Abschließend auf Übertragen klicken.

- Diese Vorgehensweise zur lokalen Speicherung kann auf alle Listen angewendet werden.

5.1.4 Lieferantenstammdaten

Rohstoffe, Betriebsstoffe, Verpackungsmaterial etc. werden mehrheitlich nicht selbst produziert, sondern durch externe Unternehmen geliefert. Die Daten dieser Lieferanten werden im Lieferantenstammsatz erfasst. Der Stammsatz lässt sich ähnlich zum Materialstammsatz wieder in Sichten und Unternehmensstrukturebenen gliedern.
Der Lieferant erhält analog zum Material eine eindeutige Nummer. Im Customizing kann wieder festgelegt werden, ob diese Nummer intern durch das System oder extern durch den Benutzer vergeben werden kann und in welchem Nummernintervall(en) sich diese Nummer bewegen darf. Allerdings muss die Nummer diesmal tatsächlich eine Nummer sein, da sie zugleich auch als Kreditorenkontonummer für die Kreditorenbuchhaltung verwendet wird.
Aus buchhalterischer Sicht wird für jeden Kreditor (Lieferant) ein eigenes Konto geführt. Der Identifikationsschlüssel ist damit zugleich die Kontonummer. Die Kreditorenkonten werden in der Kreditorenbuchhaltung als Nebenbuch geführt. Die notwendige Verbindung zum Hauptbuch wird durch die Pflege eines Abstimmkontos in der finanzwirtschaftlichen Sicht auf den Lieferanten hergestellt. Die Buchung von Rechnungen erfolgt dann immer parallel in Haupt- und Nebenbuch,[20] im Beispiel der Abbildung 78 im Kreditorenkonto 113 und im (Abstimm-)Konto 160000. Eine Übernahme der Daten vor Bilanzerstellung vom Neben- in das Hauptbuch ist damit nicht mehr erforderlich.

Abbildung 78: Integration Neben- und Hauptbuch

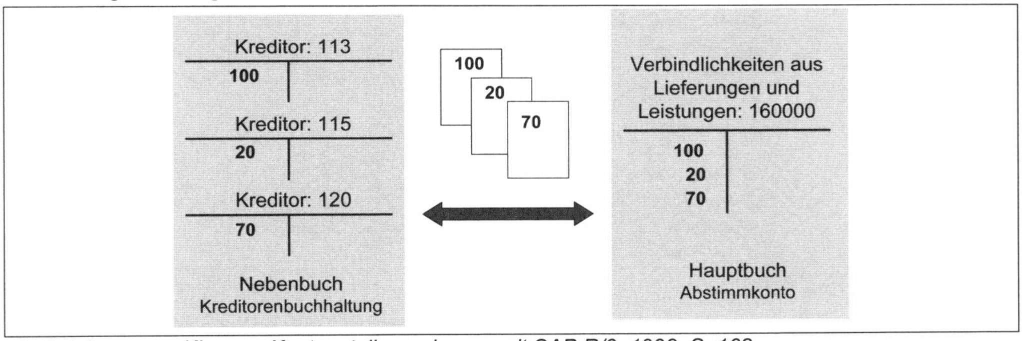

In Anlehnung an Klenger, Kostenstellenrechnung mit SAP R/3, 1998, S. 162.

Auf Mandantenebene werden allgemeine Daten geführt. Daten, die also wieder für alle untergeordneten Hierarchieebenen gelten. Hierzu gehören beispielsweise die Anschrift, die Telefonnummer, die Sprache, in der kommuniziert werden soll, oder die Bankverbindung.
Die Daten, die für den Einkauf von Bedeutung sind, werden in Zuordnung zur Einkaufsorganisation angelegt, z.B. Ansprechpartner, Lieferkonditionen, Partnerrollen oder Bestellwährung. Sie bilden im Prinzip eine logistische Sichtweise auf den Lieferanten. Zusätzlich zur logistischen Sichtweise auf den Lieferanten ist eine finanzwirtschaftliche Sichtweise erforderlich, nämlich dann, wenn z.B. Rechnungen auf den Lieferanten erfasst werden. Begrifflich wird aus Sicht der Buchhaltung aus dem Lieferant der Kreditor. Entsprechend den Ausführungen zur Unternehmensstruktur werden die finanzwirtschaftlichen Kreditorenstammdaten auf Buchungskreisebene geführt. Hier werden die Zahlungsverkehrsdaten, die Nummer des Abstimmkontos zur Hauptbuchhaltung, etc. geführt. Die Abbildung 79 fasst den beschriebenen Stammsatz noch einmal zusammen.

---

[20] S. auch Kapitel 9.1.1.

Abbildung 79: Lieferantenstammsatz

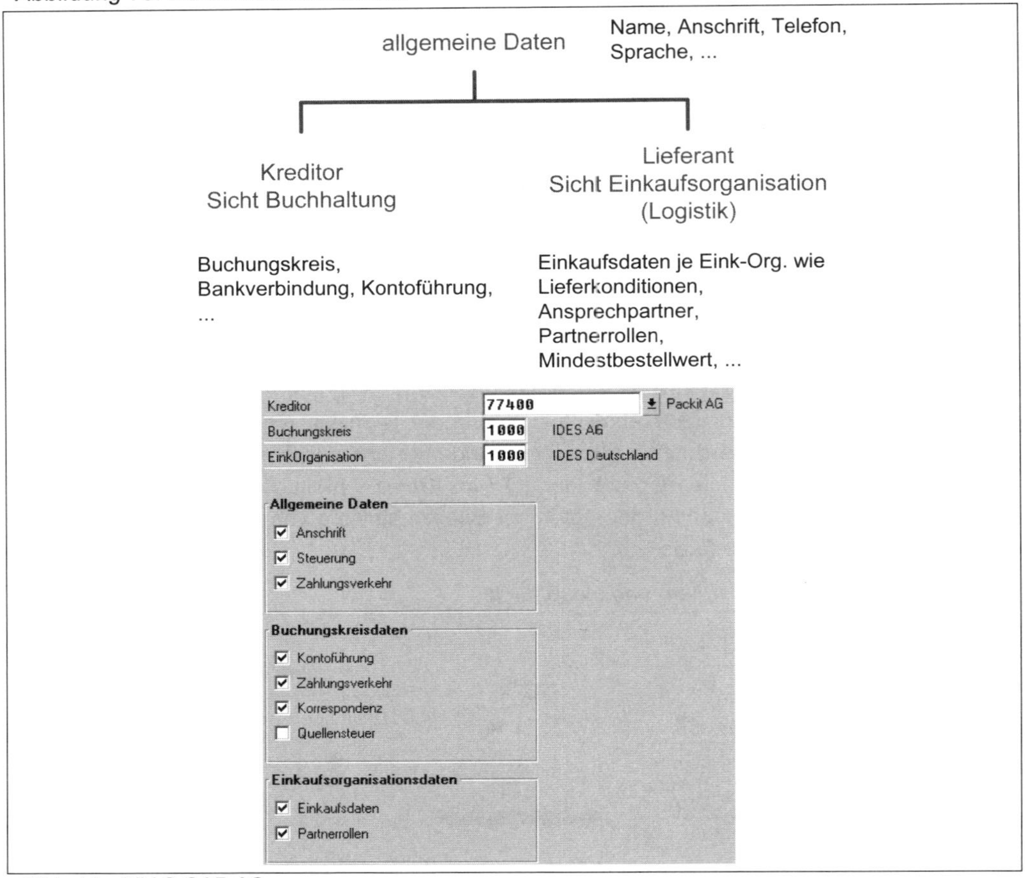

Bildschirmbild © SAP AG

Aufgrund dieses Hierarchiekonzeptes sollten, bevor konkrete Geschäftsbeziehungen (z. B. Bestellungen) aufgenommen werden, neben den Grunddaten auch die logistischen und finanzwirtschaftlichen Daten gepflegt werden. Wird beispielsweise die „Buchhaltungssicht" ausgelassen, könnte die Konsequenz sein, dass z.B. ein Lieferant Material liefern kann, aber die Erfassung der Rechnung oder die Erfassung der Bestandswertveränderung nicht möglich ist. Kreditor und Lieferant sind also eine unterschiedliche Sichtweise auf dasselbe Objekt, den Waren- oder Dienstleistungslieferanten.

Würde eine weitere Einkaufsabteilung bzw. Einkaufsorganisation existieren und wollte diese auch Geschäftsbeziehungen mit einem schon vollständig gepflegten Lieferanten (allg. Daten, Einkaufsdaten, Buchhaltungsdaten) unterhalten, so müssen nur die „logistischen" Daten noch einmal angelegt werden, sofern die Einkaufsorganisation für den gleichen Buchungskreis „arbeitet". Der Lieferant hat in allen Einkaufsorganisationen dieselbe Nummer und wird in einem Kreditorenkonto geführt. Die Abbildung 80 zeigt noch einmal den Zusammenhang.

Abbildung 80: Stammsatzerweiterung auf weitere Einkaufsorganisation

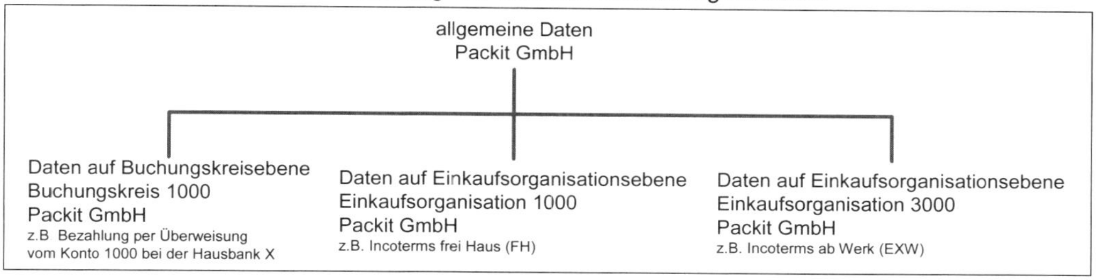

In der Materialwirtschaft wird für die Materialien ebenfalls ein „Nebenbuch" geführt. Dieses hat allerdings nicht die gleiche Wirkung wie das für die Kreditoren geführte Nebenbuch. Dieses „Materialnebenbuch" wird als Material-Ledger bezeichnet. Der Begriff Ledger bezeichnet hier den Rahmen für die Darstellung von Verkehrszahlen für bestimmte Berichts- oder Auswertungszwecke. Während Kreditoren- und auch Debitorenbuchhaltung dem Finanzwesen zugeordnet sind, ist der Material-Ledger in der Materialwirtschaft zu finden.
Die wertmäßigen Materialbestände werden in Sammelkonten, z.B. das Sachkonto 300000 Rohstoffe, im Hauptbuch direkt vorgehalten. Der Bestandswert einzelner Materialien kann über eine Bestandswertliste dargestellt und aufgeschlüsselt werden.
Der Material-Ledger sammelt Daten aus allen bewertungsrelevanten Bewegungen. Ziel ist u.a. die Berechnung eines Preises für die Bewertung des Materials (auch im Hinblick auf eine Konzernbilanz). Die Daten können in bis zu drei Währungen geführt werden.

5.1.4.1 Anwendungen im Kreditorenstamm

Analog zum Material können Lieferanten bzw. Kreditoren angelegt, geändert, angezeigt und gelöscht werden. Unterschiedlich ist die Wirkungs- bzw. Vorgehensweise bei Änderung und Löschung.
Das Löschen bzw. Archivieren von Lieferantenstammsätzen ist wegen der Verflechtung zum Nebenbuch weitaus schwieriger. Damit nun ähnlich zum Material eine Reorganisation der Betriebsdaten durchgeführt werden kann, sind folgende Schritte notwendig:

1. Es muss zunächst wieder eine Löschvormerkung gesetzt werden. Dabei kann auch wieder differenziert gelöscht werden, d.h. es können nur die Einkaufsdaten (durch Angabe der Einkaufsorganisation) und/oder die Buchhaltungsdaten (durch Angabe des Buchungskreises) und/oder alles (Ebene des allgemeinen Datenbereiches) gelöscht werden. „Alles" bedeutet die Löschung auf Mandantenebene und damit für alle in diesem Mandanten existierenden Buchungskreise und Einkaufsorganisationen. Buchungen auf ein zum Löschen vorgemerktes Konto können weiterhin erfolgen, da unter Umständen noch offene Posten ausgeglichen werden müssen. Das System gibt beim Buchen eine Warnung aus, dass auf ein zum Löschen vorgemerktes Konto gebucht wird. Sofern das Konto ausgeglichen ist, sollte es für weitere Buchungen gesperrt werden. Die Löschvormerkung kann jederzeit zurückgenommen werden, solange der Stammsatz noch nicht archiviert wurde.

2. Archivierungslauf
   Damit nun eine Löschung/Archivierung vorgenommen werden kann, muss das Konto zwei Bedingungen erfüllen:
   - Zum Konto dürfen keine Verkehrszahlen (Soll- und Haben-Buchungen) mehr im System gespeichert sein.

- Das Konto muss im Stammsatz zum Löschen vorgemerkt sein.

3. Löschen der Archivdateien
   Die Löschung der Archivdateien entfernt den Lieferanten bzw. Kreditor endgültig aus dem System. Die Verweildauer im Archiv wird im Customizing in Abhängigkeit von individuellen oder gesetzmäßigen Vorgaben festgelegt.

5.1.4.2 Kontengruppe

Ähnlich zur Materialart und Branche müssen bei der Anlage eines Lieferantenstammsatzes Parameter angegeben werden, die die Art der Nummervergabe und den Bereich bestimmen, die Felder und Bildschirmbilder zur Eingabe freigeben bzw. Kann- und Mussfelder festlegen. Dies wird durch die Kontengruppe festgelegt.

Abbildung 81: Bildschirmbild Einkaufsdaten für verschiedene Lieferantenarten

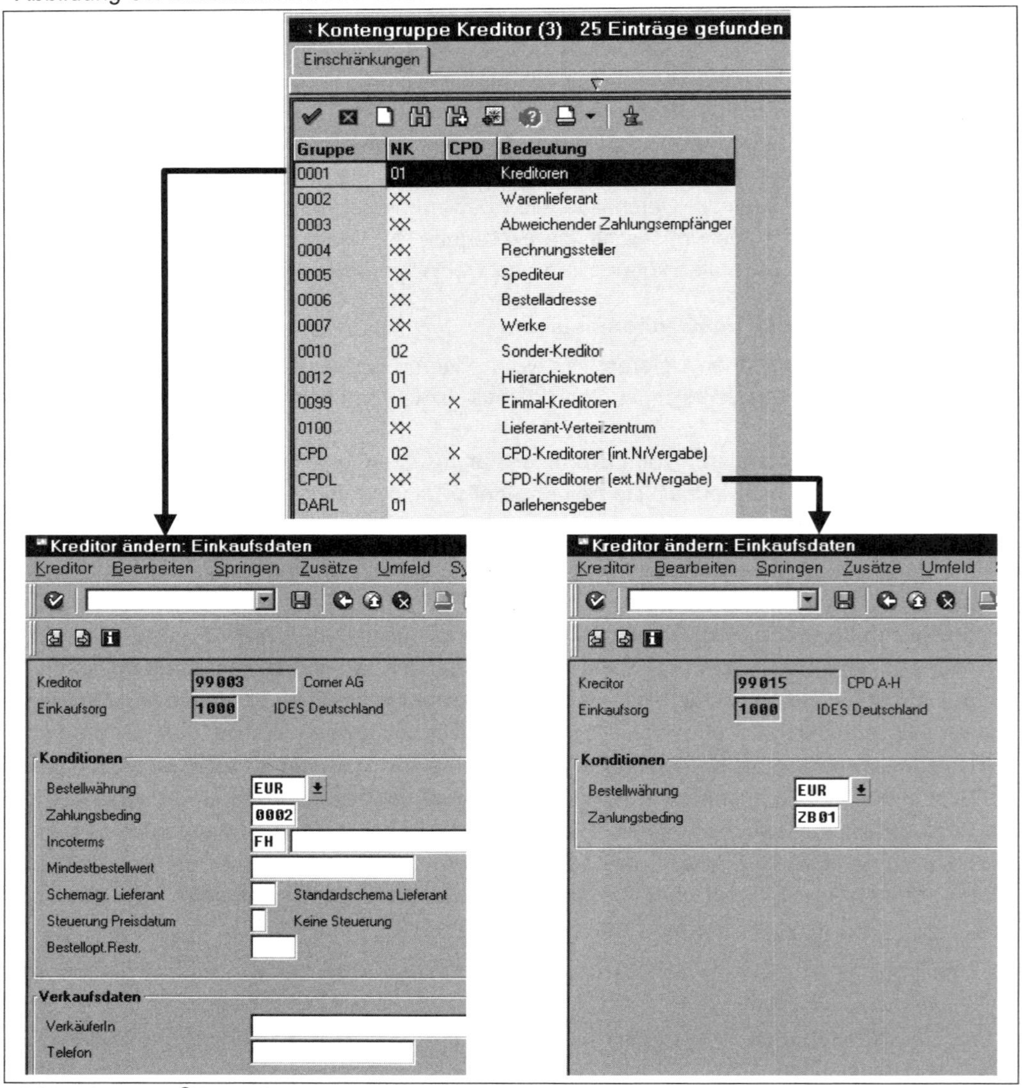

Bildschirmbilder ©SAP AG

Für manche Lieferanten lohnt sich die Führung eines eigenen Kontos nicht, da mit ihnen nur selten Geschäfte durchgeführt werden. Für solche „Einmal-Lieferanten" werden so genannte CpD-Konten (Conto pro diverse) verwaltet. Während sonst ein Konto für einen Lieferanten geführt wird, werden nun mehrere Lieferanten in einem Konto verwaltet. Deshalb sind im Stammsatz für CpD-Lieferanten keine lieferantenspezifischen Daten festgehalten, sondern nur Daten, die für alle Lieferanten dieses Kontos gelten, z.B. Land, Abstimmkonto, Bestellwährung etc. Es sollten demnach „Einmal-Lieferanten" in CpD-Konten zusammengefasst werden, die ähnliche Eigenschaften aufweisen. Erst in den Einkaufsbelegen (Bestellung, Rechnung, Wareneingang) werden die spezifischen Daten wie Name, Anschrift oder Bankverbindung angegeben. Für den CpD-Lieferanten sind demnach andere Eingabemöglichkeiten erforderlich (eher weniger Eingabefelder). Zur Steuerung wird wieder die Kontengruppe genutzt.

Wenn der Lieferantenstammsatz angelegt ist, kann die Kontengruppe nicht mehr geändert werden. Nur in Ausnahmefällen kann die Systemverwaltung sie ändern.

Die Kontengruppe findet ebenfalls Verwendung bei der Anlage von Sachkontenstammsätzen.

5.1.4.3 Partnerrollen

Ein Lieferant kann gegenüber dem Unternehmen verschiedene Partnerrollen einnehmen. Der Lieferant kann beispielsweise Empfänger der Bestellung und der Zahlung sein. Geliefert werden die Waren aber von einer Spedition. Zur Abbildung dieser Verhältnisse wird die Möglichkeit geboten, im Stammsatz die relevanten Partnerrollen zu pflegen. Ein Lieferant muss mindestens eine Rolle haben. Die folgenden Rollen stehen im R/3-Standard zur Verfügung.

- Lieferant
- Bestelladresse
- Warenlieferant
- Rechnungssteller
- abweichender Zahlungsempfänger

Im Customizing wird bestimmt, welche der Partnerrollen zur Auswahl stehen bzw. welche Rollen verpflichtend sind. Die Rolle Lieferant vereinigt sämtliche Rollen. Die Abbildung 82 zeigt den zugehörigen Pflegebildschirm im Rahmen des Menüpunktes «Kreditor anlegen». Die Corner AG hat sämtliche Partnerrollen inne mit Ausnahme der Bestelladresse. Eine Bestellung wird dann nicht an die Adresse des Lieferanten (Rolle LF) übermittelt, sondern an die Bestelladresse des Partners gesendet.

Würde zusätzlich noch ein anderer Partner für die Partnerrolle Rechnungssteller (RS) hinterlegt, dann würde bei der Rechnungsprüfung nicht auf das Konto des Lieferanten gebucht, sondern das Konto des Rechnungsstellers.

Abbildung 82: Partnerrollen bestimmen

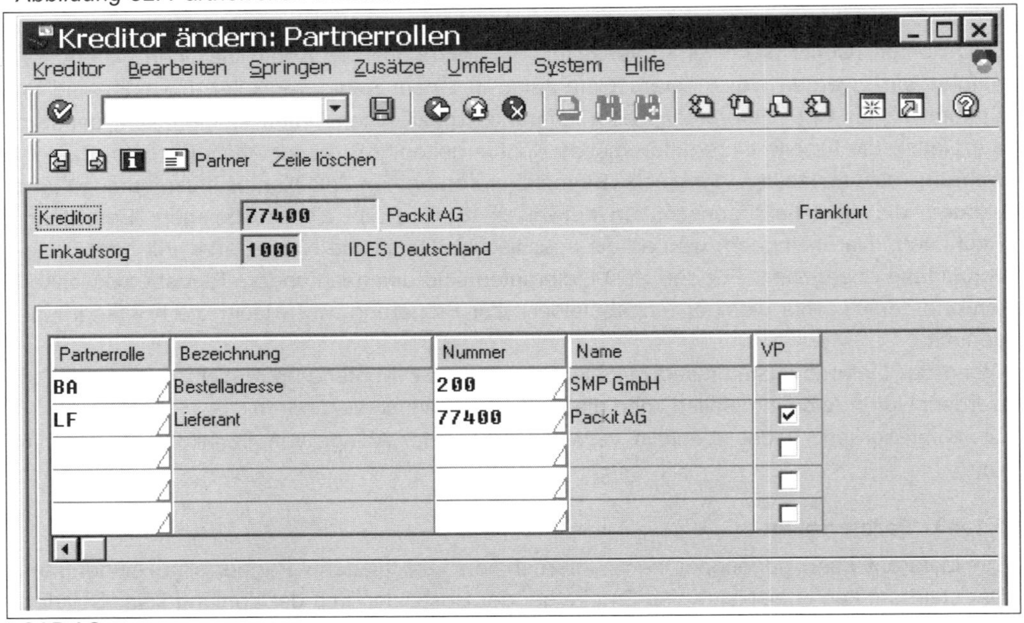

SAP AG

5.1.5 Fallstudie – Kreditorenstammdaten

Aufgabe 3

Es werden Lieferanten benötigt, die die gepflegten Materialien liefern können. Dazu sind die entsprechenden Lieferantenstammdaten zu pflegen. Folgende Lieferanten sind anzulegen:

- Saxein GmbH,
- Corner AG,
- Meta Mix Maschinenfabrik GmbH,
- Genobst GmbH & Co, KG,
- Muhsglück OHG,
- Packit AG.

Verwenden Sie 55yxx mit y=Zähler für Kreditor und xx=Gruppennummer als Schlüssel für die Kreditoren.

Alle weiteren Daten entnehmen Sie bitte der Tabelle «Lieferantenstammdaten» im Anhang. Es stehen die folgenden Pflegeanleitungen zur Verfügung.

- Kreditor anlegen aus Sicht der Logistik,
- Kreditor anlegen aus Sicht der Buchhaltung,
- Kreditor anlegen über die zentrale Pflege,
- Kreditor ändern aus der Buchhaltungssicht,
- Kreditor ändern aus der Logistiksicht.

Kreditor anlegen aus Sicht der Logistik

FENSTER	MENUEPFAD/EINGABE

LOGISTIK ⇨ MATERIALWIRTSCHAFT ⇨ EINKAUF ⇨ STAMMDATEN ⇨ LIEFERANT ⇨ EINKAUF ⇨ ANLEGEN

▸ Aus Sicht der Logistik wird der Kreditor häufig auch als Lieferant bezeichnet.

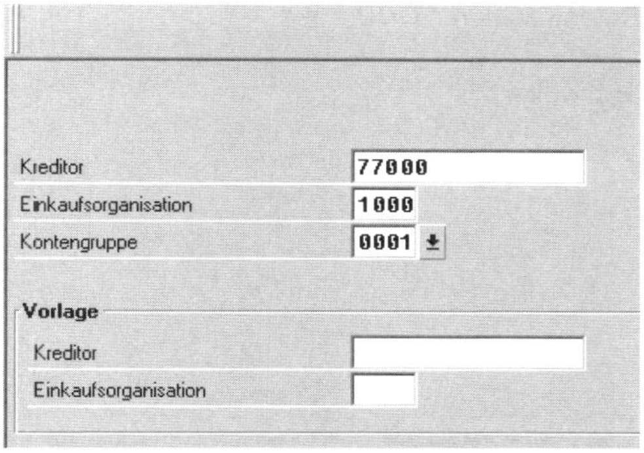

Kreditor anlegen : Einstieg

Kreditor: *77yxx*

▸ Bei der Nummernvergabe wieder an die Gruppennummer denken. Auswahlmöglichkeiten abhängig von der Kontengruppe, z.B. nur Ziffern, alphanumerisch, etc. y wird genutzt für die Unterscheidung zwischen den Kreditoren einer Gruppe.

Einkaufsorganisation: *1000*

▸ Organisationsebene aus der Logistik-Sichtweise

Kontengruppe: *0001*

▸ Gruppierung von Konten und Bestimmung des Nummernkreises (Kreditoren Inland)

weiter

Kreditor anlegen : Anschrift

Name: *Saxein GmbH*

Straße/Hausnummer: *Sackstr. 7*

Postleitzahl/Ort: *50000 Köln*

Land: *DE*

Region: *05*

▸Nordrhein-Westfalen

Suchbegriff: *beliebig*

▸ Vereinfacht das Wiederauffinden von Kreditoren. xx wieder durch die Gruppennummer ersetzen

Sprache: *DE*

Telefon: *0221/4711-0*

Fax: *0221/4711-800*

weiter

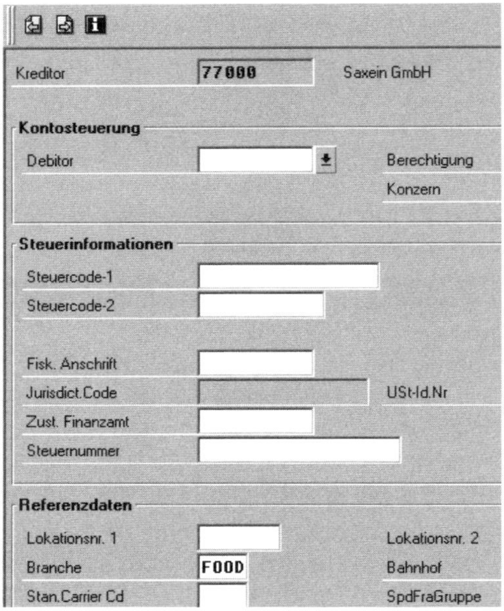

Kreditor anlegen : Steuerung

Umsatzsteuer: ☑

▸ (ankreuzen, da der Lieferant sie in Rechnung stellt.)

USt-ID: *DE123456789*

▸ (Umsatzsteuer-Identnummer, EU-weite Identifikationsnummer von Unternehmen für Steuerzwecke)

Referenzdaten: FOOD

weiter

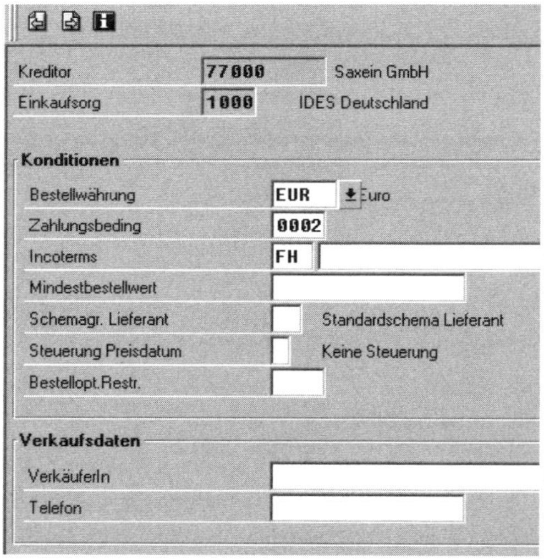

Kreditor anlegen : Einkaufsdaten

Bestellwährung: *EUR*

Zahlungsbedingung: *0002*

▸ Auswählen aus Liste:

0002	innerhalb von 14 Tagen 3 % Skonto
	innerhalb von 30 Tagen 2 % Skonto
	innerhalb von 45 Tagen ohne Abzug

Incoterms: *FH*

▸ (frei Haus, Lieferbedingungen)

herunterscrollen

Planlieferzeit: *1*

weiter

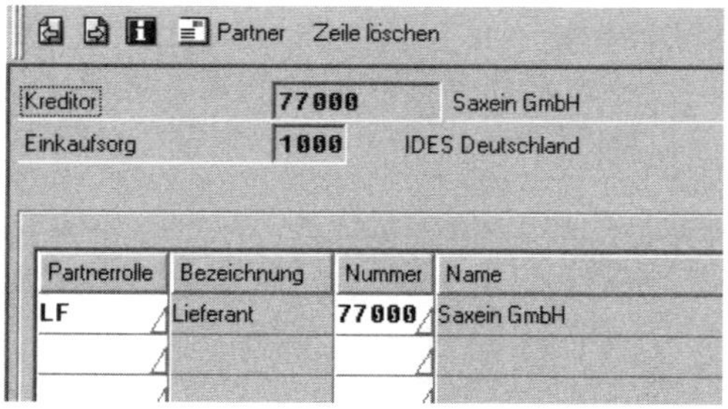

Kreditor anlegen : Partnerrollen

Partnerrolle: *LF*

▸ Lieferant; Partnerrollen sind Eigenschaften, die den Geschäftspartnern zugewiesen werden können. Ein Geschäftspartner kann z.B. als Lieferant eingetragen sein, während ein anderer Geschäftspartner als Rechnungssteller auftritt.

Daten sichern oder weiter

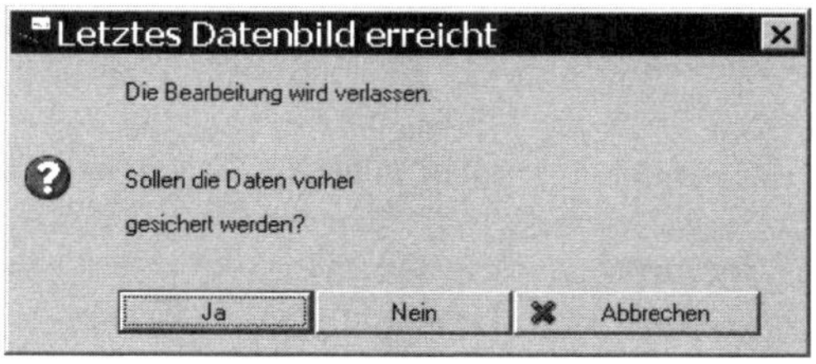

Daten sichern: Ja

Kreditor anlegen aus Sicht der Buchhaltung

FENSTER	MENUEPFAD/EINGABE
	RECHNUNGSWESEN ⇨ FINANZWESEN ⇨ KREDITOREN ⇨ STAMMDATEN ⇨ ANLEGEN

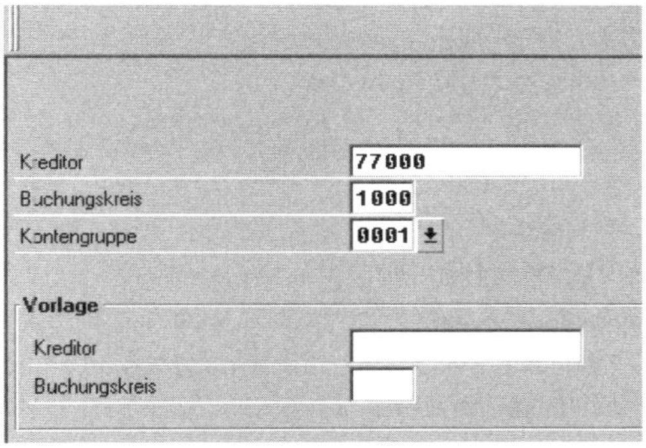

Kreditor anlegen : Einstieg Buchhaltung

Kreditor: *77yxx*

Buchungskreis: *1000*

Kontengruppe: *0001*
‣ Kreditoren

weiter

‣ Da der Kreditor bereits in der Einkaufssicht gepflegt wurde, werden die allgemeinen Daten nicht mehr abgefragt.

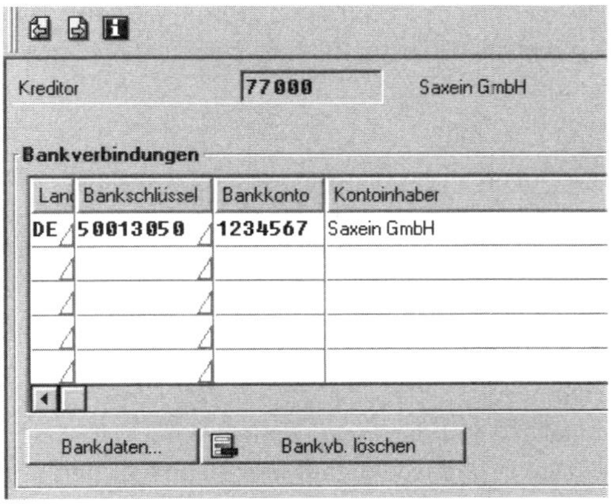

Kreditor anlegen : Zahlungsverkehr

Land: *DE*

Bankschlüssel: *50013050*
‣ Bankleitzahl

Bankkonto: *1234567*

Kontoinhaber: *Saxein GmbH*

weiter

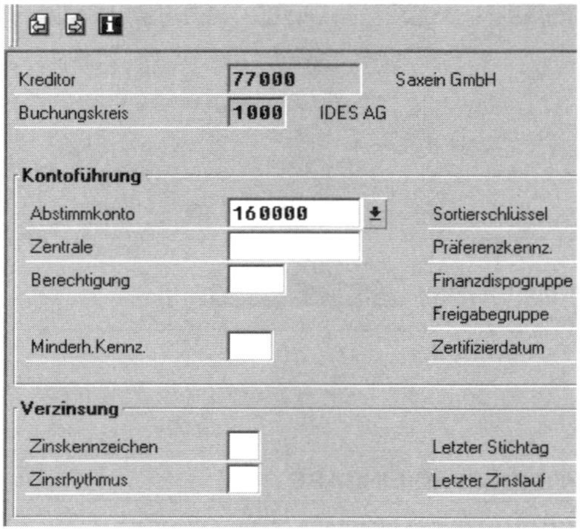

Kreditor anlegen : Kontoführung Buchhaltung

Abstimmkonto: *160000*

▸ Hauptbuchkonto, dem das Nebenbuchkonto dieses Kreditors zugeordnet ist (Kreditoren Inland).

Finanzdispogruppe: *A1*

▸ Dadurch wird die unterschiedliche Behandlung von Kreditoren ermöglicht, die in verschiedene Dispositionsgruppen unterteilt sind (Kreditoren Inland).

weiter

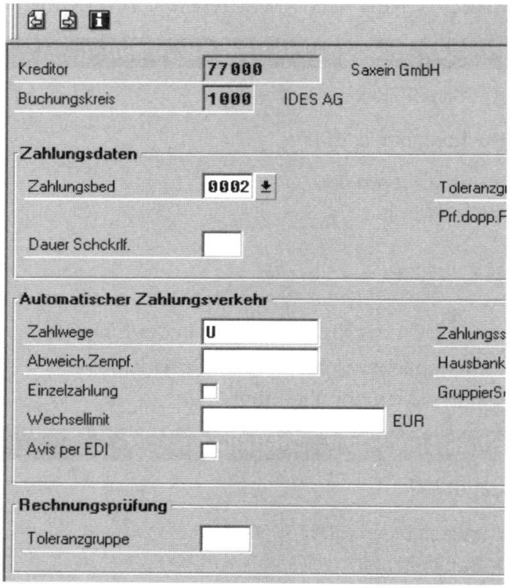

Kreditor anlegen : Zahlungsverkehr Buchhaltung

Zahlungsbedingung: *0002*

▸ (entsprechend Auswahl)

0002	innerhalb von 14 Tagen 3 % Skonto
	innerhalb von 30 Tagen 2 % Skonto
	innerhalb von 45 Tagen ohne Abzug

Zahlwege: *U*

▸ Überweisung

Hausbank: *1000*

▸ Deutsche Bank; Bank, die Geldbeträge an den Kreditor überweisen soll.

Einzelzahlung ☑ kann aktiviert werden, wenn offene Posten separat bezahlt werden sollen und nicht in einer Zahlung zusammengefasst werden.

weiter

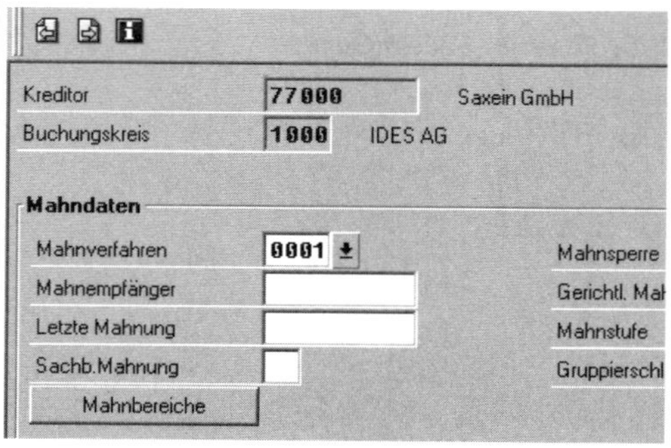

Kreditor anlegen : Korrespondenz Buchhaltung

Mahnverfahren: *0001*

▸ Vierstufige Mahnung 14-tägig; Das Mahnprogramm selektiert die fälligen offenen Posten, ermittelt die Mahnstufe und erstellt einen Mahnbrief. Die jeweiligen Mahndaten werden gespeichert. Das Mahnprogramm kann auf Debitoren und Kreditoren angewendet werden. Einen Kreditor zu mahnen kann dann notwendig sein, wenn eine Gutschrift überfällig ist.

Daten sichern oder weiter

	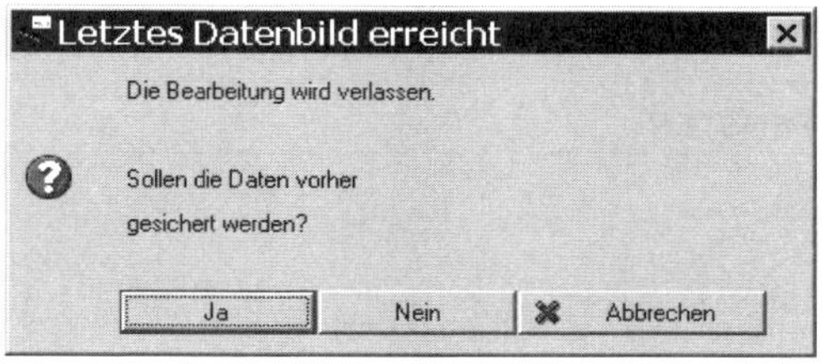 Daten sichern: 

Kreditor anlegen über die zentrale Pflege

FENSTER	MENUEPFAD/EINGABE
	▸ Für einen Kreditor können auch die allgemeinen Daten, die Buchhaltungssicht und die Einkaufssicht gemeinsam angelegt werden. **LOGISTIK** ⇨ MATERIALWIRTSCHAFT ⇨ EINKAUF ⇨ STAMMDATEN ⇨ LIEFERANT ⇨ ZENTRAL ⇨ ANLEGEN oder über: **RECHNUNGSWESEN** ⇨ FINANZWESEN ⇨ KREDITOREN ⇨ STAMMDATEN ⇨ ZENTRALE PFLEGE ⇨ ANLEGEN
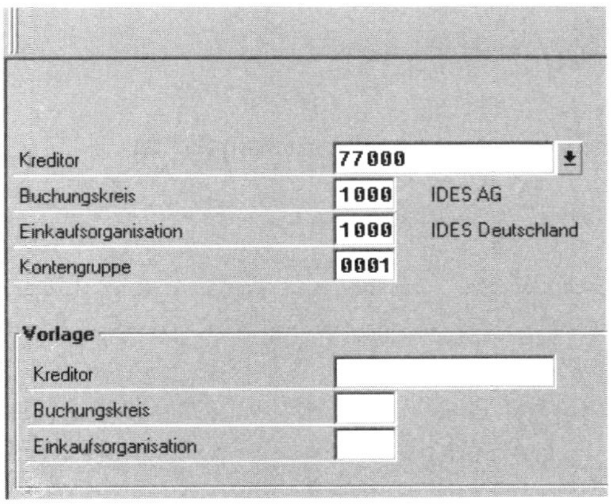 	**Kreditor anlegen : Einstieg** Kreditor: *77yxx* Buchungskreis: 1000 Einkaufsorganisation: 1000 Kontengruppe: 0001 ▸ Bei der zentralen Pflege sind die Organisationsebenen für beide Sichten anzugeben, d.h. Buchungskreis und Einkaufsorganisation. ✔ weiter

Kreditor ändern aus der Logistiksicht

FENSTER	MENUEPFAD/EINGABE
	LOGISTIK ⇨ MATERIALWIRTSCHAFT ⇨ EINKAUF ⇨ STAMMDATEN ⇨ LIEFERANT ⇨ EINKAUF ⇨ ÄNDERN
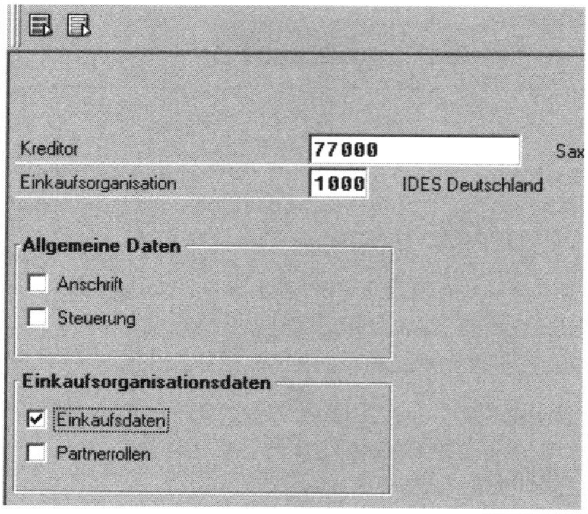	**Kreditor anzeigen : Einstieg Einkauf** ▸ Hier können neben den Pflegebildschirmen der allgemeinen Sicht die Pflegebildschirme der logistischen Sicht ausgewählt werden. Kreditor: *77yxx* ▸ Saxein GmbH Einkaufsorganisation: *1000* ▸ IDES Deutschland gewünschten Bildschirm bzw. Datenkategorien auswählen! weiter
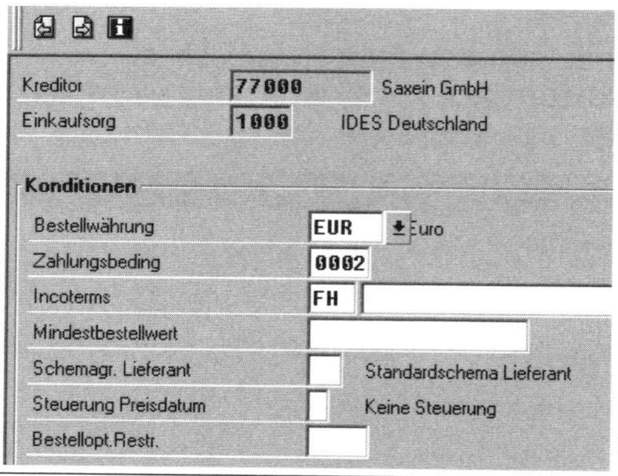	**Kreditor anzeigen : Anschrift** ▸ Im Ansichtsmodus sind die Datenfelder grau hinterlegt, Änderungen können nicht vorgenommen werden. zum Beenden oder zum Anzeigen der weiteren Sichten

Kreditor ändern aus der Buchhaltungssicht

FENSTER	MENUEPFAD/EINGABE
	RECHNUNGSWESEN ⇨ FINANZWESEN ⇨ KREDITOREN ⇨ STAMMDATEN ⇨ ÄNDERN
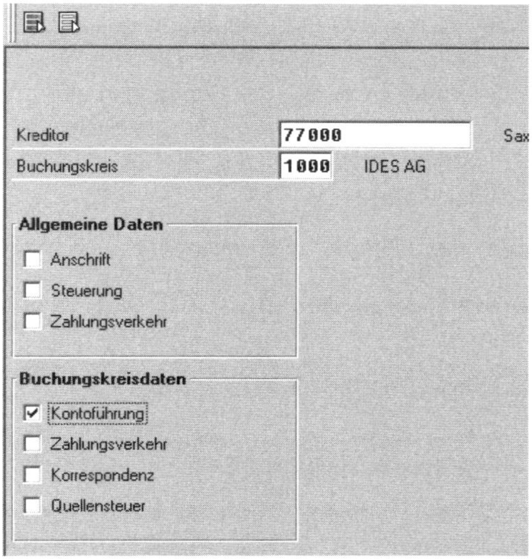	**Kreditor anzeigen : Einstieg Buchhaltung** ▸ Hier können neben den allgemeinen Sichten lediglich diejenigen Sichten, die das Rechnungswesen betreffen, ausgewählt werden. Kreditor: *990xx* ▸ Saxein GmbH Buchungskreis: *1000* ▸ IDES AG ☑ z.B. Kontoführung auswählen weiter
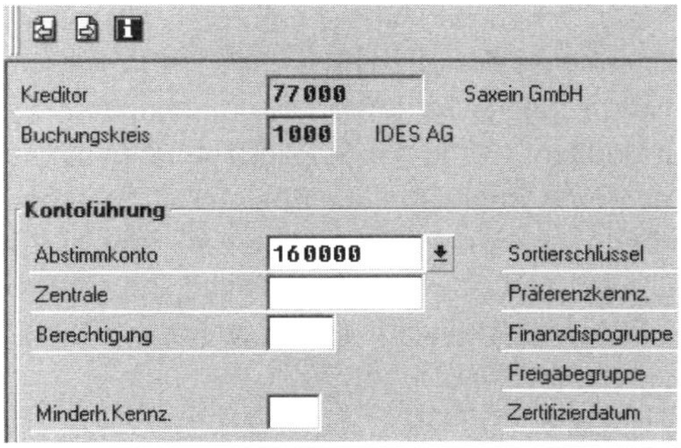	**Kreditor anzeigen : Kontoführung** ▸ Im Ansichtsmodus sind die Datenfelder grau hinterlegt, Änderungen können nicht vorgenommen werden. zum Beenden oder zum Anzeigen der weiteren Sichten

Der Kreditor kann auch aus der Zentralsicht heraus angezeigt werden. Die Anzeige bzw. die Auswahl der Daten zur Anzeige funktioniert analog zum Ändern der Daten.

5.1.6 Stammdaten für die Bezugsquellenermittlung

Eine Bezugsquelle ist gleichbedeutend mit einem Lieferanten, der einem Unternehmen ein gewünschtes Material liefert. Nicht immer ist jedem Mitarbeiter im Einkauf bekannt, welcher Lieferant welches Material zu welchen Konditionen liefert bzw. liefern kann. Daher sollten für eine Beschaffungsunterstützung einem Material, das fremdbeschafft wird, ein oder mehrere Lieferanten zugeordnet sein.

5.1.6.1 Einkaufsinfosatz

In der Einkaufssicht des Materialstammsatzes werden Einkaufsdaten nur im Zusammenhang mit einem bestimmten Material angelegt, z.B. Ausfuhrbestimmungen, Toleranzen bei Mindermengen, Wareneingangsbearbeitungszeit etc. Diese Daten gelten unabhängig vom Lieferanten. Die Einkaufsdaten, die im Rahmen der Kreditorenstammdatenpflege eingegeben werden, gelten unabhängig von den von ihm lieferbaren Materialien, z.B. Bestellwährung. Spezielle Konditionen, die sich aus der Beziehung „ein bestimmtes Material – ein bestimmter Lieferant" ergeben, können mit den bisherigen Mitteln nicht berücksichtigt werden. Beispielsweise gewährt der Lieferant bei einem bestimmten Material ein längeres Zahlungsziel als in seinem Stammsatz vermerkt ist. Oder für ein Material werden bei einem bestimmten Lieferanten andere Liefertoleranzen akzeptiert als bei anderen Lieferanten. Darüber hinaus konnten bisher elementare Eigenschaften eines Materials (wie z.B. der Einstandspreis) bei einem bestimmten Lieferanten nicht erfasst werden. Zur Behebung dieser Defizite bietet SAP R/3 den Einkaufsinfosatz. Er dient als Informationsquelle für den Einkauf. Hier werden Einkaufsdaten eines Lieferanten in Bezug zu einem Material gepflegt.

Abbildung 83: Einkaufsinfosatz als Verbindung zwischen Lieferant und Material

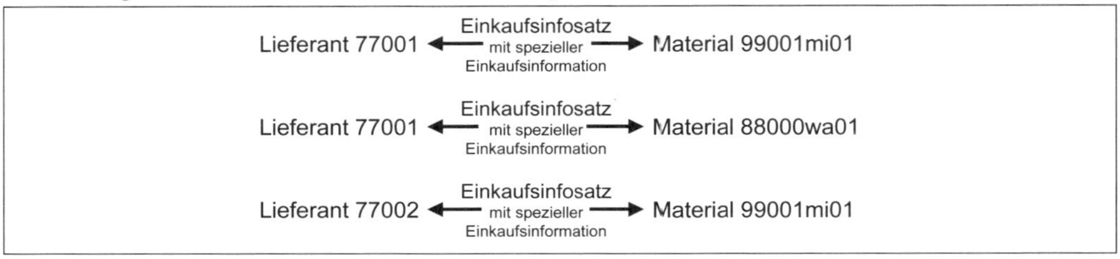

Der Einkaufsinfosatz ist die Basis für die Vorgänge im Rahmen der Beschaffung. Er enthält sämtliche, ein spezielles Material betreffende, Absprachen und Vereinbarungen mit einem bestimmten Lieferanten. Der Einkaufsinfosatz gilt somit als Bezugquelle.
Teilweise können Daten, die schon in den Einkaufsichten von Materialstammsätzen oder Kreditorenstammsätzen gepflegt wurden, erneut gepflegt werden, z.B. Mindestmengen. Die Einkaufsdaten des Einkaufsinfosatzes haben, aufgrund ihrer direkten Beziehung zwischen Lieferant und Material, Vorrang vor den allgemein gehaltenen Daten in Material- oder Kreditorenstammsatz. Konkret bedeutet hier Vorrang, dass die Daten des Einkaufsinfosatzes beispielsweise bei einer Bestellung vorgeschlagen werden. Der Einkaufsinfosatz enthält z.B.

- die aktuellen Preise und Konditionen,
- die Toleranzgrenzen für Über- bzw. Unterlieferungen,
- die Planlieferzeit des Lieferanten für das Material (Zeit, die der Lieferant benötigt, um das Material zu liefern),
- Lieferantenbeurteilungsdaten,
- ein Kennzeichen, ob der Lieferant als Regellieferant für das Material gilt,
- das Teilsortiment des Lieferanten, zu dem das Material gehört.

Üblicherweise ist ein Preis für einen bestimmten Zeitraum gültig. Dem Preis kann daher ein Gültigkeitszeitraum mitgegeben werden. Die daraus entstehende Historienfähigkeit ähnelt den Infotypen der Personalwirtschaft mit ihrer Zeitbindung. Konsequenterweise ist immer ein Preis zu einem Zeitpunkt gültig. Die Zeiträume werden abgegrenzt. Die Pflege des eigentlichen Preises kann zum einen durch Eingabe des Nettopreises unter Berücksichtigung aller Zu- und Abschläge erfolgen. Zum anderen besteht die Möglichkeit, zunächst in das Feld „Nettopreis" den Bruttopreis, d.h. den Preis ohne Zu- und Abschläge, einzugeben. Zu diesem Bruttopreis können in einem weiteren Schritt Zu- und Abschläge angegeben bzw. Staffeln oder Naturalrabatte vereinbart werden. Inhaltlich werden die Zu- und Abschläge über die so genannte Konditionsart bestimmt. Soll beispielsweise ein prozentualer Nachlass auf den Bruttopreis gewährt werden, so muss eine entsprechende Konditionsart ausgewählt werden, deren vereinbarte Rechenregel einen prozentualen Abzug ermöglicht. Vereinfacht wird der Konditionsart die notwendige Rechenregel und das für den Abzug erforderliche negative Vorzeichen im Customizing zugeordnet.

Abbildung 84: Preisfindung Einkauf

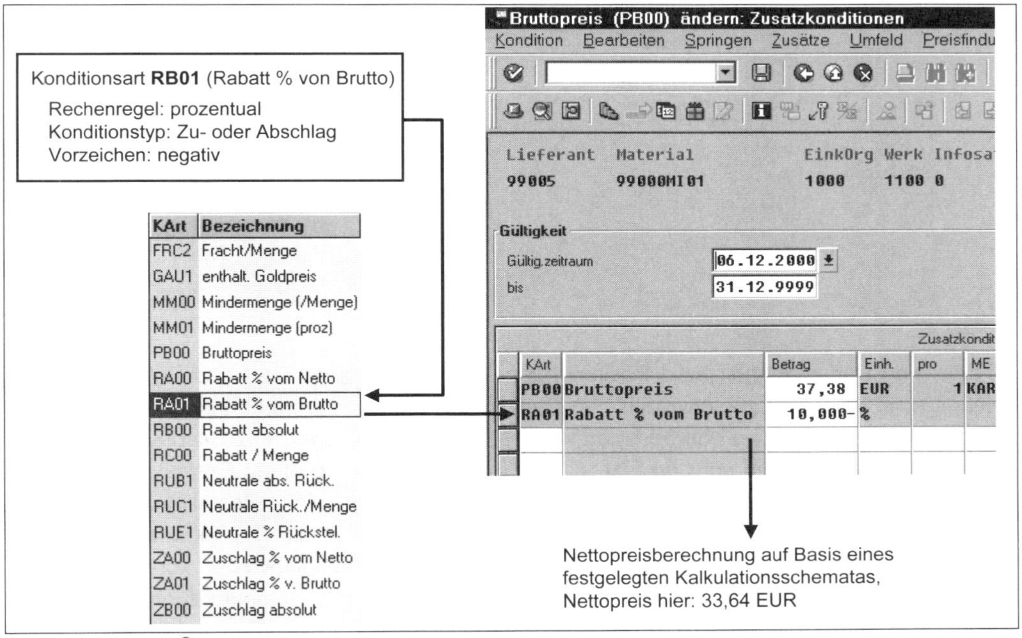

Bildschirmbilder ©SAP AG

Auch die später anfallenden Steuern und der Bruttopreis selbst werden über Konditionsarten definiert.

Infosätze können sich auch auf Mitarbeiter beziehen. Dieser Lohnbearbeitungsinfosatz enthält Bestellinformationen, die beispielsweise ihre Verwendung finden, wenn die Montage einer Komponente von einem Lieferanten in Lohnbearbeitung ausgeführt wird. Der Lohnbearbeitungsinfosatz würde dann den Preis des Lieferanten für die Montage enthalten. Daneben gibt es noch den Pipeline-Infosatz, welcher Informationen zu einem Material enthält, das über Pipeline (Öl), Rohrleitung (Wasser) oder über andere Leitungen (Strom) beschafft wird. Für Konsignationsbestände, also Materialbestände, die der Lieferant beim Kunden vor Ort bereithält, kann ein Konsignations-Infosatz angelegt werden. Der Einkaufsinfosatz bildet die Voraussetzung für die Aufnahme von Lieferanten in eine Quotierung oder in das Orderbuch (siehe weiter unten).

Abbildung 85: Infosatz anlegen

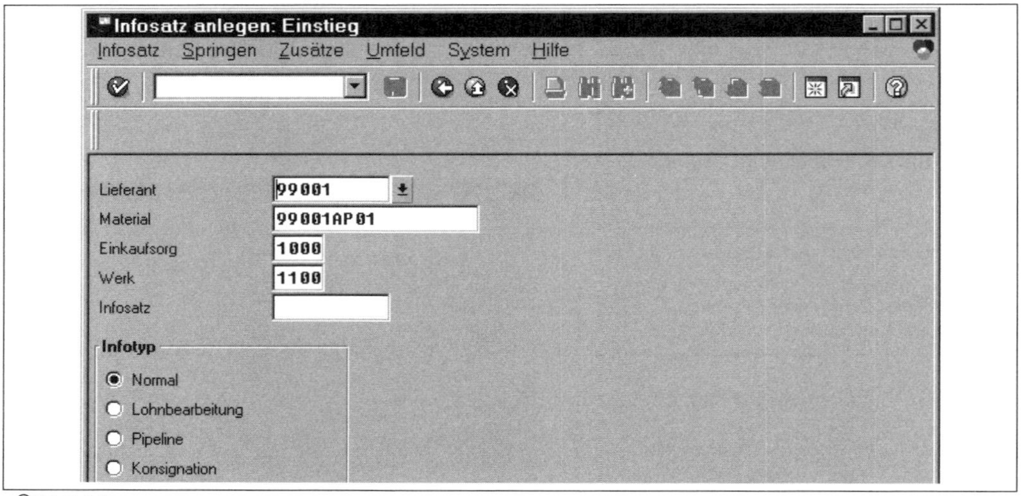

©SAP AG

Häufig sind Bedarfseinheit bzw. Basismengeneinheit (z.B. Kilogramm) und Bestellmengeneinheit (z.B. Karton) unterschiedlich. Ein Bedarf von 124 Kilogramm könnte also nicht ohne weiteres in die Bestellung übernommen werden, da nur in Kartons zu 10 Kilogramm geliefert wird. R/3 kann für einen solchen Fall i.S. der Bestelloptimierung einen Bestellvorschlag generieren. Dieser Vorschlag setzt die Bedarfsmenge in eine mögliche Bestellmenge um, wobei berücksichtigt wird, dass ein Karton eben 10 Kilogramm enthält. Die Bedarfsmenge würde hier aufgerundet auf 130 Kilogramm, so dass 13 Kartons bestellt werden können. Ebenso ist eine Anpassung der Bedarfsmenge notwendig, wenn nur in bestimmten Mengenschritten geliefert werden kann, z.B. 10 kg, 40 kg, 80 kg etc. Auch können Preisvorteile durch eine Bedarfsmengenrundung erreicht werden.
Der Anpassungsvorgang wird durch ein so genanntes Rundungsprofil bestimmt. Das Rundungsprofil kann im Materialstammsatz (Sicht Disposition 1) und/oder im Einkaufsinfosatz (Einkaufsorganisationsdaten 1) gepflegt werden. Es gilt wieder das Vorfahrtsprinzip des Infosatzes.

- Statisches Rundungsprofil

Ein Material hat die Basismengeneinheit KG. Ab einer Bedarfsmenge von 5 KG soll, beispielsweise wegen Preisvorteilen oder Mengenvorgaben durch den Lieferanten, 14 KG bestellt werden. Bei Bedarf von mehr als 25 KG soll der Bestellvorschlag 35 KG lauten. Analog soll ab einem Bedarf von 90 KG auf eine Bestellmenge von 120 KG und bei 250 KG auf 300 KG gerundet werden. Damit muss im Rundungsprofil ein Rundungswert von 14, 35, 120 bzw. von 300 angegeben werden, also die Losgröße, auf die der Bedarf aufgerundet werden soll. Weiter müssen die korrespondierenden Schwellenwerte gepflegt werden, d.h. die Bedarfmenge, ab der die Aufrundung einsetzt.

Stufe	Schwellenwert	Rundungswert
1	5	14
2	25	35
3	90	120
4	250	300

Bei der Berechnung des Bestellvorschlags wird zunächst die Stufe 1 betrachtet. Die Bedarfsmenge wird mit dem Schwellenwert verglichen. Ist die Bedarfsmenge kleiner als der Schwellenwert, so wird die Bedarfsmenge als Bestellmenge vorgeschlagen. Ist die Bedarfsmenge größer oder gleich dem Schwellenwert, wird die höchste Stufe n betrachtet (im Beispiel die Stufe 4). Die tatsächliche Bedarfsmenge von beispielsweise 458 KG wird durch den Rundungswert von 300 geteilt. Das ganzzahlige Ergebnis ist 1, d.h. es wird mindestens eine 300er Einheit bestellt.

Abbildung 86: Das statische Rundungsverfahren im Überblick:

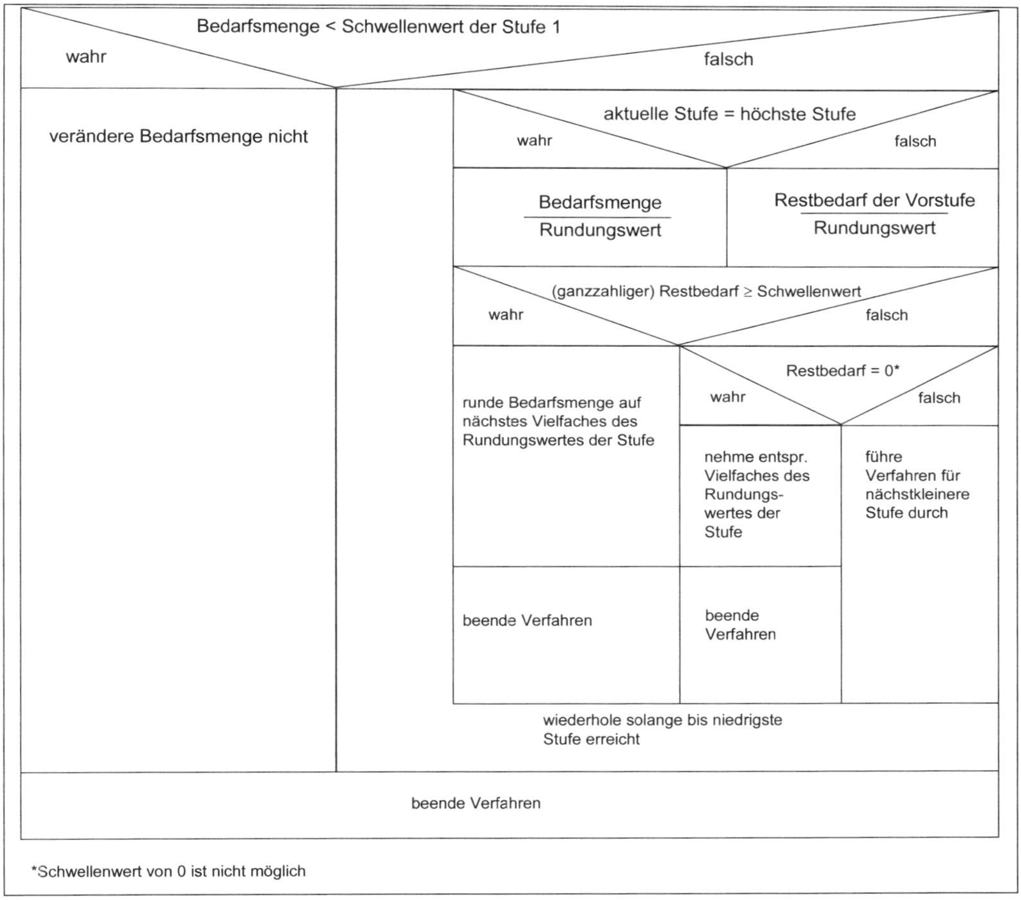

Nun wird geprüft, ob der Restbedarf (458 – 1 x 300) größer oder gleich dem Schwellenwert ist. Ist dies der Fall, so wird auf das nächste Vielfache des Rundungswertes der Stufe (hier Stufe 4) aufgerundet. Ist der Rest kleiner dem Schwellenwert, so wird die Vorgehensweise mit dem „Bedarfsrest“ auf die nächstkleinere Stufe (Stufe 3) angewendet. Da im Beispiel der Rest von 158 kleiner als 250 ist, wird die Stufe 3 angewendet. Hier wird der Rest von 158 durch den Rundungswert von 120 geteilt. Das ganzzahlige Ergebnis ist 1. Es wird also zusätzlich zu den 300 aus Stufe 4 eine 120er Einheit bestellt. Der Rest beträgt jetzt 38. 38 ist kleiner als 90. Daher geht es weiter mit der Stufe 2. Die verbleibenden 38 werden durch den Rundungswert von 35 geteilt, Rest 3. Es kommen 35 hinzu (bisher also 455). Bei Erreichen der Stufe 1 wird die Vorgehensweise geändert. Anstelle der Division durch den Rundungs-

wert wird ein Vielfaches des Rundungswertes zur Deckung des Bedarfes genommen. Im Beispiel erhöht sich der Bestellvorschlag um 14 auf final 469 KG.
Eine explizite Veränderung der Mengeneinheiten, z.B. von Stück in Kartons und bei höheren Mengen dann in Lagen oder Paletten, findet nicht statt. Es wird in der Basismengeneinheit entsprechend dem statischen Schema im Rundungsprofil aufgerundet. Durch einen geschickten Aufbau des Rundungsprofils können andere Mengeneinheiten aber „simuliert" werden. Darüber hinaus kann in einem weiteren Schritt die Basismengeneinheit in die im Materialstammsatz (Sicht Einkauf) oder Einkaufsinfosatz angegebene Bestellmengeneinheit umgewandelt werden. Die im Einkaufsinfosatz angegebene Bestellmengeneinheit mit ihrem Umrechnungsfaktor zur Basismengeneinheit hat Vorrang vor den im Materialstammsatz gepflegten Daten. Auf obiges Beispiel angewandt (Bedarf von 150 KG) würde bei einer Bestellmengeneinheit Karton (1 Karton = 10 KG) die vorgeschlagene Bestellmenge 16 Kartons betragen. Für den Fall, dass kein Rundungsprofil im Einkaufsinfosatz gepflegt, aber eine abweichende Bestellmengeneinheit mit Umrechnungsfaktor angegeben ist, wird mathematisch ab- oder aufgerundet.

Beispiel: Die Basismengeneinheit ist Stück. Die Bestellmengeneinheit ist Karton mit 10 Stück = 1 Karton. Es ist kein Rundungsprofil im Materialstammsatz oder im Einkaufsinfosatz gepflegt. Bei einer Bedarfsmenge von 39 Stück würde ein Bestellvorschlag 4 Kartons generiert, d.h. es würde auf 40 Stück aufgerundet. Ein Bedarf von 34 Stück würde zu einem Bestellvorschlag von 3 Kartons führen, wobei eine offene Bedarfsmenge von 4 Stück verbleibt. Für diese muss dann der Einkäufer individuell entscheiden.

- Dynamisches Rundungsprofil

Das dynamische Rundungsprofil stellt im Prinzip eine Erweiterung des statischen Rundungsprofils dar. Es kann abrunden und Mengen auf logistische Mengeneinheiten wie Container, Paletten, Lagen etc. optimieren. Das dynamische Rundungsprofil bietet zwei Rundungsmethoden an:

  - auf Vielfaches der Bestellmengeneinheit runden,
  - auf Vielfaches der Bestellmengeneinheit runden und zusätzlich auf logistische Mengeneinheiten optimieren.

Für letztere muss noch eine Rundungsregel festgelegt werden, d.h. für jede lieferbare Einheit (Palette, Karton, etc.) muss gepflegt sein, ab welchem Füllgrad auf- bzw. abgerundet werden soll.
Beispiel: Die Rundungsregel legt fest, dass eine Palette bestellt werden soll, wenn ein Füllgrad von 80% erreicht ist. Ein Karton wird bei einem Füllgrad von 50% bestellt. Im Materialstammsatz ist festgelegt, dass 1 Palette 50 Stück enthält, ein Karton 10 Stück. Bei einem Bedarf von 56 Stück wird nun die Menge ermittelt, die dem Bedarf am nächsten kommt, aber dennoch größer ist (Rundungsregel enthält hier nur Aufrundungsregeln). Der Bestellmengenvorschlag würde 60 Stück betragen.

Bestellmenge	Menge	Aufrundung
2 Paletten	100	ab 90
6 Kartons	60	ab 55

Die Rundungsprofile lassen sich auch für den Vertrieb nutzen (i.S. von Verkaufsmengeneinheiten).

5.1.6.2 Orderbuch

Das Orderbuch enthält alle erlaubten Bezugsquellen für ein Material. Hier ist im Gegensatz zum Infosatz das Material der Ausgangspunkt, d.h. ein Material wird mit seinen möglichen Lieferanten verknüpft.

Abbildung 87: Verschiedene Bezugsquellen für ein Material - Orderbuch

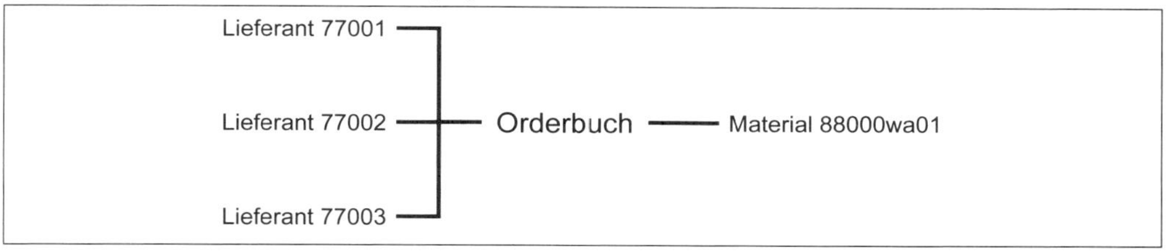

In das Orderbuch werden also nur jene Lieferanten aufgenommen, mit denen tatsächlich Geschäftsbeziehungen unterhalten werden sollen. Die festgelegten oder erlaubten Bezugsquellen (Lieferanten) können hinsichtlich ihrer zeitlichen Gültigkeit beschränkt werden. Bei einem Lieferanten, der als Bezugsquelle im Zeitraum 01.01. – 01.07. angegeben ist, kann am 05.08. nichts mehr bestellt werden. Bezugsquellen können auch direkt gesperrt werden. Weiter können Präferenzen, d.h. Rangfolgen der Lieferanten, festgehalten werden. Für die (automatische) Bezugsquellenfindung ist demnach das Orderbuch von elementarer Bedeutung.

Das Orderbuch kann mit Bezugsquellen automatisch befüllt werden, sofern zu dem Material Einkaufsinfosätze existieren. Allerdings werden sämtliche zu dem Material vorhandenen Infosätze in das Orderbuch geladen, so dass „ungewollte" Lieferanten noch bearbeitet werden müssen (sperren, löschen etc.).

Prinzipiell ist ein existierender Einkaufsinfosatz zwischen einem Material X und einem Lieferanten Y keine Voraussetzung für eine Bezugsquellenangabe im Orderbuch. D.h. ein Lieferant kann manuell als „Lieferant" im Orderbuch vermerkt werden, ohne dass ein Einkaufsinfosatz vorhanden ist. Im Falle der Bestellung müssen die Einkaufsdaten dann nachgepflegt werden.

Es gibt also für bestimmte Materialien jeweils ein Orderbuch, in dem Orderbuchsätze enthalten sind. Ein Orderbuchsatz umfasst den Gültigkeitszeitraum, den Lieferanten und die organisatorische Zuordnung.

5.1.6.3 Quotierung

Sollen mehrere Lieferanten abwechselnd ein bestimmtes Material liefern, so können die einzelnen Lieferanten mit einer Quote versehen werden. Aus der Quotierung ergibt sich die Reihenfolge, in der quotierte Lieferanten Anteile des gesamten Bedarfes liefern dürfen. Quotierungen können für einen spezifischen Zeitraum vereinbart werden. Damit wird nicht der einzelne Bedarf im Verhältnis auf alle Lieferanten aufgeteilt, sondern abhängig von einem Quotierungsmechnismus abwechselnd Lieferanten zugeteilt.

Beispiel: Lieferant A, B und C befinden sich in der Quotierung. Jeder Lieferant „darf" 1000 Einheiten liefern. Ein Auftrag über 800 Einheiten wird erteilt. Diese darf A liefern. Ein weiterer Auftrag über 1000 Einheiten wird erteilt. Je nach Vereinbarung könnte nun A noch mal 200 liefern und B 800 oder B liefert alles (1000). Die Aufträge werden aber nicht gedrittelt, da jeder die gleich Anzahl liefern darf.

Für eine erfolgreiche Quotierung ist wieder als Basis der Einkaufsinfosatz notwendig.

5.1.6.4 Rahmenvertrag

Der Rahmenvertrag ist eine längerfristige Vereinbarung mit einem Lieferanten über die Lieferung von Materialien oder die Erbringung von Dienstleistungen zu festgelegten Lieferkonditionen (z.B. ausgehandelter Preis). Er bildet neben dem Lieferanten eine weitere Bezugsquelle, d.h. der Rahmenvertrag (mit einem Lieferanten) kann in das Orderbuch bzw. in die Quotierung aufgenommen werden. Bei Rahmenverträgen lassen sich zwei Formen unterscheiden: Kontrakte und Lieferpläne.

Kontrakte werden wertmäßig oder mengenmäßig abgeschlossen. Wertmäßig bedeutet, dass der Gesamtlieferwert festliegt, z.B. jede Bestellung beläuft sich auf 10000 €. Im Gegensatz dazu legt ein mengenmäßiger Kontrakt die Gesamtliefermenge fest.

Der Lieferplan hat zwar inhaltlich ähnliche Vereinbarungen, unterscheidet sich vom Kontrakt aber dadurch, dass das Material in Zeitabständen zu bestimmten Terminen geliefert wird.

5.1.6.5 Werk

Das im Rahmen der Unternehmensstruktur erwähnte Werk kann ebenfalls eine Bezugsquelle sein. Das Werk ist eine interne Bezugsquelle. Da die Materialien von einem Lager zu einem anderen umgelagert werden, wird die Bestellung auch Umlagerbestellung genannt. Der Einkaufspreis oder der Verkaufspreis aus Sicht des „verkaufenden" Werks ist der Bewertungspreis. Bezugsnebenkosten können geltend gemacht und aktiviert werden. Das abgebende Werk verbucht bei Abgabe der Materialien einen Warenausgang. Damit findet eine mengen- und wertmäßige Bestandsminderung statt. Die Materialien befinden sich aber immer noch im Eigentum des Unternehmens und müssen insbesondere wert- aber auch mengenmäßig weiter geführt werden. Für die Zeit des Transports von einem Werk zum anderen werden die Materialien im so genannten Transitbestand des empfangenden Werks wert- und mengenmäßig geführt. Davon zu unterscheiden sind Umlagerbestände. Diese sind Ergebnisse aus Umlagerungen. Sie basieren nicht auf Umlagerbestellungen. Umlagerungen können beispielsweise auftreten, wenn ein Lager umgebaut werden soll und seine eingelagerten Materialien zeitweise in einem anderen Lager untergebracht werden sollen. Der Umlagerbestand deckt wieder die Transportzeit zwischen Lagern oder Werken ab.

5.1.7 Fallstudie – Einkaufsinfosatz und Orderbuch

Aufgabe 4

Rohstoffe	Verpackungsmaterial
Haferflocken	Etikett Innova Vital
Honig	Etikett Nussper Trio
Leinsamen	Clip
Naturidentische Aromen (Mischung)	Faltschachtel Innova Vital
Vitamine (Mischung)	Faltschachtel Nussper Trio
Trauben (getrocknet)	Karton 10x1kg o. 20x500g
Aprikosen (getrocknet)	Tüte 1kg
Erdbeeren (gefriergetrocknet)	Tüte 500g
Milchpulver	Palette Typ A
Sonnenblumenkerne	
Cashew-Kerne	
Haselnüsse	
Walnüsse	
Vollmilch-Schokolade-Flocken	

Die Materialien werden ihren möglichen Lieferanten zugeordnet, d.h. es sollen Einkaufsinfosätze gebildet werden.
Die zugehörigen Lieferanten und ihre Preise können der Pflegetabelle « Einkaufsinfosatz» und «Einkaufsinfosatz - Lieferanten und Preise» im Anhang A entnommen werden. Die Muhsglück OHG gewährt bis auf weiteres 5% Rabatt auf den Bruttopreis des Milchpulvers (Konditionsart RA01). Alle weiteren für den Einkaufsinfosatz notwendigen Daten finden sich in der Pflegetabelle «Einkaufsinfosatz – weitere Daten».
Erstellen Sie für die Materialien Aprikosen, Cashew-Kerne, Erdbeeren, Haferflocken, Haselnüsse, Honig, Leinsamen etc. die Orderbücher. Nutzen Sie dazu die Einkaufsinfosätze und die Daten der Pflegetabelle «Orderbuch» im Anhang.

Folgende Pflegeanleitungen unterstützen die Fallstudie:

- Einkaufsinfosatz anlegen,
- Orderbuch pflegen,
- Infosatz anzeigen,
- Lieferanten für ein Material anzeigen,
- Von einem Lieferanten lieferbare Materialien anzeigen.

Einkaufsinfosatz anlegen

FENSTER	**MENUEPFAD/EINGABE**
	LOGISTIK ⇨ MATERIALWIRTSCHAFT ⇨ EINKAUF ⇨ STAMMDATEN ⇨ INFOSATZ ⇨ ANLEGEN
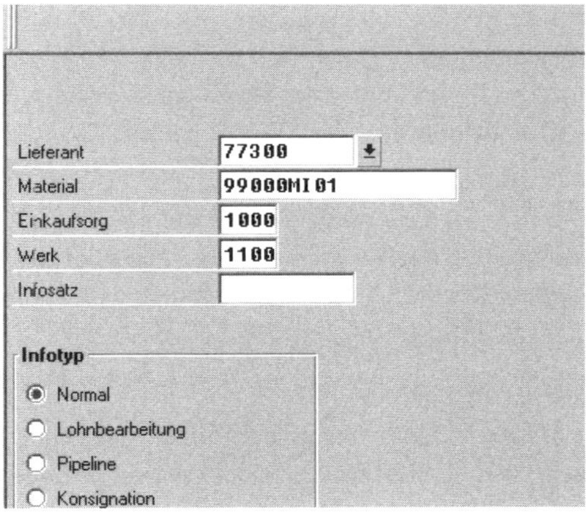	**Infosatz anlegen : Einstieg** Lieferant: *77yxx* ▸ Muhsglück OHG Material: *xx000MI01* ▸ Milchpulver Einkaufsorg.: *1000* ▸ IDES Deutschland Werk: *1100* ▸ Berlin ▸ Infotyp: Normal weiter

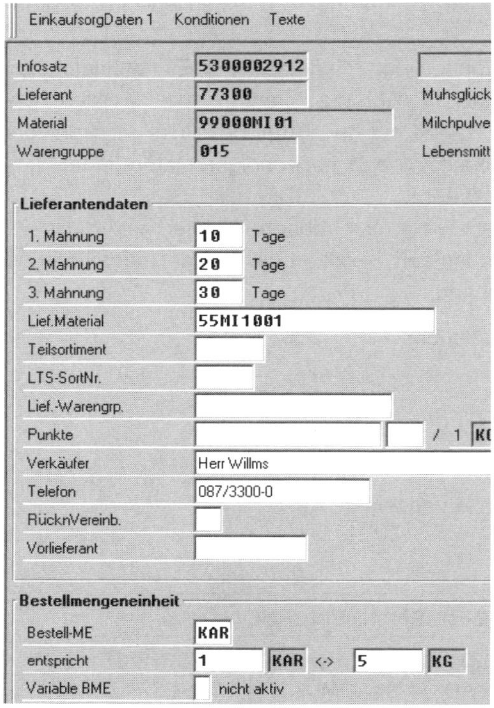

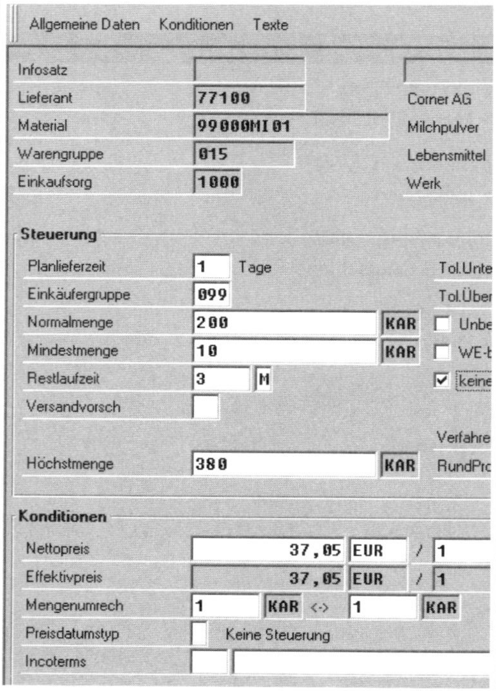

Infosatz anlegen : allgemeine Daten

▸ Verknüpfung von Lieferant 77yxx mit dem Material xx000MI01

Mahnung: *10 / 20 / 30 Tage*

▸ Anzahl von Tagen, nach denen der Lieferant (an die Lieferung) wg. Lieferverzug erinnert werden soll. Es können auch negative Tage eingegeben werden. Dadurch wird der Lieferant entsprechend vor dem Liefertermin erinnert.

▸ Die hier angezeigten Daten wurden teilweise bereits bei der Anlage von Lieferant bzw. Material gepflegt. Werden die Daten hier verändert (sofern möglich), so haben sie für dieses Material Vorrang.

Lief.Material: *55MI1000*

▸ Materialnummer, unter der das Produkt beim Lieferanten geführt wird. Nummer wird bei Bestellung mit angegeben.

Verkäufer: *beliebig*

weiter

Infosatz anlegen : Einkaufsorgdaten 1

Planlieferzeit:: *1*

Einkäufergruppe: *0xx*

▸ Diese Daten wurden aus dem Materialstammsatz übernommen.

Normalmenge: *200 (Kartons)*

▸ Entspricht der Menge, die normalerweise bestellt wird. Findet weiter als Mengenbasis bei der Lieferantenbeurteilung Verwendung.

Mindestmenge: *10*

Höchstmengen: *380*

▸ Menge in der Bestellposition darf nicht größer sein. Wird für Bestellmengenoptimierung verwendet.

Restlaufzeit: *3*

▸ Zeit, die der Rohstoff bei Lieferung noch mindestens haltbar sein muss, hier 1 Monat (Daten wurden aus Materialstammsatz übernommen)

Steuerkz: *V2*

▸ Steuerkennzeichen für halbe Steuer (Lebensmittel). Das Steuerkennzeichen für die volle Steuer ist VN.

Rundungsprofil: *0020*

▸ Dient zur Ermittlung eines Bestellvorschlages. Beispiel: Es besteht ein Bedarf von 23 KG, laut dem Rundungsprofil soll ab einer Menge von 10 KG auf 15 KG aufgerundet werden und ab einer Menge von 20 KG auf 35 KG aufgerundet werden. Der Bestellvorschlag würde 35 KG lauten. Zusätzlich könnte durch Festlegung einer Bestellmengeneinheit (Kartons) der Bestellvorschlag angepasst werden.

Nettopreis: *37,38 EUR*

▸ Ermittelt aus einer Preisauskunft oder einem vorangegangenen Angebot. Der Nettopreis ist der Preis nach Berücksichtigung aller Rabatte und Zuschläge. Wahlweise kann hier auch der Bruttopreis eingegeben werden. Zu- und Abschläge werden in einem weiteren Schritt über Konditionen gepflegt. Das System berechnet dann den Nettopreis.

☑ keine auto WEAbr

Kennzeichen bestimmt, dass zu Bestellvorgängen keine Rechnung erstellt wird. Stattdessen wird der Rechnungsbeleg automatisch auf der Grundlage der Daten aus Bestellung und Wareneingängen gebucht. Rechnungsabweichungen (z.B. aus einem zu hohen Preis) können so vermieden werden.

Gültig bis: *31.12.9999*

▸ Preis soll bis auf weiteres gültig sein

Konditionen anklicken, um detailliertere Preisangaben (Rabatte etc.) zu machen oder ✔ weiter, wenn keine weiteren Angabe gemacht werden sollen.

▸ Die Schaltfläche Neuer Zeitraum kann eingesetzt werden, um einen neuen Preis zu pflegen. Es ist immer ein Preis zu einem Zeitpunkt gültig (ähnelt dem Infotypenkonzept der Personalwirtschaft).

Bruttopreis für

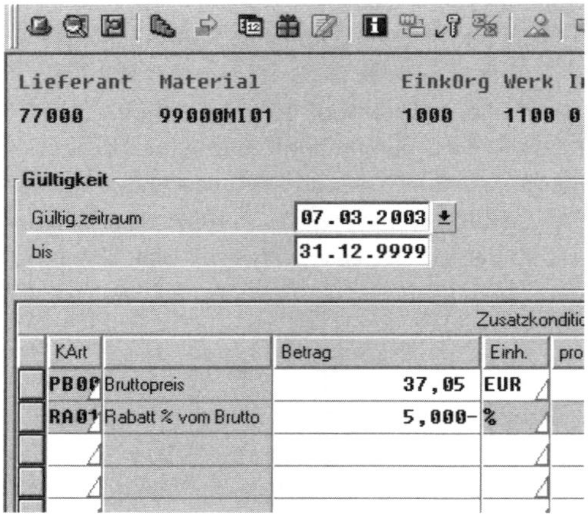

▸ Preis kann hier geändert werden oder für einen neuen Zeitraum gepflegt werden. Weiter können Rabatte, Zuschläge, Staffeln oder Naturalrabatte gepflegt werden.

KArt: *RA01*

▸ Konditionsart.

Betrag: *5*

▸ Prozent und Minuszeichen wird automatisch erzeugt dazu anklicken.

zurück um weitere Daten zu pflegen oder

sichern (beendet die Pflege)

Infosatz anlegen : Einkaufsorgdaten 2

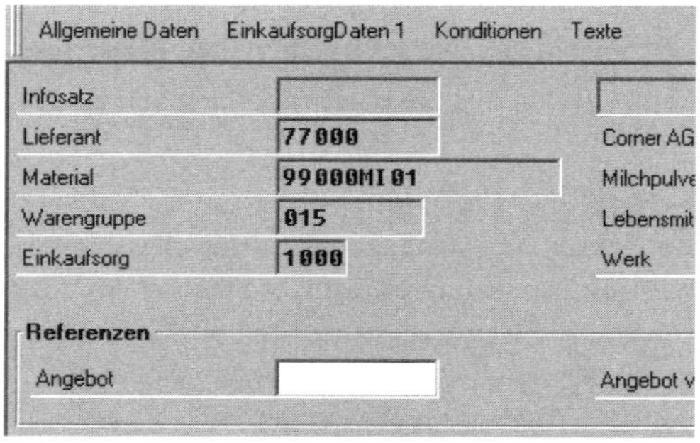

▸ Hier kann eine Referenz zu einem Angebot für das Material hergestellt werden. Für die Fallstudie sind keine Eingaben erforderlich.

weiter

Infosatz anlegen : Textübersicht

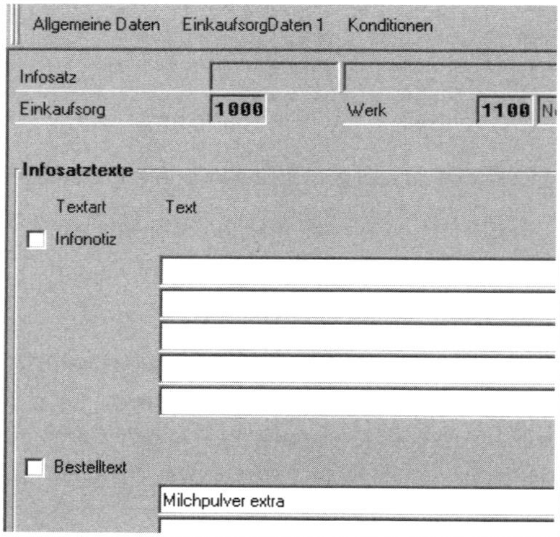

▸Hier kann neben dem bereits gepflegten Bestelltext eine spezifische Notiz zum jeweiligen Einkaufsinfosatz eingegeben werden.

sichern

Einkaufsinfosatz 5300002326 1000 1100 wurde hinzugefügt

Orderbuch pflegen

FENSTER	MENUEPFAD/EINGABE

LOGISTIK ⇨ MATERIALWIRTSCHAFT ⇨ EINKAUF ⇨ STAMMDATEN ⇨ ORDERBUCH ⇨ PFLEGEN

Orderbuch pflegen : Einstieg

Material: *xx000ER01*
▸Erdbeeren.

Werk: *1100*

weiter

Orderbuch pflegen : Übersichtsbild

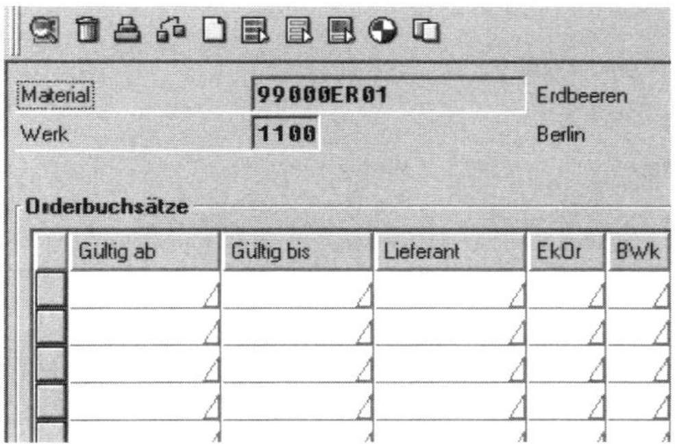

▸Um Lieferanten über das System ermitteln zu lassen, ist anzuklicken. Dazu wird auf Einkaufsinfosätze zurückgegriffen. Wahlweise können auch manuell Lieferanten gepflegt werden (siehe weiter unten).

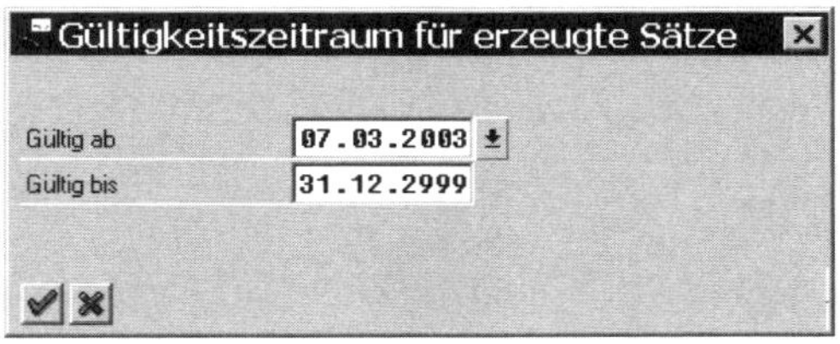

▸ Der nun verlangte Gültigkeitszeitraum gilt zunächst für alle Orderbuchsätze, die auf Basis der Einkaufsinfosätze erzeugt werden (können noch individuell abgeändert werden).

Gültig ab: *heute*

Gültig bis: *31.12.9999*

weiter

Orderbuch pflegen : Übersichtsbild

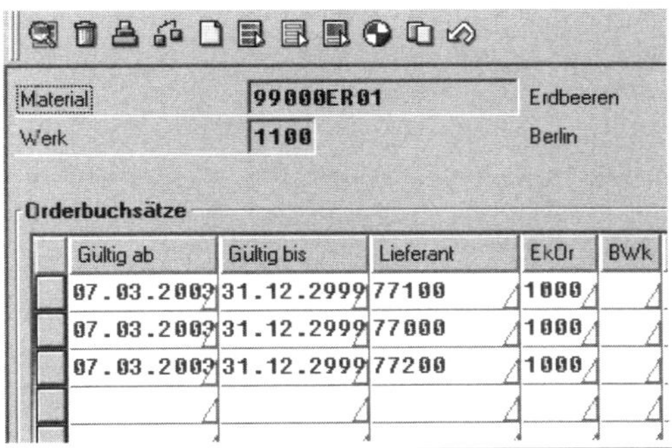

▸ Das Orderbuch wird mit Orderbuchsätzen gefüllt, auf Basis von gepflegten Infosätzen. Ein manuelles Hinzufügen von Orderbuchsätzen ist ebenfalls möglich.

sichern

Das Orderbuch wurde geändert

Infosatz anzeigen

FENSTER	**MENUEPFAD/EINGABE**
	LOGISTIK ⇨ MATERIALWIRTSCHAFT ⇨ EINKAUF ⇨ STAMMDATEN ⇨ INFOSATZ ⇨ ANZEIGEN
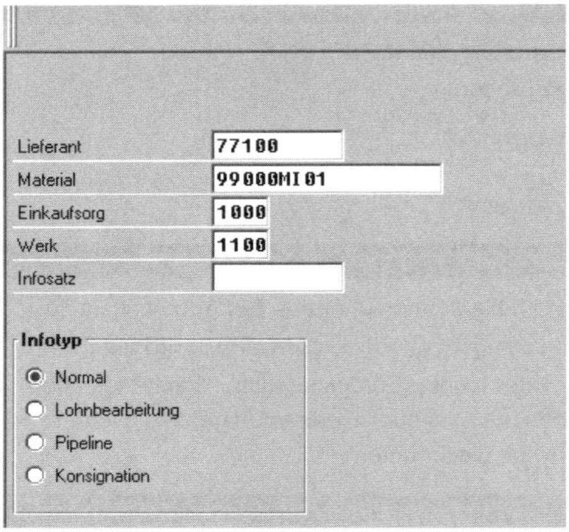	**Infosatz anzeigen : Einstieg** Lieferant: *77yxx* ▸ Muhsglück OHG. Material: *xx000mi01* ▸ Milchpulver. Einkaufsorg: *1000* ▸ IDES Deutschland. Werk: *1100* ▸ Berlin. weiter
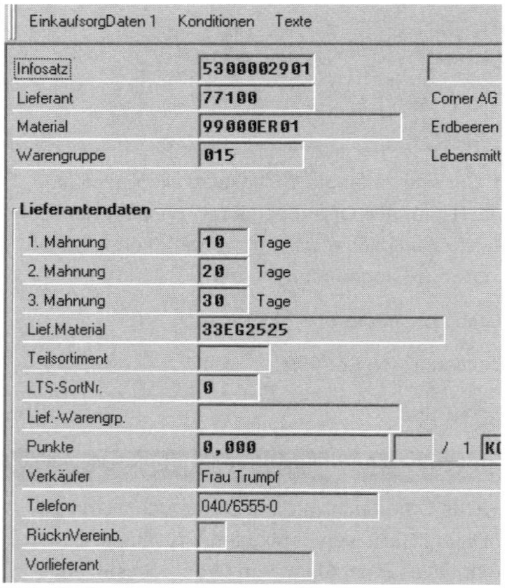	**Infosatz anzeigen : Allgemeine Daten** ▸ Die Anzeige der Daten entspricht im Bildschirmaufbau dem Anlegen und wird hier nicht mehr weiter gezeigt.

Lieferanten für ein Material anzeigen

Ausgangspunkt ist hierbei, dass zwar das Material bekannt ist, mögliche Lieferanten aber über das Orderbuch gezeigt werden sollen.

FENSTER	MENUEPFAD/EINGABE
	LOGISTIK ⇨ MATERIALWIRTSCHAFT ⇨ EINKAUF ⇨ **STAMMDATEN** ⇨ ORDERBUCH ⇨ LISTANZEIGEN ⇨ ZUM MATERIAL

Orderbuch zum Material

Material: *xx000MI01*

Werk: *1100*

ausführen

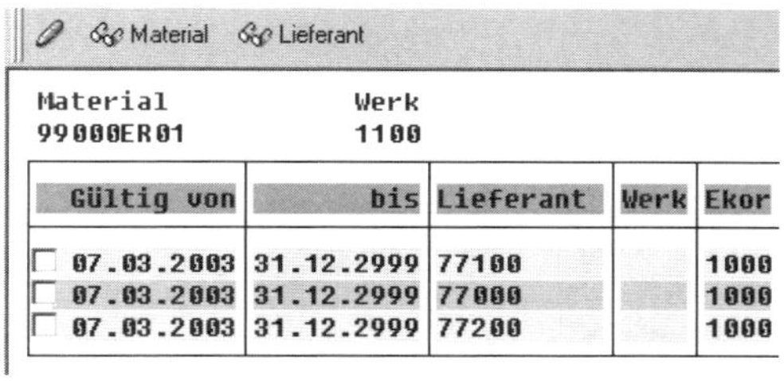

Orderbuch zum Material

Dieses Listfenster bietet die Möglichkeiten:

- Bearbeiten des Orderbuchs:
- Anzeigen von Materialdetails: Material
- Anzeigen von Lieferantendetails: Lieferant
- Die gewünschten Einträge der Liste sind mit ☑ auszuwählen.

Von einem Lieferanten lieferbare Materialien anzeigen

FENSTER	MENUEPFAD/EINGABE
	LOGISTIK ⇨ MATERIALWIRTSCHAFT ⇨ EINKAUF ⇨ STAMMDATEN ⇨ INFOSATZ ⇨ LISTANZEIGEN ⇨ ZUM LIEFERANTEN

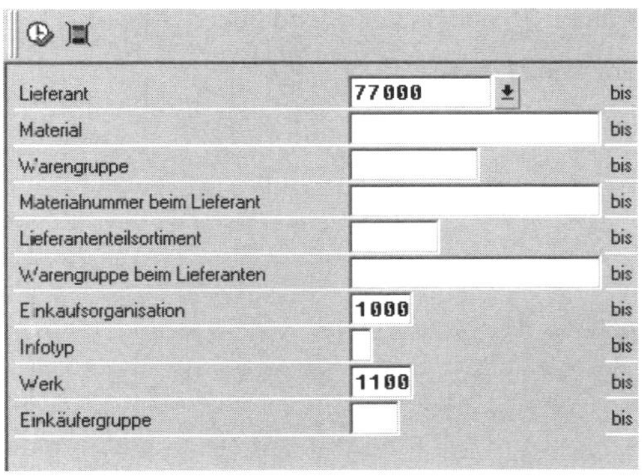

Infosätze zum Lieferanten

Lieferant: *77yxx*

Einkaufsorganisation: *1000*

Werk: *1100*

- Es können weitere Angaben gemacht werden, um die Ergebnisse weiter einzugrenzen.

☑ **Nur mit Einkaufsorgdaten**

- Dadurch wird die Anzeige auf die Einkaufsorganisationsdaten beschränkt.

ausführen

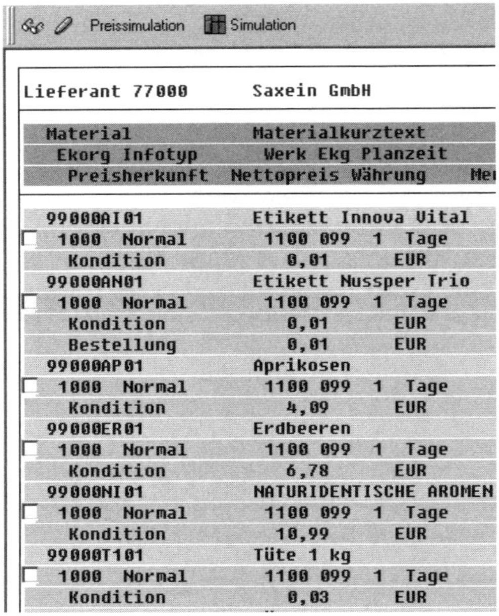

Einkaufsinfo zum Lieferanten

- Mittels Preissimulation kann für ein spezielles Material (aus der Liste) für eine mögliche Bestellmenge der mögliche Gesamtpreis ermittelt werden.

Ein Material mit ☑ markieren.

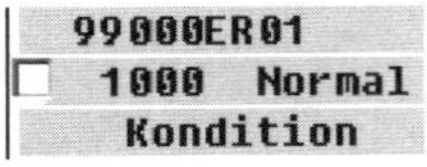

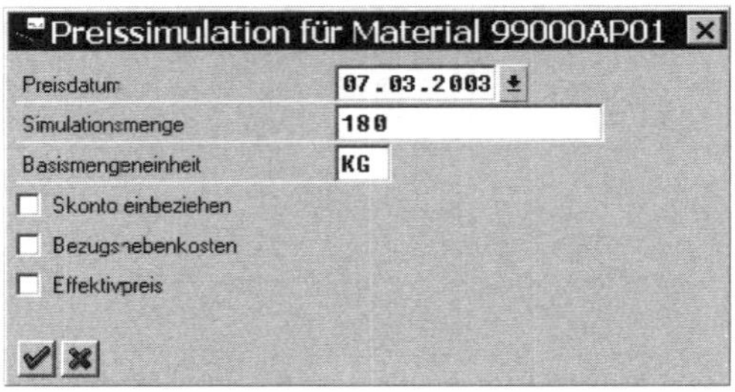

- Als Simulationsmenge wird 180 KG vorgeschlagen (Normalmenge).

✔ weiter

Das „simulierte" Material (grüne Markierung) auswählen ☑ und anschließend über Simulation anzeigen lassen.

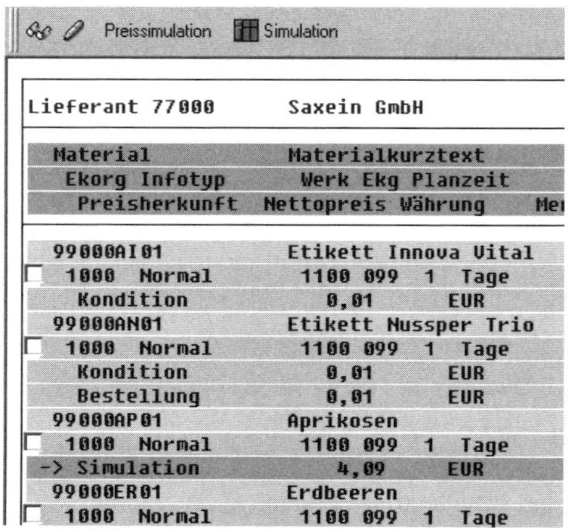

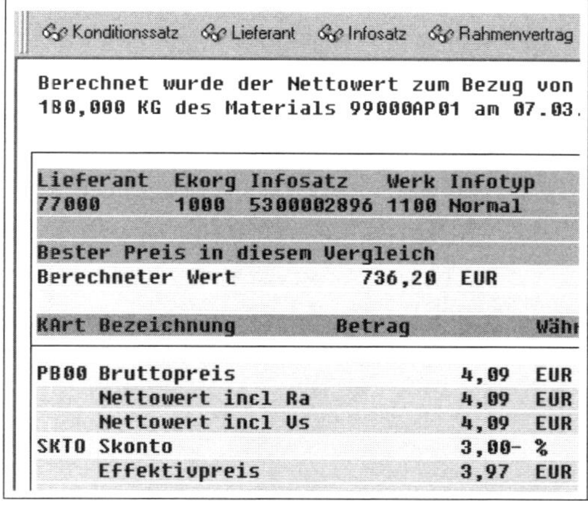

▸ Weiter können über die kontextsensitiven Buttons direkt Informationen zum Einkaufsinfosatz angezeigt bzw. geändert werden.

5.2 Controlling – Musterkalkulation

Bevor nun mit der Beschaffung der erforderlichen Materialien begonnen wird, sollen die zwei neuen Müsliprodukte und deren Varianten noch kalkuliert werden. D.h. es soll festgestellt werden, ob die Produkte überhaupt zu absatzfähigen Preisen produziert werden können. Zum jetzigen Zeitpunkt liegen aber noch keine Daten aus der Produktionsplanung und -steuerung vor (Stücklisten, Arbeitspläne, Arbeitsplätze an Maschinen), so dass die Kalkulation sozusagen von Hand erfolgen muss. Dies wird von SAP R/3 durch die so genannte Musterkalkulation[21] unterstützt. In ihr können Produktzusammensetzungen, Arbeitszeiten und Gemeinkosten (auch für mehrstufige Prozesse) nach unterschiedlichen Anforderungen (Handelsrecht, Steuerrecht, Selbstkosten zur Preisfindung etc.) von Hand kalkuliert werden.

5.2.1 Kostenstelle

Bei der Kalkulation sollen nicht nur die Materialien mit ihren Einstandspreisen berücksichtigt werden, sondern auch die Kostenstellen, also die organisatorischen Einheiten, an denen durch Mensch und Maschine Kosten bei der Produktion von Müsli entstehen würden. Kostenstellen sind „abgegrenzte Teilbereiche eines Unternehmens, für welche die von ihnen jeweils verursachten Kosten erfasst und ausgewiesen, gegebenenfalls auch geplant und kontrolliert werden."[22] Die Kostenstelle ist ein Objekt des Controllings und wird demzufolge dort verwaltet. Sie findet ihre Verwendung im Gemeinkosten-Controlling. Dieses dient u.a. zur Ermittlung von Zuschlagsätzen bei der Produktkalkulation und zur Ist-Abrechnung. Basis für die Kostenstellen sind die Kostenarten. Darüber hinaus können auch Ist-Buchungen über Zusatzkontierungen auf Kostenstellen ausgeführt werden.
Kostenstellen sind einer hierarchisch aufgebauten Kostenstellenstruktur zugeordnet, d.h. sie werden zu Entscheidungs-, Steuerungs- und Verantwortungseinheiten zusammengefasst. Jede Kostenstelle muss, wenn sie angelegt wird, einem Knoten der untersten Hierarchie-Ebene zugeordnet werden. Die einzelnen Kostenstellen werden immer zu so genannten Kostenstellengruppen zusammengefasst. Ein Beispiel für eine Kostenstellenhierarchie findet sich in der Abbildung 88.

[21] Bis Release 4.6A wurde die Musterkalkulation als Bauteilkalkulation bezeichnet.

[22] Vgl. Hummel/Männel, 1990, S. 190.

Abbildung 88: Kostenstellenhierarchie

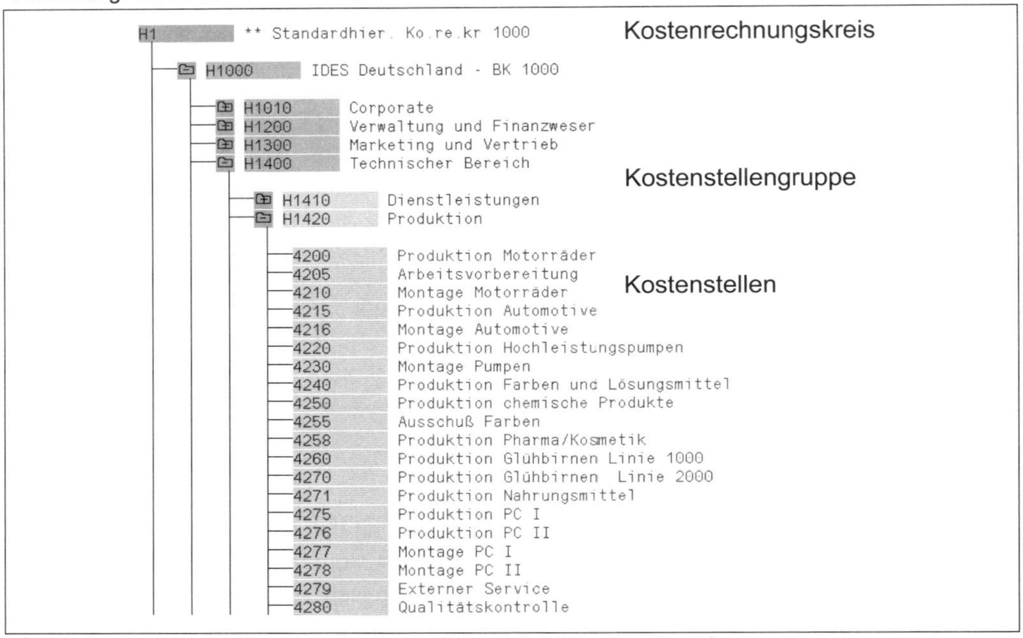

©SAP AG

Für die Kostenstelle muss ein Schlüssel (zur eindeutigen Identifizierung) festgelegt werden. Es sind der Verantwortliche (der Kostenstelle) und die zugehörige Abteilung zu pflegen, sowie die organisatorische Zuordnung zu Kostenstellenhierarchie und Geschäftsbereich mit ihrer jeweiligen Währung. Eine Zuordnung zu einem Profit-Center ist nur erforderlich, sofern die Profit-Center-Rechnung aktiv ist.

Soll eine Vielzahl von Kostenstellen eingerichtet werden, so kann dies zur Arbeitserleichterung über eine Sammelbearbeitung geschehen. Diese Kostenstellen verlangen für ihre Funktionsfähigkeit auf jeden Fall eine Nachbearbeitung, da außer Gültigkeitszeitraum, Schlüssel und gegebenenfalls Daten zum Geschäftsbereich keine weiteren Daten pflegbar sind.

Bei der Anlage muss auch eine Kostenstellenart angegeben werden. Die Klassifikation von Kostenstellen betrifft diesmal die Behandlung der Kostenstellen im Rahmen der Planung, der Ist-Abrechnung und im Berichtswesen.[23]

Anschließend können für eine Kostenstelle Leistungsarten als Bezugsgröße gepflegt werden. Diese werden für die innerbetriebliche Leistungsverrechnung und für die Kalkulation benötigt. Leistungsarten stehen für den mengenmäßigen Output einer Kostenstelle, z.B. gefahrene Kilometer, Meter, Stück usw. Die Bewertung der Leistungsmenge erfolgt mit einem Tarif (Verrechnungspreis). Eine Leistungsart kann auch mehreren Kostenstellen zusammen zugewiesen werden.

Kostenstellen, die an der Fertigung der Endprodukte beteiligt sind, können ihren Anteil an der Leistungserstellung regelmäßig genau quantitativ angeben. Bspw. kann die Zeit gemessen werden, die eine Maschine zur Produktion einer bestimmten Menge eines Produktes benötigt. Das Gleiche gilt für die Zeit, die die Mitarbeiter mit der Produktion zugebracht haben, sowie die Zeit, die benötigt wird, um die Maschinen auf- und abzurüsten. Für diese (und

---

[23] Vgl. Möhrlen, SAP® R/3® – Controlling, 1999, S.82.

andere) so genannte Leistungsarten können pro Kostenstelle Kapazitäten und Tarife eingepflegt werden. Somit ist es möglich, pro Kostenstelle die maximal verfügbare Leistungsabgabe und den Preis für eine Einheit der jeweiligen Leistung im System vorzugeben und in Berechnungen zu nutzen (z.B. Musterkalkulation). Eine Kostenstelle kann nur dann wieder aus dem System gelöscht werden, wenn noch keine Buchungen für diese Kostenstelle erfolgt sind.

Für das interne Rechnungswesen (Kostenrechnung) einer Unternehmung wird als Rahmen für die Kostenstellen-Hierarchie ein Kostenrechnungskreis eingerichtet. Der Kostenrechnungskreis ist aus Sicht der Unternehmensstruktur die Einheit, für die eine Kostenrechnung durchgeführt werden soll. Da hierzu die Daten der Finanzbuchhaltung (primäre Kosten und Erlösarten) notwendig sind, wird der Kostenrechnungskreis zum Buchungskreis in Beziehung gesetzt. Im erweiterten Sinne bildet der Kostenrechnungskreis den organisatorischen Rahmen für die Kostenstellen und -arten, Gemeinkostenaufträge etc., analog zum Buchungskreis als datenorganisatorischer Rahmen für die Konten des externen Rechnungswesens.

Abbildung 89: Der Kostenrechnungskreis in der Unternehmensstruktur

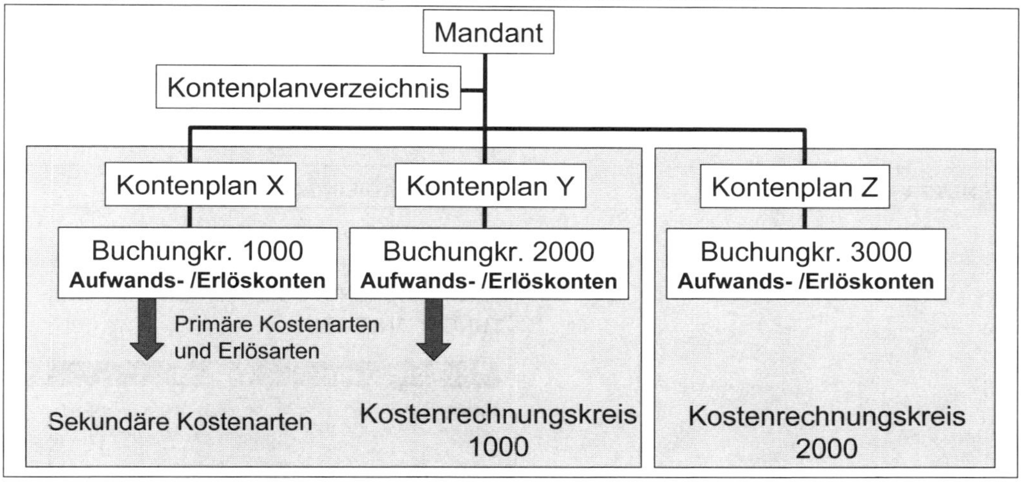

Ein Kostenrechnungskreis umfasst mindestens einen Buchungskreis. Bei mehreren Buchungskreisen können zwar unterschiedliche Währungen in den Konten geführt werden, es müssen aber die gleichen Kontenpläne für eine einheitliche Kostenrechnung (gerade im Hinblick auf die Kostenartenrechnung) verwendet werden. Mehrere Buchungskreise in einem Kostenrechnungskreis sind insbesondere dann sinnvoll, wenn ein „Buchungskreis“ innerbetriebliche Leistungen von einem anderen „Buchungskreis“ erhält.

Der einheitliche Kontenplan steht zwar für die Vergleichbarkeit, bedeutet aber unter Umständen bei heterogenen Unternehmen (z.B. BK Walzwerk und BK Großhandel) einen Kontenballast. Die Abbildung 89 zeigt zwei Kostenrechnungskreise, wovon einer buchungskreisübergreifend ist.

5.2.2 Fallstudie Kostenstellen und Tarife

Aufgabe 5

In der Kalkulation sollen - neben den Einstandspreisen der Materialien – auch die Kosten aus der Kostenstelle mit einfließen, die an der Produktion des Müslis beteiligt ist (Maschinen- und Personaleinsatz). Diese Kostenstelle muss angelegt und anschließend bewertet werden, d.h. es werden eine bzw. mehrere Leistungsarten mit jeweiligen Tarifen zugewiesen. Es sind für das aktuelle Jahr die folgenden Werte zu pflegen:

Leistungsart	Bezeichnung	Planleistung	Kapazität	Tarif var
1420	Maschinenzeit	2016	2016	5,25
1421	Personalzeit	2016	2016	42,00
1422	Rüstzeit	2016	2016	2,50
1424	Abrüstzeit	2016	2016	2,80

Die weiteren Daten sind den Pflegeanleitungen zu entnehmen. Es stehen nachfolgende Pflegeanleitungen zur Verfügung:

- Kostenstelle anlegen,
- Zuordnung von Leistungsarten zu Kostenstellen.

Kostenstelle anlegen

FENSTER	MENUEPFAD/EINGABE

RECHNUNGSWESEN ⇨ CONTROLLING ⇨ KOSTENSTELLENRECHNUNG ⇨ STAMMDATEN ⇨ KOSTENSTELLE ⇨ EINZELBEARBEITUNG ⇨ ANLEGEN

Kostenrechnungskreis: *1000*

▸ CO Europe, Organisationseinheit der Kostenrechnung, vergleichbar mit dem Buchungskreis des Finanzwesens.

✔ weiter

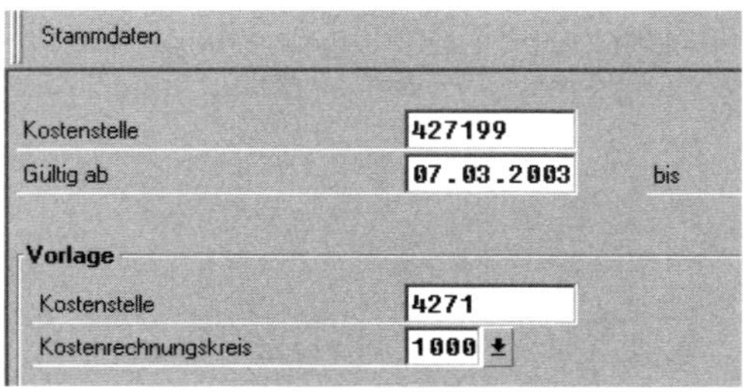

Kostenstelle anlegen : Einstiegsbild

Kostenstelle: *4271xx*

▸ xx = Gruppennummer

Gültig ab: *heute*
bis: *31.12.9999*

Kostenstelle: *4271*

▸ Nahrungsmittel.

Kostenrechnungskreis: *1000*

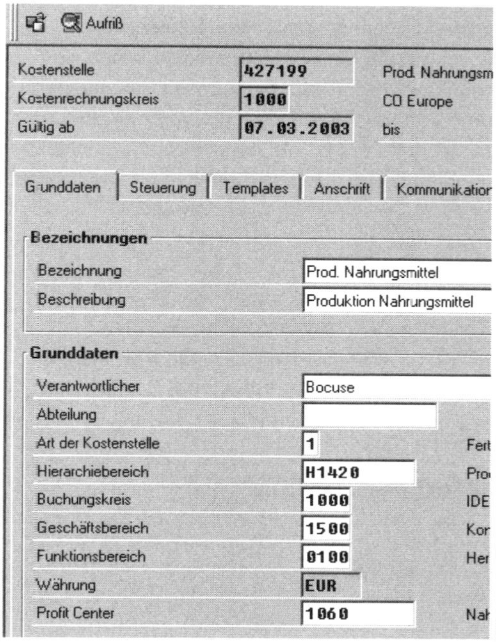

weiter

Kostenstelle anlegen : Grundbild

▸ Die angezeigten Daten ergeben sich aus der Vorlagekostenstelle 4271. Sie sind an die Bedürfnisse der neuen Kostenstelle anzupassen.

Bezeichnung: *Nahrungsmittelpr. xx*
▸ xx = Gruppennummer.

Beschreibung: *Produktion Nahrungsmittel Gruppe xx*

Verantwortlicher: *N.N.*
▸ Namen der Gruppenmitglieder.

Art der Kostenstelle: *1*
▸ Kostenstelle in der Fertigung.

Hierarchiebereich: *H1420*

▸ Produktion. Die Kostenstellen sind zum besseren Wiederfinden in eine hierarchische Ordnungsstruktur eingebettet, die sich an der tatsächlichen Unternehmensstruktur des Unternehmens orientiert.

Buchungskreis: *1000*
▸ IDES AG.

Geschäftsbereich: *1500*
▸ Konsumprodukte: Nahrungsmittel. Ein Geschäftsbereich dient der organisatorischen Zusammenfassung von Teilbereichen des Unternehmens für interne Rechnungswesen- und Controllingzwecke.

Profit Center: *1060*
▸ Nahrungsmittel. Profit Center dienen der Betrachtung von Unternehmensteilbereichen (z.B. Abteilungen, Filialen) als selbständige „Unternehmen".

anklicken

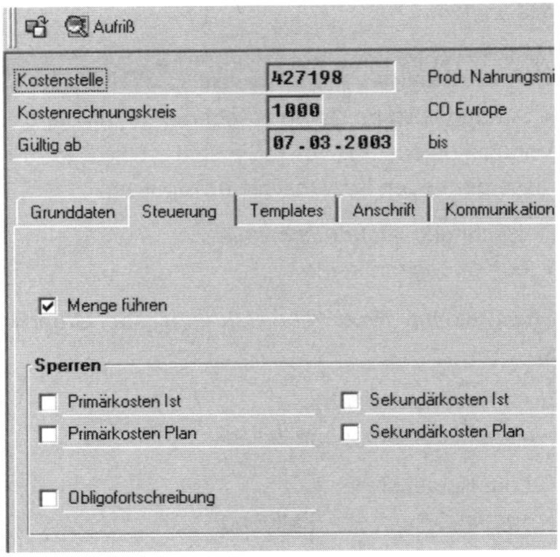

Kostenstelle anlegen : Kennzeichen

Menge führen: ☑

▸ Wenn Buchungen für diese Kostenstelle in Form von z.B. Rohstoffverbrauch erfolgen, so wird, falls dieser Parameter gesetzt ist, neben dem Verbrauchswert auch die Verbrauchsmenge mitgeführt. Dies ist z.B. dann wichtig, wenn später mengenabhängige Berechnungen erfolgen sollen.

☑ Erlöse Ist

☑ Erlöse Plan

▸ Falls ein Kennzeichen gesetzt ist, so ist die Kostenstelle für Buchungen der jeweiligen Art gesperrt. Die Kostenstelle 4271xx soll für Erlösbuchungen gesperrt werden.

speichern

Kostenstelle wurde hinzugefügt

Zuordnung von Leistungsarten zu Kostenstellen

FENSTER	MENUEPFAD/EINGABE

RECHNUNGSWESEN ⇨ CONTROLLING ⇨ KOSTENSTELLENRECHNUNG ⇨ PLANUNG ⇨ LEISTUNG/TARIFE ⇨ ÄNDERN

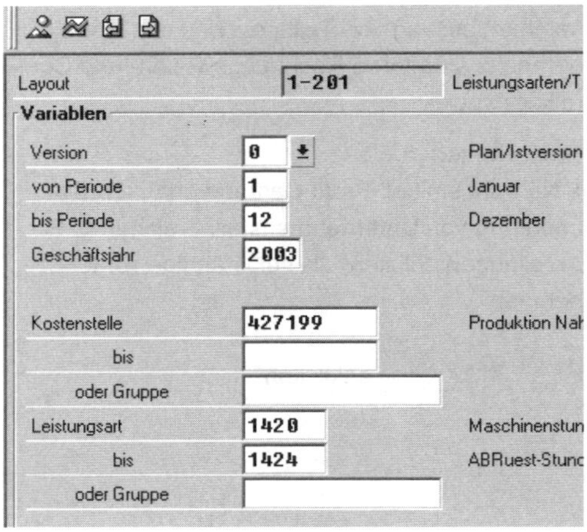

Planung Leistung/Tarife ändern : Einstieg

Version: *0*

▸ Plan/Ist-Version, diese Planung ist relevant für Plan- und Ist-Kalkulation.

von Periode: *1*

bis Periode: *12*

Geschäftsjahr: *2003*

Kostenstelle: *4271xx*

▸ Produktion Nahrungsmittel Gruppe (xx=Gruppennummer).

Leistungsart: *1420* Bis: *1424*

▸ 1420 Maschinenstunden, 1421 Lohnstunden, 1422 Rüst-Stunden, 1424 Abrüststunden.

Übersichtsbild anklicken

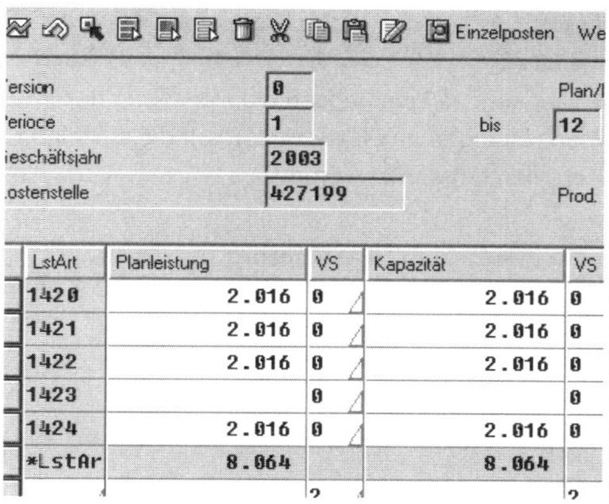

Planung Leistungen/Tarife ändern : Übersichtsbild

▸ Hier erfolgt die zeilenweise Eingabe der Planleistungen.

Leistungsart 1420.

Planleistung: *2016*

VS: *1 oder 0*

▸ gleichmäßige Verteilung; Verteilungsschlüssel, verteilt die Planleistungen über die Perioden; hier: von Periode 1 bis 12 gleichmäßig.

Kapazität: *2016*

▸ maximale Kapazität dieser Leistungsart (oberhalb der Planleistung).

VS: *1 oder 0*

▸ siehe Planleistung.

EH: *H*

▸ Stunden; vom System vorgegeben.

Tarif fix: *keine Eingabe*

▸ Kosten, die immer, unabhängig von der Höhe der Inanspruchnahme, anfallen. Wird für die Fallstudie vernachlässigt.

Tarif var: *5,25*

▸ Kosten, die abhängig von der Höhe der Inanspruchnahme anfallen.

▸ Vkostenart: Erhält eine andere Kostenstelle oder einen Fertigungsauftrag die hier gepflegten Leistungen, so sind sie dort mit dieser Kostenart ausgewiesen. Die Voreinstellungen des Systems können übernommen werden.

▸ Alle weiteren Vorschlagswerte können übernommen werden.

Für die Periodenverteilung eine Zeile markieren 

und  Periodenverteilung anklicken.

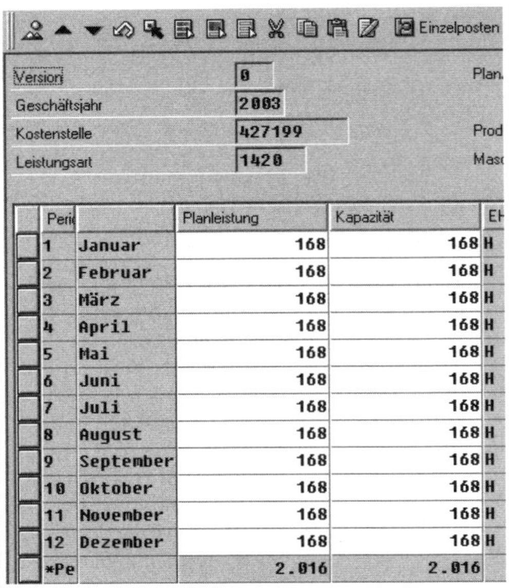

Planung Leistungen / Tarife ändern : Periodenbild

▸ Hier kann je Leistungsart die Verteilung der Planleistungen und Kapazitäten auf die einzelnen Perioden betrachtet werden.

Zurück zum Übersichtsbild

Daten sichern

5.2.3 Musterkalkulation

Ziel der Musterkalkulation ist die Planung der Kosten für ein neues Produkt oder eine neue Dienstleistung. Die Kalkulationspositionen werden in Form einer Einzelkalkulation manuell eingegeben. Einzelne Kalkulationen können wieder als Baustein in anderen Kalkulationen eingesetzt werden.

Für die Musterkalkulation muss zunächst ein Schlüssel eingegeben werden, an dem die Kalkulation eindeutig identifiziert und wieder gefunden werden kann. Weiter müssen Angaben zu Buchungskreis und Werk gemacht werden. Das Werk kann beispielsweise später dazu verwendet werden, den Bewertungspreis als Materialpreis für die Kalkulation zu ermitteln. Außerdem muss die Losgröße angegeben werden, für die kalkuliert werden soll.

Die manuelle Eingabe der Kalkulationszeilen kann unterstützt werden durch Angabe eines Kalkulationsschemas. R/3 bildet selbständig Summen bzw. Zuschläge i.S. der Gemeinkosten. Es kann für eine Musterkalkulation ein Schema zur Unterstützung ausgewählt werden.

Abbildung 90: Kalkulationsschema COGS (Berechnung bis Selbstkosten)

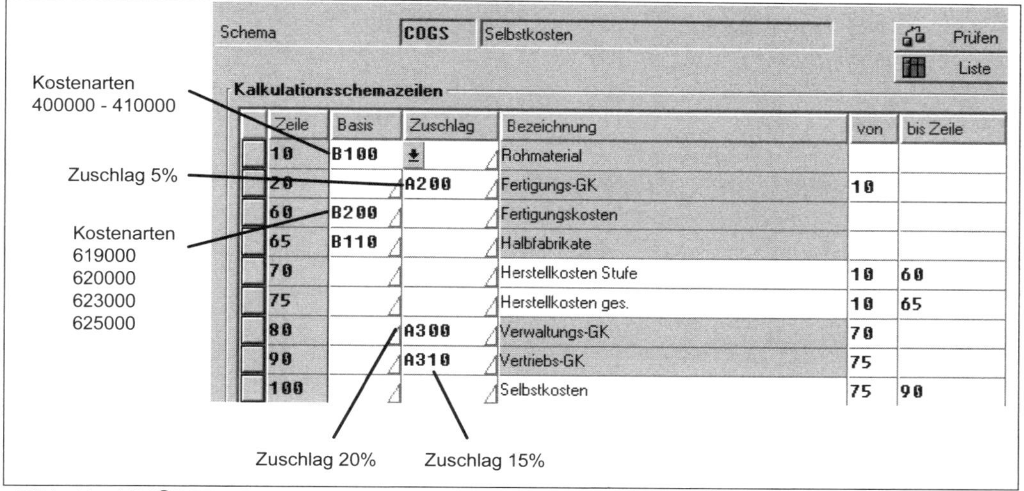

Schema COGS Selbstkosten

Kalkulationsschemazeilen

Zeile	Basis	Zuschlag	Bezeichnung	von	bis Zeile
10	B100		Rohmaterial		
20		A200	Fertigungs-GK	10	
60	B200		Fertigungskosten		
65	B110		Halbfabrikate		
70			Herstellkosten Stufe	10	60
75			Herstellkosten ges.	10	65
80		A300	Verwaltungs-GK	70	
90		A310	Vertriebs-GK	75	
100			Selbstkosten	75	90

Bildschirmbild ©SAP AG

Weiter müssen Rohmaterial und Eigenleistungen (z.B. Maschinenstunden) angegeben werden. Fertigungskosten werden aus den Tarifen der beteiligten Kostenstellen ermittelt. Auch für die Rohmaterialien ermittelt das System die Preise selbständig. Sämtliche Preise werden in Abhängigkeit zur kalkulierten Menge oder Zeit gesetzt. Die Zuschläge werden abhängig vom gewählten Schema berechnet.

Abbildung 91: Musterkalkulation

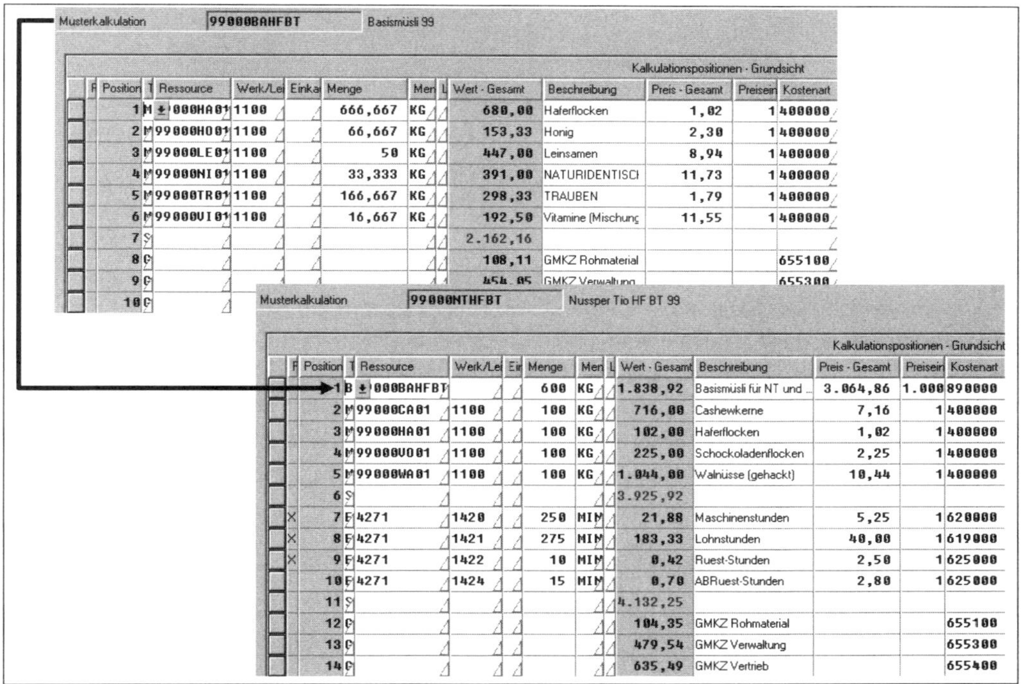

Musterkalkulation 99000BAHFBT Basismüsli 99

Kalkulationspositionen - Grundsicht

F	Position	T	Ressource	Werk/Lei	Einka	Menge	Men	L	Wert - Gesamt	Beschreibung	Preis - Gesamt	Preisein	Kostenart
	1	M	000HA01	1100		666,667	KG		680,00	Haferflocken	1,02	1	400000
	2	M	99000HO01	1100		66,667	KG		153,33	Honig	2,30	1	400000
	3	M	99000LE01	1100		50	KG		447,00	Leinsamen	8,94	1	400000
	4	M	99000NI01	1100		33,333	KG		391,00	NATURIDENTISCI	11,73	1	400000
	5	M	99000TR01	1100		166,667	KG		298,33	TRAUBEN	1,79	1	400000
	6	M	99000VI01	1100		16,667	KG		192,50	Vitamine (Mischunc	11,55	1	400000
	7	S							2.162,16				
	8	G							108,11	GMKZ Rohmaterial			655100
	9	G							454,05	GMKZ Verwaltung			655300
	10	G											

Musterkalkulation 99000NTHFBT Nussper Tio HF BT 99

Kalkulationspositionen - Grundsicht

F	Position	T	Ressource	Werk/Lei	Ein	Menge	Men	L	Wert - Gesamt	Beschreibung	Preis - Gesamt	Preisein	Kostenart
	1	B	000BAHFBT			600	KG		1.838,92	Basismüsli für NT und ...	3.064,86	1.000	890000
	2	M	99000CA01	1100		100	KG		716,00	Cashewkerne	7,16	1	400000
	3	M	99000HA01	1100		100	KG		102,00	Haferflocken	1,02	1	400000
	4	M	99000VO01	1100		100	KG		225,00	Schockoladenflocken	2,25	1	400000
	5	M	99000WA01	1100		100	KG		1.044,00	Walnüsse (gehackt)	10,44	1	400000
	6	S							3.925,92				
X	7	E	4271	1420		250	MIN		21,88	Maschinenstunden	5,25	1	620000
X	8	E	4271	1421		275	MIN		183,33	Lohnstunden	40,00	1	619000
X	9	E	4271	1422		10	MIN		0,42	Ruest-Stunden	2,50	1	625000
	10	E	4271	1424		15	MIN		0,70	ABRuest-Stunden	2,80	1	625000
	11	S							4.132,25				
	12	G							104,35	GMKZ Rohmaterial			655100
	13	G							479,54	GMKZ Verwaltung			655300
	14	G							635,49	GMKZ Vertrieb			655400

Bildschirmbilder ©SAP AG

Die Abbildung 91 zeigt zwei Musterkalkulationen, bei denen das Schema COGS eingesetzt wurde. Die obere Musterkalkulation wurde in der anderen weiterverwendet.
Je nach Präferenz können für Rohmaterialien beispielsweise der Bewertungspreis oder der Preis aus den Einkaufsinfosätzen verwendet werden. Die Auswahl wird gesteuert über die sog. Kalkulationsvariante. Diese wird über das Customizing eingestellt.

Abbildung 92: Kalkulationsvariante

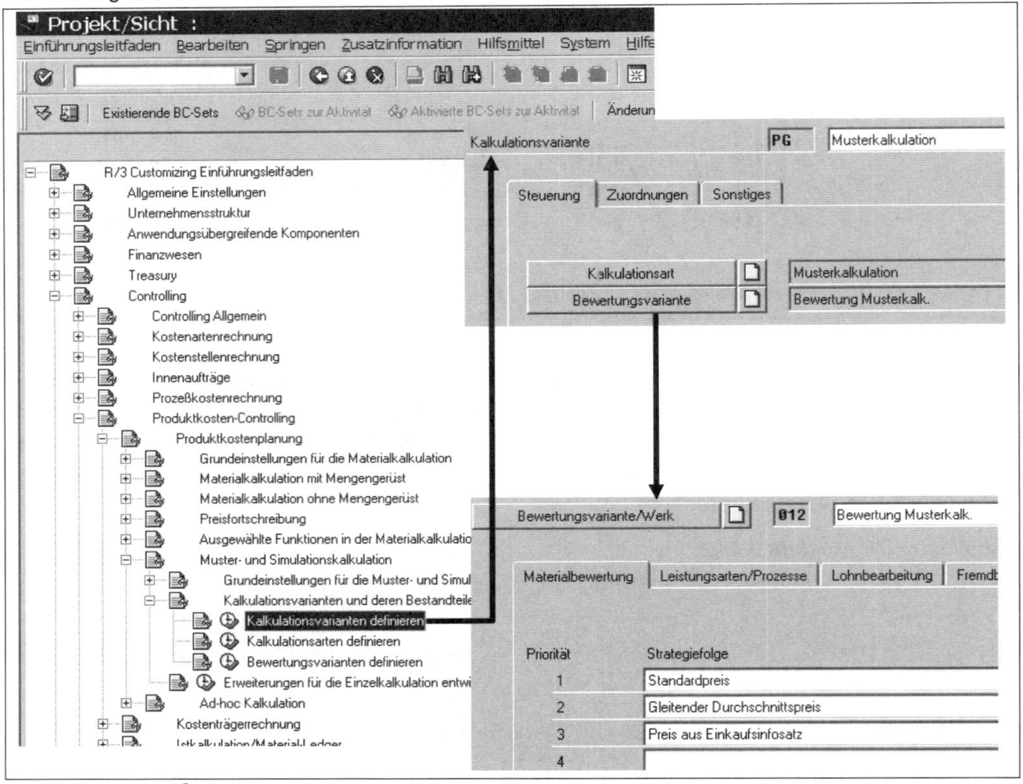

Bildschirmbilder ©SAP AG

Die Kalkulationsvariante „PG" steuert für die Musterkalkulation die Preisfindung (auch für die Tarife im Rahmen der Leistungserbringung von Kostenstellen). Im Kern besteht die Kalkulationsvariante aus der Kalkulationsart und der Bewertungsvariante. Die Kalkulationsart legt u.a. fest, zu welchem Bezugsobjekt eine Kalkulation zugelassen ist, z.B. Material, Musterkalkulation, Auftrag. Die Kalkulationsvariante PG ist beispielsweise nur für die Musterkalkulation verwendbar. Die Bewertungsvariante umfasst die eigentlichen Preisfindungsstrategien. Zunächst wird nach dem Standardpreis gesucht (s. Abbildung 92), existiert keiner, wird entsprechend der Prioritätenliste weiter ermittelt.

5.2.4 Fallstudie - Musterkalkulation

Aufgabe 6

Für die Müsliprodukte sind Musterkalkulationen durchzuführen. Zunächst wird eine Basismischung zusammengestellt. Diese bildet die Grundlage für Innova Vital und Nussper Trio. Danach werden die jeweils spezifischen Zutaten hinzugemischt. Im abschließenden dritten Schritt erfolgt das Abpacken und Etikettieren. Entsprechend dieser drei Stufen soll die Kalku-

lation durchgeführt werden. Die Preise für Material und Leistungen werden vom System ermittelt. Zeiten und Mengen müssen eingegeben werden. Die Kalkulationen sind jeweils für eine Losgröße von 1000 kg anzulegen.
Die Mengenanteile der Rohstoffe und die notwendigen Leistungen der Kostenstelle sind der Pflegeliste «Musterkalkulation» zu entnehmen. Zur Fallstudienpflege können folgende Pflegeanleitungen eingesetzt werden.

- Musterkalkulation für die Basismischung des Müslis,
- Integration des Basismüslis in das Fertigmüsli „Nussper Trio“,
- Abpacken und Etikettieren des Müslis „Nussper Trio“ in Tüten zu 1 kg.

Musterkalkulation für die Basismischung des Müslis

FENSTER	MENUEPFAD/EINGABE
	RECHNUNGSWESEN ⇨ CONTROLLING ⇨ PRODUKTKOSTENPLANUNG ⇨ MUSTER- UND SIMULATIONSKALKULATION ⇨ MUSTERKALKULATION ANLEGEN  Kostenrechnungskreis: *1000* ▸ CO Europe, Organisationseinheit der Kostenrechnung, vergleichbar mit dem Buchungskreis des Finanzwesens. ✔ weiter
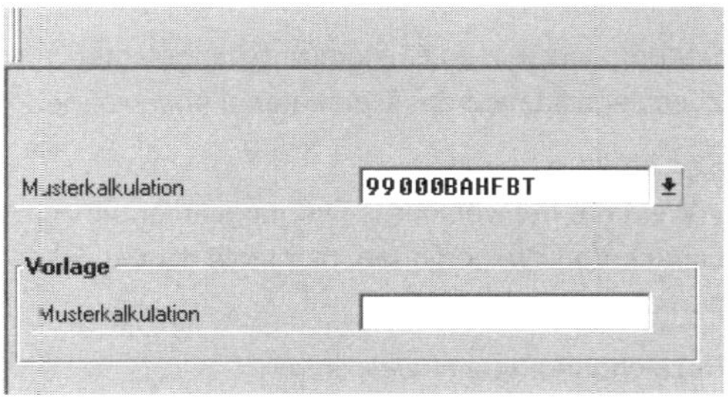 	**Musterkalkulation anlegen : Einstieg** Bauteil: *xx000BAHFBT* ▸ xxyyyzzjjkk, wobei: xx = Gruppennummer, yyy = Revisionsnummer, zz = BA für Basismüsli, jj = HF für Halbfabrikat, kk = BT für Musterkalkulation. ✔ weiter

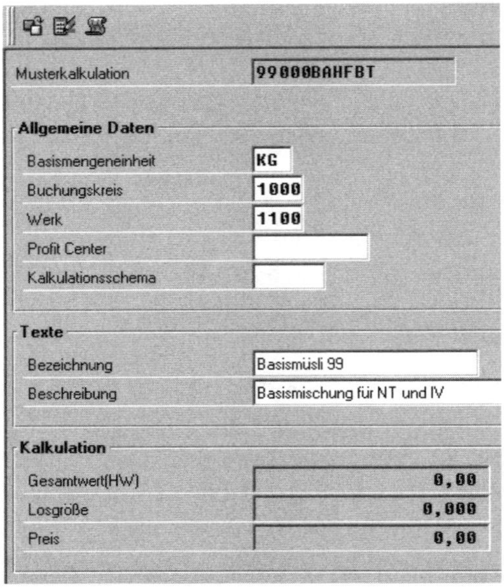

Musterkalkulation anlegen : Stammdaten

Basismengeneinheit: *KG*

▸ Es soll auf Basis von einem Kilogramm Müsli gerechnet werden.

Kostenart: *890000*

▸ Verbrauch Halbfabrikate. Wenn dieses Bauteil in ein anderes Bauteil eingeht, so wird es dort als Verbrauch der Kostenart 89000 gebucht.

Buchungskreis: *1000*

▸ IDES AG, Finanzwesen-Ordnungseinheit.

Bauteilgruppe: *MUHF*

▸ Frei wählbares Ordnungskriterium zum einfacheren wiederfinden, für Halbfabrikate dieser Fallstudie MUHF, Müsli Halbfabrikat.

Werk: *1100*

▸ Berlin

Kalkulationsschema: COGM

▸ Es werden die Herstellkosten berechnet. Dazu wird das folgende Schema verwendet:

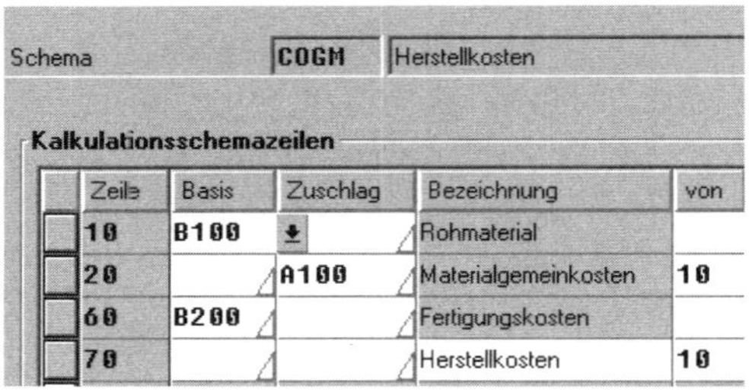

Schema COGM Herstellkosten

Kalkulationsschemazeilen

Zeile	Basis	Zuschlag	Bezeichnung	von
10	B100		Rohmaterial	
20		A100	Materialgemeinkosten	10
60	B200		Fertigungskosten	
70			Herstellkosten	10

Dadurch wird ein im Customizing festgelegter Zuschlagssatz auf das Rohmaterial angewendet.

Sortierfeld: *xx*

▸ Weiteres frei wählbares Ordnungskriterium zum einfacheren Wiederfinden, hier stets die Gruppennummer eingeben.

Bezeichnung: *Basismüsli xx*

▸ Basismüsli mit Gruppennummer ergänzen.

Beschreibung: *Basismüslimischung für NT und IV*

Kalkulation anlegen

▸ Eine Kalkulation zu diesen Stammdaten anlegen.

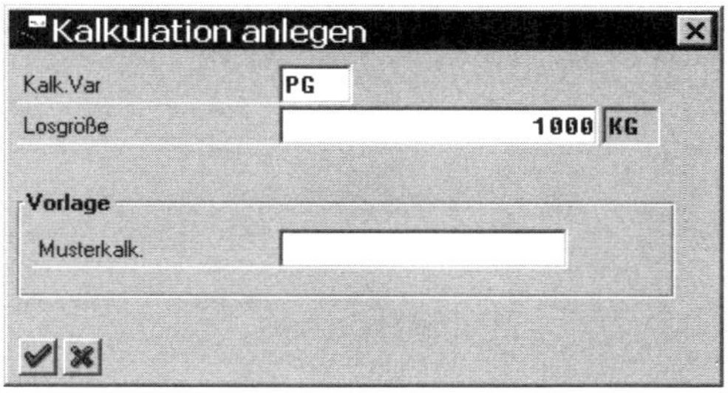

Kalk.Var: *PG*

▸ Kalkulationsvariante für Bauteilkalkulationen, hier könnten unterschiedliche Verfahrensweisen für die Kalkulation – insbesondere die verwendeten Preis - eingesteuert werden (Pflege im Customizing).

Losgröße: *1000 KG*

▸ Es sollen 1000 Kilogramm Müsli kalkuliert werden.

weiter

Einzelkalkulation anlegen : Listbild – 1

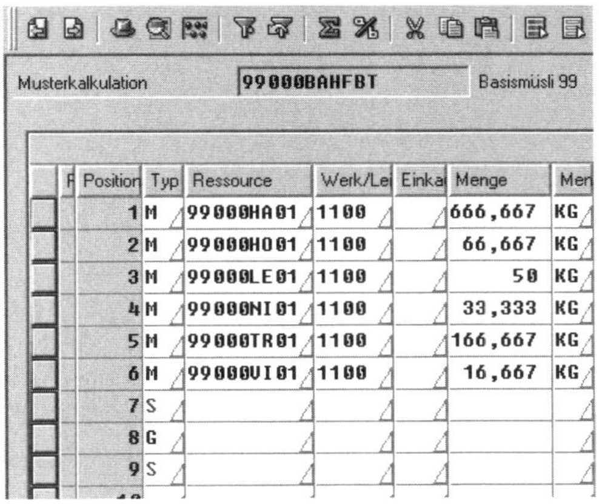

▸ Hier handelt es sich um eine Art Tabellenkalkulation, in die die benötigten Daten zeilenweise einzugeben sind.

Typ: *M*

▸ In dieser Zeile wird ein im System gepflegtes Material zur Kalkulation herangezogen. Der Typ S steht beispielsweise für die Summenbildung.

Ressource: *xx000HA01 etc.*

▸ Materialnummer, hier Haferflocken.

Werk/Leistungsart: *1100*

▸ Werk Berlin

Menge: 666,667

▸ Einsatzmenge des Rohstoffes bezogen auf die Losgröße von 1000 Kilogramm.

Mengeneinheit: *KG*

▸ Die Bewertung der Einsatzmaterialien wird aus der Buchhaltungssicht 1 der Materialstammsätze anhand der Materialnummer übernommen (Steuerung durch Kalkulationsvariante). Die Preise gelten als Vorschläge und können demzufolge verändert werden. Für eine Eingabe anderer Preise ist nach rechts zu scrollen (s. auch folgendes Bildschirmbild).

Einzelkalkulation anlegen : Listbild – 1

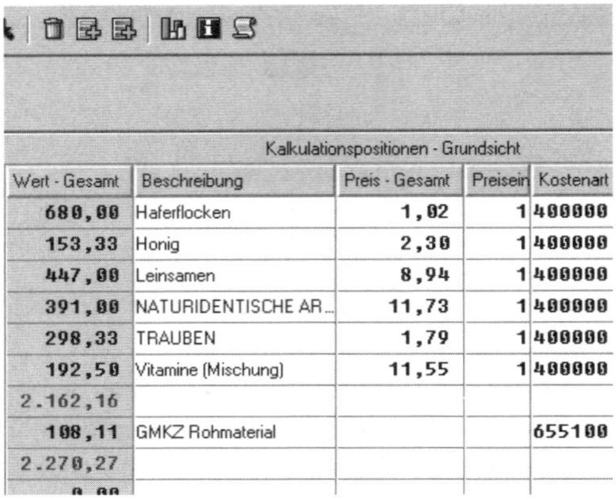

Kalkulationspositionen - Grundsicht

Wert - Gesamt	Beschreibung	Preis - Gesamt	Preisein	Kostenart
680,00	Haferflocken	1,02	1	400000
153,33	Honig	2,30	1	400000
447,00	Leinsamen	8,94	1	400000
391,00	NATURIDENTISCHE AR...	11,73	1	400000
298,33	TRAUBEN	1,79	1	400000
192,50	Vitamine (Mischung)	11,55	1	400000
2.162,16				
108,11	GMKZ Rohmaterial			655100
2.270,27				

Preiseinheit: *1*

- Preis wird je 1 Kilogramm angegeben.

Preis – Gesamt: *1,02*

- Preis für ein Kilogramm Haferflocken.

FUNKTIONEN ⇨ GEMEINKOSTEN RECHNEN

- Die Gemeinkosten werden berechnet und mit dem Positionstyp „G“ der Liste hinzugefügt. Die Gemeinkosten (Typ G) werden automatisch über das Kalkulationsschema gezogen.
- Summen (Typ S) sind entsprechend zu setzen.

sichern

Musterkalkulation anlegen: Stammdaten

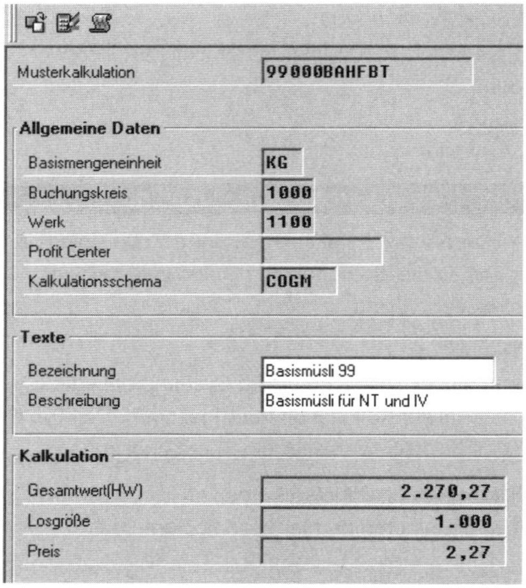

Musterkalkulation: 99000BAHFBT

Allgemeine Daten

Basismengeneinheit	KG
Buchungskreis	1000
Werk	1100
Profit Center	
Kalkulationsschema	COGM

Texte

Bezeichnung	Basismüsli 99
Beschreibung	Basismüsli für NT und IV

Kalkulation

Gesamtwert(HW)	2.270,27
Losgröße	1.000
Preis	2,27

Kalkulation wurde zwischengesichert

zum Sichern der gesamten Musterkalkulation

Musterkalkulation 1000 99000BAHFBT wurde gesichert

Integration des Basismüslis in das Fertigmüsli „Nussper Trio“

Das Basismüsli liegt nun als fertiges „Bauteil“ vor und kann in weitere Kalkulationen einbezogen werden. In diesem Schritt kommen die besonderen Zutaten des Müslis „Nussper Trio“ hinzu.

FENSTER	MENUEPFAD/EINGABE
	RECHNUNGSWESEN ⇨ CONTROLLING ⇨ PRODUKTKOSTENPLANUNG ⇨ MUSTER- UND SIMULATIONSKALKULATION ⇨ MUSTERKALKULATION ANLEGEN

Kostenrechnungskreis: *1000*
‣ CO Europe.

✔ weiter

Musterkalkulation anlegen : Einstieg

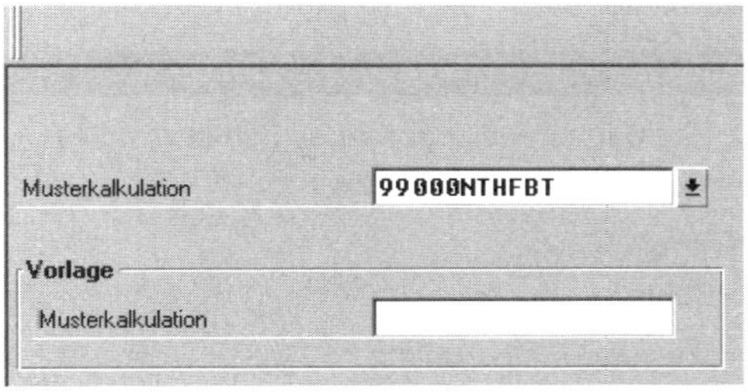

Bauteil: *xx000NTHFBT*
‣ Nussper Trio als Halbfabrikat für die Musterkalkulation.

✔ weiter

Musterkalkulation anlegen : Stammdaten

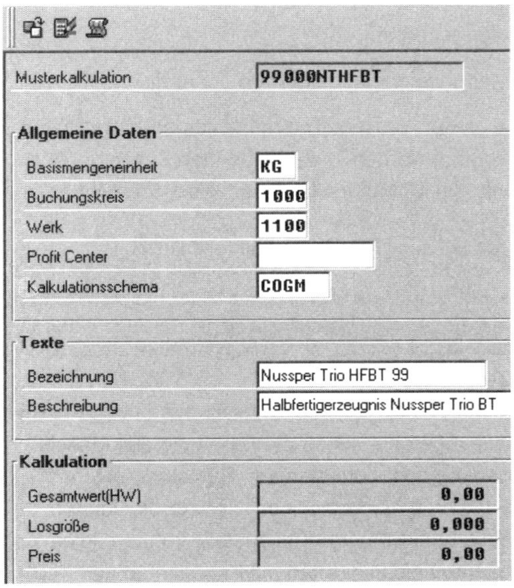

Basismengeneinheit: *KG*
‣ Kilogramm

Kostenart: *890000*
‣ Verbrauch Halbfabrikate

Buchungskreis: *1000*
‣ IDES AG

Bauteilgruppe: *MUHF*
‣ Müsli Halbfabrikate

Werk: *1100*
‣ Berlin

Sortierfeld: *xx*
‣ Gruppennummer

Bezeichnung: *Nussper Trio HF BT xx*
‣ xx = Gruppennummer

Beschreibung: *Halbfabrikat Nussper Trio BT*

Kalkulation anlegen

▸ Eine Kalkulation zu diesen Stammdaten anlegen.

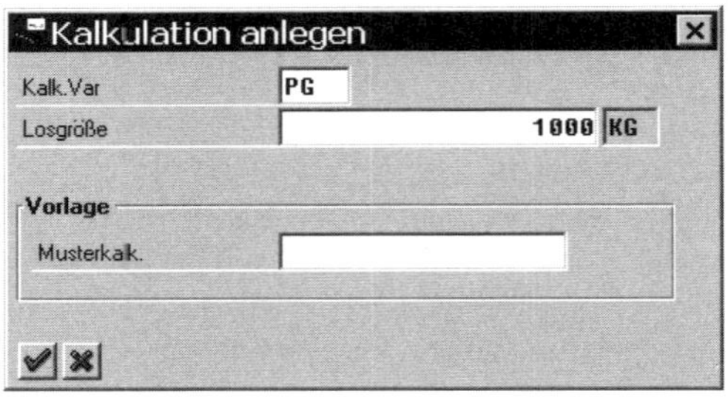

Kalk.Var: *PG*

▸ Kalkulationsvariante für Bauteilkalkulationen.

Losgröße: *1000*

▸ Es sollen 1000 Kilogramm Müsli kalkuliert werden.

weiter

Einzelkalkulation anlegen : Listbild – 1

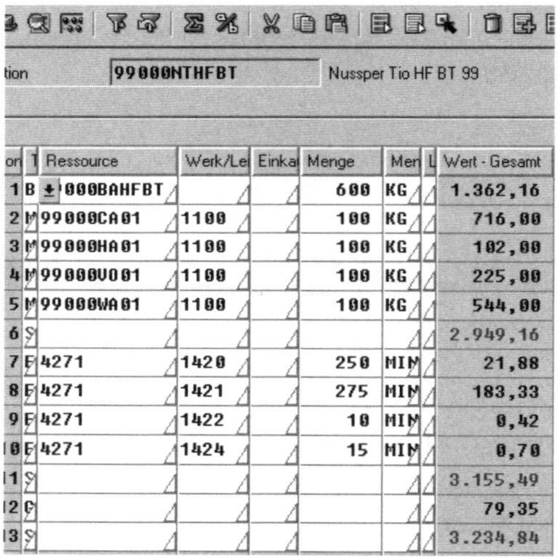

tion 99000NTHFBT Nussper Tio HF BT 99

on	T	Ressource	Werk/Lei	Einkai	Menge	Men	L	Wert - Gesamt
1	B	000BAHFBT			600	KG		1.362,16
2	M	99000CA01	1100		100	KG		716,00
3	M	99000HA01	1100		100	KG		102,00
4	M	99000V001	1100		100	KG		225,00
5	M	99000WA01	1100		100	KG		544,00
6	S							2.949,16
7	E	4271	1420		250	MIN		21,88
8	E	4271	1421		275	MIN		183,33
9	E	4271	1422		10	MIN		0,42
10	E	4271	1424		15	MIN		0,70
11	S							3.155,49
12	G							79,35
13	S							3.234,84

▸ Das Bauteil aus dem vorigen Schritt wird hier mit 600 Gramm übernommen

Typ: *B*

▸ Bauteil

Ressource: *xx000BAHFBT*

▸ Das im vorigen Schritt angelegte Bauteil.

Menge: *600*

Mengeneinheit: Kilogramm

▸ Die für Nussper Trio notwendigen zusätzlichen Zutaten werden in den folgenden Zeilen gepflegt mit Typ M, Materialnummer, Werk und Menge.

weiter (Tabelle wird aktualisiert)

▸ Für eine Veränderung der Vorschlagspreis nach rechts scrollen.

Zeilen 7-10:

▸ Neben den Rohstoffen fallen auch noch Arbeitsleistungen an, die für die Fallstudie aus Maschinenstunden, Lohnstunden, Rüststunden (zum Einrichten der Maschinen) und Abrüststunden bestehen. Für jede Kostenstelle können so genannte Leistungsarten mit Kapazitäten und Tarifen gepflegt werden. Somit wird im System eingestellt, welche Arten von Leistungen in welcher Höhe von den jeweiligen Kostenstellen erbracht werden können.

Typ: *E*
▸ In dieser Zeile wird eine vom Unternehmen erbrachte Eigenleistung eingetragen.

Ressource: *4271*
▸ Kostenstelle, hier Nahrungsmittel.

Werk/Leistungsart: *1420*
▸ Leistungsart Maschinenstunden.

Menge: *250*
▸ Einsatzmenge der Leistungsart Maschinenst.

Mengeneinheit: *MIN*
▸ Minuten

▸ Die weiteren Leistungen sind analog zu pflegen.

FUNKTIONEN ⇨ GEMEINKOSTEN RECHNEN
▸ Die Gemeinkosten werden berechnet und mit dem Positionstyp „G" der Liste hinzugefügt. Die Gemeinkosten (Typ G) werden automatisch über das Kalkulationsschema gezogen.

▸ Summen (Typ S) sind entsprechend zu setzen.

zum Sichern der Einzelkalkulation

Musterkalkulation anlegen : Stammdaten

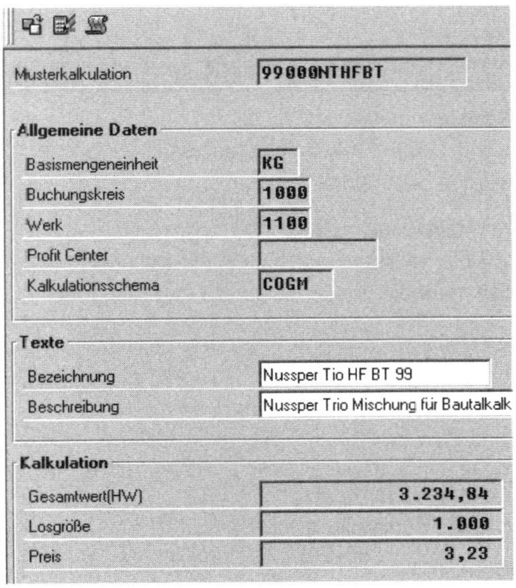

Kalkulation wurde zwischengesichert

zum Sichern der gesamten Musterkalkulation

Abpacken und Etikettieren des Müslis „Nussper Trio“ in Tüten zu 1 kg

Nun wird kalkuliert, was das Müsli in Tüten - abgepackt zu je 1.000 g - inklusive Etikett - kostet. Zusätzlich werden Gemeinkostenzuschlag für Vertrieb und Verwaltung berücksichtigt.

FENSTER	MENUEPFAD/EINGABE
	RECHNUNGSWESEN ⇨ CONTROLLING ⇨ PRODUKTKOSTENPLANUNG ⇨ MUSTER- UND SIMULATIONSKALKULATION ⇨ MUSTERKALKULATION ANLEGEN

Kostenrechnungskreis: *1000*
‣ CO Europe.

weiter

Musterkalkulation anlegen : Einstieg

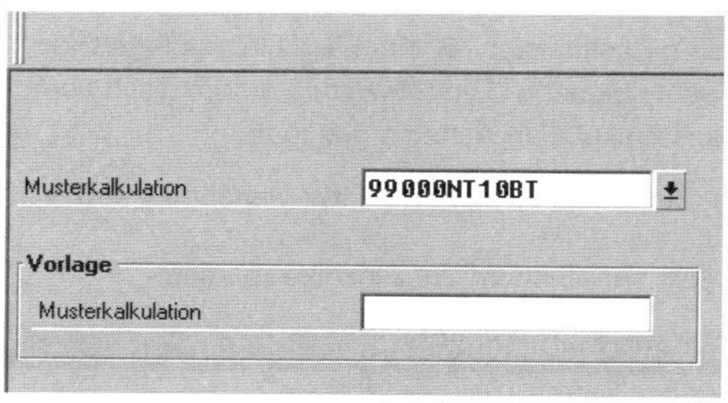

Bauteil: *xx000NT10BT*
‣ Nussper Trio als Tüte zu 1 KG.

weiter

Musterkalkulation anlegen : Stammdaten

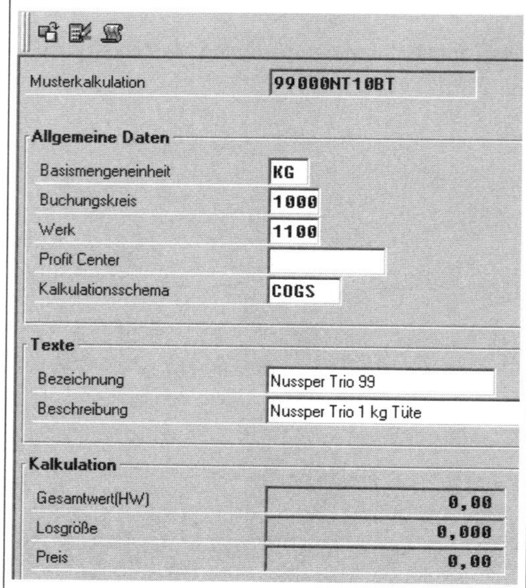

Basismengeneinheit: *ST*
‣ Stück. Die Tüten beinhalten immer 1 KG und werden nach Stück verkauft.

Kostenart: *kein Eintrag*
‣ Diese Kalkulation geht in keine weitere Kalkulation mehr ein, sie kennzeichnet das Endprodukt.

Buchungskreis: *1000*
‣ IDES AG

Werk: *1100*
‣ Berlin

Bauteilgruppe: *MUFE*
‣ Müsli, Fertigerzeugnis

Werk: *1100*
‣ Berlin

Sortierfeld: *xx*

- Gruppennummer

Kalkulationsschema: *COGS*

- Das Kalkulationsschema steuert die Berechnungsart der Zuschläge, die auf die einzelnen Produktbestandteile aufgeschlagen werden, um die nicht einzeln zurechenbaren Gemeinkosten zu berücksichtigen. COGS bedeutet „Zuschlagsschema zur Berechnung der Selbstkosten". Das heißt, dass z.B. auch Vertriebs- und Verwaltungsgemeinkosten in die Berechnung mit einbezogen werden, die bei einer (handelsrechtlichen) Herstellkostenermittlung nicht Bestandteil wären.

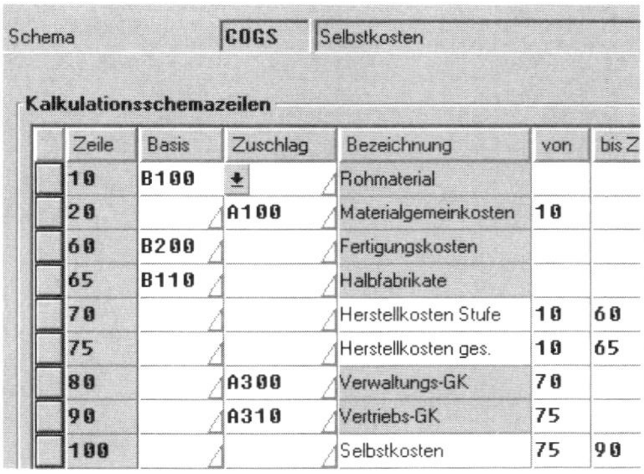

Schema COGS Selbstkosten

Kalkulationsschemazeilen

Zeile	Basis	Zuschlag	Bezeichnung	von	bis Z
10	B100		Rohmaterial		
20		A100	Materialgemeinkosten	10	
60	B200		Fertigungskosten		
65	B110		Halbfabrikate		
70			Herstellkosten Stufe	10	60
75			Herstellkosten ges.	10	65
80		A300	Verwaltungs-GK	70	
90		A310	Vertriebs-GK	75	
100			Selbstkosten	75	90

Bezeichnung: *Nussper Trio 99*

Beschreibung: *Nussper Trio 1kg Tüte*

Kalkulation anlegen

- Eine Kalkulation zu diesen Stammdaten anlegen.

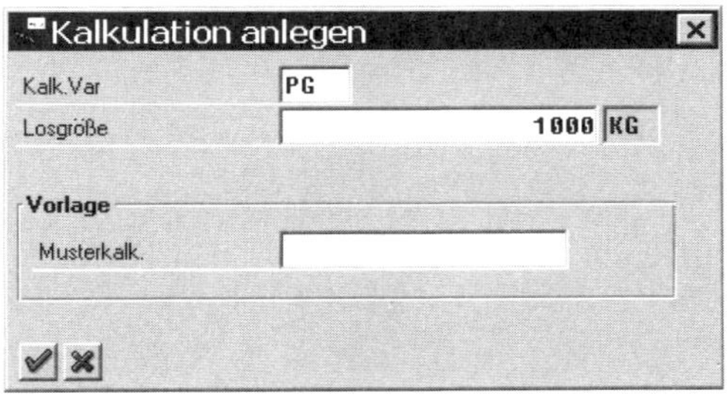

Kalk.Var: *PG*

- Bauteilkalkulation

Losgröße: *1000*

weiter

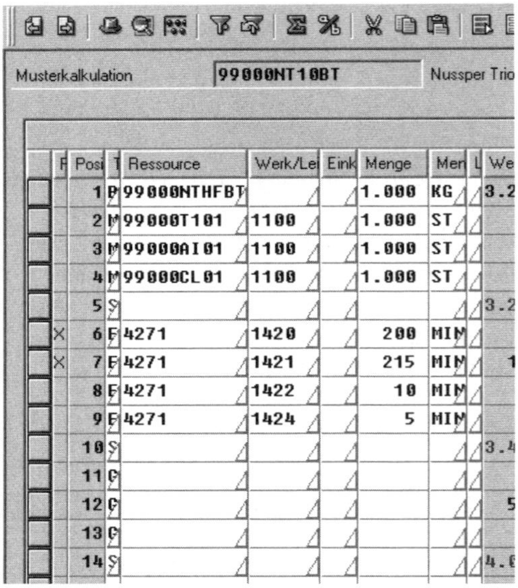

Einzelkalkulation anlegen : Listbild – 1

▸ Das Bauteil aus dem vorigen Schritt wird hier mit 1 Kilogramm übernommen.

Typ: *B*
▸ Bauteil

Ressource: *xx000NTHFBT*
▸ Das im vorigen Schritt angelegte Bauteil.

Menge: *1000*

Mengeneinheit: *KG*

▸ Die für die Verpackung notwendigen zusätzlichen Materialien werden eingepflegt.

Typ: *M*
▸ Material

Ressource: xx000yy0z
▸ Die jeweilige Materialnummer aus der Pflegliste, hier xx000T101, Tüte 1 KG.

Werk/Leistungsart: *1100*
▸ Berlin.

Menge: *1000*
▸ Einsatzmenge aus der Pflegeliste.

Mengeneinheit: *ST*

▸ Die Leistungen werden wieder gepflegt

Typ: *E*
▸ Eigenleistung.

Ressource: *4271*
▸ Kostenstelle, hier Nahrungsmittel.

Werk/Leistungsart: *1420*
▸ Leistungsart Maschinenstunden.

Menge: *0,5*
▸ Einsatzmenge der Leistungsart Maschinenstunden.

Mengeneinheit: *MIN*
▸ Minuten.

FUNKTIONEN ⇨ GEMEINKOSTEN RECHNEN
▸ Die Gemeinkosten werden berechnet und mit dem Positionstyp „G" der Liste hinzugefügt. Die Gemeinkosten (Typ G) werden automatisch über das Kalkulationsschema gezogen.

▸ Weiter sind die Summen (Typ S) entsprechend zu bilden.

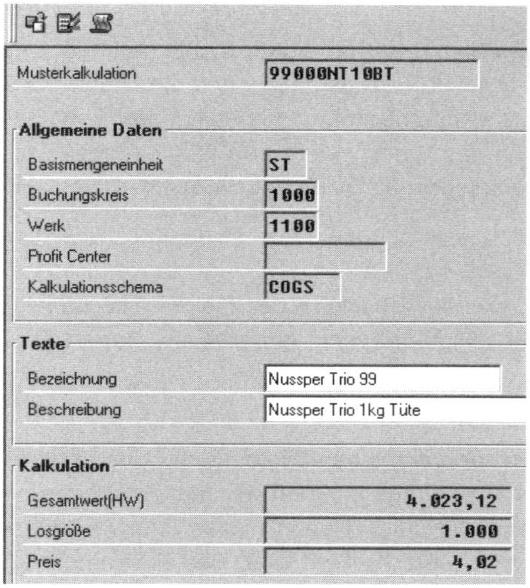

weiter (Tabelle wird aktualisiert)

▸ Nach rechts scrollen, um Preise zu verändern.

Musterkalkulation anlegen : Stammdaten

Kalkulation wurde zwischengesichert

▸ Die Kalkulation hat mit den eingestellten Parametern ergeben, dass die Selbstkosten für das Müsli Nussper Trio je Tüte zu 1 kg 4,02 € betragen.

zum Sichern der gesamten Kalkulation

5.3 Materialwirtschaft –Beschaffung

Das Material und seine möglichen Lieferanten inklusive der Konditionen sind vorhanden. Die (Fremd-)Beschaffung kann systemseitig durchgeführt werden. Der in Abbildung 93 dargestellte Beschaffungszyklus umfasst die Aktivitäten, die typischerweise für die (Fremd-)Beschaffung von Material oder Dienstleistungen erfolgen.

Abbildung 93: Beschaffungszyklus

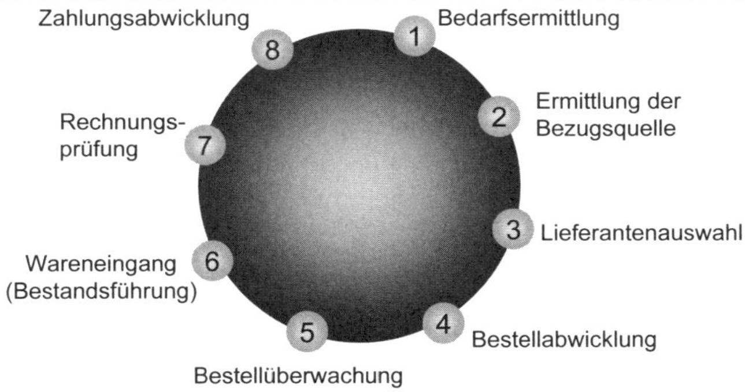

Die Aktivitäten werden im Folgenden kurz erläutert:

- **Bedarfsermittlung**
  Die Bedarfsermittlung als auslösende Phase des Beschaffungszyklus erfolgt im SAP-System sowohl automatisch als auch durch die einzelnen Fachabteilungen. Eine automa-

tische Bedarfsermittlung setzt jedoch voraus, dass das Material im Materialstammsatz in den entsprechenden Sichten gepflegt ist. Nur so ist das System fähig, eingestellte Meldebestände mit den aktuellen Beständen zu vergleichen und ggf. Bestellanforderungen automatisch zu erzeugen bzw. den Bedarf zu melden.

- **Bezugsquellenermittlung / Lieferantenauswahl**
  Die Ermittlung der für die Bedarfsdeckung möglichen Bezugsquellen und die Lieferantenauswahl werden durch Auswertungen von historischen Daten und bestehenden Rahmenverträgen erleichtert. Zusätzlich berücksichtigt das System definierte Quotierungen (abwechselnde Lieferung eines Materials von verschiedenen Bezugsquellen) und Daten aus Infosätzen und dem Orderbuch.

- **Bestellabwicklung**
  Die gesamte Abwicklung einer Bestellung, d.h. die Erstellung der für die Beschaffung notwendigen Belege, kann nun gestützt auf Bestellanforderung, Angebot und Rahmenvertrag realisiert werden.

- **Bestellüberwachung**
  Eine Überwachung der Einhaltung von Fristen kann durch das System unter Berücksichtigung vorgegebener Wiedervorlagefristen ebenfalls vorgenommen werden. Sind einzelne Fristen überschritten, erzeugt das System eine Meldung. Neben dieser Überwachungsfunktion kann der Status sämtlicher einkaufsrelevanter Belege (z.B. Bestellanforderung) abgerufen werden.

- **Wareneingang**
  Durch die Eingabe der Bestellnummer kann der Wareneingang bestätigt werden. Als Reaktion hierauf werden die entsprechenden Bestellpositionen als geliefert erkannt, was sich auf den Status der Bestellung und auf die Bestellüberwachung auswirkt.

- **Rechnungsprüfung**
  Die den Einkaufszyklus abschließende Rechnungsprüfung wird durch den Zugriff auf Bestell- und Wareneingangsdaten erleichtert. Der Rechnungsprüfer wird auf Abweichungen der Leistungserfüllung hingewiesen.

- **Zahlungsabwicklung**
  Rechnungen, die zur Zahlung freigegeben sind und demnach keine Unstimmigkeiten beispielsweise hinsichtlich Menge oder Einzelpreis aufweisen, werden auf Basis von Bestell- und Wareneingangsdaten von der Buchhaltung in einem Zahlungslauf fristgerecht (Daten aus Einkaufsinfosätzen) bezahlt. Die Rechnungen müssen also nicht einzeln gezahlt werden, sondern der Zahlungslauf berücksichtigt sämtliche fälligen Beträge.

Prinzipiell werden in der Materialwirtschaft (Einkauf) Materialien für das Lager oder direkt für den Verbrauch beschafft.
Lagermaterialien haben immer einen Materialstammsatz. Jeder Wareneingang wird eingelagert und führt zu einer automatischen Mengenerhöhung. Gleichzeitig greift die über den Stammsatz festgelegte Bewertungsklasse. Die Verbuchung auf den Konten und die Werteveränderung werden automatisch durchgeführt.
Bei Verbrauchsmaterialien handelt es sich um Materialien oder Dienstleistungen, die wertmäßig über die Kostenartenkonten oder Anlagenkonten erfasst werden. Die Bestellung bzw. der Wareneingang muss manuell kontiert werden. Ein Materialstammsatz kann vorhanden

sein, ist aber keine Bedingung. Es werden entsprechende Materialarten angeboten, wie beispielsweise NLAG (Nicht-Lagermaterial) oder UNBW (unbewertetes Material).
Vereinfacht formuliert handelt es sich um Materialien, die direkt in die Geschäftsprozesse eingehen. Eine mengenmäßige Bestandsführung ist möglich. Ein Beispiel für Verbrauchsmaterial sind Kugelschreiber für das Sekretariat. Diese werden nicht gelagert, sondern direkt eingesetzt. Ein Materialstammsatz ist nicht notwendig. Die Kugelschreiber werden über ein Aufwandskonto für Büromaterial erfasst. Das Aufwandskonto muss bei der Bestellung bzw. beim Wareneingang angegeben werden. Das Material gilt mit dem Wareneingang als verbraucht.
Zusätzlich ist die Angabe eines Verbrauchszweckes – insbesondere aus Sicht der Kostenrechnung - notwendig. Verbrauchszwecke können z.B. ein Projekt, eine Kostenstelle, ein Kundenauftrag oder eine Anlage sein. Die über das Customizing eingestellten Verbrauchszwecke können den einzelnen Bestellpositionen über den so genannten Kontierungstyp zugewiesen werden. Verbrauchsmaterial und Lagermaterial können auch zusammen in einer Bestellung aufgeführt werden.

5.3.1 Disposition

Bedarfe können zum einen aus den Fachbereichen, Abteilungen oder Gruppen etc. entstehen oder zum anderen durch die Disposition ermittelt werden. Die Disposition überwacht die Materialbestände entsprechend dem vereinbarten Dispositionsverfahren. Ziel ist die Verhinderung von Engpässen bei der Produktion aufgrund von fehlenden Materialien oder Dienstleistungen.
Bei externem Material wird – sofern Bedarf besteht – ein Planauftrag oder eine Bestellanforderung (Banf) erstellt. Eine Bestellanforderung ist eine Art Aufforderung an den Einkauf, Ressourcen i.S. von Materialien, Anlagen, oder Dienstleistungen in angegebener Menge zum angegebenen Termin zu besorgen. Es handelt sich also um ein festes Zugangselement, welches zur Beschaffung verpflichtet. Bei Ihrer Erstellung wird auf vorhandene Stammsätze, z.B. Material, zurückgegriffen. Die Bestellanforderung kann vom Einkauf in eine Bestellung (die an den Lieferanten geht) umgesetzt werden. Während eine Bestellanforderung also eine direkte konkrete Aufforderung zur Beschaffung darstellt, stellt ein Planauftrag einen geplanten Wareneingang zu einem bestimmten Termin dar, d.h. der Beschaffungsvorgang wird erst später initiiert. Der Planauftrag hat keine unmittelbare Außenwirkung und ist demnach ein internes planerisches Element. Damit die Positionen des Planauftrags beschafft werden können, muss der Planauftrag (rechtzeitig) in eine Bestellanforderung umgesetzt werden. „Erinnerungsfunktionen" dazu sind vorhanden. Das Pendant zur Bestellanforderung bei internem Bedarf ist der Fertigungsauftrag. Bei Bedarf an „internem Material", also an eigengefertigtem Material, wird ein entsprechender Fertigungsauftrag erzeugt. Auch hier können Planaufträge generiert werden. Der interne Beschaffungsvorgang (Fertigung) wird erst durch Umsetzung in einen Fertigungsauftrag initiiert.

5.3.1.1 Dispositionsverfahren

Die plangesteuerte Disposition ermittelt die Materialbedarfe orientiert an den in nächster Zukunft eingeplanten Kundenaufträgen und an bestehenden Materialreservierungen. Stücklisten müssen nicht extra aufgelöst werden, da dies schon in den Kundenaufträgen bzw. Planaufträgen geschehen ist.

Im Gegensatz zur eher zukunftsorientierten plangesteuerten Disposition ist die verbrauchsgesteuerte Disposition vergangenheitsorientiert, d.h. sie orientiert sich an den Bedarfen vergangener Perioden. Die Lager sollen so aufgefüllt werden, dass bis zur nächsten Materiallieferung alle Materialbedarfe gedeckt werden können. Trends und saisonale Schwankungen können für diese Art der Bedarfsermittlung mit einbezogen werden. Prinzipiell stehen im R/3-Standard drei verbrauchsgesteuerte Verfahren zur Verfügung.

- Bestellpunktdisposition

Es wird der verfügbare Lagerbestand mit dem Meldebestand verglichen. Nur wenn der Lagerbestand kleiner als der Meldebestand ist, wird ein Planauftrag oder eine Bestellanforderung generiert. Der Meldebestand muss dazu im Materialstammsatz gepflegt sein. Hilfreich ist die Pflege eines Sicherheitsbestandes, um die Wiederbeschaffungszeit oder Lieferverzögerungen abzudecken.

- Stochastische Disposition

Anhand eines integrierten Prognoseprogamms wird – auf Basis vergangener Bedarfe – der zukünftige Bedarf prognostiziert. Wird beim Vergleich von prognostiziertem Bedarf und verfügbaren Lagerbeständen eine Unterdeckung festgestellt, so wird ein Bestellvorschlag erzeugt.

- Rhythmische Disposition

Die Disposition geschieht immer im gleichen zeitlichen Rhythmus. Liefert ein Lieferant Materialien z.B. immer donnerstags bei einer (Plan-)Lieferzeit von 2 Tagen, so wird um diese Lieferzeit versetzt disponiert. Dabei vergleicht das System wieder den aus der Prognose ermittelten Bedarf mit den Lagerbeständen.

Die Dispositionsverfahren bestimmen, ob überhaupt bestellt werden soll. Die im Bestellvorschlag ausgewiesene Menge wird in ihrer Höhe durch das gewählte Losgrößenverfahren bestimmt. Im Folgenden werden einige im R/3-Standard verfügbare Losgrößenverfahren kurz vorgestellt.

- Auffüllen bis Höchstbestand: Die Losgröße entspricht der Differenz aus dem verfügbaren Lagerbestand und dem zulässigen Höchstbestand (Materialstammsatz – Disposition). Bereits initiierte Zugänge, z.B. Bestellungen, werden berücksichtigt. Ein Planauftrag oder eine Bestellanforderung wird nur bei Unterschreitung des Meldebestands erzeugt.
- Exakte Losgröße: Als Lösgröße wird exakt die ermittelte Unterdeckungsmenge eingesetzt, d.h. der Bedarf minus dem verfügbaren Lagerbestand. Es ergibt sich daraus ein geplanter Lagerbestand von Null.
- Periodische Losgröße: Die Bedarfe einer oder mehrere Perioden (Tage, Woche, Monat) werden zusammengefasst (s. auch Abbildung 94).

Das Dispositionsverfahren bestimmt letztlich, welches Losgrößenverfahren zulässig ist. Weiter müssen Parameter zur Terminierung im Materialstammsatz (Sicht Disposition) gepflegt sein (z.B. Planlieferzeit, Wareneingangsbearbeitungszeit etc.), damit der korrekte Liefertermin ermittelt werden kann.

Abbildung 94: Periodische Losgröße

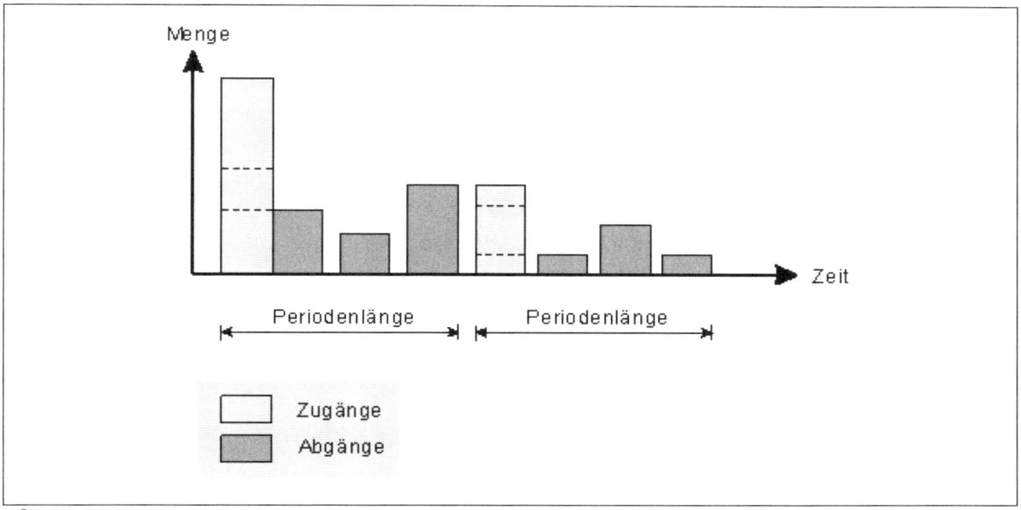

©SAP AG

5.3.1.2 Dispositionsdurchführung

Wahlweise kann die Disposition für ein oder mehrere Materialien durchgeführt werden. Die Dispositionsdurchführung für ein Material wird als Einzelplanung, die Dispositionsdurchführung für mehrere Materialien wird als Gesamtplanung bezeichnet.
Die Einzelplanung wird in der Materialwirtschaft einstufig durchgeführt, d.h. dass nur die Stückliste des beplanten Materials aufgelöst wird. Eine weitere Auflösung von Stücklisten der Komponenten wird nicht durchgeführt. Die Planung für ein Material muss auf einen Unternehmensbereich begrenzt werden. Hier kommen wieder die Organisationsebenen der Unternehmensstruktur zum Einsatz. Die Einzelplanung kann wahlweise auf ein Werk oder einen Dispositionsbereich fokussiert werden. Bei einer Durchführung in Zuordnung zu einem Werk wird das Material eben nur für dieses Werk disponiert (vorausgesetzt, es ist in Zuordnung zu diesem Werk angelegt). Der Dispositionsbereich kann alternativ zum Werk eingesetzt werden, da einem Dispositionsbereich genau ein Werk zugeordnet ist.

Abbildung 95: Dispositionsbereiche

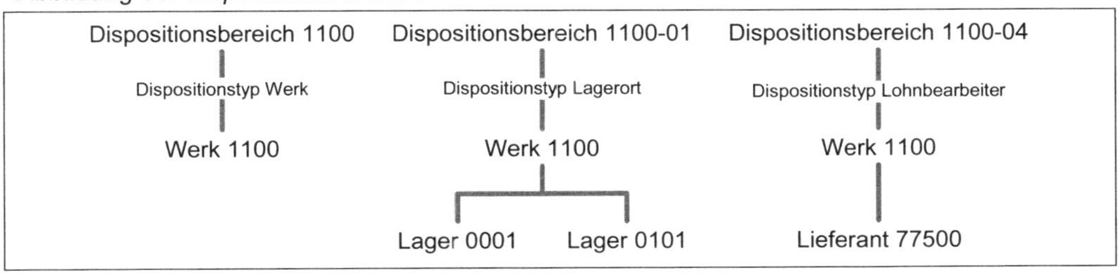

Darüber hinaus kann mittels Dispositionsbereich die Einzelplanung auf einzelne Lagerorte eines Werkes beschränkt werden. Weiter kann ein Dispositionsbereich für die Bereitstellung von Komponenten für einen Lohnbearbeiter, z.B. Teile für Vormontage, genutzt werden. So kann dieser besondere Bedarf vom übrigen Bedarf getrennt disponiert werden. Dispositions-

bereiche lassen sich also festlegen für ein Werk, eine oder mehrere Lagerorte eines Werkes oder dem Werk zugeordnete Lohnbearbeiter.
Die Gesamtplanung führt einen Dispositionslauf für die gesamten Materialien eines Werkes durch. Sie beinhaltet – im Gegensatz zur Einzelplanung - die Stücklistenauflösung für Materialien mit Stückliste. Auch für Komponenten werden hier Stücklisten aufgelöst. Um die Gesamtplanung auf mehrere Werke oder mehrere Dispositionsbereiche auszudehnen, kann ein sog. Planungsumfang angegeben werden. Dazu werden im Customizing dem Planungsumfang mehrere Werke oder (i.S. von exklusiv oder) Dispositionsbereiche zugewiesen. Es werden bei Nutzung des Planungsumfangs alle Materialien der zugeordneten Werke bzw. Dispositionsbereiche disponiert.

Abbildung 96: Planungsumfang

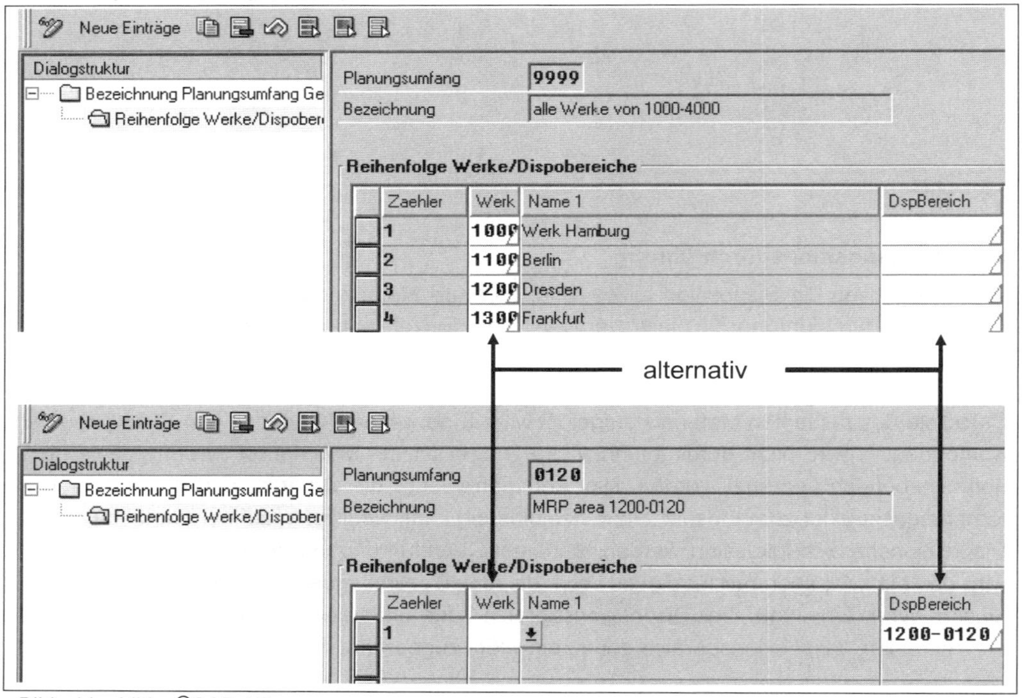

Bildschirmbilder ©SAP AG

Mit den Planungsarten (Einzel- oder Gesamtplanung) sind Ablaufarten verbunden:

- Neuplanung (alle Materialien für ein Werk oder Planungsumfang werden geplant; nur für Gesamtplanung verfügbar),
- Veränderungsplanung (nur Materialien, die Lagerbewegungen, Kundenaufträge etc. erfahren haben, für beide Planungen verfügbar),
- Veränderungsplanung im Planungshorizont (setzt zeitliches Limit hinsichtlich dispositionsrelevanter Materialien; für beide Planungen verfügbar).

Die Neuplanung sollte nach Möglichkeit vermieden werden, da sämtliche Materialien eines Werkes unabhängig davon, ob sie dispositionsrelevante Veränderungen wie Bestellungen, Lagerbewegungen etc. erfahren haben, geprüft werden. Dies kann zu einer hohen Rechnerbelastung führen. Der Planungslauf sollte daher auf die Materialien beschränkt werden, die dispositionsrelevante Änderungen erfahren haben. Damit auch tatsächlich nur diese Materia-

lien berücksichtigt werden, merkt sich das R/3-System die entsprechenden Materialien in der so genannten Planungsvormerkdatei. Wenn ein Material eine dispositionsrelevante Veränderung erfährt (z.B. muss ein Großteil der Haselnüsse wegen Schimmelbefall entsorgt werden (=Warenausgang)) wird in der Planungsdatei für dieses Material ein Kennzeichen gesetzt. Bei einem Planungslauf mit der Ablaufart „Veränderungsplanung" wird zunächst die Planungsvormerkdatei auf diese Kennzeichen durchsucht. Anschließend werden nur die Materialien mit diesem Kennzeichen für die Disposition betrachtet.
Die Veränderungsplanung lässt sich zeitlich auf einen für das Werk eingestellten Zeitraum (Planungshorizont) begrenzen. Materialien, die eine Änderung innerhalb dieses Zeitraums erfahren, bekommen zusätzlich ein Kennzeichen (in der Abbildung 97 das Material 99001HA01). Die Planungsvormerkdatei findet sowohl bei der Gesamt- als auch bei der Einzelplanung Anwendung.

Abbildung 97: Planungsvormerkdatei

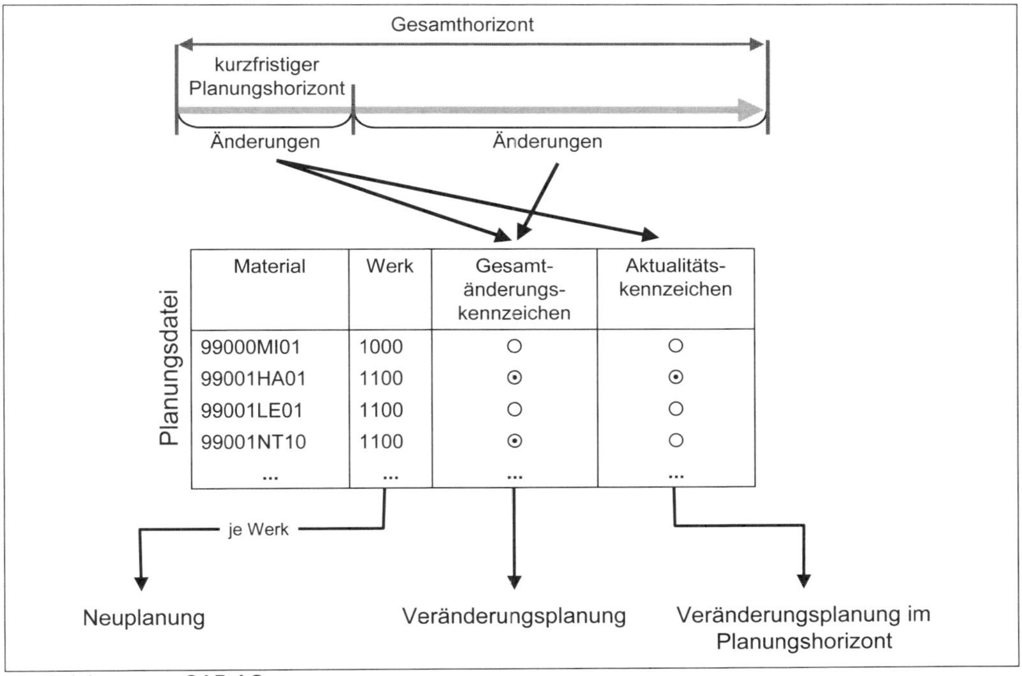

In Anlehnung an SAP AG

Basis für die Planung ist der frei verwendbare Bestand inklusive dem Qualitätsprüfbestand und eventuellen Konsignationslagerbeständen. Abhängig vom gewählten Dispositionsverfahren werden weitere Dispositionselemente zum frei verfügbaren Lagerbestand hinzugezählt. Beispielsweise wird bei der Bestellpunktdisposition noch der Bestellbestand (Bestellungen, Planaufträge, Bestellanforderungen) mit hinzugerechnet. Ist der Lagerbestand kleiner als der Meldebestand, so wird disponiert, d.h. ein Planauftrag bzw. eine Bestellanforderung generiert. Die Terminierung, also die Berechnung des Zeitpunktes, an dem der Zugang stattfinden soll, geschieht auf Basis der im Materialstammsatz (Sicht Disposition 2) gepflegten Planlieferzeit, Bearbeitungszeit (für den Einkauf) und der Wareneingangsbearbeitungszeit. Die Planlieferzeit wird in Kalendertagen, Bearbeitungs- und Wareneingangsbearbeitungszeit

werden in Arbeitstagen gepflegt. Die Terminierungsrichtung ergibt sich wieder aus dem gewählten Dispositionsverfahren.
Das Planungsergebnis kann wahlweise in einen Planauftrag oder direkt in eine Bestellanforderung umgesetzt werden. Eine Dispositionsliste visualisiert zum Zeitpunkt der Planung die Bestands- und Bedarfssituation.

Abbildung 98: Dispositionsliste und generierte Bestellanforderung

Haferflocken 99000HA01

frei verwendbarer Bestand	**200** kg (am 18.11)
Meldebestand	256 kg
Höchstbestand	800 kg
Sicherheitsbestand	40 kg
Dispositionsverfahren	Manuelle Bestellpunktdisposition
Lösgrößenverfahren	Auffüllen bis Höchstbestand

Generierung einer Banf über 600 kg
Planlieferzeit 1 Tag

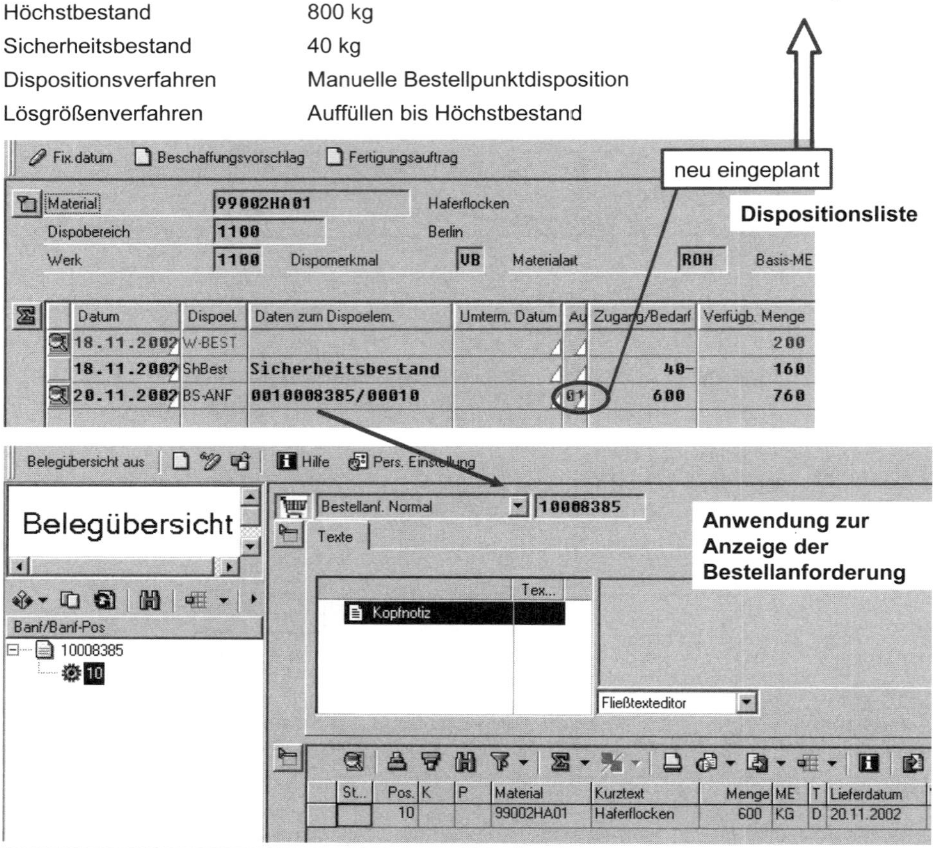

Bildschirmbilder ©SAP AG

Im Kopf sind Materialnummer, Werk und Dispositionsverfahren (hier Bestellpunktdisposition) vermerkt. Die einzelnen Positionen beinhalten ein Dispositionsdatum (Zugang- oder Bedarfszeitpunkt), das Dispositionselement (Bestellanforderung, Reservierung, Kundenauftrag, Fertigungsauftrag, etc.) mit seinem numerischen Schlüssel, Zugängen und Bedarfen, sowie die daraus resultierende verfügbare Menge.
Besonderheiten oder Ausnahmen im Planungslauf werden erkannt. Die entsprechende Position erhält eine Ausnahmemeldung. Die Ausnahme wird durch einen zweistelligen Schlüssel repräsentiert. Typischerweise wird diese Nummer bei Planaufträgen, Fertigungsaufträgen, Bestellanforderungen und Bestellungen angezeigt. Ein Beispiel für eine Ausnahmemeldung

ist die Ausnahme 20, dass der Vorgang storniert werden sollte, da Zugangstermin bereits in der Vergangenheit liegt (Ausnahmemeldungen 07). In der Abbildung 99 sind außerdem die Ausnahmen 01 und 10 dargestellt. Die Meldung 01 macht darauf aufmerksam, dass es sich hierbei um eine – durch den Planungslauf verursachte - Neueinplanung handelt. Die Meldung 10 weist auf eine Umterminierung hin.

Abbildung 99: Ausnahmemeldungen

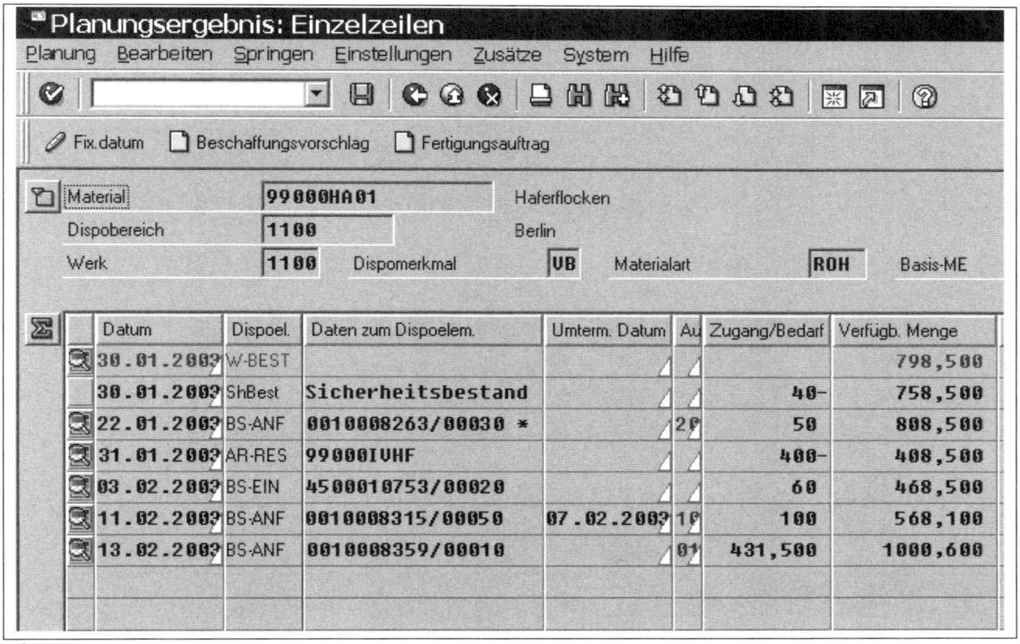

Umterminierung bedeutet, dass Vorgänge vorgezogen oder verschoben werden. Beispielsweise liegt ein Bedarf für den 12.02. vor, die Banf weist einen Zugang zum 07.02 aus. Damit die Materialien nicht unnötig Lagerkapazitäten binden, wird die Banf umterminiert auf den 11.02.

An der Planungsliste lässt sich auch noch einmal die Integration der Daten verdeutlichen. Würde beispielsweise die durch den Planungslauf generierte Bestellanforderung aufgerufen und die darin enthaltene Position gelöscht, so würde dies bei einem erneuten Planungslauf berücksichtigt. Es würde wieder eine (neue) Bestellanforderung generiert.

Abbildung 100: Integration zwischen Einkauf und Disposition

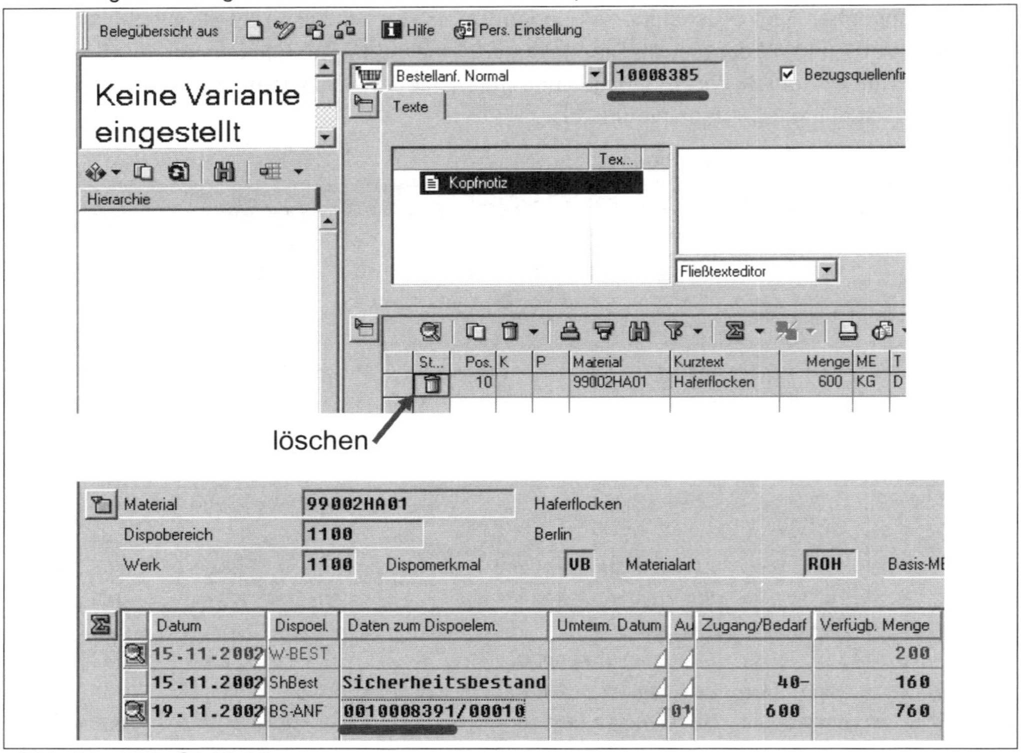

Bildschirmbilder ©SAP AG

Die Höhe des ermittelten Bedarfs (Losgröße) wird durch das im Materialstammsatz (Disposition 1) vereinbarte Losgrößenverfahren bestimmt. In Ergänzung können auch die in der Sicht Disposition 1 angegebenen Rundungsvorschriften auf die zu beschaffende Bedarfsmenge einwirken. Zwei Rundungsvorschriften stehen alternativ zur Auswahl. Entweder wird im Materialstamm ein Rundungsprofil (statisch oder dynamisch) gepflegt (s. auch Einkaufsinfosatz) oder es wird ein Wert angegeben, auf dessen Vielfaches die Bedarfsmenge stets aufgerundet wird. Letztere Rundungsvorschrift wird als Rundungswert bezeichnet. Besteht laut Planungslauf ein Bedarf von 9 Stück und ist ein Rundungswert von 2 gepflegt, so wird eine Bestellanforderung oder ein Planauftrag mit der Bedarfsmenge 10 generiert. Das Rundungsprofil unterscheidet sich vom Rundungswert durch seine Mehrstufigkeit.

Die Disposition verwendet nur im Materialstammsatz gepflegte Rundungsvorschriften (Rundungsprofil oder Rundungswert). Die Bedarfsmenge wird in der Basismengeneinheit ermittelt. Ein im Einkaufsinfosatz gepflegtes Rundungsprofil wird erst bei Umsetzung einer Bestellanforderung in eine tatsächliche Bestellung angewendet.

Abbildung 101: Von der Bedarfsmenge zum Bestellmengenvorschlag in der BANF

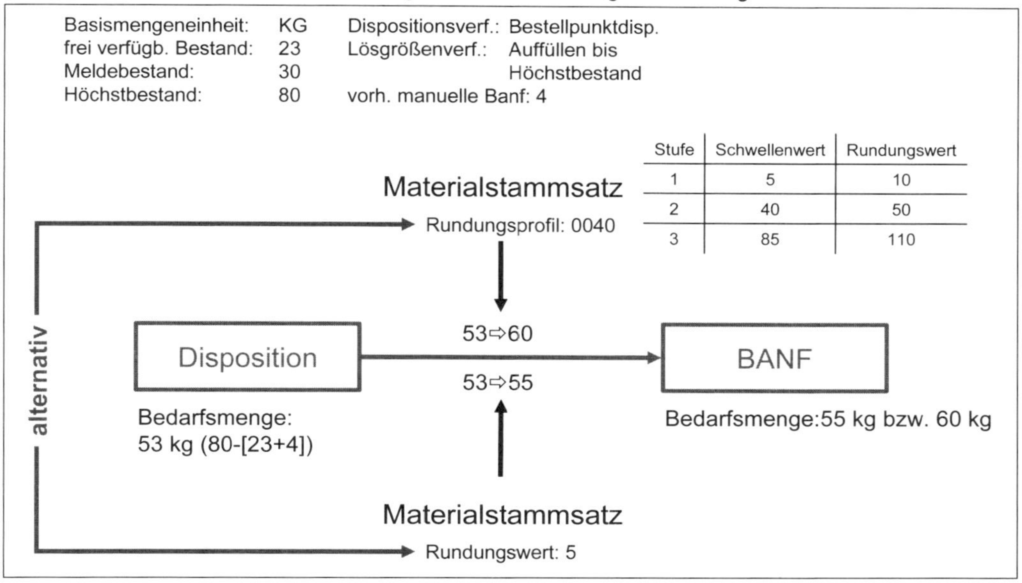

5.3.2 Disposition Fallstudie

Aufgabe 7

Für die Materialien des Verpackungslagers (Lagerort 0901) und des Kühllagers (Lagerort 0101) ist eine Gesamtplanung durchzuführen (s. Aufgabe 9). Dazu ist ein entsprechender Dispositionsbereich im Customizing anzulegen (und später zu verwenden). Es sollen bei den Planungen Bestellanforderungen erzeugt werden.

Materialien im Kühllager	Materialien im Verpackungslager
Aprikosen (getrocknet)	Etikett Innova Vital
Erdbeeren (gefriergetrocknet)	Etikett Nussper Trio
Naturidentische Aromen (Mischung)	Clip
Trauben (getrocknet)	Faltschachtel Innova Vital
Vitamine (Mischung)	Faltschachtel Nussper Trio
Vollmilch-Schokolade-Flocken	Karton 10x1kg o. 20x500g
	Tüte 1kg
	Tüte 500g
	Palette Typ A

Aufgabe 8

Zur Durchführung der Disposition ist die Pflege der Dispositionssichten im Materialstammsatz notwendig. Die Sichten mit ihren Daten sind daher für die gepflegten Rohstoffe zu ergänzen. Die Daten finden sich in der Pflegetabelle «Materialstammsatz».

Aufgabe 9

Für Honig, Haferflocken und Leinsamen Materialien sind eine Einzelplanung, für das Verpackungs- und das Kühllager ist eine Gesamtplanung durchzuführen.

Es stehen folgende Pflegeanleitungen zur Verfügung:

- Dispositionsbereich erzeugen,
- Planungsumfang festlegen,
- Material anlegen (Dispositionssichten),
- Einzelplanung durchführen,
- Gesamtplanung durchführen.

Dispositionsbereich erzeugen

<table>
<tr><th>FENSTER</th><th>MENUEPFAD/EINGABE</th></tr>
<tr><td></td><td>WERKZEUGE ⇨ ACCELERATEDSAP ⇨ CUSTOMIZING ⇨ PROJEKTBEARBEITUNG</td></tr>
<tr><td>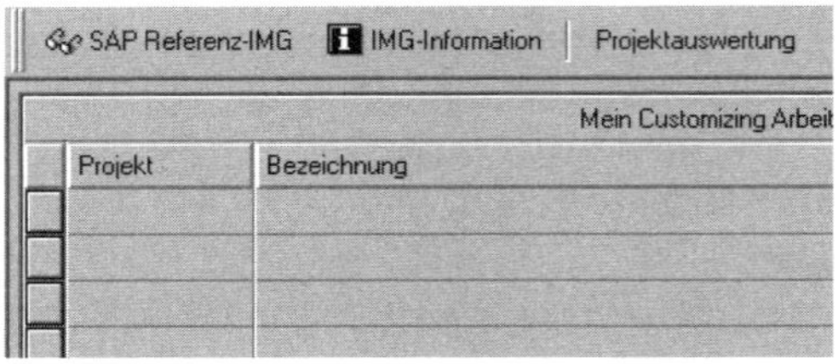
</td><td>Customizing Projektbearbeitung
SAP Referenz-IMG anklicken</td></tr>
<tr><td>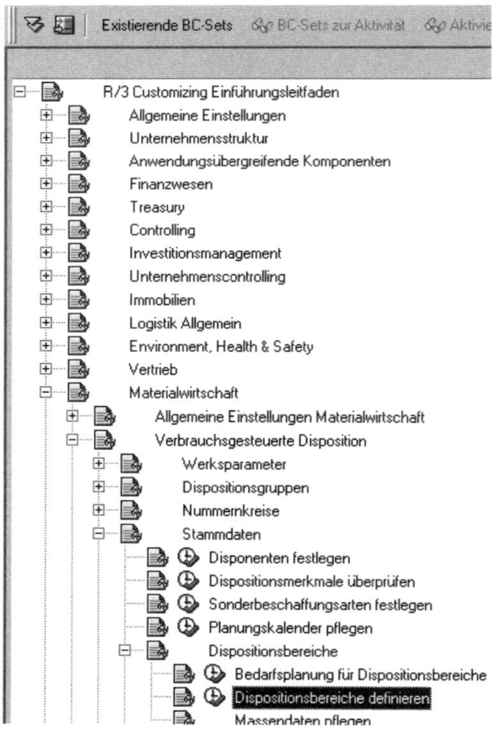
</td><td>Projekt/Sicht
MATERIALWIRTSCHAFT ⇨ VERBRAUCHSGESTEUERTE DISPOSITION ⇨ STAMMDATEN ⇨ DISPOSITIONSBEREICHE ⇨ DISPOSITIONSBEREICHE DEFINIEREN
anklicken</td></tr>
</table>

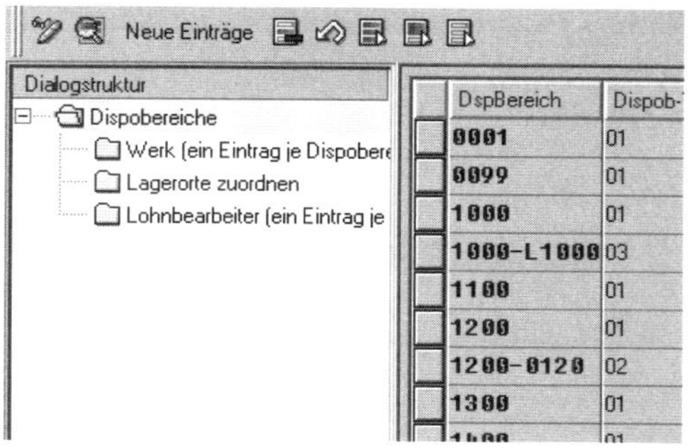

Sicht Dispositionsbereiche ändern: Übersicht

Neue Einträge anklicken

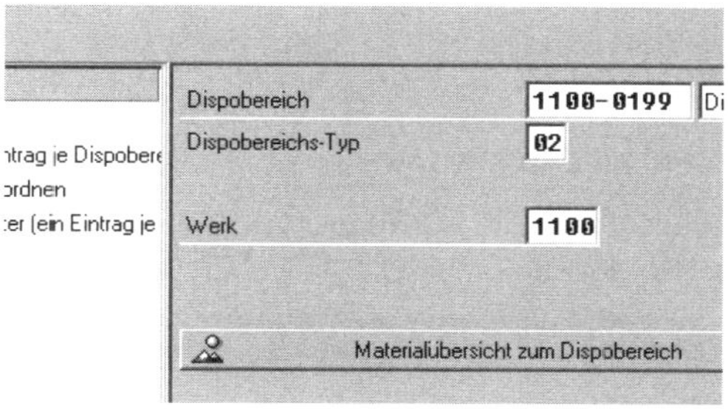

Neue Einträge: Detail Hinzugefügte

Dispositionsbereich: *1100-0yxx*

▸ Schlüssel muss mehr als vier Stellen haben

Dispobereichstyp: *02*

▸ Lagerort

Werk: *1100*

weiter

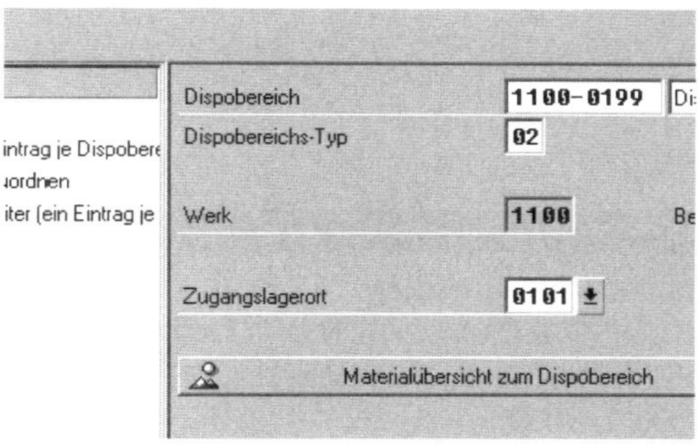

Neue Einträge: Detail Hinzugefügte

Zugangslagerort: *0101*

▸ Lagerort, auf dem der Wareneingang gebucht werden soll Der Zugangslagerort wird bei fremdbeschafften Materialien in die Bestellanforderung übernommen bzw. vorgeschlagen. Er muss – neben anderen Lagerort - dem Dispositionsbereich zugeordnet werden (s. folgenden Arbeitsschritt).

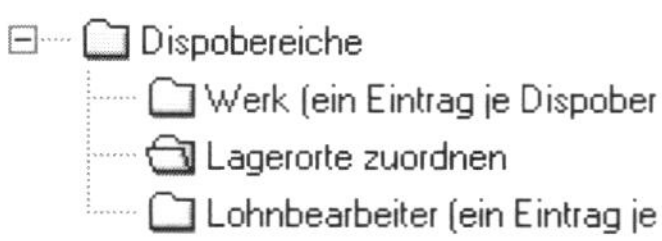

Doppelklick auf „Lagerort zuordnen“

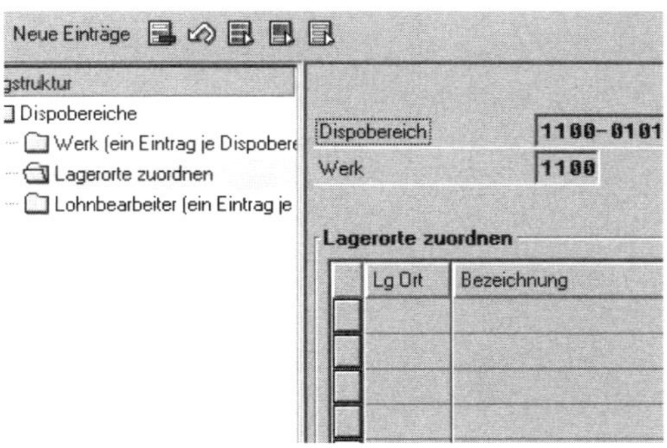

Sicht Lagerorte zuordnen ändern: Übersicht

▸ Die Lagerorte werden dem Dispositionsbereich zugeordnet.

Neue Einträge anklicken

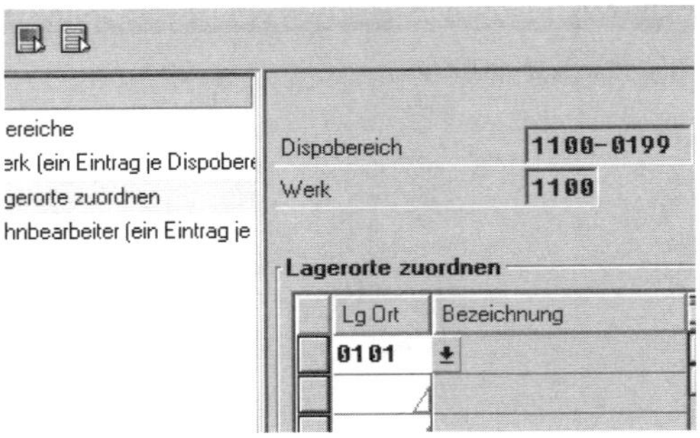

Neue Einträge: Detail Hinzugefügte

LgOrt: *0101*

▸ Kühllager

sichern

Daten wurden gesichert

mit oder Anwendung verlassen

Planungsumfang festlegen

FENSTER	MENUEPFAD/EINGABE
	WERKZEUGE ⇨ ACCELERATEDSAP ⇨ CUSTOMIZING ⇨ PROJEKTBEARBEITUNG
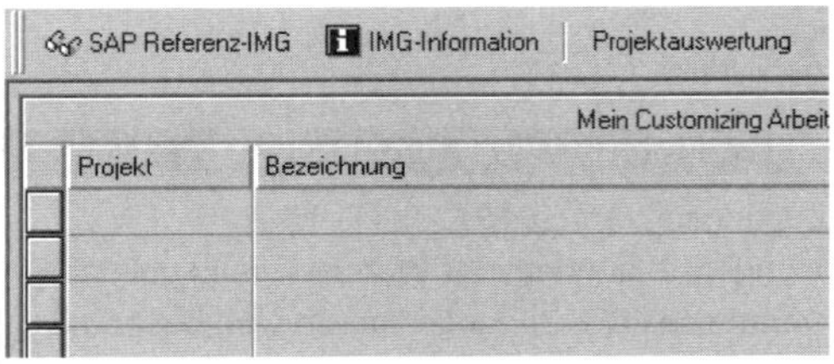	**Customizing Projektbearbeitung** SAP Referenz-IMG anklicken
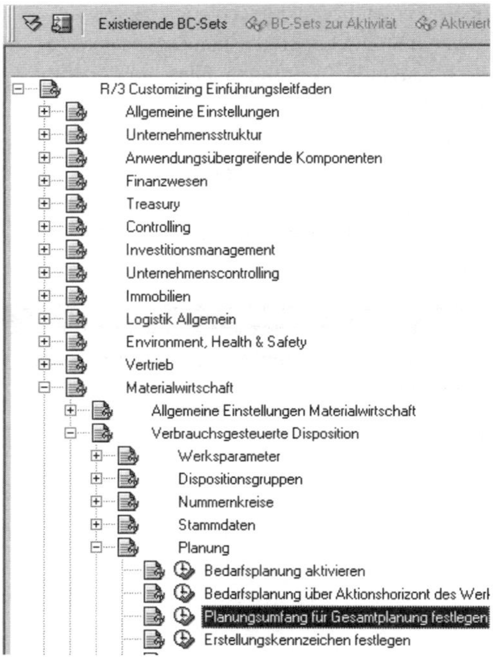	**Projekt/Sicht** **MATERIALWIRTSCHAFT** ⇨ VERBRAUCHSGESTEUERTE DISPOSITION ⇨ PLANUNG ⇨ PLANUNGSUMFANG FÜR GESAMTPLANUNG FESTLEGEN anklicken

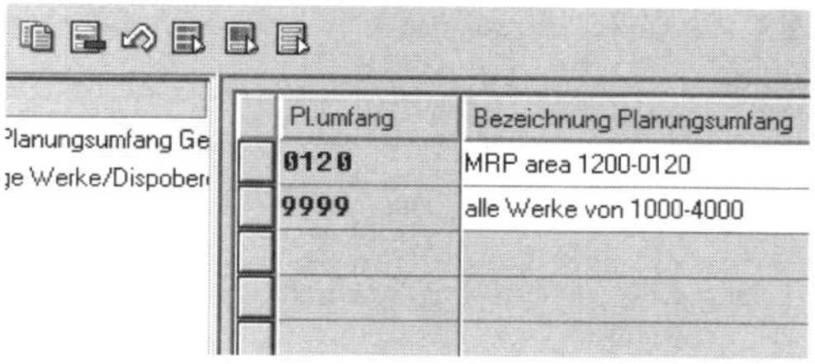

Sicht Bezeichnung Planungsumfang Gesamtplanung ändern: Übersicht

Neue Einträge anklicken

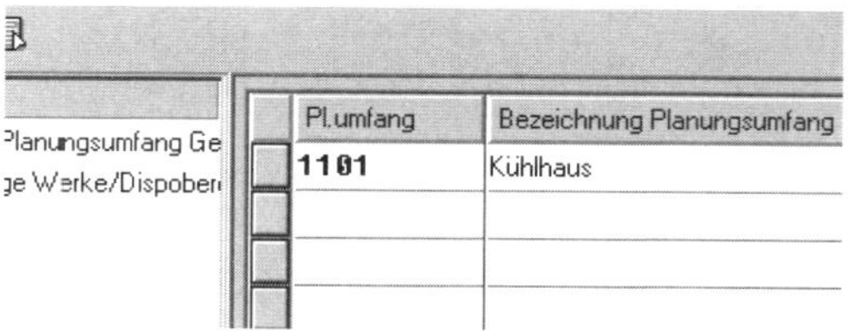

Neue Einträge: Detail Hinzugefügte

Pl.umfang: *1yxx*

- y=1 für Kühlhaus, y=2 für Verpackungslager

Bezeichnung Planungsumfang: *Kühlhaus*

„Reihenfolge Werke/Dispobereiche“ anklicken

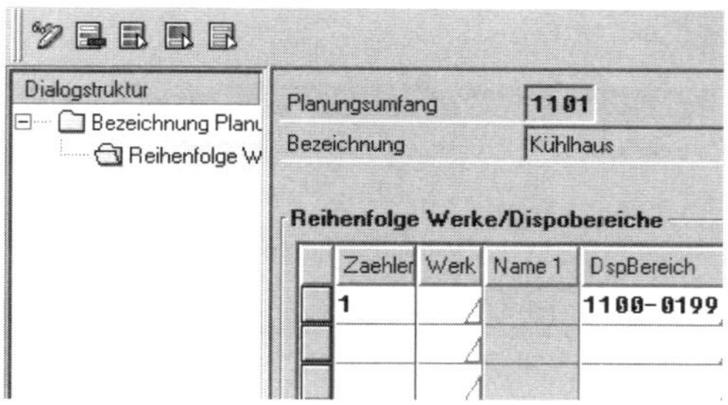

Neue Einträge: Detail Hinzugefügte

Neue Einträge anklicken

Zaehler: 1

DspBereich: 1100-0yxx

- Erzeugter Dispositionsbereich

sichern

- Die Sicherung der Daten führt zur Abfrage eines Customizing–Auftrags. Durch die (zusätzliche) Sicherung der Einstellung in einem Customizing-Auftrag besteht die Möglichkeit, diese Einstellung in andere Mandanten eben über diesen Auftrag zu übertragen.

anklicken

- neuen Auftrag anlegen

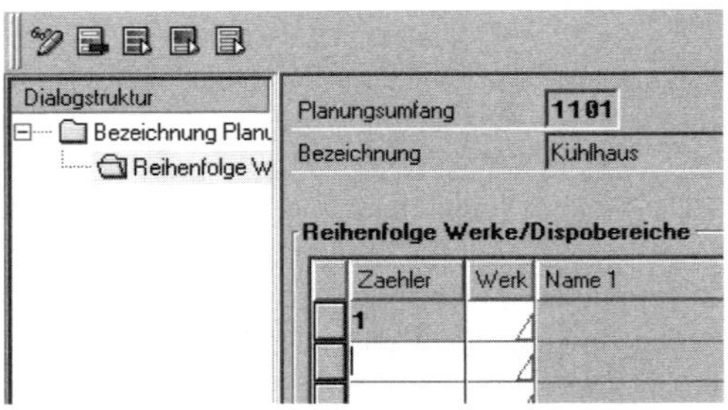

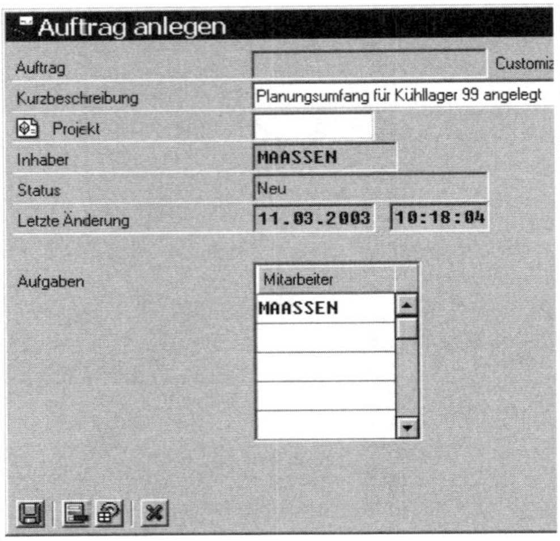

Kurzbeschreibung: *Planungsumfang für Kühllager xx angelegt*

 sichern

mit  oder  Anwendung verlassen

Material anlegen (Dispositionssichten)

FENSTER	MENUEPFAD/EINGABE
	LOGISTIK ⇨ MATERIALWIRTSCHAFT ⇨ MATERIALSTAMM ⇨ MATERIAL ⇨ ANLEGEN SOFORT
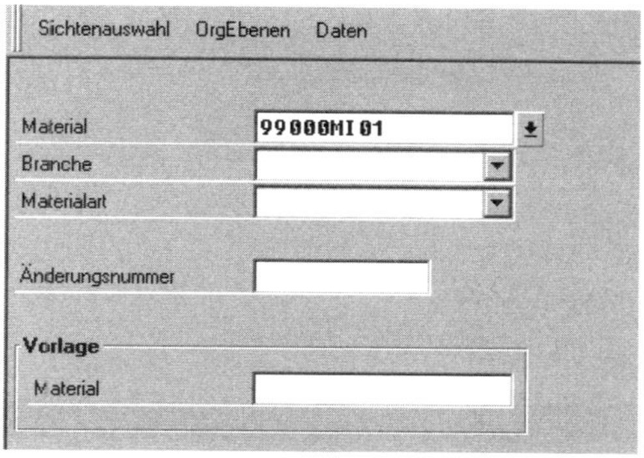	**Material anlegen (Einstieg)** Material: *xx000mi01* weiter
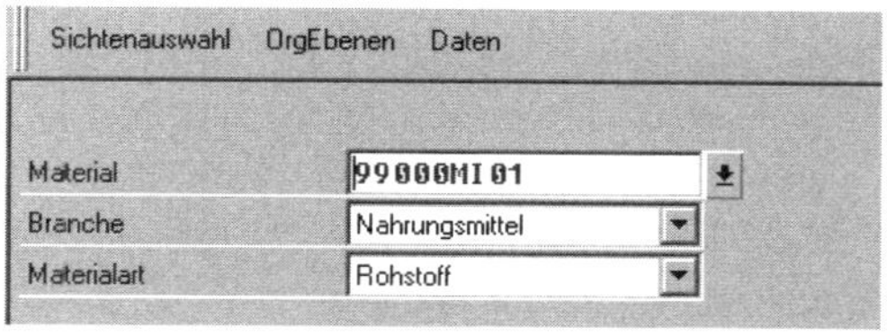	**Material anlegen (Einstieg)** Materialart Rohstoff und Branche Nahrungsmittel aus Stammsatz übernomme weiter 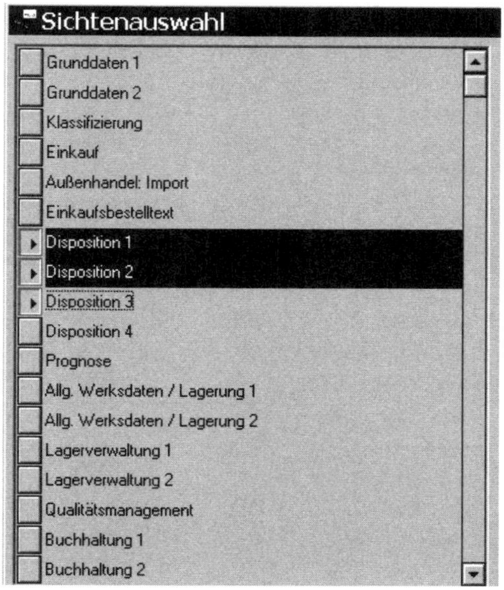 Disposition 1-3 weiter

Werk: *1100*

Lagerort: *0002*

weiter

Rohstoff anlegen : Disposition 1 F

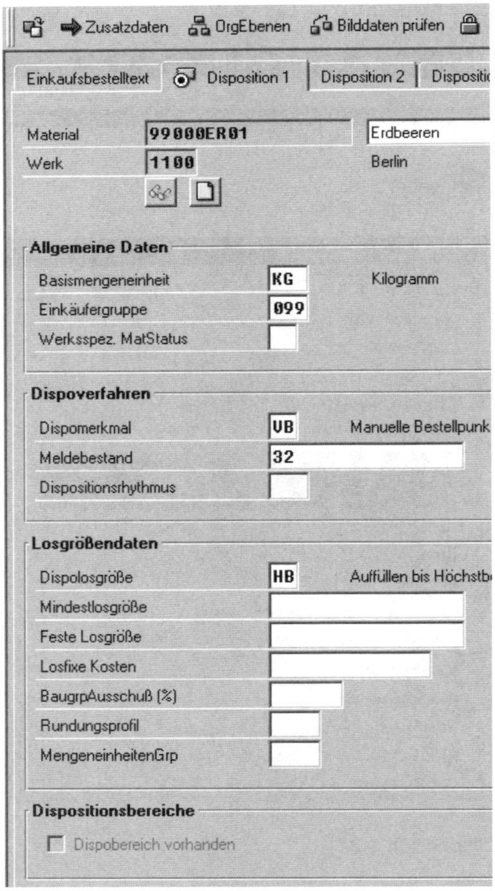

Dispositionsgruppe: 0010

Dispomerkmal: *VB*

- Manuelle Bestellpunktdisposition, d.h. Bestimmung des Bestellpunkts durch den Disponenten (Meldebestand).

Meldebestand: *20* (Kilogramm)

Disponent: *101*

Dispolosgröße: *HB*

- Auffüllen bis Höchstbestand

Höchstbestand: *100* (Kilogramm)

- maximal zulässige Menge des Materials

Rundungswert: 5

- Dies bewirkt eine Rundung des Planungsergebnisses aus der Disposition auf ein Vielfaches des angegebenen Wertes. Beispielsweise beträgt der Bedarf 22,4 Kilogramm. Durch den Rundungswert ergeben sich 25 Kilogramm als Bestellvorschlag in der Bestellanforderung.

Damit ist die Sicht Disposition 1 für die Planung auf Werksebene gepflegt. Bei der Verwendung von Dispositionsbereichen für Einzel- oder Gesamtplanung muss Dispositionsbereiche angeklickt werden.

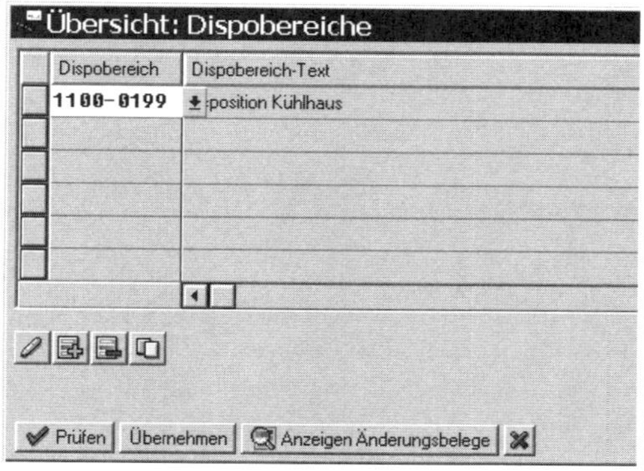

Dispobereich: *1100-0yxx*

- y=Zähler für Kühlhaus und Verpackungslager, xx=Gruppennummer

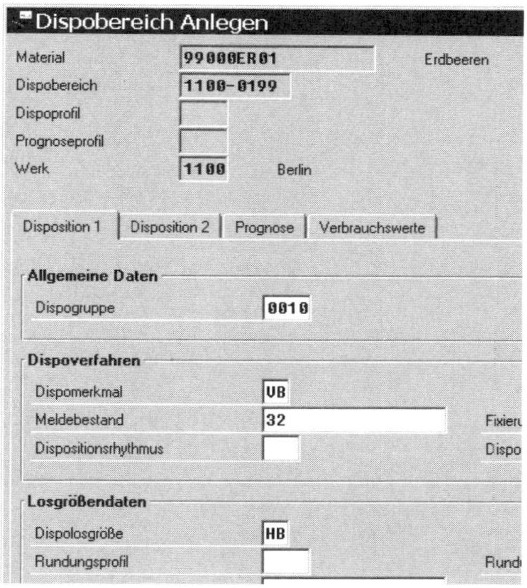

Hier sind wieder Dispogruppe, Disponent, Dispolosgröße, Rundungswert und Höchstbestand zu pflegen.

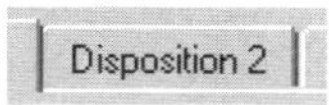

anklicken

2x Übernehmen anklicken

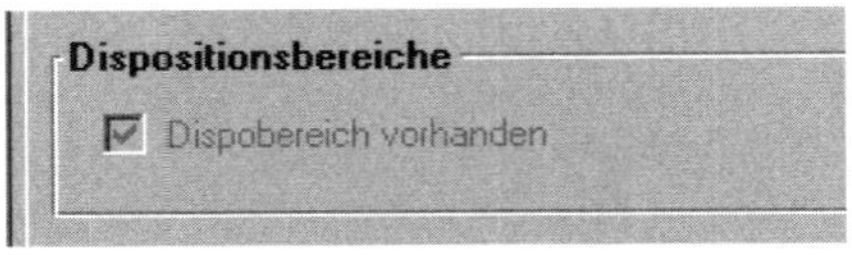

Kennzeichen wurde gesetzt. Die Zuordnung zum Dispobereich ist gepflegt.

weiter

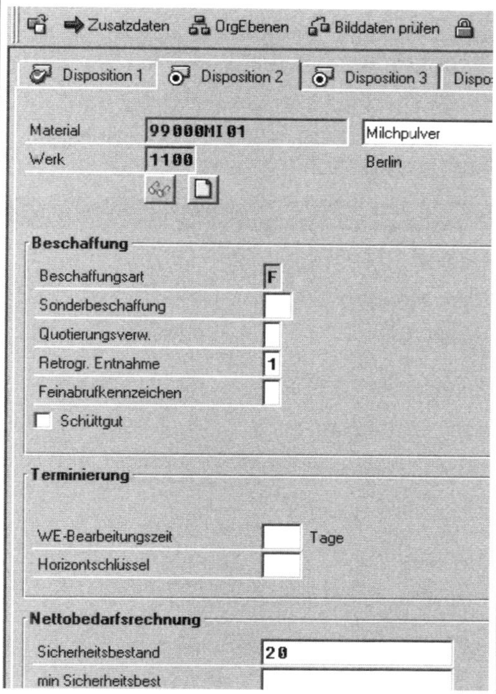

Rohstoff anlegen : Disposition 2 F

Retrogr. Entnahme: *1*

- Wert bestimmt, ob das Material später im Rahmen der Produktion über eine eigene Materialentnahme oder über die Rückmeldung ausgebucht wird (für weitere Erläuterungen siehe Kapitel 7.4.6.2).

Planlieferzeit: *1*

Sicherheitsbestand: *20*

weiter

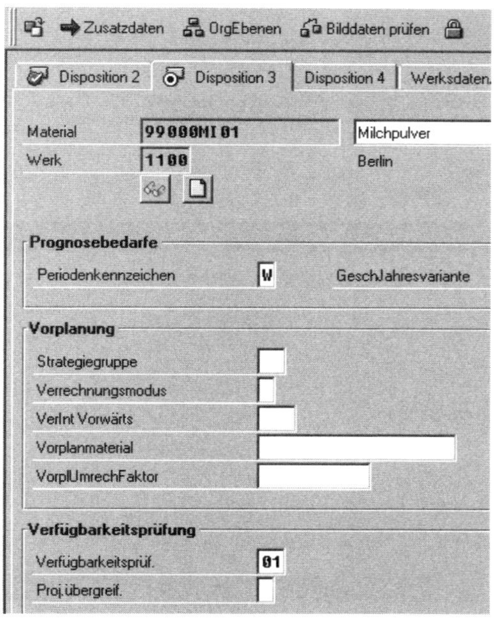

Rohstoff anlegen : Disposition 3 F

Periodenkennzeichen: *W*

- Wöchentlich, in diesen Intervallen werden die Prognose- und die Verbrauchsberechnungen für die Materialdisposition durchgeführt.

Verfügbarkeitsprüfung: *01*

- Wird benötigt, damit das Material später im Rahmen der Produktion auf seine Verfügbarkeit hin geprüft werden kann.

sichern

Einzelplanung durchführen

FENSTER	MENUEPFAD/EINGABE

LOGISTIK ⇨ MATERIALWIRTSCHAFT ⇨ MAT.DISPOSITION ⇨ BEDARFSPLANUNG ⇨ PLANUNG ⇨ EINZELPL.EINSTUFIG

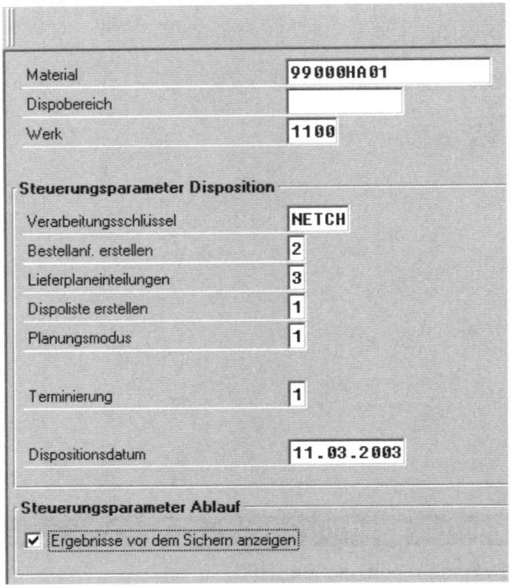

Einzelplanung –einstufig-

Material *xx000LE01*

Dispobereich: *1100*

Werk: *1100*

VerabSchlüssel: *NETCH*

Banf.erstellen: *1*

DispListe erst.: *1*

Planungsmodus: *1*

Terminierung: *1*

DispoDatum: *heutiges Datum*

☑ Ergebnis anz.

▸ Dispositionsliste wird sofort angezeigt.

weiter

W: Bitte Eingabeparameter überprüfen

weiter

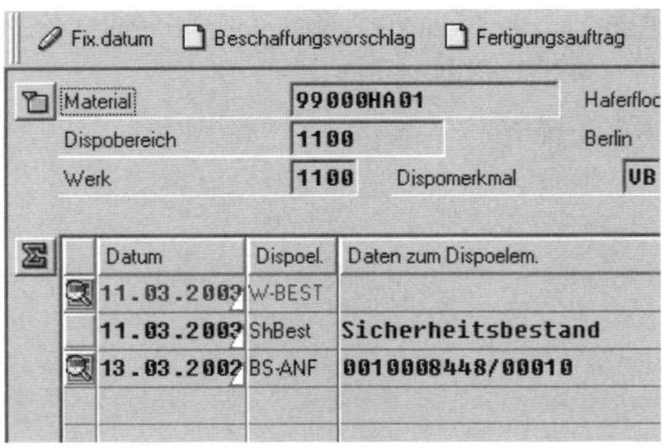

Planungsergebnis – Einzelzeilen

▸ Das Planungsergebnis wird angezeigt.

Eine Zeile anklicken und wählen, um Details einzusehen.

sichern

Bedarfsplanung für 99000HA01 1100 1100 durchgeführt

▸ Planaufträge bzw. Bestellanforderungen werden generiert! Würde nicht gesichert, sondern abgebrochen, so würden auch keine Planaufträge bzw. Bestellanforderungen erzeugt, obwohl diese in der Liste aufgeführt werden.

Gesamtplanung durchführen

<table>
<tr><th>FENSTER</th><th>MENUEPFAD/EINGABE</th></tr>
<tr><td>
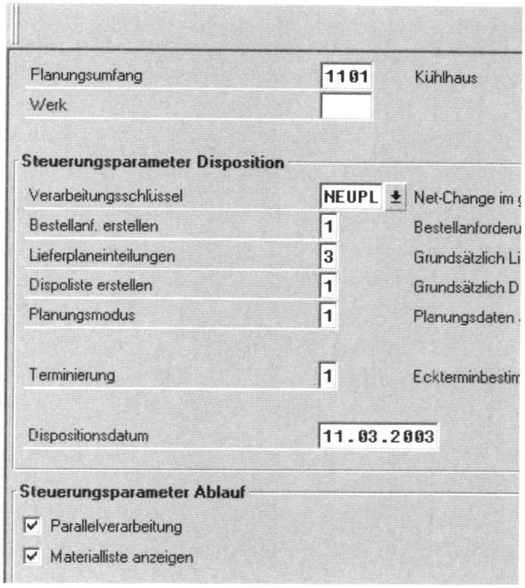

</td><td>

LOGISTIK ⇨ MATERIALWIRTSCHAFT ⇨ MAT.DISPOSITION ⇨ BEDARFSPLANUNG ⇨ PLANUNG ⇨ GESAMTPLANUNG ⇨ ONLINE

Einzelplanung –einstufig-

Planungsumfang: *1yxx*

VerabSchlüssel: *NEUPL*

Banf.erstellen: *1*

Lieferplaneinteilungen: *3*

DispListe erst.: *1*

Planungsmodus: *1*

Terminierung: *1*

DispoDatum: *heutiges Datum*

☑ Parallelverarbeitung

▸ Mit Hilfe der Parallelverarbeitung kann die Laufzeit des Gesamtplanungslaufes stark verbessert werden.

☑ Materialliste anzeigen

▸ Die Materialliste dient u.a. dazu, zu überprüfen, welche Materialien vom Planungslauf geplant wurden.

 weiter

W: Bitte Eingabeparameter überprüfen

 weiter

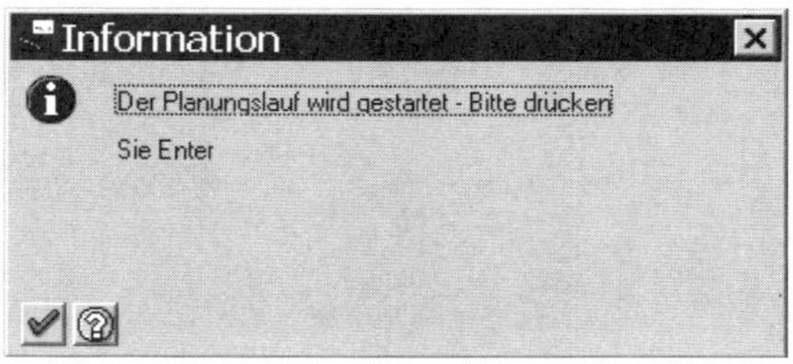

</td></tr>
</table>

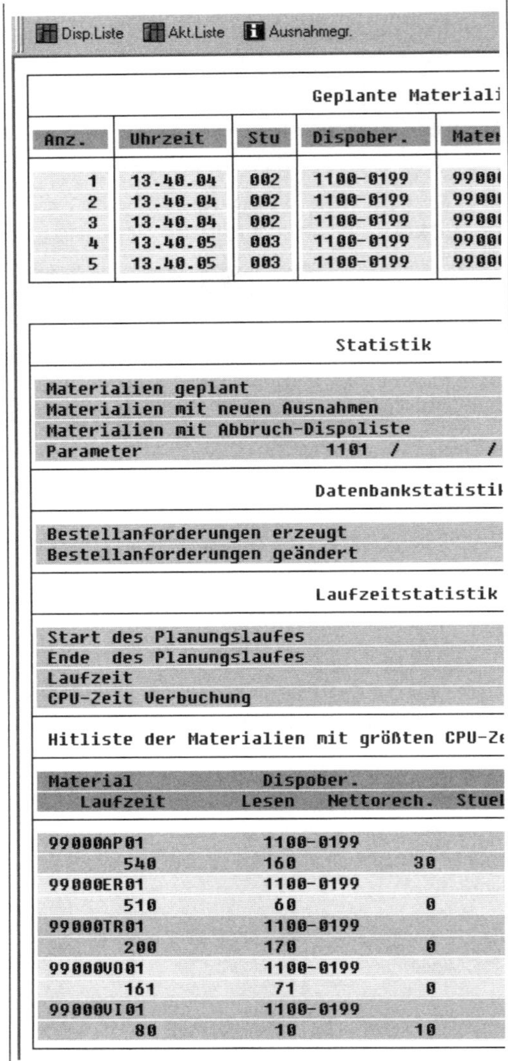

Planungslauf Parallelverarbeitung

Disp.Liste

Dispositionsliste

- Es können hier für die einzelnen Materialien die Dispositionslisten eingesehen werden.

mit oder Anwendung verlassen

5.3.3 Einkauf

Die primäre Aufgabe des Einkaufs in einem Unternehmen ist die externe Beschaffung von Materialien oder Dienstleistungen. Hier wird auch die logistische Sicht auf den Lieferanten gepflegt. Der Einkauf selbst ist eine Komponente der Materialwirtschaft. Aufgrund seiner betrieblichen Stellung weist er Schnittstellen zu anderen Modulen bzw. Komponenten auf, z.B. zum:

- Controlling (CO)

Die Schnittstelle zum Kostenrechnungssystem (Controlling) ist vor allem bei Bestellungen für Verbrauchsmaterial bzw. Dienstleistungen ersichtlich, weil sie direkt einer Kostenstelle bzw. einem Auftrag zugeordnet werden können.

- Finanzwesen (FI)

Zusammen mit dem Finanzwesen pflegt der Einkauf die Daten der im System definierten Lieferanten. Für jeden Lieferanten wird ein so genannter Lieferantenstammsatz gepflegt, der sowohl buchhalterische Daten als auch Informationen zur Beschaffung enthält. Der Lieferantenstammsatz stellt in der Finanzbuchhaltung das Konto des Kreditors dar.

- Vertrieb (SD)

Im Rahmen der Disposition kann ein Bedarf, der aus dem Vertrieb entstanden ist, an den Einkauf übergeben werden. Darüber hinaus kann der Bedarf bereits bei der Erfassung der Bestellanforderung dem Kundenauftrag direkt zugeordnet werden.

5.3.3.1 Belegprinzip

Damit Vorgänge im Unternehmen wie Bestellungen, Wareneingänge, finanzwirtschaftliche Buchungen etc. nachvollziehbar bleiben, werden sämtliche Vorgänge über Belege dokumentiert. In SAP R/3 wird daher durchgängig das so genannte Belegprinzip verwendet. Belege (Bewegungsdaten) benötigen stets Stammdaten. Beispielsweise müssen für finanzwirtschaftliche Transaktionen Sachkonten mit ihren Stammdaten vorhanden sein. Ebenso kann nur bei einem Lieferanten Material bestellt werden, der dem System vorher in Form eines Kreditorenstammsatzes bekannt gemacht worden ist. Ein Beleg ist durch folgende Merkmale gekennzeichnet:

- nur vollständige Belege werden gebucht,
- Schlüsselprüfung bei Belegerfassung,
- Beleg verbleibt im System,
- Beleg enthält Belegkopf und mindestens eine Belegposition,
- Beleg wird gesteuert durch die Belegart.

Der Belegkopf enthält die Daten, die für den ganzen Beleg gelten (vgl. Abbildung 102). Dazu zählen die Belegnummer, das Belegdatum oder das Erfassungsdatum. Die Belegpositionen enthalten die Daten, die letztlich ursächlich für den betriebswirtschaftlichen Vorgang sind z.B. Material, Mengen, Sachkontennummer, Beträge oder Unternehmensstrukturen.

Abbildung 102: Beleg einer Bestellung

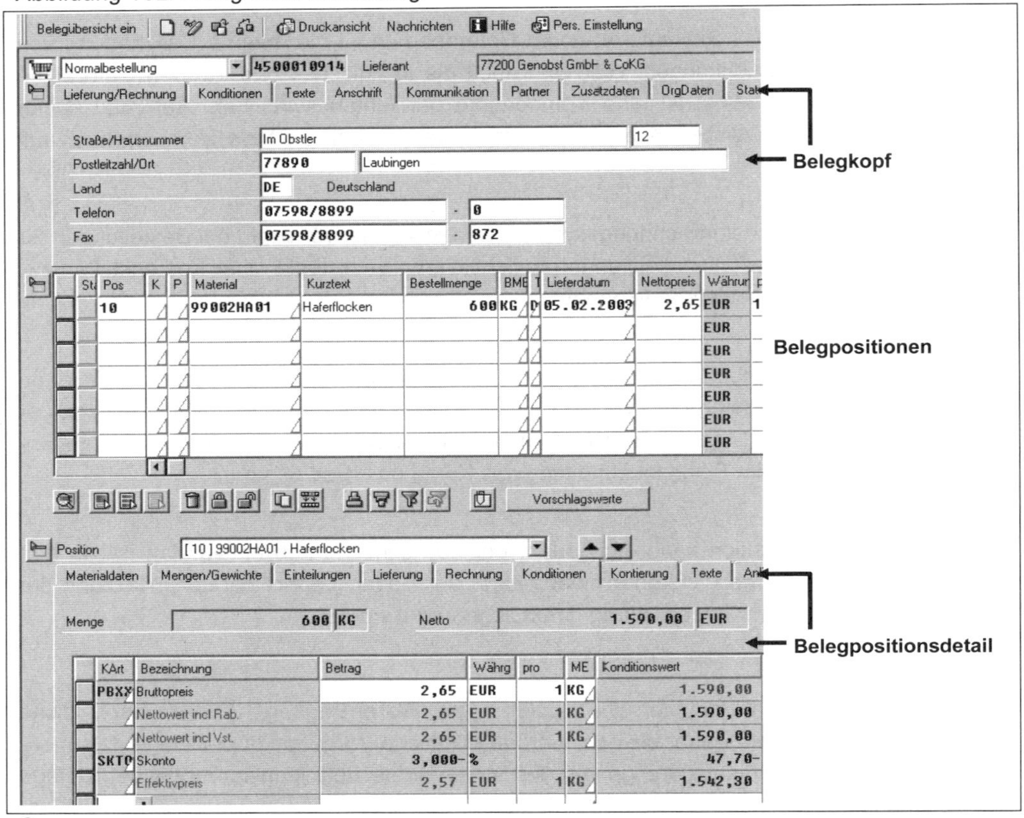

Belege müssen unterschiedliche Vorgänge dokumentieren bzw. haben interne Wirkung (z.B. Bestellanforderung) oder externe Wirkung (z.B. Bestellung oder Buchhaltungsbeleg). R/3 bietet daher in Abhängigkeit von der gewählten Anwendung verschiedene Belegarten. Beispielsweise kann bei der Anwendung „Bestellung anlegen" zwischen den Belegarten Normalbestellung, Umlagerbestellung und Rahmenbestellung unterschieden werden. Bei einem Buchhaltungsbeleg kann es sich um einen Beleg mit Daten für eine Debitorenrechnung handeln oder um einen Beleg für eine Debitorengutschrift.

Die Belegart steuert im Wesentlichen folgende Eigenschaften:

- Nummernvergabe,
- Kontenverbuchung,
- Differenzierung der Geschäftsvorfälle (z.B. kann es sich bei einer Bestellung um eine Normalbestellung oder eine Umlagerbestellung handeln).

Ein Beleg wird in seinem betriebswirtschaftlichen Inhalt durch die Belegart beschrieben und hat damit eine sehr ähnliche Funktion wie z.B. Kontengruppe, Materialart u.a. Abhängig vom Beleg wird die Belegnummer vergeben, d.h. für bestimmte Belege sind Nummernintervalle (in R/3 auch Kreise genannt) festgelegt. Die Belegnummer dient als Schlüssel. Je nach Beleg (z.B. Buchhaltungsbeleg oder Materialbeleg) wird der Belegschlüssel um das Belegjahr oder im Falle des Buchhaltungsbeleges, um den Buchungskreis ergänzt.

Abbildung 103: Belege eines Wareneingangs

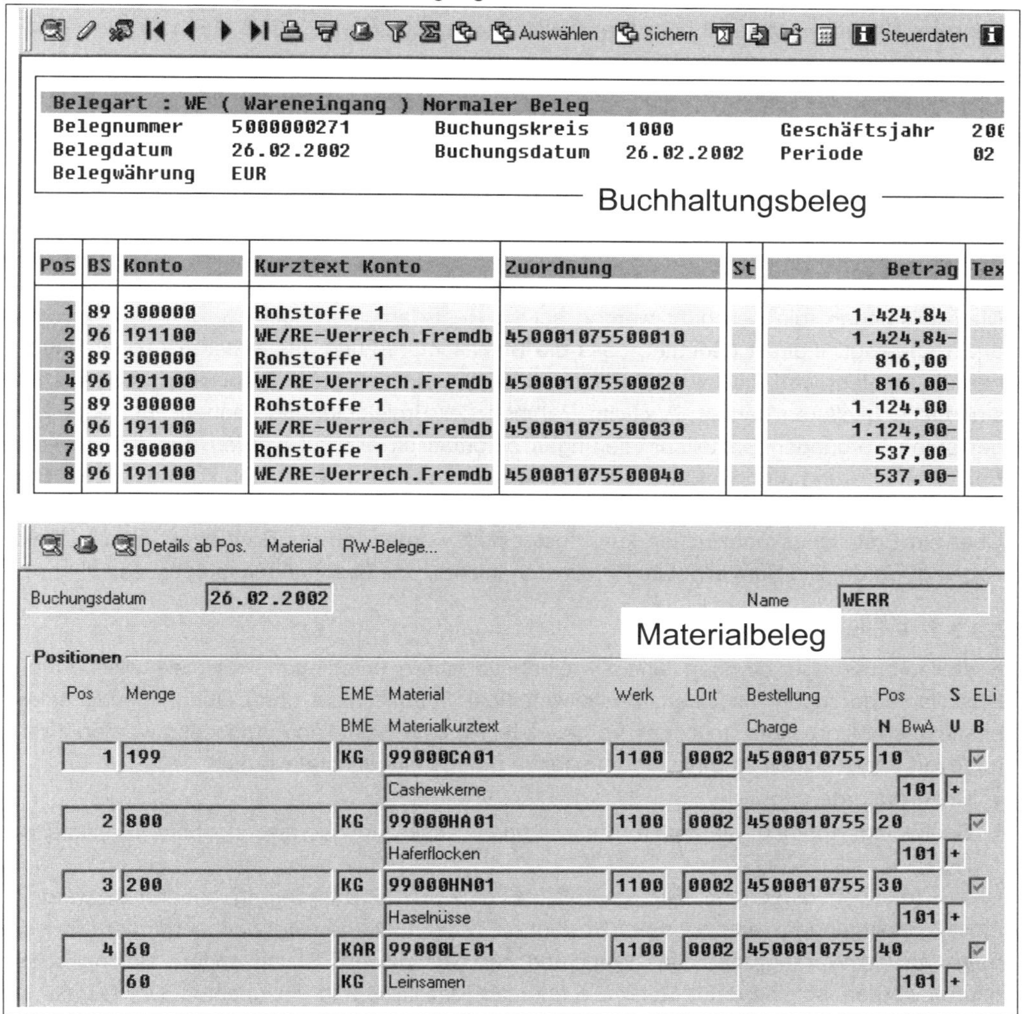

Pos	BS	Konto	Kurztext Konto	Zuordnung	St	Betrag	Tex
1	89	300000	Rohstoffe 1			1.424,84	
2	96	191100	WE/RE-Verrech.Fremdb	450001075500010		1.424,84-	
3	89	300000	Rohstoffe 1			816,00	
4	96	191100	WE/RE-Verrech.Fremdb	450001075500020		816,00-	
5	89	300000	Rohstoffe 1			1.124,00	
6	96	191100	WE/RE-Verrech.Fremdb	450001075500030		1.124,00-	
7	89	300000	Rohstoffe 1			537,00	
8	96	191100	WE/RE-Verrech.Fremdb	450001075500040		537,00-	

Pos	Menge	EME / BME	Material / Materialkurztext	Werk	LOrt	Bestellung / Charge	Pos / N BwA	S U	ELi B
1	199	KG	99000CA01	1100	0002	4500010755	10		☑
			Cashewkerne				101	+	
2	800	KG	99000HA01	1100	0002	4500010755	20		☑
			Haferflocken				101	+	
3	200	KG	99000HN01	1100	0002	4500010755	30		☑
			Haselnüsse				101	+	
4	60	KAR	99000LE01	1100	0002	4500010755	40		☑
	60	KG	Leinsamen				101	+	

Bildschirmbilder ©SAP AG

Abhängig von ihrer betriebswirtschaftlichen Bedeutung sind Belege teilweise im Nachhinein veränderbar. Eine Bestellanforderung ist problemlos änderbar, solange sie noch nicht in eine Bestellung umgesetzt worden ist. Der Buchhaltungsbeleg hingegen ist nicht mehr abänderbar. Hier ist eine entsprechende Stornobuchung erforderlich. Erzeugte Belege können stets (nach Erstellung) angezeigt werden.

Das Belegprinzip ist gerade aus finanzwirtschaftlicher Sicht wichtig. Entsprechend der Vorgabe der doppelten Buchführung bildet der EDV-Beleg den erforderlichen zweiten Beleg neben dem Originalbeleg. Zu den Originalbelegen zählen z.B. Eingangsrechnungen, Bankauszüge und Durchschriften von Ausgangsrechnungen.

Muss ein Benutzer die Erfassung eines Beleges unterbrechen, so kann er den bisher erfassten Teil mittels der Funktion „Merken“ zwischenspeichern. Auch gibt es die Möglichkeit der Vorerfassung, weil noch nicht alle für den vollständigen Beleg notwendigen Daten vorliegen. Hierfür wird die Funktion „Parken“ angeboten.

5.3.3.2 Bestellanforderung

Dass ein Bedarf an Material oder Dienstleistungen besteht, wird in R/3 durch die Bestellanforderung (Banf) ausgedrückt. Die Bestellanforderung ist damit ein firmeninterner Beleg einer Fachabteilung oder der Disposition über einen bestimmten ermittelten Bedarf. Der Einkauf wird dadurch aufgefordert, Material bzw. Dienstleistungen extern zu beschaffen. Eine Banf kann mehr als eine Bedarfsposition aufnehmen oder umgekehrt muss nicht für jeden einzelnen Bedarf eine Banf erzeugt werden. Bei der Anlage einer Banf wird auf vorhandene Daten wie Materialstammsätze zurückgegriffen. Sie ist – im Gegensatz zu einer Bestellung – nicht lieferantenspezifisch.

Eine Bestellanforderung dient somit als Instrument zur Identifizierung der Materialien oder Dienstleistungen, die beschafft werden sollen. Bestellanforderungen werden indirekt oder direkt angelegt. Indirekt bedeutet, dass die Bestellanforderung aus anderen Anwendungen heraus angelegt wird, beispielsweise aus der Gesamtplanung der Disposition oder aus Instandhaltungsplänen heraus. Auch im Rahmen der Projektplanung können auf Basis von geplanten Vorgängen Bestellanforderungen automatisch erzeugt werden. Bei der direkten Bestellanforderung wird die Banf über die Anwendung „Banf anlegen" direkt eingegeben. Der Mitarbeiter bestimmt hier, was in welcher Menge zu welchem Termin bestellt werden soll. Über ein Erstellungskennzeichen kann festgestellt werden, ob die Banf direkt oder indirekt angelegt wurde. Die Banf bildet im Prinzip den Initiator des Beschaffungsprozesses.

5.3.3.3 Freigabeverfahren

Bestellanforderungen können einem Freigabeverfahren unterliegen, beispielsweise dürfen Bestellanforderungen mit einem Bestellwert über 5000 € nicht ohne Genehmigung eines bestimmten Mitarbeiters (meistens Vorgesetzter) in eine Bestellung umgesetzt werden. Freigabeverfahren können im Einkauf für folgende Belege eingerichtet werden:

- Bestellanforderung,
- Bestellung, Kontrakt, Lieferplan, Anfrage und Dienstleistungserfassungsblatt (Einkaufsbelege).

Über Freigabebedingungen wird geprüft, ob eine Bestellanforderung genehmigt werden muss. Bedingungen, die auf Banf-Positionen geprüft werden können, sind der Kontierungstyp, die Warengruppe, das Werk und der Gesamtwert. Sollen andere Bedingungen geprüft werden, so sind dafür Merkmale über die Klassifizierung einzurichten. Der Genehmigungsvorgang wird nur dann initiiert, wenn die Bedingungen erfüllt sind. Sind die Bedingungen nicht erfüllt oder ist keine Bedingungsprüfung vereinbart, so ist die Bestellanforderung automatisch zur Weiterbearbeitung (z.B. Umsetzung in eine Bestellung) frei.

Der Genehmigungsvorgang wird über eine so genannte Freigabestrategie abgebildet. Sie bildet die Hülle zur Zuordnung von Beteiligten mit ihren Freigabecodes und der Reihenfolge, auch Freigabevoraussetzungen genannt. Beispiel: Der Projektleiter kann eine Banf freigeben, ohne dass ein anderer Freigabecode bereits vergeben wurde. Der Kostenstellenleiter kann dieselbe Banf erst dann mit seinem Freigabecode freigeben, wenn der Projektleiter diese bereits freigegeben hat. Die Strategie besagt also, Projektleiter und Kostenstellenleiter müssen beide die Banf genehmigen, allerdings kann der Kostenstellenleiter erst nach dem Projektleiter die Banf freigeben. Die Freigabestrategie wird den Freigabebedingungen zugeordnet.

Mitarbeiter, die am Genehmigungsprozess beteiligt sind, erhalten einen Freigabecode (zweistelliges Kürzel). Die Zuordnung von Freigabecodes zu Benutzern erfolgt über die Berechtigungsvergabe.[24]

Neben der eigentlichen Genehmigungsreihenfolge können Alternativen festgelegt werden. Dies ist sehr wichtig, da nicht immer alle für eine Genehmigung notwendigen Mitarbeiter verfügbar sind. Gibt beispielsweise ein Mitarbeiter X mit seinem Freigabecode eine Banf frei, so ist die übliche Reihenfolge ausgesetzt (erst Mitarbeiter Y, dann Mitarbeiter Z). Die Banf ist sofort zur Weiterbearbeitung frei. Eine alternative Freigabe darf keine Voraussetzung für weitere Freigabecodes sein.

Enthält eine Banf-Position den Kontierungstyp K, das bestellte Material gehört zur Warengruppe 006 (Büromaterialien), der Gesamtwert der Position ist höher als 500 € und die Position ist dem Werk 1100 zugeordnet, dann kommt die in Abbildung 104 gezeigte Strategie zur Anwendung. Der Gruppenleiter kann seinen Freigabecode 01 ohne Voraussetzung einsetzen. Der Kostenstellenleiter kann die Banf erst freigeben, wenn der Gruppenleiter dies getan hat. Alternativ kann der Abteilungsleiter die Banf, ohne den Freigabecode der anderen, zur Weiterbearbeitung freigeben.

Abbildung 104: Freigabeverfahren ohne Klassifizierung

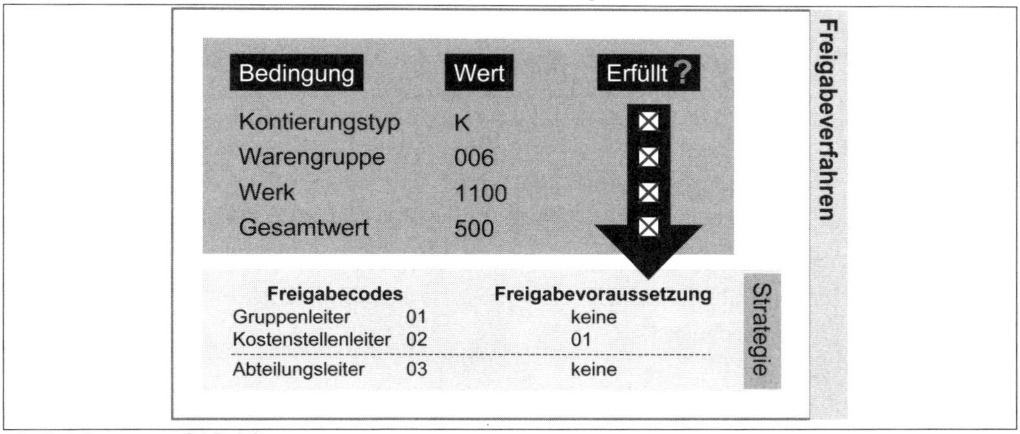

In Anlehnung an SAP AG

Mit Ausnahme der Banf können alle Einkaufsbelege nur insgesamt freigegeben werden. Die Banf kann auch positionsweise freigegeben werden. Einkaufsbelege können per Einzel- oder Sammelfreigabe freigegeben werden. Die verschiedenen Freigabestrategien, die im Unternehmen für Warengruppen und Abteilungen eingesetzt werden können, werden im Customizing des Einkaufs eingestellt. Eine Anbindung der Freigabeverfahren an die Workflow-Komponente von R/3 ist möglich.

5.3.3.4 Bestellung

Die Bestellung ist die formale Aufforderung an einen Lieferanten, bestimmte Waren oder Dienstleistungen zu den angegebenen Bedingungen bereitzustellen. Wesentliche Elemente der Bestellung sind:

- Lieferant,
- zu bestellende Ware oder Dienstleistung,

[24] S. auch Kapitel 3.4, S. 30.

- Menge,
- Preis,
- Liefertermin und Lieferbedingungen,
- Zahlungsbedingungen.

Eine Bestellung kann direkt durch den Einkäufer oder auch mit Bezug zu einer Bestellanforderung erzeugt werden. Dabei werden die Daten der Bestellanforderung in die Bestellung (als Vorschlag) hineinkopiert. Ebenfalls kann die Bestellung mit Bezug zu einer Anfrage oder einem Kontrakt erstellt werden. Ein Kontrakt ist ein (Rahmen-)Vertrag, bei dem Materialien oder Dienstleistungen für einen festgesetzten Zeitraum zu den ausgehandelten Bedingungen bei Bedarf abgerufen werden können.

Abbildung 105: Von der Bedarfsmenge zum Bestellmengenvorschlag in Bestellung

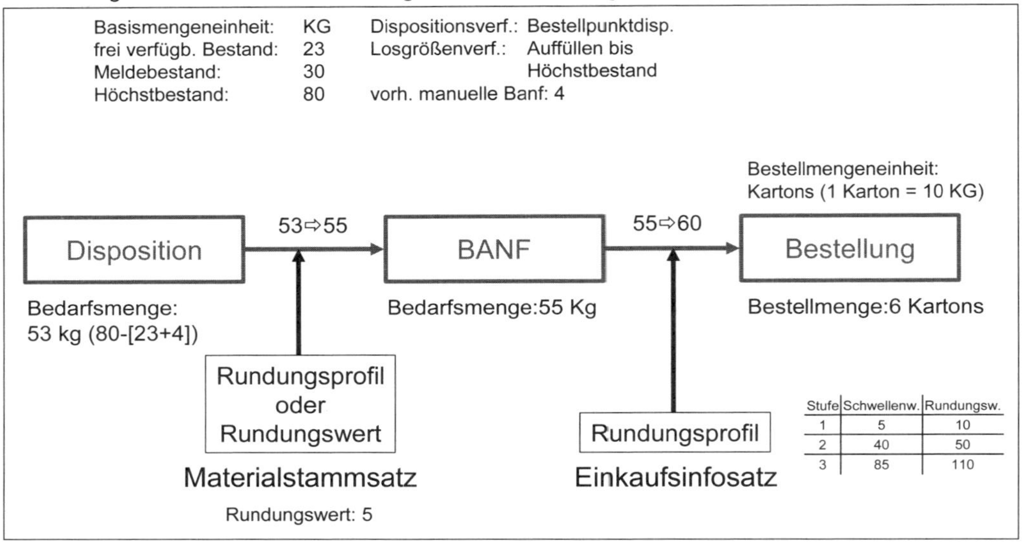

Die in der Banf enthaltene Bestell- bzw. Bedarfsmenge kann im Rahmen der Bestellungsgenerierung noch einmal modifiziert werden. Zum einen durch das im Einkaufinfosatz festgelegte Rundungsprofil und/oder durch die Bestellmengeneinheit.[25]

Eine Änderung einer Bestellanforderung bzw. von deren Positionen hat typischerweise Änderungen in der Bestellung zur Folge. Ob eine Positionsänderung wirksam wird, hängt im Wesentlichen davon ab, ob aus der Bestellanforderung eine Bestellung generiert worden ist oder nicht. Ist keine Bestellung erstellt worden, so können Positionen geändert oder auch gelöscht werden. Gelöschte Positionen bekommen ein Löschkennzeichen. Dadurch wird der Löschvorgang nachvollziehbar. Änderungen werden in einem Änderungsprotokoll festgehalten. Einschränkungen bei der Manipulation von Positionen können durch Freigabeverfahren und bei durch die Disposition erstellten Bestellanforderungen entstehen. Die Freigabekomponente in R/3 berücksichtigt auch die nachträgliche Veränderung einer Bestellanforderung. Bei der Disposition sind Menge und Termin wichtige Aspekte. Eine Änderung sollte nur nach Rücksprache mit dem Disponenten stattfinden.

[25] S. auch Kapitel 5.1.6.1, S. 122.

Abbildung 106: Positionen in der Bestellanforderung ändern

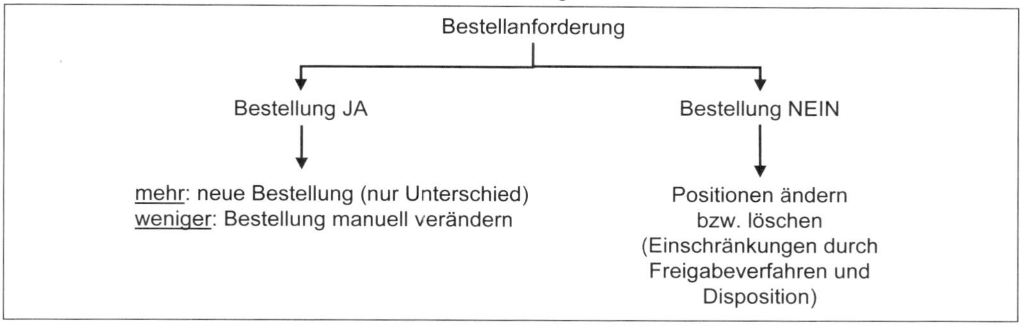

Die Bestellung besteht – wie alle Belege – aus einem Kopf und Positionen. Der Kopf enthält den Belegschlüssel, den Lieferanten, die Liefer- und Zahlungsbedingungen und die Bestellart. Die Bestellart (z.B. Normalbestellung oder Bestellung auf Basis eines Mengenkontrakts) verhält sich wieder wie Materialart, Branche, Kontengruppen, etc., d.h. sie bestimmt die Parameter bei der Pflege, beispielsweise wird die Belegnummer der Bestellung durch R/3 vergeben.

Die Positionen enthalten dann das benötigte Material, die Menge, die Konditionen (Preise) und die Zuordnung zur Unternehmensstruktur.

Eine manuelle Änderung des Preises in der Bestellung ist möglich. Ist kein passender Konditionssatz (z.B. Einkaufsinfosatz) vorhanden, so müssen die Daten in der Bestellung manuell nachgepflegt werden. Die Zuordnung der Bestellung zur Unternehmensstruktur geschieht sowohl über den Kopf als auch über die Positionen. Im Kopf wird der zuständige Einkäufer mit seiner Einkaufsorganisation festgehalten. Damit wird festgehalten, wer bzw. welcher Bereich die Bestellung bearbeitet hat. Die Angabe der Einkaufsorganisation ist aber nicht ausreichend, da durch sie der Buchungskreis nicht eindeutig bestimmt werden kann, zu dem die Rechnung letztlich „geschickt" werden soll. Eine Einkaufsorganisation kann nämlich für mehrere Werke tätig sein, die unterschiedlichen Buchungskreisen zugeordnet sind. Daher muss in den Positionen mindestens das bedarfverursachende Werk gepflegt sein, wahlweise kann noch der zukünftige Lagerort hinzugefügt werden. Dieser wird dann beim Wareneingang vorgeschlagen. Die eindeutige Verbindung Buchungskreis – Werk ergibt dann die gewünschte Zuordnung.

Wird Lagermaterial bestellt, so ist stets die Materialnummer im Feld Material anzugeben. Bei Bestellung von Material, das direkt verbraucht werden soll, ist zusätzlich der Kontierungstyp anzugeben. Beispiele für Kontierungstypen sind Kostenstellen, Anlagen, Kundenauftrag etc. Während beim Lagermaterial die Bewertungsklasse (Materialstammsatz) beim Wareneingang die Soll-Buchung bestimmt, ist beim Verbrauchsmaterial zusätzlich neben dem eigentlichen Kontierungsobjekt, z.B. Projekt, die Angabe eines Sachkontos erforderlich. Da für Verbrauchsmaterial nicht notwendigerweise ein Materialstammsatz und damit eine Materialnummer existieren muss, kann also auch Material ohne Stammsatz bestellt werden.

Jede Position hat darüber hinaus einen Positionstyp. Dieser steuert, ob in der Bestellposition eine Materialnummer angegeben werden soll, eine Kontierung verlangt wird, es lagerhaltig geführt werden muss und/oder ob ein Wareneingang und/oder Rechnungseingang folgen soll. Eine Position mit dem Positionstyp K (Konsignation) verlangt beispielsweise die Eingabe einer Materialnummer, es muss konsequenterweise lagerhaltig sein und ein Warengang ist erforderlich.

Für die Bestellung von Materialien oder Dienstleistungen ist neben der Angabe, was bestellt werden soll, die Auswahl der Bezugsquelle von Bedeutung, d.h. in der Bestellung muss angegeben werden, welcher Lieferant das oder die Materialien liefern soll. Die Banf enthält zunächst nur die Bedarfe ohne Berücksichtigung, wer was liefern kann. R/3 splittet die Banf entsprechend der gepflegten Bezugsquellen in einzelne Bestellungen auf.
Diese Splittung kann dialoggesteuert erfolgen, d.h. für jede Position in der Banf wird der Einkäufer mit möglichen Bezugsquellen und zugehörigen Informationen wie Termintreue, Preissimulationen für jede Bezugsquelle etc. unterstützt.
Für die systemgesteuerte Bezugsquellenfindung greift R/3 auf vorhandene Einkaufsstammdaten zurück. Diese Stammdaten werden in folgender Reihenfolge durchsucht:

1. Quotierung;
2. Orderbuch;
3. Rahmenverträge, wobei diese u. U. schon im Orderbuch als Bezugsquelle angegeben sind;
4. Einkaufsinfosätze.

Dabei werden nicht einfach alle Stammsätze durchsucht und sämtliche gefundenen Quellen zur Auswahl angeboten. Die Suche wird nach Auffindung von Bezugsquellen beispielsweise im Orderbuch abgebrochen. Das bedeutet dann, dass für ein bestimmtes Material keine Quotierung existierte und eventuell nicht im Orderbuch notierte Rahmenverträge nicht mehr durchsucht werden.
Es wird entsprechend der gefundenen Bezugsquellen eine Lieferantenauswahl angezeigt. Zusätzlich zu dem Vorteil der Lieferantenermittlung werden auch Lieferantenstammdaten (z.B. Anschrift) und Konditionen (aus Einkaufsinfosatz) in die Bestellung übernommen. Die Konditionen können in der Bestellung noch individuell geändert werden. Kann R/3 keine Bezugsquelle ermitteln, so kann die angefangene Bestellung als Banf gesichert werden, um zu einem späteren Zeitpunkt die Bestellung (inkl. Lieferant) neu zu bearbeiten.

Abbildung 107: Aufteilung einer Banf in mehrere Bestellungen

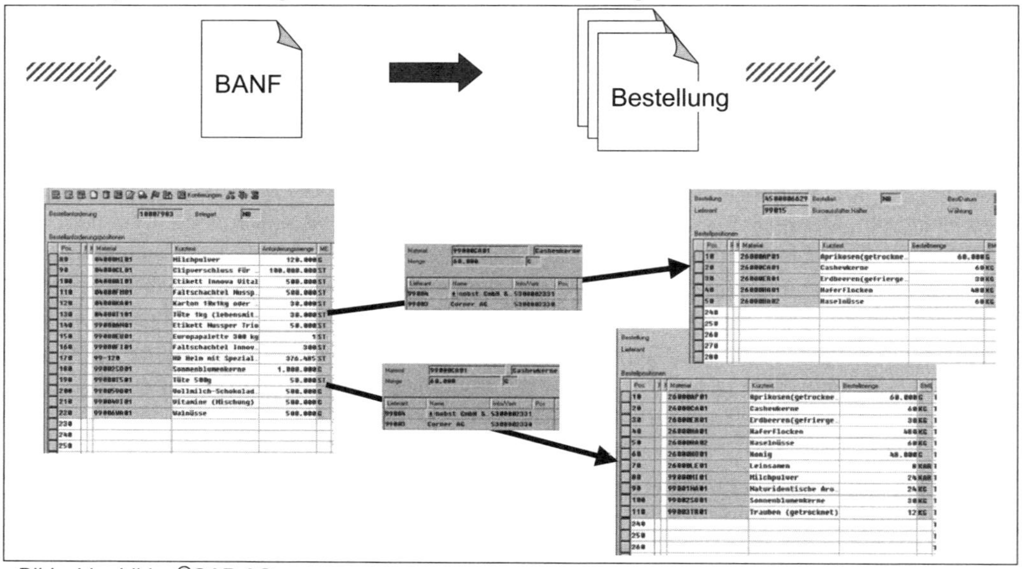

Bildschirmbilder ©SAP AG

Neben der automatischen Bezugsquellenermittlung kann ein Lieferant auch direkt als Empfänger einer Bestellung gepflegt werden. R/3 bietet also im Prinzip zwei Wege für eine Bestellung.

- Lieferant bekannt: Bestellung von verschiedenen Materialien bei einem Lieferanten, Lieferantennummer muss bekannt sein, automatische Bezugsquellenermittlung ist hier nicht möglich. Es wird eine Bestellung erzeugt.

Abbildung 108: Bestellung anlegen

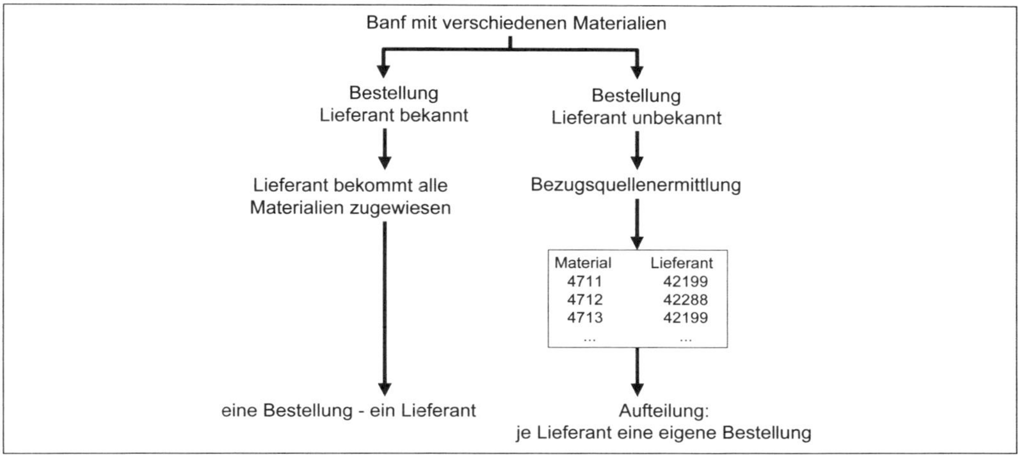

- Lieferant unbekannt: Bestellung von verschiedenen Materialien bei verschiedenen Lieferanten in einer Bestellung, wobei letztlich i. S. der Nachrichten einzelne Bestellungen erzeugt werden. Eine von der Bezugsquellenermittlung unabhängige manuelle Zuweisung von Lieferanten ist hier nicht zulässig. Je Lieferant wird eine Bestellung mit mindestens einem Material erzeugt (eigene Nummer für Bestellung).

Die Bestellung dient dann in der Folge als Bearbeitungsgrundlage für den Wareneingang und die Rechnungsprüfung. Bestellungen können wie die Bestellanforderung einem Freigabeverfahren unterliegen.
Manuelle oder durch die Änderung einer Bestellanforderung verursachte Änderungen von Bestellpositionen haben je nach Fortschritt des Beschaffungsprozesses unterschiedliche Auswirkungen. Die folgende Abbildung zeigt Änderungssituationen und deren Auswirkungen.

Abbildung 109: Bestellung ändern

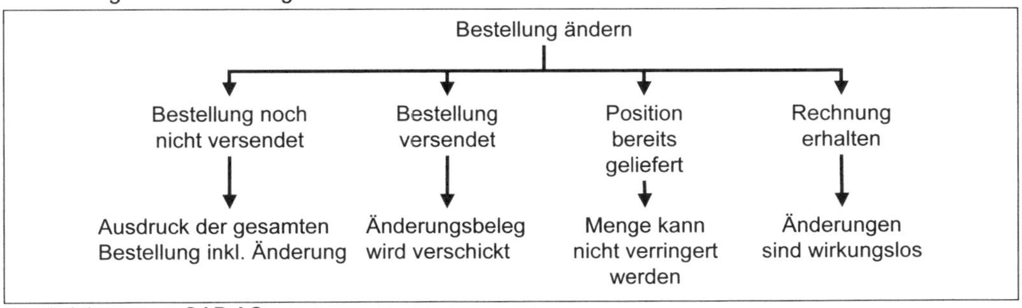

In Anlehnung an SAP AG

Weiter können Bestellpositionen gesperrt werden, wenn hierzu kein Wareneingang gewünscht ist. Waren- oder Rechnungseingang dürfen noch nicht erfolgt sein. In einer Bestellposition seien z.B. 50 kg bestellt worden und geliefert worden seien lediglich 30 kg. Auf die Restlieferung soll verzichtet werden. Die Position ist zu stornieren.
Änderungen, Sperrungen sowie Stornovorgänge setzen natürlich immer entsprechende Absprachen bzw. Situationen zwischen Unternehmen und Lieferant voraus.
Der Nettopreis wird über die Preisfindung ermittelt. Der Mechanismus gestaltet sich wie folgt. Die Berechnung des Effektivpreises geschieht auf Basis eines über das im Customizing festgelegten Kalkulationsschemas. Das Kalkulationsschema gibt vor, wie der Preis für jede Position berechnet werden soll, z.B. wird zuerst der Rabatt vom Bruttopreis abgezogen, danach werden die Frachtkosten addiert und schließlich noch der Skontobetrag subtrahiert.

Abbildung 110: Preise in der Bestellung

Bildschirmbild ©SAP AG

Da für verschiedene Anwendungsfälle jeweilige Kalkulationsschemata existieren, bedarf es einer anwendungsfallabhängigen Auswahl. Dazu wird im Lieferantenstammsatz (Einkaufsda-

ten, Bereich Konditionen) eine sog. Schemagruppe Lieferant gepflegt. Diese wird im Customizing in Abhängigkeit zu einer Belegart (z.B. Normalbestellung oder Umlagerbestellung) einem Kalkulationsschema zugeordnet. Konkret wird dann über Schemagruppe und Belegart das Kalkulationsschema ermittelt. Es könnten so für verschiedene Lieferantengruppierungen bei Anlage einer Normalbestellung unterschiedliche Kalkulationsschemata ermittelt werden. Die Einrichtung von Schemagruppen für Einkaufsorganisationen ist möglich.
Nachdem das Kalkulationsschema gefunden wurde, müssen nun die Werte für die Kalkulationsbestandteile ermittelt werden. Bei den Bestandteilen des Schemas wird auch von Konditionsarten gesprochen. Beispiele für die Konditionsart sind der Bruttopreis (PB00), Fracht absolut (FRA2), Bonus (A0001) und Skonto (SKTO). Die Konditionsart wird über einen vierstelligen Schlüssel eindeutig identifiziert. Da u.U. mehrere Bruttopreise für ein Material existieren (Preis in Einkaufsinfosatz oder Kontraktposition), bedarf es einer Suchfolge – im Folgenden auch Zugriffsfolge genannt – für den Wert. Die Zugriffsfolge bestimmt dann, in welcher Reihenfolge nach dem Bruttopreis gesucht wird, beispielsweise zuerst nach einer Kontraktposition, danach nach einem Einkaufsinfosatz. Zur Findung setzt die Zugriffsfolge entsprechende Felder (Lieferant, Material, Einkaufsorganisation, Werk, Infosatztyp, Vertrag, Vertragsposition, ...) ein. Die Zugriffsfolge wird der Konditionsart zugeordnet. Der letztlich gefundene Konditionssatz (beinhaltet Preis, Rabatte, Skonto etc.) wird dann an das Kalkulationsschema zur weiteren Berechnung gegeben bzw. in der Bestellposition aufgeführt.

Abbildung 111: Preisfindung im Einkauf (grobe Darstellung)

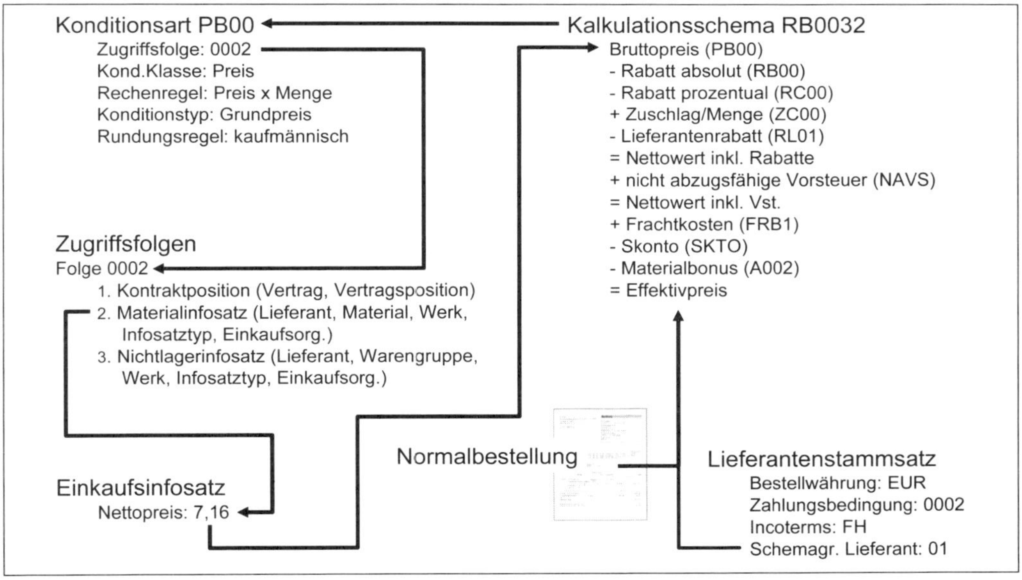

5.3.3.5 Nachrichtendruck

Bestellungen oder auch Änderungen müssen an den Lieferanten übermittelt werden. Neben dem Ausdruck können Nachrichten (Bestellungen, Anfragen etc.) auch als Fax oder elektronisch versendet werden. Das Medium (Fax etc.), welches für den einzelnen Lieferanten genutzt werden soll, wird über eine eigene Anwendung angelegt. Ausgehend von der Nachrichtenart (z.B. Bestellneudruck, Mahnung, Erinnerung, Auftragsbestätigungsmahnung) werden Lieferanten Medien zugeordnet. Für die elektronische Versendung müssen entsprechende

Ausgangs- und Eingangsparameter (sog. Partnervereinbarung) im Customizing für jeden Lieferanten individuell eingestellt werden.
Die Nachricht wird immer automatisch bei der Erstellung eines Einkaufsbeleges erzeugt. Bei der Erzeugung muss dem R/3-System klar sein, welche Nachricht es dem Lieferanten über welches Medium schickt. Dies kann individuell für den Lieferanten gestaltet werden.
Beispiel: Der Lieferant mit der Nummer 99005 soll Bestellungen nur per Fax erhalten. Dazu ist ausgehend von der Nachrichtenart „Bestellneudruck" das Fax als Übermittlungsmedium für diesen Lieferanten festzulegen. Ein Konditionssatz wird erstellt. Der Konditionssatz gibt nun an, mit welchem Medium die Bestellung (an den Lieferanten) ausgegeben werden soll.
Eine Bestellung wird erstellt. Das R/3-System wählt die Nachrichtenart Bestellneudruck mit zugehörigem Text aus, da es sich um eine neue Bestellung handelt. Unklar ist zunächst noch, über welches Medium diese Bestellung dem Lieferanten zugestellt werden soll. Die Ermittlung des Mediums geschieht wie folgt. Mit der Nachrichtenart verbunden ist eine so genannte Zugriffsfolge. Die Zugriffsfolge enthält Feldkombinationen, nach denen sie die Konditionstabellen bzw. deren Konditionssätze durchsucht. Angewendet auf die Abbildung 112 bedeutet dies, es wird versucht, mit den Feldinhalten der Felder Einkaufsorganisation (1000), Belegart (Normalbestellung, NB) und Lieferant (99005) aus der Bestellung einen Konditionssatz zu finden. Im Beispiel würde so das Fax als das richtige Medium für den Lieferanten 99005 ausgewählt. Ist die Suche erfolglos, so wird der zweite Eintrag der Zugriffsfolge verwendet, um ein Medium zu finden, d.h. hier die Belegart. Konditionssätze können auch unabhängig vom Lieferanten gebildet und somit als Defaultwert verwendet werden. Die automatische Nachrichtenfindung führt so zu einem (Versendungs-)Vorschlag, der in der Bestellung noch manuell geändert werden kann. Nachrichtenarten, Zugriffsfolgen und die Attribute der Konditionstabellen werden im Customizing festgelegt.

Abbildung 112: Nachrichtenfindung (vereinfachte Darstellung)

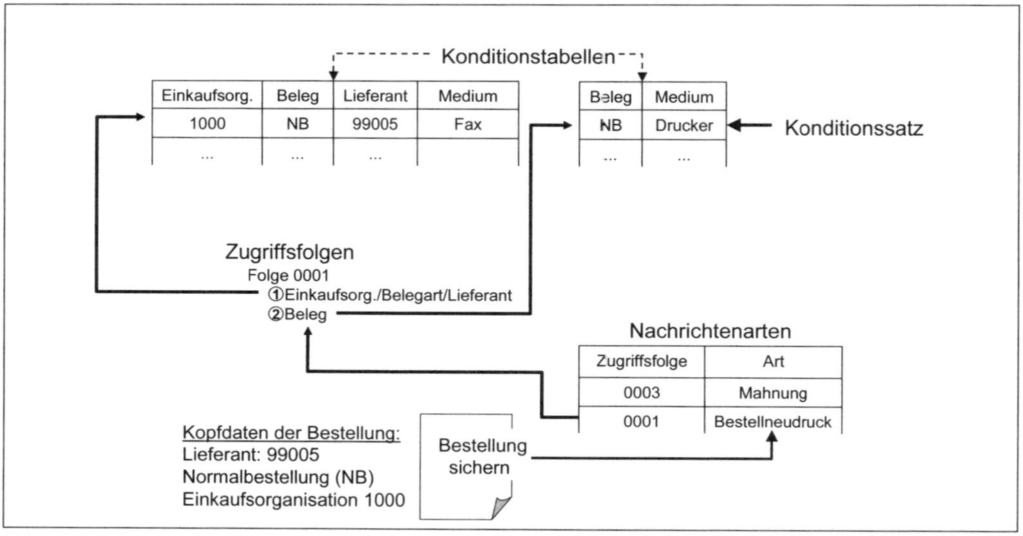

Die auf Basis des Vorschlags aus der Nachrichtenfindung erzeugte Nachricht wird automatisch in die so genannte Nachrichtenwarteschlange gestellt. Die weitere Verarbeitung bis zur tatsächlichen Versendung hängt von den Parametern zum Versendezeitpunkt ab. Die Schritte werden am Beispiel des Ausdrucks einer Bestellung erläutert.

Abbildung 113: Bestellung drucken

Prinzipiell muss für die Nachrichten in der Nachrichtenwarteschlange ein Spoolauftrag erzeugt werden. Der Spoolauftrag steht für die Druckvorbereitung, d.h. die Nachricht wird zum Druck vorbereitet. Für den tatsächlichen Ausdruck müssen die Druckdaten in einem Spoolauftrag an einen bestimmten Drucker oder ein Fax gesendet werden. Dies geschieht über einen Druckauftrag. Zu einem Spoolauftrag kann es mehrere Ausgabeaufträge geben, z.B. der Ausdruck auf zwei verschiedenen Druckern.

Der Zeitpunkt der „Umwandlung“ eines Eintrags in der Nachrichtenwarteschlange in einen Spoolauftrag hängt vom Parameter des Versendezeitpunkts ab. Für den Versendezeitpunkt der automatisch erstellten Nachricht bestehen grundsätzlich vier Varianten:

- Versenden durch periodisch eingeplanten Job (Zeitpunkt 1); die erzeugte Nachricht wird durch das Programm RSNAST00 verarbeitet. In regelmäßigen Zeitabständen wandelt das Programm RSNAST00 die Nachrichten der Nachrichtenwarteschlange in einzelne Spoolaufträge um. Diese werden ebenfalls periodisch von einem Druckjob in einen Ausgabeauftrag umgesetzt und ausgedruckt. Wahlweise kann die Umsetzung in einen Spoolauftrag auch manuell durchgeführt werden, ebenso wie über das Computing Center Management System (CCMS) der Ausgabeauftrag manuell initiiert werden kann.
- Versenden durch Job, mit zusätzlicher Zeitangabe (Zeitpunkt 2); die Bestellung bekommt hinsichtlich der Nachricht ein frühestes Verarbeitungsdatum und eine gewünschte Verarbeitungszeit. Die Nachricht wird vor dem gewünschten Datum von dem Programm RSNAST00 nicht berücksichtigt. Nach der Berücksichtigung durch RSNAST00 erfolgt die Verarbeitung analog zum Zeitpunkt 1.
- Versenden durch anwendungseigene Transaktion (Zeitpunkt 3); die Erzeugung des Spoolauftrag geschieht durch anwendungsspezifische Programme. Bei der Bestellung würde aus dem Arbeitsbereich „Einkauf“ die Anwendung «Nachricht ausgeben» verwendet.
- Sofort versenden beim Sichern der Anwendung (Zeitpunkt 4); hier wird während des Sicherns der Bestellung direkt ein Spoolauftrag für die Nachricht erzeugt. Die Nachrichtenwarteschlange wird nicht verwendet.

Abbildung 114: Nachrichtendruck

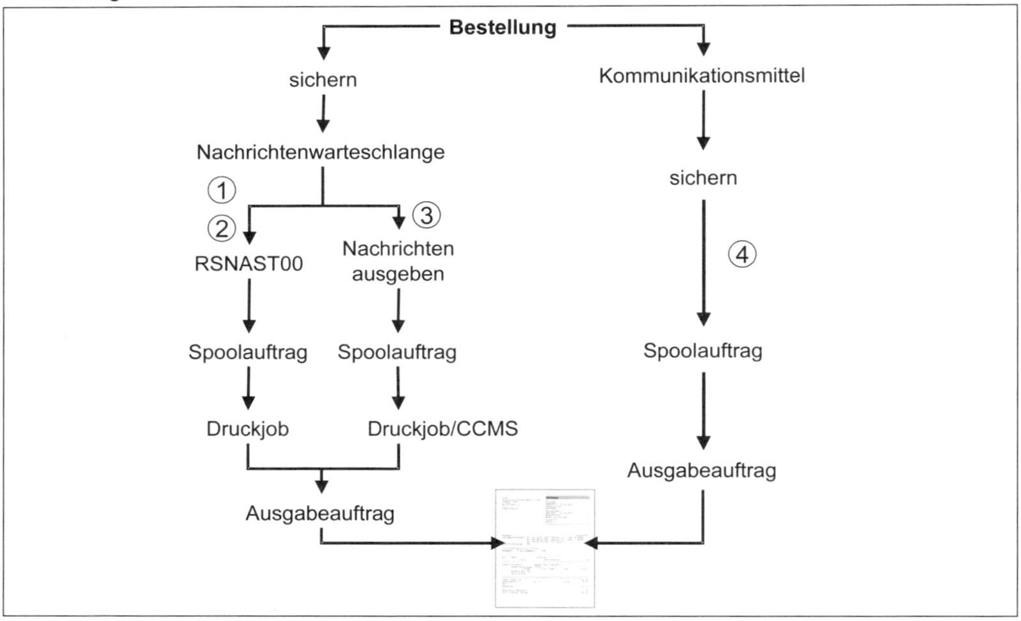

Über den Menüpunkt «Kommunikationsmittel» in der Anwendung «Bestellung anlegen» kann der Ausdruck beschleunigt werden. Hier besteht die Möglichkeit, der Bestellung das Kennzeichen «Sofort drucken» mitzugeben. Dieses Kennzeichen steht für die sofortige automatische Umsetzung eines Spoolauftrags in einen oder mehrere Druckaufträge. Ein periodischer Druckjob ist nicht mehr erforderlich.
Je nach Versendezeitpunkt hat dies unterschiedliche Auswirkungen. Bei Anwendung in Kombination mit dem Zeitpunkt 4 erfolgt nach dem Sichern der Bestellung ein sofortiger tatsächlicher Ausdruck. In Kombination mit dem Zeitpunkt 1 wird wieder sofort ausgedruckt, aber erst nachdem der Report alle relevanten Nachrichten aus der Nachrichtenwarteschlange, d.h. alle Nachrichten mit dem Zeitpunkt 1 (und auch Zeitpunkt 2)
Der Versendezeitpunkt wird analog zum Medium ermittelt. Dazu wird dem Konditionssatz, der das Medium bestimmt, noch der Versendezeitpunkt mitgegeben. Weiter können die Konditionssätze noch nach Partnerrollen differenziert werden, d.h. je nach Partnerrolle können für einen Lieferanten unterschiedliche Medien und Versendungszeitpunkte festgelegt werden. Dem Medium wird z.B. im Falle des Druckers über eine sog. logische Destination ein bestimmter Drucker zugeordnet. Für den Fall, dass kein Konditionssatz greift bzw. eine zusätzliche Nachricht benötigt wird, ermittelt das System Versendezeitpunkt und Medium in Abhängigkeit von Nachrichtenart (z.B. Neubestellung oder Mahnung) und Partnerrolle (z.B. Lieferant oder Bestelladresse). Die Abbildung 115 erweitert die Abbildung 112 um die genannten Aspekte.
Neben den in der Spoolverwaltung von R/3 bekannt gemachten Druckern kann auch über so genannte Frontend-Drucker ausgedruckt werden. Der Druck von Dokumenten wird dann über ein Client-System, z.B. Microsoft®-Windows®-PC, gesteuert. Als Frontend-Drucker können sämtliche auf dem lokalen PC unter Windows® installierte Drucker verwendet werden. Dazu wird in der Spoolverwaltung von R/3 ein Frontend-Drucker lediglich mit einer Bezeichnung und der Koppelart zum Hostspool F (für Frontend-Drucker) eingerichtet. D.h. es wird

kein spezieller Drucker eingerichtet, sondern lediglich der „Hinweis", den lokalen Drucker des jeweiligen Clients für die Ausgabe anzusteuern.

Abbildung 115: Nachrichtenfindung (vereinfachte erweiterte Darstellung)

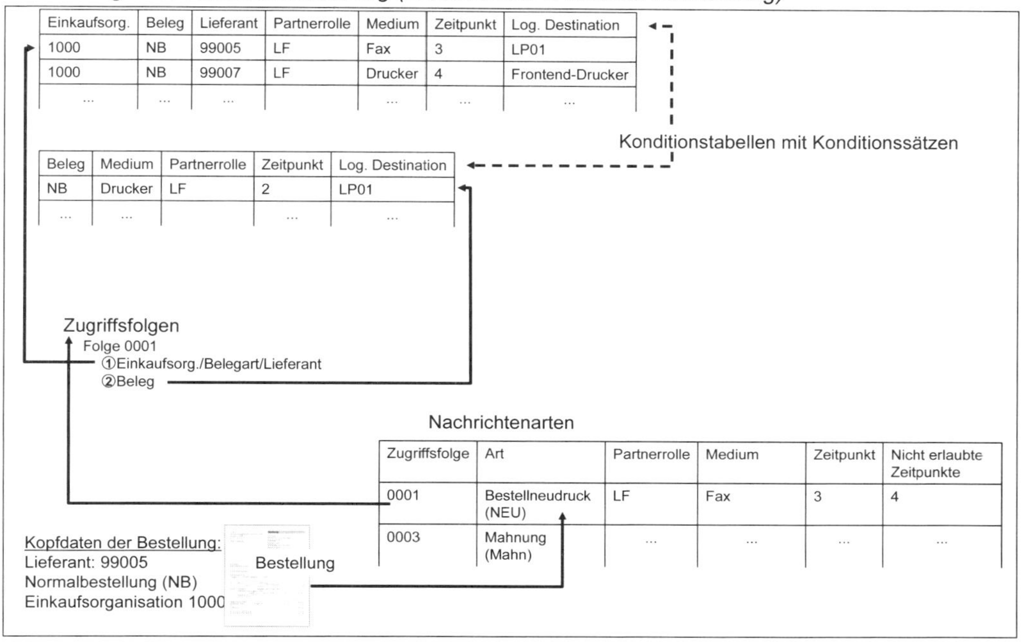

Bei Auswahl des Frontend-Druckers durch den Anwender, z.B. für den Ausdruck einer Bestellung, wird dann stets der in seinem lokalen Windows®-PC vereinbarte Standarddrucker als Ausgabegerät angesteuert. Die Ansteuerung des lokal angeschlossenen Druckers geschieht über das SAP-GUI. Frontend-Druckvorgänge können nur mit einem SAP-GUI Release 3.1G oder höher initiiert werden.

Der Frontend-Druck bewirkt ebenfalls die Erstellung eines Spoolauftrags, der manuell oder maschinell in einen Ausgabeauftrag umgesetzt wird. Auch besteht wieder die Möglichkeit, dem Druckauftrag das Kennzeichen „Sofort drucken" mitzugeben.

5.3.3.6 Anfrage und Angebot

Sollte für ein Material keine Bezugsquelle gefunden werden, so müssen Anfragen hinsichtlich dieses Materials an neue (oder alte) Lieferanten gestellt werden.

Eine Anfrage ist eine Aufforderung an alle potentiell in Frage kommenden Lieferanten, ein Angebot über die Lieferung eines oder mehrerer Materialien abzugeben. Ziel ist es, den optimalen Lieferanten unter Berücksichtigung der Faktoren Zuverlässigkeit, Lieferbereitschaft, Qualität und Preis herauszufinden. Gegenüber einer Bestellanforderung enthält eine Anfrage noch einige zusätzliche (anfragerelevante) Informationen. So kann sie neben den Lieferantendaten (die auch in einer Banf berücksichtigt werden können) z.B. auch Daten über die Angebots- bzw. Bewerbungsfrist enthalten. Für die Anlage einer Anfrage müssen folgende Komponenten vorhanden sein:

- Lieferanten(nummer) : Berücksichtigte Lieferanten müssen – zumindest mit ihren Grunddaten – angelegt sein.
- Fristen: Welche Angebotsfristen sollen gelten (z.B. Frist der Angebotsabgabe)?

- Submissionsnummer: Zur Sammlung verschiedener Angebote zu dem gleichen Objekt bietet R/3 bei Anlage einer Anfrage die Möglichkeit, eine so genannte Submissionsnummer anzugeben. Die Submissionsnummer bildet ein Zuordnungskriterium für ankommende Angebote.

Der erste Schritt beim Einholen von Angeboten ist, die Lieferanten, an die das Angebot geschickt werden soll, auszuwählen. Diese müssen R/3 schon bekannt sein.
Die Anfrage kann manuell oder auf Basis einer Bestellanforderung erstellt werden. Die Anfrage selbst ist ebenso strukturiert wie alle anderen Belege (z.B. Banf, Bestellungen). Der Kopf beinhaltet allgemeine Informationen (z.B. Lieferantenadresse). Die angefragten Materialien werden positionsweise aufgeführt. Allerdings ist mit der Anfrage, im Gegensatz zu vielen anderen Belegen, keine Buchung auf Konten verbunden.
Wird eine Anfrage zu mehreren potentiellen Lieferanten geschickt, so wäre es sinnvoll, die Antworten (Angebote) gruppieren zu können, um beispielsweise leichter Preisvergleiche durchzuführen. Dies wird mit der oben genannten Submissionsnummer gewährleistet. Pro Adressat wird dann ein separater Beleg erstellt.
Unter einem Angebot wird eine Willenserklärung eines Lieferanten verstanden, die seine Preise und Konditionen für spezifizierte Lieferungen oder Leistungen enthält und die meist als Reaktion auf eine Anfrage unterbreitet wird.
In der SAP-Komponente Einkauf sind Anfrage und Angebot ein und derselbe Beleg. Die vom Lieferanten genannten Preise und Konditionen werden damit in der ursprünglichen Anfrage erfasst. Da meistens die Belegnummer der Anfrage nicht mehr geläufig ist, kann die Submissionsnummer als Suchkriterium verwendet werden. Anschließend können die Angebote einer Submissionsnummer in einem Preisspiegel miteinander verglichen werden. Durch den Preisspiegel ist es möglich, positionsweise Angebote zu vergleichen, einen mittleren Preis für ein Material zu errechnen und den (preis-) günstigsten Lieferanten zu ermitteln. Weiter wird die Verschickung von Absageschreiben an die entsprechenden Lieferanten unterstützt.
Zu Angeboten, die in Bestellungen umgesetzt werden, kann ein Infosatz angelegt werden. Dies bietet sich dann an, wenn weitere Bestellungen folgen sollen. Die Preise und Lieferbedingungen bestimmter Angebote können zwecks späteren Zugriffs in Einkaufsinfosätzen gespeichert werden.
Auf Basis der Anfrage kann unter Berücksichtigung der Angebote eine Bestellung erzeugt werden. Die Abbildung 116 fasst die Zusammenhänge noch einmal zusammen.

Abbildung 116: Von der Banf zur Bestellung

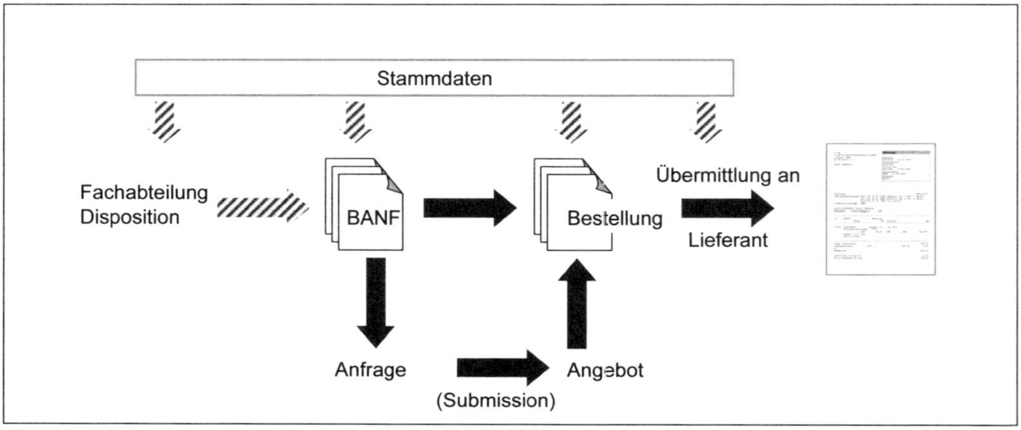

5.3.4 Periodenverschiebung

Belege mit finanzwirtschaftlicher Relevanz können immer nur mit Bezug zum aktuellen oder zum Vormonat gebucht werden. Der Buchungskreis muss also für diese Perioden gültig gesetzt sein.
Damit die Werte in der richtigen Periode fortgeschrieben werden, wird einmal monatlich jeweils am Anfang der neuen Periode mittels des so genannten Periodenverschiebers die Periode um einen Monat verschoben. Dabei werden die Werte der vormals laufenden Periode als Werte der Vorperiode gespeichert. Die Periode kann verschoben werden:

- im Dialog,
- im Hintergrund.

In produktiven Systemen findet die Periodenverschiebung in der Regel im Hintergrundmodus statt, da sichergestellt sein muss, dass kein Materialstammsatz durch eine Warenbewegung oder ähnliches gesperrt ist. Wäre dies der Fall, so würde das belegerzeugende Programm abbrechen, und die erforderlichen Änderungen nicht vornehmen.

5.3.5 Fallstudie – Bestellanforderung und Bestellung

Aufgabe 10
Einige Rohstoffe sollen manuell disponiert werden, d.h. es sollen direkte Bestellanforderungen erstellt werden.
Die Bestellanforderung wird bei der Bestellung weiterverwendet. Sie ist lieferantenunabhängig, d.h. Materialien verschiedener Lieferanten können in einer Bestellanforderung aufgenommen werden. Die Bestellanforderung nutzt vorhandene Stammsätze. Bestellt werden soll von jedem Material soviel, dass der Höchstbestand erreicht wird. Eine Banf soll erstellt werden für die folgenden Materialien.

Rohstoffe
Cashew-Kerne
Haselnüsse
Milchpulver
Sonnenblumenkerne
Walnüsse

Aufgabe 11
Weiter sind noch Büromaterialien anzuschaffen:

- 2 Kugelschreiber, blau, longlife, Art.-Nr. 7522xx, je 1,98 €
- 3 Blöcke DIN A4, kariert, Art.-Nr. 3420xx, je 2,25 €
- 1 Schreibtischunterlage, grün, 60x70, Art.-Nr. 6902xx, 14,95 €

Erstellen Sie dazu eine neue Bestellanforderung oder erweitern Sie die Bestellanforderung aus Aufgabe 10 um diese Materialien. Materialstammsätze müssen für die Büromaterialien nicht angelegt werden. Die Waren werden direkt der Kostenstelle zugeschlagen und als Aufwand im Finanzwesen verbucht. Für diese Banf-Positionen ist der Kontierungstyp K zu verwenden.

Aufgabe 12
Auf Basis der Bestellanforderungen sind nun die Bestellungen zu generieren. Als Lieferanten sind die jeweils günstigsten Anbieter auszuwählen. R/3 fasst Materialien aus Bestellanforderungen, die an den gleichen Lieferanten gehen, zu einer Bestellung zusammen.

Aufgabe 13
Da intern keine Büromaterialien verfügbar sind, sollen die Artikel einmalig bei einem kleinen Lieferanten in unmittelbarer räumlicher Nähe besorgt werden. Die Bestellung ist sofort auszudrucken (wahlweise über einen R/3-Drucker oder Frontend-Drucker). Dazu ist zuerst ein CpD-Lieferantenstammsatz 770xx (alle Lieferanten von A bis H) zu pflegen (für Daten siehe Pflegeanleitung).
Gekauft werden die Büromaterialien bei Büroausstattung Häfter, Gneisenaustrasse 2, 10961 Berlin, Tel: 030/8900650. Die Adresse ist dann in der Bestellung nachzupflegen.

Die Bearbeitung der Aufgaben wird durch die folgenden Pflegeanleitungen unterstützt.

- Bestellanforderung anlegen (mit Materialstammsatz),
- Bestellanforderung anlegen (ohne Materialstammsatz),
- Bestellung anlegen mit Bezugsquellenermittlung und mit Bezug zur Bestellanforderung,
- CPD-Lieferantenkonto anlegen,
- Bestellung anlegen mit bekanntem CpD-Lieferanten und mit Bezug zur Bestellanforderung,
- Bestellung ausdrucken (Nachrichten),
- Bestellanforderung stornieren,
- Bestellung stornieren.

Bestellanforderung anlegen (mit Materialstammsatz)

FENSTER	MENUEPFAD/EINGABE
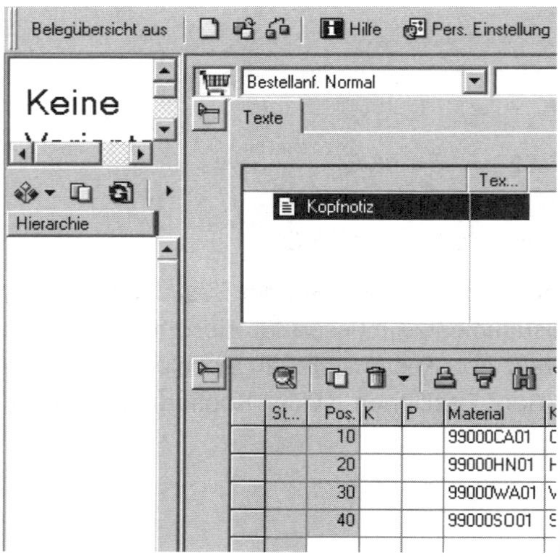	**LOGISTIK** ⇨ MATERIALWIRTSCHAFT ⇨ EINKAUF ⇨ BANF ⇨ ANLEGEN **Bestellanforderung anlegen** Bestellanf. Normal ▸ normale Bestellanforderung; Belegart bestimmt Pflegebildschirme, Nummernvergabe etc. Hier erfolgt bspw. die Belegnummernvergabe durch R/3. ☐ Bezugsquellenfindung ausschalten ▸ Schon hier könnte die Bezugsquellenfindung genutzt werden, die in dieser Fallstudie erst im Rahmen der tatsächlichen Bestellung erfolgt. ▸ Die anzufordernden Materialien sind in die Liste einzugeben. Hierbei kann die Matchcodesuche hilfreich eingesetzt werden.

Materialkurztext	Spra...	Material
APRIKOSEN (GETROCKNET)	DE	99000AP01
CASHEWKERNE	DE	99000AC01
CASHEWKERNE	DE	99000CA01
CLIP	DE	99000CL01
ERDBEEREN (GEFRIERGETROCKNET)	DE	99000ER01
ETIKETT INNOVA VITAL	DE	99000AI01
ETIKETT NUSSPER TRIO	DE	99000AN01
EUROPAPALETTE 300 KG	DE	99000EU01
FALTSCHACHTEL INNOVA VITAL	DE	99000FI01
FALTSCHACHTEL NUSPER TRIO	DE	99000FN01
HAFERFLOCKEN	DE	99000HA01
HASELNÜSSE	DE	99000HA02
HONIG	DE	99000HO01
KARTON 10X1KG O. 20X500G	DE	99000KA01
LEINSAMEN	DE	99000LE01
MILCHPULVER	DE	99000MI01
NATURIDENTISCHE AROMEN (MISCHUNG)	DE	99001NA01

Mit kann eine persönliche Liste zusammengestellt werden, die über eingesehen werden kann. Diese oder auch die oben gezeigte Liste kann mit festgehalten werden, so dass die Materialien hintereinander ausgewählt werden können ( ). Dazu muss abwechselnd ein Material und eine Position in der Banf ausgesucht werden.

Menge: *max. die Höchstmenge*

‣ Die Mengen sind in Einheiten der Basismengeneinheit anzugeben, so wie sie im jeweiligen Materialstammsatz eingepflegt wurde.

Werk: *1100*

Lagerort: *0002*

‣ Soll die Bestellanforderung mehr als die bisher angezeigten Zeilen beinhalten, so ist (Zeilen erfassen, F7) anzuklicken. Es können weitere Zeilen in der Banf gepflegt werden.

weiter

‣ Alle Daten werden aus den Materialstammdaten übernommen (Kontrollmöglichkeit!)

sichern

Bestellanforderung unter Nummer 0010008447 hinzugefügt

‣ Anzeige in der Statuszeile beachten und ggf. Nummer der Banf notieren für spätere Bestellung!

Bestellanforderung anlegen (ohne Materialstammsatz)

Ist kein Materialstammsatz vorhanden, so muss die Position der Bestellanforderung einem Kontierungsobjekt zugeordnet werden, z.B. einer Kostenstelle, einem Aufwandskonto oder einem Projekt. Es können auch Positionen mit unterschiedlichen Kontierungstypen in einer Banf zusammengestellt werden.

FENSTER	MENUEPFAD/EINGABE
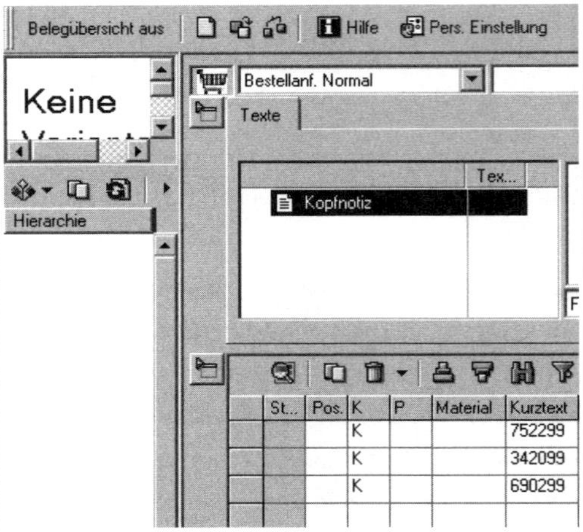	**LOGISTIK** ⇨ MATERIALWIRTSCHAFT ⇨ EINKAUF ⇨ BANF ⇨ ANLEGEN **Bestellanforderung anlegen** 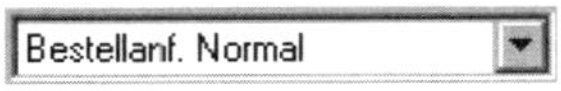 ‣ Die anzufordernden Verbrauchsmaterialien sind in die Liste einzugeben. K: *K* ‣ Kontierungstyp Kostenstelle; Kosten aus dieser Bestellung werden einer Kostenstelle zugeordnet (weitere Kontierungstypen über F4). 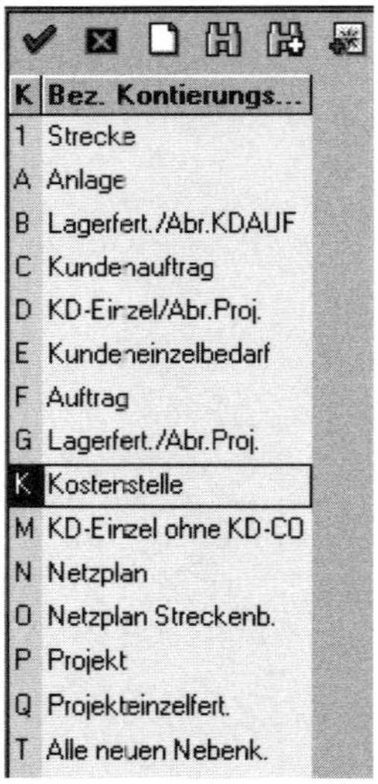 Material: *keine Eingabe, da kein Stammsatz vorhanden.* Kurztext: *7522xx* ‣ (Lieferanten) Artikelnummer aus Katalog oder andere Infoquelle. Menge: *2* Lieferdatum: *heute + 3 Tage* Werk: *1100* Einkäufergruppe: *0xx*

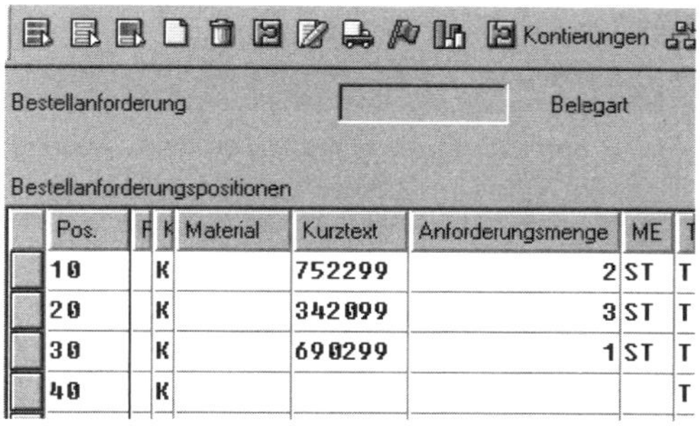

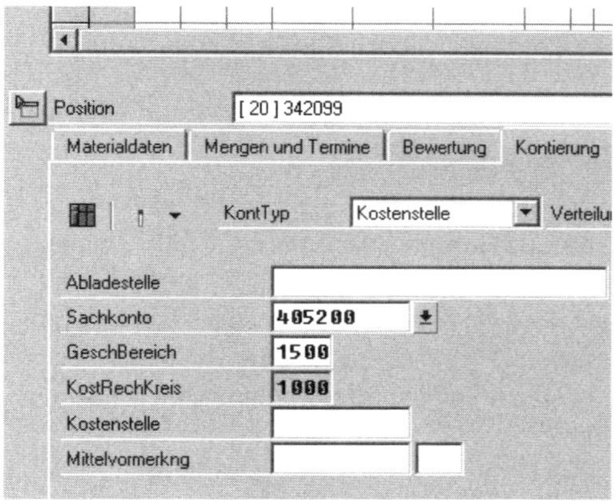

‣ zuständige Einkäufer (bei Reklamationen, Verhandlungen mit Lieferanten etc.)

Warengruppe: *006*

‣ Büromaterial, Angabe für spätere Auswertungen.

Bestellanforderung anlegen

‣ Alle weiteren Daten wurden durch die Vorschlagswerte (s. oben) übernommen.

Position markieren

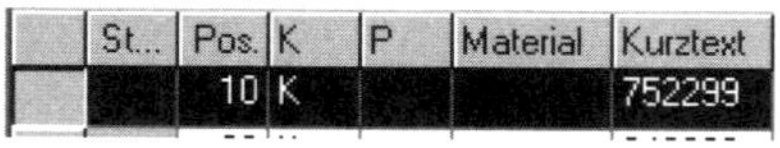

SPRINGEN ⇨ DETAIL oder  anklicken

Bestellanforderung anlegen

‣ Im unteren Bildschirmbereich können nun Details für die ausgewählte Position gepflegt werden.

Sachkonto: *405200*

‣ Neben einer Kostenstelle (Controlling) muss auch eine finanzwirtschaftliche Zuordnung stattfinden. Das Sachkonto 405200 beinhaltet sämtliche Aufwendungen für Büromaterial.

Kostenstelle: *4271xx*

‣ Für jede Position angeben

Unter  können noch ausführlichere Erläuterungen zu den Positionen gepflegt werden z.B. die Bezeichnung des Artikels, hier „Kugelschreiber, blau, longlife" oder ähnliches.

 sichern

Bestellung anlegen mit Bezugsquellenermittlung und mit Bezug zur Bestellanforderung

FENSTER

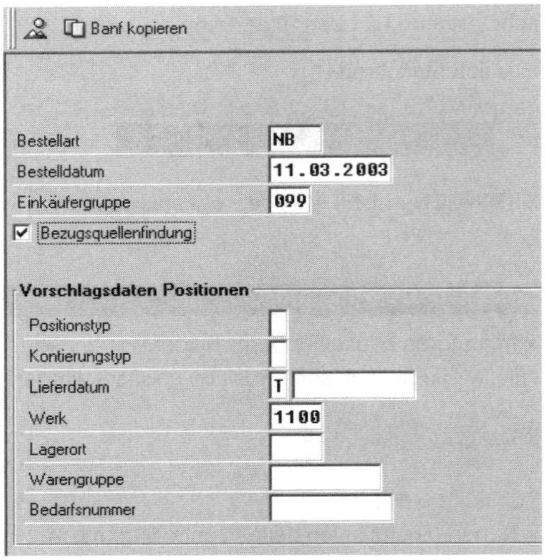

MENUEPFAD/EINGABE

LOGISTIK ⇨ MATERIALWIRTSCHAFT ⇨ EINKAUF ⇨ BESTELLUNG ⇨ ANLEGEN ⇨ LIEFERANT UNBEKANNT

Bestellung anlegen : Einstieg

▸ Im Rahmen des Bestellprozesses kann es dazu kommen, dass vom System die Lagerorte der Materialien abgefragt werden, diese sind dann den Fallstudienunterlagen (Materialstammdaten) entsprechend einzupflegen.

Belegart: *NB*

▸ Normalbestellung; Belegart bestimmt Pflegebildschirme, Nummervergabe etc. Hier erfolgt bspw. die Belegnummernvergabe durch R/3.

Einkäufergruppe: *0xx*

▸ Wenn zu einem Material in der Bestellung genau eine Bezugsquelle existiert, fügt R/3 diesen als Lieferanten automatisch als Vorschlagswert ein. Existieren mehrere, wird kein Vorschlag gemacht. Es kann aber eine Liste von möglichen Lieferanten angefordert werden (siehe weiter unten).

Werk: *1100*

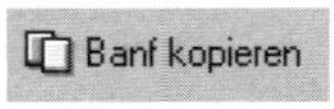

anklicken

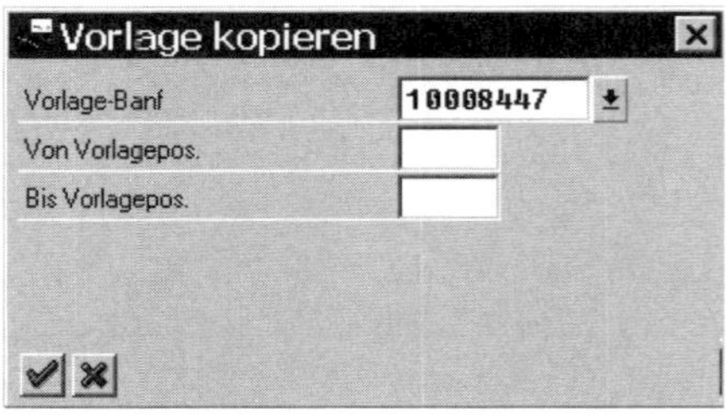

▸ Nummer der Vorlage-Banf eingeben, oder F4 für Suchhilfe in Feld „Vorlage-Banf". Passende Suchhilfe über Registernasen auswählen, z.B. Bestellanforderungen zum Material.

weiter

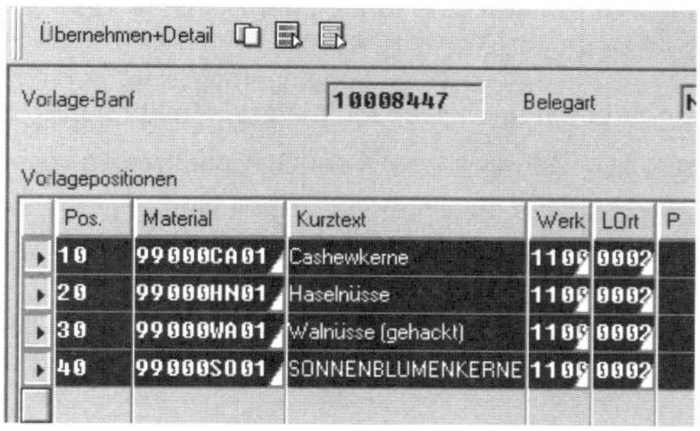

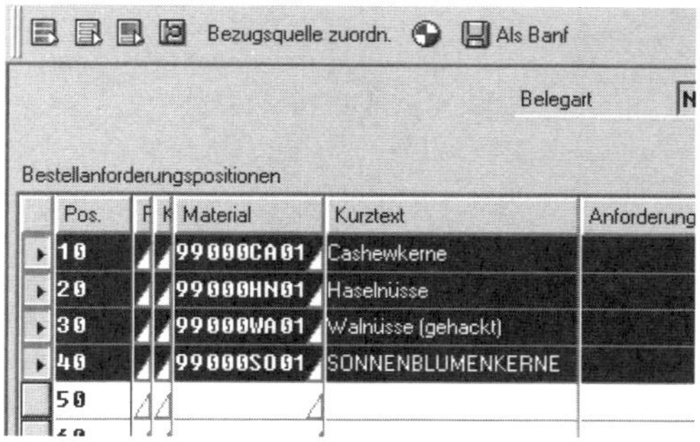

Bestellung anlegen : Übersicht Vorlagebestellanforderung

Markieren der Positionen 10. Die Positionen können auch alle mit markiert werden.

Übernehmen anklicken

Bestellung anlegen : Übersicht Anforderungspositionen

anklicken, um alle Positionen auszuwählen.

Bezugsquelle zuordn. anklicken

W: Vorhandene Bezugsquellen gehen verloren

- Warnung kann übergangen werden. Da oben das Kennzeichen für die automatische Bezugsquellenermittlung gesetzt wurde, sind u.U. den Positionen schon Lieferanten zugeordnet. Stehen mehrere Lieferanten zur Auswahl (Steuerung auch über das Orderbuch), muss über die folgende Dialogbox ausgewählt werden.

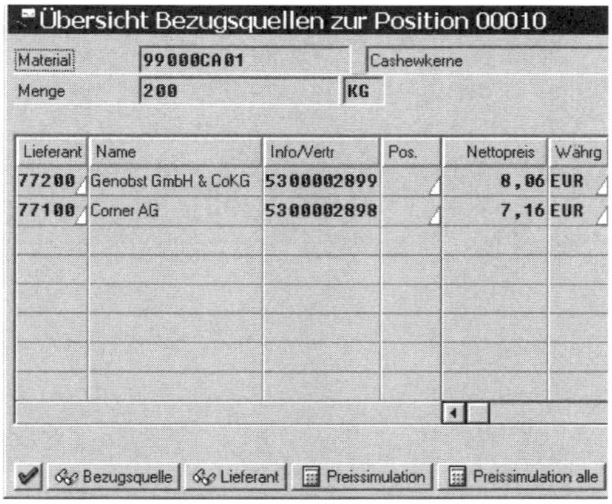

Die Auswahl eines Lieferanten geschieht, indem der Cursor in der entsprechenden Zeile positioniert wird.

- Zu jeder Position der Bestellung erscheint das nebenstehende Bildschirmbild, sofern mehr als ein Infosatz (Lieferant) für das betreffende Material besteht.

- Der Lieferant, der den günstigsten Preis anbietet, ist jeweils auszuwählen. Die Nettopreisangabe bezieht sich auf eine Einheit der Basismengeneinheit Kilogramm.

▸ Für einen ausgewählten Lieferanten kann mittels Preissimulation der Gesamtpreis für die gewünschte Liefermenge ermittelt werden, so dass genauere Preisvergleiche möglich sind.

weiter, wenn nicht Preissimulation durchgeführt werden soll.

weiter

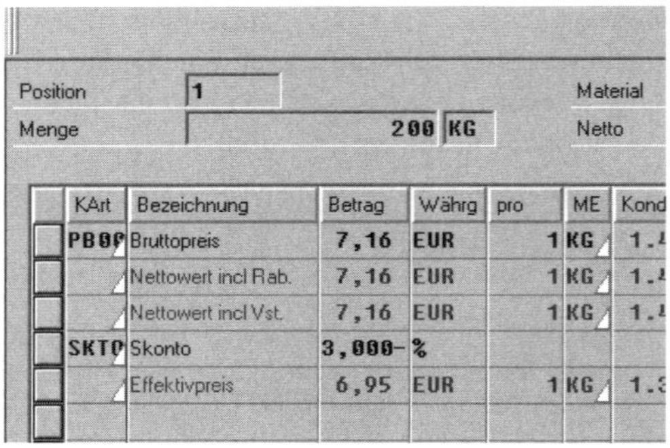

Infosatz 5300002331 1000 0 1100 anzeigen : Position – Konditionen

▸ Dieses Bildschirmbild zeigt für den ausgewählten Lieferanten die auf die gewünschte Menge hochgerechneten Preise unter Berücksichtigung von Rabatten und Skonti.

Mittels Analyse kann analysiert werden, wie dieser Konditionswert zustande kommt.

Zurück

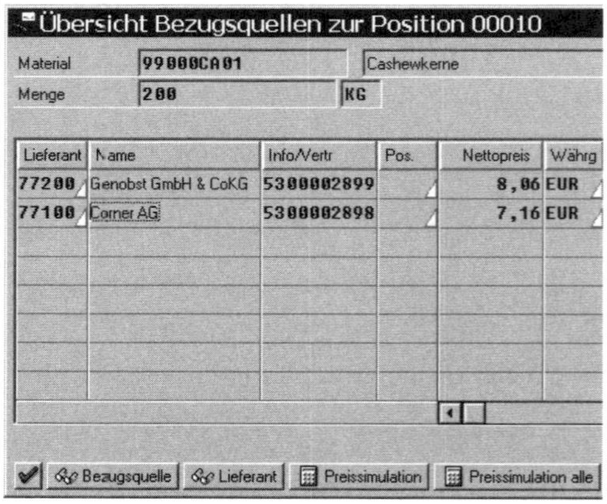

▸ Das vorherige Bild wird wieder angezeigt.

Lieferant auswählen, hier z.B. 77100, indem in die

Zeile geklickt wird

weiter

- Der Vorgang wiederholt sich für alle Materialien, für die noch keine Bezugsquelle zugeordnet ist und für die mehrere Lieferanten zur Auswahl stehen. Für die anderen Materialien wird automatisch der einzig vorhandene Lieferant eingesetzt.

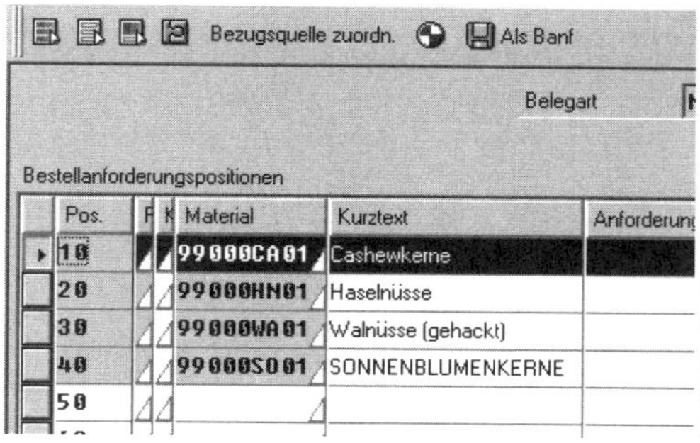

Bestellung anlegen: Übersicht Anforderungspositionen

- Die Bezugsquellen einzelner Positionen können eingesehen werden.

Position markieren und Detail anklicken

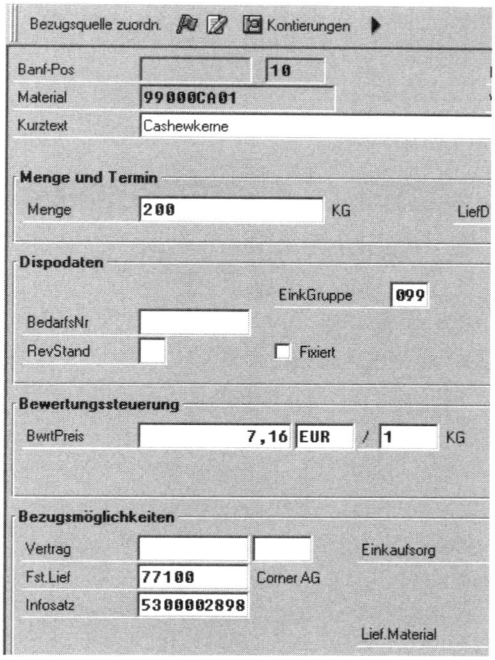

Bestellung anlegen: Anforderungsposition 0010

Mit zurück oder Positionsübersicht gelangt man wieder zur Übersicht zurück.

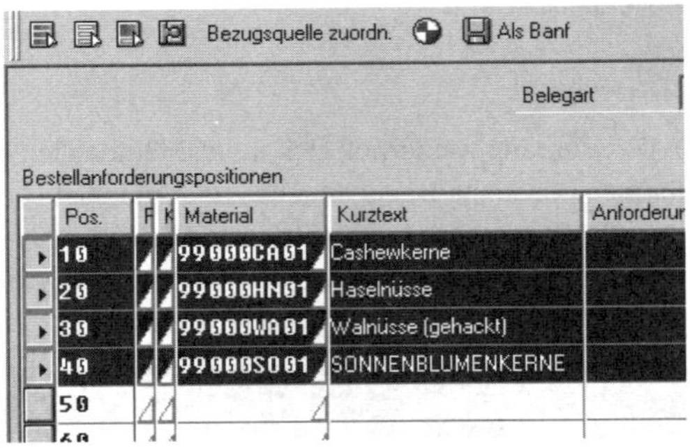

Bestellung anlegen: Übersicht Anforderungspositionen

anklicken, um alle Positionen auszuwählen.

anklicken, um die Bestellung mit den ausgewählten Positionen zu erzeugen. Es können also auch weniger Positionen in eine Bestellung umgewandelt werden.

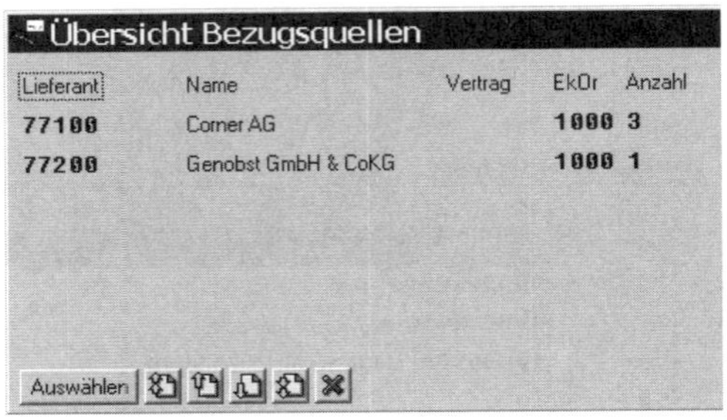

- Alle zugeordneten Lieferanten werden mit der Anzahl der bei ihnen zu bestellenden Materialien angezeigt.

Cursor in die Zeile des ersten Lieferanten setzen.

Auswählen anklicken

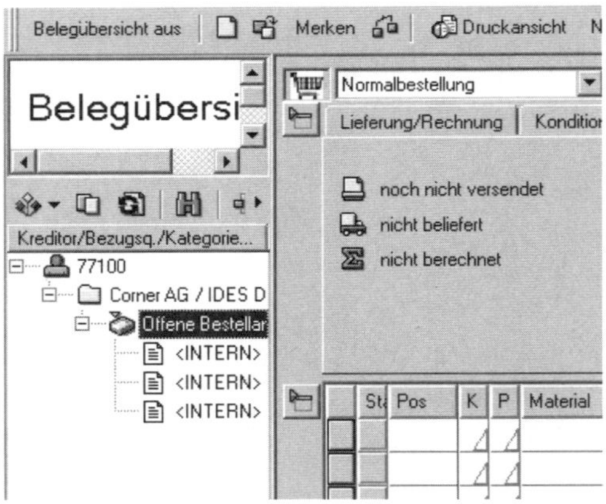

Bestellung anlegen

„Offene Bestellanf." markieren und kopieren anklicken.

- Es werden alle 3 Positionen in die Bestellung übernommen.

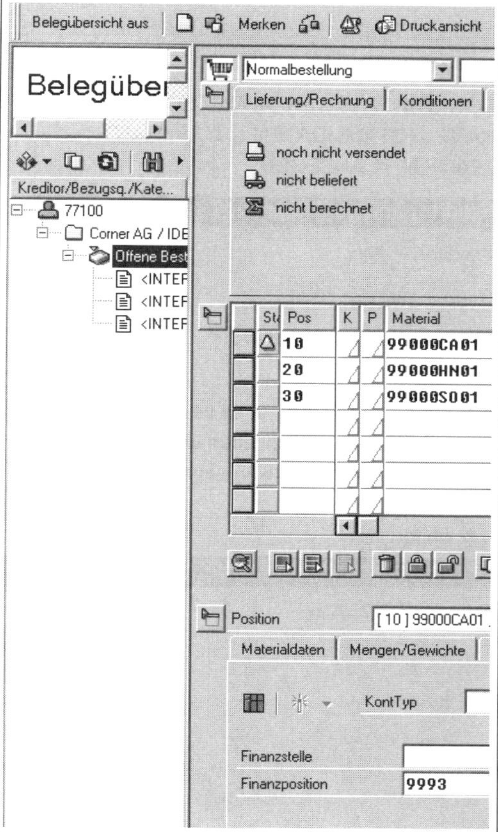

Bestellung anlegen

- Je nach Pflege des Rundungsprofils im Einkaufsinfosatz kann die Meldung

Bestellmenge entspricht nicht den Rundungsregeln

erscheinen. Dies weist darauf hin, dass das System die ursprüngliche Menge von 200 KG auf 210 KG erhöht hat. D.h. gemäß der Rundungsvorschrift, die im Rundungsprofil hinterlegt ist, werden nun 210 KG bestellt. Der Wert gilt als Vorschlag und ist änderbar. Positionen, die Warnungen bzw. Meldungen hervorrufen, werden zudem mit △ gekennzeichnet.

sichern

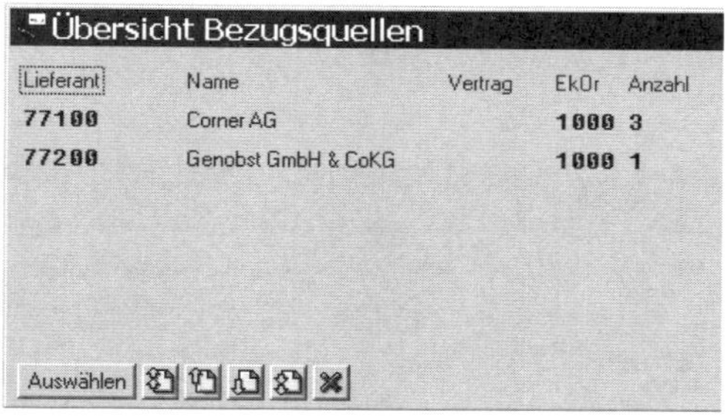

- Das System kehrt zur Bezugsquellenübersicht zurück.

Normalbestellung unter der Nummer 4500010917 angelegt

- Die Nummer der erzeugten Bestellung wird in der Zeile des Lieferanten und in der Fußzeile des SAP-Hauptfensters angezeigt.

- Für alle anderen Lieferanten ist analog zu verfahren, d.h. für jeden Lieferanten wird eine Bestellung angelegt.

CpD-Lieferantenkonto anlegen

FENSTER	MENUEPFAD/EINGABE
	LOGISTIK ⇨ MATERIALWIRTSCHAFT ⇨ EINKAUF ⇨ STAMMDATEN ⇨ LIEFERANT ⇨ ZENTRAL ⇨ ANLEGEN
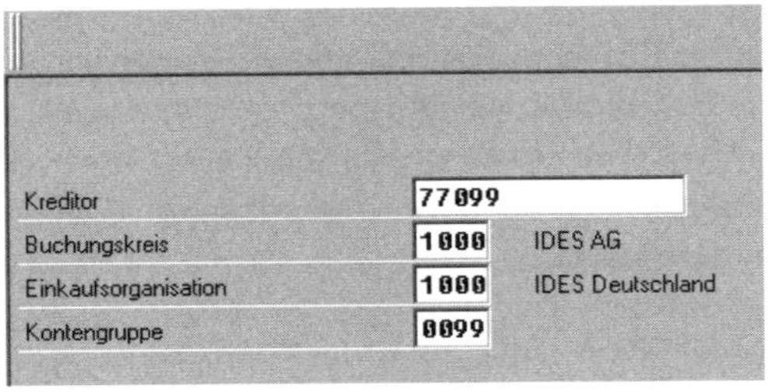	**Kreditor anlegen: Einstieg** Kreditor: *770xx* Buchungskreis: *1000* Einkaufsorganisation: *1000* Kontengruppe: *0099* ▸ Kontengruppe für CpD, es werden andere bzw. gekürzte Pflegemöglichkeiten im Gegensatz zum normalen Lieferanten (Kontengruppe 0001) zur Verfügung stehen. weiter
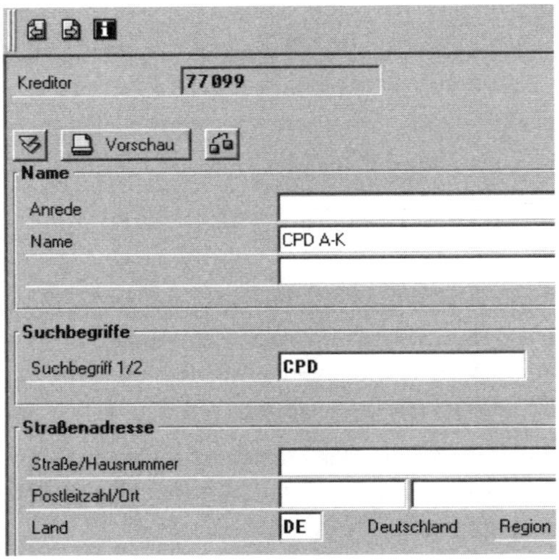	**Kreditor anlegen: Anschrift** Name: CPD A-K xx Suchbegriffe: CPD weiter
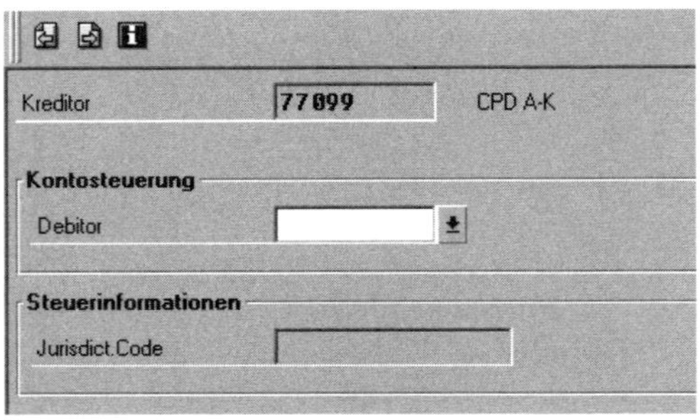	**Kreditor anlegen: Kontosteuerung** Keine Angaben für die Fallstudie notwendig. weiter

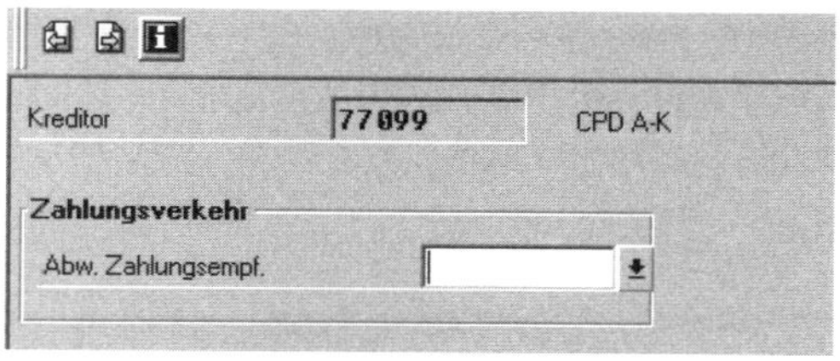

Kreditor anlegen: Zahlungsverkehr

Keine Angaben für die Fallstudie notwendig.

weiter

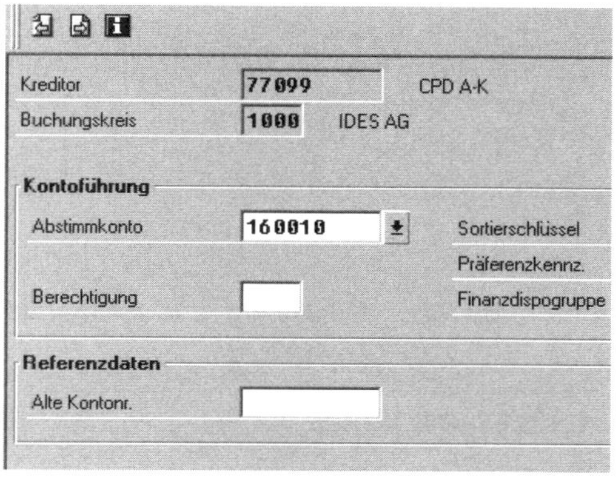

Kreditor anlegen: Kontoführung Buchhaltung

Abstimmkonto: *160010*

Sortierschlüssel: *022*

Finanzdispogruppe: *AC*

weiter

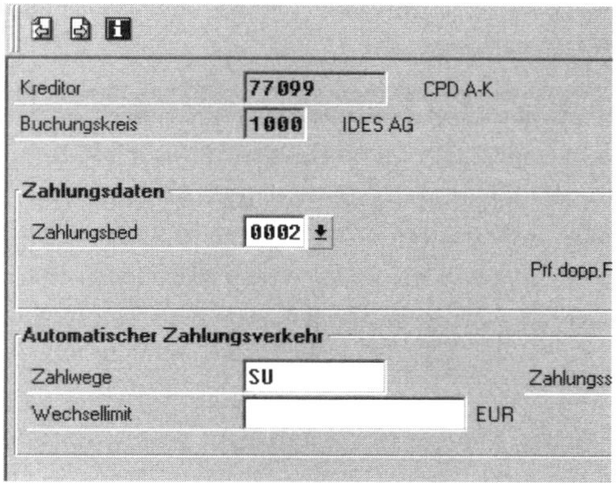

Kreditor anlegen: Zahlungsverkehr Buchhaltung

Zahlungsbed.: 0002

Zahlwege: SU
- Scheck oder Überweisung

weiter

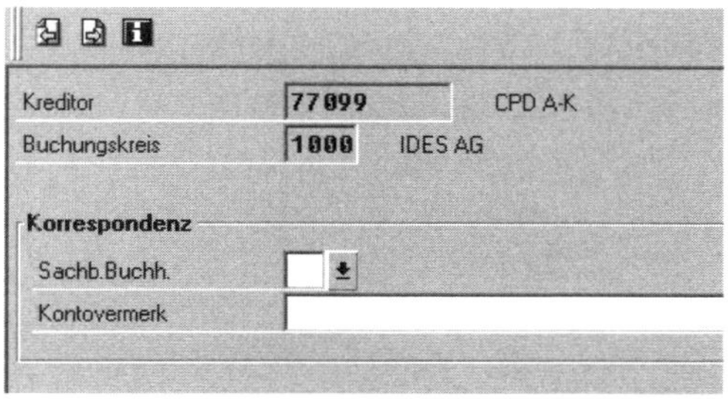

Kreditor anlegen: Korrespondenz Buchhaltung

Keine Angaben für die Fallstudie notwendig.

weiter

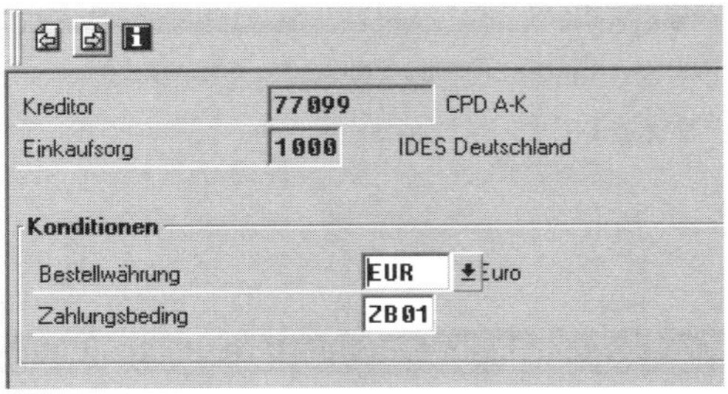	**Kreditor anlegen: Einkaufsdaten** Bestellwährung: EUR Zahlungsbeding: ZB01 speichern oder weiter 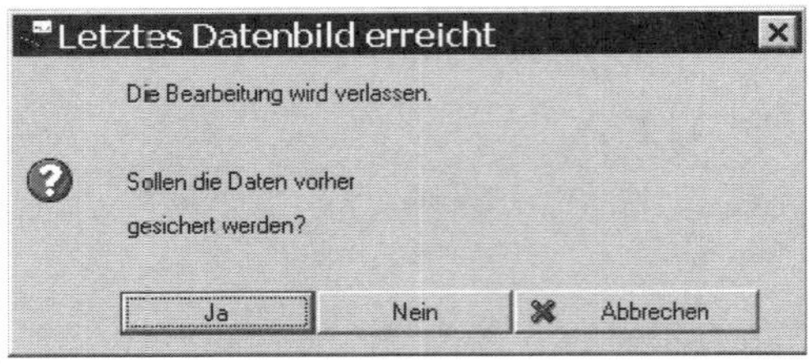

Bestellung anlegen mit bekanntem CpD-Lieferanten und mit Bezug zur Bestellanforderung

FENSTER	MENUEPFAD/EINGABE
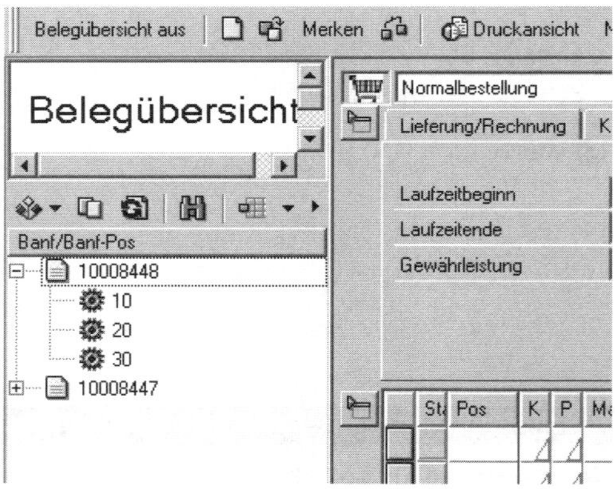	**LOGISTIK** ⇨ MATERIALWIRTSCHAFT ⇨ EINKAUF ⇨ BESTELLUNG ⇨ ANLEGEN ⇨ LIEFERANT BEKANNT **Bestellung anlegen** ▸ In Belegübersicht erscheinen die vom Benutzer angelegten Bestellanforderungen. Sollten keine bzw. nicht die gewünschten Bestellanforderungen angezeigt werden, so kann über ausgewählt werden, welche Belege angeboten werden sollen. 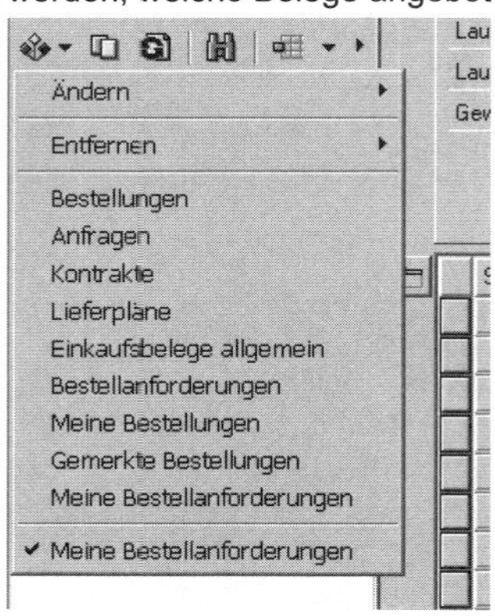 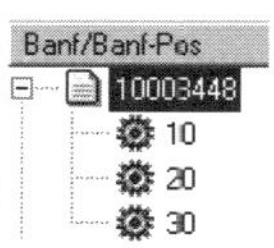 Bestellanforderung auswählen und kopieren anklicken (Doppelklick zeigt die Banf an).

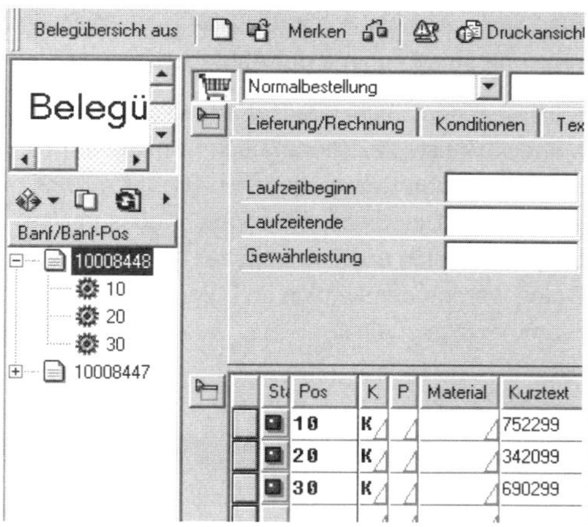

Bestellung anlegen

Kennzeichen vor der Position weist auf Fehler hin, hier fehlen noch der (bekannte) Lieferant und der Nettopreis der Positionen (kein Stammsatz vorhanden). Zur Ermittlung der Fehler auf klicken. Warnungen werden durch angezeigt, z.B. wenn der Liefertermin zum Zeitpunkt der Bestellungserstellung in der Vergangenheit liegt.

Lieferant: *77015*

▸ CpD A-H; Unternehmen heißt Häfter.

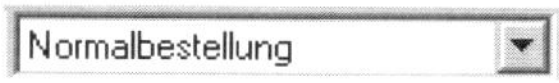

▸ Die Bestellung wird auf Basis der Banf erstellt.

Einkäufergruppe: *0xx*

Lieferdatum: *heute + 2 Arbeitstage*

Werk: *Berlin*

Nettopreis: *siehe Aufgabenstellung*

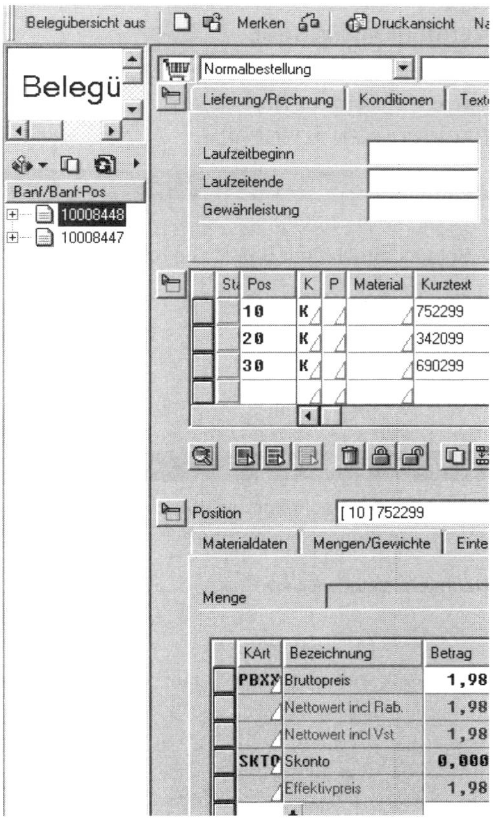

Bestellung anlegen

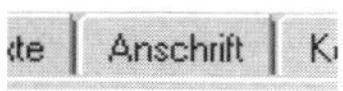

anklicken

▸ Ohne die Pflege der Anschrift kann der Beleg nicht vollständig richtig gesichert werden.

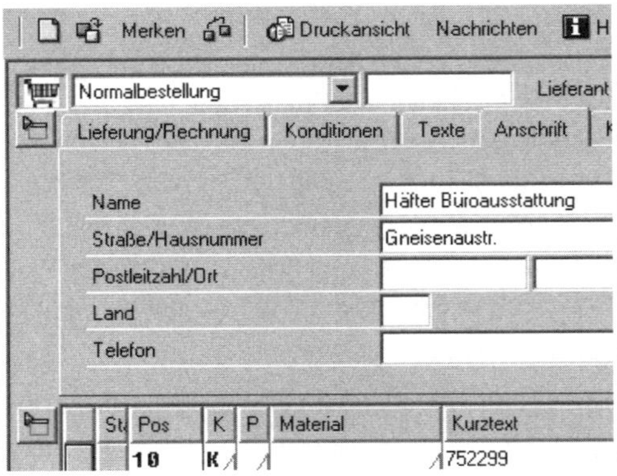

Bestellung anlegen

Anschrift entsprechend der Aufgabenstellung.

▸ Im Gegensatz zum Kreditor-Inland (Corner, Muhsglück usw.) existieren noch keine lieferantenspezifischen Daten, da der „Lieferant" 77099 ein CpD ist. Die spezifischen Daten müssen also bei jedem Beleg extra eingegeben werden. Die Daten werden demzufolge im Beleg und nicht im Stammsatz gespeichert.

speichern

Normalbestellung unter der Nummer 4500010919 angelegt

Bestellung ausdrucken (Nachrichten)

A1 Manueller Ausdruck über die Nachrichtenwarteschlange

Prinzipiell wird bei der Erstellung einer Bestellung automatisch nach der Verbuchung (sichern) eine (Bestell-)Nachricht in die Nachrichtenwarteschlange gestellt. Diese kann dann wie folgt ausgedruckt werden.

FENSTER	MENUEPFAD/EINGABE
	LOGISTIK ⇨ MATERIALWIRTSCHAFT ⇨ EINKAUF ⇨ BESTELLUNG ⇨ NACHRICHTEN ⇨ NACHRICHTEN AUSGEBEN
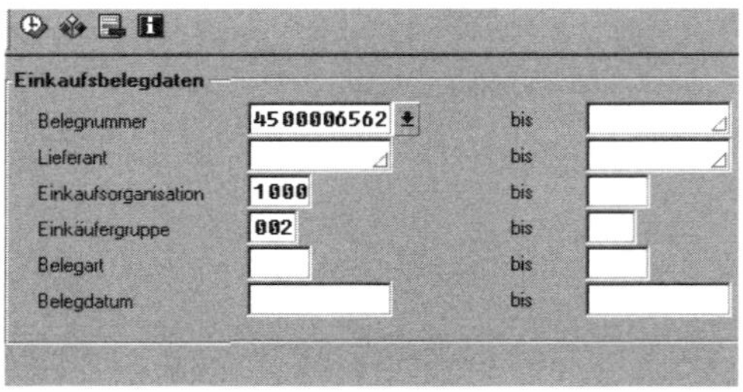	**Nachrichtenausgabe** Belegnummer: *450006562* ▸ Belegnummer einer Bestellung bzw. Intervall Einkaufsorganisation: *1000* Einkäufergruppe: *0xx*
	**Nachrichtenausgabe** ▸ Anzeige der Nachrichtenwarteschlange entsprechend der vorherigen Selektion. Nachricht markieren ☑ Nachricht anzeigen anklicken ▸ Ausdruck wird angezeigt.

```
Bitte liefern Sie an:                          Liefertermin
Werk Berlin
Rosenthaler Grenzweg 12

13156 Berlin-Rosenthal

Lieferbed.:FH Zahlungsbed.:innerhalb von 14 Tager
WährungEUR
                 innerhalb von 30 Tagen 2 % Skonto
                 innerhalb von 45 Tagen ohne Abzug
```

Pos.	Material	Bezeichnung	
Bestellmenge	Einheit		Preis pro Einheit
00010	99000CA01	Cashewkerne	
60,000	Kilogramm		7,16
Ihre Materialnummer33CA1000			
Cashewkerne			
00020	99000HA01	Haferflocken	
480,000	Kilogramm		1,02

Druckansicht für LP01 Seite 00001 bis 00002

zurück

Nachricht ausgeben anklicken, um Ausdruck zu starten!

- Es wird nun ein Spoolauftrag erstellt. Dieser wird in die Spoolqueue eingestellt. Die Umsetzung in einen Ausgabeauftrag erfolgt im Computing Center Management System (CCMS).

WERKZEUGE ⇨ CCMS ⇨ SPOOL ⇨ AUSGABESTEUERUNG

Spoolauftragsnummer	
Spoolauftragsname	
Benutzername	MAASSEN
von	05.12.2000
Mandant	900
Berechtigung	

Spool: Anforderungsbild

- Hier können wieder Angaben für eine mögliche Selektion der aufzulistenden Spoolaufträge gemacht werden.

Übersicht anklicken

Ausgabeauftr. Wie Attr.

	Spool-nummer	Erzeugungs-Datum	Zeit	Ausgabe-status	Se
☐	0000027028	05.12.00	15:18	-	
☐	0000027027	05.12.00	12:40	fertig	
☐	0000027026	05.12.00	12:33	fertig	
☐	0000027025	05.12.00	06:15	-	
☐	0000027024	05.12.00	06:15	-	
☐	0000027023	05.12.00	06:15	-	

Spool: Aufträge

Spool-nummer

☑ 0000027028 Spoolauftrag markieren

Wie Attr. anklicken, um einen Ausgabeauftrag zu erzeugen.

Druckauftrag für Spoolauftrag 0000027028 wurde erzeugt

Ausgabeauftr. Wie Attr.

	Spool-nummer	Erzeugungs-Datum	Zeit	Ausgabe-status	Se
☐	0000027028	05.12.00	15:18	Fertig	
☐	0000027027	05.12.00	12:40	Fertig	
☐	0000027026	05.12.00	12:33	Fertig	

Spool: Aufträge

- siehe Ausgabestatus im Screen

A2 manueller Ausdruck über die Bestellung

FENSTER	MENUEPFAD/EINGABE
	LOGISTIK ⇨ MATERIALWIRTSCHAFT ⇨ EINKAUF ⇨ BESTELLUNG ⇨ ÄNDERN

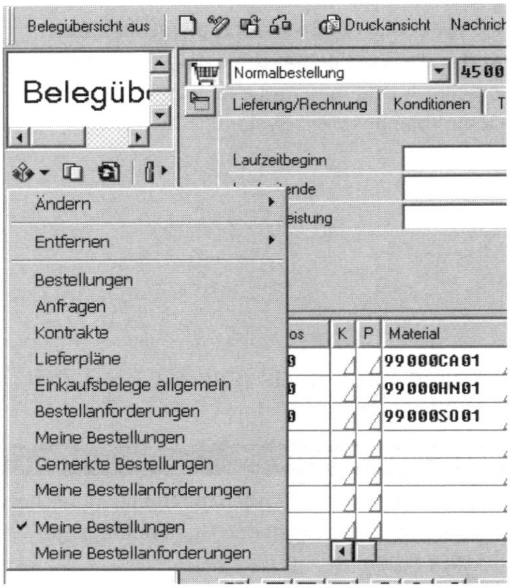

Bestellung ändern

Bestellung: *4500010917 bzw. die eigene Bestellnummer*

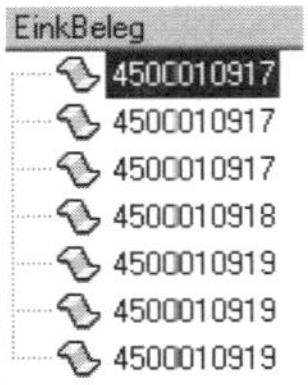

Doppelklick auf Bestellung

▸ Dazu muss u.U. die Belegübersicht auf Bestellungen geändert werden (s. links).

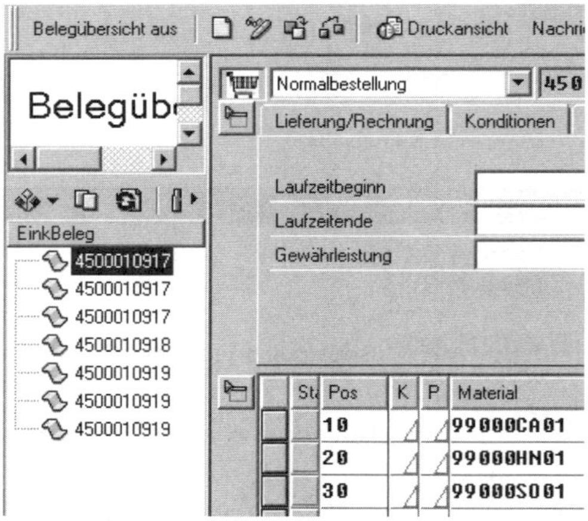

Bestellung ändern: Positionsübersicht

oder Nachrichten anklicken

▸ „Nachrichten" kann wahlweise schon im Anlegemodus, d.h. beim Anlegen der Bestellung, gewählt werden.

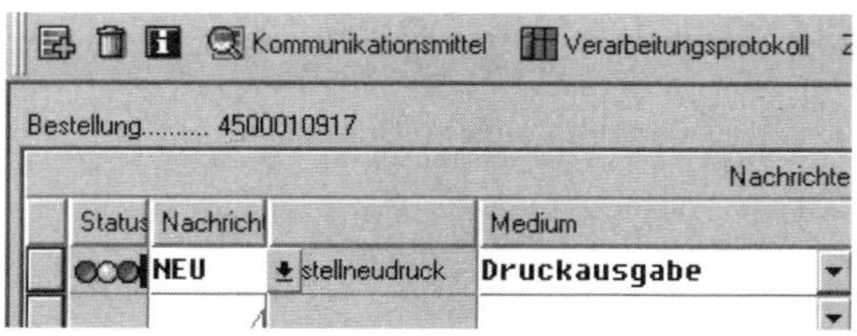

Bestellung ändern: Nachrichten

▸ Anzeige der bisherigen Nachrichten zu diesem Beleg. Grüne Ampel steht für abgearbeitete und gelbe Ampel steht für noch nicht abgearbeitete Nachrichten.

<u>Variante 1</u>: Zusatzangaben anklicken

Variante 2: Kommunikationsmittel anklicken

Bestellung ändern: Nachrichten

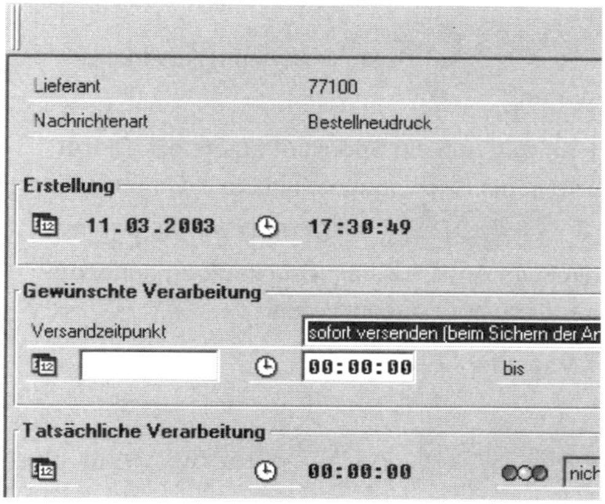

▸ Variante 1 Anfang: Zusatzangaben angeklickt

Versandzeitpunkt: *sofort versenden (beim Sichern der Anwendung)*

zurück und sichern

▸ Der Spoolauftrag wurde durch die Verbuchung (sichern) erzeugt. Die Nachricht wurde nicht in die Nachrichtenwarteschlange eingestellt. Die Anwendung „Nachrichtenausgabe" wird nicht benötigt. Der Spoolauftrag wird wieder über einen Druckjob oder manuell über das CCMS in einen Druckauftrag umgesetzt.

▸ Variante 1 Ende

Bestellung ändern: Nachrichten

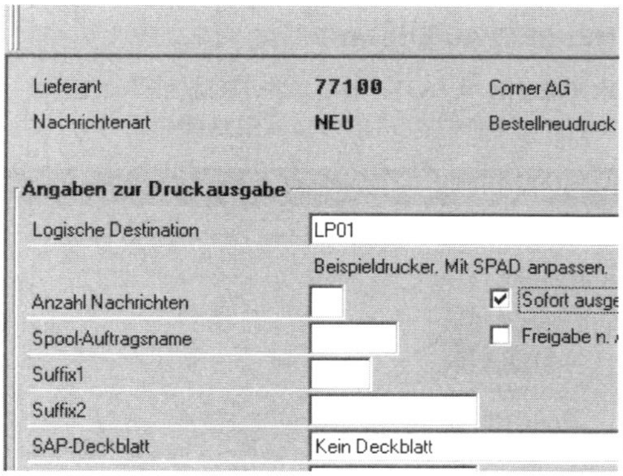

Variante 2 Anfang: Kommunikationsmittel angeklickt

☑ Sofort ausgeben auswählen

▸ Freigabestatus für den Belegdruck.

zurück und sichern

▸ Die Nachricht wurde in die Nachrichtenschlange eingestellt mit dem Status „sofort ausgeben".

LOGISTIK ⇨ MATERIALWIRTSCHAFT ⇨ EINKAUF **BESTELLUNG** ⇨ NACHRICHTEN ⇨ NACHRICHTEN AUSGEBEN

Nachrichtenausgabe

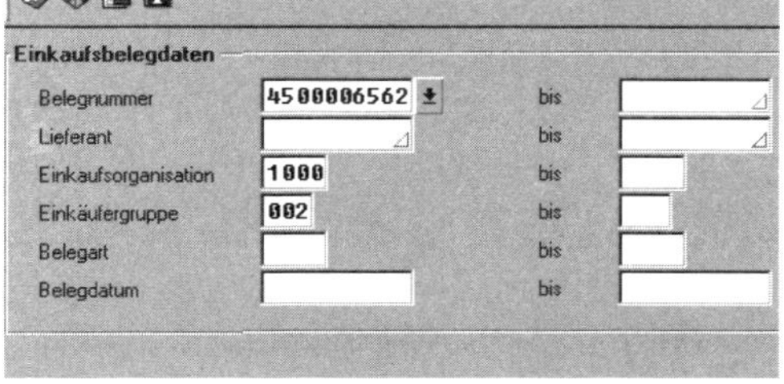

Belegnummer: *450006562*

▸ Belegnummer einer Bestellung bzw. Intervall

Einkaufsorganisation: *1000*

Einkäufergruppe: *0xx*

Nachrichtenausgabe

Nachricht markieren ☑

Nachricht ausgeben anklicken, um Ausdruck zu starten!

- Es wird nun ein Spoolauftrag erstellt. Dieser wird in die Spoolqueue eingestellt. Da oben ☑ Sofort ausgeben ausgewählt wurde, wird auch direkt im Anschluss ein Druckauftrag generiert, der dann zum Ausdruck führt.
- Variante 2 Ende

Die Kombination von Einstellungen in Kommunikationsmittel und Zusatzangaben führt dann zum sofortigen Ausdruck!

A3 Frontend-Druck über die Bestellung

FENSTER	MENUEPFAD/EINGABE
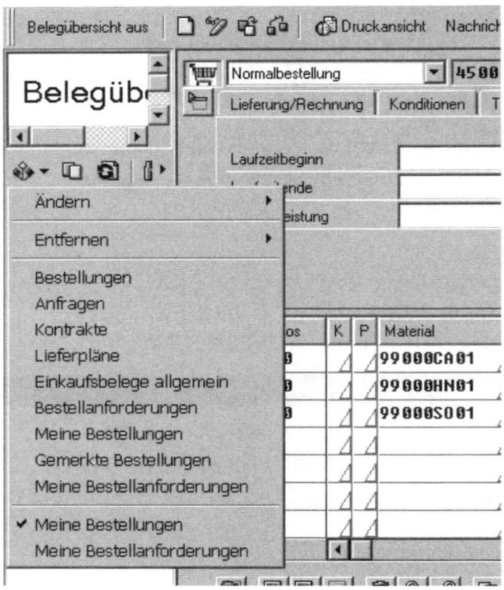	**LOGISTIK** ⇨ MATERIALWIRTSCHAFT ⇨ EINKAUF ⇨ BESTELLUNG ⇨ ÄNDERN

Bestellung ändern

Bestellung: *4500010917 bzw. die eigene Bestellnummer*

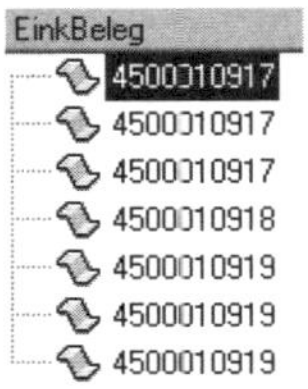

Doppelklick auf Bestellung

- Dazu muss u.U. die Belegübersicht auf Bestellungen geändert werden (s. links).

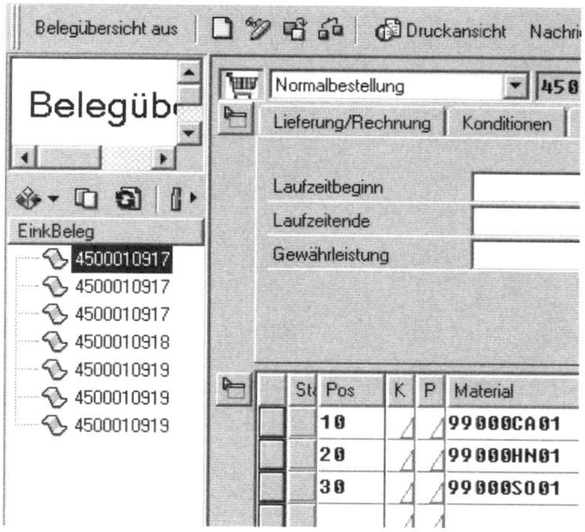

Bestellung ändern: Positionsübersicht

oder Nachrichten anklicken

- „Nachrichten" kann wahlweise schon im Anlegemodus, d.h. beim Anlegen der Bestellung, gewählt werden.

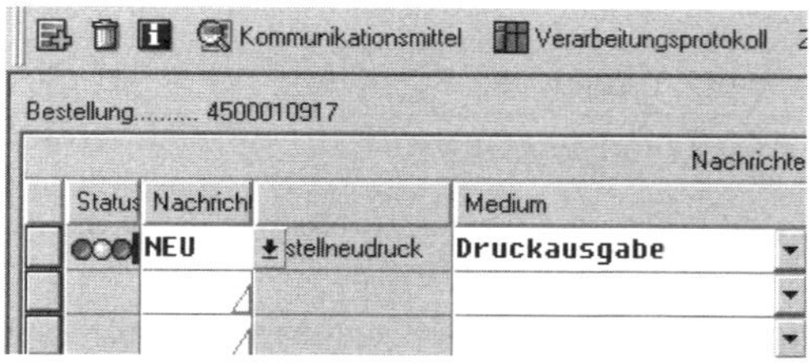

Bestellung ändern: Nachrichten

- Anzeige der bisherigen Nachrichten zu diesem Beleg. Grüne Ampel steht für abgearbeitete und gelbe Ampel steht für noch nicht abgearbeitete Nachrichten.

Zusatzangaben anklicken

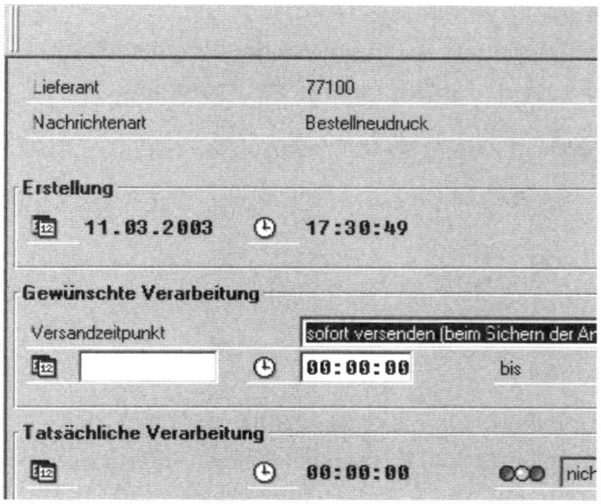

Bestellung ändern: Nachrichten

Versandzeitpunkt: *sofort versenden (beim Sichern der Anwendung)*

zurück

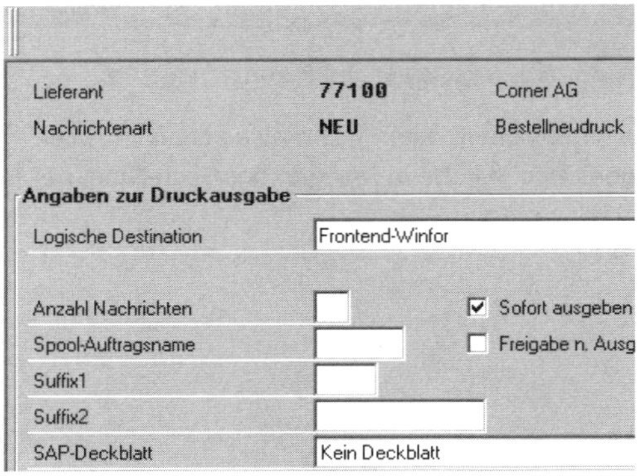

Bestellung ändern: Nachrichten

Kommunikationsmittel anklicken

Logische Destination: *Bezeichnung des Frontenddruckers, hier Frontend-Winfor*

▸ Gerätetyp: SWIN

Sofort ausgeben auswählen

zurück und sichern

▸ Die Nachricht wird gesteuert über das GUI sofort auf einem lokalen Standarddrucker ausgegeben.

Bestellanforderung stornieren

Status: Bestellanforderung ist noch nicht als Bestellung umgesetzt.

FENSTER	MENUEPFAD/EINGABE
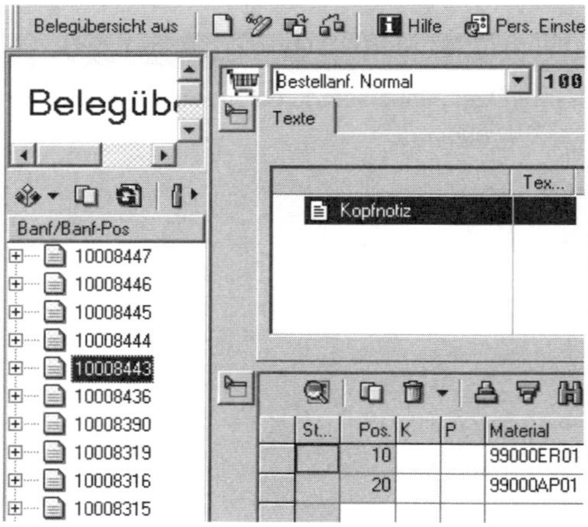	**LOGISTIK** ⇨ MATERIALWIRTSCHAFT ⇨ EINKAUF ⇨ BANF ⇨ ÄNDERN **Bestellanforderung ändern** Bestellanforderung: *10008443* ▸ Belegnummer einer bestehenden Bestellanforderung in der Belegübersicht auswählen. 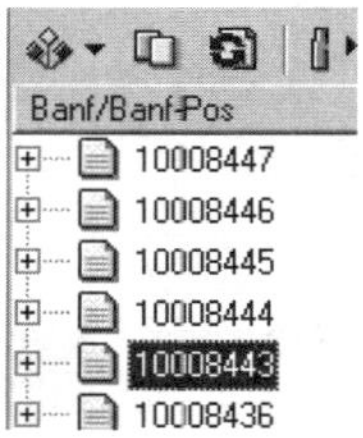 Doppelklick lädt die Bestellanforderung in den Arbeitsbereich. Die Bestellanforderung wird angezeigt. Zur Bearbeitung der Banf ändern anklicken. ▸ Falls keine Liste angezeigt wird, mit (Selektionsvariante) die Belegart auswählen, die angezeigt werden sollen, z.B. Bestellanforderungen.

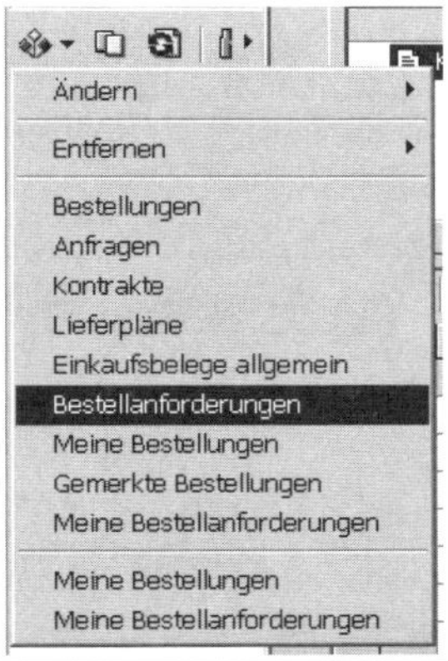

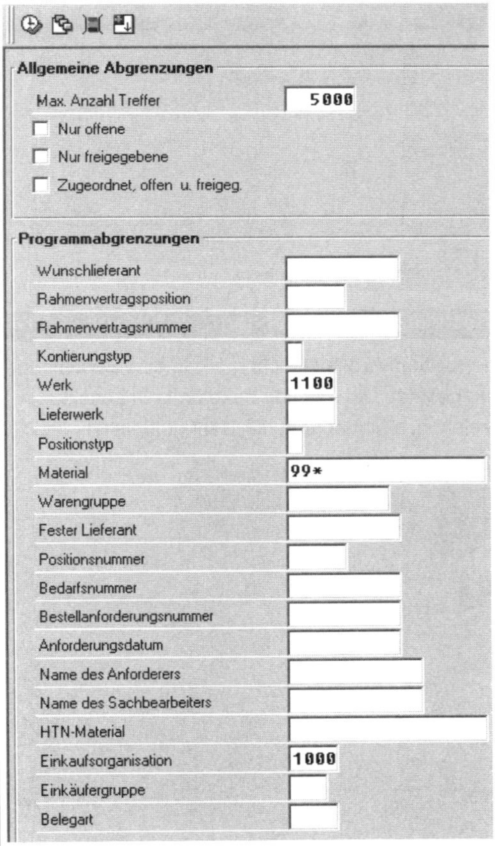

Bestellanforderung

- Erscheint nur, wenn oben als Selektionsvariante Bestellanforderungen gewählt wurde.
- Eingabe von Werten zur Eingrenzung der Auswahl.

weiter

ausführen

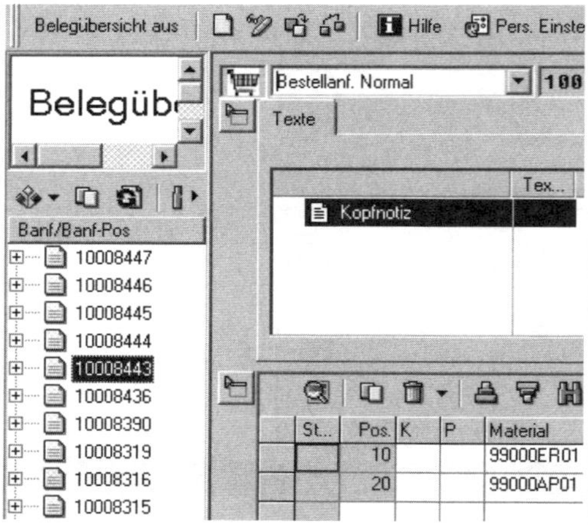

Bestellanforderung ändern

Bestellanforderung auswählen, sofern nicht schon oben durchgeführt.

▸ Wenn noch keine Bestellung generiert wurde, können sämtliche Daten geändert werden. Sollen eine oder mehrere Positionen storniert werden, so sind diese zu markieren.

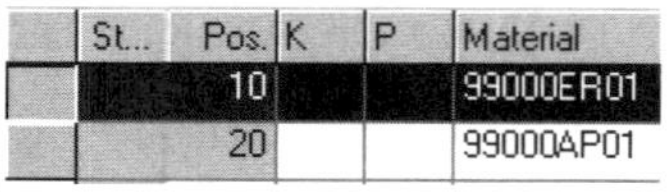

 anklicken

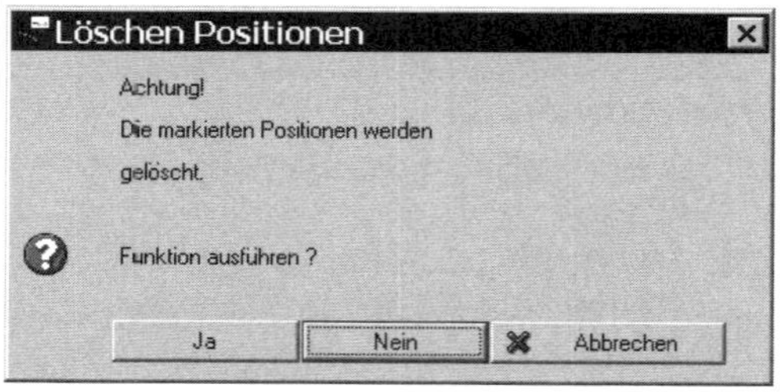

anklicken.

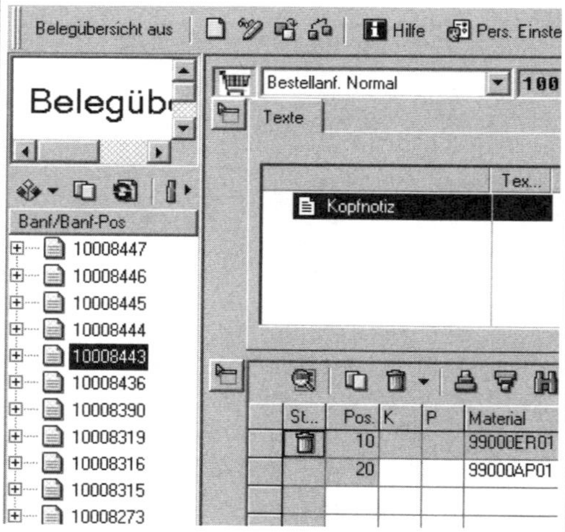

Bestellanforderung ändern

▸ Position wird jetzt nicht mehr in eine Bestellung umgesetzt. Die Position bekommt ein Löschkennzeichen, bleibt aber in der Banf aufgelistet.

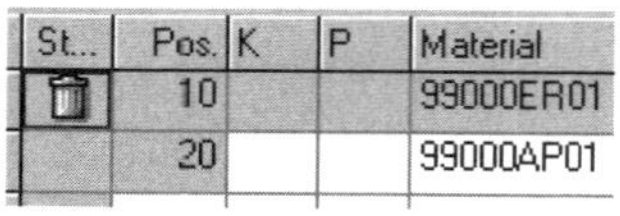

 sichern

Wird die Bestellanforderung positiv geändert (mehr oder weitere Positionen), nachdem bereits eine Bestellung aus ihr generiert wurde, so kann auf Basis der geänderten Bestellanforderung wieder eine Bestellung erstellt werden, wobei nur die Unterschiede berücksichtigt werden. Wird eine Position negativ verändert (weniger oder gelöscht), so gibt R/3 eine Warnmeldung aus, dass zu dieser Bestellanforderung schon eine Bestellung existiert. Trotzdem lässt R/3 die Änderung zu. Die Bestellung muss von Hand angepasst werden.

Bestellung stornieren

FENSTER	MENUEPFAD/EINGABE
	**LOGISTIK** ⇨ MATERIALWIRTSCHAFT ⇨ EINKAUF ⇨ BESTELLUNG ⇨ ÄNDERN **Bestellung ändern** Bestellung: *4500010917* ‣ Belegnummer der Bestellung  Position, die gelöscht (storniert) werden soll, markieren.  anklicken 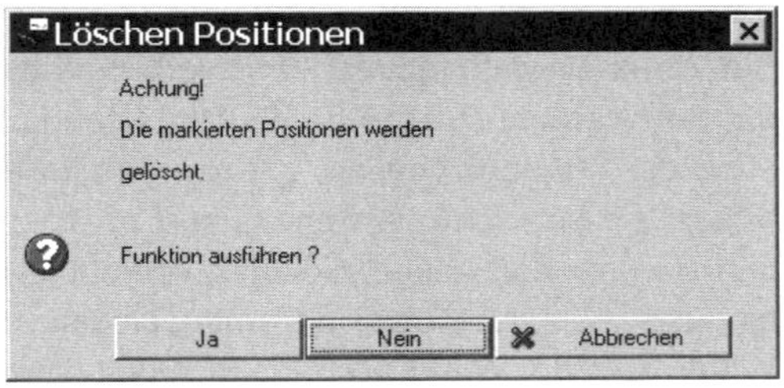 Ja
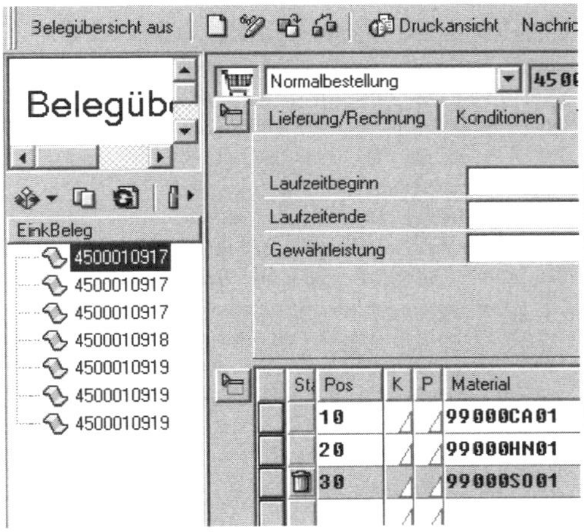	**Bestellung ändern** ‣ Löschkennzeichen wurde gesetzt. Die Bestellanforderungsmenge für die Position ist wieder offen.  sichern Normalbestellung 4500010917 wurde geändert

5.3.6 Bestandsführung - Warenbewegung

Vorgänge, die eine Änderung des Bestandes bewirken, werden als Warenbewegung bezeichnet. Prinzipiell lassen sich in R/3 die folgenden Warenbewegungen unterscheiden.

- Wareneingang

  Erhalt von Materialien von einem externen Lieferanten oder aus der Produktion; Erhöhung des Lagerbestandes (Wert und Menge).
- Warenausgang

  Materialentnahme zu Verbrauchszwecken oder zum Versand an den Kunden; Minderung des Lagerbestandes (Wert und Menge).
- Umbuchung

  Umlagerungen, d.h. Auslagern von Materialien von einem Lagerort zu einem anderen und Änderungen der Bestandsidentifikation. Bei einer Umbuchung ist nicht notwendigerweise eine tatsächliche physische Bewegung erforderlich (z.B. Umbuchung Material an Material oder die Übernahme von Konsignationsmaterial in den eigenen Bestand oder die Freigabe von Materialbeständen aus der Qualitätsprüfung).

Ein Wareneingang kann unterschiedliche betriebswirtschaftliche Gründe haben, gleiches gilt für den Warenausgang und die Umbuchung. Die Unterschiede ergeben sich aus der Erfassung der Warenbewegung, z.B. werden für eine Retoure zum Kundenauftrag andere Daten erfasst als bei einem Wareneingang zu einer Bestellung. Entsprechend sind andere Konsequenzen mit den beiden Belegen verknüpft. Retoure und Bestelleingang sind beide Wareneingänge. Zur Abbildung der unterschiedlichen Prozesse innerhalb der Warenbewegungen Wareneingang, Warenausgang und Umbuchung werden Bewegungsarten angeboten.

Abbildung 117: Bewegungsarten (Auswahl)

BwA	Text
101	Wareneingang zur Bestellung in das Lager
102	Wareneingang zur Bestellung in das Lager - Storno
103	Wareneingang zur Bestellung in den WE-Sperrbestand
104	Wareneingang zur Bestellung in den WE-Sperrbestand - Storno
105	Freigeben des WE-Sperrbestandes für das Lager
106	Freigeben des WE-Sperrbestandes für das Lager - Storno
122	Rücklieferung an den Lieferanten
123	Storno Rücklieferung
124	Rücklieferung aus dem WE-Sperrbestand
125	Rücklieferung aus dem WE-Sperrbestand - Storno
161	Retoure zur Bestellung
201	Verbrauch für Kostenstelle aus dem Lager
202	Verbrauch für Kostenstelle aus dem Lager - Storno
221	Verbrauch für Projekt aus dem Lager
222	Verbrauch für Projekt aus dem Lager - Storno
231	Verbrauch für Kundenauftrag aus dem Lager
232	Verbrauch für Kundenauftrag aus dem Lager - Storno
241	Verbrauch für Anlage aus dem Lager
242	Verbrauch für Anlage aus dem Lager - Storno
251	Verbrauch für Verkauf aus dem Lager
252	Verbrauch für Verkauf aus dem Lager - Storno
261	Verbrauch für Auftrag aus dem Lager
262	Verbrauch für Auftrag aus dem Lager - Storno
281	Verbrauch für Netzplan aus dem Lager
282	Verbrauch für Netzplan aus dem Lager - Storno
291	Verbrauch für alle Kontierungen aus dem Lager
292	Verbrauch für alle Kontierungen aus dem Lager - Storno
331	Entnahme für Stichprobe aus Qualität
332	Entnahme für Stichprobe aus Qualität
333	Entnahme für Stichprobe aus Frei verwendbar
334	Entnahme für Stichprobe aus Frei verwendbar - Storno
335	Entnahme für Stichprobe aus Gesperrt
336	Entnahme für Stichprobe aus Gesperrt - Storno
351	Umbuchung an Transitbestand aus frei verwendbar
352	Umbuchung an Transitbestand aus frei verwendbar - Storno
451	Retoure vom Kunden
452	Retoure vom Kunden - Storno
501	Eingang ohne Bestellung in Frei verwendbar
502	Eingang ohne Bestellung in Frei verwendbar - Storno
503	Eingang ohne Bestellung in Qualitätsprüfung
504	Eingang ohne Bestellung in QualPrüf. - Storno
505	Eingang ohne Bestellung in Gesperrt
506	Eingang ohne Bestellung in Gesperrt - Storno
511	Eingang kostenlose Lieferung

Bildschirmbilder ©SAP AG

Diese spezifizieren den betriebswirtschaftlichen Vorgang. Die Bewegungsart steuert die richtige Fortschreibung der mengen- und wertmäßigen Bestände. Abhängig vom betriebswirt-

schaftlichen Vorgang wird auf Bestands- und Verbrauchskonten gebucht.[26] Zum Teil werden die Bewegungsarten direkt aus der benutzten Transaktion abgeleitet, z.B. bei der Anwendung « Wareneingang zur Bestellung» wird die Bewegungsart „101 Wareneingang zur Bestellung in das Lager“ für die Positionen vorgeschlagen. Die Bewegungsart kann pro Position vergeben werden.
Die Bewegungsart bildet damit eine weitere Variante zur Spezifizierung von Vorgängen bzw. Objekten wie die Materialart, Kontengruppe, Belegart etc.

5.3.6.1 Wareneingang zur Bestellung

Für den Einkauf ist in erster Linie der Wareneingang die relevante Warenbewegung. Sobald Waren (am Lager) angeliefert werden, müssen diese von der Bestandsführung als Wareneingang gebucht werden. Eine typische Bewegungsart für den Wareneingang im Falle des Einkaufs ist der Wareneingang zur Bestellung in das Lager.
Basiert ein Wareneingang auf einer Bestellung (Bewegungsart 101), so werden die Bestelldaten als Prüfdaten, insbesondere für Menge und Termin, in den Wareneingang übernommen. Jede Bestellposition bildet dann eine Wareneingangsposition. Wahlweise können auch für eine Bestellposition mehrere Wareneingangspositionen gebildet werden, z.B., wenn ein Material auf mehrere Lagerorte aufgeteilt oder eine Teilmenge in den Qualitätsprüfbestand gebucht werden soll.
Die Abbildung 118 zeigt, welche Bestimmungen bestelltes Material haben kann. Die prinzipiellen Bestimmungen werden wieder durch Bewegungsarten abgedeckt, teils mit unterschiedlichen Ausprägungen. Der Wareneingangssperrbestand nimmt Lieferungen auf, die unter Vorbehalt aufgenommen wurden. Materialbestand (Lagermaterial), der nicht verwendet werden soll, wird als gesperrter Bestand geführt.

Abbildung 118: Wareneingänge und ihre Bestimmung

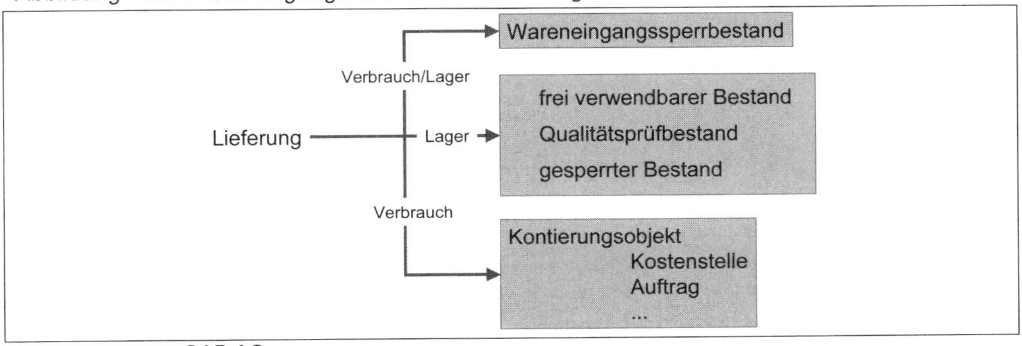

In Anlehnung an SAP AG

Zur Erfassung von kostenlosen Lieferungen (z.B. die Zusendung unaufgeforderter Muster) oder für die Übernahme von Buchbeständen aus Alt-Systemen kann die Anwendung „Sonstige Wareneingänge“ eingesetzt werden. Hiermit können – unter Berücksichtigung der richtigen Bewegungsart - Wareneingänge ohne Belegbezug (Bestellung, Auftrag) gepflegt werden.
Da Vorgänge in R/3 mit Belegen dokumentiert werden, entsteht bei der Erfassung des Wareneingangs ein Materialbeleg. Der Materialbeleg stellt den Nachweis für die Bewegung dar. Der Beleg kann auch von anderen Anwendungen als Informationsquelle genutzt werden. Ist

[26] S. auch Kapitel 5.1.2.3, S. 84.

die Warenbewegung finanzwirtschaftlich relevant, so wird gleichzeitig ein Buchhaltungsbeleg erzeugt.

Die Fortschreibung des Bestands- und der Sachkonten hängt von der gewählten Bewegungsart bzw. vom Bestimmungsort ab. Ein Wareneingang zur Bestellung ins Lager bewirkt eine Erhöhung des frei verwendbaren Bestandes (Menge) sowie des bewerteten Bestandes (Wert). Bei Wareneingängen für den Verbrauch erfolgt u.U. keine Mengenfortschreibung und es wird ein Verbrauchskonto anstelle eines Bestandskontos bebucht. Der Materialbeleg muss also nicht, wie an den zwei Beispielen gezeigt, unbedingt zu einer Mengenfortschreibung führen. Die Fortschreibung der Sachkonten geschieht über automatische Kontenfindung mit Hilfe von Bewertungsklasse und Bewegungsart bzw. Kontomodifikation. Für die richtigen Sachkonten bei der Verbuchung von Verbrauchsmaterial (kontierte Bestellposition) greift der Wareneingang auf den Bestellungsbeleg zurück.

Abbildung 119: Beispielbelege aus dem Wareneingang

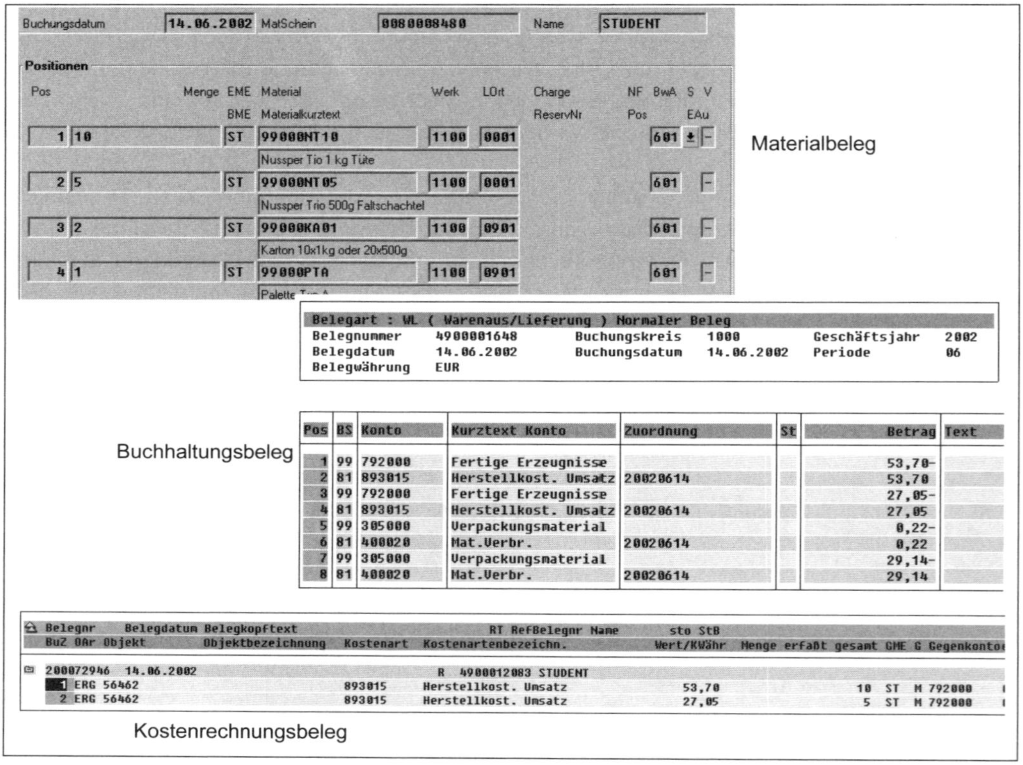

Buchungsdatum 14.06.2002 MatSchein 0080008480 Name STUDENT

Positionen

Pos	Menge	EME / BME	Material / Materialkurztext	Werk	LOrt	Charge / ReservNr	NF / Pos	BwA	S	V / EAu
1	10	ST	99000NT10	1100	0001			601	±	-
			Nussper Tio 1 kg Tüte							
2	5	ST	99000NT05	1100	0001			601		-
			Nussper Trio 500g Faltschachtel							
3	2	ST	99000KA01	1100	0901			601		-
			Karton 10x1kg oder 20x500g							
4	1	ST	99000PTA	1100	0901			601		-
			Palette							

Materialbeleg

Belegart : WL (Warenaus/Lieferung) Normaler Beleg

Belegnummer	4900001648	Buchungskreis	1000	Geschäftsjahr	2002
Belegdatum	14.06.2002	Buchungsdatum	14.06.2002	Periode	06
Belegwährung	EUR				

Buchhaltungsbeleg

Pos	BS	Konto	Kurztext Konto	Zuordnung	St	Betrag	Text
1	99	792000	Fertige Erzeugnisse			53,70-	
2	81	893015	Herstellkost. Umsatz	20020614		53,70	
3	99	792000	Fertige Erzeugnisse			27,05-	
4	81	893015	Herstellkost. Umsatz	20020614		27,05	
5	99	305000	Verpackungsmaterial			0,22-	
6	81	400020	Mat.Verbr.	20020614		0,22	
7	99	305000	Verpackungsmaterial			29,14-	
8	81	400020	Mat.Verbr.	20020614		29,14	

Belegnr / BuZ	Belegdatum / OAr	Belegkopftext / Objekt	Objektbezeichnung	Kostenart	RT RefBelegnr Name / Kostenartenbezeichn.	sto StB / Wert/KWähr	Menge erfaßt gesamt	GME	G	Gegenkonto
200072946	14.06.2002				R 4900012083 STUDENT					
1	ERG	56462		893015	Herstellkost. Umsatz	53,70	10	ST	M	792000
2	ERG	56462		893015	Herstellkost. Umsatz	27,05	5	ST	M	792000

Kostenrechnungsbeleg

Bildschirmbilder ©SAP AG

Neben Material- und Buchhaltungsbeleg können noch ein Warenbegleitschein und für die Fortschreibung wertmäßiger Veränderungen von Controlling-Objekten, z.B. Kostenstellen, Kostenrechnungsbelege erzeugt werden.

Da üblicherweise zum Zeitpunkt des Wareneingangs die Rechnung noch nicht vorliegt, kann die wertmäßige Verbuchung eines Wareneingangs nur auf Basis des Bestellpreises erfolgen. Der Bestellpreis kann, muss aber u.U. nicht der Preis sein auf den die Rechnung lautet, so dass eventuell Korrekturbuchungen notwendig sind.

Abbildung 120: Notwendigkeit eines Zwischenkontos

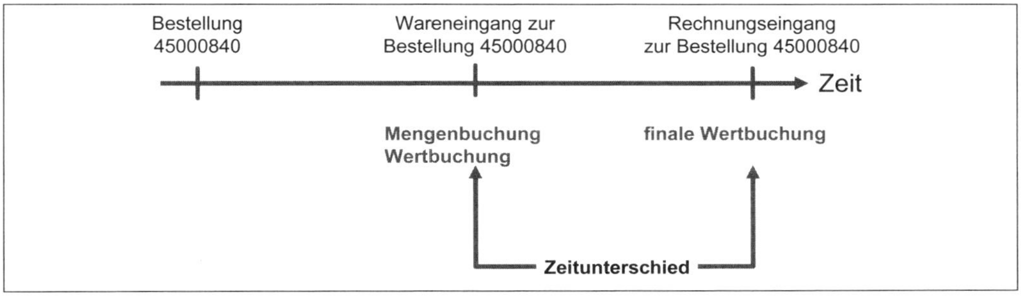

Zudem formuliert die Rechnung die eigentliche Verbindlichkeit gegenüber dem Lieferanten. So lange keine Rechnung vorliegt, fühlen sich die wenigsten zur Zahlung animiert. Es bietet sich also an die Wertbuchung zur Überbrückung der Zeitdifferenz zwischen Waren- und Rechnungseingang auf einem Zwischenkonto bzw. Verrechnungskonto, zu „parken“. Das Konto, das hier diese Funktion ausübt ist das sog. Wareneingang/Rechnungseingang-Verrechnungskonto (WE/RE-Konto). Der Wareneingang wird auf der Habenseite gebucht. Je nach Preissteuerung (S oder V) wird noch ein Aufwands- bzw. Ertragskonto benötigt um Unterschiede zwischen Bestellpreis und Bewertungspreis auszugleichen. Ein Beispiel zum Standardpreis (Preissteuerung S) zeigt die Abbildung 121. Bei einer Bewertung zum gleitenden Durchschnittspreis wäre das Preisdifferenzenkonto nicht notwendig. Es wird nur die jeweils gelieferte Warenmenge wertmäßig erfasst, d.h. wenn statt bestellter 30 Stück nur 15 Stück geliefert werden, so werden auch nur 15 Stück bewertet.

Abbildung 121: Wareneingang bei Preissteuerung S

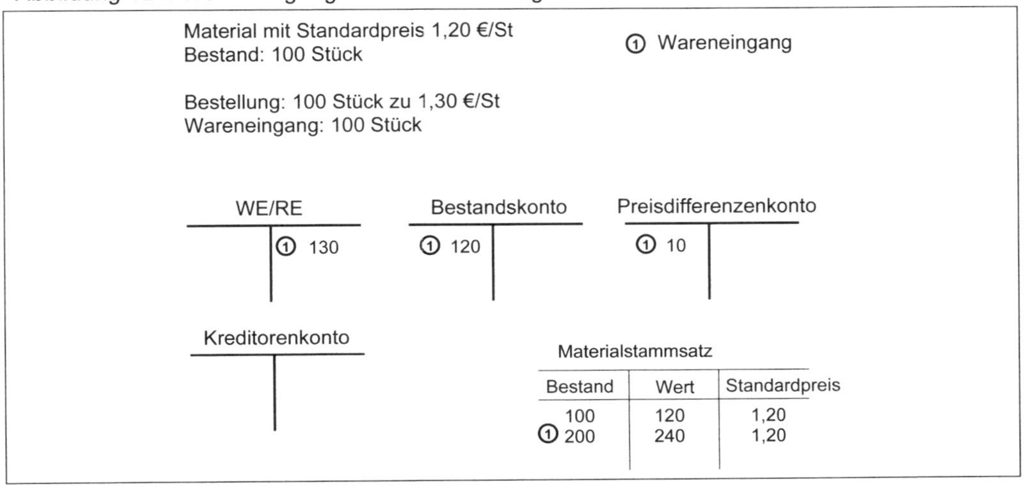

Mit dem Wareneingang ist eine Vielzahl von Informationsflüssen verbunden. Im Wareneingang erfasste Daten verursachen – neben mengen- und wertmäßiger Fortschreibung – eine Fortschreibung in der Bestellentwicklung und in der Lieferantenbeurteilung. Durch Setzen eines Kennzeichens WE-Nachricht in der Bestellung wird der Sachbearbeiter im Einkauf automatisch informiert, wenn der Wareneingang erfolgt ist. Außerdem stellen die Wareneingangsinformationen eine Grundlage für die Rechnungsprüfung dar.

5.3.6.2 Mengenabweichung beim Wareneingang

R/3 schlägt auf Basis der Bestellung bei einem Wareneingang die offene Bestellmenge einer Position vor. R/3 vergleicht dann die gepflegte Menge, also die tatsächliche gelieferte Menge, mit der offenen Bestellmenge. Die offene Bestellmenge ergibt sich aus:

bestellte Menge – bisher gelieferte Menge.

Bei Lieferung der gesamten Position bzw. einer Überlieferung ist die offene Bestellung gleich Null. Eine Bestellposition gilt als erledigt, wenn die offene Bestellmenge gleich Null ist.
Wird weniger als die Bestellmenge geliefert, dann wird diese Menge als Teilmenge angesehen. Es wird noch ein weiterer Wareneingang erwartet. Durch Setzen des so genannten Endlieferungskennzeichens für diese Position wird die offene Bestellmenge gleich Null gesetzt. Die Position gilt als endgeliefert, obwohl nicht die gesamte Menge geliefert wurde. Es wird keine weitere Lieferung mehr erwartet. Restmengenbuchungen sind möglich, haben aber keine Auswirkung auf den offenen Bestellbestand. Das Endlieferungskennzeichen wird automatisch gesetzt, wenn die Gesamtmenge bezogen auf die Position geliefert wurde.

Abbildung 122: Wareneingang zur Bestellung mit Überlieferung

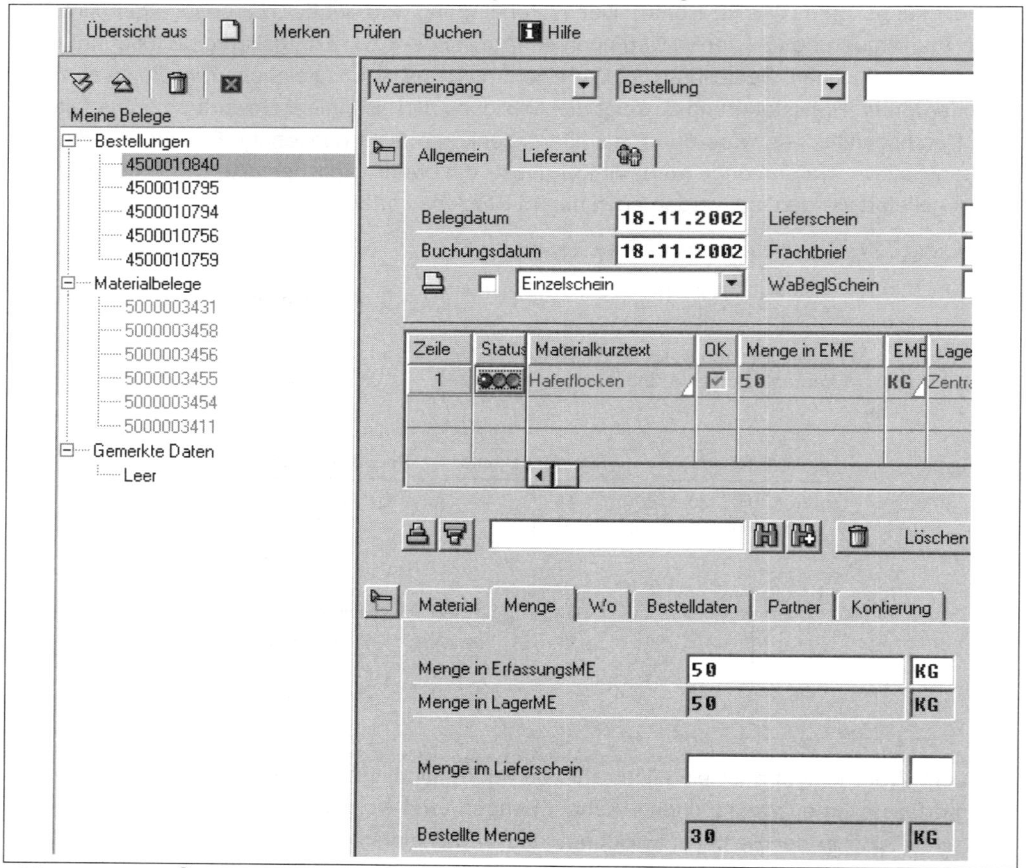

Bildschirmbilder ©SAP AG

Grundsätzlich sind Unterlieferungen, d.h. weniger als die offene Bestellmenge, im R/3-Standardsystem zulässig. Die Unterlieferung wird als Teillieferung angenommen. Überlieferungen werden nicht akzeptiert. Es wird eine Fehlermeldung ausgegeben. Fehlermeldungen können nicht übergangen werden. Bei Bedarf kann dies im Customizing umgestellt werden. Die Abbildung 122 zeigt eine Überlieferung für die Position 1. 30 KG wurden bestellt, 50 KG jedoch geliefert. Die „rote Ampel" in der Position 1 bei Status signalisiert den Fehler. Eine Verbuchung wird abgelehnt. Im Gegensatz dazu das Bildschirmbild der Abbildung 123 . Hier wird eine Unterlieferung dargestellt. Es wird nur „gewarnt". Eine weitere Lieferung wird vom System noch erwartet.

Abbildung 123: Wareneingang zur Bestellung mit Unterlieferung

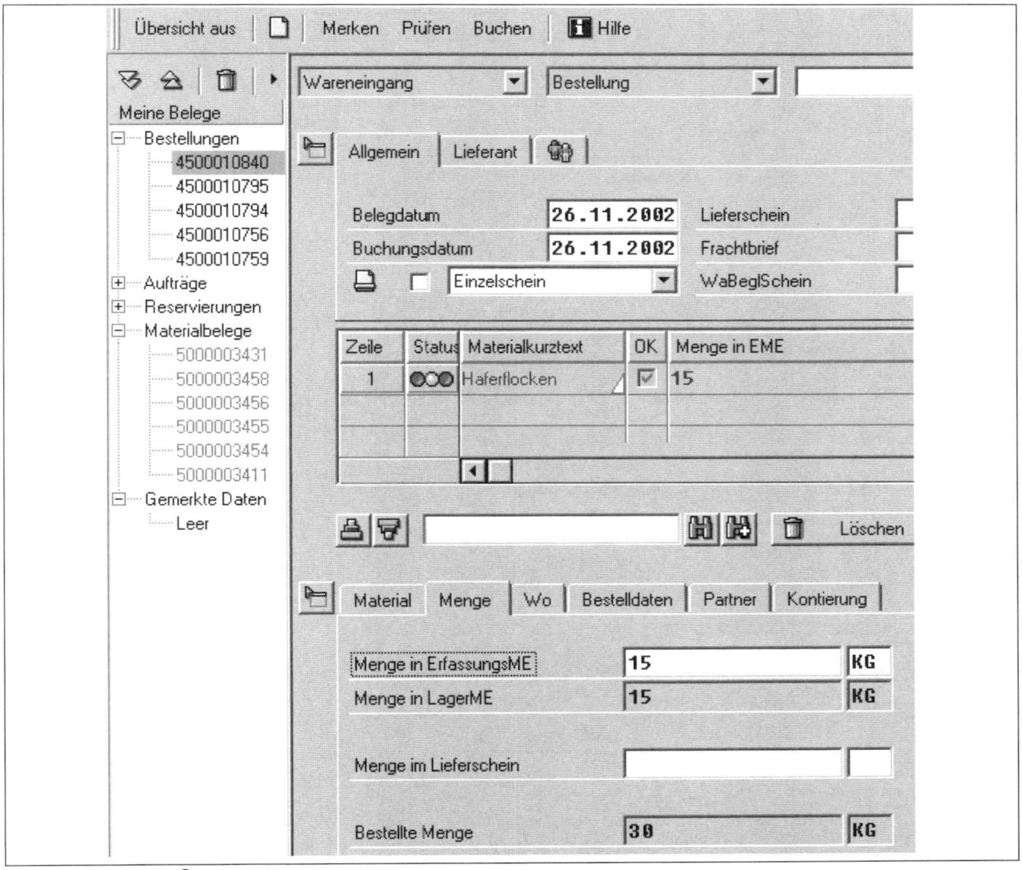

Bildschirmbilder ©SAP AG

Die relativ strikte Behandlung von Unter- oder Überlieferungen in Positionen lässt sich spezifizieren bzw. ändern, indem im Materialstammsatz (Sicht Einkauf – Einkaufswerteschlüssel) und/oder im Einkaufsinfosatz (Einkaufsorganisationsdaten 1) und/oder in der Bestellposition prozentuale Toleranzwerte angegeben werden.

Abbildung 124: Toleranzgrenzen pflegen

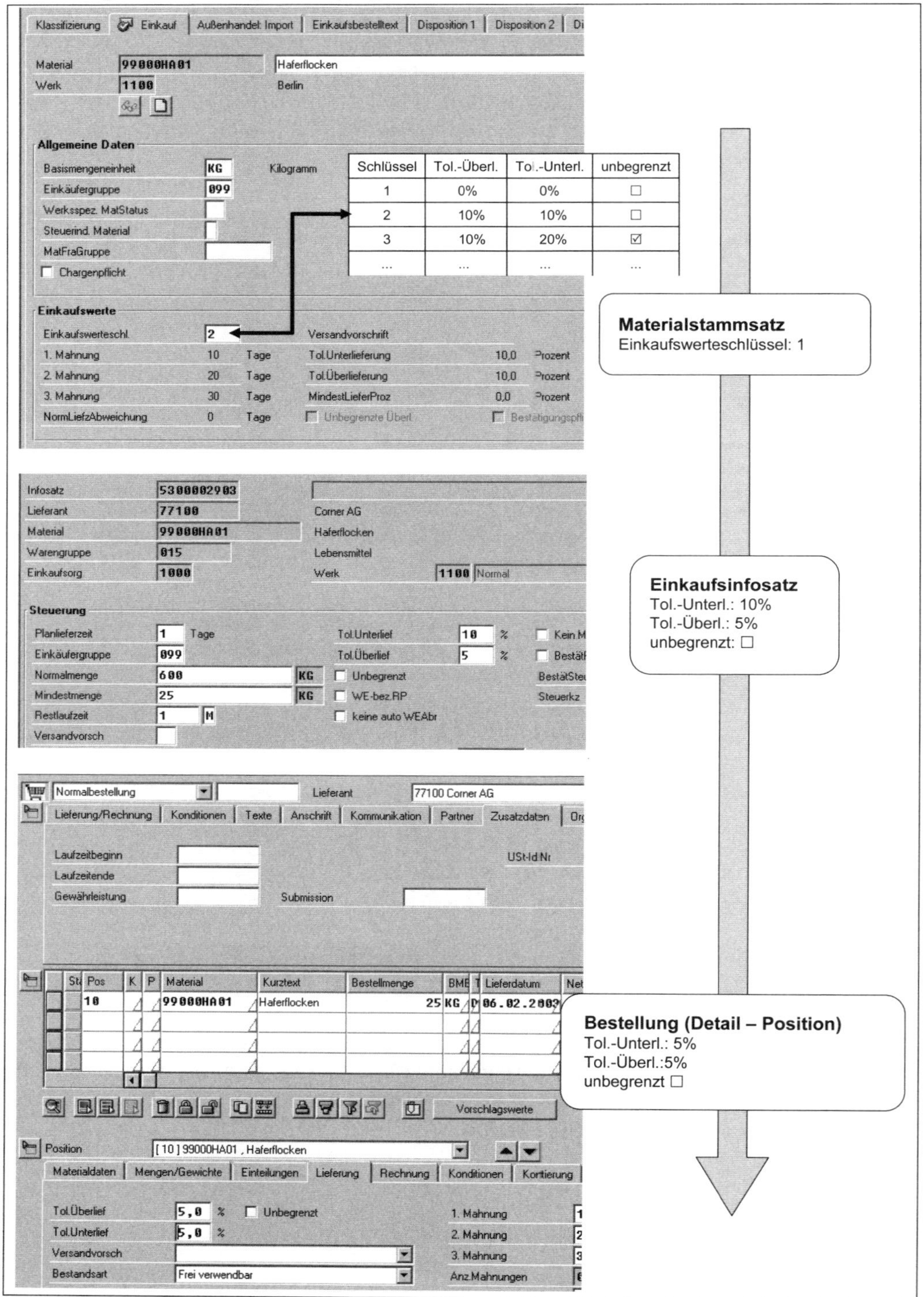

Bildschirmbilder ©SAP AG

Die prozentualen Unter- und Überlieferungstoleranzen beziehen sich stets auf die Bestellmenge. Mit Ausnahme des Materialstammsatzes können die Toleranzwerte direkt eingegeben werden. Im Materialstammsatz wird in der Einkaufssicht der so genannte Einkaufswerteschlüssel gepflegt. Diesem Schlüssel sind über das Customizing des Einkaufs die Toleranzwerte (und weitere Daten) zugeordnet. Der Toleranzwert der Bestellposition hat Vorrang vor dem des Einkaufsinfosatz. Der Einkaufsinfosatz hat Vorrang vor einem im Materialstammsatz gepflegten Einkaufswerteschlüssel. Bei Erstellung des Einkaufsinfosatzes werden die Toleranzwerte des Materialstammsatzes vorgeschlagen. Ebenso werden die Toleranzwerte des Einkaufsinfosatzes für die Bestellpositionen in der Bestellung vorgeschlagen. Die Vorschlagswerte sind wie immer änderbar.
Ist die Wareneingangsmenge größer als die Bestellmenge zuzüglich der Überlieferungstoleranz oder kleiner als die Bestellmenge abzüglich der Unterlieferungstoleranz, wird keine Meldung in der Statuszeile ausgegeben. Die Menge wird akzeptiert, das Endlieferungskennzeichen gesetzt. Bei Unterschreiten der Bestellmenge inklusive Unterlieferungstoleranz wird wie vorher eine Warnmeldung ausgegeben. Ein Überschreiten der Bestellmenge inklusive Überlieferungstoleranz ist nicht möglich. Es erscheint wieder die Fehlermeldung. Durch Setzen des „Unbegrenzt"- Kennzeichens werden unbegrenzte Überlieferungen erlaubt. Es erscheint keine (Fehler-)Meldung.

Es kann auch zu einer Ablehnung der Warenannahme kommen, wenn verderbliche Waren der Mindesthaltbarkeitsprüfung nicht standhalten. Voraussetzung dafür ist die Aktivierung der Mindesthaltbarkeitsprüfung im Customizing. Weiter müssen Haltbarkeitsdaten in der Bestellung und/oder im Materialstammsatz (Sicht Werksdaten/Lagerung 1) gepflegt sein, d.h. die Mindestrestlaufzeit und Gesamthaltbarkeit. Eine Gesamthaltbarkeit von sechs Monaten – wie in Abbildung 125 dargestellt – bedeutet, dass das Material ausgehend vom Herstelldatum sechs Monate haltbar ist. Es berechnet sich so das Mindesthaltbarkeitsdatum. Dieses wird gegen das Tagesdatum des Wareneingangs geprüft. Ist die daraus errechnete Zeit geringer als die angegebene Mindestrestlaufzeit, so wird die Verbuchung des Materialbelegs verweigert. Für den Fall, dass keine Gesamthaltbarkeit gepflegt ist, muss das Mindesthaltbarkeitsdatum angegeben werden.

Abbildung 125: Mindesthaltbarkeitsprüfung

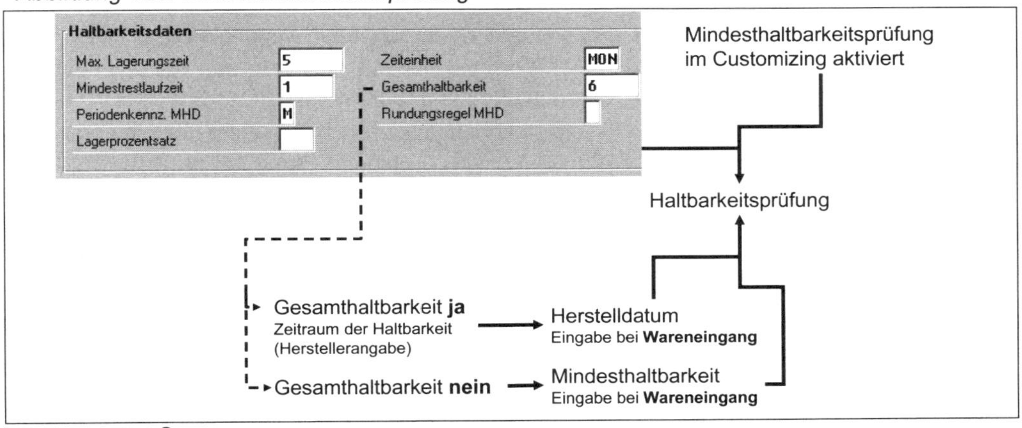

Bildschirmbild ©SAP AG

5.3.7 Rechnungsprüfung

Die Rechnungsprüfung hat die Aufgabe, erhaltene Rechnungen zu erfassen und auf Vollständigkeit bzw. Richtigkeit zu überprüfen.
Die Rechnungsprüfung als Menüfunktion ist, trotz ihrer finanzwirtschaftlichen Nähe, in der Materialwirtschaft angesiedelt. Die Begründung liegt darin, dass der Beschaffungsprozess überwiegend logistischen Charakter hat und die Rechnungsprüfung nicht die Funktion der Zahlung beinhaltet. Die Rechnungsprüfung umfasst folgende Tätigkeiten:

- die Erfassung von eingegangenen Rechnungen und Gutschriften,
- die Prüfung auf sachliche, preisliche und rechnerische Richtigkeit,
- die Kontierung der Rechnung,
- die Fortschreibung von Daten (z.B. gleitender Durchschnittspreis, offene Posten, etc.),
- die Nachbearbeitung von Rechnungen, deren Abweichungen vom Bestellvorgang zu groß waren.

Rechnungen gehen üblicherweise als Folge von Bestellungen ein. Um die Rechnung auf sachliche, preisliche und rechnerische Richtigkeit zu prüfen, ist die Zuordnung zu einem Bestellvorgang notwendig. In einer Positionsübersicht können dann die Positionen der Bestellung ausgewählt werden, die für die Rechnung geprüft werden sollen. Als weiterer Bezugspunkt kann der Lieferschein verwendet werden.
Der Anwender muss den Rechnungskopf (Belegdatum, Buchungsdatum, Rechnungsbruttopreis, Zuordnung etc.) pflegen. R/3 bietet für die Positionen der zugeordneten Bestellung Vorschlagswerte an. Der Mengenvorschlag basiert auf dem oder den Materialbelegen. Teillieferungen (mehrere Wareneingangsbelege) zu einer Position werden summiert und zusammen abgerechnet, z.B. würden zwei Wareneingänge zu einer Bestellposition von 2 und 4 Kartons zu einer Rechnungsposition zusammengefasst. Die bisher tatsächlich eingegangene Menge einer Position wird dann als Rechnungsmenge vorgeschlagen. Der vorgeschlagene Rechnungsbetrag berechnet sich aus Wareneingangsmenge und Einzelpreis aus der Bestellung. Falls notwendig können diese Vorschlagswerte i.S. der Rechnung korrigiert werden.
Die Rechnungsprüfung wird von R/3 durchgeführt. Verglichen wird der Preis der Bestellposition mit dem eingegebenen Preis der Rechungsposition. Für die richtige Menge wird die tatsächlich eingegangene Menge berücksichtigt, d.h. die zu dieser Bestellung durchgeführten Wareneingänge. Die Menge ergibt sich aus den entsprechenden Materialbelegen. Die Prüfbasis bilden damit zwei Belege, die Bestellung und der Materialbeleg des Wareneingangs. Dies wird auch als bestellbezogene Rechnungsprüfung bezeichnet.
Im Beispiel der Abbildung 126 wird für die Rechnungsposition 1 eine Rechnungsmenge von 20 KG und ein Betrag von 143,20€ (20 x 7,16) vorgeschlagen. Basis ist die Bestellung mit dem Bestellpreis und der Wareneingangsbeleg mit der eingegangenen Menge.
Sollen mehrere Wareneingänge zu einer Bestellposition auch durch mehrere Positionen in der Positionsliste dargestellt werden, dann muss eine wareneingangsbezogene Rechnungsprüfung durchgeführt werden. Daher muss der Wareneingang erfolgt sein, bevor die Rechnung erfasst wird. Die wareneingangsbezogenen Rechnungsprüfung ist dann sinnvoll, wenn davon auszugehen ist, dass eine Vielzahl von Teillieferungen zu erwarten ist. Wie geprüft werden soll, wird in der Bestellposition durch den Einkäufer festgelegt. Es hängt von der zugeordneten Bestellung ab, wie die Rechnungspositionsliste in R/3 aufgebaut wird. Der Einkäufer kann für Bestellpositionen die wareneingangsbezogene Rechnungsprüfung festlegen.
Des Weiteren gibt es auch Rechnungen ohne Bestellbezug, z.B. Waren, die unaufgefordert gesendet wurden, aber dennoch im Unternehmen verbleiben oder Rechnungen ohne Liefe-

rung wie Spesenrechnungen. Diese Rechnung können direkt auf ein Material-, Sach- oder Anlagenkonto gebucht werden.

Abbildung 126: Vorschlagswerte auf Basis von Bestellung und Wareneingang

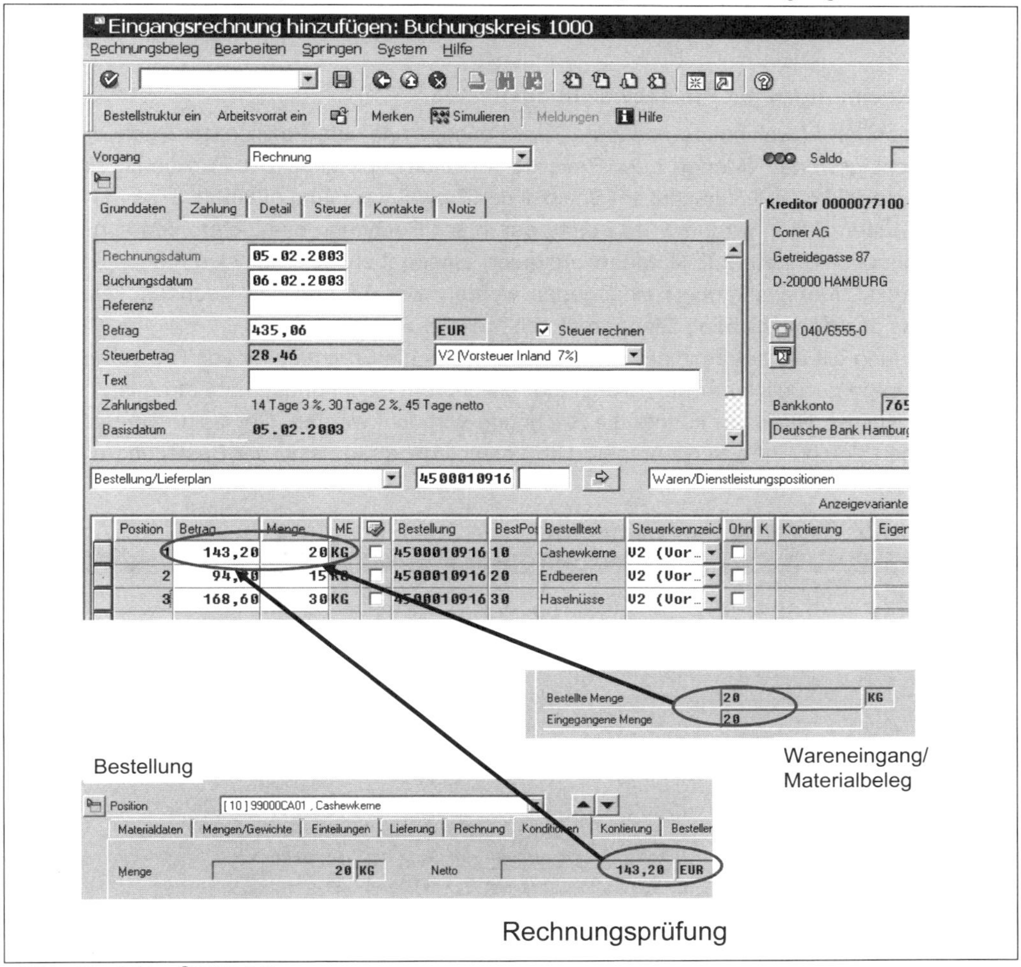

Bildschirmbilder ©SAP AG

Umfasst eine Rechnung mehrere Bestellungen, so kann der Vorgang über Mehrfachzuordnungen abgebildet werden. Rechnungen, für die noch Klärungsbedarf besteht oder für die noch keine Waren geliefert wurden und die Lieferung noch abgewartet werden soll, können vorerfasst werden. Die Rechnung wird zwar im R/3-System durch einen Beleg erfasst, aber eben nicht gebucht. Sie wird im Prinzip nur zwischengespeichert.
An der Rechnungsprüfung zeigt sich nochmals deutlich das in R/3 realisierte Integrationskonzept, denn neben Bestellung und Materialbeleg werden noch weitere Bewegungsdaten und auch Stammdaten vom R/3-System zur Rechnungsprüfung hinzugezogen. Zu den verwendeten Stammdaten gehören u.a. die Materialdaten (z.B. Bestandsdaten, Bewertungspreis) und die Kreditorendaten (z.B. Bankverbindung, Zahlungsbedingungen). Die Bewegungsdaten werden durch den beim Wareneingang erzeugten Buchhaltungsbeleg ergänzt.

Die bisher beschriebene Rechnungsprüfung erfolgt im Dialog. Für die Verbuchung von Massendaten (ohne Prüfung auf Positionsebene) kann auch eine Prüfung im Hintergrund ohne Benutzereingriff durchgeführt werden. Belegkopfdaten und Zuordnung müssen weiterhin vom Benutzer gepflegt werden. Ein papierloser (elektronischer) Rechnungseingang ist möglich.

5.3.7.1 Rechnungen mit Preisabweichungen

Rechnungen mit Abweichungen bedeutet, dass mindestens eine Position der Rechnung von den Vorschlagswerten (Menge oder Preis der Position) abweicht. Die Funktionsweise der Rechnungsprüfung wird zunächst am Beispiel der Preisabweichung erläutert.
In einem ersten Schritt wird im Feld Betrag der in der Rechnung des Lieferanten angegebene Rechnungsbruttobetrag (inkl. Mehrwertsteuer) eingegeben. Alternativ kann auch der Nettobetrag (exkl. Mehrwertsteuer) eingegeben werden. Bei Angabe des Rechnungsbruttobetrags muss das Kennzeichen „ Steuer rechnen" gesetzt werden.
Die Rechnung gilt als betragsmäßig in Ordnung, wenn die Summe aller von R/3 vorgeschlagenen Beträge zuzüglich der Mehrwertsteuer gleich dem Rechnungsbruttobetrag ist, d.h. die Differenz Null ist. Nur dann könnte die Rechnung verbucht werden. Der Saldo von Null wird demonstriert durch eine „grüne Ampel". Die Vorschlagsbeträge sind der Bestellung entnommen

Abbildung 127: Rechnung ohne Abweichung

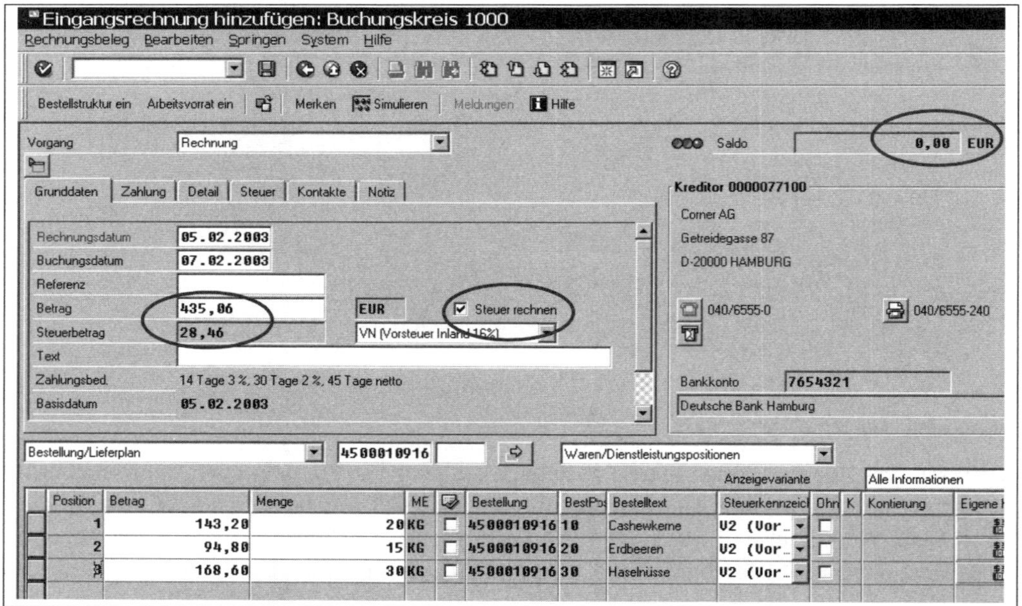

Bildschirmbild ©SAP AG

Bei einer möglichen Abweichung des Rechnungspreises können im Prinzip zwei Situationen auftreten. Entweder eine oder mehrere Positionen weichen vom jeweiligen vorgeschlagenen Positionsbetrag (aus der Bestellung ab) und ergeben so einen höheren bzw. niedrigeren Rechnungspreis oder nur der Rechnungspreis weicht ab und die Positionen entsprechen dem Vorschlag. Im letzten Fall könnte sich z.B. um einen Tipp- oder Rechenfehler des Lieferanten handeln (435,60 € statt 432,06 €). U.U. ist die daraus entstehende Differenz so ge-

ring, dass der Aufwand für die Ursachenforschung oft höher ist als die Differenz selbst. Für sog. Kleindifferenzen kann eine obere Toleranzgrenze eingestellt werden. Im Gegensatz zum Wareneingang, wo Unter-/Überlieferungsgrenzen für Positionen im Materialstammsatz, im Einkaufsinfosatz oder in der Bestellung festgelegt werden, werden die zulässigen Grenzen für die Rechnungsprüfung im Customizing eingestellt. Es wird hier ein absoluter Wert in Buchungskreiswährung gepflegt. Die Abbildung 128 zeigt ein Beispiel mit einer Toleranzgrenze von ± 2,50 €. Die Rechnung kann aber nur gebucht werden, wenn die Differenz gleich Null ist. Daher wird die verbleibende Differenz von 0,54 € vom System durch eine zusätzlich automatisch erzeugte Buchungszeile auf das Konto "Aufwand auf Kleindifferenz" gebucht. Damit ist der Saldo Null, und der Beleg kann gebucht werden. Liegt die Differenz außerhalb der Toleranzgrenze, so kann die Rechnung nicht gebucht werden.
Für den Fall, dass die Differenz die Toleranzgrenze über- bzw. unterschreitet, sie aber dennoch zu gering ist, so dass sich eine Ursachenforschung lohnt, kann zusätzlich eine Position erfasst werden, die diese Differenz ausgleicht.

Abbildung 128: Kleindifferenzen

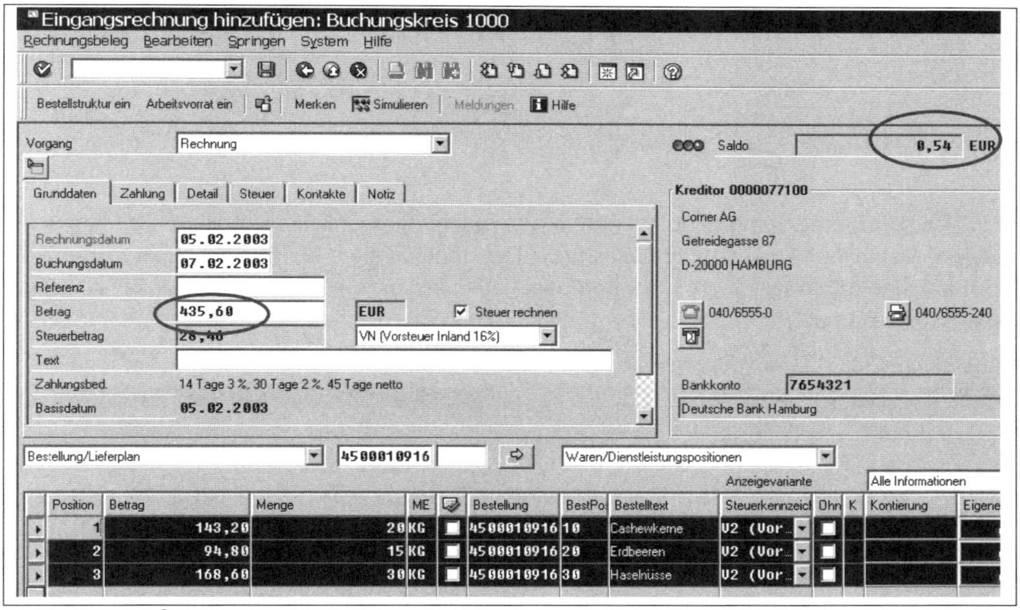

Bildschirmbild ©SAP AG

Bei einer zu hohen Abweichung von der Bestellung müssen in einem zweiten Schritt die Positionen überprüft werden. Dazu werden die Vorschlagswerte, die auf Basis der Bestelldaten ermittelt wurden, mit den Beträgen der Rechnungspositionen überschrieben (natürlich nur sofern sie abweichen). Nun werden die Positionen <u>einzeln</u> auf festgelegte Toleranzgrenzen für Preisabweichungen geprüft (Rechnungsmenge x Bestellpreis gegen Rechnungsposition). Es werden Toleranzgrenzen für Rechnungen insgesamt (Kleindifferenzen) und Toleranzgrenzen für die Positionen geprüft.
Der Ablauf soll noch einmal an einem Beispiel demonstriert werden. Die Summe der auf Basis der Bestellung vorgeschlagenen Rechnungspositionen beträgt 406,60 €. Die Rechnung lautet (netto) auf 410,40 €. Damit besteht eine Differenz von 3,80 €. Die Kleindifferenztoleranz lässt nur Abweichungen bis 2,50 € zu. Die Rechnung hat die „rote Ampel". Der Vor-

schlagswert der Position 1 wird – der Lieferantenrechnung entsprechend - auf 147 € korrigiert. Die Summe der Rechnungspositionen in R/3 beträgt nun 410,40 €. Die Differenz ist also Null. Die Abweichung von Bestellposition und Rechnungsposition beträgt 3,80 €. Dies unter der im Customizing gesetzten Grenze von 5 €. Die Rechnung könnte – die sachliche Richtigkeit vorausgesetzt – gebucht werden und zur Zahlung freigegeben. Sie hat die „grüne Ampel".

Abbildung 129: Toleranzprüfung auf Positionsebene

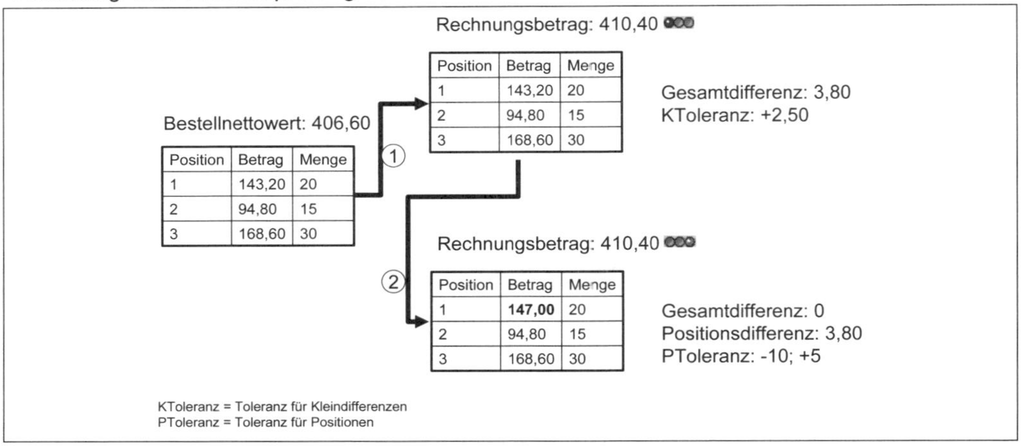

Ein Positionsbetrag von 147,50 € würde die Verbuchung ebenfalls nicht stören, da hier wieder die Kleindifferenztoleranz greifen würde. Bei Überschreiten der Positionstoleranzgrenze, z.B. bei einem Betrag von 149 €, würde die Rechnung zwar gebucht, aber zur Zahlung gesperrt (gelbe Ampel).

Abbildung 130: Toleranzüberschreitung in der Position

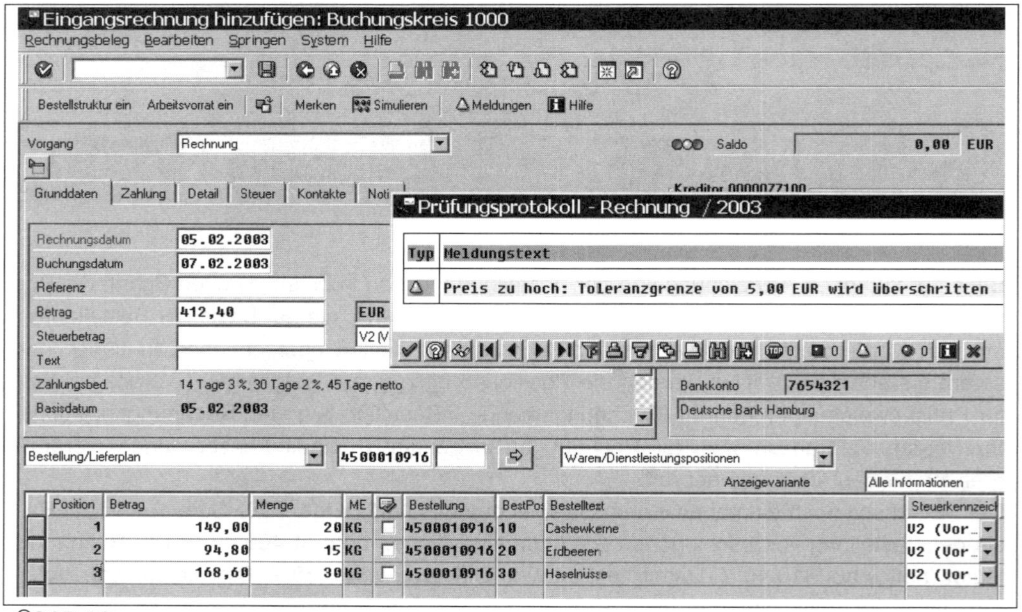

©SAP AG

Die für die Zahlung notwendige Freigabe muss in einem eigenen Arbeitsschritt durchgeführt werden. Bei einer Unterschreitung der unteren Toleranzgrenze auf Positionsebene wird die Rechnung nicht zur Zahlung gesperrt. Es erscheint lediglich eine Warnmeldung (die ja übergangen werden kann). Toleranzgrenzenverletzungen bei Positionen und bei Kleindifferenzen haben unterschiedliche Auswirkungen.
Die Buchungen, die bei Preisabweichungen von R/3 durchgeführt werden, sind u.a. durch die Bewertung des jeweiligen Materials bestimmt. Die Verbuchung der Differenz steht im Fokus. Die Abbildung 131 zeigt die Buchungen an einem Beispiel für ein Material, dass mit dem Standardpreis bewertet wurde. Zur buchungstechnischen Überbrückung der Zeitdifferenz zwischen Waren- und Rechnungseingang wird der Wareneingang auf der Habenseite auf ein Verrechnungskonto, das sog. Wareneingang/Rechnungseingang-Verrechnungskonto (WE/RE-Konto), gebucht. Die Soll-Seite der Buchung stellt ein Bestands-, Verbrauchs- oder Anlagenkonto dar.

Abbildung 131: Kontobewegungen bei Material mit Standardpreis

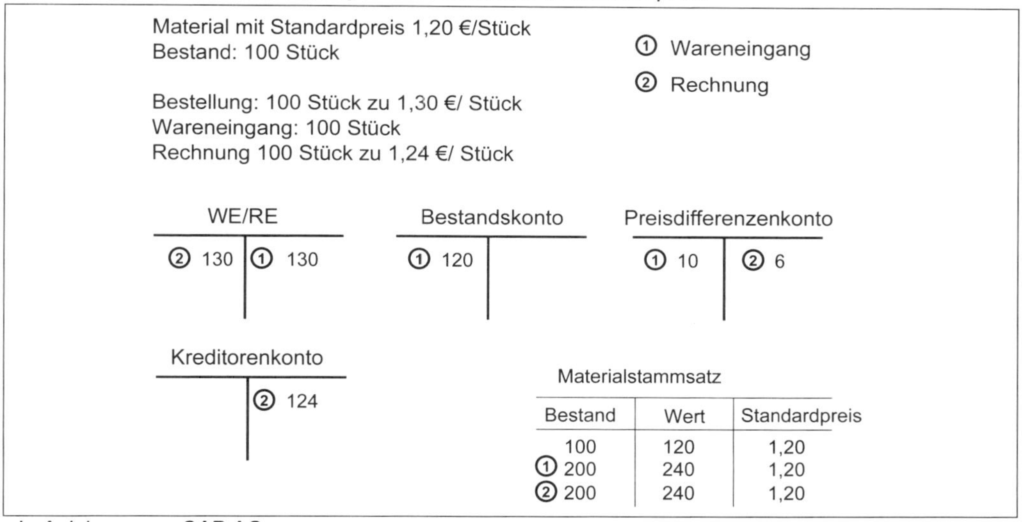

In Anlehnung an SAP AG

Der Wert der Bestellposition beträgt 130 € (100 Stück zu 1,30 €/Stück). Da das Material eben mit dem Standardpreis (Preissteuerung S) bewertet wird, erhöht sich der bewertete Bestand beim Wareneingang um 120 €. Die sich ergebende Preisdifferenz zwischen Bewertungspreis (1,20 €) und Bestellpreis (1,30 €) wird zunächst als Ertrag auf das Preisdifferenzenkonto gebucht. Die Gegenbuchung auf das WE/RE-Konto erfolgt mit dem Bestellwert von 130 €.
Da das WE/RE-Konto ein Verrechnungskonto ist, muss es immer wieder ausgeglichen werden. Der Ausgleich geschieht durch die Verbuchung der Rechnung. Allerdings ist im Beispiel eine Preisabweichung zwischen Rechnung (124 €) und Bestellung (130 €) aufgetreten. Diese Preisabweichung wird wieder mit Hilfe des Preisdifferenzenkontos aufgefangen. Das Preisdifferenzenkonto erfasst damit Abweichungen zwischen Bewertungs- und Bestellpreis, sowie Abweichungen zwischen Bestell- und Rechnungspreis. Preisdifferenzen werden als Aufwand oder Ertrag gebucht. Der Saldo des Preisdifferenzenkontos wird am Jahresende (Bilanzerstellung) in die Gewinn- und Verlustrechnung (GuV) übernommen.

Bei Material mit gleitendem Durchschnittspreis (Preissteuerung V) werden diese Differenzen – im Gegensatz zum Standardpreis - dem Materialbestandskonto nachbelastet (bzw. – entlastet). Die Abbildung 132 beinhaltet ein Beispiel. Die Nachbe- oder entlastung des bewerteten Bestands ist allerdings nur dann möglich, wenn das Material, im Beispiel die gelieferten 100 Stück, noch vollständig vorhanden ist. Das heißt, eine eventuelle Korrektur wegen Preisabweichung erfolgt je bewerteter Materialeinheit. Besteht eine Bestandsdeckung (Material vollständig vorhanden), dann kann der Bestandswert korrigiert werden. Das Preisdifferenzenkonto ist nicht relevant. Eine Unterdeckung beispielsweise durch eine zwischenzeitliche Materialentnahme würde auch beim gleitenden Durchschnittspreis das Preisdifferenzenkonto erforderlich machen. Jetzt würde nur noch das von der Lieferung vorhandene Material nachbe- oder entlastet. Der „Rest“ würde auf das Preisdifferenzenkonto gebucht.

Abbildung 132: Material mit gleitendem Durchschnittspreis mit Bestandsdeckung

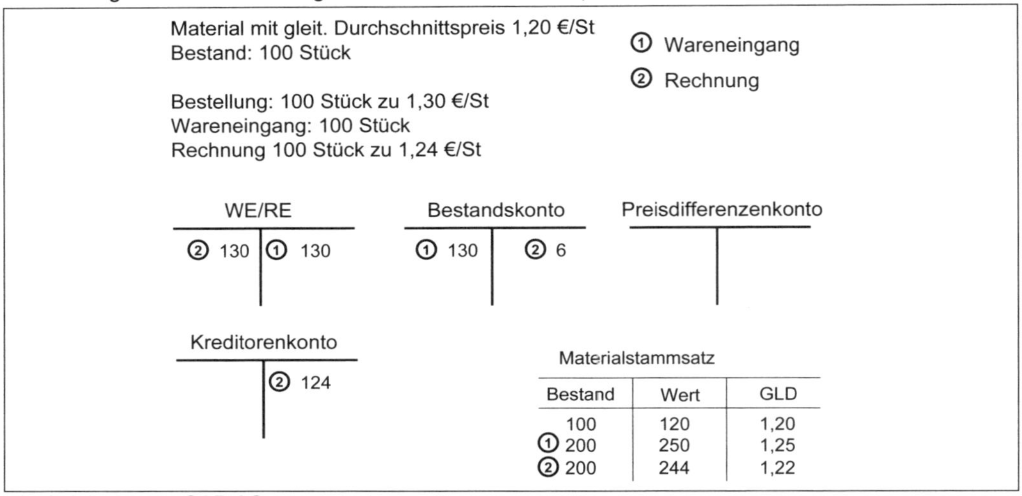

In Anlehnung an SAP AG

Falls die Glattstellung des WE/RE nicht möglich ist, erfolgt ein periodischer Ausgleich:

- auf ein Bestandskonto, wenn die Waren mit der Mengenabweichung mit dem gleitenden Durchschnittspreis (GLD) bewertet sind, sofern keine Unterdeckung besteht,
- auf ein Aufwands- oder Ertragskonto, wenn die Waren mit der Mengenabweichung mit dem Standardpreis bewertet sind.
- auf ein Kosten- oder Anlagenkonto bei kontierten Bestellungen.

5.3.7.2 Mengenabweichungen

Bei einer Mengenabweichung weicht die in Rechnung gestellte Menge mindestens in einer Position von einem Vorschlagswert ab. Der Vorschlagswert ergibt sich aus der Differenz aus gelieferter und bereits berechneter Menge. Werden die hierfür festgelegten Toleranzgrenzen überschritten, erscheint eine Warnmeldung. Toleranzgrenzen lassen sich für jede Art der Abweichung im Customizing getrennt einstellen. Die Mengen werden auf Positionsebene geprüft. Dazu müssen Mengen und zugehörige Preise zuvor gepflegt sein. Im Beispiel wurden statt der gelieferten 20 KG nur 10 KG berechnet. Die 10 KG werden mit 71,60 € (Einzelpreis 7,16 €) in Rechnung gestellt. Auch wenn hier Preis und Menge modifiziert worden sind, handelt es sich nur um eine Mengenabweichung. Denn der Bestellpreis je KG war 7,16 €, so dass die in Rechnung gestellten 71,60 € für 10 KG korrekt sind.

Abbildung 133: Mengenabweichung

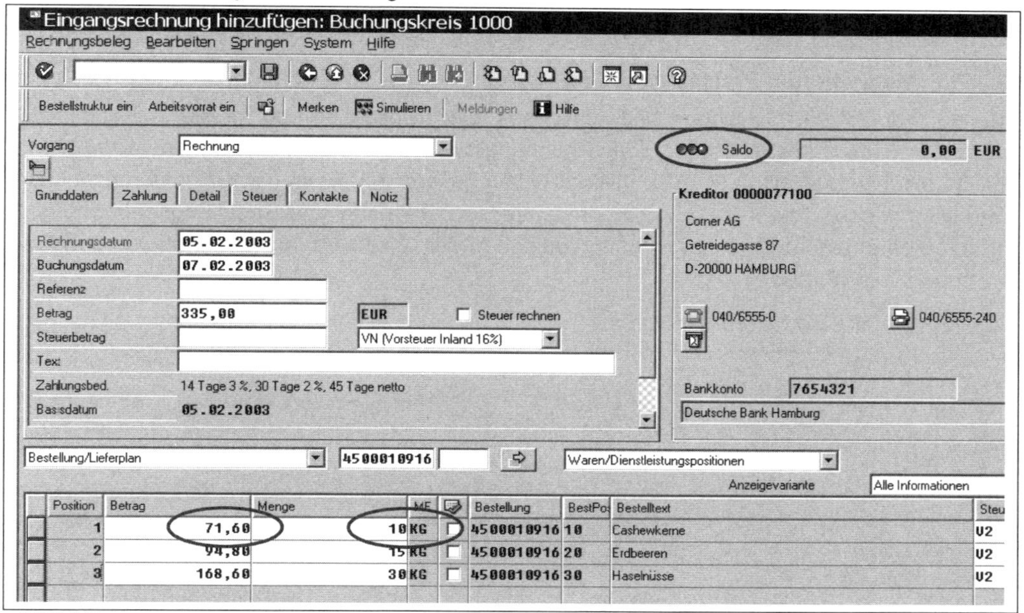

SAP AG

Rechnungen, deren Mengenabweichung in Positionen die obere Toleranzgrenze überschreitet werden gebucht, aber wegen Verletzung der oberen Grenze zur Zahlung gesperrt. Die Rechnung hat die „gelbe Ampel". Es gibt eine Warnmeldung „Rechnungsmenge ist größer als Wareneingangsmenge". R/3 erwartet zudem, dass die zuviel berechnete Menge noch geliefert wird. Wurde zu wenig Menge in Rechnung gestellt (Abbildung 133), d.h. die Rechnungsmenge ist kleiner als die Wareneingangsmenge, und ist die untere Grenze überschritten, dann wird die Rechnung gebucht und zur Zahlung freigegeben. Für die zuviel gelieferte Menge wird eine weitere Rechnung erwartet.

Abbildung 134: Kontobewegungen bei Mengenabweichung

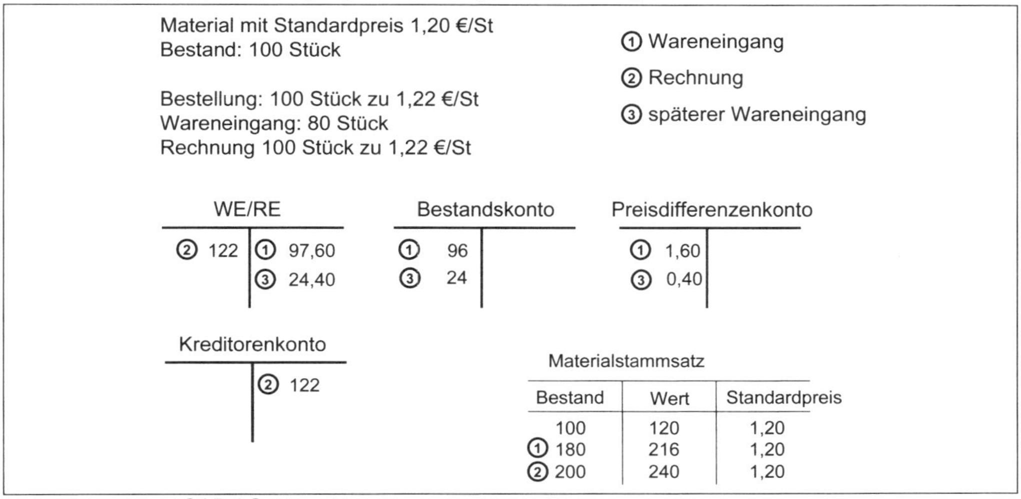

In Anlehnung an SAP AG

Die Abbildung 134 zeigt die Kontobewegungen bei einer Mengenabweichung. Die hier gezeigte Rechnung würde bei ihrer Buchung ② zur Zahlung gesperrt.

5.3.7.3 Mengen- und Preisabweichung

Mengen- und Preisabweichung bedeutet, dass sowohl bestellte und gelieferte Menge, als auch der Bestellpreis je Einheit vom Rechnungspreis je Einheit von einander abweichen. Beide zuvor vorgestellten Prüfverfahren arbeiten zusammen. Auch die Kleindifferenzentoleranz wird wieder überprüft, d.h. zunächst wird nach Eingabe des Rechnungsbetrages geprüft, ob eine geringfügige Abweichung vorliegt. In der Abbildung 135 liegt eine zu hohe Abweichung vor (29,80 €).

Abbildung 135: Kleindifferenzprüfung

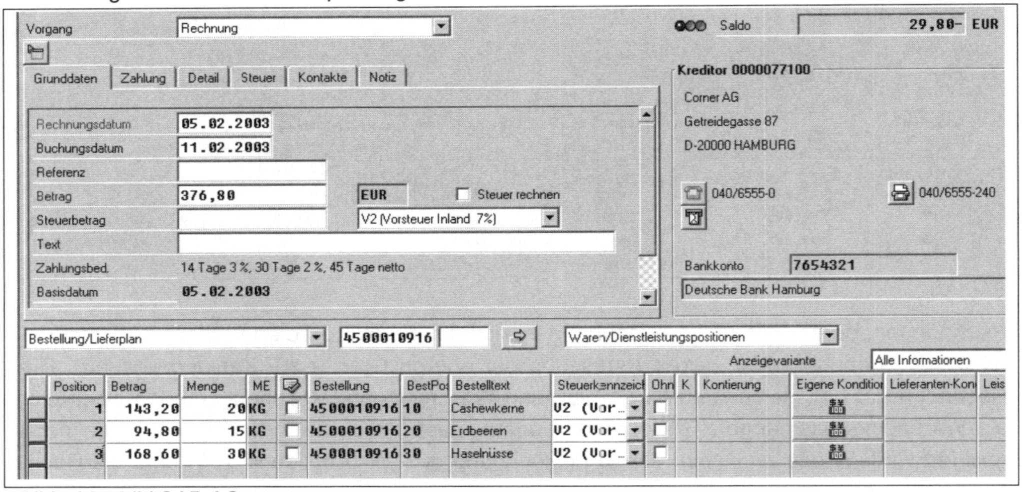

Bildschirmbild SAP AG

Nun werden die Positionen bearbeitet, d.h. Mengen und Beträge werden der Rechnung angepasst. Für die Position 1 wurden nur 15 KG berechnet. Eine Mengenabweichung liegt vor. Es wird erwartet, dass noch eine weitere Rechnung folgt. Der Betrag gegen den die Toleranzgrenze der Position geprüft wird, ergibt sich aus Rechnungsmenge x Einzelpreis aus Bestellung (hier: 15 x 7,16 = 107,40). In der Rechnung wird allerdings die Position 1 mit einem Betrag von 113,4 € ausgewiesen, was einem Einzelpreis von 7,56 € entspricht. Es liegt also zusätzlich eine Preisabweichung vor. Der eigentlich zur Menge „passende“ Betrag von 107,40 € wird um 6 € überschritten und liegt damit über der zulässigen oberen Toleranzgrenze von 5 €. Die Rechnung wird zwar gebucht aber hinsichtlich der Zahlung gesperrt.

Abbildung 136: Mengen- und Preisabweichung

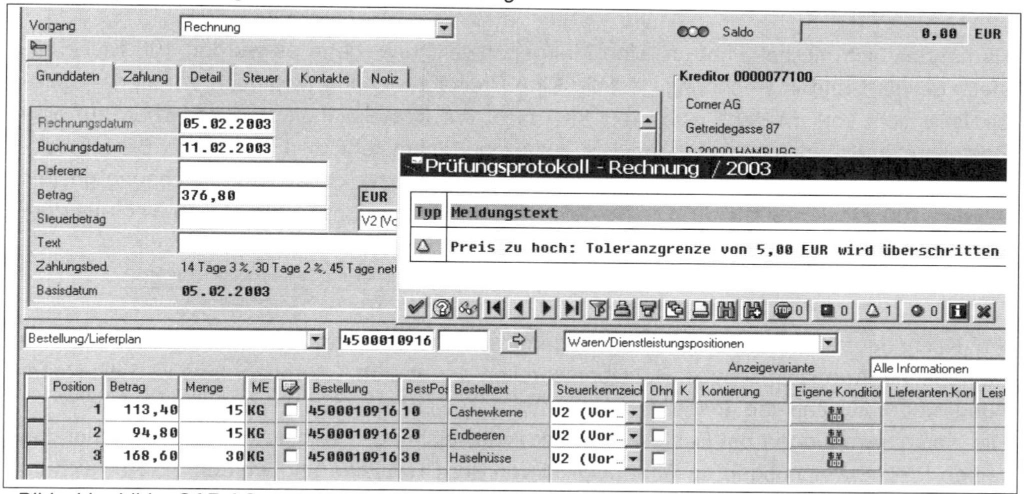

Bildschirmbilder SAP AG

Die Buchungen sind – wegen der Preisabweichung – wieder von der Preissteuerung abhängig. Ebenso ist auf Bestandsdeckung zu achten.

Abbildung 137: Kontobewegungen bei Mengen- und Preisabweichung (GLD)

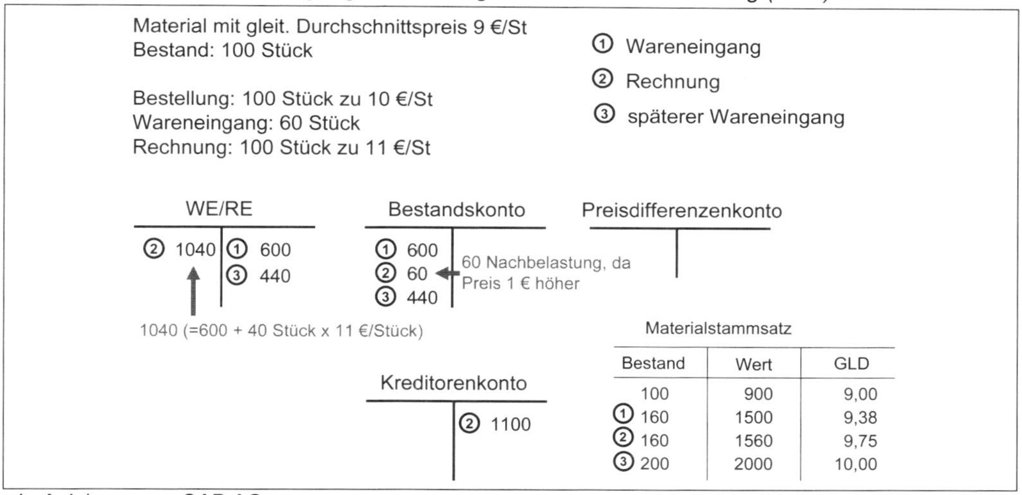

In Anlehnung an SAP AG

5.3.7.4 Abweichung bei Bestellpreismengen

Bestellt werden beispielsweise 100 Gebinde Getränkedosen. Ein Gebinde enthält 6 Dosen mit je 0,33 Liter Inhalt. Der Bestellpreis bezieht sich nicht auf das Stück (Gebinde), sondern lautet 1,20 € je Liter. Stück ist die Bestellmengeneinheit und Liter die Bestellpreismengeneinheit. Das Verhältnis von Stück zu Liter, hier 1 Stück = 2 Liter, muss dem System spätestens in der Bestellung bekannt gemacht werden.

Es werden auch 100 Gebinde mit 0,33 Literdosen geliefert. Der Vorschlagswert für die Rechnungsposition beträgt 240 € (200 Liter x 1,20 €/Liter). Die zugesendete Rechnung gibt für diese Position einen Betrag von 360 € für 100 Gebinde mit 0,5 Literdosen (= 300 Liter) an.

Es handelt sich hierbei nicht um eine Mengenabweichung, denn es wurden 100 Stück bestellt, geliefert und in Rechnung gestellt. Eine Preisabweichung, wie oben erläutert, liegt ebenfalls nicht vor, da der Bestellpreis sich nicht auf Bestelleinheit, sondern eben auf eine Bestellpreismengeneinheit bezieht. Die Abweichung entsteht also durch die Bestellpreismenge, denn es wurden 100 Stück = 200 Liter bestellt bzw. geliefert. In Rechnung gestellt werden 100 Stück = 300 Liter. Die Bestellpreismengenabweichung ergibt sich also aus dem Verhältnis von:

$$\frac{\text{Rechnungsmenge in Bestellpreismengeneinheit}}{\text{Rechnungsmenge in Bestellmengeneinheit}} \text{ zu } \frac{\text{Wareneingangsmenge in Bestellpreismengeneinheit}}{\text{Wareneingangsmenge in Bestellmengeneinheit}}$$

Für Rechnungen, die vor dem Wareneingang eintreffen, werden zur Prüfung die bestellten Mengen ins Verhältnis gesetzt. Bei Überschreiten der oberen Toleranzgrenze wird die Rechnung wieder zur Zahlung gesperrt.

Die Kontobewegungen bei Bestellpreismengenabweichungen erfolgen analog zu denen bei reinen Preisabweichungen. In Abhängigkeit von der Preissteuerung werden die Abweichungen auf das Bestandskonto oder auf das Preisdifferenzenkonto (Ertrag aus Preisdifferenzen bzw. Aufwand aus Preisdifferenzen) gebucht. Die Abbildung zeigt ein Beispiel zum gleitenden Durchschnittspreis bei Bestandsdeckung.

Abbildung 138: Kontobewegungen bei Bestellpreismengenabweichung

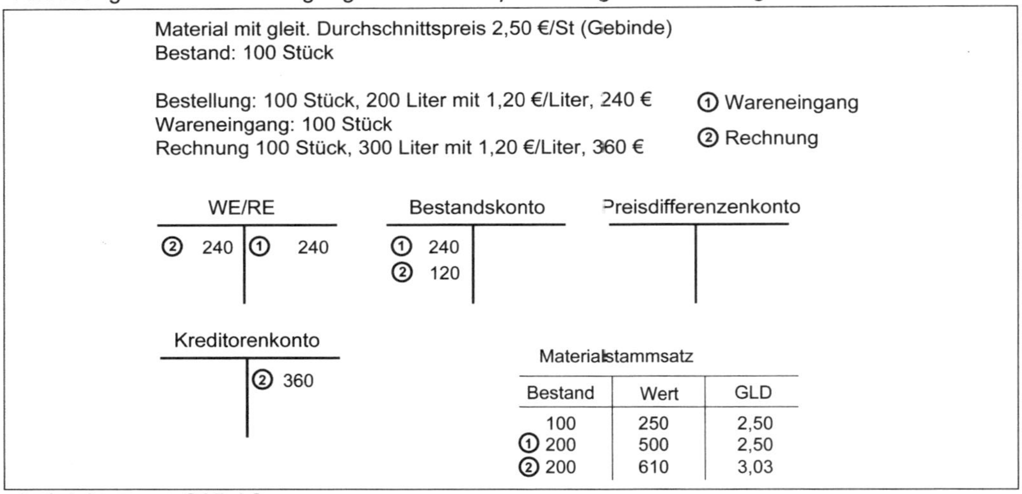

In Anlehnung an SAP AG

Neben der gezeigten Möglichkeit, Abweichungen zu akzeptieren, bietet R/3 auch die Möglichkeit, Rechnungen zu kürzen (ab Release 4.0). Dazu wird der Vorschlagswert (Menge und/oder Preis je Position) beibehalten und die Rechnungsmenge bzw. der Rechnungsbetrag in zusätzlichen Feldern erfasst. Die Abweichung wird somit als Lieferantenfehler ausgelegt. Das System bucht dann zwei Belege, die Rechnung und – in Höhe der Kürzung - eine Gutschrift.

Sämtliche Buchungen im Rahmen der Rechnungsprüfung können simuliert werden. So können die Buchung und ihre Folgen noch einmal durch den Benutzer geprüft werden.

5.3.7.5 Rechnungen sperren

Rechnungen, deren Positionen in Menge und/oder Betrag die obere Toleranzgrenze überschreiten, werden vom System automatisch gesperrt. Dazu wird im Belegkopf im Feld Zahlsperre systemseitig ein R gesetzt. Da die Zahlsperre im Belegkopf gesetzt wird, gilt diese immer für die gesamte Rechnung. Die Finanzbuchhaltung kann diese Rechnung(en) nicht bezahlen bzw. die Rechnung würde bei einem so genannten Zahlungslauf nicht berücksichtigt. Das System ermittelt bei einem solchen Lauf sämtliche zur Zahlung fälligen Positionen. Gründe für eine automatische Sperrung können sein:

- Mengenabweichung,
- Preisabweichung,
- Bestellpreismengenabweichung,
- Terminabweichung,
- Qualitätsprüfung,
- stochastische Sperre,
- Betragshöhe.

Die Terminabweichung tritt dann auf, wenn die Rechnung vor dem vereinbarten Liefertermin erfasst wird. Wird eine Qualitätsprüfung durchgeführt, dann ist die Rechnung solange gesperrt, bis der Prüfvorgang als erfolgreich gemeldet ist. Rechnungen, die keinen Anlass zur Beanstandung geben, können stochastisch gesperrt werden. Für die stochastische Sperrung wird ein Schwellenwert angegeben, bei dem eine Rechnung, sofern kein anderer Sperrgrund vorliegt, mit einer bestimmten Wahrscheinlichkeit zur Zahlung gesperrt wird. Die Wahrscheinlichkeit sinkt, je weiter der Betrag unter dem Schwellenwert bleibt.

> Beispiel: Der Schwellenwert beträgt 3000 € und der Prozentsatz 50%. Jede Rechnung zu einem Betrag von 3000 € wird mit 50%iger Wahrscheinlichkeit gesperrt. Bei einem Rechungsbetrag von 5000 € wird mit einer 83%igen Wahrscheinlichkeit automatisch gesperrt. Entsprechend bei einem Betrag von 1500 € erfolgt die Sperrung mit einer Wahrscheinlichkeit von 25%.

Abbildung 139: Stochastisches Sperren

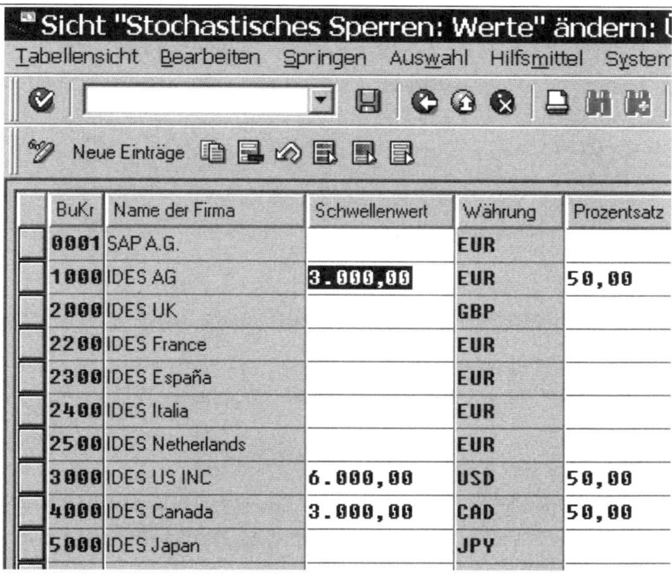

BuKr	Name der Firma	Schwellenwert	Währung	Prozentsatz
0001	SAP A.G.		EUR	
1000	IDES AG	3.000,00	EUR	50,00
2000	IDES UK		GBP	
2200	IDES France		EUR	
2300	IDES España		EUR	
2400	IDES Italia		EUR	
2500	IDES Netherlands		EUR	
3000	IDES US INC	6.000,00	USD	50,00
4000	IDES Canada	3.000,00	CAD	50,00
5000	IDES Japan		JPY	

©SAP AG

Weiter können Rechnung gesperrt werden, wenn eine Rechnungsposition einen ungewöhnlich hohen Betrag enthält. Welche Beträge ungewöhnlich hoch sind, wird wieder über Toleranzgrenzen eingestellt.

Rechnungen können auch manuell gesperrt werden, indem vom Anwender im Belegkopf in das Feld Zahlsperre ein R eingetragen wird. Einzelne Positionen der Rechnung können manuell durch Markieren des Feldes „Sp" in der Positionsliste gesperrt werden.

Jede einmal gesperrte Rechnung bleibt solange gesperrt, bis in einem weiteren Arbeitsschritt die Rechnung freigegeben wird. Durch die Freigabe wird das Sperrkennzeichen zurückgenommen. Rechnungen ohne Sperrgrund sind automatisch zur Zahlung freigegeben. Die folgende Abbildung zeigt die Einstellung der Betragstoleranzen je Position.

Abbildung 140: Toleranzgrenzen einstellen

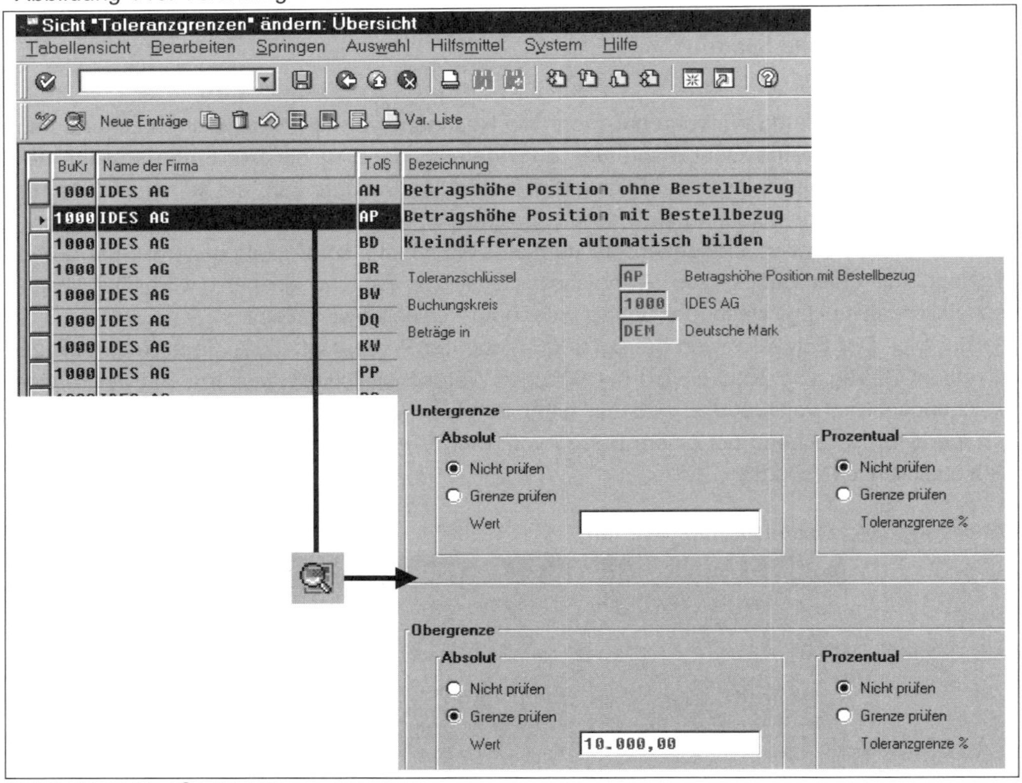

Bildschirmbilder ©SAP AG

5.3.8 Fallstudie Wareneingang und Rechnungsprüfung

Nach der erfolgreichen Bestellung werden die Waren geliefert. Dazu ist der Prozess des Wareneingangs durchzuführen. Danach müssen die eingegangenen Rechnungen auf ihre Richtigkeit hin überprüft werden.

Aufgabe 14

Pflegen Sie den Wareneingang für die durchgeführten Bestellungen. Sämtliche Materialien werden vollständig geliefert. Geben Sie jeweils für das Herstelldatum einen sinnvollen Zeitpunkt (in der Vergangenheit) an. Das Belegdatum der Orginalbelege kann beliebig gewählt werden, jedoch nicht älter als das Bestelldatum. Gleiches gilt für die Rechnungen (siehe nächste Aufgabe). Die Bewegungsart ist die 101 „Wareneingang zur Bestellung in das Lager“.

Aufgabe 15
Führen Sie eine bestellbezogene Rechnungsprüfung durch. Ändern Sie gegebenenfalls die Steuerkennzeichen in der Positionsübersicht.

Die folgenden Anleitungen unterstützen die Bearbeitung:

- Wareneingang zur Bestellung (vollständige Lieferung),
- Wareneingang zur kontierten Bestellung bzw. kontierten Position,
- Anzeige von Bestellungen bzw. Bestellpositionen in einer Übersichtsliste,
- Anzeige der erzeugten Belege,
- Rechnungsprüfung zur Bestellung (vollständige Lieferung),
- Rechnungsprüfung – CpD-Lieferant,
- Rechnungsbeleg anzeigen,
- Rechnung freigeben,

Wareneingang zur Bestellung (vollständige Lieferung)

Bei einem Wareneingang zu einer Bestellung werden die bestellten Mengen (aus der Bestellung) mit den erfassten, d.h. mit den tatsächlich gelieferten, Mengen verglichen. Dadurch können Unter- und Überlieferungen festgestellt werden.

FENSTER	MENUEPFAD/EINGABE
	LOGISTIK ⇨ MATERIALWIRTSCHAFT ⇨ BESTANDSFÜHRUNG ⇨ WARENBEWGUNG ⇨ WARENEINGANG ⇨ ZUR BESTELLUNG ⇨ WE ZUR BESTELLUNG (MIGO)
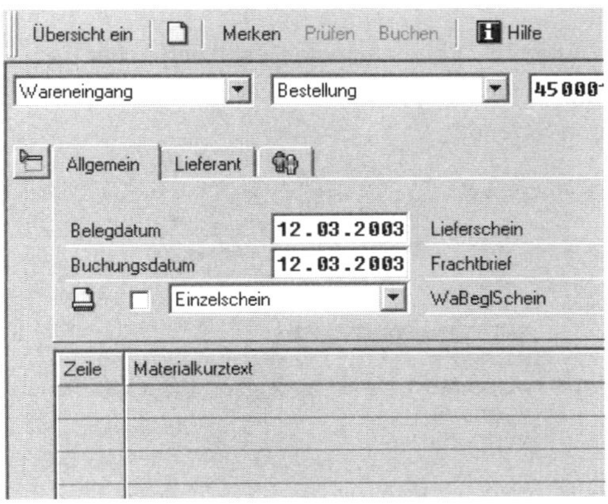	**Wareneingang Bestellung** Bestellung: *4500010917* ▸ Eigene Bestellnummer verwenden! Kann auch mit F4 ermittelt werden.

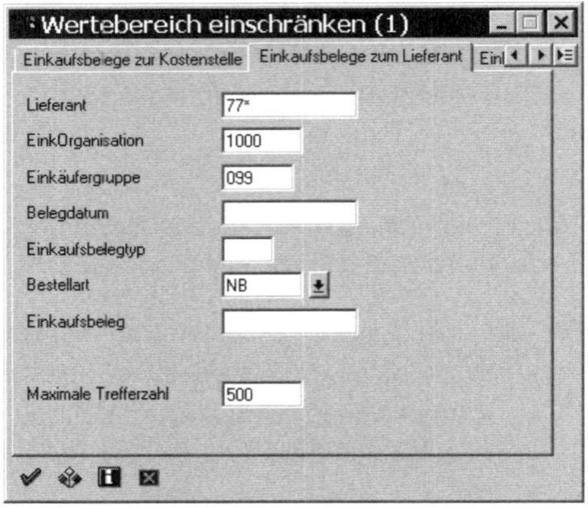

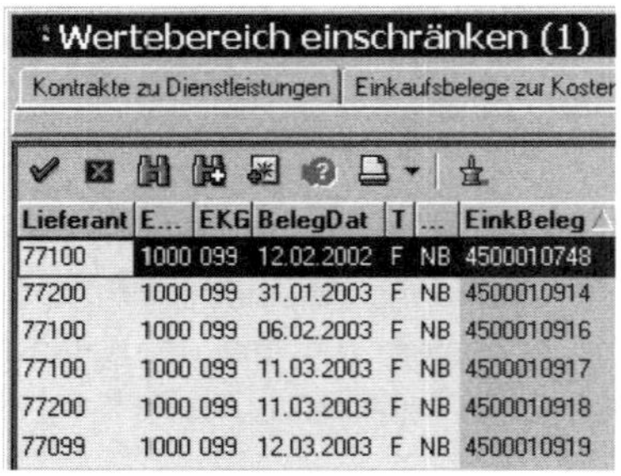

Lieferant	E...	EKG	BelegDat	T	...	EinkBeleg
77100	1000	099	12.02.2002	F	NB	4500010748
77200	1000	099	31.01.2003	F	NB	4500010914
77100	1000	099	06.02.2003	F	NB	4500010916
77100	1000	099	11.03.2003	F	NB	4500010917
77200	1000	099	11.03.2003	F	NB	4500010918
77099	1000	099	12.03.2003	F	NB	4500010919

auswählen und

101 WE Wareneingang

▸ Bewegungsart

weiter

▸ Alternativ kann auch die Bestellung in der Belegübersicht doppelt angeklickt werden (s. folgenden Screen).

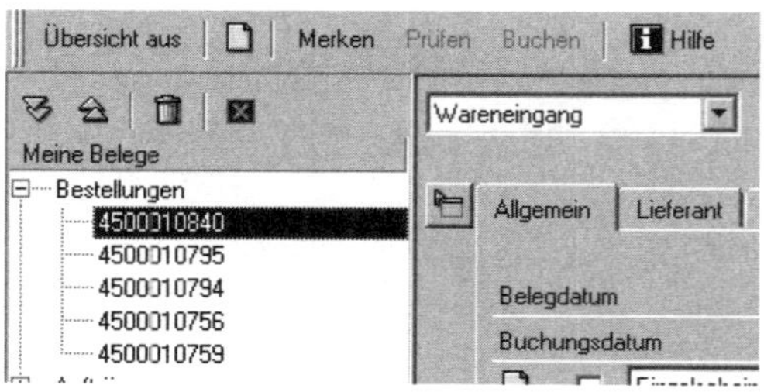

Falls die Übersicht nicht gezeigt wird, mit Übersicht ein einschalten.

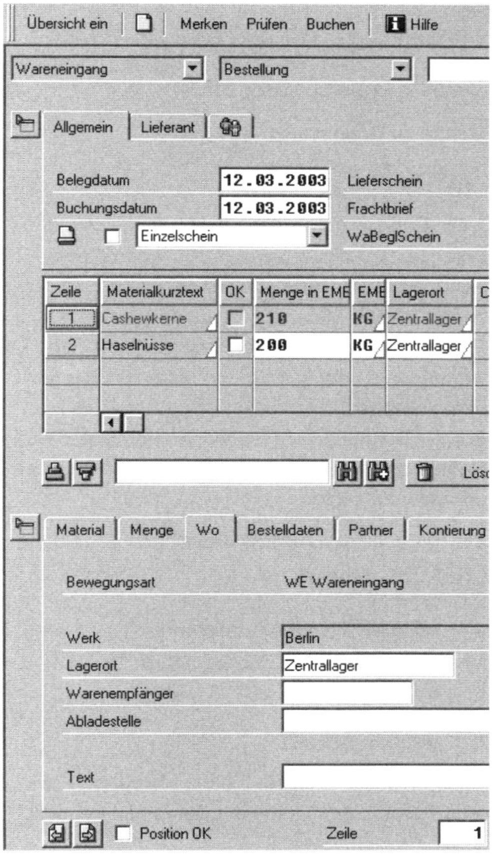

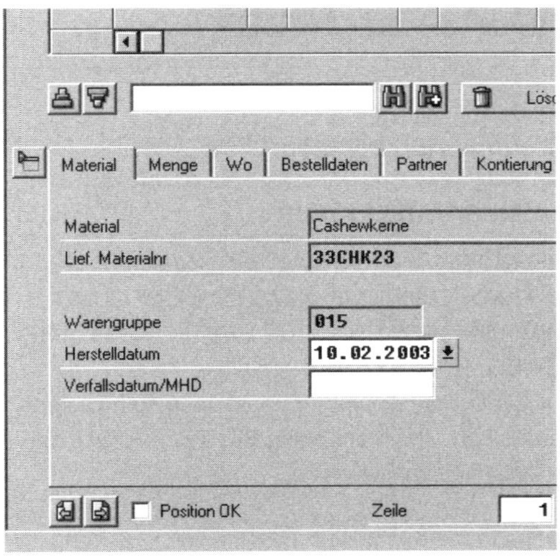

Wareneingang Bestellung 4500010917

- Die rot dargestellte Position ist die Position, die im unteren Bildschirmbild im Positionsdetail zur Bearbeitung angeboten wird, d.h. die Pflege des Wareneingangs der Position 1 erfolgt über seine Detailansicht.
- R/3 schlägt zunächst die Bestellmengen als Wareneingangsmenge vor. Abhängig von der tatsächlichen Liefermenge werden nun die Mengen eingegeben.
- Falls die Detaildaten im unteren Bildbereich nicht zu sehen sind, so muss die Positionsnummer  angeklickt werden. Alternativ kann auch  anklickt werden.

Lagerort: *Zentrallager*

- Neben dem Lagerort kann hier mit  bestimmt werden, ob der Zugang „Frei verwendbar“ oder „Gesperrt“ ist beziehungsweise der „Qualitätsprüfung“ unterliegt.

- Durch Anklicken der Registernasen können weitere Felder gepflegt werden.

anklicken

Wareneingang Bestellung 4500010840

HerstDatum: *zeitnahes Datum eingeben*

- Angabe notwendig zur Bestimmung des Mindesthaltbarkeitsdatums. Ausgehend vom Herstelldatum wird mit Hilfe der gepflegten Gesamthaltbarkeit aus dem Materialstammsatz (Sicht Werk/Lagerhaltung 1) das Mindesthaltbarkeitsdatum berechnet.

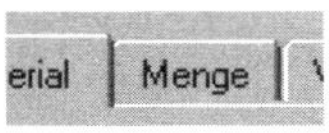

Menge anklicken

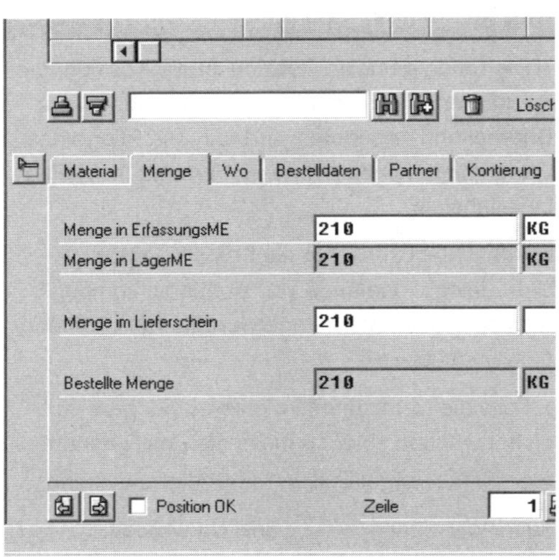

Wareneingang Bestellung 4500010917

▸ Mengenangaben entsprechen der Bestellung.

Menge in ErfassungsME: *210 KG*

Menge im Lieferschein: *210 KG*

▸ Die Position soll in den – noch zu erstellenden - Beleg übernommen werden, d.h. wenn dieses Kennzeichen gesetzt ist, wird die Position in den zu buchenden Materialbeleg übernommen. Alle Positionen, die dieses Kennzeichen nicht haben, werden entsprechend für den Materialbeleg nicht berücksichtigt.
Soll die Buchung der Position vor der finalen Buchung geprüft werden, so ist dieses Kennzeichen ebenfalls zu setzen.

Zur Prüfung der einzelnen Positionen den Button Prüfen auswählen.

▸ Positionen, die ohne Beanstandung sind, erhalten den folgend abgebildeten Status.

▸ Konnten alle Positionen ohne Meldungen geprüft werden, dann kann der Beleg nun gebucht werden, hierzu Buchen anklicken.

Wareneingang zur kontierten Bestellung bzw. kontierten Position

FENSTER	MENUEPFAD/EINGABE
	LOGISTIK ⇨ MATERIALWIRTSCHAFT ⇨ BESTANDSFÜHRUNG ⇨ WARENBEWEGUNG ⇨ WARENEINGANG ⇨ ZUR BESTELLUNG ⇨ BESTELL-NR. BEKANNT ▸ Ist die Bestellnummer unbekannt, so muss entsprechend der Menüpunkt BESTELL-NR. UNBEKANNT gewählt werden.

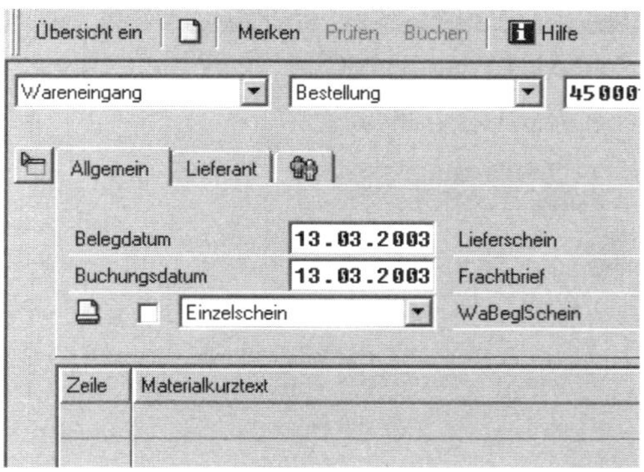

Wareneingang Bestellung

Bewegungsart: *101*

- Wareneingang zur Bestellung in das Lager; obgleich es sich um eine kontierte Bestellung, d.h. um Verbrauchsmaterial, handelt, wird die Bewegungsart 101 gewählt. Die Bewegungsart 101 kann für Lager- und Verbrauchsmaterialien verwendet werden. Sie passt sich in den jeweiligen Positionen an. Die generelle Anwendung der Bewegungsart für Lager- und Verbrauchsmaterialien ist erforderlich, damit Positionen mit und ohne Kontierung in einem Wareneingangsbeleg erfasst werden können.

Bestellung: *4500010919*

Belegdatum: *max. heute*

Buchungsdatum: *heute*

 weiter

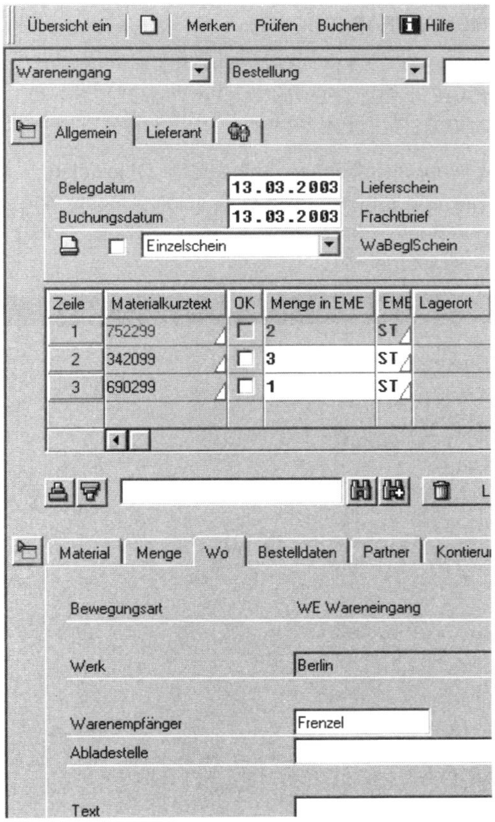

Wareneingang Bestellung

- Die Positionen werden wieder einzeln über die Detailansicht bearbeitet.

Warenempfänger: *Frenzel*

Menge anklicken

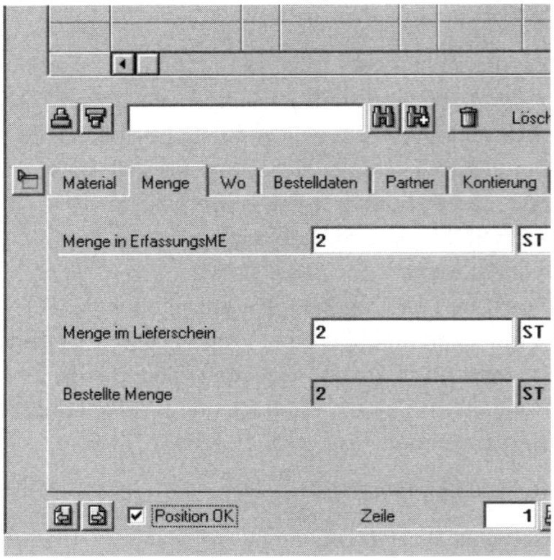

Wareneingang Bestellung

Menge in ErfassungsME: *2*

Menge im Lieferschein: *2*

 sichern

Anzeige von Bestellungen bzw. Bestellpositionen in einer Übersichtsliste.

FENSTER	MENUEPFAD/EINGABE

LOGISTIK ⇨ MATERIALWIRTSCHAFT ⇨ EINKAUF ⇨ BESTELLUNG ⇨ LIST ANZEIGEN ⇨ ZUR BESTELLNUMMER

▸ Wahlweise können auch andere Objekte zur Listerstellung dienen, z.B. der Lieferant (alle offenen Bestellpositionen zu einem Lieferanten) oder das Material.

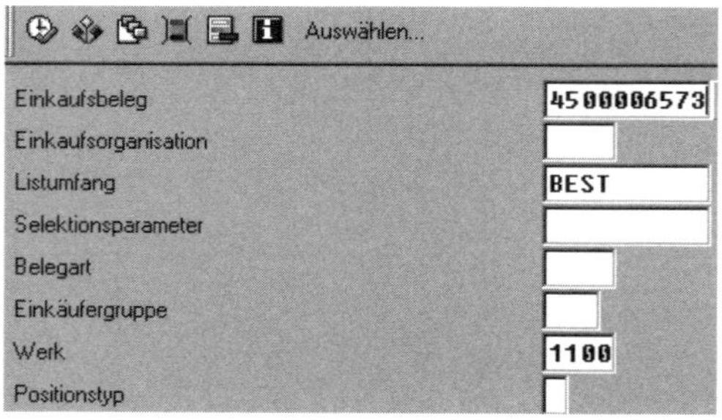

Einkaufsbelege zum Lieferant

Einkaufsbeleg: *4500006573*

 ausführen

Einkaufsbelege zum Lieferant

▸ Die Rubriken „noch zu liefern“ und „noch zu berechnen“ geben Aufschluss über den Status der Bestellpositionen.

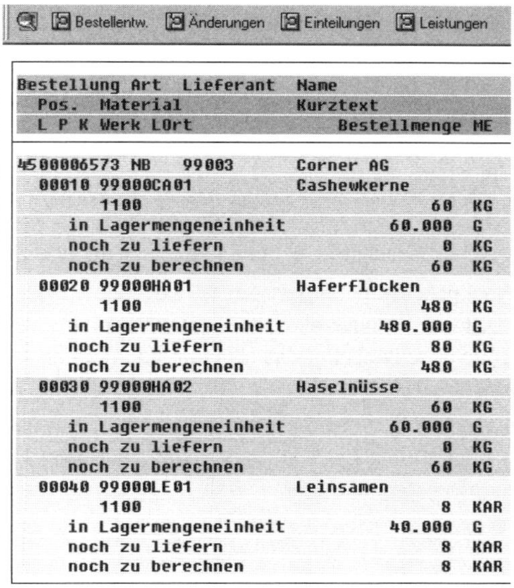

▸ Bestellungen, die ihren Liefertermin inkl. erste Mahnstufe überschritten haben, können wie folgt angezeigt werden.

LOGISTIK ⇨ MATERIALWIRTSCHAFT ⇨ EINKAUF ⇨ BESTELLUNG ⇨ NACHRICHTEN ⇨ ERINNERN UND MAHNEN

Mahnen und Erinnern von Einkaufsbelegen

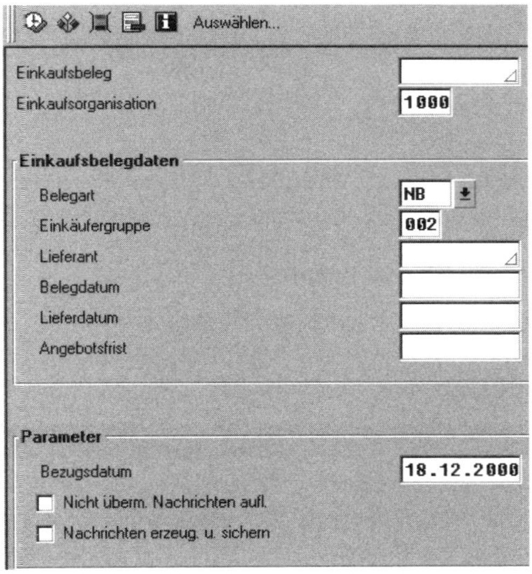

Einkaufsorganisation: *1000*

Belegart: *NB*

▸ Normalbestellung

Einkäufergruppe: *0xx*

Bezugsdatum: *18.12.2000*

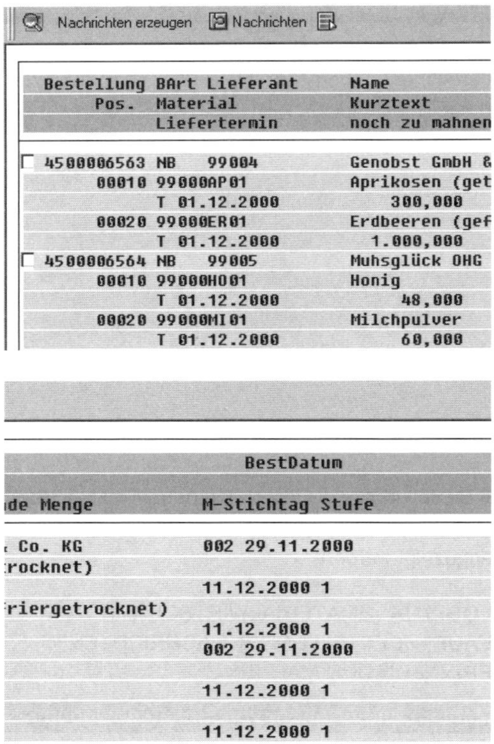

Mahnen und Erinnern von Einkaufsbelegen

▸ Hier werden sämtliche Bestellungen angezeigt, die mehr als 10 Tage überfällig sind.

▸ Sollen Mahnungen oder Erinnerungen erzeugt werden, so kann die entsprechende Bestellung markiert ☑ und Nachrichten erzeugen angeklickt werden. Abschließend noch sichern. Eine Nachricht (Mahnung) wird in die Nachrichtenwarteschlange eingestellt. Die Spoolauftragerzeugung geschieht über das Hintergrundprogramm RSNAST00.

▸ kann angeklickt werden, um den Bestellungsbeleg anzuzeigen.

Anzeige der erzeugten Belege

Beim Wareneingang werden verschiedene Belege erzeugt. Wie diese angezeigt werden können, wird im Folgenden beispielhaft am Material- und Buchhaltungsbeleg gezeigt.

FENSTER	MENUEPFAD/EINGABE
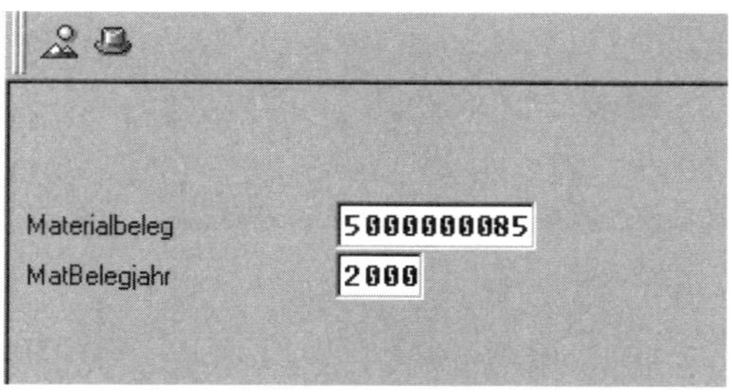	**LOGISTIK** ⇨ MATERIALWIRTSCHAFT ⇨ BESTANDSFÜHRUNG ⇨ MATERIALBELEG ⇨ ANZEIGEN **Materialbeleg anzeigen: Einstieg** Materialbeleg: *5000000085* ▸ Beleg zum Vorgang, der Teillieferungen beinhaltete (siehe oben). MatBelegjahr: *2000*

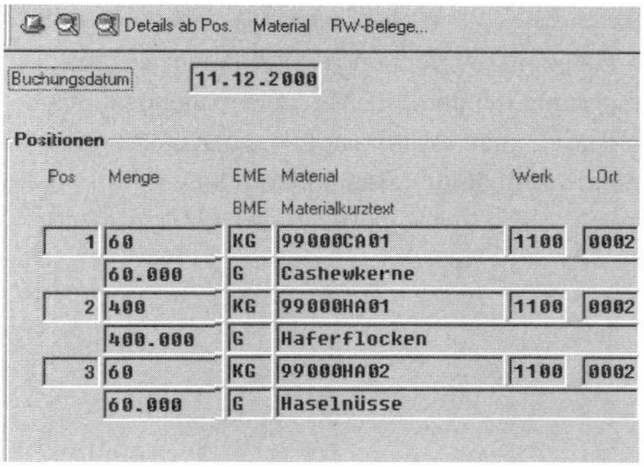

Materialbeleg 5000000085 anzeigen: Übersicht

Zur detaillierten Darstellung der einzelnen Positionen in eine Positionszeile hineinklicken (s. Bild).

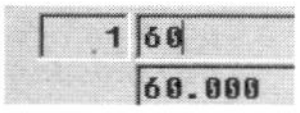

 Detail anklicken

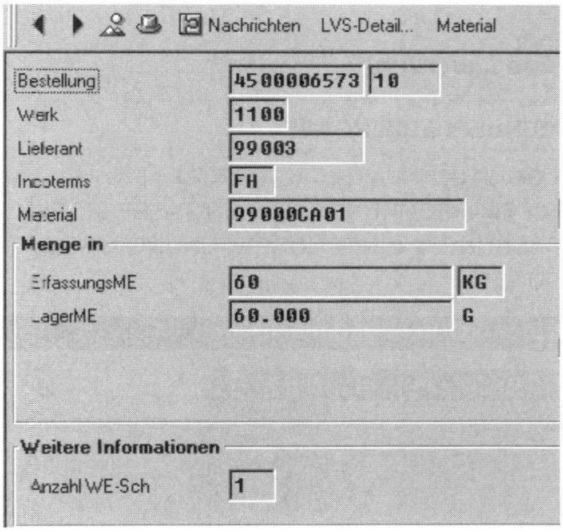

Materialbeleg 5000000085 anzeigen: Details 0001/0003

Mit  kann zu weiteren Positionen gesprungen werden.

 zurück zur Übersicht

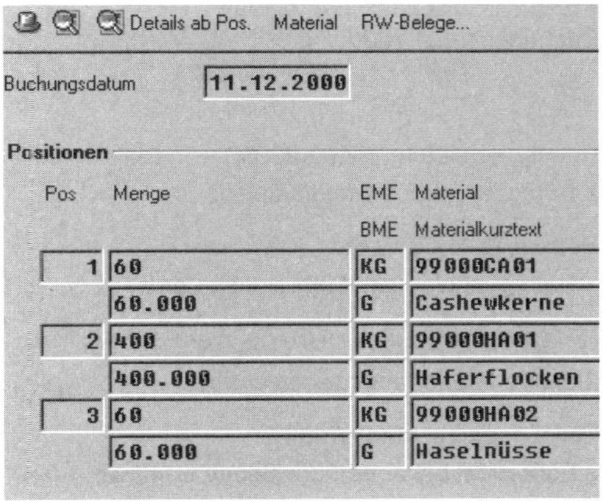

Materialbeleg 5000000085 anzeigen: Übersicht

anklicken

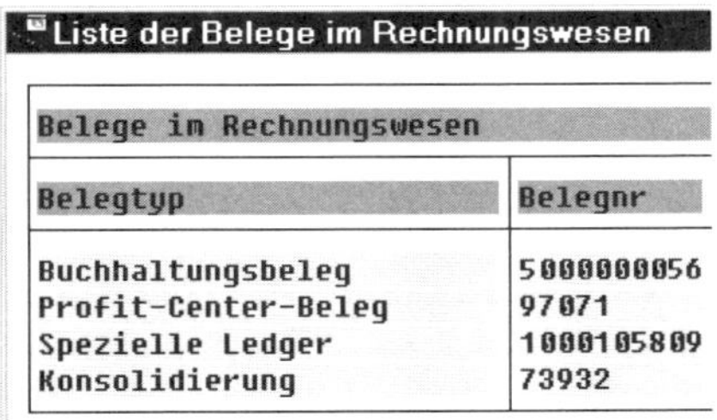

Buchhaltungsbeleg markieren

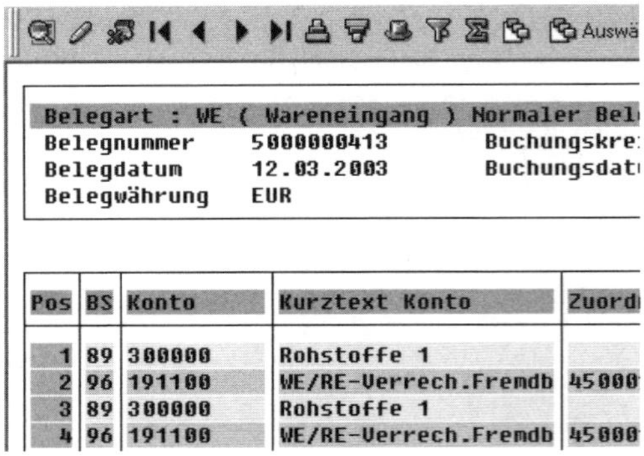

Beleg anzeigen: Übersicht

▸ Hier sind die Buchungsvorgänge im Zusammenhang mit dem WE/RE-Verrechnungskonto sichtbar. Jede Wareneingangsposition führte zu einer wertmäßigen Bestandserhöhung.

Rechnungsprüfung zur Bestellung (vollständige Lieferung)

FENSTER	MENUEPFAD/EINGABE
	LOGISTIK ⇨ MATERIALWIRTSCHAFT ⇨ LOGISTIK-RECHNUNGSPRÜFUNG ⇨ BELEGERFASSUNG ⇨ EINGANGSRECHNUNG HINZUFÜGEN

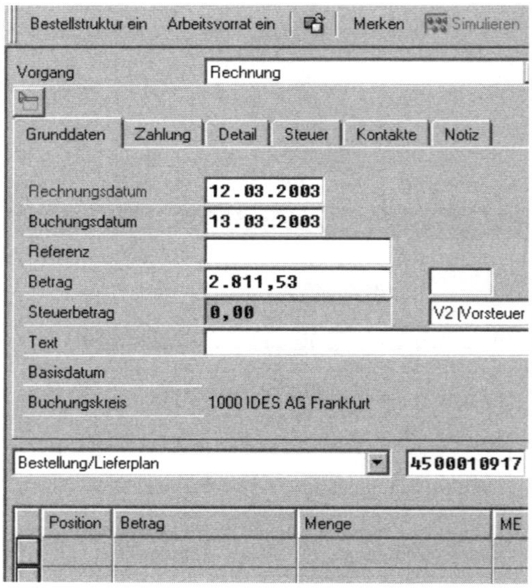

Eingangsrechnung hinzufügen

Buchungskreis: *1000*

✔

Rechnungsdatum: *12.03.2003*

▸ Belegdatum des Originalbelegs

Betrag: 2811,53 *EUR*

▸ Betrag ist hier inkl. Mehrwertsteuer.

☑ **Steuer rechnen** anklicken, wenn Betrag inkl. Mehrwertsteuer angegeben wurde.

Einkaufsbeleg: 4500010917

▸ Falls nicht bekannt, über Suche ermitteln.

✔ weiter

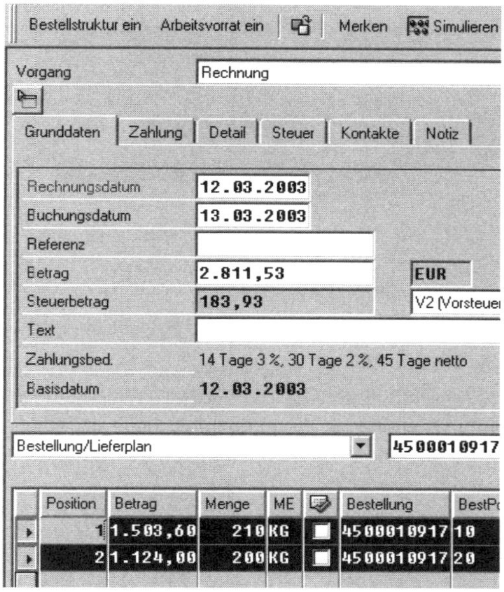

Eingangsrechnung hinzufügen

▸ Positionsübersicht und Belegkopf werden aktualisiert.

▸ Ampel zeigt an, ob Rechnung betragsmäßig (in Bezug auf Menge und Einzelpreis in Ordnung ist.

bedeutet, dass Differenzen (Menge/Preis) aufgetreten sind, die aber noch zulässig sind (Toleranzen) (gelbe Ampel). Beispiel: die Rechnung lautet auf 220 KG zum Preis von 1503,60 €, bestellt bzw. geliefert wurden 210 KG.

bedeutet, dass Differenzen zu unserem Nachteil aufgetreten sind (rote Ampel). Auf obiges Beispiel bezogen 1600,00 € für 210 KG (Position 1).

▸ Die Preis- und Mengendaten basieren auf den Daten der Bestellung (Einkaufsbeleg 4500010917). Es werden sämtliche Positionen der Bestellung angeboten. Es werden für Prüfung auf Richtigkeit nur die markierten Zeilen berücksichtigt.

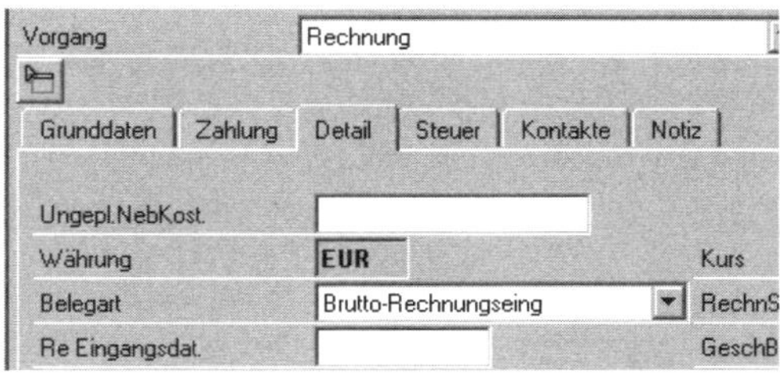

▸ Die Kopfdaten können durch Anklicken der Register eingesehen bzw. verändert werden.

▸ Durch  Scrollen können weitere Details in den Positionen eingesehen bzw. gepflegt werden.

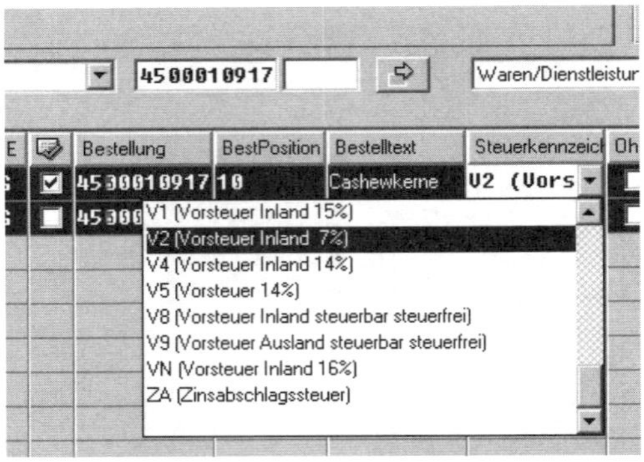

St. *V2 bzw. VN*

▸ Das Steuerkennzeichnen wird aus der Bestellung übernommen, kann aber hier noch geändert werden. Jede Position hat ihr eigenes Steuerkennzeichen.

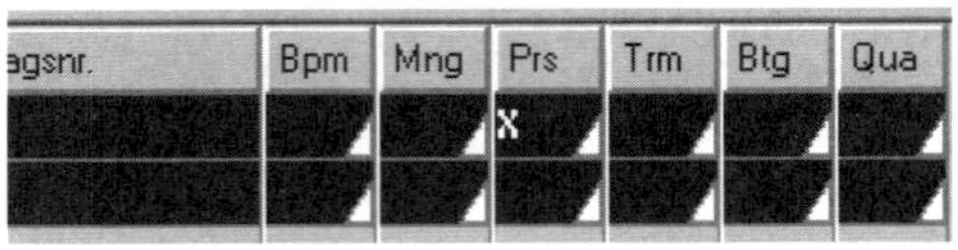

▸ Wenn hier in einer Position ein Kennzeichen (X) gesetzt ist, liegen Sperrgründe vor (Bestellpreismenge (Bpm), Menge (Mng), Preis (Prs), Termin (Trm), Betragshöhe (Btg), Qualität (Qua)).

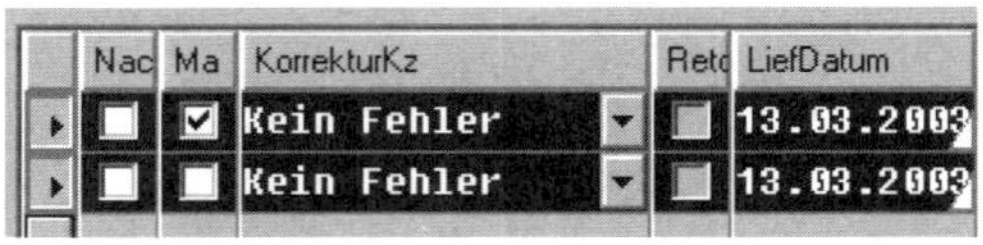

▸ Ma steht für Sperrgrund manuell, d.h. besteht kein Sperrgrund aus Mengen- oder Preisdifferenzen usw., so kann hier eine manuelle Sperre gesetzt werden.

Simulieren anklicken, um die Rechnung zu simulieren.

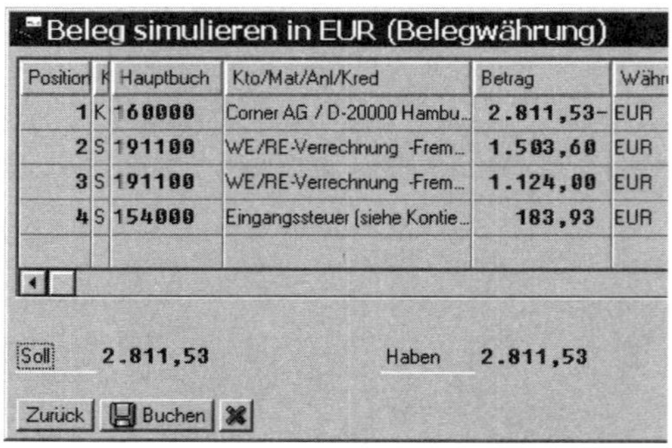

▸ Es werden die Buchungen angezeigt, die nach

	dem Sichern in der Finanzbuchhaltung durchgeführt werden. Der Buchungssatz lautet Vorsteuer und WE/RE-Verrechnungskonto an Verbindlichkeiten (Kreditor Saxein GmbH). Die Soll-Buchung auf dem WE/RE-Verrechnungskonto stellt die Haben-Buchung im Wareneingang glatt. Buchen sichern Beleg Nr. 5105602362 wurde hinzugefügt ▸ Alle Rechnungspositionen sind, soweit nicht stochastisch gesperrt, zur Zahlung freigegeben.

Rechnungsprüfung – CpD-Lieferant

FENSTER	MENUEPFAD/EINGABE
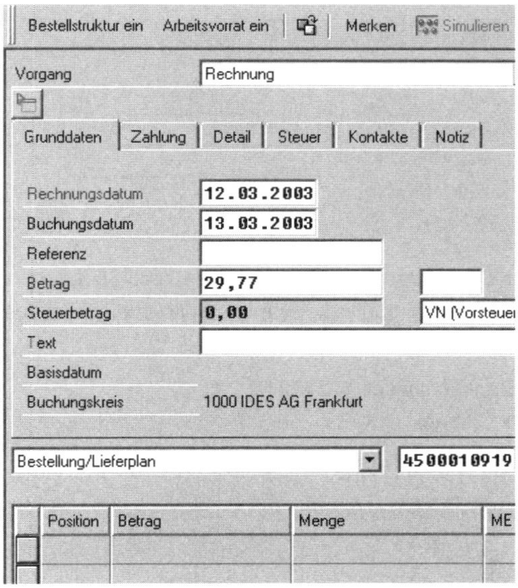	**LOGISTIK** ⇨ MATERIALWIRTSCHAFT ⇨ LOGISTIK-RECHNUNGSPRÜFUNG ⇨ BELEGERFASSUNG ⇨ EINGANGSRECHNUNG HINZUFÜGEN **Eingangsrechnung hinzufügen** Belegdatum: *12.03.2003* ▸ Datum auf der Rechnung Bestellung: *4500010919* ▸ Belegnummer der zugehörigen Bestellung, hier als Beispiel die 4500010919. Betrag: 29,77 weiter

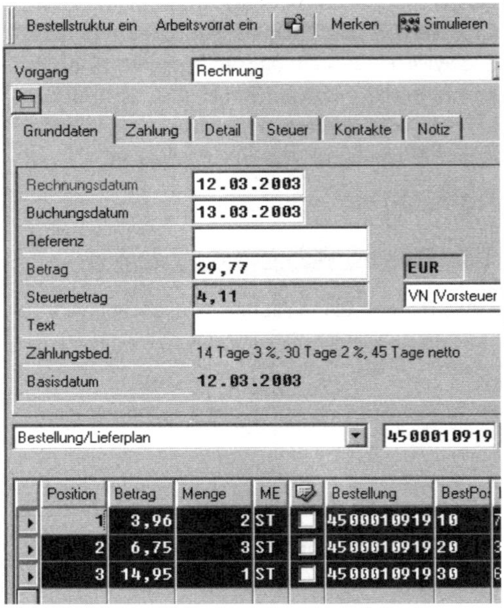

Eingangsrechnung hinzufügen

CPD anklicken, um weitere Daten wie Bankverbindung etc. zu pflegen.

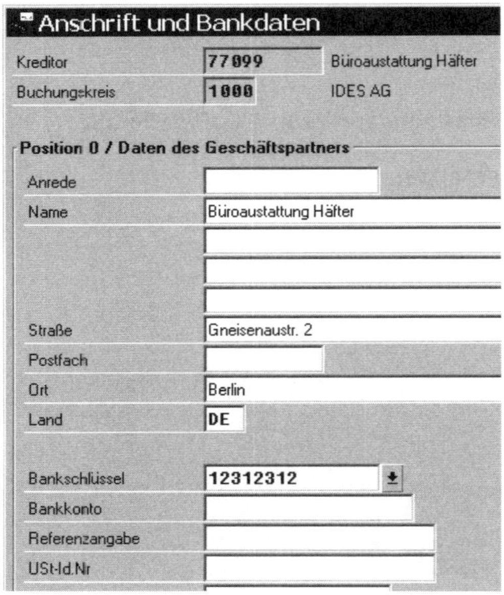

▸ Die Lieferantenanschrift wurde schon bei der Bestellung gepflegt. Es müssen noch die Bankdaten gepflegt werden.

Bankschlüssel: 12312312
▸ Citibank

Bankkonto: *8500236*

UST-Id-Nr: *DE856302280*

✔

Simulieren anklicken, um die Rechnung zu simulieren.

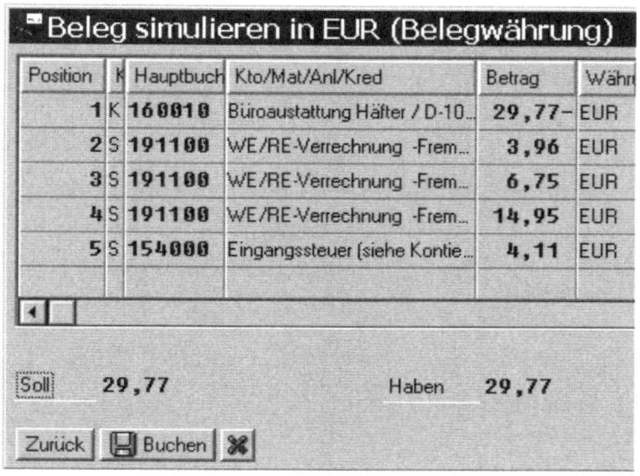

sichern

Rechnungsbeleg anzeigen

FENSTER	MENUEPFAD/EINGABE
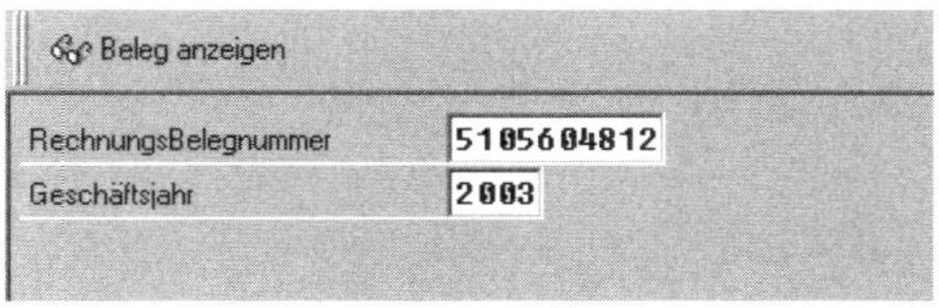	**LOGISTIK** ⇨ MATERIALWIRTSCHAFT ⇨ LOGISTIK-RECHNUNGSPRÜFUNG ⇨ WEITERVERARBEITUNG ⇨ RECHNUNGGBELEG ANZEIGEN **Rechnungsbeleg anzeigen** RechungsBelegnummer: *5105604812* ▸ Belegnummer der Rechnung, zu der noch Wareneingänge ausstehen. Geschäftsjahr: *2003* 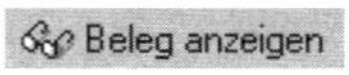 anklicken

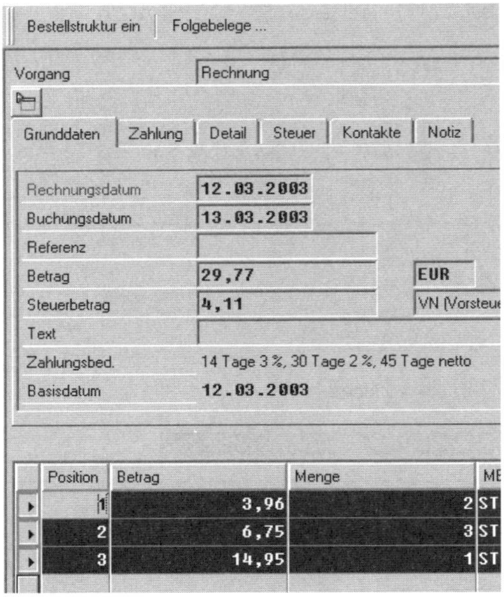

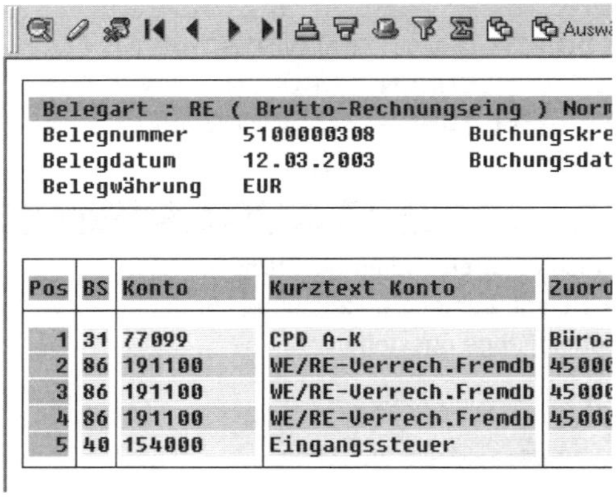

Rechnungsbeleg anzeigen

Folgebelege ...

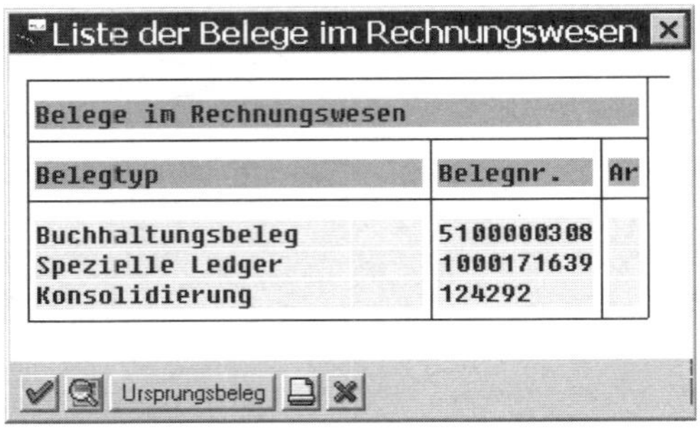

Buchhaltungsbeleg markieren

Rechnungsbeleg anzeigen

Rechnung freigeben

Rechnungen können aus verschiedenen Gründen zur Zahlung gesperrt sein, dabei genügt, dass nur eine Position einen Sperrgrund aufweist, um die gesamte Rechnung zu sperren. Ein Grund kann eine Mengenabweichung zwischen Bestell-, Wareneingangs und Rechnungsmenge sein. Damit die Rechnung – nachdem der eigentliche Sperrgrund behoben ist – bei einem Zahlungslauf berücksichtigt werden kann, muss die Rechnung freigegeben werden.

FENSTER	MENUEPFAD/EINGABE

LOGISTIK ⇨ MATERIALWIRTSCHAFT ⇨ LOGISTIK-RECHNUNGSPRÜFUNG ⇨ WEITERVERARBEITUNG ⇨ RECHNUNG FREIGEBEN

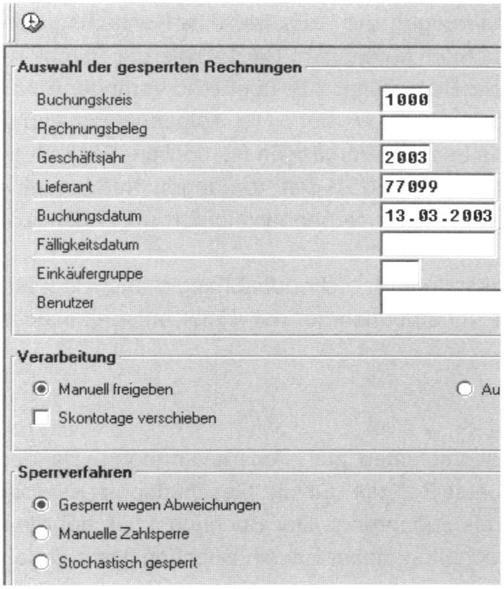

Rechnung freigeben

Buchungskreis: *1000*

Geschäftsjahr: *2000*

Lieferant: *77099*

Buchungsdatum: *13.03.2003*

▸ Eine Rechnung kann durch die Rechnungsprüfung auch stochastisch gesperrt werden. Wann eine Rechnung stochastisch gesperrt wird, hängt von der Einstellung im Customizing ab. Für den Buchungskreis 1000 soll beispielsweise gelten, dass Rechnungen mit einem Betrag von 6000 € mit einer 50%igen Wahrscheinlichkeit gesperrt werden. Die Wahrscheinlichkeit berechnet sich als relativer Wert in Abhängigkeit von Rechnungsnettobetrag und Schwellenwert. Beispielsweise würde eine Rechnung über 10000 € mit 83%iger Wahrscheinlichkeit gesperrt (50x10000/6000).

ausführen

Rechnung freigeben

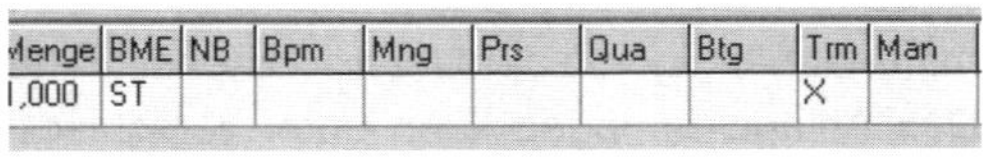

▸ Sperrgrund ist eine Terminabweichung

Rechnung, die freigegeben werden soll markieren.

Rechnung freigeben

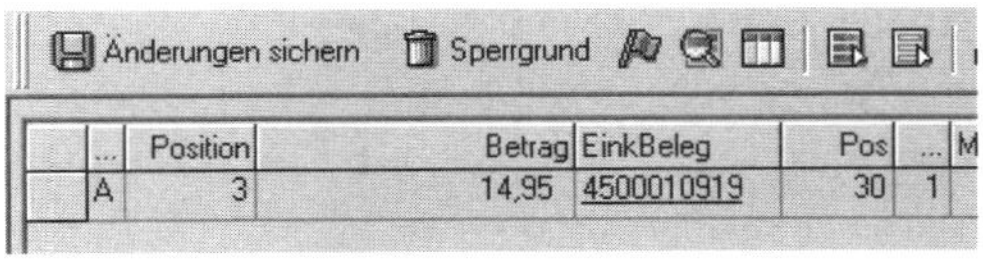

Rechnung freigeben

5.4 Exkurs: Anlagenbuchhaltung

Die R/3-Komponente FI-AA(Anlagenbuchhaltung) ist eigentlich eine Komponente des Finanzwesens. Da hier der Zugang einer Anlage durch Kauf gezeigt werden soll, wird FI-AA im Rahmen des Kapitels zur Materialwirtschaft behandelt.
Die Anlagenbuchhaltung hat die Verwaltung und Überwachung des Sachanlagevermögens nach gesetzlichen und buchhalterischen Anforderungen zur Aufgabe, d.h. Kontierung von Geschäftsvorfällen und Stammdatenführung (auch für Anlagen im Bau) sowie die Durchführung der Abschreibungen. Veränderungen bei der Bewertung, z.B. über eine veränderte Abschreibungsregel, können per Simulation vorgenommen werden. Die Anlagenbuchhaltung unterstützt die Konsolidierung. Die Abbildung von Leasing-Vorgängen ist möglich. Sie führt in ihrem Nebenbuch zum Hauptbuch detaillierte Informationen zu den Vorgängen im Sachanlagevermögen. Analog zu den Kreditoren existieren wieder Nebenbuchkonten und Abstimmkonten.
Da die Komponente für den internationalen Einsatz und branchenunabhängig ausgelegt ist, müssen die spezifischen Gegebenheiten vor Inbetriebnahme mit Hilfe entsprechender Customizing-Einstellungen eingebracht werden.

5.4.1 Unternehmensstrukturen

Der Bewertungsplan verwaltet die Bewertungsvorschriften zum Anlagevermögen. Da der Buchungskreis prinzipiell den finanzwirtschaftlichen Rahmen für die Geschäftsprozesse bildet, wird der Bewertungsplan dem Buchungskreis zugeordnet. Der Buchungskreis erfordert eine einheitliche Gestaltung der Bewertungsvorschriften, daher hat ein Buchungskreis genau einen Bewertungsplan. Ein Bewertungsplan kann aber mehreren Buchungskreisen zugeordnet werden, falls bei diesen die gleichen Bewertungsvorschriften gelten. Wegen der länderabhängigen Vorgaben bei der Bewertung von Anlagevermögen wird üblicherweise ein Bewertungsplan für alle Buchungskreise eines Landes eingesetzt. Der Bewertungsplan ist damit unabhängig von der Unternehmensstruktur.
Das Anlagevermögen kann unter verschiedenen Gesichtspunkten bewertet sein, z.B. nach handelsrechtlichen oder kalkulatorischen Aspekten. Bewertungsbereiche innerhalb des Bewertungsplans repräsentieren diese verschiedenen Bewertungsmöglichkeiten. Damit beinhalten die Bewertungsbereiche die eigentlichen handelsrechtlich, steuerrechtlich oder kalkulatorisch motivierten Bewertungsvorschriften. Jeder Bewertungsbereich umfasst eine spezifische Bewertungsvorschrift. Die verschiedenen Bewertungen einer Anlage können so parallel geführt werden.

Abbildung 141: Bewertungsplan und Bewertungsbereich

©SAP AG

Weitere Elemente des Bewertungsplans sind Schlüssel für die automatische Abschreibung der Anlagen (z.B. linear bis zum Nullwert oder degressiv 2-fach) und Objekte für spezielle Rechnungszwecke (z.B. Förderschlüssel für Investitionsförderungen).

Abbildung 142: Abschreibungsschlüssel

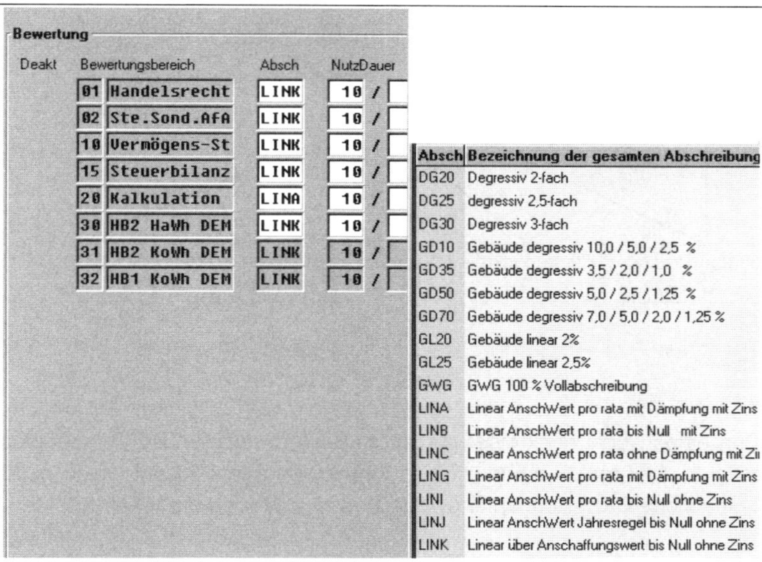

Bildschirmbilder ©SAP AG

Die gesetzeskonforme Erfassung aller buchungspflichtigen Ereignisse und die Erstellung aller Nachweise für einen gesetzlichen Einzelabschluss wie Bilanzen oder Gewinn- und Verlustrechnungen erfordern die Führung eines Kontenplans. Der Kontenplan ist ein vom Rechnungswesen definiertes, geordnetes Gliederungsschema und Verzeichnis aller Sachkonten, die von einem oder mehreren Buchungskreisen gemeinsam verwendet werden. Beispiele sind der Industriekontenrahmen und der Gemeinschaftskontenrahmen. Der Kontenplan enthält zu jedem Sachkonto seiner Gliederung einen buchungskreisunabhängigen Stammsatz. Dieser umfasst die Kontonummer, die Kontobezeichnung und die Art des Kontos (Bestands- oder Erfolgskonto). Darüber hinaus werden Informationen hinterlegt, die die spätere Anlage des Sachkontos im Buchungskreis steuern. Jedem Buchungskreis muss ein Kontenplan zugeordnet sein, aber nicht alle verfügbaren Konten des Kontenplans müssen vom Buchungskreis verwendet werden. Zur Vermeidung von Kontenballast erhalten die Konten im Buchungskreis einen weiteren buchungskreisabhängigen Sachkontenstammsatz (z.B. die Währung, in der das Konto geführt wird).

Abbildung 143: Bewertungs- und Kontenplan

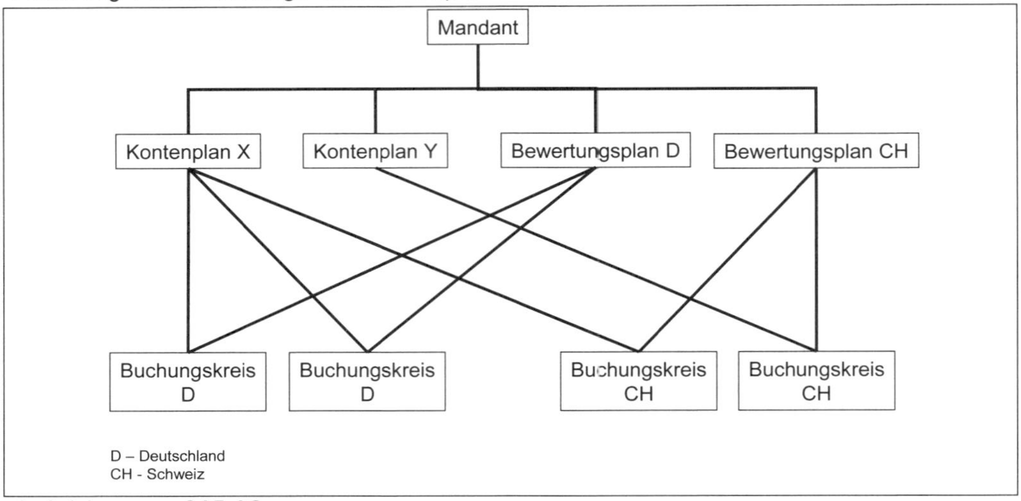

In Anlehnung an SAP AG

Die Zuordnung eines Buchungskreises zu einem Bewertungsplan ist unabhängig von der zu einem Kontenplan. Mehrere Buchungskreise können denselben Kontenplan nutzen, obwohl ihnen unterschiedliche Bewertungspläne zugewiesen sind (und umgekehrt).

5.4.2 Zugang einer Anlage durch Kauf

Ein Hauptprozess im Rahmen der Anlagenbuchhaltung ist der Zugang einer Anlage durch Kauf. Dabei kann es sich um Anlagen im Bau (Sammlung der Kosten) oder direkt aktivierbare Anlagen handeln. Hier wird die direkt aktivierbare Anlage betrachtet.

Abbildung 144: Zugang durch Kauf

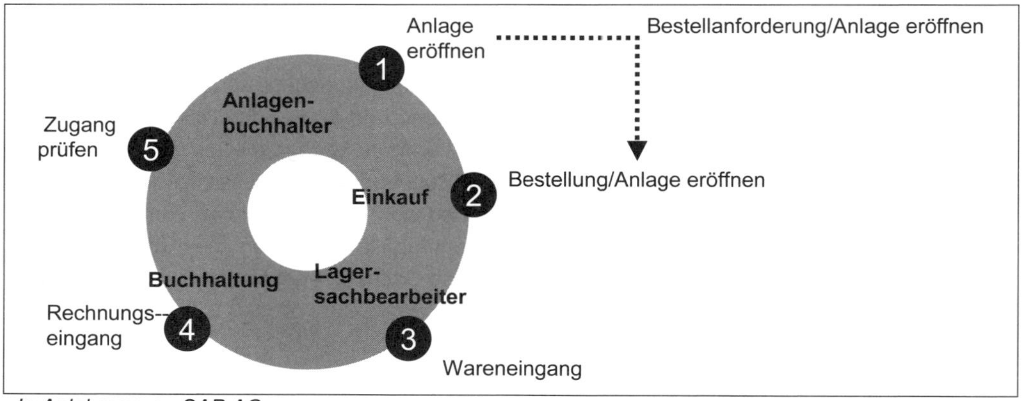

In Anlehnung an SAP AG

Im Rahmen der vielfältigen Integrationsbeziehungen kann der Zugang der direkt aktivierbaren Anlagen durch Kauf mit dem Wareneingang der Anlage gebucht und aktiviert werden. Dies bedeutet, dass der Wareneingang als Komponente der Materialwirtschaft direkt auf Anlagen in FI-AA kontieren kann. Die Basis zum Wareneingang bildet eine entsprechende Bestellung. Der Bestellungs- und der Wareneingangsbeleg der Anlage liefern die für eine Aktivierung notwendigen Daten. Die Anlage wird zunächst zum Bestellpreis abzüglich Skonto

und Vorsteuer aktiviert. Eventuelle Differenzen bei Rechnungseingang werden der Anlage nachbelastet oder gutgeschrieben.
Grundvoraussetzung für die Kontierung von Anlagen ist der Anlagenstammsatz. Der Anlagenstammsatz beinhaltet neben allgemeinen Daten wie Bezeichnung, Kostenstelle oder Herkunftsdaten, die Angaben zur Bewertung. Der jeweilige Bewertungsbereich setzt die entsprechenden Parameter wie AfA-Schlüssel[27], Nutzungsdauer, Schrottwert etc. Der Anlagenstammsatz enthält dann die individuellen Ausprägungen.
Viele Anlagenstammsätze gleichen sich in Teildaten. Daher werden die Anlagen in Anlagenklassen unterteilt. Die einzelne Anlagenklasse wird mit Vorschlagswerten belegt, die so ein schnelles Anlegen unterstützen. Bildaufbau und Feldeigenschaften können ebenfalls wie der Kontierungstyp klassenspezifisch festgelegt werden. Beispielsweise kann für das Feld Buchungskreis der Buchungskreis 1000 vorgeschlagen werden oder über die Bildablaufsteuerung eine Veränderung des Vorschlagswertes untersagt werden. Die „1000" würde dann nur angezeigt. Außerdem steuert die Klasse die Anlagennummernvergabe (eindeutige Kennzeichnung) und ist Selektionskriterium für Auswertungen. Sämtliche definierten Anlagenklassen stehen mandantenweit, d.h. buchungskreisübergreifend, zur Verfügung.
Wenn der Zugang (der Anlage) beim Wareneingang automatisch kontiert wird, muss dem R/3-System bekannt sein, auf welche Konten es buchen muss. Das Konto der Anlagenbuchhaltung ergibt sich aus der Stammsatznummer. Das Konto des Hauptbuches wird grundsätzlich mit Hilfe des Kontofindungsschlüssel aus der Anlagenklasse gefunden. Dieser bewirkt in Verbindung mit dem Kontenplan und dem Bewertungsplan die richtige Verbuchung.
Im Detail funktioniert die systemseitige Ermittlung der richtigen Konten wie folgt. Wird ein Anlagenstammsatz auf Basis der Vorschlagsdaten einer Anlagenklasse erstellt, so wird dem Stammsatz dabei auch ein Kontenfindungsschlüssel zugeteilt. Weiter ist der Anlagenstammsatz einem bestimmten Buchungskreis zugeordnet.
Diesem ist notwendigerweise wiederum ein Kontenplan zugeordnet, der die Menge der für Buchungen zur Verfügung stehenden Konten bestimmt. Der Kombination aus Kontenfindungsschlüssel und Kontenplan wird im Customizing ein Bewertungsplan zugewiesen. Für jeden gewünschten Bewertungsbereich dieses Bewertungsplans werden dann die Konten des Hauptbuchs eingetragen. Der Bewertungsbereich 01 des Bewertungsplans 1DE in der Abbildung 145 kann mit unterschiedlichen Hauptbuchkonten belegt werden, da es sich um verschiedene Kombinationen von Kontenplan und Kontenfindungsschlüssel handelt.

[27] Abschreibung für Abnutzung.

Abbildung 145: Automatische Kontenfindung in der Anlagenbuchhaltung

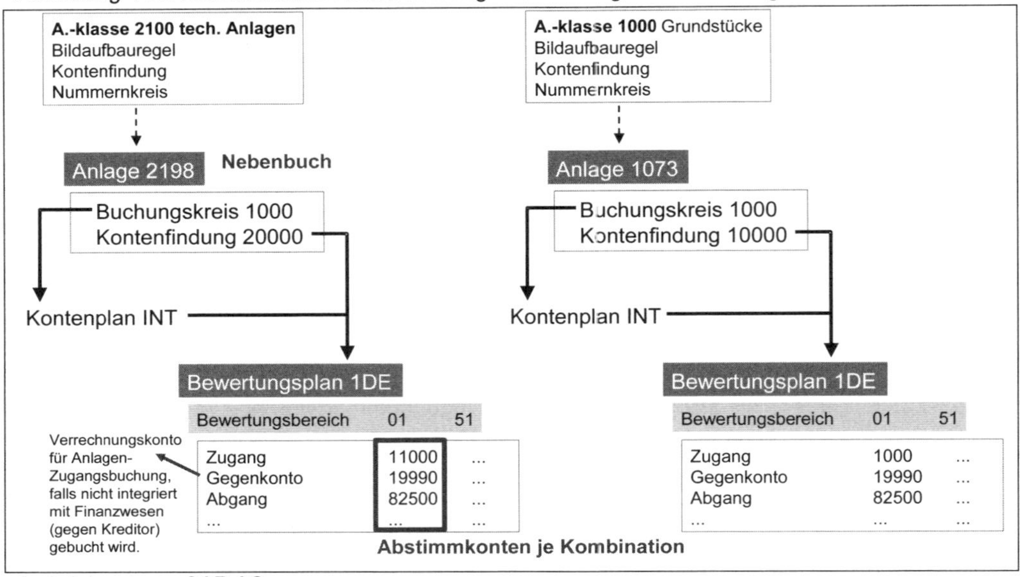

In Anlehnung an SAP AG

Für den Kauf durch Zugang ist eine kontierte Bestellanforderung oder eine kontierte Bestellung notwendig. Dazu wird in der Position der Kontierungstyp A (für Anlagen) eingegeben.

Abbildung 146: Kontierte Bestellung

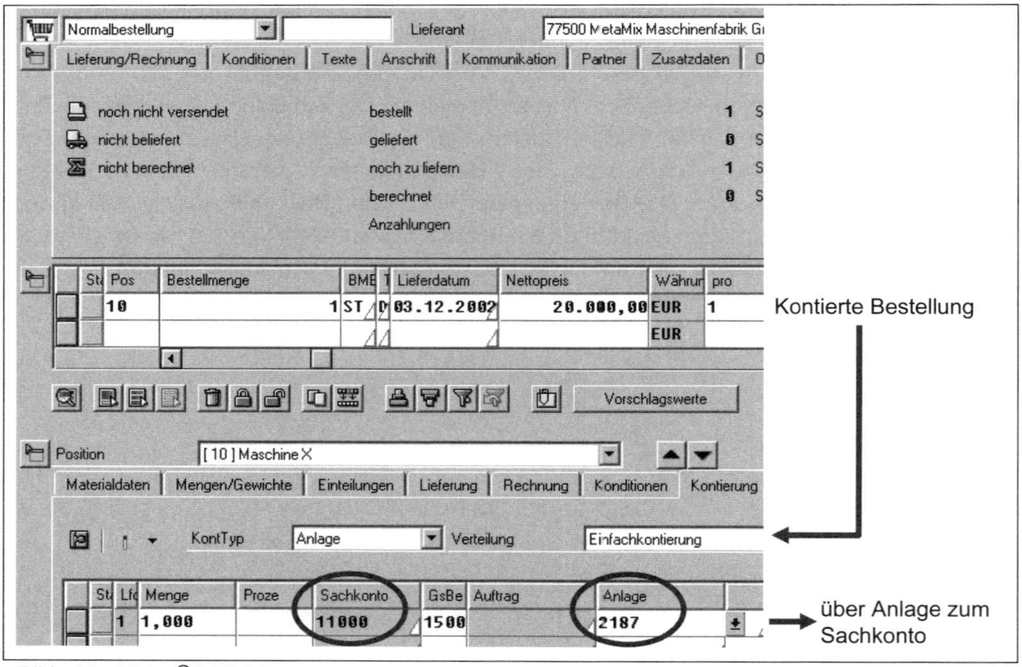

Bildschirmbilder ©SAP AG

Mit dem Kontierungstyp A sind wieder Steuerungsfunktionen verbunden (Feldauswahl, Wareneingangs- und Rechnungseingangsparameter). Besonders ist die Verzweigung in einen eigenen Bildschirm. Hier kann ein vorhandener Anlagenstammsatz der Bestellung zugeordnet werden und/oder eine neue Anlage angelegt und diese der Bestellung zugeordnet werden. Das Anlegen eines Anlagenstammsatzes kann entweder vor dem Beschaffungsvorgang als eigener Arbeitsschritt oder integriert mit der Transaktion Bestellanforderung oder Bestellung durchgeführt werden. Der Kontierungstyp wird im Customizing eingestellt (s. auch Abbildung 147).

Abbildung 147: Kontierungstyp A im Customizing

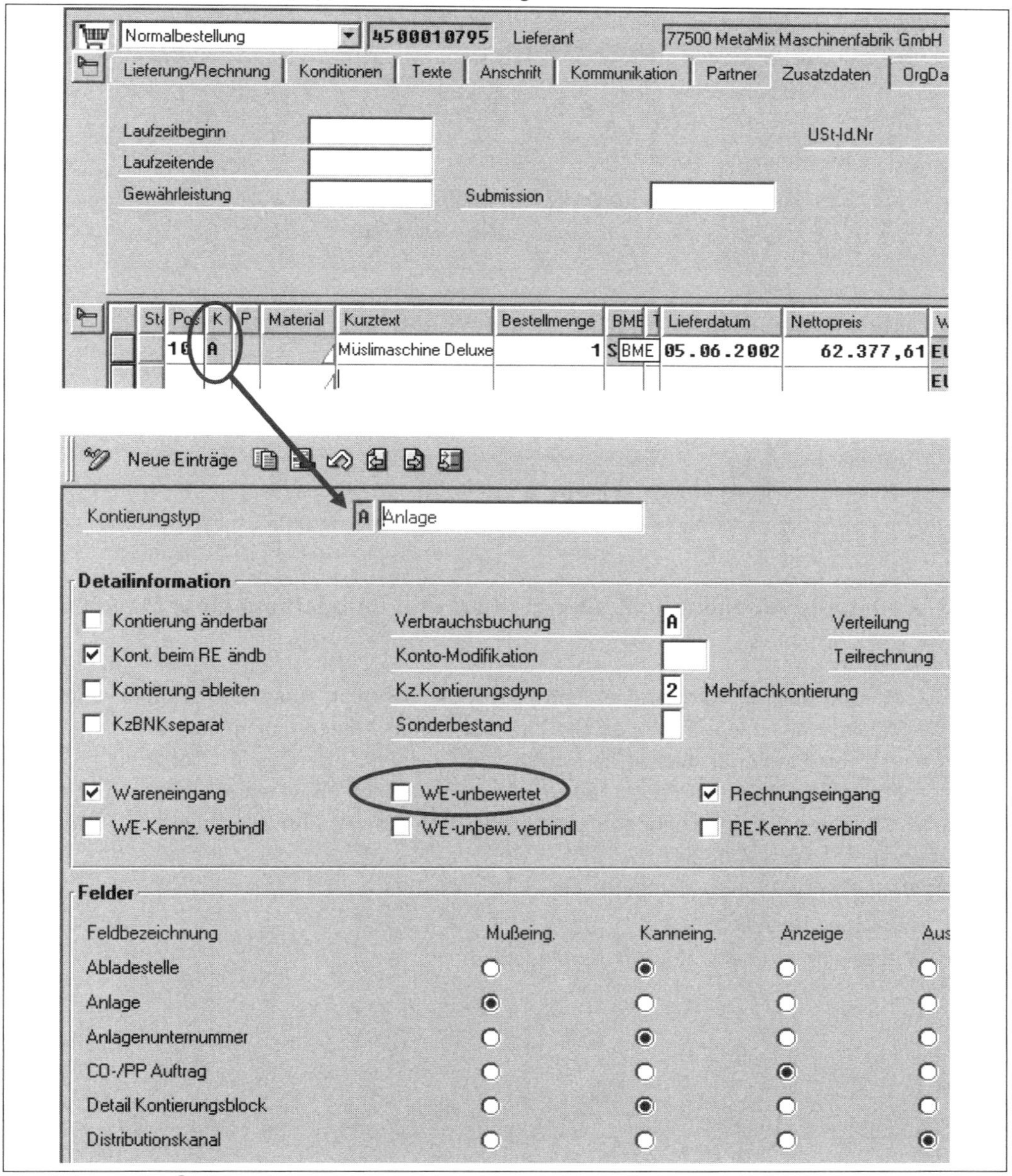

Bildschirmbilder ©SAP AG

Der Anlagenstammsatz verlangt bei seiner Pflege spezifische finanzwirtschaftliche Kenntnisse, so dass für den Besteller (Bestellanforderung) oder den Einkäufer (Bestellung) die integrierte Pflege einen unverhältnismäßig hohen Aufwand erfordert. Daher besteht die Möglichkeit, eine unkontierte Bestellanforderung anzulegen. Die durch Sachbearbeiter des Finanzwesens gepflegte Anlage wird dann in der Bestellung eingetragen. Beim Waren- bzw. Rechnungseingang aktiviert das System die Anlage auf dem Anlagenstammsatz dann automatisch (Einstellung im Kontierungstyp „Wareneingang unbewertet" steht auf „off").

Abbildung 148: Buchhaltungsbeleg für Zugang durch Kauf

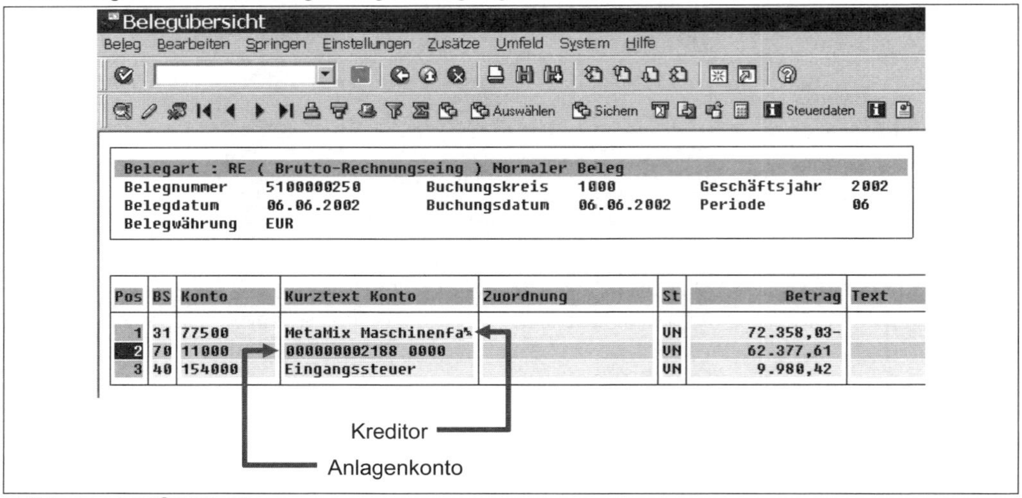

Bildschirmbild ©SAP AG

5.4.3 Fallstudie Anlagenbuchhaltung - Kauf und Einbuchung einer Maschine

Aufgabe 16

Für die Müsliproduktion wird eine (Misch-)Maschine benötigt. Bestellen Sie eine entsprechende Müslimixmaschine und legen Sie integriert einen Anlagenstammsatz an. Legen Sie direkt eine Bestellung oder wahlweise zuerst eine Bestellanforderung an. Der Preis der Maschine beträgt 62377,61 €. Pflegen Sie den Wareneingang. Verwenden Sie zur Pflege der Aufgabe die in den Pflegeanleitungen gezeigten Daten (soweit sinnvoll). Folgende Pflegeanleitungen stehen zur Verfügung:

- Bestellanforderung anlegen für Anlagen,
- Maschine bestellen,
- Wareneingang bei Lieferung der Maschine.

Bestellanforderung anlegen für Anlagen

FENSTER	MENUEPFAD/EINGABE
	LOGISTIK ⇨ MATERIALWIRTSCHAFT ⇨ EINKAUF ⇨ BANF ⇨ ANLEGEN
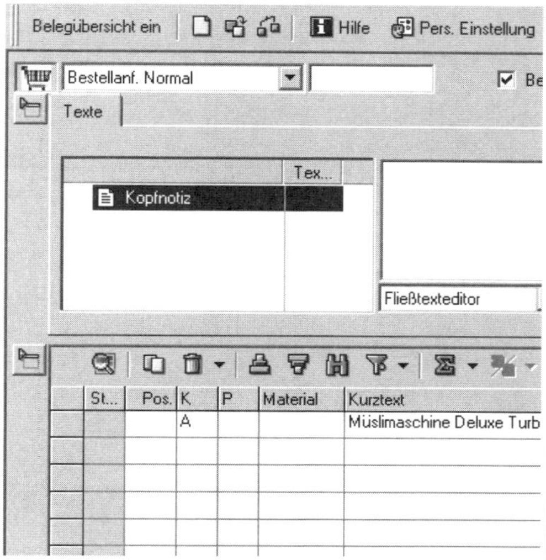	**Bestellanforderung anlegen** ‣ Belegübersicht mit [Belegübersicht aus] ausgeschaltet. ☐ Bezugsquellenfindung ausschalten ‣ Bezugsquellenfindung soll in der Bestellung durchgeführt werden. Kontierungstyp: *A* ‣ Der Kontierungstyp A ist wichtig, da damit eingestellt wird, dass eine Anlage (hier: Maschine) angeschafft werden soll. Menge: *1* Lieferdatum: *20.03.2003* Werk: *1100* Einkäufergruppe: *099* Warengruppe: *071* ‣ Maschinen für Lebensmittel weiter
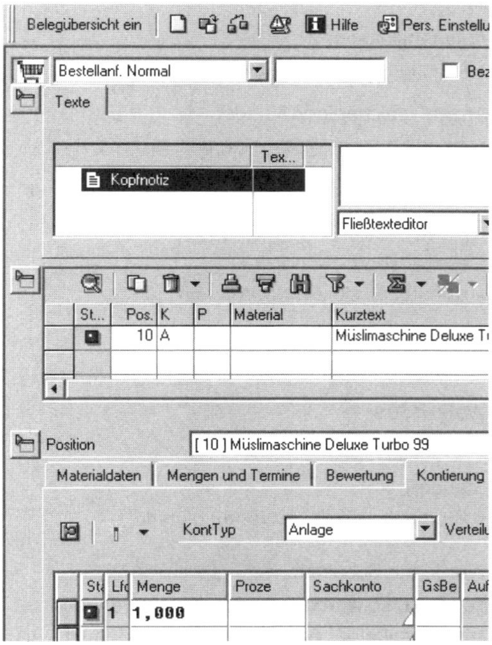	**Bestellanforderung anlegen** ‣ Positionsdetails werden für gepflegte Position angezeigt. ‣ Position muss über Register Kontierung einer Anlage (auf die sie ja kontiert werden soll) zugewiesen werden. Da bisher keine vorhanden ist, muss der Anlagenstammsatz nun integriert angelegt werden. [Anlagen] anklicken, um einen neuen Anlagenstammsatz zu erzeugen.

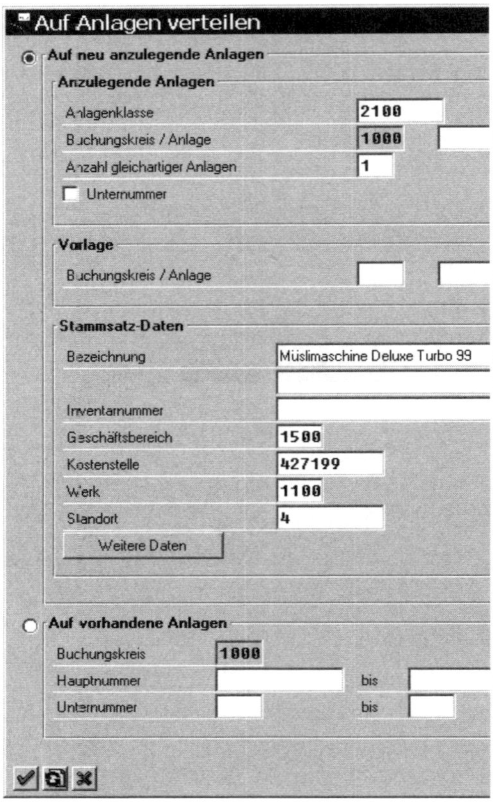

Auf neu anzulegende Anlagen auswählen

Anlagenklassen: *2100*

▸ Maschinen, lineare Abschreibung

Anzahl gleichartiger Anlagen: *1*

▸ es gibt nur eine Maschine dieses Typs

Bezeichnung: *Müslimaschine Deluxe rs turbo xx*

▸ wobei „xx“ = Gruppennummer

Geschäftsbereich: *1500*

▸ Konsumprodukte, Nahrungsmittel

Kostenstelle: *4271*

▸ Nahrungsmittel

Werk: *1100*

▸ Berlin

Standort: *4*

▸ Produktionsbereich Nahrungsmittel

Würde die Schaltfläche [Weitere Daten] gedrückt, so würde R/3 in die Standarderfassungsmaske der Anlagenwirtschaft (Modul FI-AA)

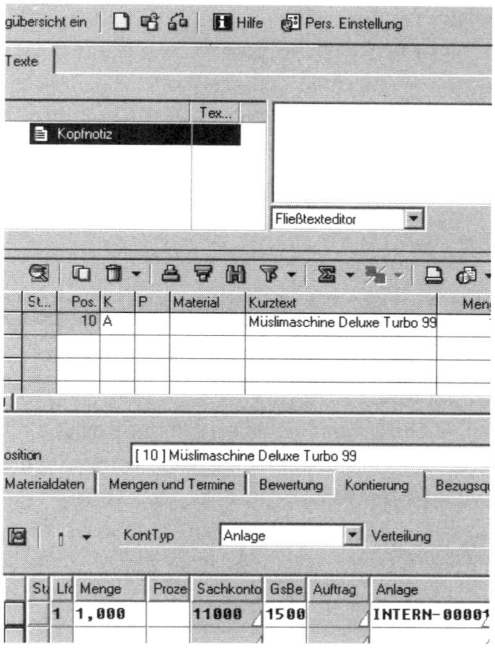

wechseln, wo weitaus umfassendere Eingabemöglichkeiten bezüglich der neu anzulegenden Anlage geboten werden (siehe Bildschirmbild auf der linken Seite). Nachdem man seine Eingaben dort vervollständigt hat, kehrt man mit in die vereinfachte Erfassungsmaske zurück.

weiter

Bestellanforderung anlegen

- Die angezeigten Werte wurden automatisch aus der neu angelegten Anlage (Maschine) übernommen. Zu sehen ist auch die vorläufige Bezeichnung der Anlage: INTERN-00001. Diese entspricht nicht der später verwendeten Anlagennummer.

sichern

Maschine bestellen

FENSTER	MENUEPFAD/EINGABE
	LOGISTIK ⇨ MATERIALWIRTSCHAFT ⇨ EINKAUF ⇨ BESTELLUNG ⇨ ANLEGEN ⇨ LIEFERANT BEKANNT

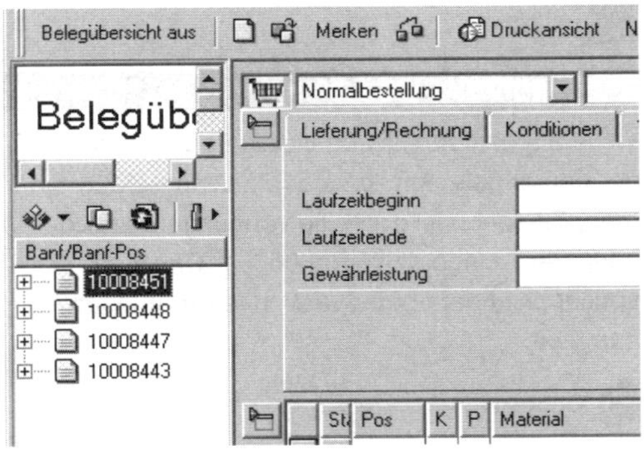

Bestellung anlegen

Lieferant: *77yxx*

▸ Nummer eines Lieferanten, in diesem Fall „MetaMix Maschinenfabrik GmbH“.

Bestellart: *Normalbestellung*

In der Belegübersicht die Bestellanforderung auswählen und [Symbol] anklicken (oder Doppelklick).

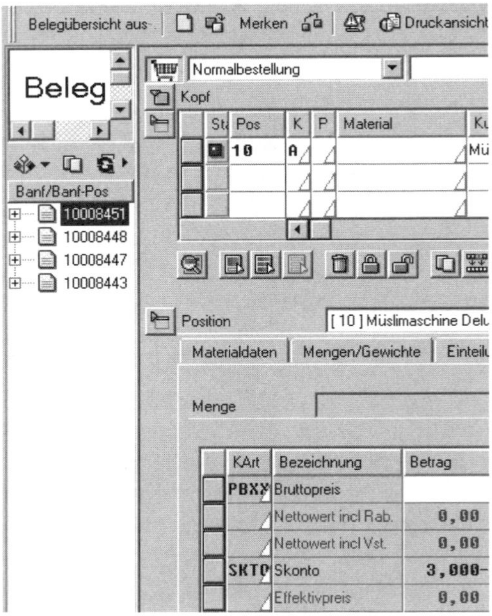

Bestellung anlegen

▸ Preis der Maschine muss gepflegt werden.

Nettopreis: *62377,61 €*

▸ Der Preis kann wahlweise in der Position oder im Positionsdetail/Register Konditionen angegeben werden.

[Symbol] weiter

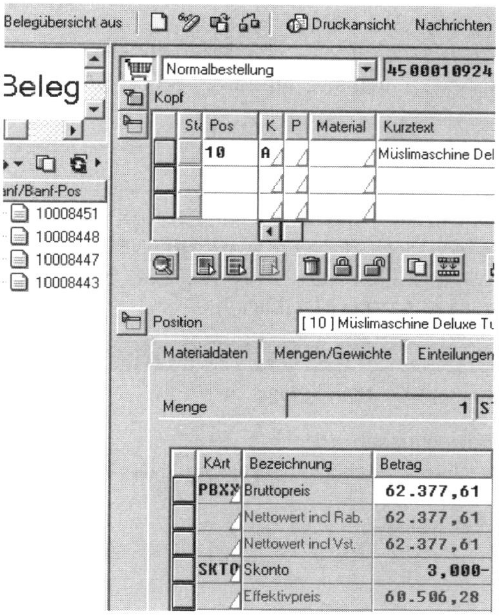

Bestellung anlegen

sichern

Normalbestellung unter der Nummer 4500010924 angelegt

Wareneingang bei Lieferung der Maschine

Nach Ablauf der planmäßigen Lieferzeit wird die Maschine vom Hersteller angeliefert, der Lagersachbearbeiter erfasst diesen Wareneingang – selbstverständlich – im SAP R/3-System.

FENSTER	MENUEPFAD/EINGABE
	LOGISTIK ⇨ MATERIALWIRTSCHAFT ⇨ BESTANDSFÜHRUNG ⇨ WARENBEWEGUNG ⇨ WARENEINGANG ⇨ ZUR BESTELLUNG ⇨ WE ZUR BESTELLUNG (MIGO)
	**Wareneingang Bestellung** Bestellung: *4500010924* Bewegungsart: *101* ▸ Wareneingang zur Bestellung in das Lager weiter
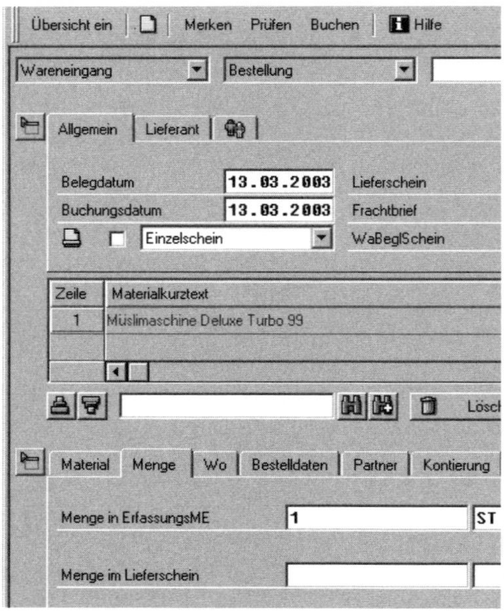	**Wareneingang Bestellung** ▸ In den Positionsdetails kann die Position noch einmal kontrolliert werden, z.B. Kontierung. 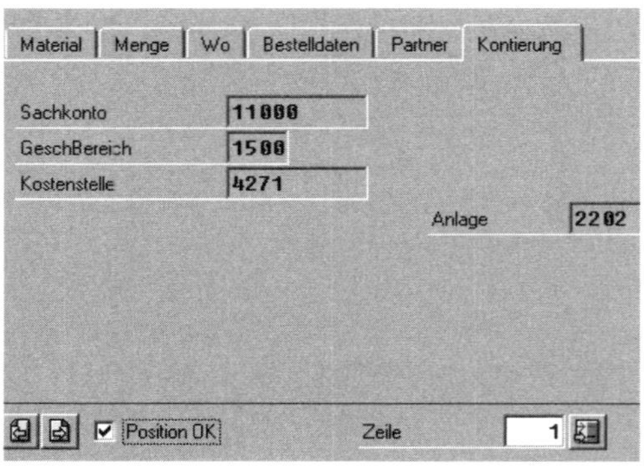 Falls alles den Wünschen entspricht, geht es weiter mit Prüfen und anschließend Buchen.

6 Technik

Im Folgenden soll die technologische Infrastruktur des Systems R/3 betrachtet werden. Das Kapitel wurde bewusst an dieser Stelle platziert, da der Leser schon jetzt einen ersten größeren Einblick gewonnen hat und nun die dahinterliegende Technik besser ergründen kann. Für die folgenden Schritte der Fallstudie kann dieses Kapitel dann als Erklärungsbasis dienen, Der bisher betrachtete Geschäftsprozess wird daher im Prinzip für ein Kapitel (kurz) unterbrochen.

Bei der Betrachtung der technologischen Infrastruktur steht die Erläuterung von Konzepten und Mechanismen im Vordergrund, d.h. es sollen die Wirkungsweisen deutlich werden. Auch betriebwirtschaftliche Anforderungen an die technische Funktionsweise von Datenbanken und Anwendungen stehen im Blickpunkt. Das Kapitel verbindet die bisherigen und folgenden Erläuterungen der R/3-Anwendungskomponenten mit der technologischen Infrastruktur.

Die technologische Infrastruktur des System R/3 lässt sich durch folgende Eigenschaften charakterisieren:

- Client/Server-Architektur,
- Transaktionen,
- Skalierbarkeit,
- Offenheit (Interoperabilität, Portabilität,)
- Business Framework,
- Einbindung von Desktop-Anwendungen,
- Mandant als logische Trennung von betrieblichen Daten.

6.1.1 Client/Server-Architektur

Die Begriffe Client und Server stammen aus der Hardwareterminologie: Desktop-Systeme (i.d.R. PCs), die über Netzwerkverbindungen mit Hintergrundsystemen verbunden sind (Datei oder Druckserver). Das Desktop-System wird dann als Client, das oder die Hintergrundsystem(e) als Server bezeichnet. Die alleinige Ausrichtung des Begriffs auf eine Hardwarekonfiguration würde allerdings dem Technologiegedanken nicht gerecht.

Die Client/Server-Technologie ist in erster Linie eine Softwaretechnologie, die auf dem Steuerungsprinzip von Auftraggeber/Auftragnehmer-Beziehungen basiert. Im Sinne eines Auftragnehmers (Server) bietet eine Software-Komponente einen Dienst an. Eine solche Komponente kann aus einem Prozess oder einer Gruppe von Prozessen bestehen. Beispiele für solche Prozesse sind:

- der Aufruf einer Eingabemaske mit der dazu gehörigen Aktion oder
- die Aktualisierung von Daten anderer Anwendungen nach einer Dateneingabe in der Anwendung X, z. B. Bestandserhöhung in der Materialwirtschaft mit entsprechender Bewertung in der Finanzbuchhaltung.

Der Auftraggeber (Client) fordert dann diesen Dienst neben anderen eigenen Verarbeitungsschritten an. Bei Client und Server handelt es sich also aus Softwaresicht um Anwendungen bzw. Programme. Die Besonderheit dieses Aufrufprinzips ist, dass der Client nicht auf die Beendigung des Dienstes durch den Server warten muss und dass beide Prozesse auf unterschiedlichen (logischen) Rechnern ablaufen können.[28] Um obiges Beispiel wieder auf-

[28] Vgl. Buck-Emden, 1995, S.25 f.

zugreifen: Eine Bestandserhöhung von einem Material wird verbucht. Die für diesen Vorgang zuständige Anwendung stößt zusätzlich ein Unterprogramm an, das die wertmäßige Aktualisierung in der Finanzbuchhaltung vornimmt. Die Anwendung kann so ihre mengenmäßige Verbuchung sowie weitere Prozesse durchführen, ohne auf das Ende der wertmäßigen Verbuchung warten zu müssen. Der Ablauf der Vorgänge auf unterschiedlichen Rechnern erbringt i.d.R. Perfomancevorteile.

Damit findet eine Verteilung der Arbeitslast zwischen den Clients und Servern nach bestimmten Regeln statt, wobei sämtliche Teilkomponenten spezielle Aufgaben erfüllen. Clients können wiederum selbst auch als Server dienen, d.h. Dienste anbieten. Die Abbildung 149 zeigt die Software- und Hardwareorientierung der Client/Server-Technologie.

Abbildung 149: Zwei Sichten der Client/Server-Technologie

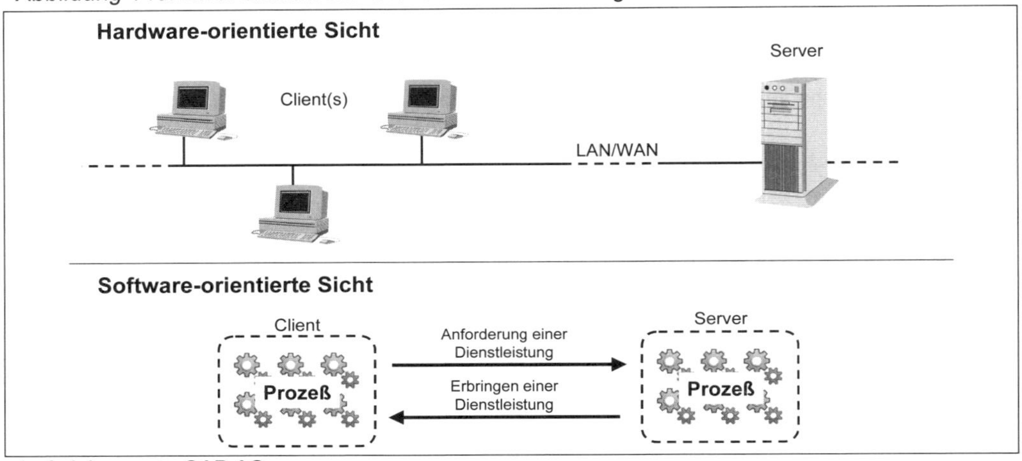

In Anlehnung an SAP AG

SAP R/3 folgt dem oben genannten softwareorientierten Client/Server-Prinzip. Dies bedeutet hier die logische Entkopplung der Applikation von Präsentation und Datenbank. Dementsprechend gibt es die grundlegenden Dienste der Präsentations-, der Applikations- und der Datenbankebene.

Präsentationsservices sind Dienste, die dem Benutzer am nächsten sind. Hier werden die Ein- und Ausgabefunktionen von SAP R/3 über das SAP-GUI (Graphical User Interface) realisiert. Aufgabe der Präsentationsservices ist zum einen die Weitergabe von Benutzereingaben und die Entgegennahme von Daten von der Applikationsebene sowie die jeweilige Visualisierung.

Die Präsentationsebene beinhaltet alle Teilbereiche der Oberflächengestaltung wie Online-Hilfe (z.B. bei Windows® Integration mit WinHelp), Bedienelemente (Buttons, Checkboxen, Bildlaufleisten, ...), Menüs, Symbolleisten, Shortcuts. Das GUI, auch als sog. Frontend bezeichnet, lässt sich mit nahezu allen gängigen Betriebssystemen nutzen. Die Trennung von Präsentations- und Anwendungsschicht erlaubt eine vielfältige Visualisierung der Anwendungen. Auch browser-basierte oder eigenprogrammierte Lösungen graphischer Benutzeroberflächen sind möglich. R/3 kann so den Benutzern ihre gewohnte Arbeitsumgebung erhalten.

Für die grafische Darstellung übermittelt die Applikationsebene plattformunabhängige Bildbeschreibungen an die Präsentationsebene. Die Umsetzung in eine grafische Benutzeroberfläche erfolgt dann auf den Präsentationsrechnern in Abhängigkeit der jeweiligen Präsentati-

onsumgebung. Außer der grafischen Darstellung übernimmt das SAP-GUI weitere Aufgaben wie die Anbindung von Desktopanwendungen (Microsoft® Word®, Microsoft® Excel®, usw.) an R/3.[29] Das SAP-GUI ist ohne die Applikationsebene nicht funktionsfähig, d.h. sie ist während ihrer Laufzeit immer fest mit einer Benutzeranmeldung an einen Applikationsserver verknüpft. Verbindungen über Wide Area Network (WAN) sind wegen der relativ geringen Datenvolumina (i.d.R. 2,6 bis 5,3 kB pro Transaktion bzw. Bildwechsel) möglich. Konsequenterweise müssen Versionsnummern von GUI und R/3-Anwendungssystem selbst nicht übereinstimmen. Jedoch muss die Versionsnummer der GUI gleich oder höher als die Version der Anwendungsebene sein. Das GUI ist abwärtskompatibel. Beispielsweise kann ein R/3-Anwendungssystem Release 3.1 mit der GUI Release 4.5 kombiniert werden.
Für alternative Clientplattformen wie OS/2®, Mac und Motif® wurden bis zum GUI-Release 4.5B eigene Varianten entwickelt. Ab dem GUI-Release 4.6D werden diese durch eine javabasierende und damit relativ plattformunabhängige GUI abgelöst. Zusätzlich steht noch die Version SAP GUI for HTML® zur Verfügung.
Die mittlere Client/Server-Ebene, die Applikationsebene, bildet in erster Linie die Laufzeitumgebung (Kernel und Basisdienste) für die R/3-Anwendungsprogramme. Für die Anwendungen stellt R/3 eine eigene Infrastruktur (Programmiersprache ABAP®[30], Compiler, Bibliotheken, Laufzeitumgebung etc.). Da die Anwendungsprogramme in einer eigenen Laufzeitumgebung ablaufen, sind sie zwar unabhängig von Hardware und Betriebssystem, aber nicht außerhalb eines R/3-Systems einsetzbar. Während auf Präsentationsebene das jeweilige Betriebssystem als „Wirt“ benutzt wird, benötigt auch die R/3-Laufzeitumgebung ein entsprechendes Betriebssystem. Die Laufzeitumgebung hat u.a. zur Aufgabe:

- die Ausführung von Anwendungsprogrammen auf Virtual Machines (Softwareprozessoren),
- Verwaltung von Benutzern und Prozessen,
- die Steuerung der Datenbankzugriffe, da die Anwendungen nicht direkt auf die Datenbank zugreifen.

Prinzipiell genügt ein logischer Applikationsserver zum Betrieb eines R/3-Systems. Bei mehreren Applikationsservern beinhaltet die Applikationsebene zusätzlich noch einen Message Server. Dieser steuert die Kommunikation der Server untereinander. Beispielsweise sorgt der Message Server für eine verteilte Benutzeranmeldung i.S. einer Lastverteilung. Jeder Applikationsserver hat einen eigenen Kernel und leistet Basisdienste.
Der Applikationsserver bildet damit den „Vermittler“ zwischen Benutzer und Datenbank.
Der R/3 Applikationsserver besteht im Wesentlichen aus dem Dispatcher und den Workprozessen. Dem einzelnen Applikationsserver werden - in Abhängigkeit vom physisch verfügbaren Arbeitsspeicher - Workprozesse zugeordnet. Workprozesse sind logische Komponenten, die in der Lage sind, eine Anwendung bzw. einen Dialogschritt auszuführen. Der Dispatcher ist der Zugangspunkt zur Applikationsebene aus Sicht der Präsentationsebene. Er hat die Aufgabe, vom Benutzer über das GUI angeforderte Dialogschritte zur Ausführung an freie Workprozesse weiterzuleiten. Dabei wird immer genau ein Dialogschritt einem Workprozess zugeordnet. Nach der Ausführung ist der Workprozess für beliebige Dialogschritte frei. Bildschirmausgaben als Resultat von Dialogschritten gelangen auf dem umgekehrten Wege über

[29] S. auch Kapitel 6.1.5, S. 303.

[30] Advanced Business Application Programming Language; Neuentwicklungen werden auch zunehmend in Java programmiert.

einen Workprozess und den Dispatcher wieder zum Benutzer (Präsentationsebene) zurück. Jeder Applikationsserver meldet seine Workprozesse während der Laufzeit als User (Client) der Datenbank (Server) an. Damit hat jeder Workprozess seinen eigenen Datenbank-Kanal.

Abbildung 150: Client/Server in vereinfachter Darstellung

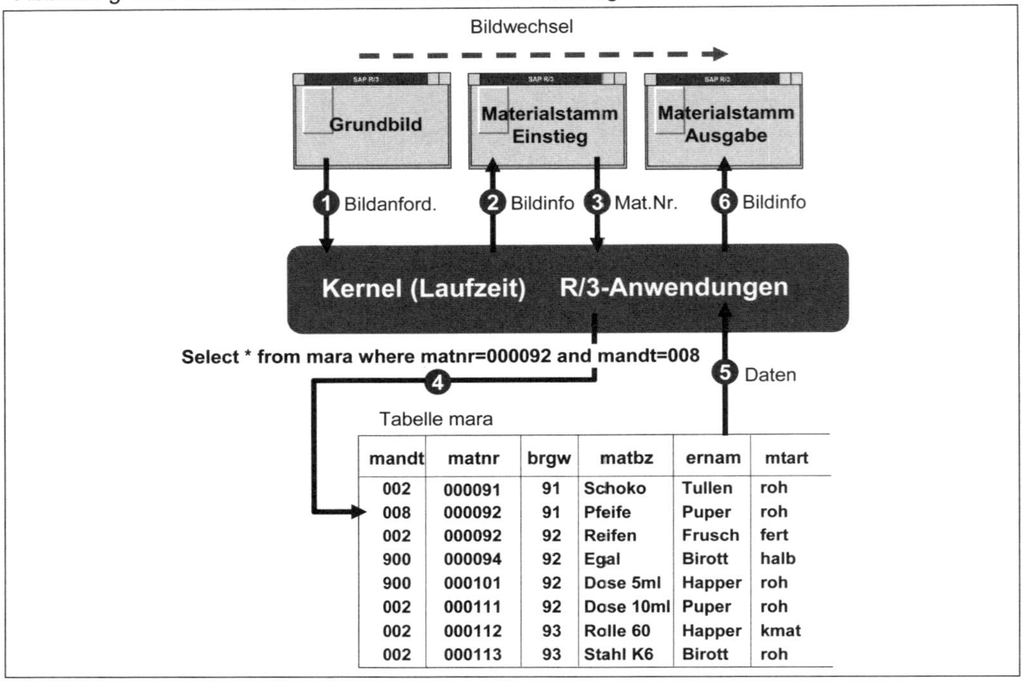

mandt	matnr	brgw	matbz	ernam	mtart
002	000091	91	Schoko	Tullen	roh
008	000092	91	Pfeife	Puper	roh
002	000092	92	Reifen	Frusch	fert
900	000094	92	Egal	Birott	halb
900	000101	92	Dose 5ml	Happer	roh
002	000111	92	Dose 10ml	Puper	roh
002	000112	93	Rolle 60	Happer	kmat
002	000113	93	Stahl K6	Birott	roh

Auf der Ebene des Betriebssystems, in dem die Laufzeitumgebung ausgeführt wird, stellen die Workprozesse einzelne „Tasks“ dar. Unter „Tasks“ werden einzelne Prozesse verstanden, denen vom Betriebssystem im Rahmen des preemptiven Multitaskings nacheinander CPU-Zeit in Form von Zeitscheiben zugeteilt wird.

Alle Aktivitäten, die in einem Workprozess stattfinden können, werden vom so genannten Taskhandler des Workprozesses koordiniert. Folgende Aktionen kann der Workprozess ausführen:

- Kommunikation mit dem Dispatcher;
- Aufruf des Dialog-Interpreters (Dynpro-Prozessor),
- Aufruf des ABAP-Interpreters
- Kontrolle des Hinein- und Hinausschreibens des Benutzerkontextes in die Roll- und Paging-Bereiche zu Beginn bzw. zum Ende des Dialogschrittes.

Roll- und Paging-Bereiche sind Speicherbereiche[31] zur Zwischenlagerung von Daten über unterschiedlich lange Zeiträume und auch über Workprozess-Grenzen hinweg. Die Daten der Anwendungsprogramme (z.B. interne Tabelle, Reportlisten) werden im Paging-Bereich abgelegt. Im Roll-Bereich sind die eher benutzerspezifischen Daten untergebracht. Zu ihnen gehören die Eingabedaten vorhergehender Dialogschritte, Verwaltungsinformationen für den

[31] Arbeitsspeicher des Applikationsservers

ABAP-Interpreter bzw. Dynpro-Prozessor, aber auch Daten zur Charakterisierung des Anwenders, z.B. die Zugriffsberechtigungen.[32]

Abhängig von ihrer Aufgabe im Applikationsserver können Workprozesse unterschieden werden.

- Dialog-Workprozesse erledigen alle Aufträge zum Ausführen von Dialogschritten.
- Verbuchungs-Workprozesse führen Verbuchungsaufträge, d.h. Datenänderungen aus.
- Hintergrund-Workprozesse verarbeiten Programme, die ohne Benutzerinteraktion ausgeführt werden sollen.
- Der Enqueue-Workprozess verwaltet die Sperrtabelle für die logischen Datenbanksperren. Diese sollen das gleichzeitige Bearbeiten von einem Datenobjekt durch mehrere Anwendungsprogramme verhindern. Je R/3-System ist nur eine Sperrtabelle zulässig.
- Der Spool-Workprozess ist zuständig für den Ausdruck. Er darf je Applikationsserver nur einmal existieren.

Sämtliche Daten werden durch das zentrale Datenbanksystem verwaltet. Das Datenbanksystem besteht aus dem Datenbank Management System (DBMS) und der eigentlichen Datenbank (Datenbestand). Die Daten, sowie deren Beziehungen, werden in zweidimensionalen logischen Tabellen abgelegt (relationales Datenbankmanagementsystem). Die Abbildung 151 zeigt ein mögliches relationales Schema.

Abbildung 151: Beispiel eines relationalen Datenbankmanagementsystems

MIETWAGEN

WNR	F_TYP	BJ	Versich.	Firma	Preis
W12	Corsa	91	Allianz	Tullen	25.700
W33	Golf	91	Lloyd	Puper	28.000
W45	Vectra	92	Allianz	Frusch	32.000
W52	DB 300	92	Lloyd	Birott	47.777
W64	Escort	92	Iduna	Happer	26.000
W75	Golf	92	Gothaer	Puper	28.400
W84	Escort	93	Lloyd	Happer	27.300
W99	DB 230	93	Iduna	Birott	42.550

GEMIETET

KDNR	WNR	Zeitraum
M1	W12	1.1.-3.1.
M1	W84	3.2.-9.2.
M1	W12	4.4.-4.4.
M2	W45	3.1.-4.1.
M2	W52	3.2.-4.5.
M2	W45	5.6.-7.7.
M3	W99	3.2.-3.3.
M3	W75	4.4.-5.4.
M4	W75	3.1.-9.1.
M4	W75	1.3.-1.4.
M5	W12	2.2.-9.2.
M5	W99	4.7.-1.8.
M5	W64	1.6.-7.6.

MIETER

KDNR	Name	Branche
M1	AEG	B2
M2	Bolle	P
M3	IBM	B3
M4	Siemens	B2
M5	Müller	P

MIETPREIS

F_TYP	M_satz
Corsa	43
Golf	53
Vectra	69
DB 300	119
Escort	53
DB 230	85

Die Tabellen werden in logischen Einheiten, den so genannten Tablespaces, gehalten. Ein Tablespace bildet mindestens eine (physikalische) Datendatei. Pro Datenbank sind ein oder mehrere Tablespaces definiert. Aufgrund dieser Zuordnung bietet sich für den Anwender eine logisch geschlossene Datenbank-Struktur und für den Datenbankadministrator die Möglichkeit zur Steuerung des Speicherplatz-Verbrauchs. Dateien bzw. Tablespaces mit einem „I" am Ende des Namens beherbergen Indextabellen. Entsprechend deutet ein „D" auf Datentabellen hin.

[32] Vgl. Will et al.,1995; S. 53f.

Abbildung 152: Logische und physische Abstraktionsebenen

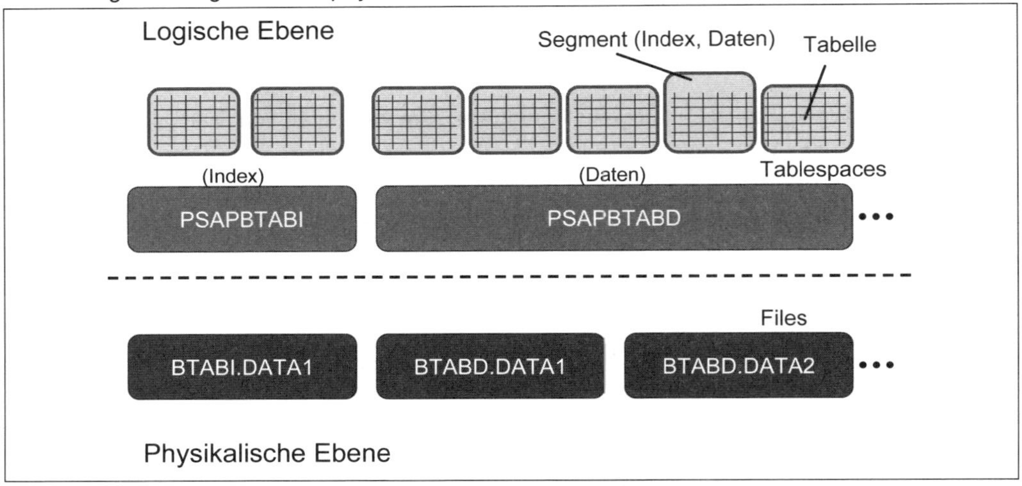

Segmente unterteilen den Tablespace in einzelne Bereiche, so dass eigentlich die Segmente die Tabellen beherbergen. Der Tablespace ist zu Beginn typischerweise noch vollständig belegt. Erst mit zunehmender Größe der Tabellen beginnt sich das „Datenlager Tablespace" zu füllen. Kann ein Segment einer Tabelle nicht mehr genug Platz bieten, so wird ein neues Segment eingerichtet (sog. Next Extent). Eine Tabelle kann sich damit auch über mehrere Segmente erstrecken.
Benötigt beispielsweise eine Tabelle „MIETER" mehr Platz für ihre Daten als ihr Tablespace bieten kann, d.h. ein Next Extent ist nicht möglich, so wird dieser Tablespace erweitert, indem eine weitere Datendatei angelegt wird.

Abbildung 153: Erweiterung innerhalb eines Tablespace

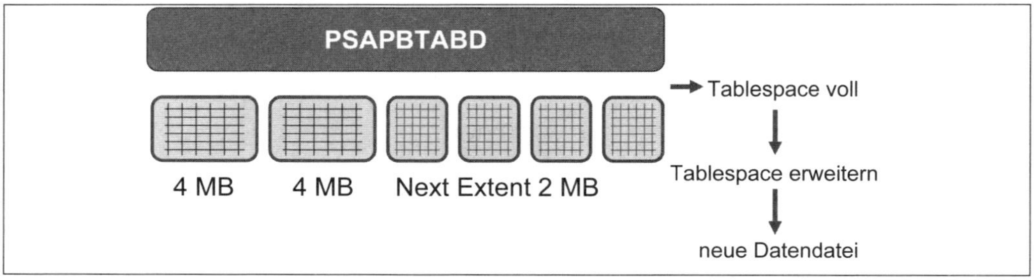

Der Tablespace erstreckt sich nun über zwei Datendateien und kann seinen Tabellen entsprechend Erweiterungsplatz zur Verfügung stellen (Extent). Die Tabelle MIETER bleibt als Einheit bestehen (logische Ebene), obwohl sie nun im Prinzip auf zwei Datendateien „verteilt" ist. Je nach Datenbanksoftware werden Erweiterungen automatisch durchgeführt.
Die Definition von Attributen, Tabellen und Tabellenbezeichnungen erfolgt im Data Dictionary des Datenbanksystems.
Es werden aber nicht nur die betrieblichen Daten in der Datenbank gespeichert. In einem speziellen Teil der Datenbank, dem R/3-Repository, werden beispielsweise auch die Customizing-Daten sowie die Anwendungen (mit ihren zugehörigen ABAP-Programmen) gespeichert. Die betrieblichen Anwendungen stehen somit jedem Applikationsserver zur Verfügung. Welche Anwendungen letztlich über welchem Applikationsserver dem Benutzer zur Verfü-

gung stehen, ist von den administrativen Einstellungen abhängig. Die Freischaltung der Anwendungen erfolgt typischerweise in Abhängigkeit von Performance und Anwendungsbedarf. Beispielsweise können die Anwendungen zur Unterstützung des Vertriebs auf Server 1 zur Benutzung freigegeben sein. Die Anwendungen zur Unterstützung des Einkaufs sind dann auf dem Server 2 verfügbar. Die Benutzer haben so virtuelle Verbindungen zu ihren Anwendungen, da durch administrative Eingriffe der Aufruf von Anwendungen zu beliebigen Applikationsservern geleitet werden kann. Nachdem eine Anwendung vom Benutzer aufgerufen worden ist, wird sie im Hauptspeicher (shared memory) des Applikationsservers gehalten. Möchte ein weiterer Benutzer mit der Anwendung arbeiten, so muss diese nicht mehr aus der Datenbank „geholt" werden, sondern kann direkt vom Applikationsserver zur Verfügung gestellt werden.

Der Benutzer ist über das GUI an einem Applikationsserver angemeldet. Es wird ein Anwendungsprogramm aufgerufen. Der Benutzer möchte ein neues Material anlegen. Das GUI gibt die Anforderung an den Dispatcher. Dieser leitet die Anforderung an einen freien Workprozess. Der Workprozess ist als Datenbank-User an der Datenbank angemeldet. Vom Kernel und den Basisdiensten unterstützt erfolgt der Zugriff auf das R/3-Repository, gesteuert vom DBMS. Das angeforderte Anwendungsprogramm wird durch einen in der Laufzeitumgebung laufenden Workprozess (Virtual Machine) ausgeführt.

Ist das in ABAP® geschriebene Programm bisher noch nicht ausgeführt worden – es wollte bisher also noch niemand Material anlegen – dann erzeugt der ABAP®-Compiler beim ersten Aufruf aus dem Quelltext einen Zwischencode (Bytecode). Die Anweisungen des Zwischencodes sind mit C-Funktionen verknüpft. Beim folgenden Ausführen des ABAP®-Programms wird dieser Zwischencode von der ABAP®-Laufzeitumgebung interpretiert und die zugehörigen C-Funktionen aufgerufen. Bei weiteren Aufrufen muss der Zwischencode nur noch interpretiert werden. Die Ergebnisse dieses Prozesses bzw. die Bildinformationen leitet der Dispatcher zur anfordernden GUI. Sowohl Quelltext als auch Bytecode werden in der Datenbank verwaltet. Eine Neugenerierung von Bytecode wird durchgeführt, sofern Veränderungen am Quelltext vorgenommen wurden (auch nach Einspielung von Patches).

Die Anforderung betrieblicher Daten funktioniert nun ähnlich. Der Datenbankzugriff für Datenabfrage und –Manipulation erfolgt über die Datenbanksprache Structured Query Language (SQL). Die ABAP/4®-Anwendungen realisieren dies über ein SQL-Entry-Level (ABAP/4® Open SQL). Dazu liest der Interpreter des Workprozesses das Open-SQL-Statement einer ABAP-Anwendung. Open-SQL ist ein datenbankunabhängiger SQL-Dialekt der SAP, welches den R/3-internen Data Dictionary verwendet. Das Statement wird an die Datenbankschnittstelle gegeben. Diese generiert den entsprechenden Native-SQL-Befehl, der dann an das DBMS gereicht wird. Native-SQL ist der SQL-Dialekt der Datenbank. Das DBMS liefert die Daten zurück an die Schnittstelle. Die Schnittstelle übergibt weiter an den Interpreter. Der Workprozess und Dispatcher bilden wieder die logischen Komponenten zur Steuerung der Vorgänge bis hin zur Übergabe der Bildinformationen an das GUI.

Ein direkter Zugriff mittels Native-SQL ist auch möglich. Dazu liest der Interpreter den Exec-SQL-Block eines ABAP®-Programms. Anstelle der Weitergabe an die Datenbankschnittstelle wird der Befehlsblock ohne Rückgriff auf das Data Dictionary an das DBMS gegeben. Das DBMS gibt dann das Ergebnis direkt wieder an den Interpreter zurück. Allerdings werden bei dieser Vorgehensweise die anwendungsspezifischen betriebswirtschaftlich motivierten Konsistenzprüfungen umgangen. Zudem ist diese Zugriffsart datenbankabhängig.

Die Abbildung 154 skizziert noch einmal die softwareorientierte Client/Server-Technologie aus dem Blickwinkel von R/3.

Abbildung 154: Zusammenspiel der Client/Server-Ebenen unter R/3

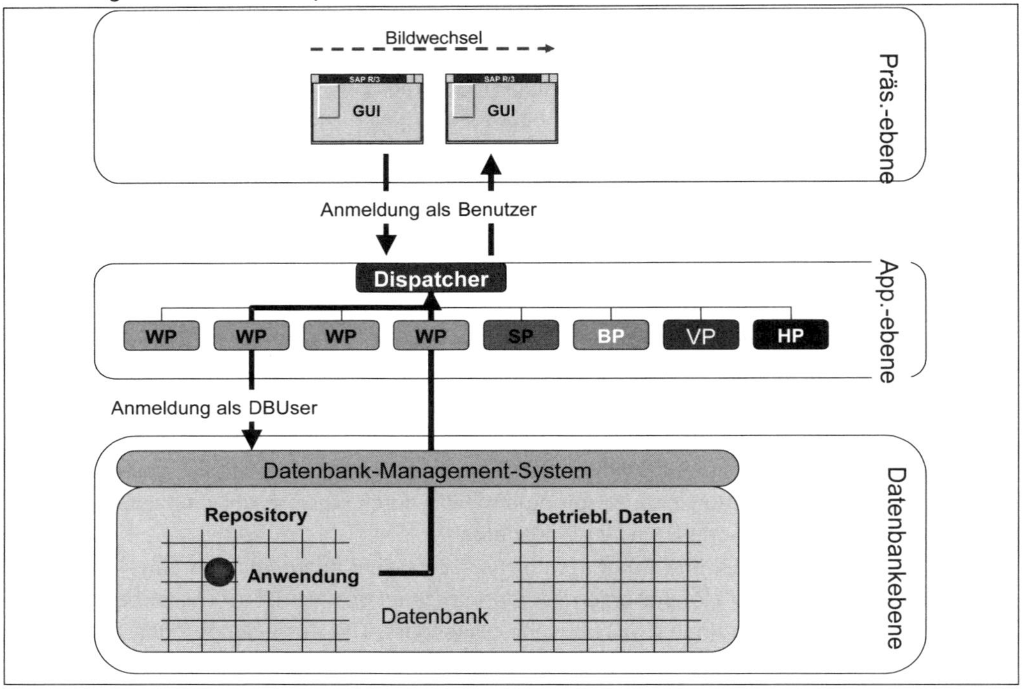

Das Datenbanksystem wird beispielsweise von Datenbankherstellern wie Oracle, Informix oder Microsoft® gestellt. Die Datenbanksoftware kann auf gängigen Betriebssystemen aufsetzen (Unix®, Solaris®, Windows®NT®, Linux® ...).

Die horizontale, logische und meist auch physische Skalierung des Datenbanksystems ist im Gegensatz zur Präsentations- und Anwendungsebene nicht beliebig, sondern ist abhängig vom jeweiligen verwendeten Datenbanksystem.

Eine weitere Besonderheit ist die Verwaltung von Clustertabellen, die hier auch als Pooltabellen bezeichnet werden. Einige Tabellen der R/3-Datenbasis haben relativ wenige Datensätze, so dass eine eigene Datenbanktabelle unnötig wäre. Die Clustertabellen fassen diese „kleinen" Tabellen in einer großen zusammen, d.h. die Clustertabelle besteht aus einer Vielzahl von kleineren Tabellen, die dann letztlich die Datensätze enthalten. Zur Beschleunigung der Prozesse können i.S. von Client-Caching (aus Sicht der Datenbank) Daten auf der Applikationsebene gepuffert werden (Zugriff nur mit OpenSQL).

Client/Server-Systeme bedingen eine logische, softwaremäßige Trennung, wobei zugleich eine entsprechende Hardwaretrennung erfolgen kann (nicht muss). Dadurch kann die Beziehung zwischen den möglichen Dienstnutzern und den Diensterbringern vielfältig hardwaremäßig konfiguriert werden. Zentralistische Konfigurationen (wie R/2®) werden genauso unterstützt wie verteilte Systeme mit einer Vielzahl von Servern. Folgende Konfigurationen sind unter R/3 realisierbar:

- zentrale R/3 Konfiguration: Sämtliche Verarbeitungsleistungen werden von einem Rechner erbracht (entspricht der klassischen Großrechnerverarbeitung).
- zweistufige R/3 Konfiguration: Die Präsentationsebene läuft auf Präsentationsservern z.B. Windows®-PCs. Datenbank und Applikation befinden sich weiterhin zusammen auf einem Rechner.

- dreistufige R/3 Konfiguration: Für Präsentation, Applikation und Datenbank werden eigene Rechner genutzt. Die Abbildung 155 zeigt unter anderem diese dreistufige Rechnerhierarchie. Auf einem zentralen Rechner wird der Datenbankserver installiert. Hier werden die Daten zentral verwaltet. Damit verbunden sind ein oder mehrere Applikationsserver, auf denen die eigentliche Anwendungslogik abgearbeitet wird. Auf der Client-Ebene schließt sich der Kreis sinnvoll verteilter Aufgaben zwischen verschiedenen Rechnern mit der Präsentation der Arbeitsergebnisse am Präsentationsserver, den Frontends (Workstation, PC). Hier wird die Oberfläche, das SAP-GUI zur Verfügung gestellt. Zusammengefasst liefert der Präsentationsserver die Bildschirmoberfläche mit Menüpunkten und Datenfeldern, der Applikationsserver steuert die Bildfolge und die möglichen Datenfelder, er koordiniert die Datenweitergabe an den Datenbankserver (es können auch mehrere sein), welcher die Unternehmensdaten verwaltet.

Abbildung 155: Unterschiedliche R/3-Konfigurationen

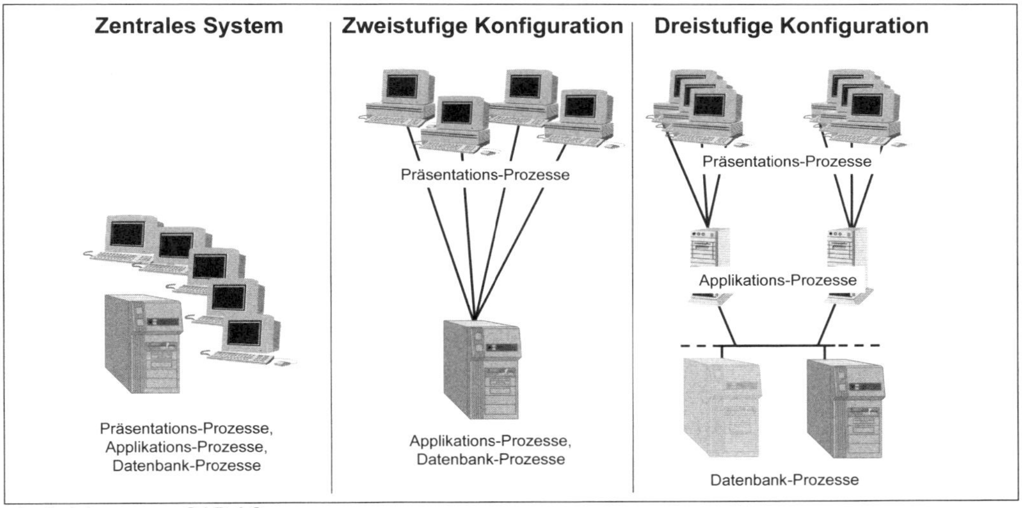

In Anlehnung an SAP AG

Für alle möglichen Konfigurationen gilt: die Gesamtheit aller Software-Komponenten, die derselben Datenbank zugeordnet sind, werden als R/3-System bezeichnet.

6.1.2 Transaktionen – vom Aufruf der Anwendung bis zur Datenmanipulation

Der Aufruf von Anwendungen und der damit verbundene Bildwechsel geschieht durch sog. Transaktionen. Eine Transaktion ist eine Kette von betriebswirtschaftlich logisch zusammengehörenden Dialogschritten.

Beispiel: Auftragsanlage mit gleichzeitiger Reservierung der Materialien

In einem ersten Schritt werden die Auftragsart (Sofortauftrag, Terminauftrag, kostenlose Nachlieferung, ...) und organisatorische Informationen (Verkäufer, Abteilung, ...) eingepflegt. Dann werden Auftraggeber (Kunde) und seine Warenbestellung erfasst. Es folgen Datenerfassungen hinsichtlich Konditionen, Kontierung (z. B. für Profit Center), Partnerrollen u.a., abschließend erfolgt im Zuge der Datensicherung die Verbuchung.

Die Durchführung einer Transaktion umfasst damit sämtliche Dialogschritte zuzüglich der Verbuchung. Die den Dialogschritt jeweils repräsentierende graphische Darstellung und die

zugehörige Ablauflogik, z.B. die Initialisierung der Verbuchung im letzten Dialogschritt, wird als Dynpro bezeichnet.
Durch Eingabe von Daten (Dynpro 001) wird die Verarbeitung der Daten initialisiert (PAI, Process After Input) . Dies führt zur Vorbereitung und Sendung der nächsten Bildschirmmaske (Dynpro 002). Der Vorgang selbst wird dann als Process Before Output (PBO) bezeichnet. Dialogschritte erfolgen für Benutzer und System zeitversetzt. Begrifflich ist im Prinzip die Transaktion der Benutzung der Anwendung gleichzusetzen.

Abbildung 156: SAP-Transaktion

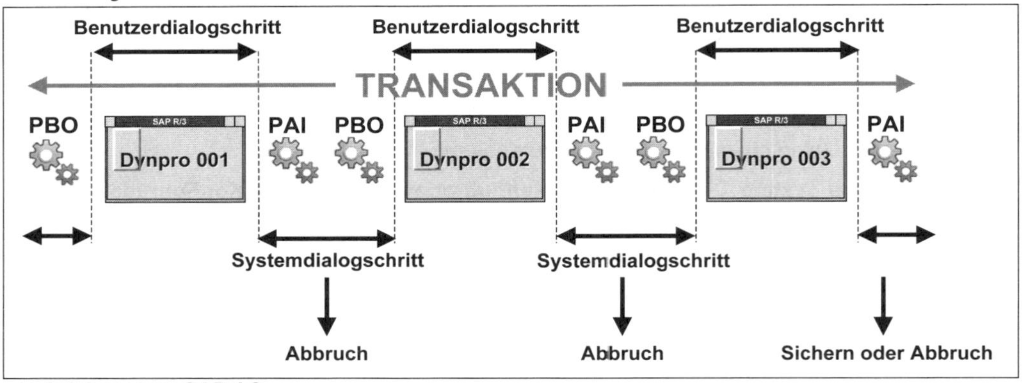

In Anlehnung an SAP AG

Damit der Workprozess Dialogschritte und ihre Konsequenzen (z.B. Datenmanipulationen) konsistent ausführen kann, werden so genannte Logical-Unit-of-Work (LUW) geöffnet. Eine LUW „ist eine nicht teilbare Folge von Datenbankoperationen, an deren Anfang und Ende ein konsistenter Datenbestand stehen muss.“[33]
Jeder Bildschirmwechsel benötigt eine eigene LUW. Die betrieblich motivierte R/3-Transaktion beinhaltet meistens mehrere LUWs. Ein Abbruch einer R/3-Transaktion würde somit ohne besondere Vorkehrungen Dateninkonsistenzen zur Folge haben. Beispiel: Eine betriebliche Transaktion erfordert in SAP R/3 vier Dialogschritte bzw. Bildwechsel. Während des zweiten Schritts wird die Transaktion abgebrochen. Da jeder Schritt eine LUW darstellt und Datenmanipulationen verursacht, wären die Daten der ersten LUW schon gespeichert, d.h. der Datensatz befände sich u.U. aus betrieblicher Sicht nicht mehr in einem konsistenten Zustand. Aus Sicht der Datenbank bestünde jedoch ein konsistenter Zustand. Vorausgegangene LUWs können nicht rückgängig gemacht werden, da die „alten“ Daten überschrieben wurden.
Die Problematik wurde in R/3 umgangen, indem eine eigene LUW definiert wird, die SAP-Logical-Unit-of-Work. Diese besteht aus einem unteilbaren Geschäftsprozess mit seinen Dialogschritten und umfasst mehrere Datenbank-LUWs. Datenmanipulationen aus den einzelnen LUWs werden in einer Verbuchungstabelle (VBlog) zwischengespeichert. Erst nach dem letzten Dialogschritt und damit in der letzten LUW erfolgt die Übertragung in die entsprechende Datenbanktabelle. Wird hier beim zweiten von vier Dialogschritten innerhalb einer R/3-Transaktion abgebrochen, so wird lediglich der Datensatz in der Verbuchungstabelle gelöscht. Der Datenbankbereich mit den betrieblichen Daten bleibt unberührt. Folge-

[33] SAP® R/3® Online Hilfe.

richtig bleibt eine Datenmanipulation bis zum erfolgreichen Ende einer Transaktion rücksetzbar.
Die R/3-Transaktion teilt sich somit in einen Dialogteil und einen Verbuchungsteil. Die Verbuchung, der in der Verbuchungstabelle zwischengespeicherten Daten, wird über einen eigenen (Verbuchungs-)Workprozess gesteuert. Die 1:1 Zuordnung zwischen Workprozess und LUW bzw. Dialogschritt wird nicht gestört.

Abbildung 157: SAP-LUW

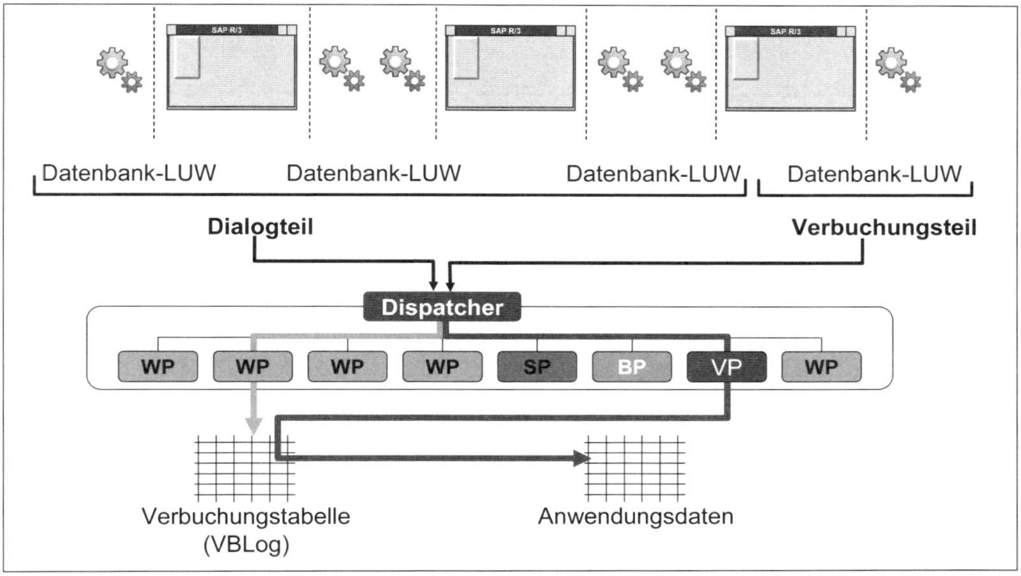

U.U. wollen Benutzer bestimmte Datenobjekte wie eine Bestellung, einen Auftrag oder einen Materialstamm gleichzeitig bearbeiten. Da dies aus technischen und auch betriebswirtschaftlichen Gründen wenig sinnvoll ist, muss ein Mechanismus geschaffen werden, der die 1:1-Beziehung zwischen Benutzer und Objekt herstellt. Dabei ist zu beachten, dass die parallele Nutzung der gleichen Anwendung für unterschiedliche Objekte, z.B. Materialstammsätze, weiterhin möglich sein soll, sollen unnötige Wartezeiten für Pflegevorgänge vermieden werden.
Die Problematik soll an einem Beispiel aufgezeigt werden. Der Mitarbeiter X ist mit Mitarbeiter Y zuständig für den Einkauf der unternehmenseigenen Kantine. Mitarbeiter X erstellt mit der Anwendung „Bestellung anlegen" eine Bestellung bei dem Lieferanten Corner AG. Die Bestellung hat zunächst eine Position (Cashewkerne). Die Bestellung erhält die Belegnummer 4500010916 (siehe folgende Abbildung).

Abbildung 158: Normalbestellung Mitarbeiter X

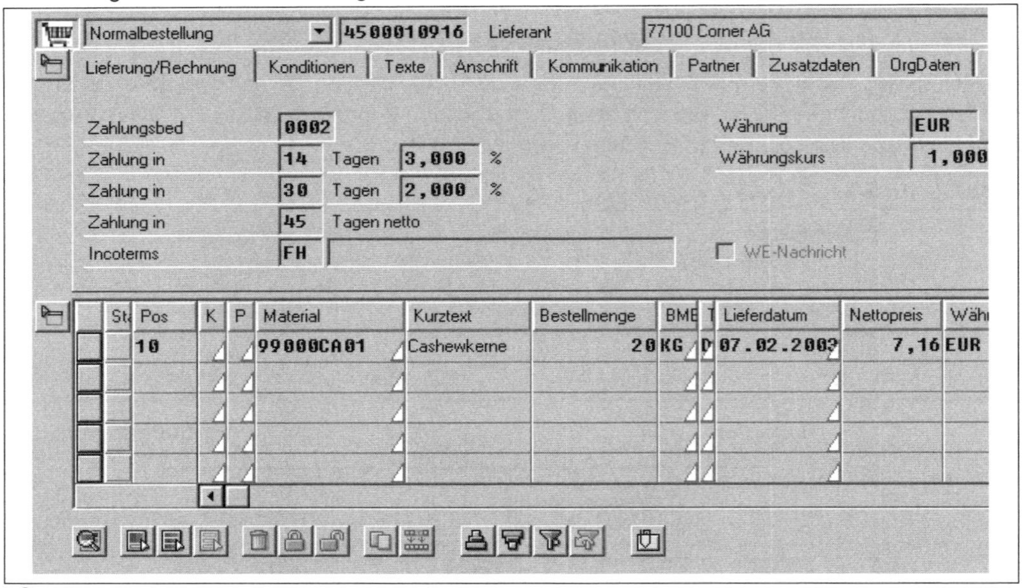

© SAP AG

Anschließend will er die Bestellung mit der Anwendung „Bestellung ändern" noch einmal ändern, indem er eine weitere Position hinzufügt (15 KG Erdbeeren).

Abbildung 159: Geänderte Normalbestellung Mitarbeiter X

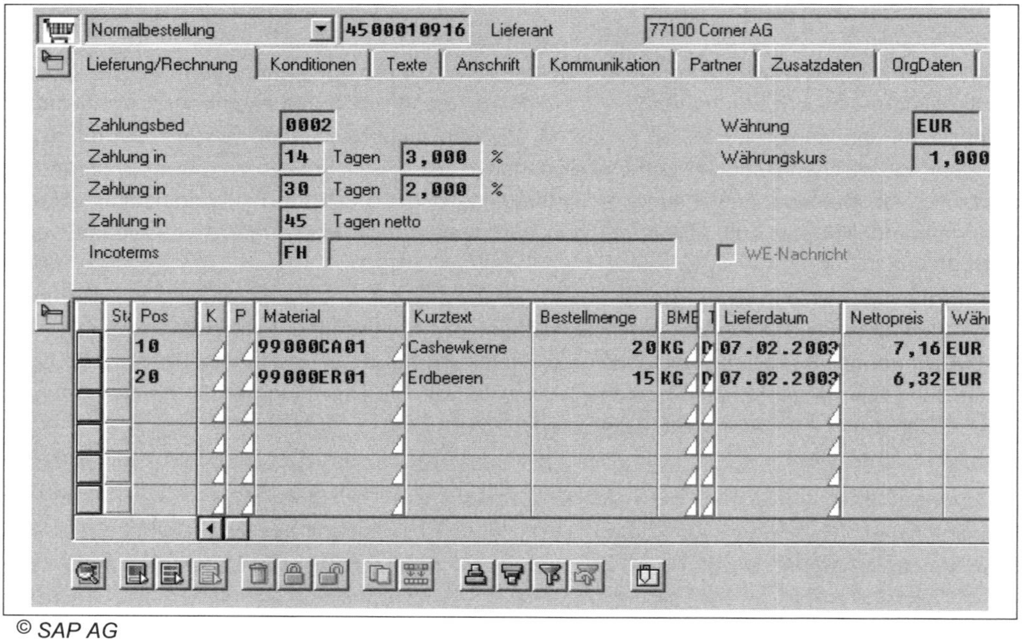

© SAP AG

Während aber Mitarbeiter X die Bestellung ändert, ruft Kollege Y mittels der Anwendung „Bestellung ändern" ebenfalls die Bestellung 4500010916 auf und fügt zu der bereits existierenden Position (Cashewkerne) eine weitere Position (Haselnüsse) hinzu. Daraus ergibt sich für ihn das folgende Bildschirmbild.

Abbildung 160: Geänderte Normalbestellung Mitarbeiter Y

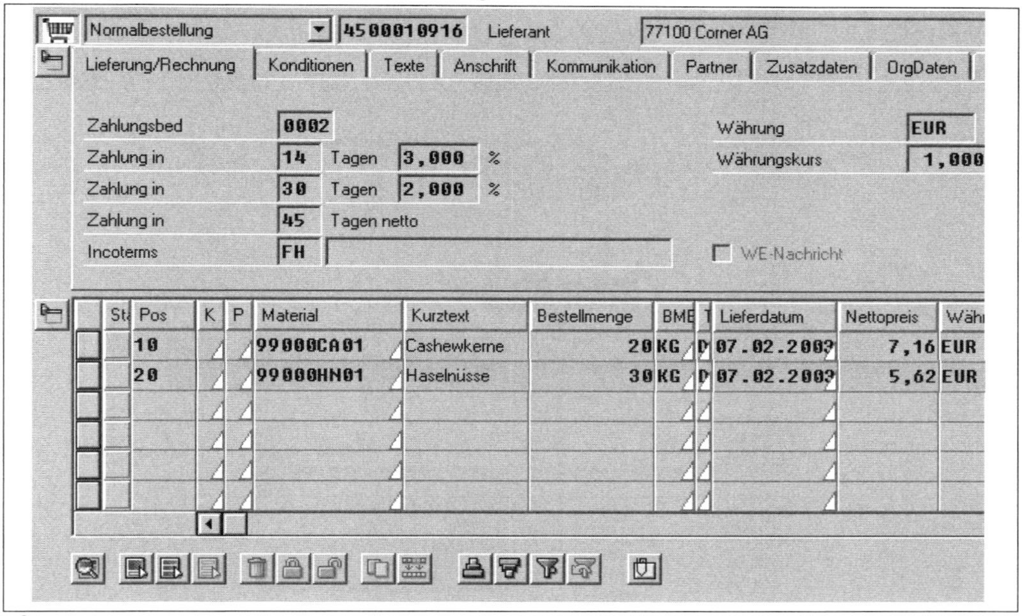

© SAP AG

Beide Mitarbeiter haben ihre Änderungen zunächst noch nicht gespeichert! Zuerst speichert Mitarbeiter X seine Daten, danach erst Mitarbeiter Y. Das geschilderte Problem ist im Kern ein betriebswirtschaftliches Problem, denn technisch gesehen wird die Position 20 „nur" überschrieben. Der Unterschied zu einer seriellen Änderung erst durch Mitarbeiter X und dann durch Mitarbeiter Y ist, dass Mitarbeiter Y unbewusst die Daten von Mitarbeiter X geändert. Bei einer seriellen Änderung, d.h. der Mitarbeiter Y „sieht" die schon vorhandene Position 20 „Erdbeeren" und ändert diese in Haselnüsse um, ist es ein bewusster und damit auch nachvollziehbarer Vorgang. **Es sei unbedingt darauf hingewiesen, dass - trotz der in Abbildung 158 bis Abbildung 160 exemplarischen Verwendung von R/3-Bildschirmbildern - die zuvor und auch im Folgenden beschriebene Problematik bei R/3 nicht auftritt!**

Die parallele Bearbeitung von Datenobjekten kann auch bei aufeinander folgenden Bewegungsdaten auftreten. Beispielsweise wurde eine Bestellung erstellt, der ein einwandfreier Wareneingang folgte. Da noch weitere Materialien benötigt werden, soll die Bestellung nun durch einen Mitarbeiter X geändert werden. Der Mitarbeiter Y möchte während der Bestellungsänderung aber die Rechnungsprüfung für diese Bestellung durchführen. Wenn Mitarbeiter X nun beispielsweise eine weitere Position hinzufügt, müsste diese auch bei der Rechnungsprüfung mit berücksichtigt werden. Wäre parallel zur Bestellungsänderung die Rechnungsprüfung dieser Bestellung möglich, so könnte diese nur auf Basis der „alten" und damit unvollständigen Bestellung durchgeführt werden. Die Durchführung der Rechnungsprüfung für eine andere als die gerade zur Bearbeitung aufgerufene Bestellung sollte aber wieder möglich sein. Es sei auch noch darauf hingewiesen, dass der bloße Eintrag von Werten in einem Feld (im GUI) noch nicht zu Datenmanipulation führt. Erst durch Betätigen des

Sicherungsbuttons oder mindestens durch einen Dialogschritt/Bildschirmwechsel geschehen Manipulationen an der Datenbank.
Damit parallele Datenmanipulationen verhindert werden, verhängt das Datenbanksystem bei Anweisungen wie insert, modify oder delete Datenbanksperren. Die Sperren dauern konsequenterweise genau eine LUW lang.

Abbildung 161: SAP-Sperren

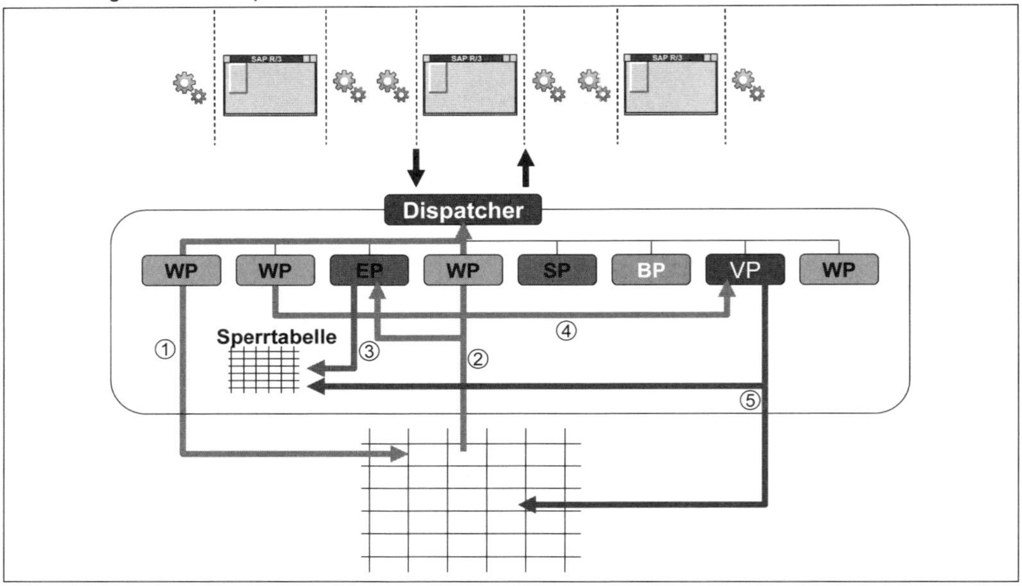

Das SAP-LUW-Konzept umfasst aber eben mehrere (Datenbank-)LUWs. Das Datenobjekt muss also während seiner gesamten Bearbeitung (mehrere Dialogschritte) gesperrt sein. Der Sperrmechanismus der Datenbank ist daher nicht ausreichend. Er wird ergänzt durch das SAP-Sperren. Hierbei wird vom Enqueue-Workprozess eine Sperrtabelle im Hauptspeicher des Applikationsservers verwaltet. Der Eintrag in die Sperrtabelle geschieht beim „Einstiegs-PBO", also beim Aufruf des Datenobjektes (z.B. Kundenstammsatz von Kunde 0815). Im Rahmen einer Sperrverwaltung wird erreicht, dass für die Dauer einer Transaktion ein ausschließlicher Zugriff auf ein bestimmtes betriebswirtschaftliches Objekt besteht, um so die Datenintegrität zu gewährleisten. Beispielsweise können so Produktreservierungen zuverlässig durchgeführt werden. Die Sperre wird aufgehoben, wenn die Transaktion beendet ist (Verbuchungsprozess) oder abgebrochen wurde. Neue Sperraufforderungen werden mit vorhandenen Sperren auf Kollision überprüft.
Der Prozess bis zur Verbuchung in VBLog gilt als Änderungsvormerkung. Erst der Verbuchungsprozess ist verantwortlich für die Änderungsanforderung. Die eigentliche Verbuchung geschieht damit ohne Benutzereingriff, d.h. der Sachbearbeiter hat keinen Einfluss auf die Vorgänge von VBLog bis hin zum Eintrag in die Tabelle XY. Die in der Abbildung 162 abgebildeten Schritte 4 und 5 sollen im Folgenden genauer beleuchtet werden.
Der durch eine abgeschlossene Transaktion erzeugte Protokollsatz für die Datenfortschreibung entscheidet, ob die Daten synchron oder asynchron verbucht werden. Synchrone Verbuchung bedeutet, dass das Anwendungsprogramm darauf wartet, dass der Verbuchungsprozess den Status Verbuchung zurückgibt. Dies bedeutet, dass in der Wartezeit vom Benutzer keine weiteren Arbeitsschritte erledigt werden können oder der Start einer folgenden

SAP-LUW (Anschlussprogramm) sich um diese Zeit verschiebt. Typisches Anwendungsgebiet für die synchrone Verbuchung ist der Batch-Input. Bei der asynchronen Verbuchung verläuft die eigentliche Verbuchung im Hintergrund. Sichert der Benutzer seine Transaktion und erfolgt die Verbuchung asynchron, so erhält er nur eine vorläufige Bestätigung (z.B. Material wird geändert). Das die Verbuchung initialisierende Anwendungsprogramm wartet also nicht auf die endgültige Verbuchungsbestätigung. Der Benutzer kann hier unabhängig vom Verlauf der Verbuchungsroutine weiterarbeiten. Die meisten Anwendungsprogramme unter R/3 arbeiten asynchron.

Abbildung 162: Aufteilung in Vormerkung und Anforderung

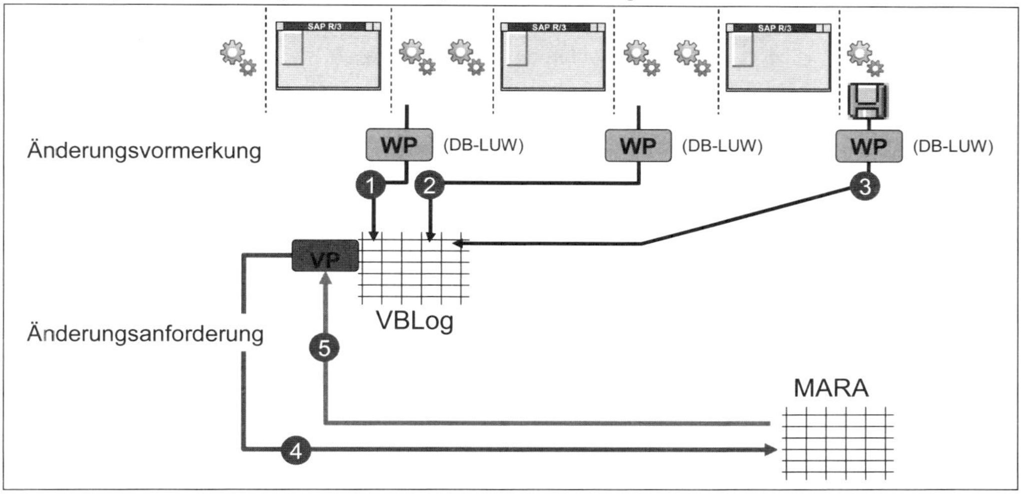

In einem weiteren Verbuchungsschritt wird unterschieden, ob es sich um eine zeitkritische (V1) oder nicht zeitkritische Verbuchung (V2) handelt. Zeitkritisch ist beispielsweise eine Auftragserstellung oder eine Änderung in einem Materialbestand, also Objekt mit Steuerfunktion. Nicht zeitkritisch sind beispielsweise rein statistische Verbuchungen. Die V1-Verbuchung wird im Gegensatz zur V2-Verbuchung unter den R/3-Sperren durchgeführt.

Sollte eine Verbuchung während der Datenaktualisierung abbrechen, so würde trotz der bisher beschriebenen Mechanismen eine Dateninkonsistenz entstehen. Dieses Problem kann beispielsweise bei Speicherproblemen entstehen. Hier greift die so genannte Rollback-Technik der ORACLE®-Datenbank. Es wird eine Kopie der Daten, wie sie vor der Änderung waren, in ein so genanntes Rollbacksegment geschrieben, so dass bei einem Verbuchungsabbruch die alten, aber vollständigen Daten in die Tabelle „zurück gerollt" werden. Die Rollbacksegmente sind Teil eines Rollbacktablespace. Im Abbruchfalle wird der Datensatz als fehlerhaft markiert. Der Benutzer erhält Nachricht über die gescheiterte Datenmanipulation.

Abbildung 163: Rollbackmechanismus

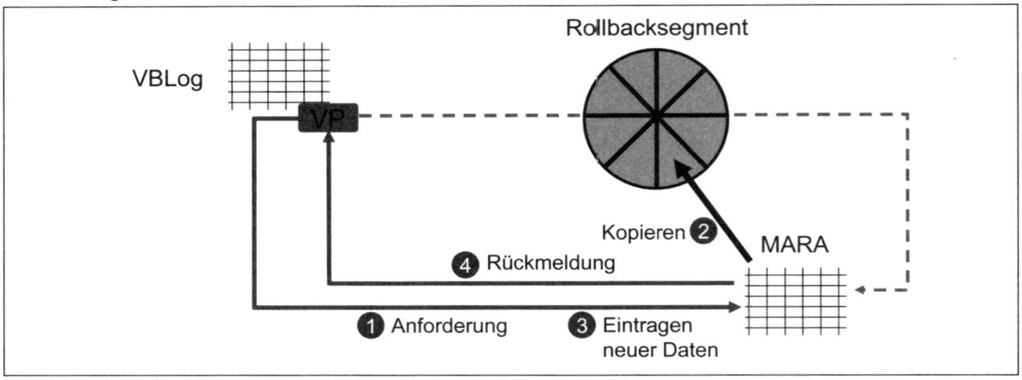

Eine Frage, die sich im Zusammenhang mit dem Rollbackmechanismus stellt, ist, warum zunächst die alten Daten gesichert werden. Es könnten ja zunächst die neuen Daten in das Rollbacksegment eingetragen werden, danach beginnt die Eintragung der Daten in eigentliche Zieltabelle (in der Abbildung 163 mit - - -▸ dargestellt). Im Abbruchfalle könnte ja der neue Datensatz aus dem Rollbacksegment erneut eingespielt werden. Dieses Vorgehen wäre kritisch, wenn der neue Datensatz logische Fehler enthielt (wobei diese eigentlich weitestgehend durch die Anwendungen abgefangen werden). Damit würde die Datenbank immer wieder versuchen, einen fehlerhaften Datensatz abzulegen, wobei dies eben wegen der enthaltenen Fehler letztlich wieder abgelehnt würde.

Bei einem erfolgreichen Abschluss der Datenbanktransaktion werden die Rollbackeinträge als abgeschlossen gekennzeichnet (freigegebene Einträge) und der Rollbacksegmentbereich wird zur erneuten Verwendung verfügbar gemacht. Freigegebener Platz wird überschrieben. Es wird nicht gelöscht. Eine Transaktion wird einem Rollback-Segment zugeordnet, d.h. alle durch die Transaktion verursachten Rollbackeinträge werden in dieses Segment geschrieben. Verursacht eine Transaktion mehr Rollbackeinträge als im Segment gespeichert werden kann, so wird das Segment vergrößert. Ist dies nicht möglich, z.B. der Tablespace kann keinen weiteren Speicherplatz zur Verfügung stellen, so bricht die Transaktion mit einem so genannten ABAP-Dump ab.

Abbildung 164: Verbuchungsprozess detailliert

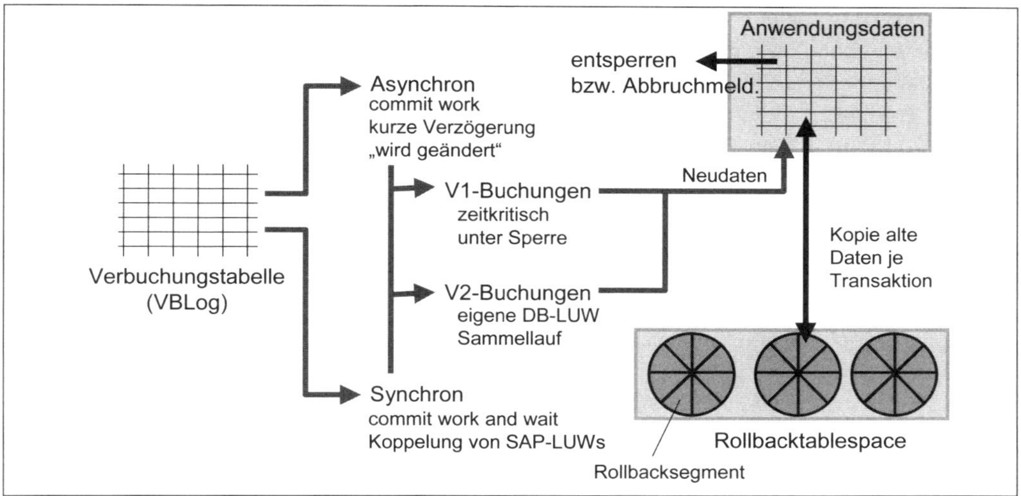

Für das Rollbacktablespace können ebenfalls kritische Momente entstehen, wie das folgende Beispiel zeigt. Ein Datensatz A wird geändert (Datenbanktransaktion 1). Die Kopie wurde in ein Rollbacksegment eingetragen. Außerdem benötigt die Datenbanktransaktion 1 zusätzlich einen Lesezugriff auf Datensatz B. Dieser wird aber während der Laufzeit der Datenbanktransaktion 1 durch die Datenbanktransaktion 2 geändert (vorher Kopie ins Rollbacksegment). Zu ihrer Durchführung benötigt die Transaktion 1 eine konsistente Sicht auf die Daten (Datensatz A und B). Der Datensatz B steht aber im Augenblick nicht konsistent zur Verfügung (wird gerade geändert). Daher greift die Datenbank auf den Eintrag im Rollbacksegment von Datensatz B zurück. Diese Vorgehensweise wird problematisch, sofern folgende Bedingungen eintreten:

- die Datenbanktransaktion 2 ist vor der Datenbanktransaktion 1 abgeschlossen und der Teil des Rollbacksegments ist freigegeben,
- eine Datenbanktransaktion 3 wurde gestartet und aufgrund der Platzverhältnisse im Rollbacksegment wird der (freigegebene) Segmentteil der Datenbanktransaktion 1 überschrieben.

Durch diesen Umstand kann die Datenbanktransaktion 1 nicht mehr lesend zugreifen, da die Kopie des Datensatzes B im Rollbacksegment überschrieben wurde. Die Transaktion 1 kann nicht durchgeführt werden und bricht mit einem ABAP-Dump ab.

6.1.3 Skalierbarkeit und Offenheit

Der Vorteil der mehrstufigen Konfiguration liegt zum einen in der Möglichkeit des Load-Balancing, d.h. spezielle Applikationsserver können für bestimmte Arbeitsgebiete eingesetzt werden, so dass die Stärken unterschiedlicher Hardwarekomponenten konsequent ausgenutzt werden können. Damit wird deutlich, dass ein Benutzer mit seinem Präsentationsrechner auf verschiedene Applikationsserver (gleichzeitig) zugreifen kann. Zum anderen erlaubt diese Art der Softwaretechnologie eine stufenlose und transparente Erweiterbarkeit der installierten Rechnerleistung (Skalierbarkeit). Vertikal ist eine physikalische Trennung auf bis zu drei Ebenen möglich, d.h. für Präsentation, Applikation und Datenbank jeweils eigene Rechner. Die horizontale Skalierbarkeit ist - wie oben erläutert - für Präsentation und Applikation beliebig möglich. Die horizontale Skalierbarkeit der Datenbank ist von den jeweiligen Fähigkeiten des Datenbanksystems abhängig. Client/Server-Systeme können mit 30 Arbeitsplätzen ebenso wie mit einigen tausend Benutzern genutzt werden. Die Eigenschaft der Skalierbarkeit ermöglicht das Wachsen des Systems mit den Anforderungen des Unternehmens.[34] Beispiele für die Skalierbarkeit des SAP R/3 Systems sind die Unternehmen Bitburger mit 20 Usern, Bosch Telenorma mit 415 Usern und Swiss PTT mit 3200 Usern.

Im Zusammenhang mit Client/Server-Systemen wird häufig der Begriff Downsizing genannt. Prinzipiell bedeutet Downsizing den Austausch von Großrechnern durch Rechner mittlerer Größen, allerdings bleiben die Beziehungen der Softwarekomponenten zueinander von der „Verkleinerung“ unberührt. Bestehende Softwarelösungen werden also auf „kleinere“ Rechner portiert. Client/Server-Konfigurationen beinhalten zwar eine gewisse Downsizing-Strategie, jedoch können Downsizing-Projekte auch unabhängig von Client/Server-Vorhaben durchgeführt werden.

Der problemlose Ablauf einer bestimmten Anwendung im Zusammenspiel mit verschiedenen Hardware- und Betriebssystemen (Portabilität), sowie der konsistente Austausch von Daten über Datenformate und Protokolle zwischen Einzelsystemen (Interoperabiltät), kennzeichnen eine offene Softwarelösung.

Präsentations-, Applikations- und Datenbankdienste unter R/3 lassen sich auf einer Vielzahl von Hardwaresystemen und zugehörigen Betriebssystemen installieren. Diese Offenheit gilt sowohl horizontal als auch vertikal. Da R/3 für seine betrieblichen Anwendungen eine eigene Laufzeitumgebung stellt, und die Kommunikation der Systemebenen untereinander und zu Fremdanwendungen durch die Verwendung internationaler Industriestandards für Schnittstellen, Formate und Protokolle offen gestaltet wird, sind vielerlei Hardware- und Betriebssystemkombinationen möglich.

6.1.4 Business Framework

Nicht jedes Unternehmen verwaltet sämtliche Prozesse mit R/3 bzw. manche Prozesse sind in Unternehmen noch durch Software anderer Hersteller oder durch Eigenlösungen abgebildet. Zur Berücksichtigung dieser Informationsflüsse bietet die SAP den R/3-Nutzern eine bewegliche Infrastruktur, das so genannte Business Framework. Kunden können eigene Komponenten an das R/3 System ankoppeln.

Das Business Framework stellt eine dem Prinzip der Komponentensoftware nachempfundene Verbundlösung dar. Eine Softwarekomponente ist ein Baustein einer Gesamtanwendung mit standardisierten Schnittstellen für die Zusammenarbeit mit anderen Komponenten. Die Komponente kann unabhängig von der Gesamtanwendung gepflegt werden und bietet Funktionalitäten für andere integrierte Bausteine. Die Produktarchitektur besteht im Wesentlichen aus:

- Business-Komponenten,
- Business-Objekten,
- Schnittstellen- und Integrationstechnologien .

Business-Komponenten stellen betriebswirtschaftlich gekapselte Funktionalitätenbündel dar. Beispiele dazu sind die Personalwirtschaft, Logistik, Treasury, IS-Lösungen oder Internetapplikationen für Consumer-to-Business- oder Business-to-Business-Prozesse. Die Business-Komponenten bieten entsprechende Funktionen zur Verwaltung von betriebswirtschaftlichen

[34] Vgl. Keller, G., Teufel, T.; SAP® R/3® prozessorientiert anwenden., Bonn et al. 1997.

Prozessen, Zusammenhängen oder Einheiten mit ihren Attributen, z.B. Aufträge, Angestellte, Bestellungen, Rechnungen, Kunden etc. Die Einheiten werden als Business-Objekte (BO) bezeichnet. Zu einem Objekt gehören anwendbare Methoden. Beispielsweise umfasst das Objekt „Auftrag" die Methoden „Auftrag anlegen" oder „Auftrag ändern". Hintergrund der Business-Objekte ist, dass sie im Gegensatz zu den Veränderungen in der umgebenden Software (Anwendungen, Programme) selbst einer geringeren Änderungsdynamik unterliegen. Die Objekte bieten so eine (langfristig) stabile Möglichkeit, auf Funktionalitäten von Anwendungen bzw. von anderen Business-Objekten aus, nahezu beliebig für eigene Zwecke zuzugreifen. Abbildung 165 gibt einen ersten Eindruck von der Business Framework Architektur (BFA).

Abbildung 165: Business-Objekte in vereinfachter Darstellung

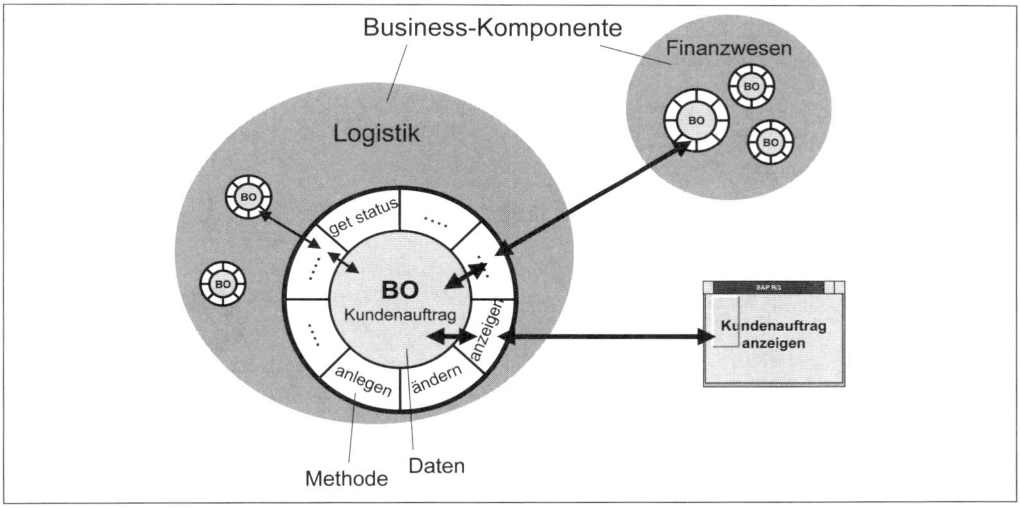

Der Zugriff auf das Business-Objekt geschieht über das Business Application Programming Interface (BAPI) . Die Funktionsweise des BAPI soll an einem Beispiel erläutert werden. Es soll ein Kundenauftrag angelegt werden. Die R/3-Anwendung V-01 (Kundenauftrag anlegen) wurde aufgerufen. Hierbei kommt die BAPI-Methode CreateFromDat1() zum Einsatz. Der Zugriff auf das Business-Objekt und seine BAPI-Methoden geschieht mit objektorientierten Technologien (COM/DCOM, RFC, CORBA®,[35] JAVA®). Es werden standardisierte Parameter, die änderungsrelevante Felder/ Attribute beinhalten, übergeben. Ein Beispiel für einen Parameter ist der Auftragskopf. Die über das BAPI gepflegten Kundendaten werden zunächst wieder zwischengespeichert. Die Anwendung initiiert durch Aufruf einer BAPI-Methode (BapiService.TransactionCommit()) die Verbuchung in den Anwendungstabellen. Die betriebswirtschaftliche Logik (Geschäftsregeln) des BAPIs sorgt für eine konsistente Speicherung. Auf das Beispiel angewendet bedeutet dies die tatsächliche Anlage des Kundenauftrags, wobei die Anlage nur erfolgt, sofern alle (betriebswirtschaftlich) notwendigen Daten bzw. Parameter vorhanden sind (Auftragsart, Erstellungsdatum, Kundennummer etc.). Damit hinterlässt das BAPI immer einen konsistenten Datenbankzustand. BAPIs sind auch für Fremdanwendungen einsetzbar.

[35] Component Object Model / Distributed Component Object Model, Remote Function Call, Common Object Request Broker Architectur.

Der Zugriff wird unterstützt vom Business-Object-Repository (BOR). Das BOR verwaltet nicht nur die BAPIs, sondern es ist zusätzlich in der Lage, aus den Business-Objekten Laufzeitobjekte zu erstellen. Dies ist für die Übergabe der Parameter und für die Ausführung von Methoden und Regeln technologisch erforderlich.
Die Trennung von BAPI und Anwendung zeigt sich insbesondere im Zugriff auf die Daten, da die Anwendungen auf die Daten des Business-Objekts nur über dessen Methoden zugreifen können. Außerdem geben BAPIs keine Bildschirmdialoge an die aufrufende Anwendung zurück. Die Bildschirmdarstellung ist also neben der Ansteuerung der BAPIs und weiterer betriebswirtschaftlicher Funktionalität ein eindeutiger Bereich der Anwendung.
Das BAPI als Komponente oder Teil einer Anwendung ist nur nutzbar, wenn der Benutzer der Anwendung die entsprechende Berechtigung besitzt.

Abbildung 166: BAPI Funktionsweise in vereinfachter Darstellung

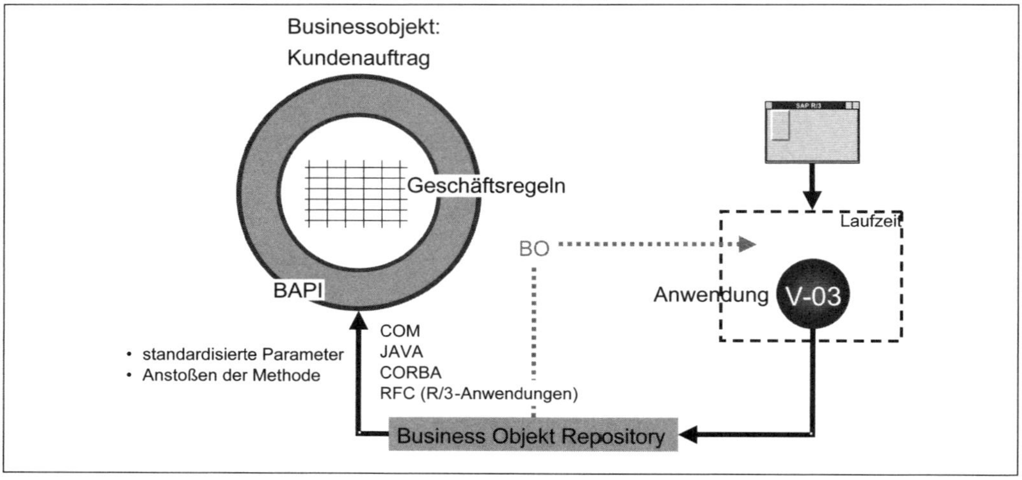

Aufgrund von betrieblichen und/oder technischen Erfordernissen kann eine Entkopplung von Anwendungssystemen innerhalb eines Unternehmens notwendig sein, z.B. zwei R/3 Systeme an zwei Standorten, wobei jedes System per Definition eine eigene Datenbank hat. Damit steht keine gemeinsame Datenbank zur Verfügung. Die Anwendungen greifen auf eine lokale Datenbank zu. Die Daten müssen i.S. der konsistenten Datenhaltung redundant gehalten werden, d.h. die Datenbanken der beiden R/3-Systeme haben bezogen auf die jeweils eingesetzten Anwendungen gleichaktuelle Daten. Bei einer verteilten Installation ist somit der Synchronisationsmechanismus gleichbedeutend mit dem kontrollierten und konsistenten Datenaustausch zwischen R/3-Systemen und von großer Bedeutung.
Dieser Mechanismus besteht im Wesentlichen aus dem Nachrichtenaustausch auf Basis der Integrationstechnologie Application Link Enabling (ALE). Nachrichten enthalten Daten wie Änderungen von Stammdaten, Steuerdaten, Geschäftsdaten, etc. .
Zunächst muss im so genannten Verteilungsmodell festgelegt werden, welche Anwendungen vom System 1 Daten von System 2 benötigen und umgekehrt. Da die Daten asynchron ausgetauscht werden, geschieht der Datentransfer zum externen System weitestgehend transparent für den Benutzer.
Wird beispielsweise eine Anwendung im Verteilungsmodell berücksichtigt und legt ein Benutzer mit dieser Anwendung einen neuen Materialstammsatz an, so wird neben der Fortschreibung der lokalen Datenbank ein so genanntes Master-Intermediate Document (IDoc)

erzeugt. Das IDoc ist eine Art Behälter für den Austausch von Daten zwischen R/3-, R/2®- und auch Fremdsystemen. Es enthält hier den neuen Stammsatz. Das IDoc wird von der ALE für die Versendung aufbereitet und mittels RFC an das entkoppelte System übertragen. Dort wird es von der ALE-Schicht eingelesen, verarbeitet und an die entsprechende Anwendung übergeben. Diese steuert dann die richtige Verbuchung der IDoc-Inhalte in dem zweiten System.

IDocs können auch aus (Objekt-) Methoden erzeugt werden. Eine Zusammenarbeit von ALE und BAPI wird so möglich. Das BAPI des Client „befüllt" das IDoc über eine spezielle Schnittstelle (BAPI-ALE-Schnittstelle). Über die BAPI-ALE-Schnittstelle des entkoppelten Systems wird das IDoc wieder entleert. Für R/3-fremde Internetanwendungen steht eine Web-Variante des ALE zur Verfügung. Die Abbildung 167 zeigt den Ablauf zwischen R/3 und einem Fremdsystem zur Lagerverwaltung.

Abbildung 167: Kommunikation zwischen Systemen mittels IDoc

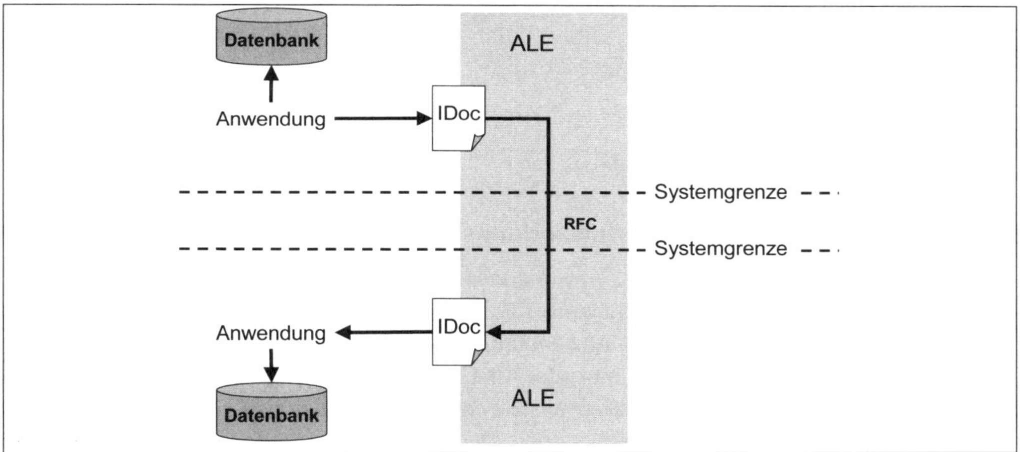

ALE .dient zur semantischen Synchronisation (Nachrichtensteuerung) von entkoppelten Systemen und dient somit als Integrator. BAPIs ermöglichen methodengesteuerten Zugriff auf die Daten der Business-Objekte (auch über ALE-Nachrichten) bzw. können zur Koppelung von Fremdanwendungen an R/3 dienen und bilden so die Schnittstellen. Das Business Framework ist somit ein Verbund von SAP- und Fremdprodukten, der eine separat pflegbare, aber integriert arbeitende Geschäftssoftwarelösung schaffen soll. Das Business Framework wird in der Abbildung 168 abschließend dargestellt.

Abbildung 168: Architektur des Business Framework (Teildarstellung)

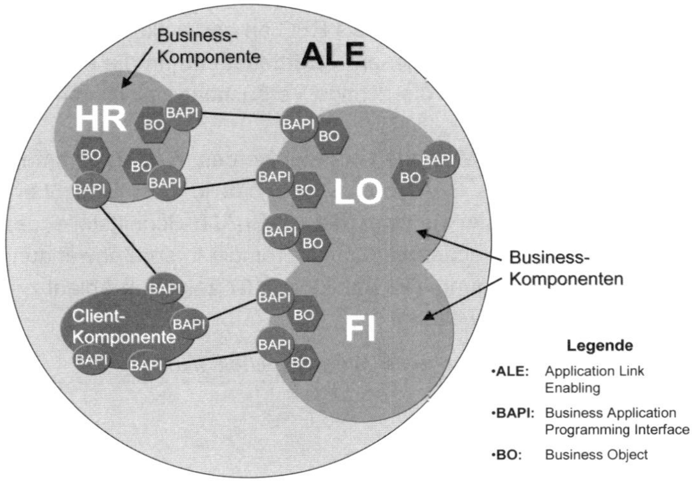

In Anlehnung an SAP AG und Pérez, 1998, S. 120 f.

6.1.5 Integration der Desktop-Anwendungen

Auf den Arbeitsplatzrechnern der R/3-Anwender sind üblicherweise neben dem R/3-Frontend parallel eine Reihe von PC-Anwendungen (z.B. Textverarbeitung, Tabellenkalkulation) oder lokale Datenbanken installiert. Diese Anwendungen können entsprechend ihrer Stärken dazu genutzt werden, beispielsweise Briefe oder Unternehmensdokumentationen zu verfassen oder Daten für Präsentationen auszuwerten. Die dafür notwendigen Daten liegen aber häufig im R/3-System. Die notwendige Verbindung kann in zwei Richtungen geschaffen werden. Zum einen als Outside-In-Ansatz, d.h. eine Desktopanwendung holt sich Daten aus R/3 ab und gibt gegebenenfalls wieder Daten an R/3 zurück. Beispielsweise zieht eine lokale Data-Warehouse-Anwendung Daten aus R/3, um sie über eine methodische Verdichtung als Managementinformation aufzubereiten. Eine Data-Warehouse-Anwendung ist eine Anwendung zur Zusammenstellung von Bewegungsdaten mit einer spezifischen Struktur für Abfragen und Analysen zur Entscheidungsunterstützung. [36]
Zum anderen besteht die Möglichkeit des Inside-Out-Ansatzes. Desktopanwendungen werden aus R/3 heraus gestartet, verwendet und beendet. Mit dem Release 4.0 können über eine Standardschnittstelle Anwendungen mit der Fähigkeit zum Object Linking and Embedding (OLE) wie Microsoft® Office, Lotus®SmartSuite, Corel®Office oder Visio® eingebunden werden. Bisher erforderliche Downloads von Daten auf den PC entfallen. Beispielsweise werden unter R/3 3.x Datenlisten mittels dem sog. XXL-Werkzeug (EXtended EXport of Lists) an PC-Anwendungen (typischerweise Microsoft® Excel®) übergeben. XXL sorgt(e) für eine geordnete Übergabe.
Die Bearbeitung von Dokumenten oder Sheets erfolgt direkt unter R/3 mit der Funktionalität der Desktopanwendung. Bei dieser In-Place-Activation ist kein zusätzlicher Start erforderlich. Menüs und Menüeinträge der jeweiligen Anwendung werden angezeigt.

[36] Vgl. Kimball, 1996, Seite 371.

Darüber hinaus können R/3-Daten über Links in Vorlagendokumente eingefügt werden. Beispielsweise soll ein Fax versendet werden. Das Fax als Word®-Dokumentvorlage beinhaltet Verweise auf R/3-Daten, z.B. Name, Straße, Ort, etc. Die Verweise werden dann von R/3 durch entsprechende Daten ersetzt. Anschließend wird das Fax in seiner Endfassung angezeigt. In der Abbildung 169 wurde bei der Anzeige von flexiblen Mitarbeiterdaten die Erstellung eines Fax initiiert. Die unter Word® erstellte Vorlage wurde aufgerufen und die hier grau unterlegten Felder wurden mit R/3-Daten gefüllt. Prinzipiell können Links zu Feldern, internen Tabellen, Bitmaps und Rich Text Format Texten (RTF) gesetzt werden. Weiterhin existieren Schnittstellen für den File-Transfer (Downloads und Uploads).

Realisiert wird die Einbindung von Desktop-Anwendungen durch den Microsoft® Standard für zusammengesetzte Dokumente (Object Linking and Embedding, OLE). OLE basiert auf den COM/DCOM-Spezifikationen von Microsoft®. Der COM-Standard legt fest, wie Objekte aufgebaut sind (gilt auch für Business Objekte) und wie diese untereinander kommunizieren.

OLE in der in R/3 verwendeten Version 2.0 ist dabei für folgende Bereiche zuständig:

- Speichern von fremden Objekten (z.B. Excel®-Tabelle) oder Links auf fremde Objekte in Dokumenten (z.B. Microsoft® Word®);
- Öffnen und Bearbeiten von Objekten durch Anwendungen;
- „Selbstauslöser" bei Eintritt bestimmter Ereignisse (z.B. Benutzereingaben);
- ActiveX-Steuerung für HTML®-Seiten

Abbildung 169: Einfügen von R/3-Daten in Vorlagendokumente

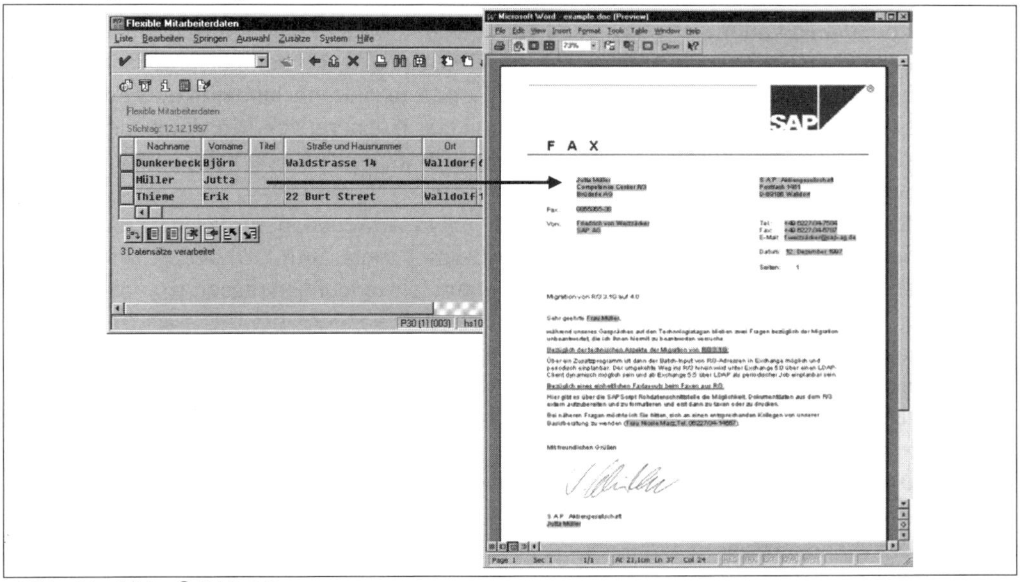

Bildschirmbilder © SAP AG

Die Verbindung zwischen R/3 und Desktopanwendung bildet das SAP-GUI. Sie umfasst die notwendigen universellen Text- und Tabellenkalkulationsschnittstellen. Zudem kann sie Daten puffern, die über OLE-Links in ein Dokument eingefügt werden sollen. Die Abbildung 170 fasst noch einmal zusammen.

Abbildung 170: Desktop-Einbindung unter R/3

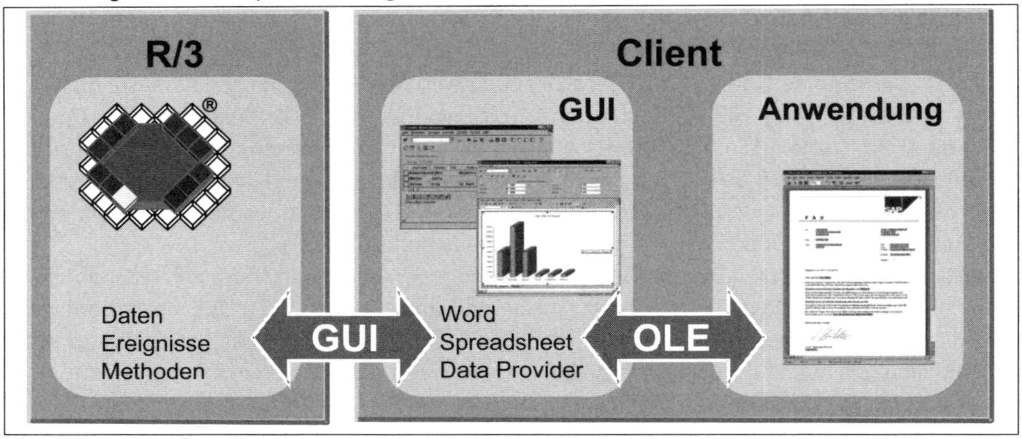

Bildschirmbilder © SAP AG

Das Zusammenspiel von R/3 und den Desktopanwendungen wird unterstützt durch die Kommunikation von OLE und BAPIs, da BAPIs kompatibel zu den COM/DCOM-Spezifikationen von Microsoft® sind.

6.1.6 Internet Transaction Server

Damit Daten, die von außerhalb über das Internet in das Unternehmen gelangen, auch Aktivitäten in R/3 anstoßen können (z.B. damit eine Bestellung in R/3 den entsprechenden Vertriebsprozess auslösen kann), ist eine entsprechende technische Infrastruktur erforderlich. Aufgrund der Client/Server-Technologie und damit der Trennung von Präsentation, Applikation und Datenbank unterstützt das R/3-System auch alternative Benutzeroberflächen z.B. Web-Browser zur SAP-GUI (Präsentation).

Die R/3-Internetanwendungskomponenten (IAC) sind Anwendungen, die speziell für den Zugriff über einen Web-Browser konzipiert sind. Beide Clients, SAP-GUI und Browser, kommunizieren mit R/3 über TCP/IP, aber nur die Internetanwendungen lassen sich als einzige Anwendungen über einen Browser ansprechen. Die SAP versteht ihre IAC´s als Beispielanwendungen. Unternehmen können also die vorhandenen IAC´s optisch an den allgemeinen Unternehmensauftritt anpassen und/oder als Vorlage für die Entwicklung eigener IAC´s verwenden. Die mit dem Standard ausgelieferten IAC´s sind unterteilt in Anwendungen für Intranet- und Internetbenutzer. Die letzten genannten lassen sich weiter unterteilen in Consumer-to-Business- und Business-to-Business-Anwendungen. Beispiele für die Anwendungen sind:

- Kontostandsabfrage,
- Produktkatalog und Online-Store,
- Verfügbarkeitsauskunft,
- Kundenauftragserfassung,
- Konsignationsbestandsabfrage,
- Stellenangebote,
- Einkauf,
- Projektdatenrückmeldung,
- Projektdokumente,

- Personaladministration,
- Zeitwirtschaft,
- Reisemanagement.

Nach der Anmeldung kann der Benutzer entsprechend seiner Berechtigungen IAC-Funktionalitäten mit ihren Konsequenzen in R/3 ausführen. Die Sitzung wird entweder durch Verlassen der IAC oder durch einen einstellbaren Timeout-Mechanismus beendet.
Der Internet Transaction Server (ITS) ist die technologische Voraussetzung für die Verbindung zwischen Browser und den IAC´s bzw. R/3. Der Internet Transaction Server ist somit ein Stück Software, das eine Übersetzungsfunktion zwischen Browser und R/3 ausübt.
Ruft ein Benutzer über einen Browser eine IAC auf, so geschieht folgendes: Der Aufruf wird vom Browser an den HTTP-Server weitergeleitet. Eine gesicherte Verbindung mittels Secure Socket Layer (SSL) wird hergestellt. Der HTTP-Server leitet den Aufruf an das so genannte WGate weiter. Das als DLL (Dynamic Link Library) implementierte WGate bildet die Schnittstelle zwischen dem HTTP-Server und dem sogenannten AGate. AGate und WGate bilden die Kernkomponenten des Internet Transaction Servers. Das WGate wandelt HTTP in das für das AGate verständliche SAP-NI Protokoll um. Das AGate wiederum wandelt SAP-NI in RFC um. Das RFC wird benutzt, um dann letztlich die IAC aufzurufen. Für Datenbankoperationen (aufrufen, ändern, anlegen) kommunizieren die IAC´s mit den BAPIs. Eine Bestellung in einem Online-Store bewirkt mit Hilfe des ITS und der entsprechenden IAC die gleiche Transaktion, die die Anlage eines Kundenauftrags mittels SAP-GUI unter R/3 bewirken würde.

Abbildung 171: ITS

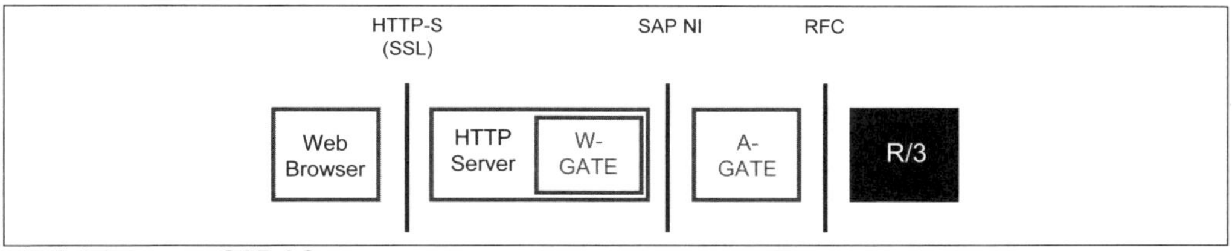

In Anlehnung an SAP AG

Die softwaretechnische Trennung von WGate und AGate unterstützt die hardwaretechnische Trennung des HTTP-Servers und des AGates. Dadurch sind zusätzliche Sicherheitsmaßnahmen möglich.
Die Nutzung des Internet Transaction Servers für die Arbeit mit R/3 über den Browser ist nicht obligatorisch. Mittels der BAPIs und entsprechend programmierter Anwendungslogik können auch Datenbankoperationen angestoßen werden.
Daraus ergeben sich zwei Prinzipien zur Anbindung externer Clients über das Internet an R/3. Die Internetanbindungen umfassen jene Verbindungen, die das Transmission Control Protocol/Internet Protocol (TCP/IP) für den Datentransport nutzen.

(1) Inside-out
Hierbei kann anstelle dem SAP-GUI eine entsprechendes Windows®-GUI oder üblicherweise ein Web-Browser eingesetzt werden. Diese greifen auf fertige R/3-Internet-Anwendungen zu, die so genannten IAC´s (Internet-Application-Component). Die IAC´s sind vom Kern des R/3-Systems abgekoppelt und liefern über BAPIs die geforderten R/3-Kernfunktionalitäten. Dem Web-Browser (Client) gelingt der Zugriff auf R/3 mittels Webserver und dem dafür konzipierten Internet Transaction Server (ITS). Der ITS fun-

giert als Bindeglied zwischen dem WWW und dem R/3-System. Er konvertiert die R/3-Daten in HTML®-Seiten und umgekehrt.

Zur Gewährleistung von Transaktions- und Zugriffssicherheit werden R/3-Mechanismen genutzt. Die Möglichkeiten zur Nutzung der IAC´s können so über das R/3- Berechtigungskonzept gesteuert werden. Da die IAC´s ein entkoppeltes Anwendungssystem bilden, wird zur erforderlichen Nachrichtensteuerung wieder ALE verwendet.

(2) Outside-in

Für Unternehmen, die andere Systeme einsetzen, aber in Teilbereichen R/3-Funktionalitäten verwenden wollen, ist der Outside-In-Ansatz gedacht. Es können hier in Visual Basic, C, C++ oder JAVA® programmierte Internetanwendungen zum Zugriff auf R/3 benutzt werden. Damit befindet sich die Internetanwendung nicht mehr im R/3-System, sondern beim Datensender. Die Anwendungen können dann über BAPIs bereitgestellte Objekte bearbeiten. R/3 übernimmt allerdings nicht mehr die Verantwortung für die Transaktionssicherheit. Als Präsentationsebene kann ein Web-Browser eingesetzt werden.

Daneben ist der Einsatz des SAP-GUI nicht an ein lokales Netzwerk (LAN) bzw. an einen Standort gebunden. So können Mitarbeiter oder auch Lieferanten über Standleitungen oder Modemwählverbindungen auch über ein Wide Area Network mittels SAP-GUI direkten Zugriff auf R/3-Kernfunktionalitäten erhalten.

Abbildung 172: Zugriffsmöglichkeiten auf R/3

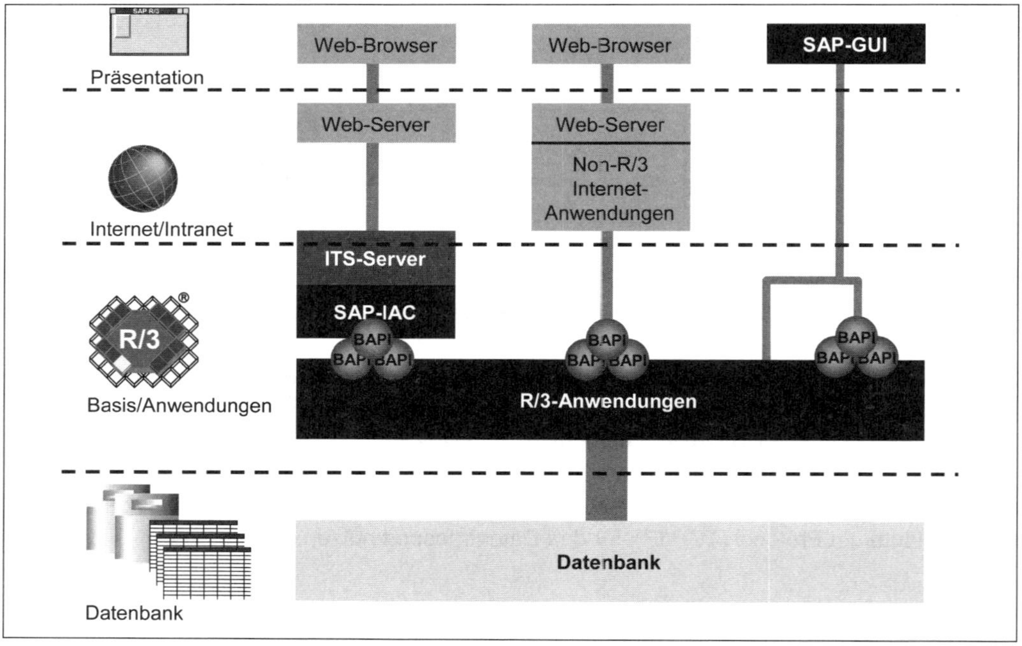

6.1.7 Mandant

Ein R/3-System (Basis, Kernel, Anwendungen, Datenbank) ist auf Datenbankebene in mehrere logische Einheiten teilbar. Jede logische Einheit bildet einen informationstechnologisch und betriebswirtschaftlich abgeschlossenen Bereich. Eine solche logische Einheit wird als Mandant bezeichnet.

R/3 wird mit drei standardmäßig eingerichteten Mandanten ausgeliefert, den Mandanten mit den Schlüsseln 000, 001 und 066. Der Mandant 000 bildet den so genannten SAP-Referenz-Mandanten. Er enthält Tabellen- und Customizing-Voreinstellungen und Mustereinträge. Da keine betrieblich Daten (z.B. Stammdaten) vorhanden sind, ist der Mandant – trotz der Voreinstellungen – nur lauffähig, aber nicht ablauffähig. Der Mandant 000 wird zum Einspielen von neuen Releases (Version) und Patches (Fehlerkorrekturen) verwendet. Ein Release-Wechsel z.B. von 3.1H auf 4.6C bedeutet eine Aktualisierung von Tabelleninhalten und Tabellenstrukturen, ABAP-Programmen, Dynpros, Formularen, Online-Hilfe und des IMG (Customizing). Selbst erstellte Programme unter R/3 können hierbei wirkungslos werden oder Fehler verursachen, sofern diese nicht an von der SAP vordefinierten Schnittstellen programmiert wurden. Der Mandant 000 bildet eine Grundvorlage für weitere Mandantenkopien, z.B. für Entwicklungs-, Test- oder Schulungsmandanten), daher sollte in diesem Mandanten nicht gearbeitet werden. Kopiert wird ein Mandant mittels einer Customizing-Funktion. Der Kopiervorgang geschieht aus einem bestehenden Mandanten (z.B. 000) heraus.

Abbildung 173: Auszug aus der Tabelle MARA

```
SQLWKS> select * from SAPR3.MARA
     2>
MAN MATNR              ERSDA    ERNAM        LAEDA    AENAM        UPSTI
--- ------------------ -------- ------------ -------- ------------ -----
800 000000000000000038 19950904 CADCPIC      19990215 MUELLERJ     KDEVI
800 000000000000000058 19960105 DIEHL        19960712 ODABASHIAN   KLBX
800 Z-112              19950727 PETRIDIS     19960606 PFANNKUCHEN  KVEDI
800 Z-113              19950727 PETRIDIS     19960606 PFANNKUCHEN  KVEDI
800 Z-300              19950601 FUNKE        19970213 GASPARD      KVDPI
810 000000000000000001 19960716 MORLEY       19960716 MORLEY       KCVL
810 000000000000000088 19960902 ALEREMOTE    19970624 ALEREMOTE    KBV
811 QCY001             19950505 SCHAEFF      00000000              K
811 TOM01              19950711 ALEREMOTE    00000000              K
811 TOM05              19960219 ALEREMOTE    00000000              EKLV
811 TOM06              19960219 ALEREMOTE    00000000              EKLV
812 M-01               19990218 ROSEMANN     19990303 ROSEMANN     KVEL:
812 M-08               19990218 ROSEMANN     19990303 ROSEMANN     KVEL:
812 M-10               19990218 ROSEMANN     19990303 ROSEMANN     KVEL:
820 B2                 19970825 PANTKE       00000000              KB
820 PF-2000            19961025 PANTKE       19961118 HOLLBERG     KELB:
820 RG-1000            19961025 PANTKE       19961118 HOLLBERG     KELB:
860 000000000000001092 19981016 ZIMMERMANN   00000000              KVELI
860 000000000000001094 19981016 ZIMMERMANN   00000000              KVELI
900 09000MI01          20001129 GRÜMMER      20001129 GRÜMMER      KCEDI
900 01000AI01          20001129 WALDER       00000000              KCEDI
900 01000CL01          20001129 WALDER       00000000              KCEDI
900 01000FN01          20001129 WALDER       00000000              KCEDI
900 01000KA01          20001129 WALDER       00000000              KCEDI
900 01000T101          20001129 WALDER       00000000              KCEDI
900 08000HA01          20001130 SCHOENEN     00000000              KCEDI
```

Der Mandant 001, auch als Customizing -Mandant bezeichnet, stellt eine vollständige Kopie des Mandanten 000 dar und ist von der SAP für das Einrichten der unternehmensspezifischen Anforderungen vorgesehen. Ziel ist ein auf die Unternehmensbedürfnisse voreingestellter Mandant.

Der Mandant 066 dient in erster Linie als Bezugspunkt für Ferndiagnosen. Beispielsweise kann über den sog. Early-Watch®-Service der SAP AG ein R/3-System ferngewartet werden.

Die Anwendungen bzw. die Laufzeitumgebung ist mandantenunabhängig. Die Trennung der Daten erfolgt, indem den Tabellen ein Attribut „Mandant" mitgegeben wird. Ein Beispiel:

sämtliche Materialstammdaten stehen in der Datenbanktabelle MARA unabhängig davon, welchem Mandanten sie zugeordnet sind. Die Zuordnung geschieht eben durch das Attribut Mandant. Jeder Datensatz hat eine eindeutige Mandantenzuordnung und einen eindeutigen Schlüssel zur Abgrenzung innerhalb des Mandanten (hier Materialnummer).
Bei der Anmeldung am System muss jeder Benutzer einen Mandantenschlüssel angeben. Damit legt er fest, mit welcher Datenbasis er arbeiten möchte. Eingaben, Verarbeitung und Auswertung von Daten erfolgen nach dem erläuterten Konzept getrennt nach Mandanten, beispielsweise können Debitorenkonten unterschiedlicher Mandanten nicht in einem Mahnlauf ausgewertet werden.
Von der logischen Trennung ausgenommen sind bestimmte Einstellungen im Customizing (z.B. Feiertagskalender oder ALE-Kommunikationssteuerung) und Repositoryobjekte. Zu den Repositoryobjekten zählen auch die R/3-Anwendungen (bzw. deren Programmcode). Jeder Benutzer greift über dieselben Anwendungen auf logisch getrennte Daten (Mandant) in der Datenbank zu. Anwendungen, Repositoryobjekte etc. werden folglich in mandantenunabhängigen Tabellen gehalten. Das Customizing wird je Mandant vorgenommen. Die Pflege der mandantenübergreifenden Daten und Objekte geschieht zentral. Dazu ist nur ein Mandant „berechtigt".[37] In der Abbildung 174 wird das Prinzip noch einmal vereinfacht dargestellt.

Abbildung 174: Mandantenkonzept auf logischer Ebene

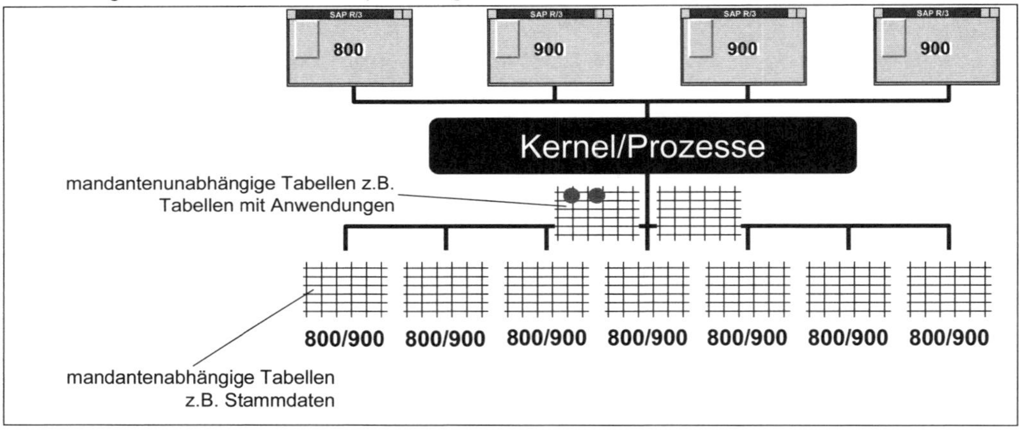

Üblicherweise werden für Tests, Customizing und betriebliche Produktion unterschiedliche Mandanten eingerichtet. Der Mandant für die betriebliche Produktion ist der Mandant, der tatsächlich im Unternehmen zur Abbildung der betrieblichen Prozesse genutzt wird.
Die Mandanten können sich in einem R/3-System oder in eigenen R/3-Systemen befinden. Dazu können die Systeme noch auf unterschiedlicher physischer Hardware installiert sein. Die Sicherheit gegen Störungen erhöht sich mit stärkerer Trennung. Alle drei beschriebenen Mandanten sind zunächst Kopien des Mandanten 000. Für den Customizing-Mandanten kann auch der Mandant 001 verwendet werden.
Zunächst werden die Einstellungen den Unternehmenserfordernissen entsprechend im Customizing des Customizing-Mandanten vorgenommen. Hier werden nur Customizing-Einstellungen gepflegt. Die umgesetzten Einstellungen werden in Form von Aufträgen festgehalten. Im Testmandanten werden die Customizing-Einstellungen auf ihre Funktionsfähig-

[37] Vgl. Möhrlen, SAP® R/3® – Das Basisystem, 1999, S. 53ff.

keit geprüft. Dazu wird der Testmandant mit betrieblichen Daten befüllt, so dass er prinzipiell ablauffähig ist (zum Vergleich: der Customizing-Mandant ist lauffähig). Die im Customizing-Mandanten vorgenommenen Einstellungen werden mittels eines Transportsystems in den Testmandanten überspielt. Damit das Transportsystem weiß, welche Einstellungen überspielt werden sollen, wurden die Aufträge angelegt. Aufträge und damit Einstellungen können sowohl zwischen Mandanten in einem R/3-System als auch zwischen Mandanten verschiedener R/3-Systeme übertragen werden. Mandantenunabhängige Daten lassen sich konsequenterweise nicht zwischen Mandanten des gleichen Systems übertragen. Das Transportsystem lässt sich auch für Betriebsdaten einsetzen.

In der Regel werden beim Transport alle Objekte in demselben Zustand, in dem Sie im Quellmandanten vorgefunden werden, in den Zielmandanten kopiert. Im Quellmandanten existierende Objekte überschreiben gleichnamige Objekte im Zielmandanten. Dagegen werden im Quellmandanten nicht existierende Objekte auch im Zielmandanten gelöscht, also mit „nichts" überschrieben. Allerdings gibt es einen besonderen Schutz für Objekte, die ihr Original im Zielmandanten besitzen oder die im Zielmandanten als repariert markiert sind. Sie werden beim Transport in den Zielmandanten nicht verändert.

Ist der Integrationstest erfolgreich, so werden die Customizing-Einstellungen vom Customizing-Mandanten in den Produktivmandanten, also in den Mandanten mit dem tatsächlich im Unternehmen gearbeitet wird, überspielt. Falls der Test negativ ausfällt, wird im Customizing-Mandanten nachgebessert und die Einstellung wieder auf den Testmandanten übertragen.

Abbildung 175: Einrichtung des Produktivmandanten

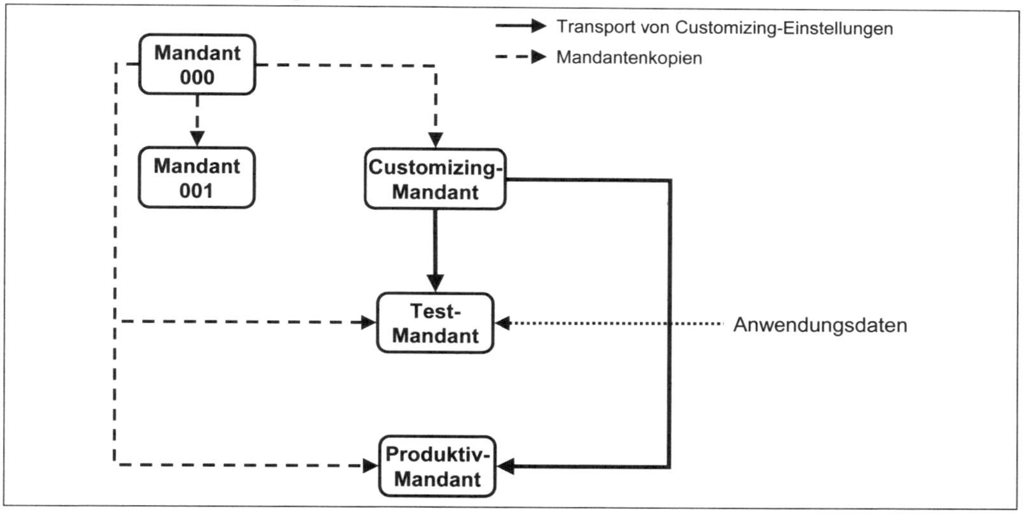

Innerhalb des Mandanten lassen sich nun die unternehmensspezifischen organisatorischen Gegebenheiten mit ihren Daten abbilden. Ein Unternehmen hat z.B. eine selbständige Filiale, d.h. es muss für das Untenehmen und seine Filiale jeweils eine Bilanz erstellt werden. Wenn beide im gleichen Mandanten arbeiten, benötigen Unternehmen und Filiale eine eigene finanzwirtschaftliche Einheit, um die wertmäßigen Bewegungen im Unternehmen zuzuordnen. Ein weiteres Beispiel ist die Zuordnung von Materialstammsätzen zu einem Werk oder Lager, um so den Standort von Rohstoffen zu bestimmen. Solche Strukturelemente dienen also der Zuordnung von Stamm- und Bewegungsdaten, d.h. der betrieblichen Datenorganisation. Der Mandant ist der oberste Ordnungsbegriff in der R/3-Unternehmensstruktur.

Der Mandant ist demnach nicht nur eine datentechnische logische Einheit, sondern auch Teil der in ihm eingerichteten Unternehmensstruktur. Der Mandant im SAP-Sinn entspricht also nicht der gewöhnlichen Sprachbedeutung Kunde oder Klient.

7 Produktionsplanung und –steuerung

In diesem Kapitel wird die Informationsverarbeitung mit SAP R/3 bei der Fertigung von Produkten skizziert. Zunächst werden die Stammdaten (Stückliste, Arbeitsplan etc.), die für die Produktion notwendig sind und anschließend die Bewegungsdaten (Fertigungsauftrag) besprochen. Die Fallstudie wird entsprechend fortgeführt.
In der Fertigung werden aus Rohstoffen und Halbfabrikaten (eventuell unter Verwendung von Verpackungsmaterialien etc.) Fertigerzeugnisse hergestellt. Die interne Verwaltung dieses Vorgangs geschieht über Fertigungsaufträge, in denen die Produktion(-sabteilung) beauftragt wird, eine bestimmte Anzahl von Halbfabrikaten und Fertigerzeugnissen herzustellen.

7.1 Schnittstellen der Produktion

Die Produktion ist ebenfalls als Bestandteil eines Geflechts vieler Teilprozesse zu sehen, die ineinander greifen und sich gegenseitig beeinflussen.

- Zur Produktion werden Rohstoffe benötigt, deren Verfügbarkeit sichergestellt sein muss.
- In Stücklisten wird für Halbfabrikate und Fertigerzeugnisse festgelegt, aus welchen Materialien in welchen Stückzahlen bzw. Mengen sie bestehen. Bei der Produktion wird auf Grundlage der Stücklisten das benötigte Material aus dem Lager ausgebucht und wertmäßig verrechnet.
- Arbeitspläne legen fest, an welchen Arbeitsplätzen welche Tätigkeiten (=Vorgänge) ausgeführt werden, um das Fertigprodukt zu erstellen. Die Einplanung von Fertigungsaufträgen beansprucht Kapazitäten der Arbeitsplätze. Über Arbeitsplätze der Personalwirtschaft können Mitarbeiter den Arbeitsplänen zugeordnet werden.
- Die Kosten der Fertigerzeugnisse (die als Herstellungskosten in die Bilanz als Bestand eingehen) setzen sich u.a. aus Material- und Fertigungskosten zusammen.[38] Die Fertigungskosten lassen sich aus den Tarifen für die Leistungen der Kostenstellen ermitteln. Mit diesen Kosten wird der Fertigungsauftrag bei Anlage belastet und bei Rückmeldung mit Ist-Kosten entlastet. Bei der Bilanzierung der anfallenden Kosten finden die Regelungen des Handelsrechts Verwendung, die im System hinterlegt sind.

Konkret ergeben sich diverse Berührungspunkte der Komponenten der Produktionsplanung und –steuerung zu den anderen Modulen bzw. Komponenten des R/3-Systems. Im Folgenden sind einige Beispiele für solche Berührungspunkte dargestellt.

- Anwendungsübergreifende Funktionen:
  Daten aus der Fertigung fließen insbesondere im Rahmen der Betriebsdatenerfassung an das Logistikinformationssystem (LIS). Dieses sammelt Daten aus sämtlichen R/3-Logistikanwendungen. Das Infosystem selbst stellt der Fertigung Daten für die Losgrößen von Fertigungsaufträgen (z.B. zur Optimierung) zur Verfügung.
- Qualitätsmanagement
  Sämtliche das Fertigerzeugnis und seine Zutaten betreffenden Qualitätsleistungen werden hier verwaltet.

[38] Siehe zur Definition der Herstellungskosten auch Coenenberg, Adolf G.; Jahresabschluss und Jahresabschlussanalyse, 11. Auflage, Landsberg am Lech 1990, S.75ff.

- Instandhaltungsmanagement
  Dieses Modul umfasst u.a. die Stammdaten der im Produktionsprozess eingesetzten technischen Objekte (Maschinen). Bei Störfällen sorgt das Instandhaltungsmanagement für die Beseitigung.
- Projektsystem (PS)
  Die Produktion von größeren Anlagen wird häufig als Projekt betrieben, so dass hier die Zusammenarbeit der Module PP und PS sehr eng sein muss.
- Vertrieb
  Der Bedarf an Fertigerzeugnissen kann nicht nur aus Prognosen des LIS bestehen, sondern auch direkt aus dem Vertrieb stammen. Außerdem ist eine Kundenauftragsverfolgung durch den Vertrieb häufig erforderlich, um den Kunden über den Status seines Auftrages in Kenntnis zu setzen.
- Controlling
  Mitarbeiter mit ihren technischen Arbeitsplätzen, Equipment und Materialien verursachen Kosten. Für eine kostengerechte Produktkalkulation sind kostenorientierte Rückmeldungen aus dem Produktionsprozess notwendig.
- Materialwirtschaft
  Die Materialwirtschaft kümmert sich um die Bereitstellung von Materialien (auch Dienstleistungen), um die Führung der Stammdaten und die Verwaltung der Lagerbestände.
- Personalwirtschaft
  Die Führung der Mitarbeiterstammdaten und deren Zuordnung zu Arbeitsplätzen mit Verbindung zur Produktion geschieht im HR-Modul. Daraus ergibt sich auch die Steuerung der Entlohnung der Produktionsmitarbeiter in Abhängigkeit von Tätigkeit und Stellung.

Die Vielzahl der Berührungspunkte zu anderen Komponenten führt zu einer Vielzahl von relevanten Organisationsebenen wie z.B.:

- Mandant,
- Buchungskreis (Entnahme von Rohstoffen mindert, Einstellen von Fertigerzeugnissen erhöht den wertmäßigen Bestand),
- Kostenrechnungskreis (Arbeitsplätze bilden Kostenstellen, welche einer Kostenrechnungshierarchie zugeordnet sind),
- Einkaufsorganisation (Rohstoffe müssen eventuell beschafft werden),
- Werk (Stammdaten und Bewegungsdaten der Produktion sind stets einem Werk zugeordnet),
- Lagerort,
- Verkaufsorganisation (Fertigerzeugnis soll verkauft werden).[39]

Die Stammdatenführung (Stückliste, Arbeitsplan, Arbeitsplatz, Kapazität etc.) und Fertigungsdurchführung (Fertigungsauftrag, Wareneingang etc.) geschieht auf Werksebene.[40]

[39] Vgl. auch Kapitel 8.1, S. 408.

[40] Vgl. Wenzel, Betriebswirtschaftliche Anwendungen mit SAP® R/3®, 1999, S. 403f.

7.2 Stammdaten der Fertigung

Zur Anlage (Eröffnung) eines Fertigungsauftrages sind bestimmte Stammdaten als Basis notwendig. Diese Stammdaten werden teilweise auch in anderen Komponenten als den PP-Komponenten gepflegt. Welche Daten für die Fortführung der Fallstudie notwendig sind, zeigt die folgende Darstellung.

Abbildung 176: Fertigungsvorbereitung

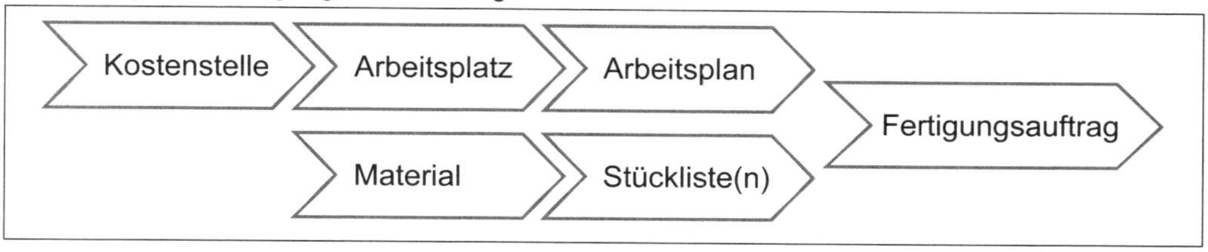

7.2.1 Materialstammdaten

Der Materialbegriff in R/3 umfasst auch Halbfabrikate und Fertigerzeugnisse. Daher muss das Fertigerzeugnis wie schon die Rohstoffe im Einkaufsprozess mit einem Materialstammsatz angelegt werden. Allerdings ergibt sich bei den Fertigerzeugnissen eine andere Sichtenauswahl als bei der Pflege der Rohstoffe (Einkauf). Die zu pflegenden Sichten werden durch die Materialart FERT bzw. HALB gesteuert.

Aus Sicht der Produktion ist insbesondere die Arbeitsvorbereitung von Bedeutung. Die Arbeitsvorbereitung beinhaltet Felder wie Toleranzangaben, Dauer der Eigenfertigung, den Fertigungssteuerer für Kapazitätsplanungen oder Fertigungssteuerungsprofile für Parameter hinsichtlich des Prozessverlaufs. Das Fertigungssteuerungsprofil legt beispielsweise fest, ob ein Fertigungsauftrag für dieses Material freigegeben werden muss oder ob dies automatisch geschieht. Weiter wird auch bestimmt, ob der Produktion ein automatischer oder manuell getriebener Wareneingang folgt.

Sowohl in der Sicht Arbeitsvorbereitung als auch in der Sicht Disposition 2 können Angaben hinsichtlich der Eigenfertigungszeit gepflegt werden. In der Disposition 2 kann die Anzahl von Arbeitstagen angegeben werden, die für die Herstellung des Materials notwendig ist. Die Angabe ist unabhängig von der Bedarfsmenge. Verwendet wird die Eigenfertigungszeit für die Disposition. Bei einem Dispositionslauf wird in Abhängigkeit von den im Materialstammsatz gepflegten Dispositions- und Losgrößenverfahren die Bedarfsmenge an eigengefertigtem Material ermittelt. Der Zeitpunkt, zu dem das Material zur Verfügung gestellt werden kann, wird durch die Eigenfertigungszeit bestimmt. Wird also am 12. eines Monats disponiert und beträgt die Eigenfertigungszeit 3 Arbeitstage, so wird laut Disposition der Zugang am 15. erfolgen. Zur Ermittlung, welcher Tag ein Arbeitstag ist, wird auf den Fabrikkalender zurückgegriffen.

Alternativ kann in der Sicht Arbeitsvorbereitung eine losgrößenabhängige oder eine losgrößenunabhängige Eigenfertigungszeit angegeben werden. Die losgrößenunabhängige Eigenfertigungszeit wird entweder sofern sie schon in der Sicht Disposition 2 gepflegt worden ist, übernommen oder hier extra gepflegt. Die losgrößenabhängige Eigenfertigungszeit kann differenziert eingegeben werden: Rüstzeit, Bearbeitungszeit und Übergangszeit. Die Bearbeitungszeit wird im Verhältnis zu einer Basismenge eingegeben. Die konkrete Bearbeitungszeit wird dann vom System in Abhängigkeit von der Losgröße als Vielfaches der angegebenen Basismenge berechnet (es wird aufgerundet). Die berechnete Eigenfertigungszeit wird wieder für die Disposition zur Ermittlung von Plantarifen in Planaufträgen als Vorstufe zu Fertigungsaufträgen verwendet.

Abbildung 177: Sicht Arbeitsvorbereitung

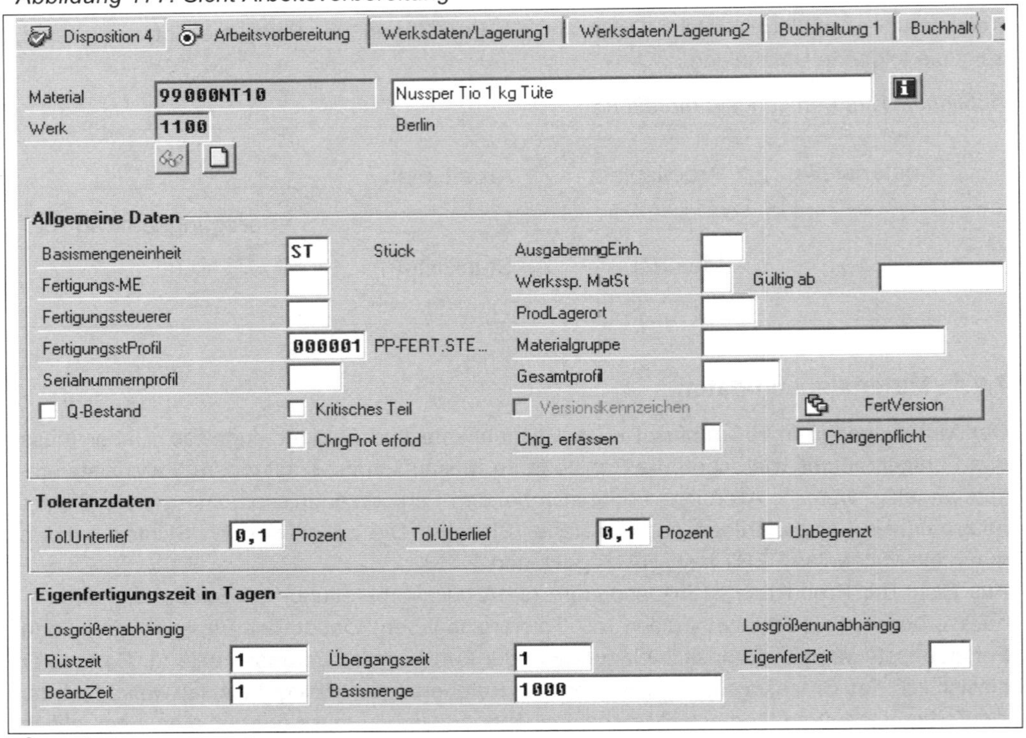

©SAP AG

In der Abbildung betragen Rüstzeit und Übergangszeit je 1 Tag. Für eine Menge von 1000 St. wird ebenfalls 1 Tag benötigt. Wenn beispielsweise am 17.02 disponiert wird und sich eine Bedarfsmenge von 4830 St. ergibt, dann ist das Zugangsdatum der 27.02. (Rüstzeit 1 + Übergangszeit 1 + Basismenge 1000 x 5 = 7 Tage).

Abbildung 178: Dispositionsliste aus Einzelplanung

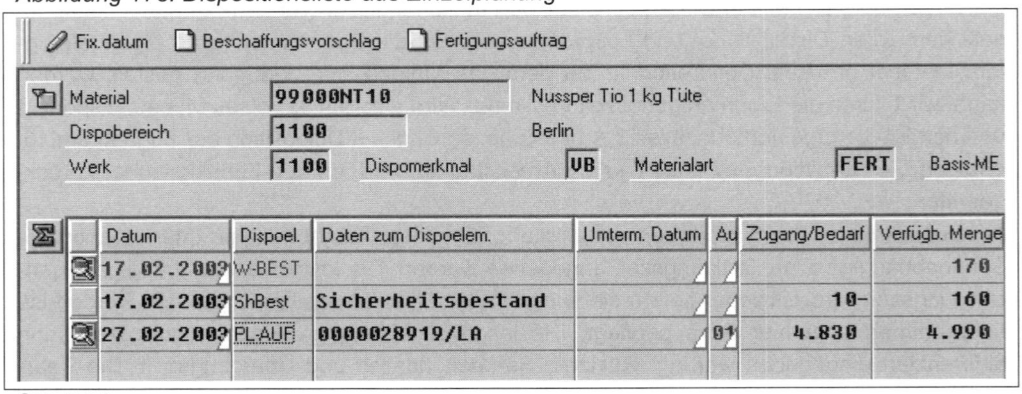

©SAP AG

Es wird nur in ganzen Tagen gerechnet, d.h. wenn die Rüstzeit 0,4 Tage betragen würde, so würde trotzdem ein voller Tag berechnet. Hinzu kommt noch ein Tag für die Wareneingangsbearbeitungszeit (Angabe in Sicht Disposition 2), so dass sich eine gesamte Dauer von 8 Werktagen ergibt. Da noch ein Wochenende berücksichtigt werden muss, beträgt die Dauer letztlich 10 Kalendertage. Damit eine Verfügbarkeitsprüfung im Fertigungsauftrag durchgeführt werden kann, muss in der Sicht Disposition 3 eine Prüfgruppe für die Verfügbarkeitsprüfung gepflegt werden.

7.2.2 Stückliste

Eine Stückliste ist ein vollständiges, strukturiert aufgebautes Verzeichnis für einen Gegenstand, welche dessen Zusammensetzung aus anderen Gegenständen definiert. D.h. für den zuvor angelegten Materialstammsatz des Fertigerzeugnisses (vgl. oben) wird die Zusammensetzung festgelegt. In R/3 können Stücklisten verschiedene Gegenstände verwalten bzw. lassen sich folgende Stücklisten unterscheiden:

- Eine Materialstückliste stellt den Aufbau eines Erzeugnisses dar, das im Unternehmen produziert wird. Als Komponenten können Materialien und auch Dokumente verwendet werden.
- Eine Dokumentenstückliste oder ein Dokumentinformationssatz fasst mehrere Dokumente (Zeichnungen, Baupläne, Schriftstücke, Fotos etc.) zu einer Einheit zusammen.
- Stücklisten zur Verwaltung von Instandhaltungsobjekten werden Equipmentstücklisten genannt. Sie beschreiben den konstruktiven Aufbau des Equipments und ordnen die notwendigen Ersatzteile zur Instandhaltung zu. Equipment ist ein individueller körperlicher Gegenstand, der eigenständig instand zu halten ist. Equipment kann Bestandteil z.B. einer Anlage sein.
- Für die Zusammenfassung von Einheiten einer maschinellen Anlage kann die Stückliste mit Bezug zum technischen Platz erstellt werden, beispielsweise die Funktionseinheiten einer Gesamtanlage. Derartige Stücklisten können Materialien sowie Dokumente enthalten.
- Kundenauftragsstücklisten beziehen sich auf konfigurierbare Materialien, deren Merkmale nach individuellen Kundenaufträgen zusammengestellt werden. Diese Stückliste wird je nach Kundenauftrag durch Modifikation einer Vorlage individuell angepasst.
- Eine Projektstückliste dient zur Produktionslos-Planung von Halbfabrikaten und Fertigerzeugnissen. Hierbei können unterschiedliche Stücklisten, z.B. zum Austausch von Komponenten, zur Kostenanalyse verwendet werden. Dieser Stücklistentyp ist dem Projektsystem angegliedert, daher der Name.

Für die Abbildung von Produktvarianten und Fertigungsalternativen bietet das System zwei so genannte technische Typen für Stücklisten. Wenn verschiedene Objekte (z.B. Fertigerzeugnisse) einen hohen Anteil identischer Bestandteile aufweisen, so können diese in einer Variantenstückliste gemeinsam beschrieben werden. Abweichungen in Mengen oder Komponenten werden in einer eigenen Variante abgebildet. Dazu muss erst eine Stückliste gebildet werden, die die identischen Bestandteile umfasst. Anschließend werden von dieser Stückliste Varianten gebildet. Beispielsweise beinhalten die Müslivarianten Innova Vital und Nussper Trio diverse gleiche Zutaten (identische Mengeanteile). Dieses Basismüsli wird als Materialstückliste angelegt. Innova Vital und Nussper Trio werden dann auf Basis dieser Stückliste als Varianten angelegt. Die Zutaten des Basismüslis werden automatisch in die

Variantenstückliste gezogen, d.h. nicht das Basismüsli, sondern seine Bestandteile werden in den Variantenstücklisten aufgelistet.

Abbildung 179: Variantenstückliste

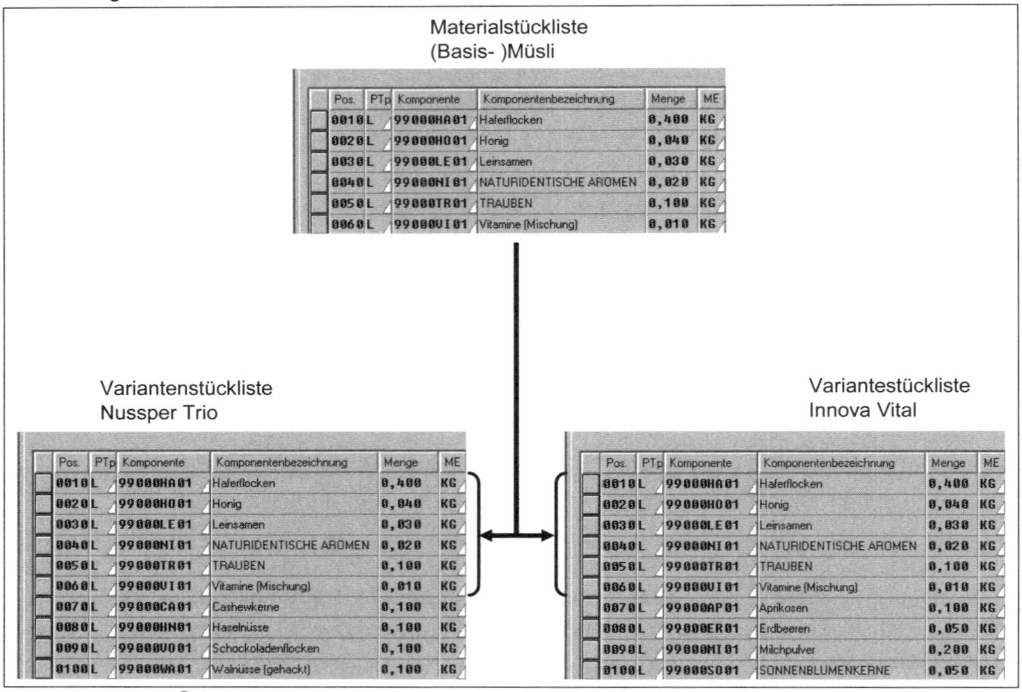

Pos.	PTp	Komponente	Komponentenbezeichnung	Menge	ME
0010	L	99000HA01	Haferflocken	0,400	KG
0020	L	99000HO01	Honig	0,040	KG
0030	L	99000LE01	Leinsamen	0,030	KG
0040	L	99000NI01	NATURIDENTISCHE AROMEN	0,020	KG
0050	L	99000TR01	TRAUBEN	0,100	KG
0060	L	99000VI01	Vitamine (Mischung)	0,010	KG

Pos.	PTp	Komponente	Komponentenbezeichnung	Menge	ME
0010	L	99000HA01	Haferflocken	0,400	KG
0020	L	99000HO01	Honig	0,040	KG
0030	L	99000LE01	Leinsamen	0,030	KG
0040	L	99000NI01	NATURIDENTISCHE AROMEN	0,020	KG
0050	L	99000TR01	TRAUBEN	0,100	KG
0060	L	99000VI01	Vitamine (Mischung)	0,010	KG
0070	L	99000CA01	Cashewkerne	0,100	KG
0080	L	99000HN01	Haselnüsse	0,100	KG
0090	L	99000VO01	Schockoladenflocken	0,100	KG
0100	L	99000WA01	Walnüsse (gehackt)	0,100	KG

Pos.	PTp	Komponente	Komponentenbezeichnung	Menge	ME
0010	L	99000HA01	Haferflocken	0,400	KG
0020	L	99000HO01	Honig	0,040	KG
0030	L	99000LE01	Leinsamen	0,030	KG
0040	L	99000NI01	NATURIDENTISCHE AROMEN	0,020	KG
0050	L	99000TR01	TRAUBEN	0,100	KG
0060	L	99000VI01	Vitamine (Mischung)	0,010	KG
0070	L	99000AP01	Aprikosen	0,100	KG
0080	L	99000ER01	Erdbeeren	0,050	KG
0090	L	99000MI01	Milchpulver	0,200	KG
0100	L	99000SO01	SONNENBLUMENKERNE	0,050	KG

Bildschirmbilder ©SAP AG

Wenn sich die Zusammensetzung eines Materials losgrößenabhängig ändern kann, d.h. ab einer bestimmten Losgröße verändern sich die Mengen eines oder mehrerer Materialien bzw. es kommen neue Komponenten hinzu, dann wird diese Materialstückliste in eine Mehrfachstückliste umgewandelt. Es werden Alternativen zur ursprünglichen Stückliste gebildet.

Der technische Typ einer Stückliste wird erst dann festgelegt, wenn zu einer bereits bestehenden Stückliste (z.B. Materialstückliste) eine Alternative (Mehrfachstückliste) oder eine Variante (Variantenstückliste) hinzugefügt wird. Eine Mehrfachstückliste kann nicht in eine Variantenstückliste umgewandelt werden.

Eine Stückliste enthält einen Stücklistenkopf (Werk, Gültigkeitsdauer, Alternativen etc.), der für alle gepflegten Stücklistenpositionen gilt, welche jeweils die Zutaten mit ihrer Menge aufnehmen. Eine Stückliste ohne Werksangabe ist unternehmensweit gültig. Soll die Stückliste nur für bestimmte Produktionsbereiche relevant sein, dann muss die Stückliste mit Bezug zum Werk angelegt werden. Die Gültigkeit (Datum ab und bis) kann auch für einzelne Positionen gepflegt werden.

Anhand der Stücklisten wird der für die Fertigung der Produktionslose erforderliche Bedarf ermittelt. Abhängig von den enthaltenen Materialien ergeben sich Konsequenzen für Vorgangsplanung und Fertigungssteuerung. Weiter liefert die Stückliste Daten für die Produktkalkulation.

Die Stückliste ist sowohl Informationssender (z.B. Beschaffungsterminierung) als auch Informationsempfänger (Basisinformationen aus der Materialwirtschaft).

7.2.3 Arbeitsplatz

Ein Arbeitsplatz ist ein räumlicher Bereich innerhalb eines betrieblichen Arbeitssystems. An ihm wird ein Vorgang, also eine Eigenleistung, ausgeführt. Bei einem Arbeitsplatz kann es sich in R/3 um:

- Maschinen, Maschinengruppen,
- Fertigungsstraßen,
- Montagearbeitsplätze oder
- Personen, Personengruppen

handeln.

Über die Arbeitsplatzart, die im Customizing des Arbeitsplatzes definiert wird, wird analog zu den bereits vorgestellten „Arten“ (Materialart, Belegart etc.) die Art des Arbeitsplatzes und die Datenpflege bestimmt. Arbeitsplätze werden auf Werksebene angelegt. Die Stammdaten des Arbeitsplatzes, die dann in der Folge eingegeben werden müssen, umfassen u.a. Grunddaten, Angaben zu Kapazitäten, Terminierung, Kalkulation und Technologie.

7.2.3.1 Grunddaten

Die Grunddaten enthalten eine allgemeine Beschreibung des Arbeitsplatzes wie die Arbeitsplatzart (Maschine, Person etc.), den Standort, den verantwortlichen Mitarbeiter oder Vorgabewerte hinsichtlich Rüstzeit, Maschinenzeit etc.

Für die Festlegung von Vorgabewerten wird in den Grunddaten ein Vorgabewertschlüssel gepflegt. Mit diesem verbunden sind sechs Felder, denen Vorgaben hinsichtlich Bezeichnung, Dimension und Wert vorgegeben werden kann, z.B. Rüstzeit 10 Min. Bei den Vorgabewerten handelt es sich um Planwerte für die Durchführung eines Vorgangs. Der Vorgang ist Teil eines Arbeitsplans. Der Arbeitsplatz wird später einem Vorgang zugeordnet. Über den Vorgabewertschlüssel des Arbeitsplatzes werden dem Vorgang also bis zu sechs Datenfelder und Bezeichnung für die Vorgabewerte zugeordnet. Es können Vorgabewerte in Dimension und Wert festgelegt werden. Konkret bedeutet dies, dass in dem Vorgang, dem der Arbeitsplatz der Abbildung 180 zugeordnet ist, Felder für die Pflege von Rüstzeit, Maschinenzeit, Personalzeit, Abrüstzeit sowie zwei variable Vorgabewerte zur Verfügung stehen. Für die Rüstzeit gilt die Vorgabe von 10 Minuten (Dimension Time).

Zusätzlich kann in den Grunddaten angegeben werden (Eingabevorschrift Vorgabewert), ob die Vorgabewerte im Vorgang (des Arbeitsplans) gepflegt werden müssen, oder ob die Pflege optional ist.

Das benachbarte Register erweitert die Vorschlagswertmöglichkeiten u.a. um Lohnarten, Rüstartenschlüssel und Maßeinheiten (Abweichung vom Vorschlag aus Vorgabewertschlüssel).

Aus den Ausführungen wird wieder das in R/3 verfolgte Konzept deutlich. Es wird versucht, über Einstellung bzw. Gruppierungen Pflegewerte für eine Vielzahl von Unternehmensvorgängen über Vorschlags- oder Auswahlwerte dem Benutzer zur Verfügung zu stellen, so dass der Pflegevorgang beschleunigt werden kann (s. auch Materialart, Belegart, Bewegungsart, Kontogruppe usw.).

Abbildung 180: Arbeitsplatz und Vorgabewertbehandlung

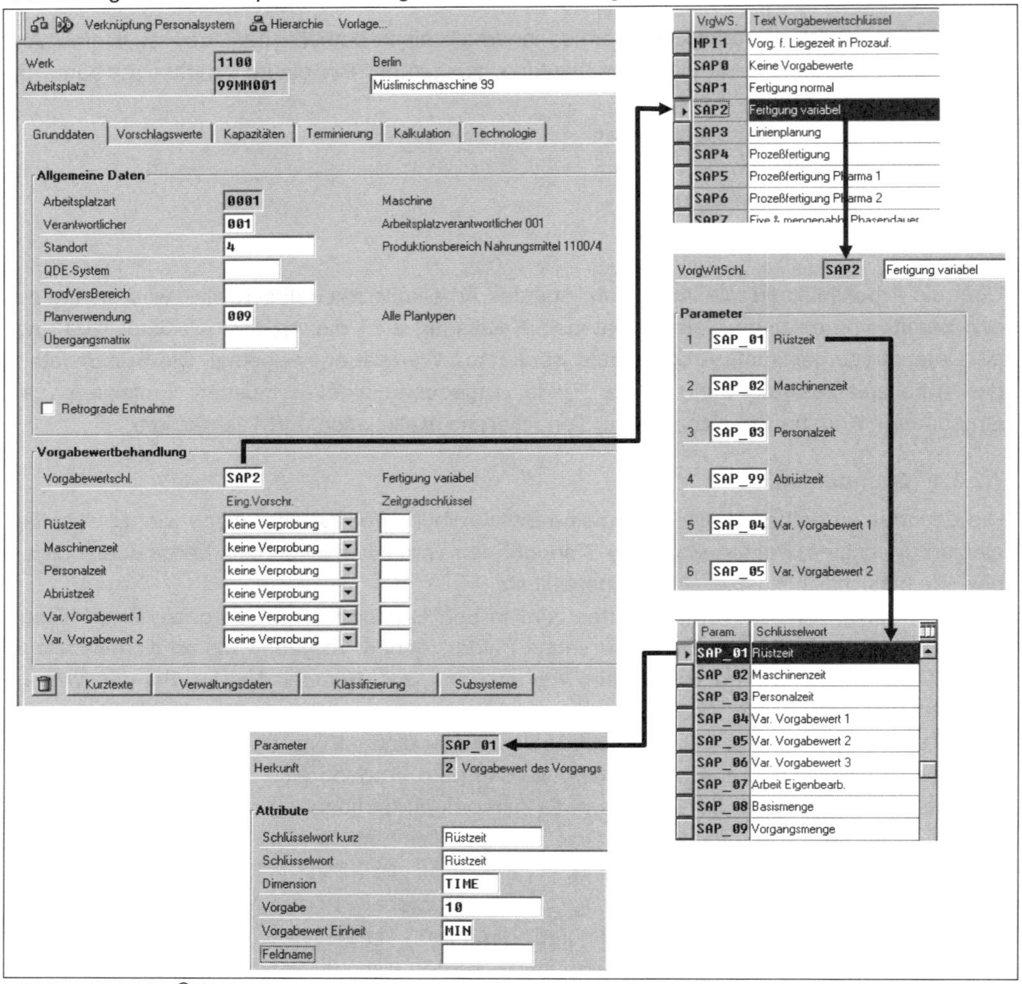

Bildschirmbilder ©SAP AG

7.2.3.2 Kapazitäten

Kapazitäten können für Personen- oder Maschinen, Energiebedarf, Abgasemission und eventuelle Reservekapazitäten für Eilaufträge festgelegt werden.[41] Die Unterscheidung geschieht über die Kapazitätsart.

Die Kapazität besteht im Kern aus:

- der Einsatzzeit (produktiv nutzbare Arbeitszeit bzw. Leistung einer Kapazität),
- dem Kapazitätsangebot (werden im Rahmen der Terminierung und der Kapazitätsplanung genutzt),
- Formeln zur Berechnung von Kapazitätsbedarfen,
- der Vorschlagskapazität.

---

[41] Vgl. Möhrlen, SAP®-Kompendium, 1999, S. 370.

Die Kapazitätseinsatzzeit wird tages- oder schichtbezogen erfasst. Es können Arbeits- und Pausenzeiten angegeben werden. Der Arbeitszeit kann noch ein Nutzungsgrad zugeordnet werden. Die Einsatzzeit ergibt sich aus:

Einsatzzeit = (Arbeitszeit - Pausenzeit) x Nutzungsgrad/100%.

Eine Kapazität kann auch mehrere Maschinen, Personen etc. umfassen (sog. Kapazitätsgruppen). Daher muss zur Berechnung des Kapazitätsangebots die Einsatzzeit mit der Anzahl der Maschinen gleicher Einzelkapazität multipliziert werden. Das Kapazitätsangebot wird für die Durchlaufterminierung verwendet. Es entspricht im einfachsten Fall dem Standardangebot. Die Gültigkeit des Standardangebots ist unbegrenzt. An jedem Arbeitstag des Fabrikkalenders wird dieselbe Kapazität angeboten. Dies gilt solange, wie kein sog. Angebotsintervall aktiviert ist. Das Angebotsintervall bietet die Möglichkeit, zu Gültigkeitszeiträumen alternative Kapazitätsangebote, insbesondere für Schichtbetrieb, zu kreieren. Den Angebotsintervallen werden die Schichten über einen Schlüssel zugeordnet. Diesem wurden im Customizing Arbeits- und Pausenzeiten etc. zugeordnet. Eine explizite Pflege von Zeiten in diesem Zusammenhang entfällt also.

Abbildung 181: Kapazitätsangebot

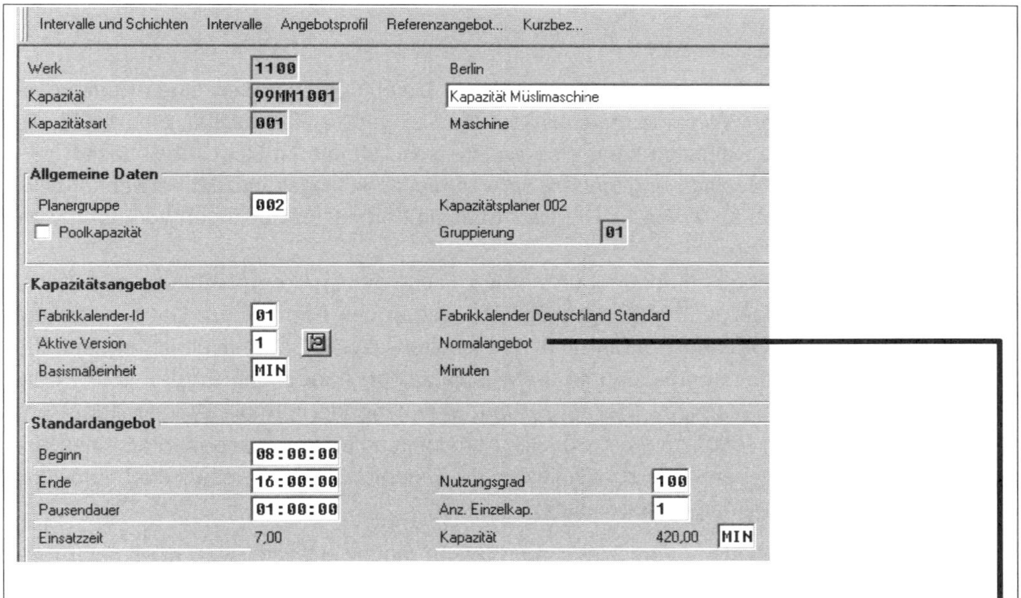

Gültig ab	bis	S	Schicl	Zykl	Fa	Woc	Schicl	Beginnuhrzeit	Endeuhrzeit	Pausendaue	Nutzu	Anz	Einsatz	Kapazit	Maß
	31.03.2002	X						08:00:00	16:00:00	01:00:0	100	1	7,00	420	MIN
01.04.2002	01.04.2004			7											
						MO	NORM	08:00:00	16:30:00	01:00:0	100	1	7,50	450	MIN
						DI	NORM	08:00:00	16:30:00	01:00:0	100	1	7,50	450	MIN
						MI	NORM	08:00:00	16:30:00	01:00:0	100	1	7,50	450	MIN
						DO	NORM	08:00:00	16:30:00	01:00:0	100	1	7,50	450	MIN
						FR	NORM	08:00:00	16:30:00	01:00:0	100	1	7,50	450	MIN
						SA	OFF	00:00:00	00:00:00	00:00:0	100	1	0,00	0	MIN
						SO	OFF	00:00:00	00:00:00	00:00:0	100	1	0,00	0	MIN
02.04.2004	31.12.9999	X						08:00:00	16:00:00	01:00:0	100	1	7,00	420	MIN

Bildschirmbilder ©SAP AG

Die Kapazität der Abbildung hat ein Standardangebot 8.00 – 16.00 h (inkl. 1 h Pause). Zusätzlich gibt es ein Angebotsintervall. Dieses gilt für den Zeitraum vom 01.04.2002 bis zum 01.04.2004. Dadurch erhöht sich die Einsatzzeit von 7 h auf 7,5 h. Die Schicht wird über den Schlüssel NORM in die Kapazität „geholt". Außerhalb des angegeben Zeitraums gilt das Standardangebot.
Kapazitäten können direkt im Arbeitsplatz angelegt werden. Damit sind sie direkt dem Arbeitsplatz zugeordnet. Sie können auch unabhängig vom Arbeitsplatz in der Kapazitätspflege erfassen werden und so u.U. verschiedenen Arbeitsplätzen zugeordnet werden, z.B. Poolkapazität.
Die Kapazitätsbedarfe werden durch im Arbeitsplatz gepflegte Formeln berechnet. Es können Formeln (z.B. Maschinenzeit x Vorgangsmenge/Basismenge; wird im Customizing erstellt) z.B. für das Rüsten, Bearbeiten und Abrüsten angegeben werden.
Beim Anlegen einer Kapazität für eine Person oder Maschine wird eine Vorschlagskapazität angeboten. Diese kann dann an die Bedürfnisse der realen Gegebenheiten angepasst werden. Die Vorschlagskapazität wird in Abhängigkeit von der Kapazitätsart und dem Werk angeboten (Erstellung im Customizing). So kann für Personenkapazitäten eine andere Kapazitätskomposition vorgeschlagen werden als für Maschinen.

7.2.3.3 Terminierung

Die Terminierungsdaten werden verwendet, um die Durchführungszeiten eines Fertigungsauftrages zu berechnen. Terminierungsbasis ist die hier gepflegte Kapazität, d.h. die für die Terminierung genutzte Kapazität kann eine andere sein, als die im Register Kapazität vereinbarte. Wird keine Kapazität angegeben, so wird die Vorschlagskapazität verwendet bzw. die Vorschlagskapazität kann wie im Register Kapazität arbeitsplatzbezogen verändert werden.
Auch müssen wieder Formeln angegeben werden. Diese dienen der Berechnung der Durchlaufzeiten von Vorgängen in Fertigungsaufträgen. Neben den Formeln zur Dauer von Rüsten, Bearbeiten und Abrüsten werden noch Wartezeiten gepflegt. Wartezeit ist die Zeit, die ein Auftrag noch vor der Bearbeitung am Arbeitsplatz liegt. Angegeben werden können die normale und minimale Wartezeit (bis auf diesen Wert kann die normale Wartezeit im Rahmen der Terminierung reduziert werden). Der Fertigungsauftrag verwendet somit einen anderen Berechnungsmechanismus zur Ermittlung der Eigenfertigungsdauer als die Disposition (verwendet Angaben im Materialstammsatz).

Sämtliche Vorschlagswerte - Vorschlagskapazität, Vorgabewerteschlüssel, aber auch Formeln, Leistungsarten (s. folgende Kalkulation) und weitere Werte - werden im Vorschlagsarbeitsplatz gesammelt. Der Vorschlagsarbeitsplatz wird in Abhängigkeit zum Werk und zur Arbeitsplatzart im Customizing des Arbeitsplatzes angelegt. Beim Anlegen des Arbeitsplatzes werden dann die Werte des Vorschlagsarbeitsplatzes in den Registern Grunddaten, Kapazität, Terminierung etc. angeboten. Durch geschickte Einstellung des Vorschlagsarbeitsplatzes kann der Pflegeaufwand beim Anlegen eines Arbeitsplatzes reduziert werden.

Abbildung 182: Vorschlagsarbeitsplatz

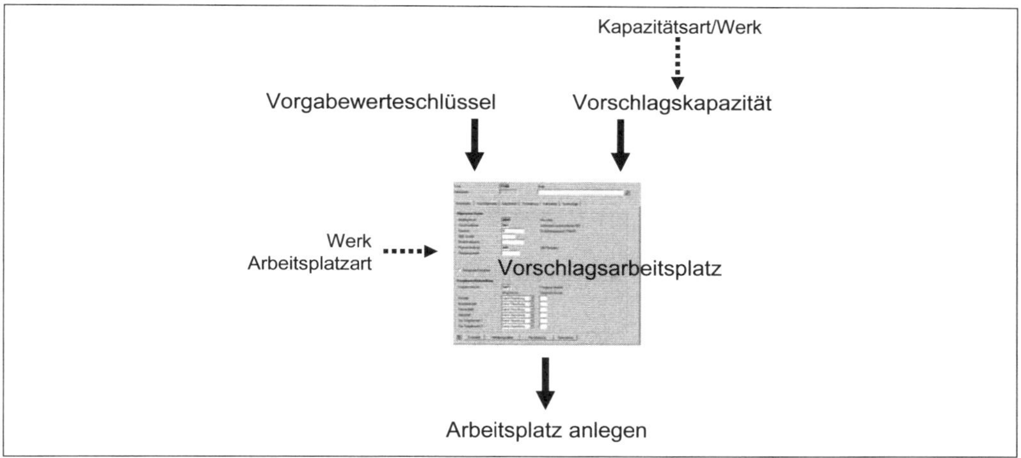

Bildschirmbild ©SAP AG

7.2.3.4 Kalkulation

Damit die Kosten, die bei Durchführung des Vorgangs, dem der Arbeitplatz zugeordnet ist, verfolgt werden können, müssen Daten zur Kostenrechnung erfasst werden. Wahlweise kann ein Arbeitsplatz Leistungen einer Kostenstelle (Kostenstellenrechnung) oder eines Prozesses (Prozessrechnung) in Anspruch nehmen.

Bei einer Verknüpfung zur Kostenstelle muss die Kostenstelle angegeben werden. Der Zugriff auf die Tarife der Leistungsarten geschieht durch Angabe der Leistungsart, z.B. für Rüstzeit die Leistungsart Rüststunden. Die Tarife ergeben sich dann über die gewählte Leistungsart, sofern die Tarife vorher gepflegt wurden.[42]

Die festgelegten Formeln berechnen unter Bezugnahme auf die Vorgabewerte des Vorgangs im Arbeitsplan und der Plantarife die Plankosten. Beispielsweise lautet die Formel für die Maschinenzeit:

$$\text{Maschinenzeit} / \text{Basismenge} \times \text{Vorgangsmenge}.$$

Das (Zeit-)Ergebnis wird mit dem Tarif entsprechend bewertet. Das gesamte Kalkulationsergebnis kann in der Kostenanalyse des Fertigungsauftrages eingesehen werden.

[42] S. auch Kapitel 5.2.1, S. 139.

Abbildung 183: Arbeitplatz - Kalkulation

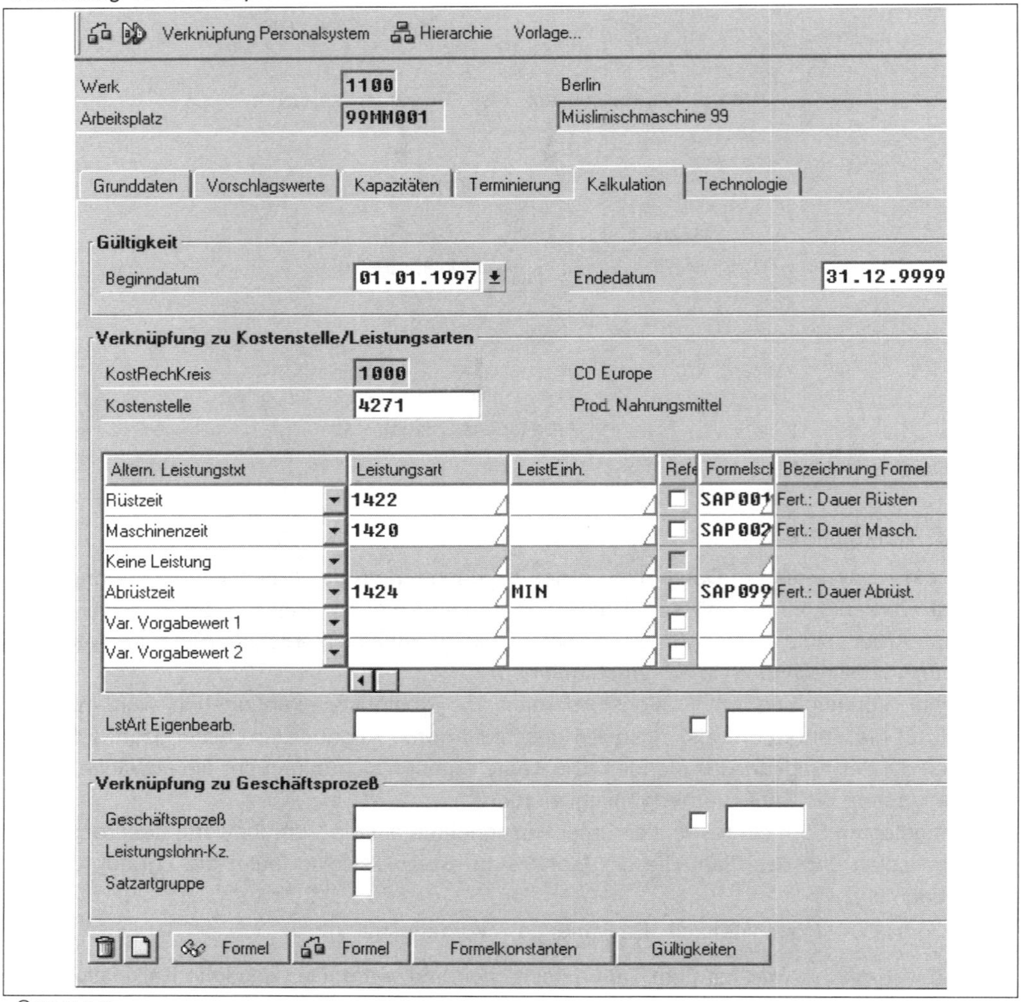

©SAP AG

7.2.3.5 HR-Arbeitsplatz

Der Arbeitsplatz der Produktion bildet den tatsächlichen „Ort des Geschehens" ab. Die Zuordnung eines Mitarbeiters, der an diesem Arbeitsplatz arbeiten soll, geschieht mittels des HR-Arbeitsplatzes. Der HR-Arbeitsplatz vereinigt – als organisatorische Einheit – Person(en), Planstelle und Qualifikation. Diese Verknüpfung zwischen der Produktionsplanung und –steuerung und der Personalwirtschaft ermöglicht zum einen die weitergehende Pflege von personalspezifischen Daten mit einem eindeutigem Bezug zu einem PP-Arbeitsplatz, zum anderen sind die mit dem HR-Arbeitsplatz verbundenen Daten beispielsweise für die Kapazitätsplanung und die Terminierung in der Produktion relevant.

Die folgende Abbildung 184 zeigt die Verknüpfung eines HR-Arbeitsplatzes mit einem Arbeitsplatz der Materialwirtschaft (MM), wobei eine Planstelle und ihre Besetzung über den HR-Arbeitsplatz dem MM-Arbeitsplatz zugeordnet sind.

Abbildung 184: Arbeitsplatz der Personalwirtschaft

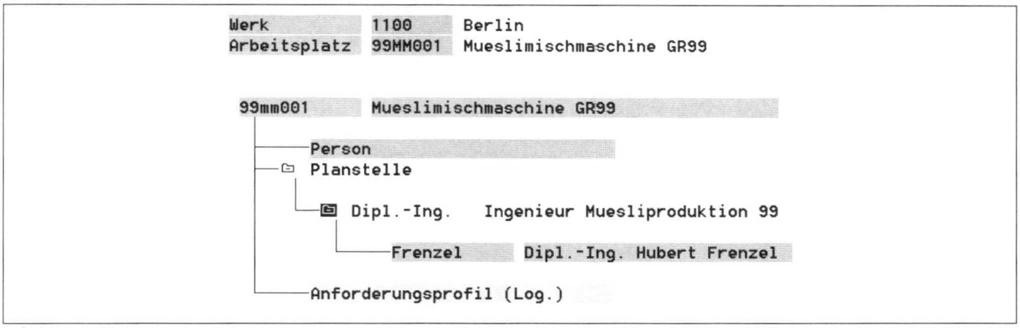

©SAP AG

Ähnlich zur beschriebenen Kostenstellenhierarchie[43] können Arbeitsplatzhierarchien gebildet werden. Zweck ist die Verdichtung von Kapazitätsplanungen. Diese Arbeitsplatzhierarchien lassen sich grafisch pflegen bzw. anzeigen.

7.2.4 Arbeitsplan

Der Arbeitsplan umfasst im Kern die während der Fertigung auszuführenden Vorgänge (Arbeitsschritte), die in den Vorgängen zu erbringenden Leistungen und die Materialien, die in den Vorgängen einzusetzen sind. Die benötigten Materialien ergeben sich über die Stückliste. Die im vorherigen Abschnitt beschriebenen Arbeitsplätze werden ebenfalls den Vorgängen der Arbeitspläne zugeordnet.

Die Vorgänge und ihre Detaildaten bilden die Grundlage für die Ermittlung von Terminen, Kapazitätsbedarfen und Kostenanalyse bzw. Erzeugniskalkulation. Die Arbeitspläne sind damit ein zentrales Element der Fertigungsplanung von Halbfabrikaten und Fertigerzeugnissen.

Für Materialien kann ein Normalarbeitsplan angelegt werden. Der Normalarbeitsplan beschreibt den Arbeitsablauf zur Fertigung eines bestimmten Materials. Zu einem Material können mehrere Normalarbeitspläne angelegt werden, die z.B. in der Fertigung, Nacharbeitung oder bei Prototypen genutzt werden. Für Fließ- und Serienfertigung bietet R/3 den Linienplan. Beide Planarten können durch den Standardarbeitsplan unterstützt werden. Der Standardarbeitsplan enthält wie der Normalarbeitsplan einzelne Vorgänge, ist aber nicht unmittelbar für die Produktion eines spezifischen Materials vorgesehen. Er dient lediglich der Verringerung des Erfassungsaufwandes in Normalarbeitsplänen, d.h. Standardarbeitspläne werden in Normalarbeitsplänen referenziert, so dass häufig wiederkehrende Vorgänge nicht ständig neu eingegeben werden müssen. Auch kann er als Vorlage für einen neuen Arbeitsplan genutzt werden. Grundvoraussetzung für die Pflege von Normal- und Linienarbeitsplänen ist, dass ein Materialstammsatz des zu fertigenden Materials im System angelegt ist und dass Material einer Materialart zugeordnet ist, für die die Zuordnung zu Arbeitsplänen zulässig ist.

[43] S. auch Kapitel 5.2.1, S. 139.

Abbildung 185: Zuordnung Materialart zu Arbeitsplan

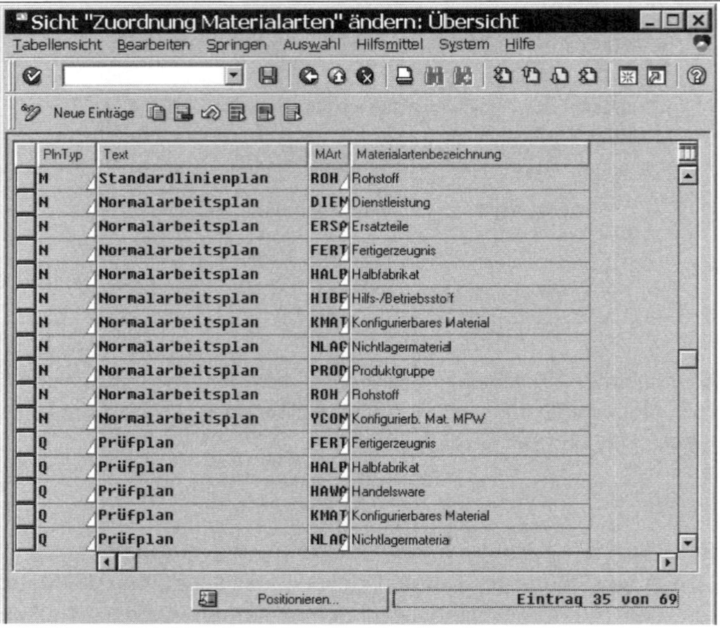

PlnTyp	Text	MArt	Materialartenbezeichnung
M	Standardlinienplan	ROH	Rohstoff
N	Normalarbeitsplan	DIEN	Dienstleistung
N	Normalarbeitsplan	ERSA	Ersatzteile
N	Normalarbeitsplan	FERT	Fertigerzeugnis
N	Normalarbeitsplan	HALB	Halbfabrikat
N	Normalarbeitsplan	HIBE	Hilfs-/Betriebsstoff
N	Normalarbeitsplan	KMAT	Konfigurierbares Material
N	Normalarbeitsplan	NLAG	Nichtlagermaterial
N	Normalarbeitsplan	PROD	Produktgruppe
N	Normalarbeitsplan	ROH	Rohstoff
N	Normalarbeitsplan	YCOM	Konfigurierb. Mat. MPW
Q	Prüfplan	FERT	Fertigerzeugnis
Q	Prüfplan	HALB	Halbfabrikat
Q	Prüfplan	HAWA	Handelsware
Q	Prüfplan	KMAT	Konfigurierbares Material
Q	Prüfplan	NLAG	Nichtlagermateria

Einmal vorhandene Arbeitspläne können auch anderen Materialien zugeordnet werden, beispielsweise für die Fertigung des Müslis Nussper Trio und Innova Vital. Die Arbeitspläne werden in Zuordnung zum Werk gepflegt.

U.U. müssen Arbeitsschritte in einem Arbeitsplan parallel ablaufen, so dass die angegebenen Vorgänge in parallel ablaufende Folgen unterteilt werden. Dazu müssen zunächst die Vorgänge der Folge angelegt werden, von der die anderen Folgen abzweigen bzw. zu der zurückgeführt wird. Diese Folge wird als Stammfolge bezeichnet. Anschließend kann die parallele Folge angelegt werden. Für den Fall einer losgrößenabhängigen Folge, beispielsweise sind ab einer bestimmten Losgröße andere Vorgänge durchzuführen, können sog. alternative Folgen angelegt werden, die in Abhängigkeit von bestimmten Losgrößen relevant werden.

Abbildung 186: Folgen im Arbeitsplan

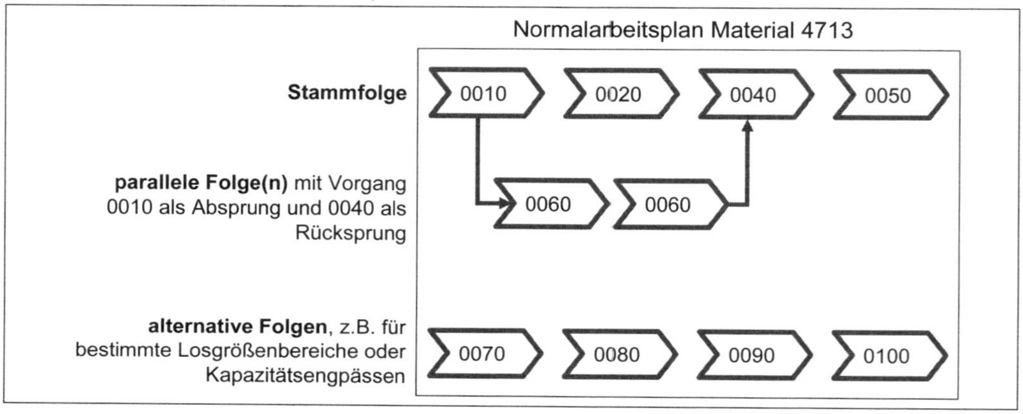

Durch Pflege des Arbeitsplatzes in einem Vorgang werden die Vorgabewerte eben dieses Arbeitsplatzes (Vorgabewertschlüssel, Formeln, Tarife etc.) in den Vorgang übernommen. Die Abbildung 187 zeigt einen Ausschnitt aus einem Arbeitsplan. Neben den aus Vorgaben übernommenen Werten wurden hier noch die Zeiten in Abhängigkeit zu einer Basismenge gepflegt.

Abbildung 187: Zusammenhang zwischen Arbeitsplan und Arbeitsplatz

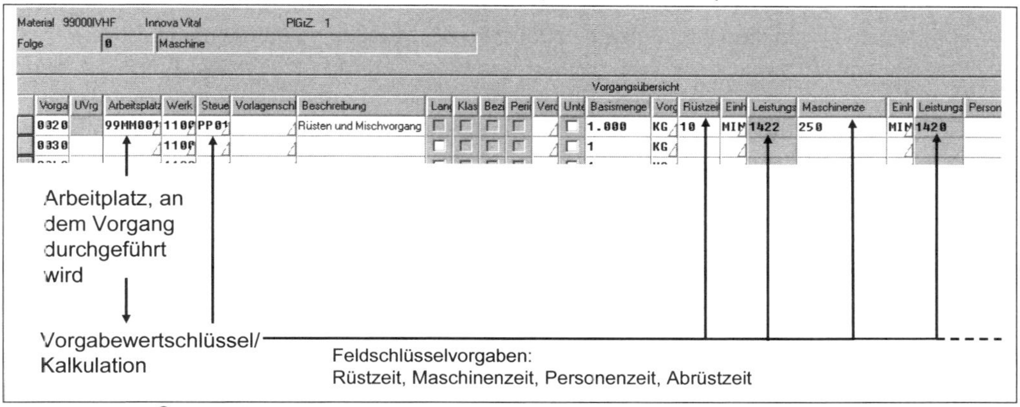

Bildschirmbild ©SAP AG

Einzelnen Vorgängen im Arbeitsplan können außerdem Fertigungshilfsmittel zugeordnet werden. Zu den Fertigungshilfsmitteln gehören nicht nur Equipment, z.B. Werkzeuge, NC-Programme, Mess- und Prüfmittel, sondern auch Dokumente, z.B. Zeichnungen oder Programme, die für die Dokumentenverwaltung genutzt werden. Auch Material kann als Fertigungshilfsmittel geführt werden. Dazu ist ein Material anzulegen, das die Sicht Fertigungshilfsmittel besitzt (im R/3-Standard FHMI). Dies geschieht über die gewohnte Anwendung „Material anlegen". Einem Vorgang können mehrere Fertigungshilfsmittel zugeordnet werden. Ein Fertigungshilfsmittel kann mehreren Vorgängen zugeordnet werden. Fertigungshilfsmittel dienen der Unterstützung der Produktion, gehen aber nicht über die Stückliste in das Erzeugnis ein.

7.2.5 Fallstudie – Fertigungsstammdaten

Aufgabe 17

a) Drei unterschiedliche Halbfabrikate sind für die Zwecke der Fallstudie anzulegen: Das Basismüsli als Träger der Stückliste für die Basismüslimischung und die beiden Müslisorten Innova Vital und Nussper Trio, die als Stücklistenvariante des Basismüslis im System realisiert werden. Bei einer Stücklistenvariante wird eine Stückliste eines bestehenden Materials als eine Art Vorlage benutzt und für das neue Material abgewandelt. Die notwendigen Materialstammdaten der Halbfabrikate sind der entsprechenden Pflegetabelle «Materialstammdaten Halbfabrikate» zu entnehmen.

b) Es sind insgesamt vier Fertigerzeugnisse anzulegen, je zwei pro Müslisorte. Die benötigten Stammdaten sind der Pflegetabelle «Materialstammdaten Fertigerzeugnisse» zu entnehmen. Neu ist hier die Pflege der Arbeitsvorbereitungssicht, sie dient der Sammlung produktionsrelevanter Informationen.

Aufgabe 18

a) Zur Zuordnung der für die Produktion benötigten Materialien zu den Halbfabrikaten (in der richtigen Menge) werden Stücklisten pro Material angelegt. In ihnen wird vermerkt, welche Rohstoffe in welcher Menge in die Halbfabrikate und Fertigerzeugnisse eingehen sollen. Zunächst soll für das Halbfabrikat Basismüsli xx000BAHF eine Stückliste angelegt werden, die als Vorlage für die in der Produktion tatsächlich verwendeten Halbfabrikate Innova Vital und Nussper Trio dienen soll. Die notwendigen Rezepturdaten sind der Pflegeliste «Materialstückliste der Halbfabrikate und Fertigerzeugnisse» zu entnehmen.

b) Eine Materialstückliste kann auch als Variante einer bereits bestehenden Stückliste eines Materials angelegt werden. Dies wird in der Fallstudie zum Anlegen der Halbfabrikate xx000IVHF und xx000NTHF genutzt. Es werden Varianten der Stückliste des vorher gepflegten Halbfabrikats Basismüsli angelegt. Die Rezepturdaten ergeben sich aus der Pflegetabelle «Stückliste».

Aufgabe 19

Die Fertigerzeugnisstücklisten müssen angelegt werden. Die Zusammensetzungen sind in der Pflegetabelle «Stückliste» dargestellt. Für die Fertigerzeugnisse sind insgesamt vier Stücklisten (xx000nt05 / xx000nt10 / xx000iv05 / xx000iv10) anzulegen.

Aufgabe 20

Die Kapazitäten für den Mitarbeiter (xxMP1001) und die Maschine (xxMM1001) sind anzulegen. Entsprechend sind die Kapazitätsarten auszuwählen.

- Kapazitätsart 001 Maschinenkapazität
- Kapazitätsart 002 Personenkapazität

Es können die in der Pflegeanleitung abgebildeten Daten für die Kapazität verwendet werden.

Aufgabe 21

Der Arbeitsplatz ist die R/3-Abbildung des Ortes, an dem tatsächlich die Wertschöpfung stattfindet. Es ist ein Personen- und ein Maschinenarbeitsplatz zu pflegen. Bei der Anlage des Personenarbeitsplatzes findet eine Verbindung zur Personalwirtschaft statt. Dabei sind die angelegten Strukturen der jeweiligen Gruppe für die Verknüpfung zu nutzen. Für die Pflege können die Daten direkt aus der Pflegeanleitung verwendet werden.

Aufgabe 22

Die tatsächliche Herstellung eines Erzeugnisses kann sich in unterschiedliche Vorgänge bspw. an unterschiedlichen Arbeitsplätzen aufgliedern. Für die Fallstudie wird angenommen, dass der Produktionsprozess lediglich aus zwei parallel ablaufenden Vorgängen besteht. Zum einen das Mischen bzw. Verpacken von Müsli und die Beaufsichtigung/Bedienung der Maschine durch eine Person. Diese sind in einem so genannten Arbeitsplan zu hinterlegen, damit die Abläufe der Produktion im System dokumentiert sind. Es sollen Normalarbeitspläne für <u>jedes Halbfabrikat und Fertigerzeugnis</u> angelegt werden, dass tatsächlich produziert werden soll (also nicht für das Halbfabrikat Basismüsli). Die im Arbeitsplan hinterlegten Komponenten ergeben sich aus der Stückliste des jeweiligen Halbfabrikats oder Fertigerzeugnisses. Die für die Pflege notwendigen Daten sind den Pflegetabellen «Arbeitsplandaten Halbfabrikat» und «Arbeitsplandaten Fertigerzeugnis» im Anhang zu entnehmen.

Für die Pflege stehen wieder die notwendigen Pflegeanleitungen zur Verfügung:

- Halbfabrikat anlegen,

- Fertigerzeugnis anlegen,
- Stücklisten anlegen – Halbfabrikat Basismüsli,
- Stücklisten als Variante anlegen – Halbfabrikat Innova Vital und Nussper Trio,
- Kapazität anlegen
- Arbeitsplatz anlegen (Maschine),
- Arbeitsplatz anlegen (Person),
- Normalarbeitsplan anlegen.

Halbfabrikate anlegen

FENSTER	**MENUEPFAD/EINGABE**
	LOGISTIK ⇨ MATERIALWIRTSCHAFT ⇨ MATERIALSTAMM ⇨ MATERIAL ⇨ ANLEGEN ALLGEMEIN ⇨ SOFORT
	**Material anlegen: Einstieg** Material: *xx000nthf (mit xx = Gruppennummer)* ▸ „Halbfabrikat“ Nussper Trio Branche: *Nahrungsmittel* ▸ bestimmt mit der Materialart zusammen u.a. die Inhalte der Pflegebildschirme. Materialart: *Halbfabrikat*  weiter 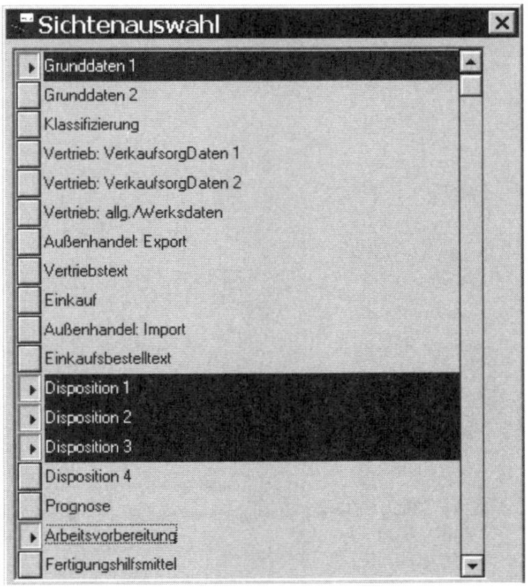 ▸ Zu pflegende Sichten auswählen, Vertriebs- und Einkaufssichten sind bspw. nicht notwendig, da das Halbfabrikat aus Rohstoffen hergestellt und anschließend nicht weiterverkauft wird.

Grunddaten1
Disposition 1
Disposition 2 (nicht Basismüsli)
Disposition 3 (nicht Basismüsli)
Arbeitsvorbereitung (nicht Basismüsli)
Allg. Werksdaten/Lagerung 1 (nicht Basismüsli)

weiter

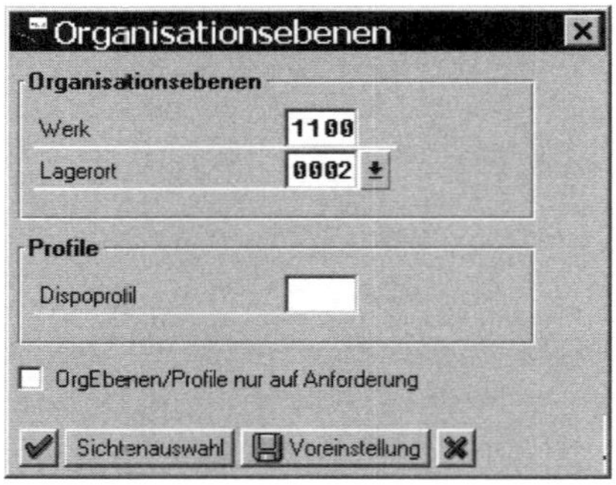

Werk: *1100*

Lagerort: *0002*

weiter (führt zur ersten ausgewählten Sicht).

Material 99000NTHF anlegen (Halbfabrikat)

Materialkurztext: *Nussper Trio*

Basismengeneinheit: *KG*

Warengruppe: *015*

Sparte: *00*

weiter

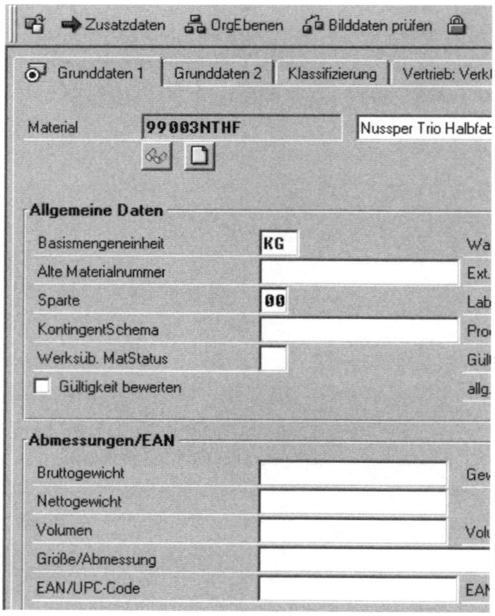

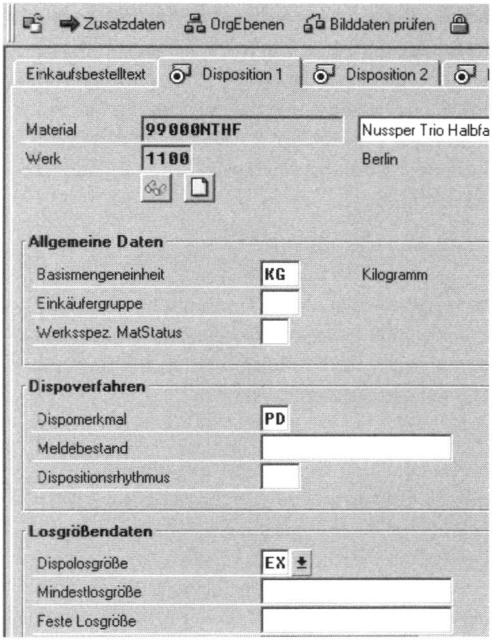

Material 99000NTHF anlegen (Halbfabrikat)

Dispositionsgruppe: *0010*

Dispomerkmal: *PD*

▸ plangesteuerte Disposition; Disposition wird durch geplante oder exakte Bedarfe gesteuert. Exakte Bedarfe können beispielsweise aus Kundenaufträgen oder Primärbedarfen (z.B. Innova Vital 500g-Faltschachtel) stammen. Die mehrstufige Bedarfsplanung (Disposition) mit Stücklistenauflösung kann verwendet werden.

Dispolosgröße: *EX*

▸ Exakte Losgrößenberechnung; entsprechend der Unterdeckung (Bedarf – Lagermenge) wird bei einem Dispositionslauf ein Planauftrag bzw. Fertigungsauftrag erstellt.

Disponent: 101

weiter

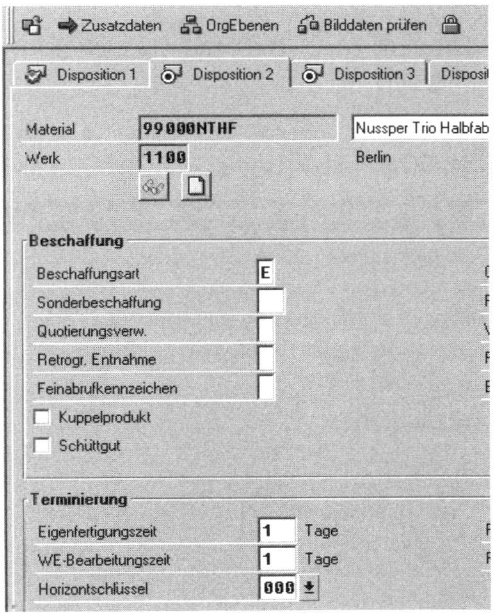

Material 99000NTHF anlegen (Halbfabrikat)

Beschaffungsart: E

▸ Eigenfertigung, die Halbfabrikate werden aus den Rohstoffen eigengefertigt.

Eigenfertigungszeit: *1*

▸ Zeit in Tagen, die für die Eigenfertigung benötigt wird.

WE-Bearbeitungszeit: *1*

▸ Zeit in Tagen, die für den Wareneingang benötigt wird. Beide Zeitangaben werden für die Disposition bzw. für die Verfügbarkeitsprüfung bei Fertigung und Vertrieb verwendet. Die angegebenen Zeiten sind losgrößenunabhängig.

Horizontschlüssel: *000*

▸ Setzt Pufferzeiten für Disponenten und Fertigung. Die einzelnen Werte werden im Customizing gepflegt.

weiter

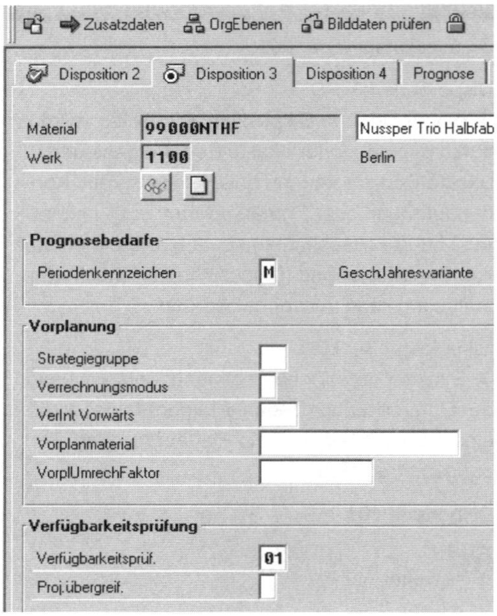

Material 99000NTHF anlegen (Halbfabrikat)

Periodenkennzeichen: *W*

▸ Wöchentlich, in diesen Intervallen werden die Prognose- und die Verbrauchsmengen für die Materialdisposition geführt. Für weitere Berechnungen stehen dann in diesem Fall Wochendaten zur Verfügung.

Verfügbarkeitsprüfung: *01*

▸ Tagesbedarf; bestimmt, wie Verfügbarkeitsprüfungen bei Produktions- und Vertriebsbelegen durchgeführt werden. Wird benötigt, damit Material später vor der Produktion auf seine Verfügbarkeit hin geprüft werden kann.

▸ GesWiederschaffzeit steht für „Gesamte Wiederbeschaffungszeit“. Diese Zeitangabe (in Tagen) wird alternativ zu den Zeitangaben in Disposition 2 für die Verfügbarkeitsprüfung verwendet. Die Prüfung wird dann auf diesen Zeitraum bezogen (Zu- und Abgänge). Ist diese gesamte Wiederbeschaffungszeit nicht angegeben, so wird die Wiederbeschaffungszeit aus der Summe aus Eigenfertigungszeit und Wareneingangsbearbeitungszeit berechnet. Das Feld ist nur bei Eigenfertigung zu verwenden. Die angegebene Zeit ist losgrößenunabhängig.

weiter

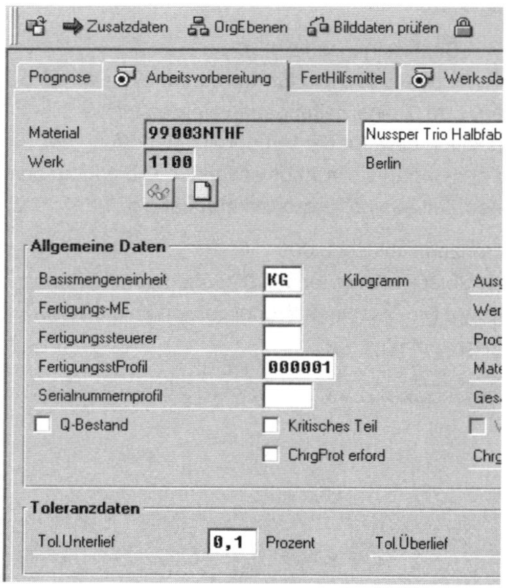

Material 99000NTHF anlegen (Halbfabrikat)

FertigungsstProfil: *000001*

▸ Steuert die Auftragseröffnung des Fertigungsauftrages hinsichtlich seiner Freigabe. Es kann z.B. eine automatische Freigabe bei Eröffnung eingesteuert werden.

Tol.Unterlief: *0,1*

Tol.Unterlief: *0,1*

▸ Die Eigenfertigungszeit kann auch losgrößenabhängig gestaltet werden. Dazu können hier Zeiten in Abhängigkeit von einer Basismenge angegeben werden. Die Zeitangaben sind für die Disposition relevant. Zeitangaben für die Terminierung eines Fertigungsauftrags werden beim Arbeitsplan und –platz gemacht.

weiter

<table>
<tr>
<td>
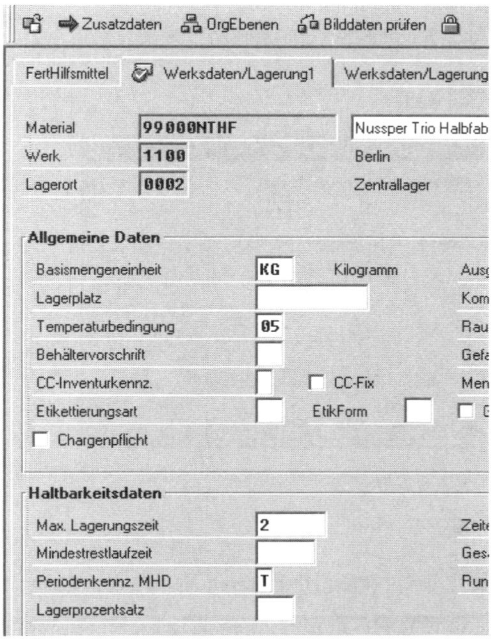

</td>
<td>

Material 99000NTHF anlegen (Halbfabrikat)

Temperaturbedingung: *05*

▸ 15 Grad / 30% Luftfeuchtigkeit.

Max. Lagerungszeit: *2*

Zeiteinheit: *MON*

sichern

</td>
</tr>
</table>

Halbfabrikate werden also ähnlich zu Rohstoffen (und Verpackungen) gepflegt. „Material ändern" und „Material anzeigen" können analog angewendet werden. Die Sicht Buchhaltung 1 wird zu einem späteren Zeitpunkt gepflegt. Der für diese notwendige Bewertungspreis (hier die Herstellkosten) wird über den Fallstudienteil in Kapitel 7.3.4 ermittelt.

Fertigerzeugnisse anlegen

<table>
<tr>
<th>FENSTER</th>
<th>MENUEPFAD/EINGABE</th>
</tr>
<tr>
<td>
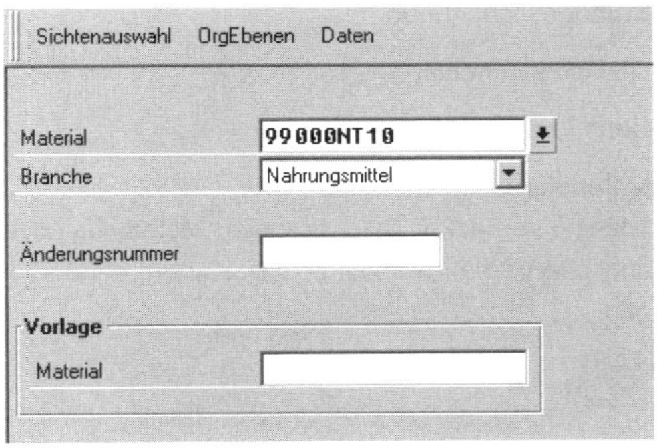

</td>
<td>

LOGISTIK ⇨ MATERIALWIRTSCHAFT ⇨ MATERIALSTAMM ⇨ MATERIAL ⇨ ANLEGEN SPEZIELL ⇨ FERTIGERZEUGNIS

Fertigerzeugnis anlegen: Einstieg

Material: *xx000nt10 (mit xx = Gruppennummer)*

▸ „Fertigerzeugnis" Nussper Trio 1kg-Tüte

Branche: *Nahrungsmittel*

weiter

▸ Zu pflegende Sichten auswählen, Vertriebssichten werden zu einem späteren Zeitpunkt gepflegt (s. Vertrieb).

Grunddaten1
Disposition 1
Disposition 2
Disposition 3

</td>
</tr>
</table>

Arbeitsvorbereitung
Allg. Werksdaten/Lagerung 1

weiter

Werk: *1100*

Lagerort: *0002*

weiter (führt zur ersten ausgewählten Sicht)

Material 99000NT10 anlegen (Fertigerzeugnis)

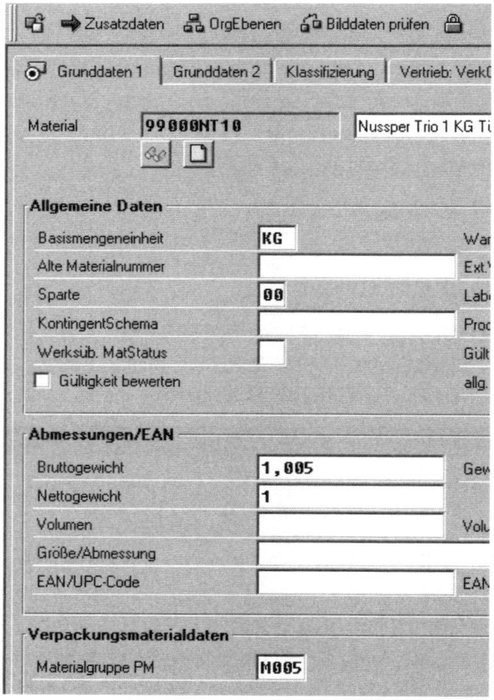

Materialkurztext: *Nussper Trio 1 KG Tüte*

Basismengeneinheit: *ST*

Warengruppe: *015*

Sparte: *00*

Postypengr: *NORM*
‣ Gruppierung von Materialien, dient der Ermittlung von Positionstypen in Vertriebsbelegen z.B. Kundenauftrag. Der Positionstyp bestimmt die Eigenschaften einer Belegposition hinsichtlich Preisfindung, Bestandsbuchung, Bedarfsübergabe etc.

Bruttogewicht: *1,005*

Gewichtseinheit: K*G*

Nettogewicht: *1*

Materialgruppe PM: *M005*
‣ kleine verpackte Teile; gruppiert Materialien, die ähnliche Versandhilfsmittel, z.B. Karton, benötigen.

weiter

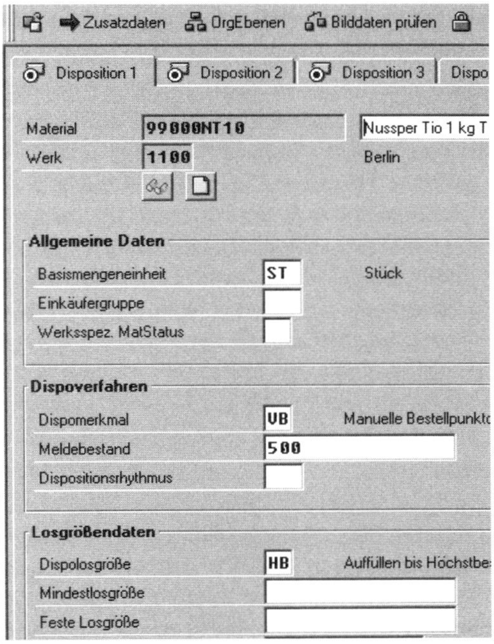

Material 99000NT10 anlegen (Fertigerzeugnis)

Dispositionsgruppe: *0010*

▸ anonyme Lagerfertigung; die Dispositionsgruppe fasst Materialien zusammen, die die gleichen Steuerungsparameter aus Sicht der Disposition haben. Z.B. soll bei bestimmten Materialien bei einer Bedarfsunterdeckung (z.B. aus einem Kundenauftrag) der fehlende Bedarf zwar ermittelt, aber nicht an die Produktion weitergeleitet werden. Dies ist dann der Fall, wenn ein einzelner Auftrag (i.S. einer Glättung des Produktionsprogramms) nicht die Produktionsplanung beeinflussen soll.

Dispomerkmal: *VB*

▸ Manuelle Bestellpunktdisposition, d.h. bei Erreichen des Meldebestandes wird manuell der Beschaffungsvorgang initiiert.

Meldebestand: *500*

Disponent: *101*

Dispolosgröße: *HB*

Höchstbestand: *10000*

weiter

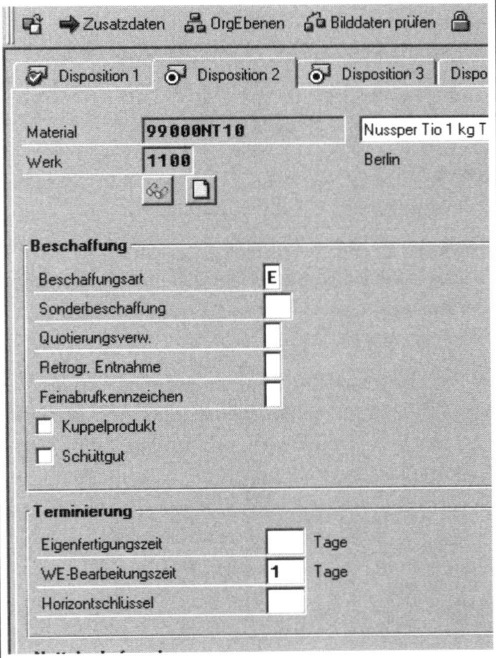

Material 99000NT10 anlegen (Fertigerzeugnis)

Beschaffungsart: *E*

WE-Bearbeitungszeit: *1*

Sicherheitsbestand: *10*

weiter

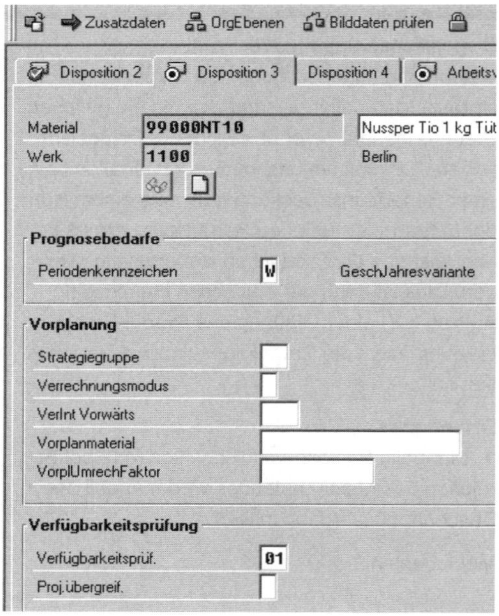

Material 99000NT10 anlegen (Fertigerzeugnis)

Verfügbarkeitsprüf.: 01

weiter

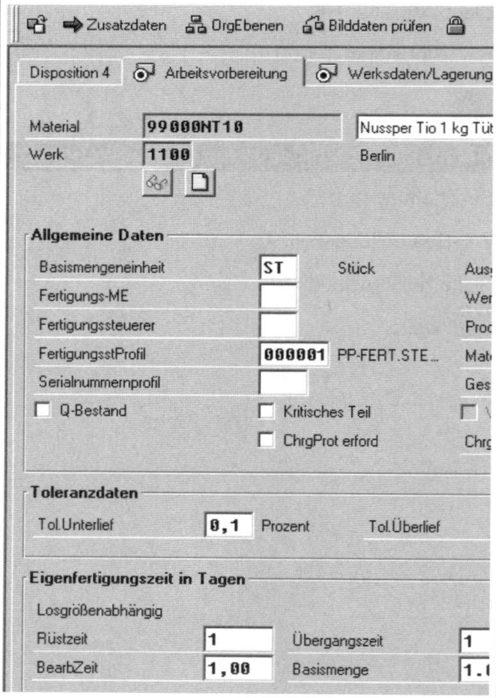

Material 99000NT10 anlegen (Fertigerzeugnis)

FertigungsstProfil: *000001*

Tol.Unterlief: *0,1*

Tol.Überlief: *0,1*

Rüstzeit: *1*

- unabhängig von der Auftragsmenge

Übergangszeit: *1*

- unabhängig von der Auftragsmenge

BearbZeit: *1*

- abhängig von der Auftragsmenge

Basismenge: *1000*

- Menge in Basismengeneinheit, auf die sich die Bearbeitungszeit in Tagen bezieht, hier 1000 Stück an einem Tag.

- Die Daten zur Eigenfertigungszeit in Tagen werden auch für die Berechnung der ATP-Menge (Available To Promise) herangezogen. Sollte eine Bedarfsunterdeckung bestehen, so kann vom System unter Berücksichtigung der Eigenfertigungszeit der Zeitpunkt ermittelt werden, zu dem die fehlende Menge lieferbar wäre.

weiter

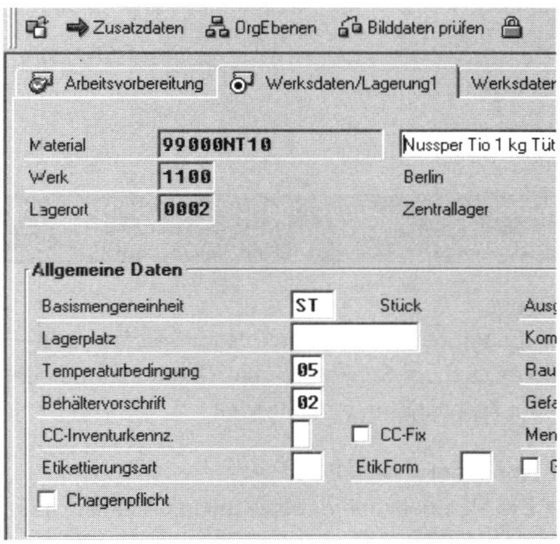

Material 99000NT10 anlegen (Fertigerzeugnis)

Temperaturbedingung: *05*

Behältervorschrift: *03*

▸ Müslitüten bzw. Schachteln werden bis zu ihrer Versendung in Sortierschwingen zwischengelagert.

Max. Lagerungszeit: *1*

Zeiteinheit: *MON*

Daten sichern

Stücklisten anlegen – Halbfabrikat Basismüsli

Zunächst wird das Halbfabrikat Basismüsli angelegt. Dieses soll aber nicht produziert werden, sondern dient allein der Erstellung von Varianten. Daher werden die Anteilsmengen gepflegt, die für die Produktion der Varianten benötigt werden, d.h. der Anteil Basismüsli an den Varianten Nussper Trio und Innova Vital beträgt 0,600 Kilogramm. Daher wird die Stückliste auch auf 0,600 Kilogramm angelegt.

FENSTER	MENUEPFAD/EINGABE

LOGISTIK ⇨ PRODUKTION ⇨ STAMMDATEN ⇨ STÜCKLISTEN ⇨ STÜCKLISTEN ⇨ MATERIALSTÜCKLISTE ⇨ ANLEGEN

▸ Stücklisten unterscheiden sich in ihrem Aufbau nicht bei Halbfabrikaten und Fertigerzeugnissen.

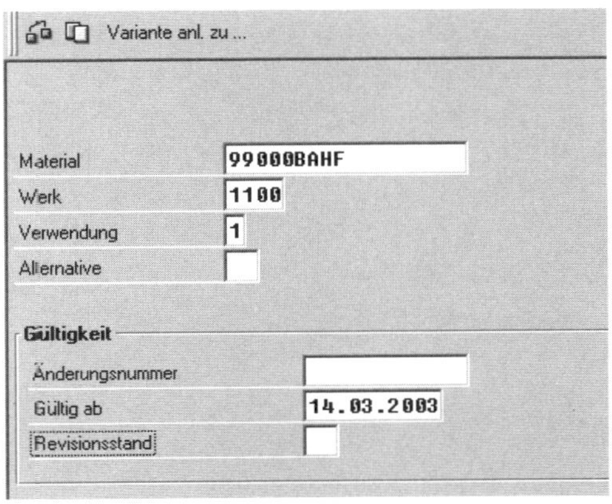

Materialstückliste anlegen: Einstieg

▸ Materialstückliste für das Halbfabrikat Basismüsli.

Material: *xx000bahf*
▸ (mit xx = Gruppennummer), Basismüsli (intern), gemeinsame Zutaten von Innova Vital und Nussper Trio.

Werk: *1100*
▸ Berlin.

Verwendung: *1*
▸ Fertigung. Es soll eine Stückliste für Fertigungszwecke angelegt werden. Stücklisten lassen sich für mehrere Zwecke einsetzen, bspw. als Verkaufsstückliste. Die „Verwendung" hat damit eine

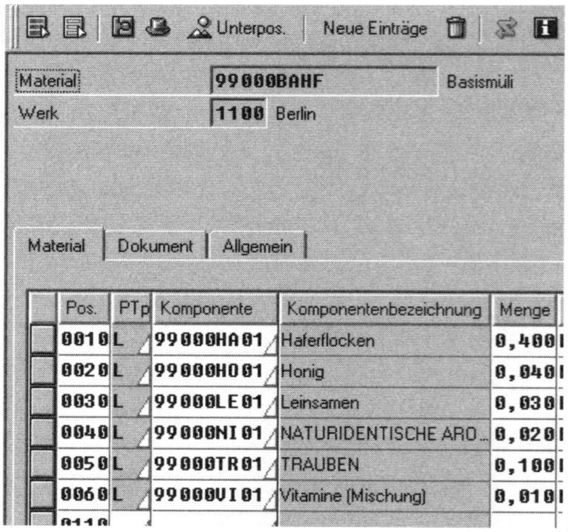

ähnliche Funktion wie Materialart, Kontengruppe etc.

Gültigkeit: *ab heute*

weiter

Materialstückliste anlegen: Positionsübersicht Allgemein

PTp: *L*

▸ Lagerposition. Legt die Positionsart fest, z.B. ob es sich bei der Position um Text, Lagermaterial oder Nichtlagermaterial handelt.

Komponente: *xx000ha01 etc.*

▸ Die Materialnummer eines jeden Materials, das in das Halbfabrikat oder Fertigerzeugnis eingehen soll, ist hier einzutragen, hier Haferflocken.

Menge: *z.B. 0,4 KG*

▸ Eingabe der Anteilsmenge für eine Basismengeneinheit des Halbfabrikats oder Fertigerzeugnisses (BME hier: 1 KG).

weiter

▸ Wahlweise kann auch die Menge über eine Detailansicht eingegeben werden. Hier besteht außerdem die Möglichkeit, noch weitere Daten zu pflegen.

Stücklistenposition(en) markieren 0010 L

und Details anklicken

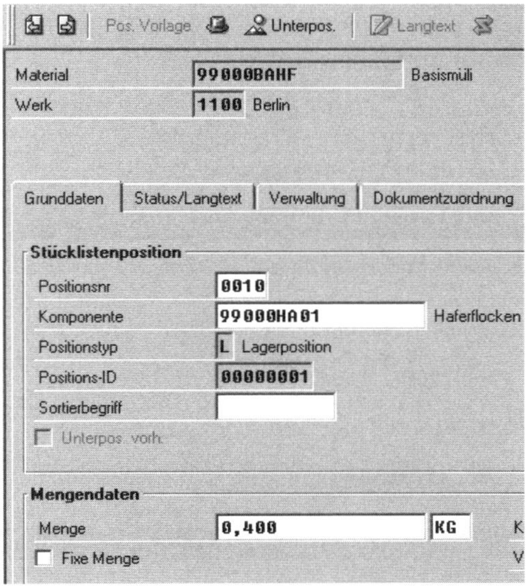

Materialstückliste anlegen: Position: Alle Daten

Komponente: xx000ha01

Menge: *z.B. 0,400*

- Menge des jeweiligen Materials/Komponente bezogen auf die Basismengeneinheit.

anklicken, um die Kopfdaten der Stückliste einzusehen bzw. zu pflegen.

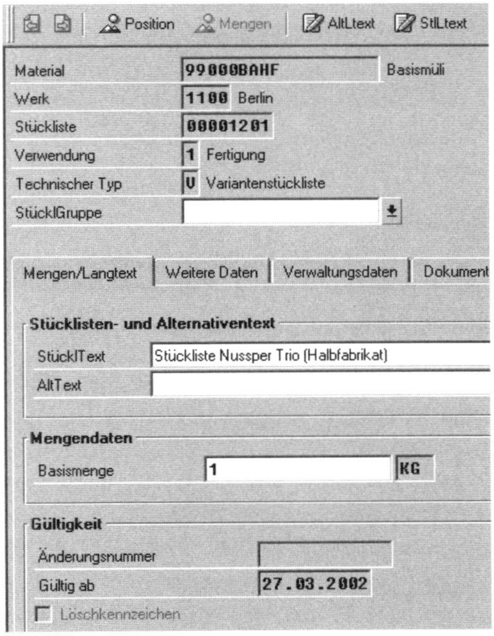

Materialstückliste anlegen: Kopfübersicht

Z.B. kann hier bei Basismenge die Bezugsmenge für die Stückliste geändert werden. Wenn die Basismenge auf 10 KG lauten würde, dann müssten die Zutatenmengen entsprechend angepasst werden.

zum Speichern der Stückliste anzuklicken, sofern alle Zutaten/Rohstoffe eingeben wurden.

Stücklisten als Variante anlegen – Halbfabrikat Innova Vital und Nussper Trio

FENSTER	MENUEPFAD/EINGABE
	LOGISTIK ⇨ PRODUKTION ⇨ STAMMDATEN ⇨ STÜCKLISTEN ⇨ STÜCKLISTEN ⇨ MATERIALSTÜCKLISTE ⇨ ANLEGEN

Materialstückliste anlegen: Einstieg

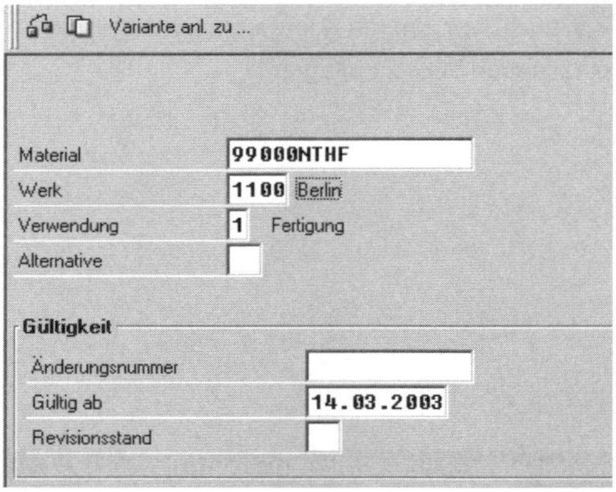

▸ Materialstückliste für das Halbfabrikat Innova Vital.
Material: *xx000nthf (mit xx = Gruppennummer)*

Werk: *1100*

Verwendung: *1*

auf Variante anl. zu ... anklicken.

▸ Material, von dem die Stückliste geerbt werden soll.

✔ weiter

Materialstückliste anlegen: Vorlage

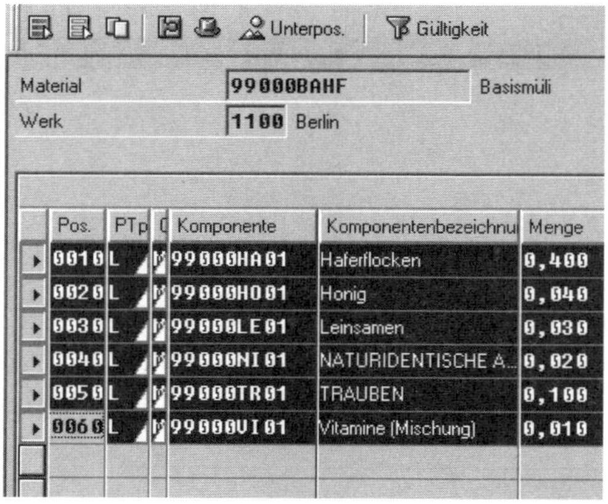

Alle Stücklistenpositionen markieren mit [Symbol].

Zum Übernehmen in die neue Stückliste auf [Symbol] klicken.

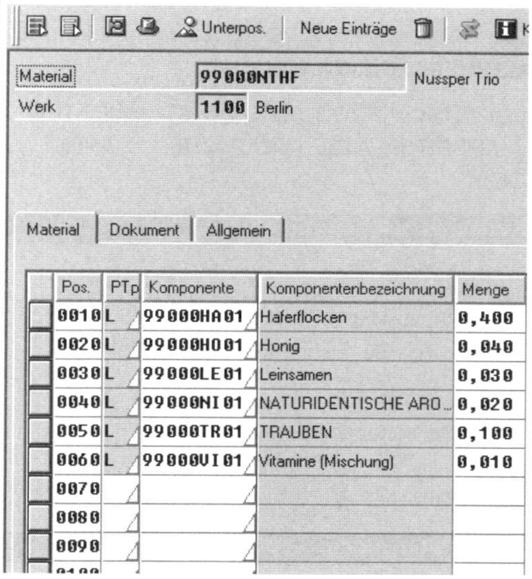

Materialstückliste anlegen: Positionsübersicht Allgemein

- Die Materialien der Stückliste aus xx000BAHF werden in die Stückliste von xx000NTHF übernommen.

Die Zutaten der Variante (xx000NTHF) müssen hingefügt werden.

PTp: L

- Lagerposition

Komponente: z.B. xx000ap01

- Bezeichnung der Komponente, die der Stückliste hinzugefügt werden soll.

Menge: *z.B. 0,1*

- Menge der Zutat pro 1 Kilogramm (Basismengeneinheit des Materialstammsatzes).

weiter, die Daten werden aus den Materialstammsätzen übernommen.

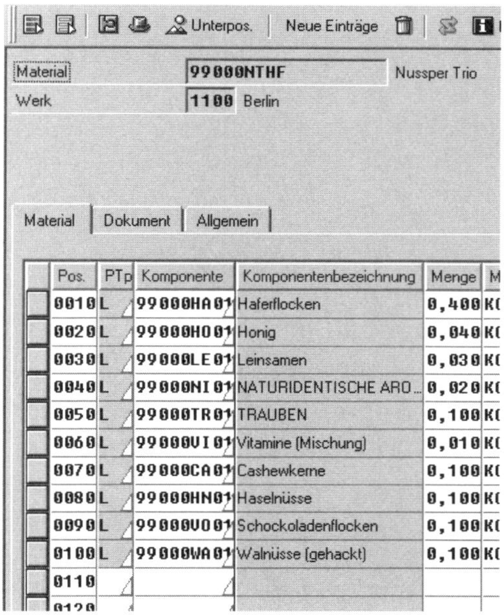

Materialstückliste anlegen: Positionsübersicht Allgemein

zum Speichern der Stückliste.

Stückliste zu Material 99000IVHF wird angelegt

Kapazität anlegen

FENSTER	MENUEPFAD/EINGABE
	LOGISTIK ⇨ PRODUKTION ⇨ STAMMDATEN ⇨ ARBEITSPLÄTZE ⇨ KAPAZITÄT ⇨ ANLEGEN
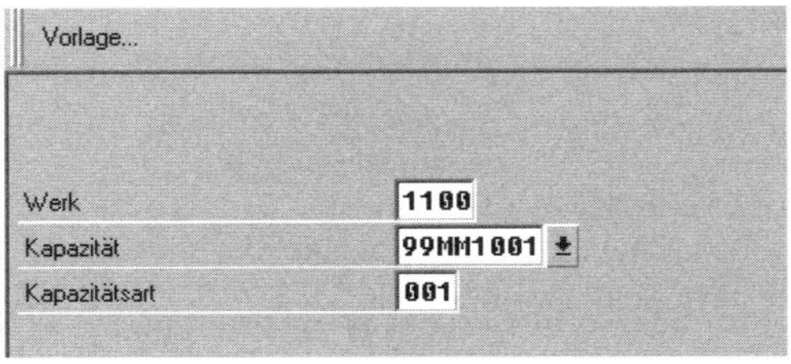	**Kapazität anlegen: Einstieg** Werk: *1100* Kapazität: xx*MM1001* ▸ eindeutige Bezeichnung der Kapazität Kapazitätsart: *0001* ▸ Maschinenkapazität weiter
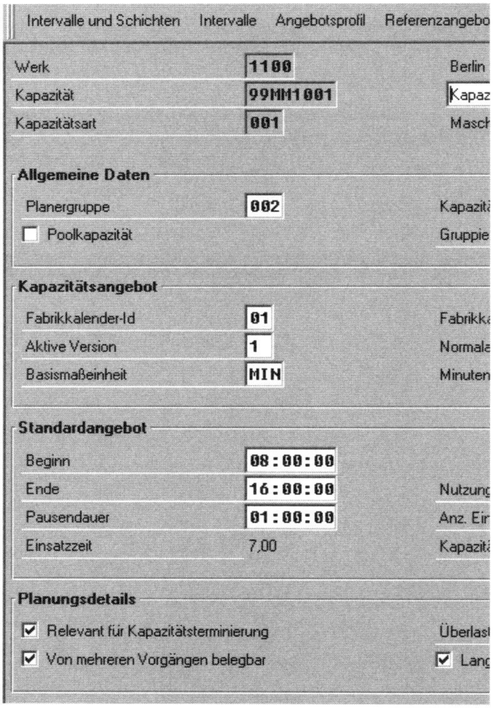	**Kapazität anlegen: Kopf** ▸ Daten werden auf Basis der Vorschlagskapazität vorgeschlagen. Intervalle und Schichten anklicken

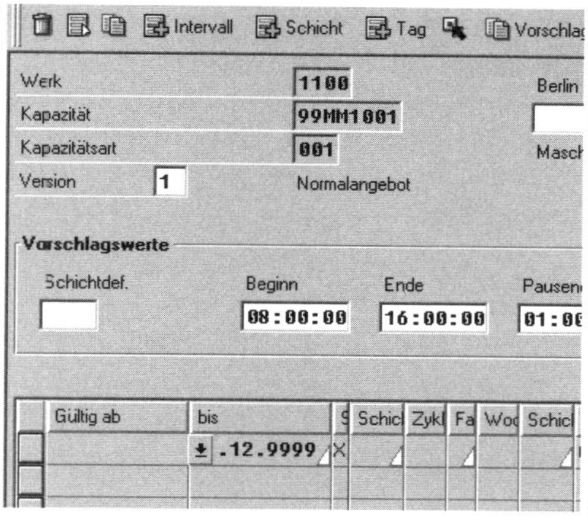

Kapazität anlegen: Angebotsintervalle

Intervall anklicken (fügt Intervall hinzu)

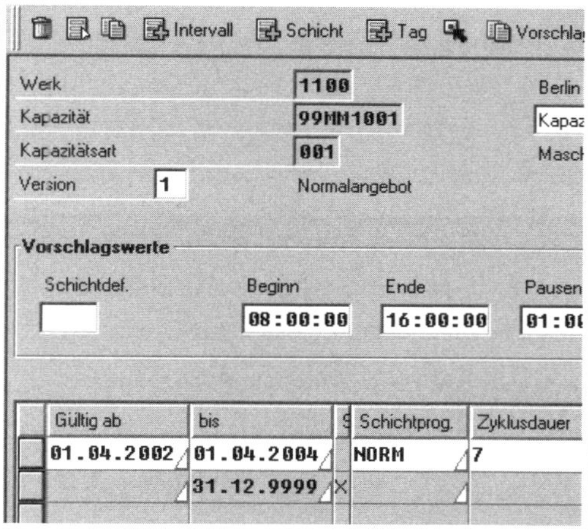

Kapazität anlegen: Angebotsintervalle

Gültig ab: 01.04.2002

Gültig bis: 01.04.2004

▸ In der übrigen Zeit gilt das Standardangebot. Das Angebotsintervall wird abgegrenzt.

Schichtprog.: *NORM*

Zyklusdauer: *7*

Anzahl Schicht: *1*

weiter

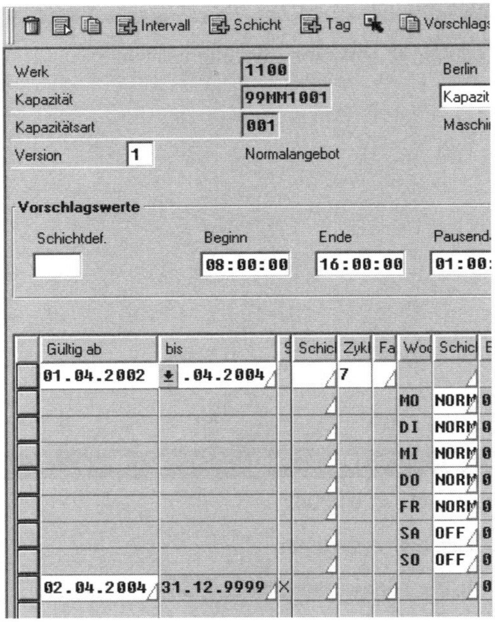

Kapazität anlegen: Angebotsintervalle

zurück

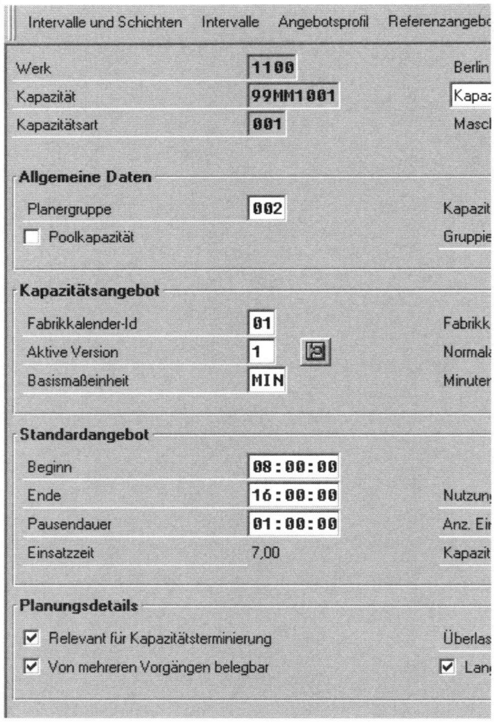

Kapazität anlegen: Kopf

- Durch Anklicken von [Symbol] oder Intervalle kann das Intervall wieder eingesehen werden.
- Angebotsprofil zeigt eine detaillierte Übersicht zum Kapazitätsangebot

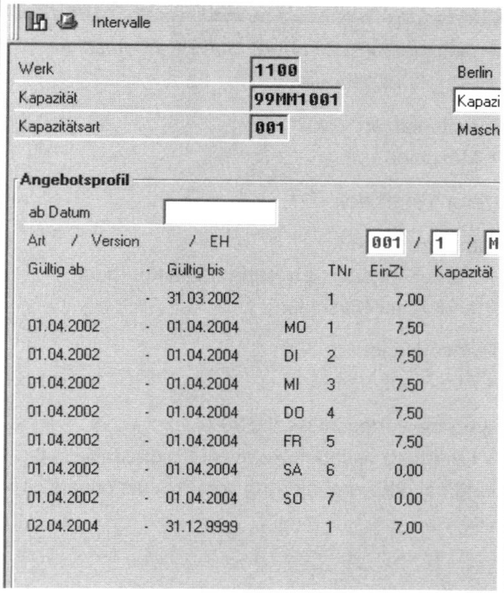

Kapazität anlegen: Angebotsprofil

speichern

Arbeitsplatz anlegen (Maschine)

FENSTER	MENUEPFAD/EINGABE
	LOGISTIK ⇨ PRODUKTION ⇨ STAMMDATEN ⇨ ARBEITSPLÄTZE ⇨ ARBEITSPLATZ ⇨ ANLEGEN

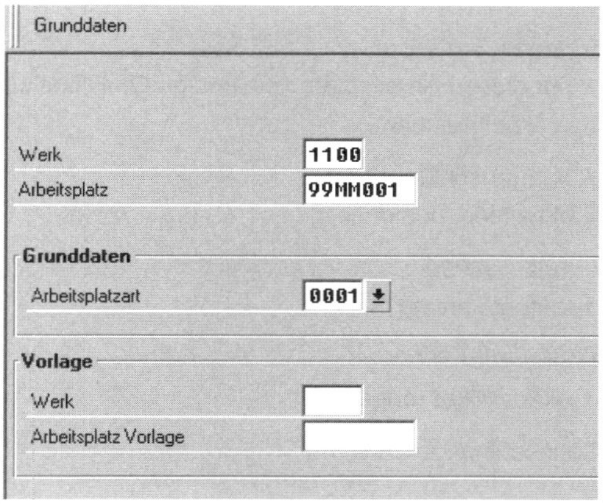

Arbeitsplatz anlegen: Einstieg

Werk: *1100*

Arbeitsplatz: xx*MM001*

▸ eindeutige Bezeichnung des Arbeitsplatzes

Arbeitsplatzart: *0001*

▸ Maschinenarbeitsplatz

Vorlagewerk: *1100*

▸ Die Vorschlagswerte für Arbeitsplatzstammdaten werden aus diesem Werk entnommen.

weiter

Werte aus Vorschlagsarbeitsplatz wurden gesetzt

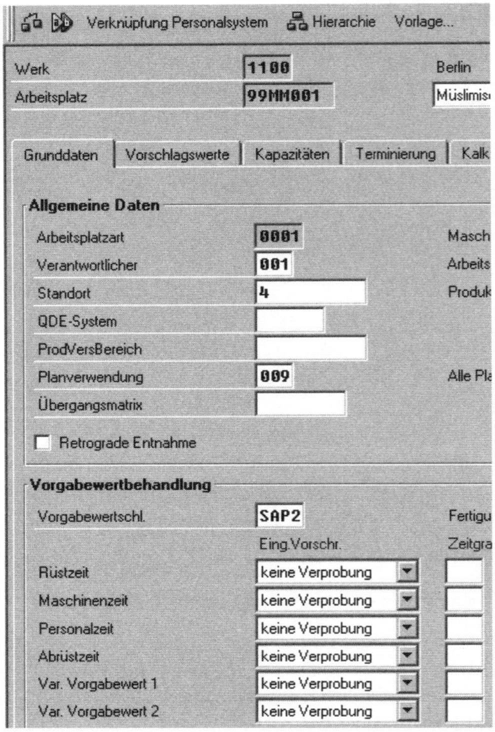

Arbeitsplatz anlegen: Grunddaten

Arbeitsplatzbezeichnung: *Müslimischmaschine xx*
▸ (xx = Gruppennummer)

Arbeitsplatzart: *0001*
▸ Maschine

Verantwortlicher: *001*

Standort: *4*
▸ Produktionsbereich Nahrungsmittel (auch Standort der Maschine)

Planverwendung: *009*
▸ Alle Plantypen

Vorgabewerteschlüssel: SAP2
▸ Fertigung variabel, Relevant für die Zeitermittlung bei der Terminierung von Produktionsaufträgen.

anklicken

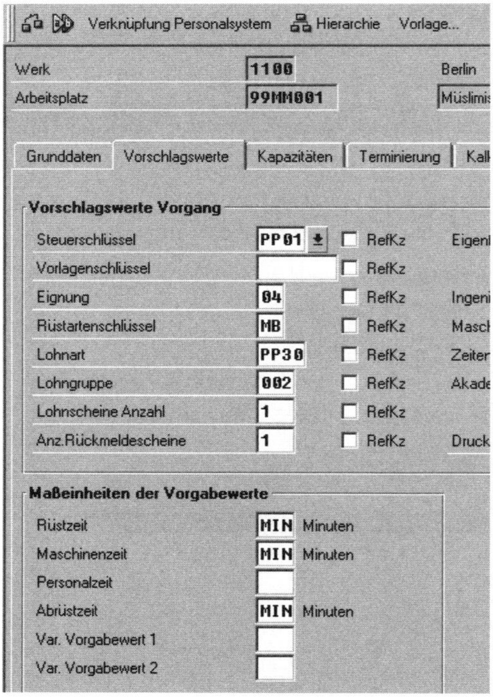

Arbeitsplatz anlegen: Vorschlagswerte

Steuerschlüssel: *PP01*
▸ Art der Fertigung am anzulegenden Arbeitsplatz.

Eignung: *Ingenieur*
▸ Für diesen Arbeitsplatz notwendige Qualifikation des Arbeitnehmers.

Rüstartenschlüssel: *MB*
▸ Maschinenbediener

Lohnart: *PP30*
▸ Zeitentlohnung

Lohngruppe: *002*
▸ Akademiker (angestellt)

Lohnscheine Anzahl: *1*

Anz. Rückmeldescheine: *1*

Rüstzeit: *MIN*
Maschinenzeit: *MIN*
Abrüstzeit: *MIN*
▸ Maßeinheiten der Vorgabewerte

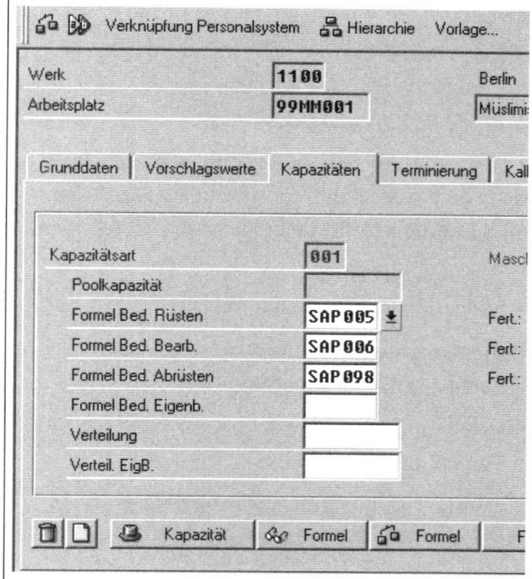

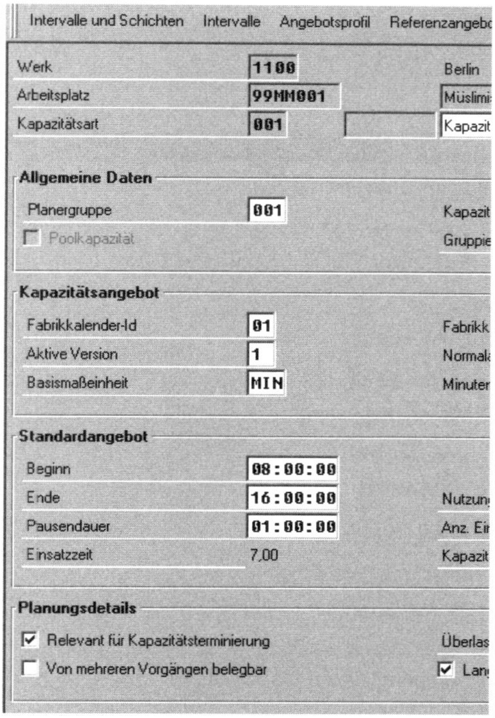

anklicken

Arbeitsplatz anlegen: Kapazitätsübersicht

▸ Standardformeln zur Berechnung der Kapazitätsanforderungen im Fertigungsablauf.

Maschine:

Formel Bed. Rüsten: *SAP005*
▸ Fertigung, Bedarf Rüsten

Formel Bed. Bearb.: *SAP006*
▸ Fertigung, Bedarf Maschinen

Formel Bed. Bearb.: *SAP098*
▸ Fertigung, Bedarf Abrüsten

▸ Mit [ ] können weitere Kapazitäten in den Arbeitsplatz integriert werden.

Kapazität auswählen (Klick in Kapazitätsart) und

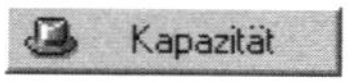

anklicken, um die Kapazität zu bearbeiten.

Arbeitsplatzkapazität ändern: Kopf

Hier wird die Kapazität entsprechend der Pflegeanleitung zur Kapazität gepflegt.

Relevant für Kapazitätsterminierung: ☑
▸ Würde dieses Kennzeichen nicht gesetzt, so könnte die Kapazität dieses Arbeitsplatzes in beliebiger Weise belastet werden.

zurück

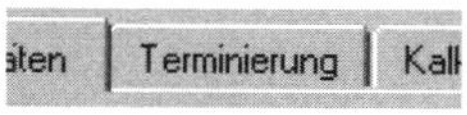

Pflege der Terminierungsdaten.

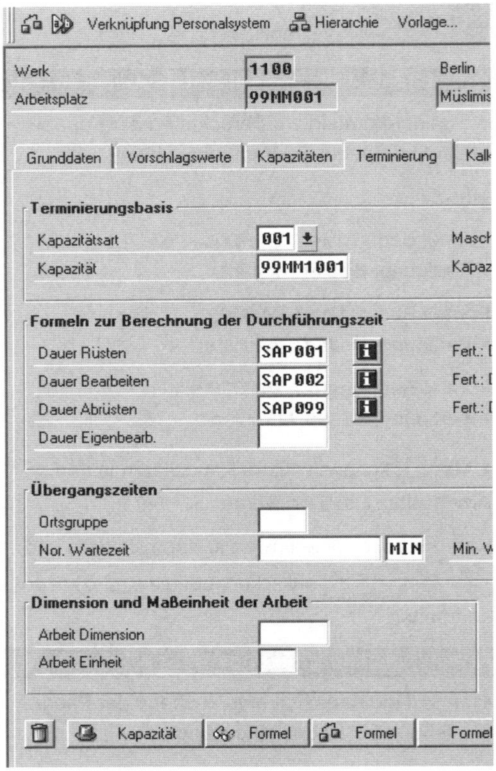

Arbeitsplatz anlegen: Terminierung

▸ Terminierungsdaten werden für den Fertigungsauftrag verwendet.

Kapazitätsart: *001*
▸ Maschine

Kapazität: *xxMM1001*
▸ Erstellte Kapazität verwenden, alternativ kann auch eine arbeitsplatzspezifische Kapazität gepflegt werden (s. Register Kapazität weiter oben).

Dauer Rüsten: *SAP001*
▸ Fertigung, Dauer Rüsten (Formel).

Dauer Bearbeiten: *SAP002*
▸ Fertigung, Dauer Maschine (Formel).

Dauer Abrüsten: *SAP099*
▸ Fertigung, Dauer Abrüsten (Formel).

▸ Normale Wartezeit, die ein Werkstück vor der Maschine liegt, bevor die Produktion beginnt.

▸ Minimale Wartezeit, die ein Werkstück mindestens warten muss.

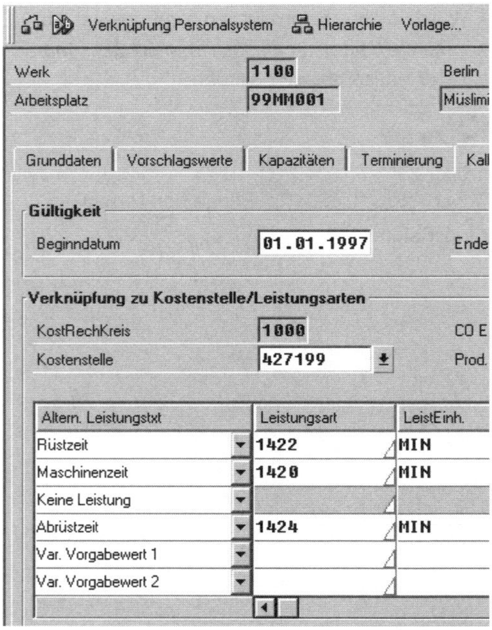

Arbeitsplatz anlegen: Kalkulation

Beginndatum: *01.12.2000*

Kostenstelle: *4271xxx*
▸ Produktion von Nahrungsmitteln

Rüstzeit: *1422*
▸ Rüst-Stunden

Maschinenzeit: *1420*
▸ Maschinenstunden

Abrüstzeit: *1424*
▸ Lohnstunden

LeistEinh.: *MIN*

Rüstzeit: *SAP005*
▸ Fertigung, Dauer Rüsten

Maschinenzeit: *SAP006*
▸ Fertigung, Dauer Maschinen

Abrüstzeit: *SAP099*
▸ Fertigung, Dauer Abrüsten

 speichern

Arbeitsplatz anlegen (Person)

FENSTER	MENUEPFAD/EINGABE
	LOGISTIK ⇨ PRODUKTION ⇨ STAMMDATEN ⇨ ARBEITSPLÄTZE ⇨ ARBEITSPLATZ ⇨ ANLEGEN

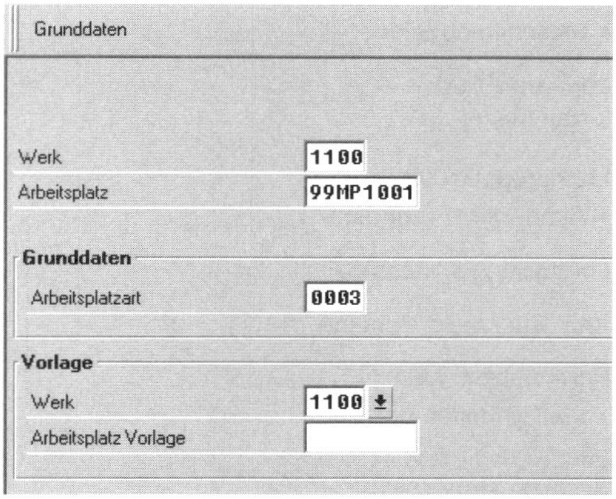

Arbeitsplatz anlegen: Einstieg

Werk: 1100

Arbeitsplatz: xxMP1001
- eindeutige Bezeichnung des Arbeitsplatzes

Arbeitsplatzart: 0003
- Personenarbeitsplatz

Vorlagewerk: 1100
- Die Vorschlagswerte für Arbeitsplatzstammdaten werden aus diesem Werk entnommen.

 weiter

Werte aus Vorschlagsarbeitsplatz wurden gesetzt

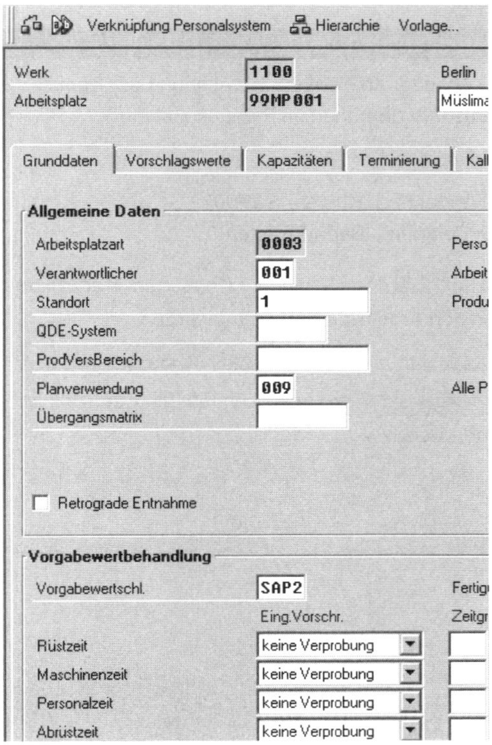

Arbeitsplatz anlegen: Grunddaten

Arbeitsplatzbezeichnung: *Müslimischmaschine xx*
- (xx = Gruppennummer)

Arbeitsplatzart: *0003*

Verantwortlicher: *001*

Standort: *4*
- Produktionsbereich Nahrungsmittel (auch Standort der Maschine)

Planverwendung: *009*
- Alle Plantypen

Vorgabewerteschlüssel: SAP2
- Fertigung variabel, Relevant für die Zeitermittlung bei der Terminierung von Produktionsaufträgen.

anklicken

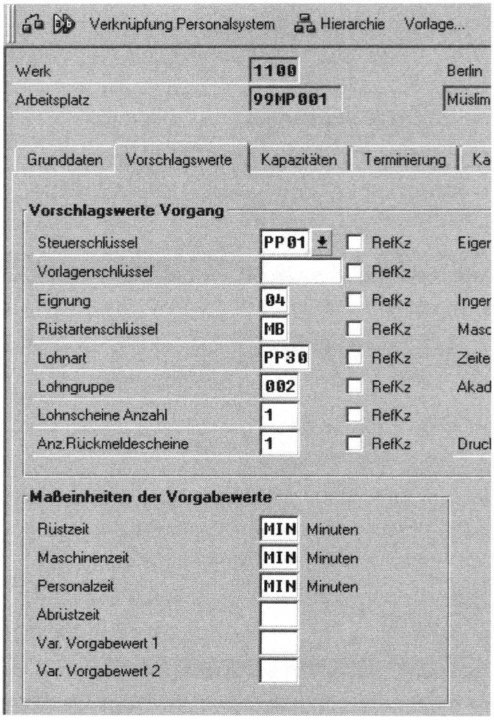

Arbeitsplatz anlegen: Vorschlagswerte

Steuerschlüssel: *PP01*
- Art der Fertigung am anzulegenden Arbeitsplatz.

Eignung: *Ingenieur*
- Für diesen Arbeitsplatz notwendige Qualifikation des Arbeitnehmers.

Rüstartenschlüssel: *MB*
- Maschinenbediener

Lohnart: *PP30*
- Zeitentlohnung

Lohngruppe: *002*
- Akademiker (angestellt)

Lohnscheine Anzahl: *1*

Anz. Rückmeldescheine: *1*

Personalzeit: *MIN*
- Maßeinheiten der Vorgabewerte

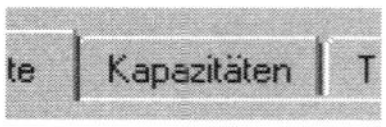

anklicken

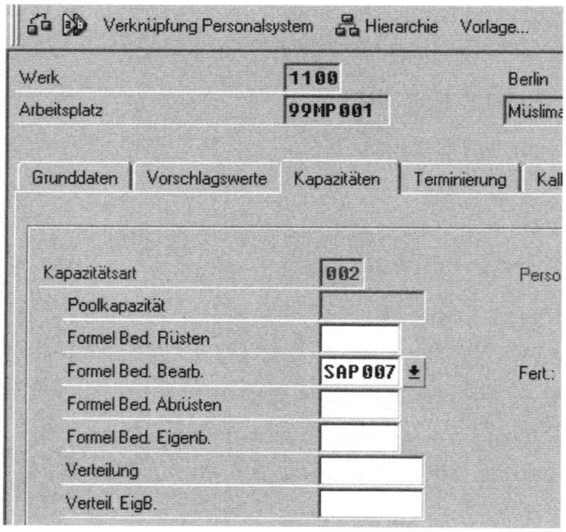

Arbeitsplatz anlegen: Kapazitätsübersicht

- Standardformeln zur Berechnung der Kapazitätsanforderungen im Fertigungsablauf.

Maschine:

Formel Bed. Rüsten: *SAP007*
- Fertigung, Bedarf Rüsten

- Mit  können weitere (Personen-)Kapazitäten in den Arbeitsplatz integriert werden.

Kapazität auswählen (Klick in Kapazitätsart) und 

anklicken, um die Kapazität zu bearbeiten.

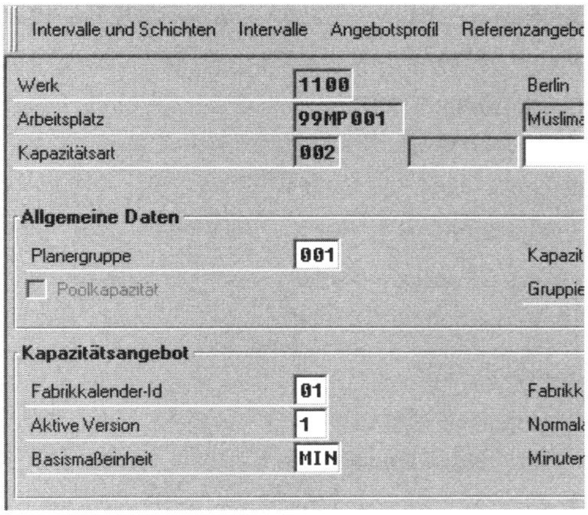

Arbeitsplatzkapazität ändern: Kopf

Hier wird die Kapazität entsprechend der Pflegelanleitung zur Kapazität gepflegt.

Relevant für Kapazitätsterminierung: 

▸ Würde dieses Kennzeichen nicht gesetzt, so könnte die Kapazität dieses Arbeitsplatzes in beliebiger Weise belastet werden.

 zurück

Pflege der Terminierungsdaten.

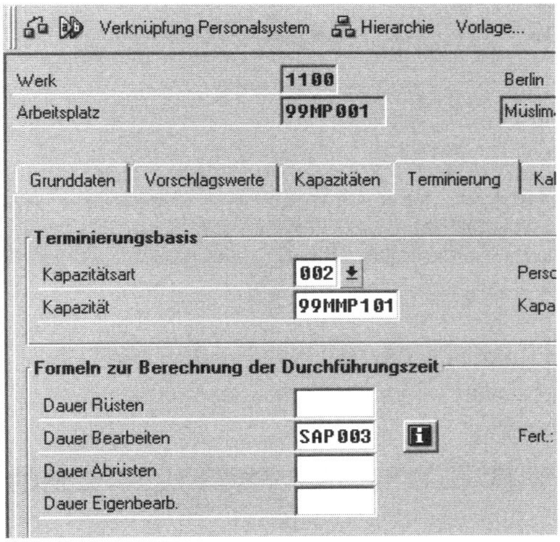

Arbeitsplatz anlegen: Terminierung

▸ Terminierungsdaten werden für den Fertigungsauftrag verwendet.

Kapazitätsart: *002*

▸ Person

Kapazität: *xxMM1001*

▸ Erstellte Kapazität verwenden, alternativ kann auch eine arbeitsplatzspezifische Kapazität gepflegt werden (s. Register Kapazität weiter oben).

Dauer Bearbeiten: *SAP003*

▸ Fertigung, Dauer Person (Formel).

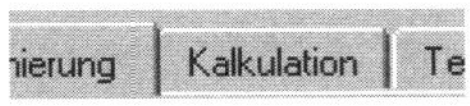

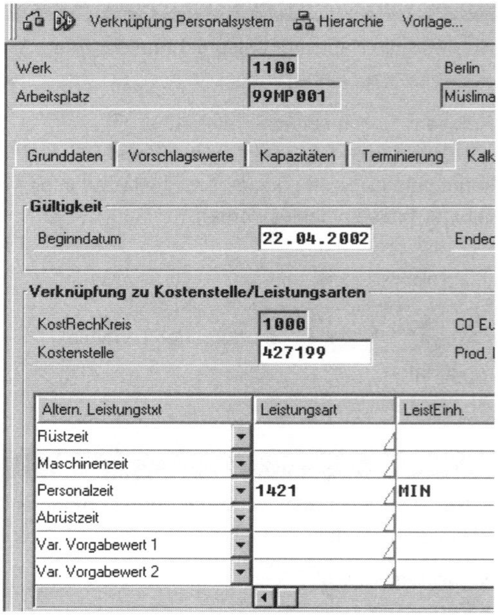

Arbeitsplatz anlegen: Kalkulation

Beginndatum: *heute*

Kostenstelle: *4271xx*

▸ Produktion von Nahrungsmitteln

Rüstzeit: *1422*

▸ Rüst-Stunden

Abrüstzeit: *1424*

▸ Lohnstunden

LeistEinh.: *MIN*

Personalzeit: *SAP009*

▸ Fertigung, Dauer Person

SPRINGEN ⇨ VERKNÜPFUNG PERSONAL-SYSTEM

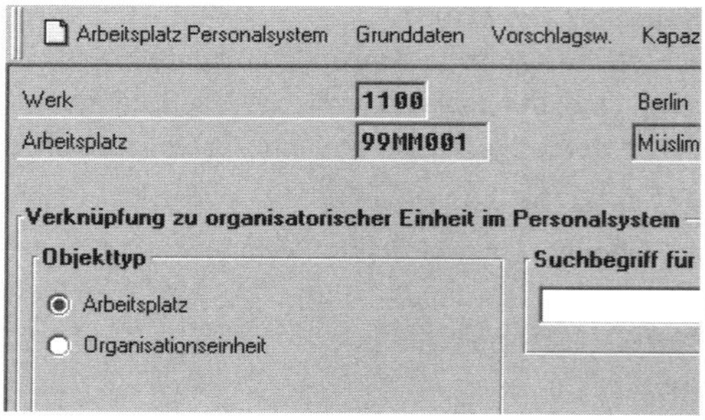

Arbeitsplatz anlegen: Verknüpfung zur organisatorischen Einheit im Personalsystem

anklicken

▸ Der für die Produktionsplanung angelegte Arbeitsplatz wird auch für die Personalwirtschaft angelegt.

Objektkürzel: xxMP001

▸ xx = Gruppennummer, Kürzel des HR-Arbeitsplatzes

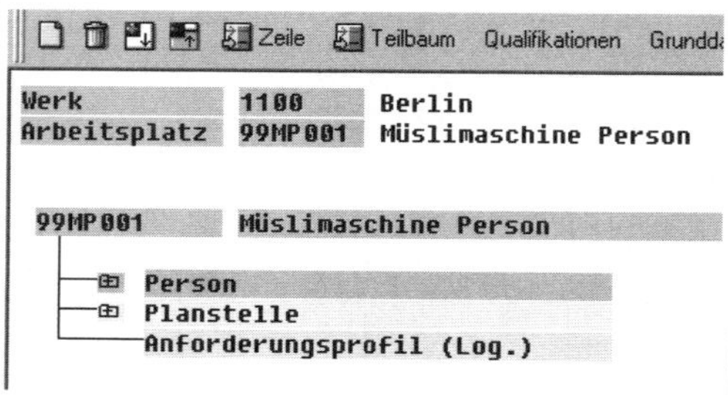

Arbeitsplatz anlegen : Organisationsstruktur

Planstelle doppelt anklicken

▸ dem Arbeitsplatz soll eine Planstelle (die des vorher eingestellten Nahrungsmittelingenieurs) zugeordnet werden.

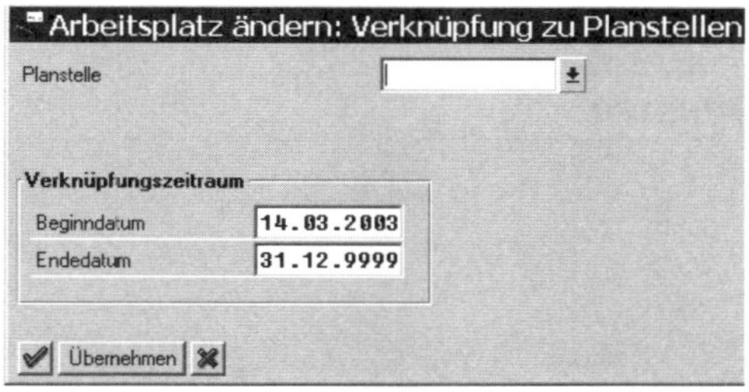

‣ Auswählen der selbst erstellten Planstelle mit F4.

Planstelle auswählen

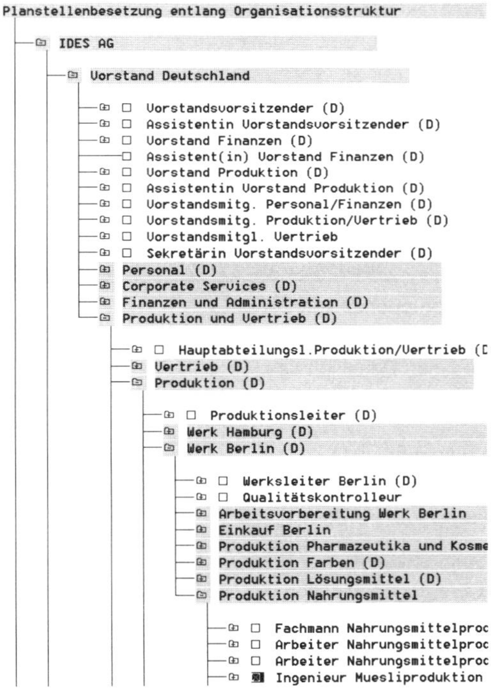

‣ Die Baumstruktur zeigt die Organisationsstruktur der IDES AG aus der Sicht der R/3 Personalwirtschaft.

Auswahl von:
Planstellenbesetzung entlang..... – IDES AG – Vorstand Deutschland – Produktion und Vertrieb – Produktion – Werk Berlin – Produktion Nahrungsmittel – Ingenieur Müsliproduktion xx

‣ Auswahl der gewünschten Planstelle durch einmaliges Anklicken des leeren Kästchens vor der Bezeichnung. (☐ ⇨ ☒)

Übernehmen anklicken

Arbeitsplatz anlegen : Organisationsstruktur

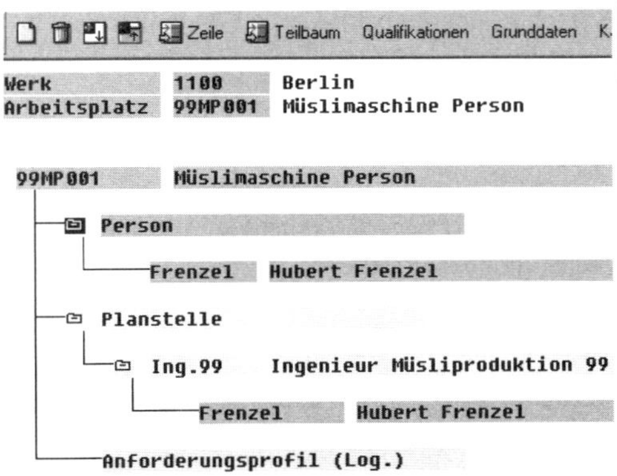

‣ Die Planstelle wurde mit Inhaber dem Arbeitsplatz der Produktion zugeordnet.

‣ Weitere mögliche Zuordnungen wären die direkte Zuordnung einer Person zum Arbeitsplatz oder die Definition eines Anforderungsprofils ohne direkte Personenverknüpfung.

anklicken, um zurück zur Arbeitsplatzanlage zu gelangen.

speichern

Normalarbeitsplan anlegen

FENSTER	MENUEPFAD/EINGABE
	LOGISTIK ⇨ PRODUKTION ⇨ STAMMDATEN ⇨ ARBEITSPLÄNE ⇨ ARBEITSPLÄNE ⇨ NORMALARBEITSPLAN ⇨ ANLEGEN

Normalarbeitsplan anlegen: Einstieg

Material: *xx000NTHF*

▸ Materialnummer des gewünschten Materials, xx = Gruppennummer.

Werk: *1100*

weiter

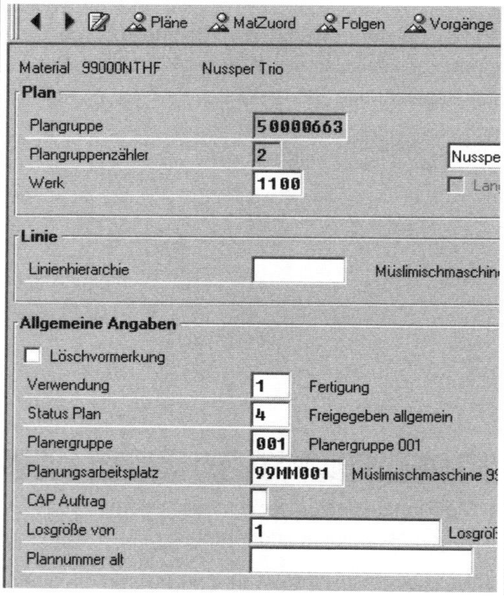

Normalarbeitsplan anlegen: Kopfdetail

Plangruppenzähler: *2*

▸ Dient zusammen mit der Plangruppe der eindeutigen Definition des Plans.

Werk: *1100*

Verwendung: *1*

▸ Fertigung, der Arbeitsplan soll zur Fertigung verwendet werden.

Status Plan: *4*

▸ Freigegeben allgemein, ein Plan könnte sich z.B. noch in der Erstellungsphase befinden, dann stünde hier nicht „Freigegeben allgemein".

Planergruppe: *001*

▸ Person(-enkreis), der für die Pflege des Planes verantwortlich ist.

Planungsarbeitsplatz: *xxMM001*

▸ Arbeitsplatz, der für die Kapazitätsplanung über Arbeitspläne als Engpassarbeitsplatz relevant ist, hier xxMM001 (xx = Gruppennummer, vorher angelegter Arbeitsplatz).

Losgröße von ... bis: ....

▸ Hier können Losgrößenbereiche eingegeben werden, für die der Arbeitsplan gilt; für diese Fallstudie unberücksichtigt.

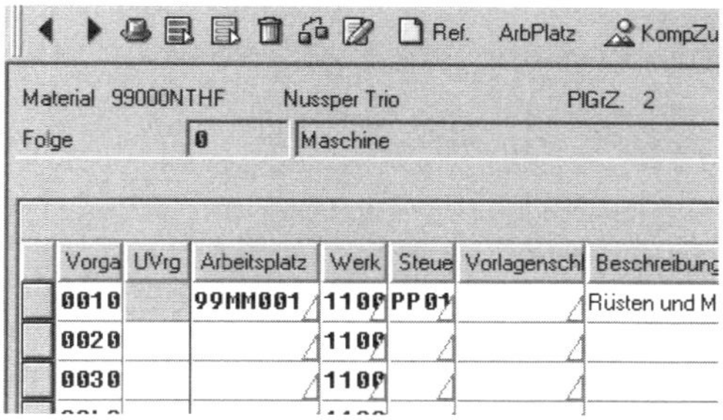

Vorgänge anklicken

Normalarbeitsplan anlegen: Vorgangsübersicht

Vorgang: *0010*

Arbeitsplatz: xx*MM001*
▸ xx = Gruppennummer

Steuerschlüssel: *PP01*

Beschreibung: *Beschreibung des Vorgangs*
▸ Rüsten und Mischen

Basismenge: *1000*

Mengeneinheit Vrg.: *KG*
▸ Menge, auf die sich die Zeitangaben beziehen.

Rüstzeit: *10 MIN*

Leistungsart: *1422*

Maschinenzeit: *250 MIN*

Leistungsart: *1420*

Abrüstzeit: *15 MIN*

Leistungsart: *1424*

▸ Angaben über die Dauer je Leistungsart. Zeiten werden für die Terminierung im Fertigungsauftrag verwendet.

KompZuord anklicken

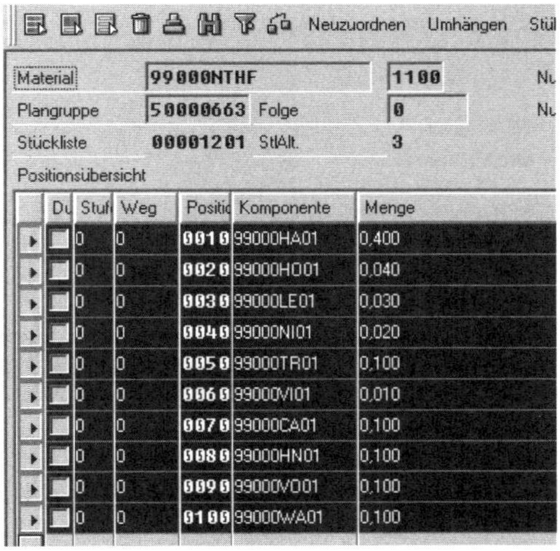

Normalarbeitsplan anlegen: MatKomponentenübersicht

Alle Positionen auswählen:

Neuzuordnen anklicken

Vorgang: *0010*

weiter

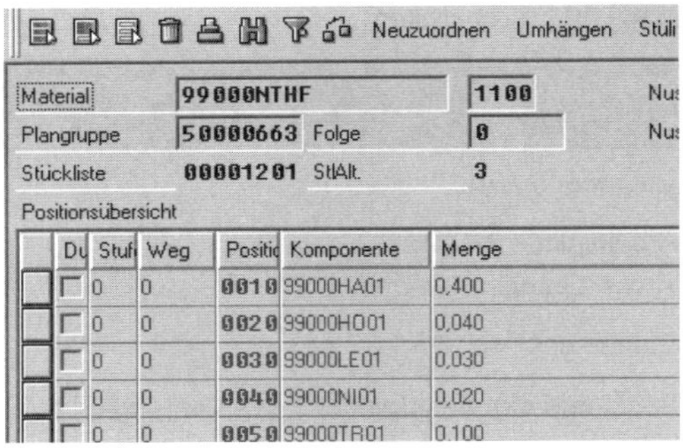

Normalarbeitsplan anlegen: MatKomponentenübersicht

zurück oder Vorgänge anklicken

Folgen anklicken

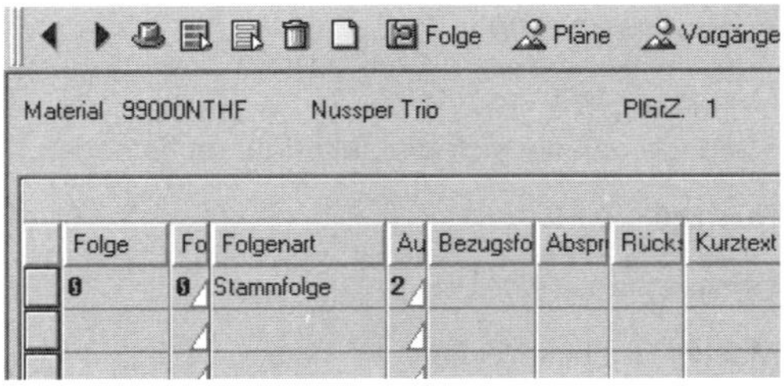

Normalarbeitsplan anlegen: Folgenübersicht

neue Folge einfügen

parallele Folge auswählen

▸ Die Beaufsichtigung bzw. Bedienung der Maschine erfolgt parallel.

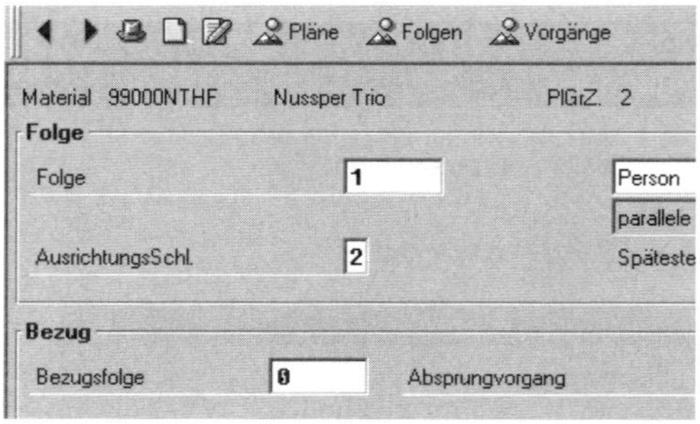

Normalarbeitsplan anlegen: Folgendetail

Folgenbezeichnung: *Person*

AusrichtungsSchl.: *2*

Bezugsfolge: 0

▸ Stammfolge

Absprungvorgang: *0010*

Rücksprungvorgang: *0010*

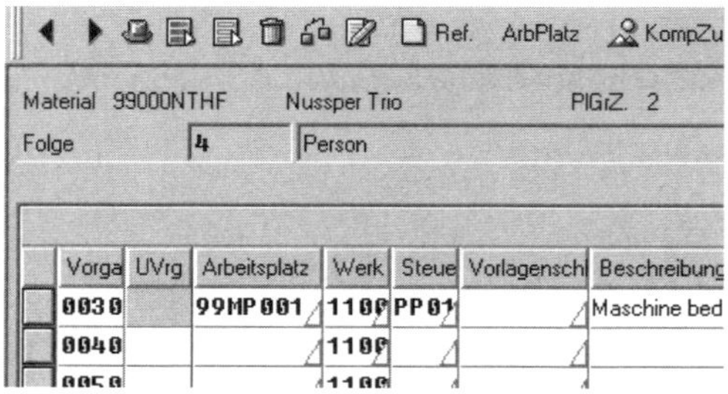

Normalarbeitsplan anlegen: Vorgangsübersicht

Arbeitsplatz: *xxMP001*

Werk: *1100*

Steuerschlüssel: *PP01*

Beschreibung: *Maschine bedienen*

Basismenge: *1000*

Personalzeit: *275 MIN*

Position markieren

DETAIL ⇨ VORGANGSDETAIL

▸ Die Positionsdetails können auch eingesehen bzw. bearbeitet werden.

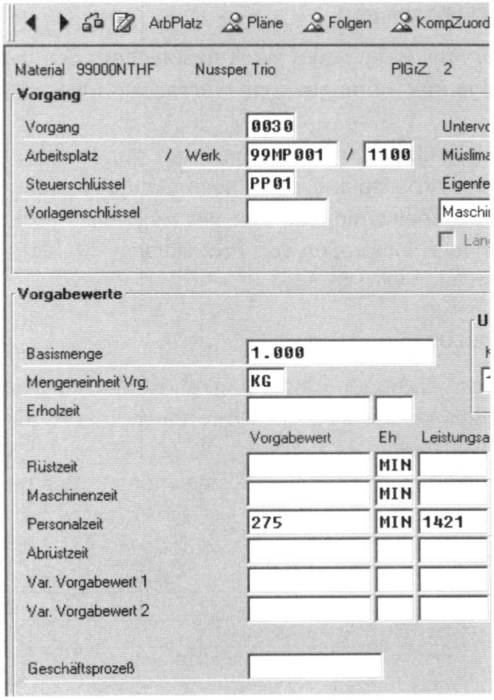

Normalarbeitsplan anlegen: Vorgangsdetail

▸ Hier können – im Gegensatz zur Übersicht – auch die Leistungsarten verändert werden.

sichern

7.3 Produktkostenplanung

Die Produktkostenplanung ist ein Teilbereich des Produktkostencontrolling. Die Planung wird insbesondere für die Analyse der Kosten von gefertigten Materialien verwendet. Verschiedene Analysen können durchgeführt werden, z.B.:

- Wie hoch sind Material-, Fertigungs- und Gemeinkosten?
- Welchen Bewertungspreis soll ein zukünftiges Produkt haben?
- Welcher Verkaufpreis führt zu einem Deckungsbeitrag?

Die Kalkulation läuft auf Werksebene ab und wird mit Bezug zum Werk gespeichert. Soll die Kalkulation für die Bewertung bei Materialbewegungen herangezogen werden, so muss der Bewertungskreis dem Werk zugeordnet sein.
Die Produktkostenplanung verwendet bei der Kalkulation viele Stammdaten der Produktionsplanung und –steuerung, z.B. Stücklisten oder Arbeitspläne. Aber auch Controllingdaten wie Kostenstelle und Leistungsarten oder der Materialstammsatz und der Einkaufsinfosatz aus der Materialwirtschaft werden benötigt. Die hohe Integration von Produktions-, Materialwirtschafts- und Controlling-Anwendungskomponenten wird deutlich.

7.3.1 Kalkulation mit und ohne Mengengerüst

Die Kalkulation mit Mengengerüst hat die von Aufträgen unabhängige Ermittlung von Herstell- oder Selbstkosten zum Ziel. Ein Ergebnis könnte also der Bewertungspreis (Standardpreis) für ein eigengefertigtes Produkt (Material) sein.
Voraussetzung sind eine Stückliste und ein Arbeitsplan. Die genauen Zusammenhänge bzw. Datenquellen der Kalkulation zeigt Tabelle 2.

Tabelle 2: Kalkulation mit Mengengerüst

Die Kalkulation mit Mengengerüst ermittelt...	aus ...	in ...
die Materialeinsatzmenge pro Komponente	der Stückliste des Materials	PP
die Vorgabezeiten für die Fertigung des Produkts	dem Arbeitsplan des Materials und den Arbeitsplätzen, an denen die Vorgänge ausgeführt werden	PP
die Materialeinsatzmenge pro Kuppelprodukt	der Materialliste	PP
die Vorgabezeiten für die Fertigung des Kuppelprodukts	dem Planungsrezept des Kuppelprodukts und den Ressourcen, an denen die Vorgänge und Phasen ausgeführt werden	PP
den Preis für ein fremdbezogenes Material	dem Materialstammsatz oder dem Einkaufsinfosatz	MM
den Preis für einen fremdbearbeiteten Vorgang	dem Einkaufsinfosatz oder der Bestellung oder dem Arbeitsplan	MM/ PP
die Kosten für ein Halbfabrikat	der Kalkulation für das Halbfabrikat, die bei der Kalkulation des Fertigfabrikats erzeugt wird (lt. Übernahmesteuerung)	CO
den Preis für ein Halbfabrikat, das von einem Lieferanten verarbeitet wird (Lohnbearbeitung),	dem Einkaufsinfosatz oder der Bestellung	MM
den Tarif für eine Leistung, die bei den eigenbearbeiteten Vorgängen in Anspruch genommen wird,	der Leistungsartenplanung oder der Tarifermittlung	CO
die Bedingungen für die Ermittlung von Gemeinkostenzuschlägen	dem Kalkulationsschema und ggf. einer Gemeinkostengruppe	CO
die Prozesskosten	dem Prozessschema	CO

In Anlehnung an SAP AG

Die Kalkulation ohne Mengengerüst hat die individuelle Einzelkalkulation zum Ziel. Während bei der Kalkulation mit Mengengerüst die Materialien und ihre Mengen über die Stückliste ermittelt wurden, wird bei der Kalkulation ohne Mengengerüst der Mengenanteil der Materialien von Hand eingegeben. Ähnlich zur Tabellenkalkulation kann die Kalkulation ohne Mengengerüst frei gestaltet werden. R/3 ermittelt zu jeder Kalkulationsposition (Material, Eigenleistungen, Fremdleistungen, Dienstleistungen, Prozesse, variable Positionen, Gemeinkosten) die Preise und Tarife (für interne Leistungen).

7.3.2 Preisfindung

Für die Kalkulationselemente müssen Preise bzw. Tarife ins Verhältnis zu Kalkulationsmengen und Leistungen gesetzt werden. Die Elemente, für die Preise gesucht werden müssen, werden wieder durch das Kalkulationsschema vorgegeben. Welches Schema verwendet wird, bestimmt die Kalkulationsvariante. Diese wird zu Beginn beim Anlegen der Kalkulation zusammen mit der Kalkulationslosgröße gepflegt. Es kann so ausgewählt werden, bis zu welcher Kostenstufe für welche Produktmenge kalkuliert wird. Dem Beispiel der Abbildung 188 liegt die Kalkulationsvariante DPC1 (Plankalkulation bis Selbstkosten) und die Menge 1000 KG zugrunde.

Abbildung 188: Produktkostenkalkulation bis Selbstkosten

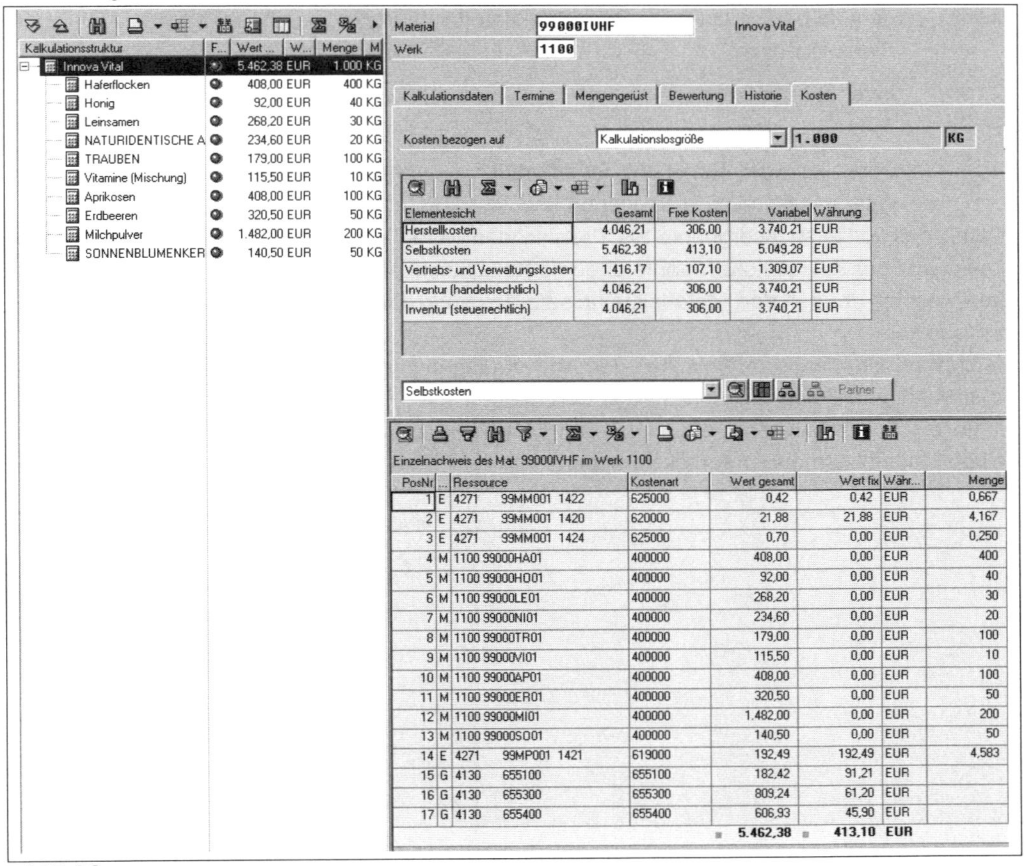

SAP AG

Mit der Kalkulationsvariante DPC1 verbunden ist das Kalkulationsschema COGS[44]. Dieses gibt vor wie Herstell- oder Selbstkosten berechnet werden. Die Preise für Rohmaterial und Leistungen ergeben sich über die mit der Kalkulationsvariante verbundene Bewertungsvariante. Zuschläge werden der rechnerischen Vorgabe des Schemas entsprechend ermittelt.
Je nach Präferenz können für Rohmaterialien beispielsweise der Bewertungspreis oder der Preis aus den Einkaufsinfosätzen verwendet werden.
Im Prinzip wird das gleiche Verfahren angewendet wie in der Muster- und Simulationskalkulation. Die Auswahl der Kalkulationsvariante bestimmt Preise/Tarife und Kalkulationsschema. Darüber hinaus sind mit der Kalkulationsvariante weitere steuernde Elemente verbunden, z.B. ob die Kalkulation gesichert werden kann oder welcher Termin für den Bewertungspreis gilt.

7.3.3 Preisfortschreibung

Nachdem eine Kalkulation durchgeführt wurde, können die ermittelten Kosten, genauer die Herstellkosten, als Bewertungspreis in den Materialstamm übernommen werden. Die Pflege des Bewertungspreises sollte vor dem Start eines Fertigungsauftrages vorgenommen werden, weil sonst später der folgende Wareneingang wertmäßig nicht erfasst werden kann.
In Abhängigkeit von der gewählten Kalkulation (wird über die Kalkulationsvariante ausgewählt) werden die entsprechenden Preise im Materialstamm fortgeschrieben.

Plankalkulation	⇒	Standardpreis
Inventurkalkulation	⇒	handels- oder steuerrechtlicher Preis
Sollkalkulation, Plan- und Inventurkalkulation, aktuelle Kalkulationen	⇒	sonstige Planpreise

Damit das Kalkulationsergebnis als Preis in den Materialstammsatz übernommen werden kann, wird der Kalkulationsvariante über die Kalkulationsart ein Kennzeichen mitgegeben, ob und welcher Preis in den Materialstammsatz des zu kalkulierenden Produktes übernommen werden soll.
Auch wird die Integration zwischen den Anwendungen deutlich. Zur Kalkulation der Materialkosten können Bewertungspreise aus den Materialstammsätzen herangezogen werden, um dann als Ergebnis wieder einen (neuen) Bewertungspreis, diesmal für das Erzeugnis, an einen Materialstammsatz zurückzugeben.

---

[44] S. Abbildung 90.

Abbildung 189: Kalkulationsgestützte Preisfortschreibung (vereinfachte Darstellung)

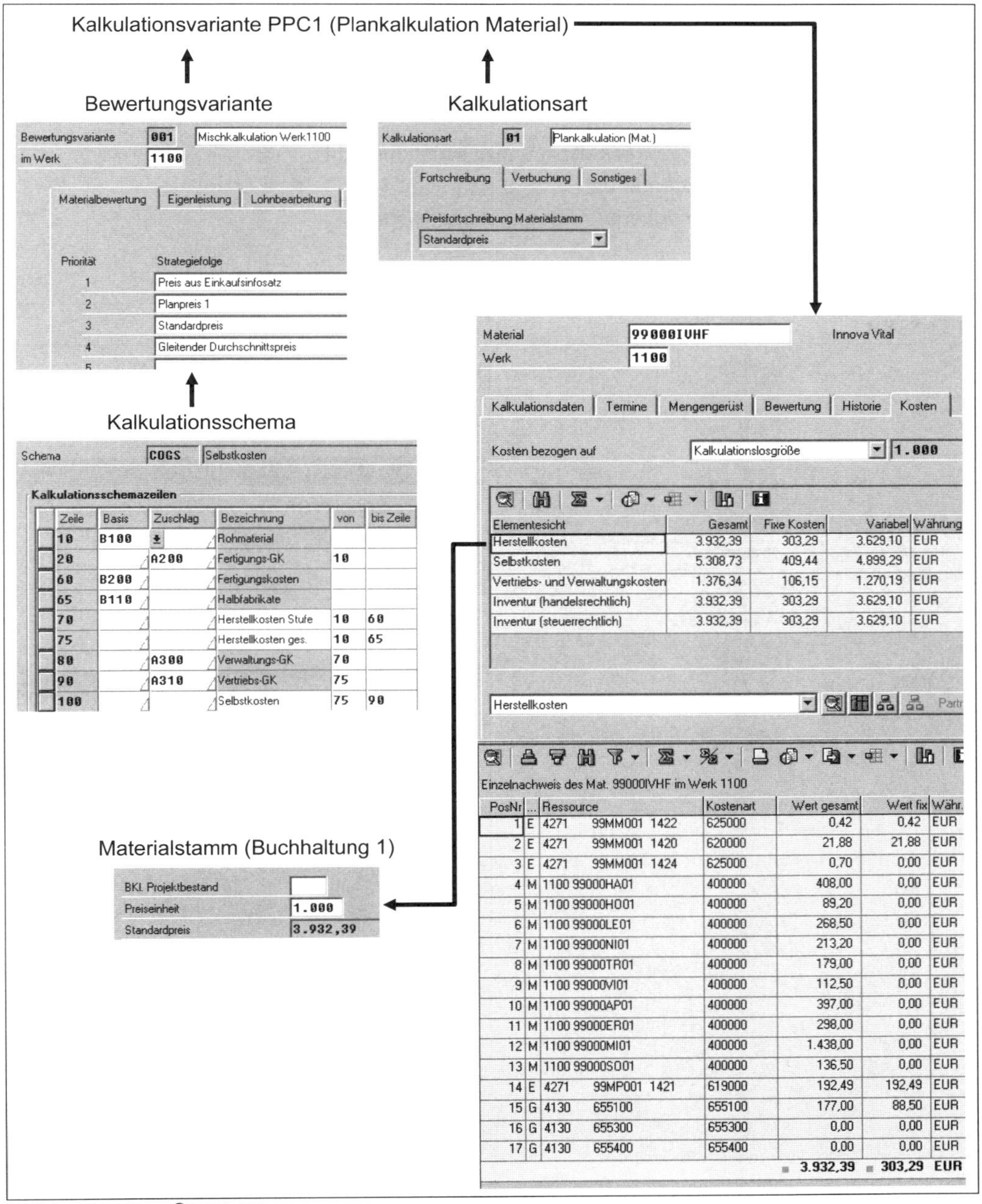

Bildschirmbilder ©SAP AG

7.3.4 Fallstudie Produktkostenplanung

Aufgabe 23

Die Produktkostenkalkulation ist durchzuführen. Ermitteln Sie die Herstellkosten (Bewertungspreis) mit der Kalkulationsvariante DPC1 für jedes Halbfabrikat und Fertigerzeugnis.

Anschließend sind die Materialstammsätze der Halbfabrikate und Fertigerzeugnisse um die Sicht Buchhaltung 1 erweitern. Als Bewertungspreis sind jeweils die ermittelten Herstellkosten zu pflegen. Der Bewertungspreis soll die Preissteuerung S (Standardpreis) haben.

Folgende Pflegeanleitungen stehen für die Produktkalkulation und Materialstammpflege zur Verfügung:

- Materialstamm anlegen (erweitern um Kalkulationssicht),
- Kalkulation mit Mengengerüst,
- Material anlegen (erweitern um Buchhaltungssicht).

Material anlegen (erweitern um Kalkulationssicht)

<table>
<tr><th>FENSTER</th><th>MENUEPFAD/EINGABE</th></tr>
<tr><td>
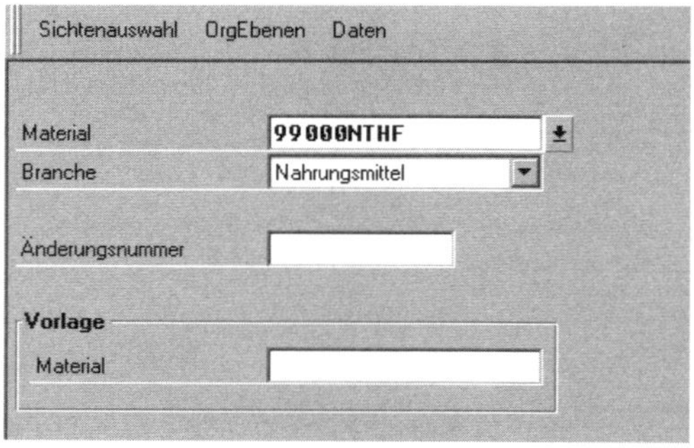

</td><td>
LOGISTIK ⇨ MATERIALWIRTSCHAFT ⇨ MATERIALSTAMM ⇨ MATERIAL ⇨ ANLEGEN SPEZIELL ⇨ HALBFABRIKAT
Halbfabrikat anlegen (Einstieg)
Material: xx000NTHF (mit xx = Gruppennummer)
▸ „Fertigerzeugnis" Nussper Trio 1kg-Tüte
Branche: Nahrungsmittel
weiter
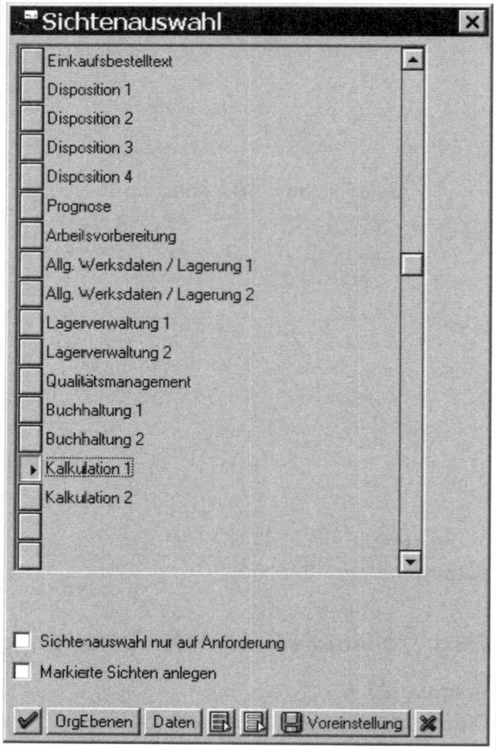

</td></tr>
</table>

Kalkulation 1 auswählen

Halbfabrikat 99000NTHF anlegen

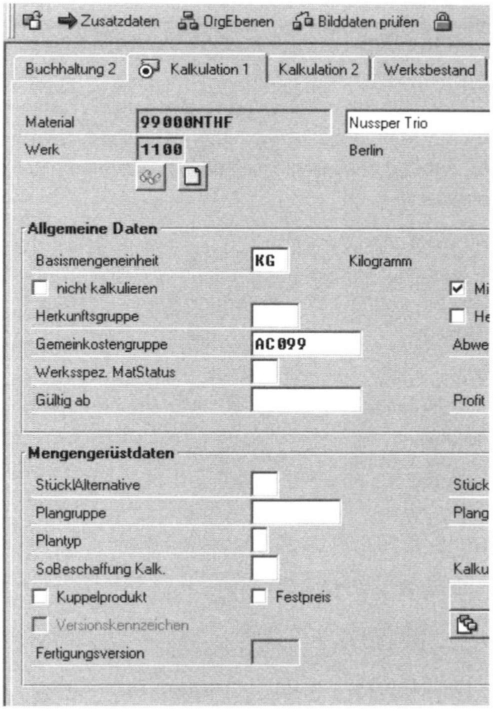

Basismengeneinheit: *KG*

Gemeinkostengruppe: *AC099*

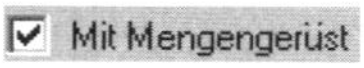

Abweichungsschlüssel: *000001*

▸ Fertigungsaufträge; Wird für die Ermittlung der Sollkosten bei Ausschuss benötigt.

Kalkulationslosgröße: *1000*

 sichern

Kalkulation mit Mengengerüst

FENSTER	MENUEPFAD/EINGABE
	LOGISTIK ⇨ PRODUKTION ⇨ PRODUKTKOSTENPLANUNG ⇨ MATERIALKALKULATION ⇨ KALKULATION MIT MENGENGERÜST ⇨ ANLEGEN oder **RECHNUNGSWESEN** ⇨ CONTROLLING ⇨ PRODUKTKOSTENPLANUNG ⇨ MATERIALKALKULATION ⇨ KALKULATION MIT MENGENGERÜST ⇨ ANLEGEN
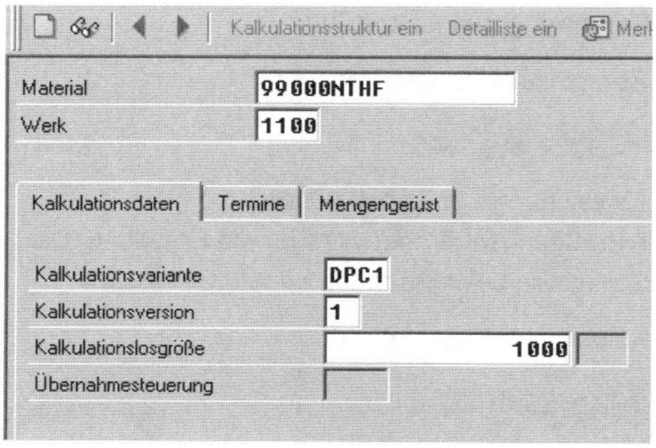	**Materialkalkulation mit Mengengerüst anlegen** Kalkulationsvariante: DPC1 ▸ Plankalkulation bis zu den Selbstkosten, dahinter steckt ein Regelwerk inkl. Kalkulationsschemata, anhand dessen die Kalkulation individuell gesteuert wird. Material: *xx000NTHF* ▸ Zu kalkulierendes Material, die Herstellkosten können dann für die Bewertung herangezogen werden. Werk: *1100* ▸ Kalkulation wird immer auf Werksebene durchgeführt. Kalkulationslosgröße: *1000* ▸ Menge, für die die Kalkulation durchgeführt werden soll, hier 1000 Kilogramm (BME). Kalkulationsversion: *1* 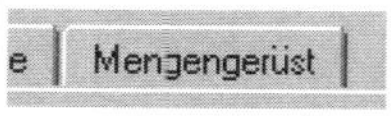 Mengengerüst wählen
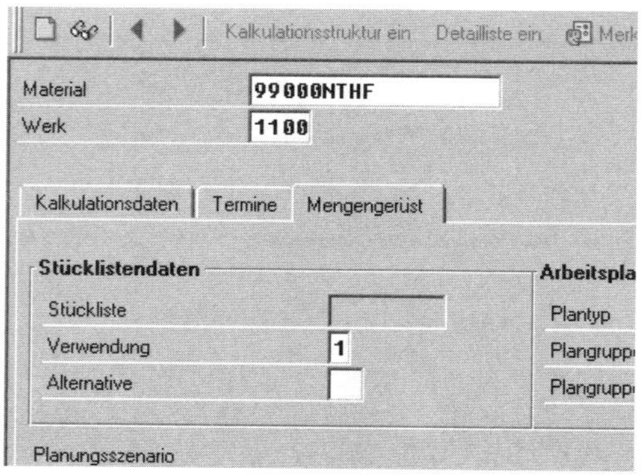	**Materialkalkulation mit Mengengerüst anlegen** Verwendung: *1* ▸ Gibt die Stücklistenart an, die verwendet werden soll, hier wird für das Mengengerüst die Fertigungsstückliste verwendet, es könnte auch eine spezielle für die Kalkulation erstellte Stückliste verwendet werden. Plantyp: *N* ▸ Normalarbeitsplan; wenn arbeitsplanbezogene Daten benötigt werden, so soll der Normalarbeitsplan dieses Materials herangezogen werden.

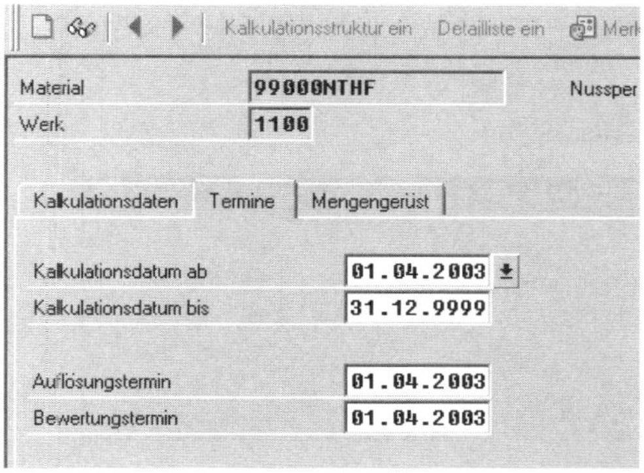

weiter

Materialkalkulation mit Mengengerüst anlegen

- Die Kalkulationsdaten „ab" und „bis" bestimmen die Gültigkeit der Kalkulation.
- Stücklisten, die zum Auflösungstermin gültig sind, werden als Mengengerüst verwendet.
- Der Bewertungstermin bestimmt, wie das System nach gültigen Preis- und Tarifdaten sucht.
- Die hier vorgegebenen Daten können jeweils so belassen werden. Die Vorschlagsdaten sind abhängig von den Einstellungen im Kalkulationsregelwerk (Customizing), welches über DPC1 (siehe oben) ausgewählt wurde.

weiter

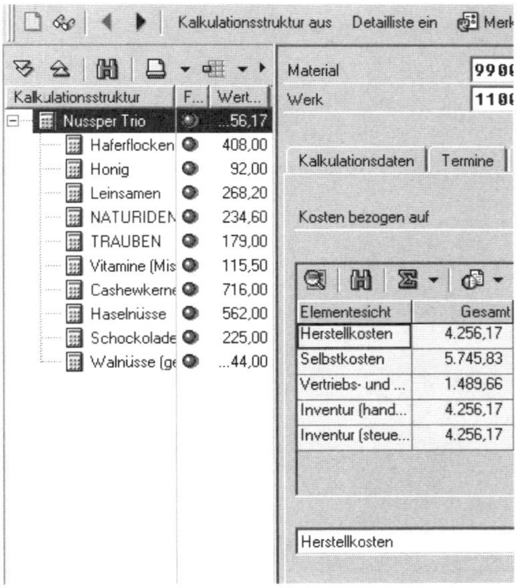

Materialkalkulation anlegen: Kalk.daten zu einem Material

- Auflistung der Kosten.

Herstellkosten auswählen und auf Details klicken, um eine detaillierte Anzeige der Kostenelemente zu erzeugen.

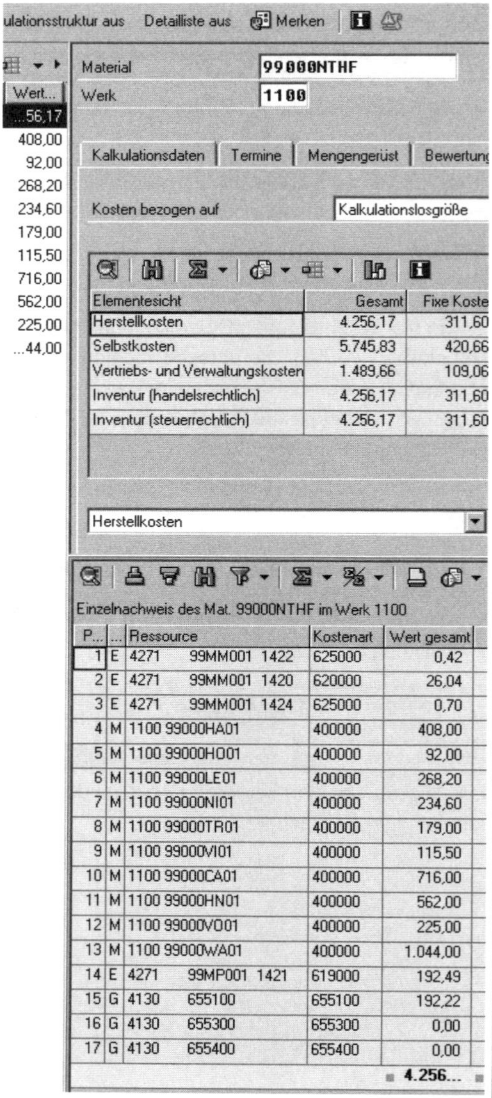

Anzeige Kostenschichtung

- In diesem Bildschirmbild erfolgt die Anzeige der angefallenen Kosten geordnet nach Kostenelementen.

sichern

Material anlegen (erweitern um Buchhaltungssicht)

FENSTER	MENUEPFAD/EINGABE
	LOGISTIK ⇨ MATERIALWIRTSCHAFT ⇨ MATERIALSTAMM ⇨ MATERIAL ⇨ ANLEGEN SPEZIELL ⇨ HALBFABRIKAT
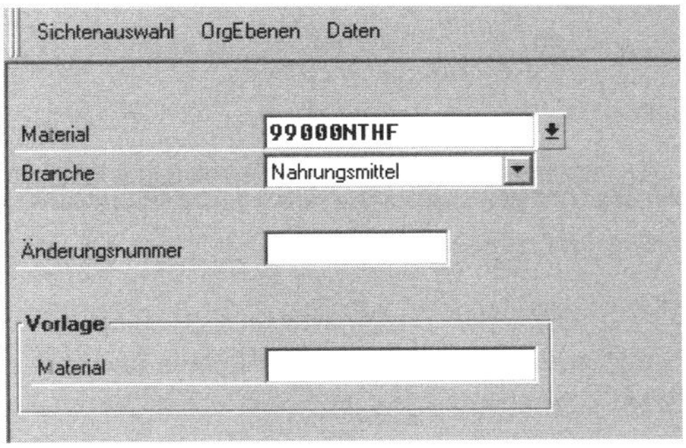	**Halbfabrikat anlegen (Einstieg)** Material: *xx000NTHF (mit xx = Gruppennummer)* ▸ „Fertigerzeugnis" Nussper Trio 1kg-Tüte Branche: N*ahrungsmittel* weiter
	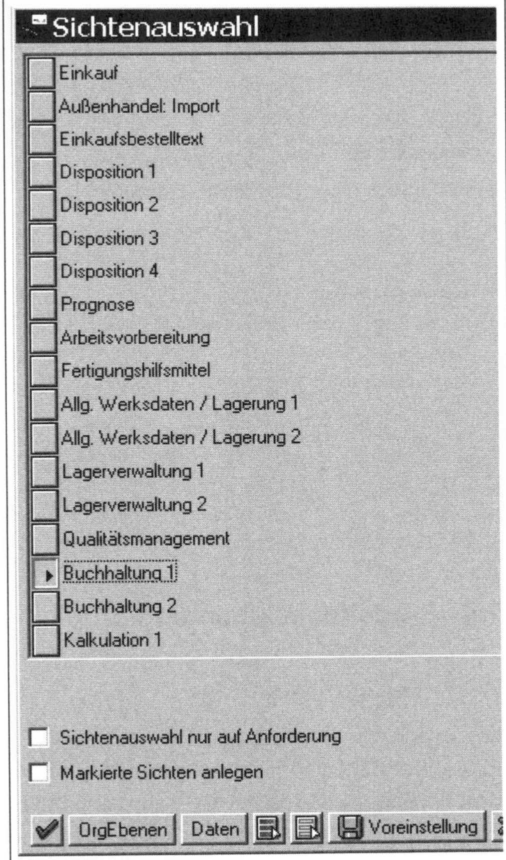 Buchhaltung 1 auswählen

Werk: *1100*

✔

Halbfabrikat 99000NTHF anlegen

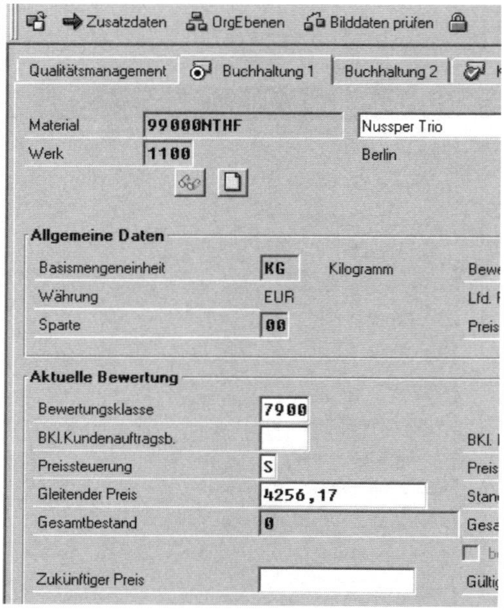

Bewertungsklasse: *7900*

Preissteuerung: *S*

Standardpreis: 4256,17 (Herstellkosten aus Produktkostenplanung)

Preiseinheit: *1000*

sichern

7.4 Produktionssteuerung

7.4.1 Fertigungsaufträge

Die Produktionssteuerung ist zuständig für die Umsetzung der aus Kundenaufträgen und Planaufträgen (Disposition) entstandenen Bedarfe in Fertigungsaufträge.
Der Fertigungsauftrag besteht aus einem Auftragskopf (Menge, Termine, Kalkulation etc.), Folgen (z.B. parallele Verarbeitung), Vorgängen und Komponenten. Ein Vorgang beschreibt, wie ein Arbeitsschritt durchzuführen ist. Aus den Folgen lassen sich verschiedene Abläufe (z.B. parallel, alternativ etc.) ableiten. Die Vorgänge der jeweiligen Folge sind den entsprechenden Arbeitsplänen entnommen, wodurch sich die Verbindung zu einem oder mehreren Arbeitsplätzen und deren Daten (Kapazität etc.) ergibt. Des Weiteren werden dem Vorgang im Fertigungsauftrag die erforderlichen Komponenten, d.h. die Materialien aus den passenden Stücklisten, zugeordnet. Ebenso können Vorgängen Fertigungshilfsmittel zugewiesen werden. Der Fertigungsauftrag vereinigt damit als Bewegungsdatum die Stammdaten aus

Vorgängen (Arbeitspläne), Stücklisten und Arbeitsplätzen. Dabei werden auch Versionen, Alternativen und Gültigkeitszeiträume von Stücklisten und Arbeitsplänen geprüft und entsprechend berücksichtigt.

Beispiel: Stückliste zum Material „Dauergebäck" enthält u.a. eine Zutat Weihnachtsgewürz, deren Gültigkeit für den Zeitraum Juli bis September angesetzt ist.

Die Zusammenstellung der Stammdaten wird durch das Material, für das der Fertigungsauftrag erstellt worden ist, ermöglicht.

Abbildung 190: Datenquellen des Fertigungsauftrages und ihre Verknüpfungen

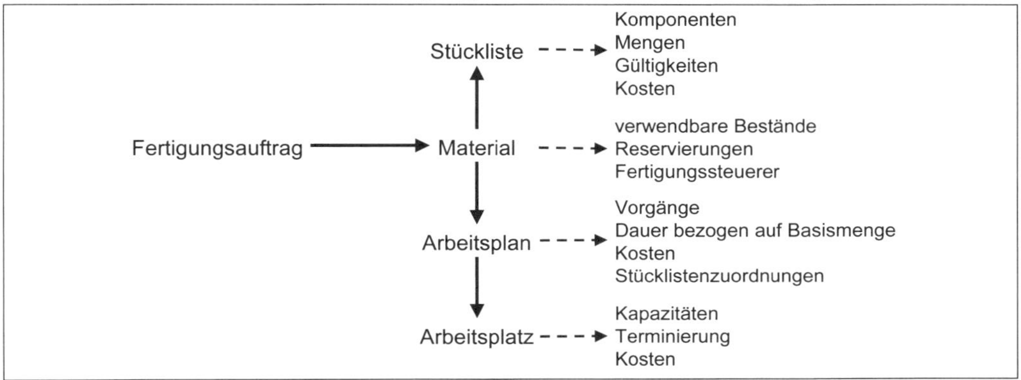

Verändern sich Stammdaten nach Eröffnung des Fertigungsauftrags und sollen diese Änderungen in den Auftrag übernommen werden, so können die Stammdaten „nachgelesen" werden. Eine automatische Übernahme der Änderungen existiert nicht. Die Möglichkeit zum Nachlesen ist abhängig vom Fertigungsfortschritt.

Der Fertigungsauftrag durchläuft die in der Abbildung 191 gezeigten Phasen. Er bildet damit ein zentrales Element in der Produktionssteuerung und zugleich den Initiator des Fertigungsprozesses.

Abbildung 191: Phasen der Fertigung

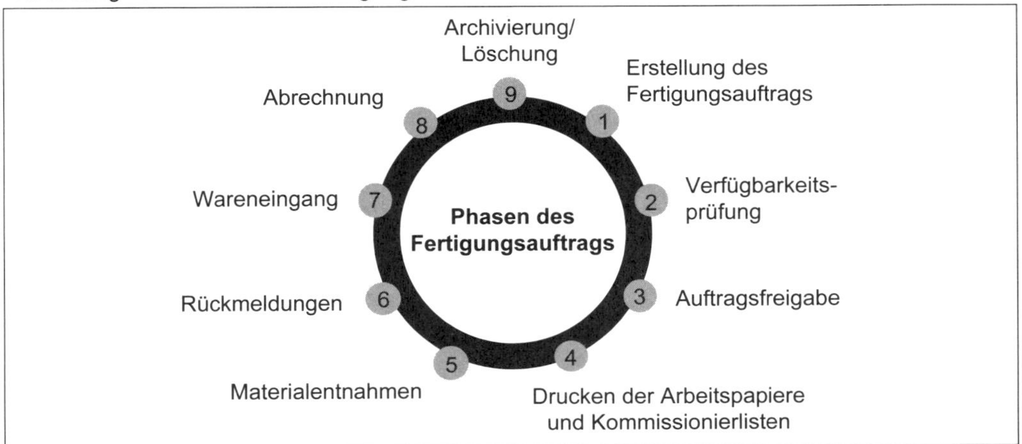

In Anlehnung an SAP AG.

Für den Fortschritt der Fertigung bzw. bei Ereignissen können für einzelne Vorgänge so genannte Ereignispunkte gesetzt werden. Diese bestimmen die weitere Vorgehensweise bei

Eintritt der Ereignisse. Beispielsweise wird einem Vorgang 0030 ein Ereignispunkt zugewiesen. Hier ist festgelegt, dass bei Werkzeugbruch der zuständige Werksmeister per Mail informiert wird, oder es würde nach Rückmeldung eines Vorgangs der zuständige Bearbeiter eine Liste aller Funktionen erhalten, die manuell für den Vorgang ausgelöst werden können.
Weitere Aktionen, die bei Anlage eines Fertigungsauftrages stattfinden, sind:

- Auflösung der Stückliste(n),
- (dispositive) Reservierung für lagerhaltige Stücklistenpositionen,
- Vorkalkulation,
- Erzeugung der Belastungssätze für Arbeitsplatzkapazität und Fertigungshilfsmittel,
- Erzeugung der Bestellanforderungen für Fremdarbeitsvorgänge und Nichtlagermaterial (NLAG),
- Versionsprüfung hinsichtlich Stücklistenpositionen.

Fertigungsaufträge durchlaufen – den Phasen entsprechend - verschiedene Stati im betrieblichen Abwicklungsprozess. Ein Status dokumentiert den aktuellen Bearbeitungsstand eines Objektes - hier eines Fertigungsauftrages. Der Status beeinflusst die weitere Vorgehensweise. Es kann zwischen einem systemseitig gesetzten und einem durch den Anwender gesetzten Status unterschieden werden.

Abbildung 192: Mögliche Stati im Fertigungsauftrag

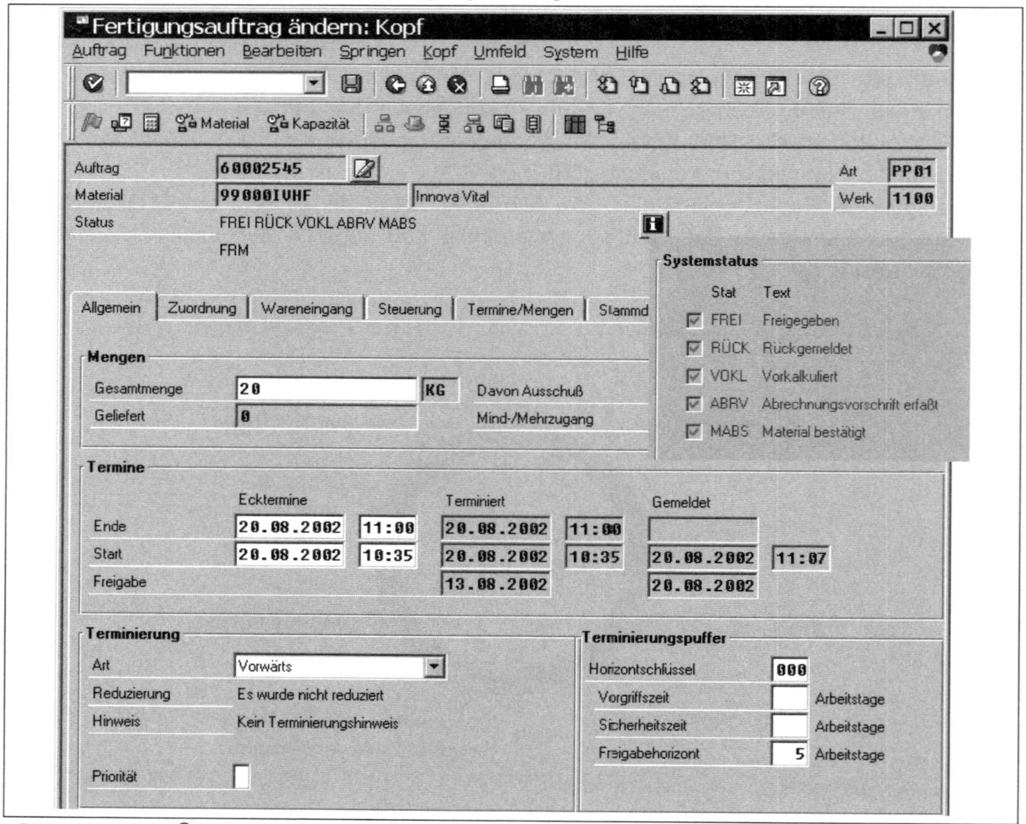

Bildschirmbilder ©SAP AG

Der Systemstatus informiert den Benutzer darüber, dass eine bestimmte Funktion an einem Objekt ausgeführt wurde. Dieser Status kann nicht direkt durch den Benutzer verändert oder sogar gelöscht werden. Eine Statusänderung kann nur durch einen Vorgang bewirkt werden (den der Benutzer initiieren kann).

Benutzerstati werden durch den Benutzer gesetzt und sind als Ergänzung zu den Systemstati zu sehen.

Nach der manuellen (ohne Planauftrag) oder maschinellen Eröffnung (Umsetzung eines Planauftrages) des Fertigungsauftrages beginnt der in der Abbildung 191 dargestellte Phasendurchlauf. Der neu angelegte und gespeicherte Auftrag hat nun den Status „Eröffnet" (EROF).

Ein Beispiel für Wirkung von Systemstati ist das Nachlesen von Arbeitsplänen in Fertigungsaufträge. Arbeitspläne werden nur in Abhängigkeit von bestimmten Bedingungen nachgelesen. Arbeitspläne können u.a. nicht nachgelesen werden, wenn der Auftrag rückgemeldet ist (Status RÜCK). Ist der Auftrag noch nicht rückgemeldet und wird nachgelesen, so die Auftragsfreigabe (Status FREI) umgesetzt in den Status EROF (Eröffnet).

7.4.2 Auftragsart

Bei Eröffnung des Fertigungsauftrages wird mittels Auftragsart (Customizing) bestimmt, welche Pflegemöglichkeiten und Steuerungen mit dem Fertigungsauftrag verbunden sind. Beispielsweise sind mit der Auftragsart verbunden:

- die Meldung von Daten an ein BDE-System (Betriebsdatenerfassung);
- der Nummernkreis;
- die Mechanismen zur Auswahl von Stücklisten und Arbeitsplänen;
- die Vorgehensweise bei der Kalkulation des Auftrags (Kalkulationsvariante).

U.U. existieren mehrere Stücklisten bzw. Arbeitspläne zu einem Material. Der Fertigungsauftrag benötigt also ein Auswahlverfahren. Bei der Auftragseröffnung wird nach einem Arbeitsplan gesucht, der zum vorgegebenen Auflösungstermin gültig ist und zur vorgegebenen Losgröße passt. Bei manuell angelegten Fertigungsaufträgen ist der Auflösungstermin der Eckstarttermin. Bei einem Gleichstand, d.h. mehr als ein Arbeitsplan ist relevant, werden die Pläne zur manuellen Auswahl angezeigt. Um einem Gleichstand vorzubeugen können Selektionsprioritäten im Customizing gesetzt werden. Ob überhaupt nach einem Arbeitsplan gesucht werden soll, ist abhängig von den Einstellungen bei der Auftragsart. Auch wird der nur zulässige Plantyp, z.B. Normalarbeitsplan, festgelegt. Alternativ kann auch manuell ausgewählt werden.

Die Stücklistenselektion verhält sich im Grunde ähnlich zur Arbeitsplanselektion. Es wird u.a. wieder nach zur Losgröße und Termin passenden Stücklisten gesucht. Weiter kann die richtige Stückliste über die Fertigungsversion ermittelt werden. Die Zuordnung der Steuerungsparameter ist bei Stückliste im Gegensatz zum Arbeitsplan verteilt. Ob die Stückliste mittels Termin, Losgröße oder Fertigungsversion gefunden wird, hängt vom Kennzeichen zur Selektion von Alternativstücklisten im Materialstammsatz (Sicht Disposition 4) ab. Andere Steuerungen, wie Prioritäten, Prüfung des Stücklistenstatus etc. werden in der Auftragsart vereinbart.

Bei der Kalkulation des Fertigungsauftrages i.S. einer Plankostenanalyse wird das schon im Rahmen der Muster- und Simulationskalkulation und Produktkostenkalkulation vorgestellte Verfahren genutzt.

Abbildung 193: Preisfindung bei Kostenanalyse im Fertigungsauftrag

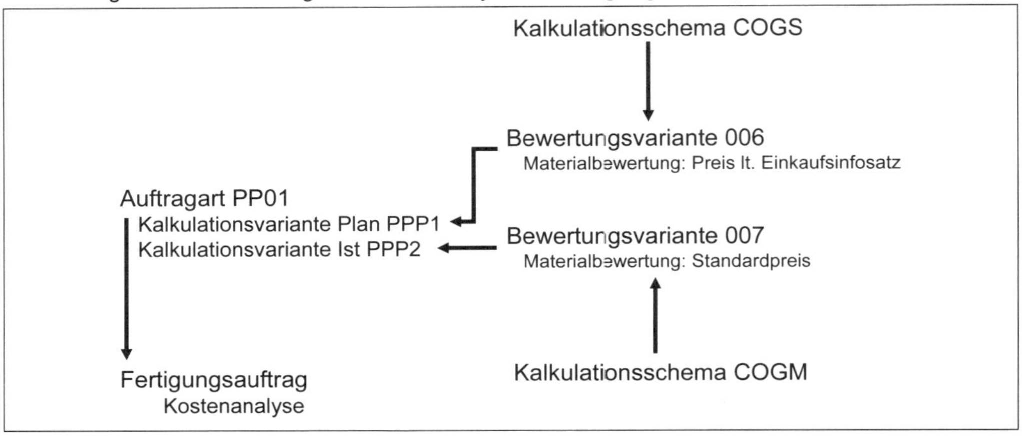

Je nach zugeordneter Bewertungsvariante können sich unterschiedliche Ergebnisse bei Plan- und Ist-Kalkulationen ergeben, obwohl sich im Prozess keine Abweichungen vom Plan ergeben haben (s. folgende Abbildung). Der Kalkulationsvariante für die Ist-Kosten ist das Schema COGM anhängig. Diese berechnet die Kosten nur bis zu den Herstellkosten. Im Gegensatz dazu das schon mehrfach erwähnte Schema COGS, dass die Kosten bis hin zu den Planselbstkosten auflistet.

Abbildung 194: Kostenanalyse in Abhängigkeit zur Kalkulationsvariante

Kostenart	Kostenart (Text)	Herkunft	Istkosten ges.	Soll/Ist-Abweichung	S/I-Abw(%)	Währung	Plankosten gesamt
400000	Verbrauch Rohstoffe 1		364,82	364,82		EUR	361,83
Einsatzmaterialien			**364,82**	**364,82**		**EUR**	**361,83**
895000	Fabrikleistung Fertigungs-Aufträge		0,00	0,00		EUR	385,00-
Entlastung/Reporting			**0,00**	**0,00**		**EUR**	**385,00-**
620000	Dir.Leistungsverr. Maschinenkosten	4271/1420	2,19	2,19		EUR	2,19
Fertigung Maschine			**2,19**	**2,19**		**EUR**	**2,19**
619000	Dir.Leistungsverr. Fertigungsstunden	4271/1421	31,50	31,50		EUR	31,50
Fertigung Personal			**31,50**	**31,50**		**EUR**	**31,50**
625000	Direkte Leistungsverr. Rüsten	4271/1422	0,42	0,42		EUR	0,42
Fertigung Rüsten			**0,42**	**0,42**		**EUR**	**0,42**
655400	Gemeinkostenzuschlag Vertrieb	4130	0,00	0,00		EUR	59,39
Vertriebsgemeinkost.			**0,00**	**0,00**		**EUR**	**59,39**
655300	Gemeinkostenzuschlag Verwaltung	4130	0,00	0,00		EUR	79,19
Verwaltungsgemeink.			**0,00**	**0,00**		**EUR**	**79,19**
			398,93	**398,93**		**EUR**	**149,52**

Kalkulationsvariante Plan PPP2

Priorität	Strategiefolge
1	Bewertungspreis laut Preissteuerung im Materialstamm
2	Standardpreis
3	Standardpreis der Vorperiode

Kalkulationsvariante Ist PPP1

Priorität	Strategiefolge
1	Preis aus Einkaufsinfosatz
2	Planpreis 1
3	Standardpreis

Bildschirmbilder ©SAP AG

7.4.3 Verfügbarkeitsprüfung

Zur Sicherstellung der erforderlichen Ressourcen erfolgt für den Fertigungsauftrag eine Verfügbarkeitsprüfung für Material, Fertigungshilfsmittel und Kapazitäten (Mensch und Maschine). Damit Material überhaupt auf Verfügbarkeit geprüft werden kann, muss im Stammsatz eine Prüfgruppe vermerkt sein (Sicht Disposition 3, Feld Verfügbarkeitsprüfung). Die Prüfgruppe dient zur Gruppierung von Materialien, die nach den gleichen Kriterien (Prüfumfang) geprüft werden sollen. Der Prüfumfang bestimmt beispielsweise, welche Zugänge (z.B. Bestellungen oder Fertigungsaufträge) oder Abgänge (z.B. Kundenaufträge oder Sekundärbedarf) bei der Verfügbarkeitsprüfung berücksichtigt werden sollen.

Abbildung 195: Prüfumfang für Tagesbedarf und PP-Prüfregel

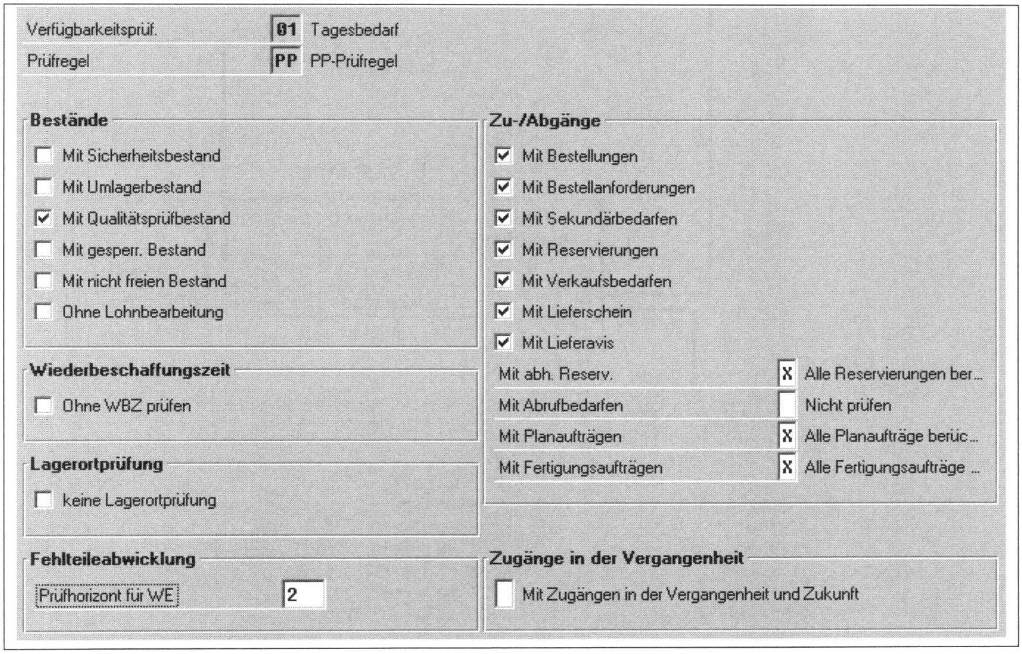

©SAP AG

Ein Material soll z.B. hinsichtlich des Tagesbedarfs auf Verfügbarkeit hin geprüft werden. Dazu wird mit Materialstammsatz (Sicht Disposition 3) im Feld Verfügbarkeit der Wert 01 gepflegt. Allerdings kann es notwendig sein, den Tagesbedarf, je nach Fachbereich, unterschiedlich auf Verfügbarkeit zu prüfen. Während die Produktion die Bestände inklusive Qualitätsprüfbestand prüfen und bei den Zu-/Abgängen auch die Bestellanforderungen berücksichtigt haben will, verzichtet der Vertrieb bei seinen Verfügbarkeitsprüfungen auf diese Prüfpunkte. Es ist also notwendig, nach Bereichen bzw. nach Anwendungen zusätzlich zu unterscheiden. Dies wird durch die Prüfregel realisiert. Über die Prüfregel können Prüfungen für

- Vertrieb,
- Disposition,
- Fertigungsauftragsabwicklung,
- Instandhaltungsauftragsabwicklung,
- Bestandsführung,

durchgeführt werden.

Die anzuwendende Prüfregel wird durch die Auftragsart festgelegt (Prüfsteuerung). Für die Kombination aus Prüfgruppe und Prüfregel wird dann letztlich der Prüfumfang definiert. Prüfumfang, Prüfsteuerung, Prüfgruppe und Prüfregel werden im Customizing eingestellt.

Abbildung 196: Auswahl des Prüfumfangs

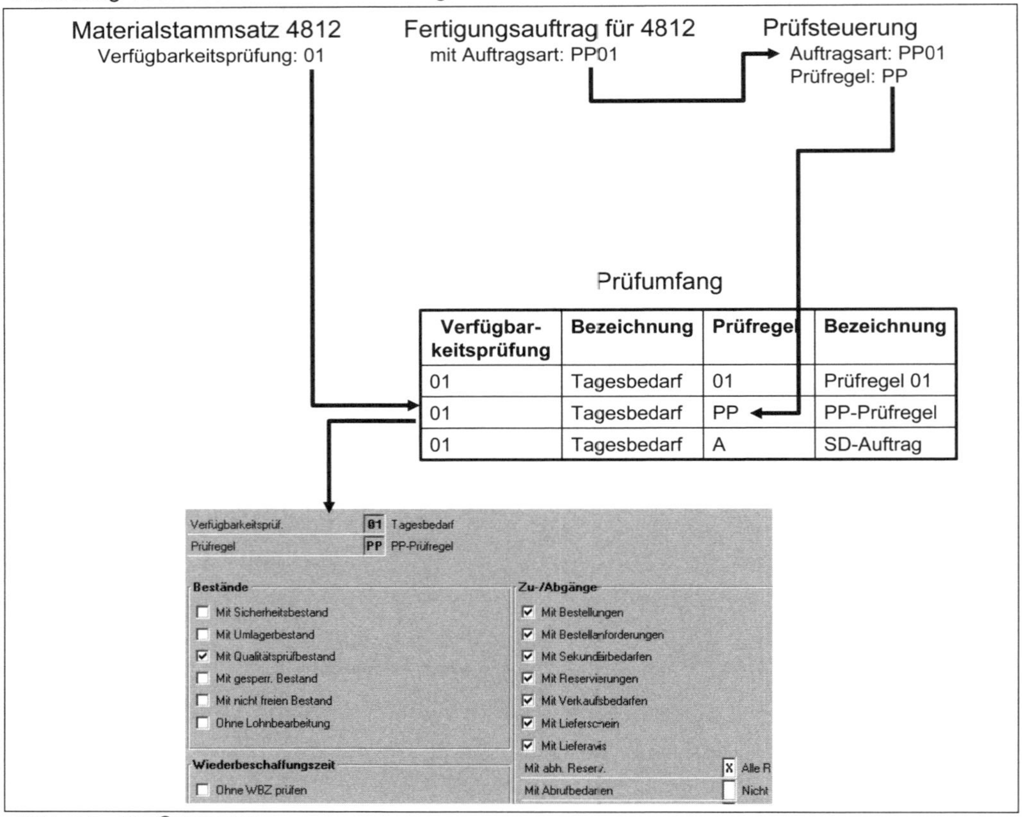

Bildschirmbild ©SAP AG

Die Verfügbarkeitsprüfung kann zeitlich begrenzt werden. Dazu ist im Customizing der Prüfregel die Wiederbeschaffungszeit „einzuschalten". Konkret muss der Schalter „ohne WBZ prüfen" auf „off" gestellt werden. Die Wiederbeschaffungszeit umfasst begrifflich die Zeit für die Fremdbeschaffung oder Eigenfertigung eines Materials. Bei der Fremdbeschaffung (Einkauf) besteht die Wiederbeschaffungszeit aus der Einkaufsbearbeitungs-, der Planliefer- und der Wareneingangsbearbeitungszeit. Bei Eigenfertigung ergibt sich die Wiederbeschaffungszeit aus der in Disposition 3 gepflegten gesamten Wiederbeschaffungszeit. Diese wird nicht vom System berechnet, sondern als Summe aus der geschätzten Fertigungszeit über alle Fertigungsstufen und der Beschaffungszeit von Rohstoffen eingegeben. Bei Nicht-Pflege der gesamten Wiederbeschaffungszeit wird alternativ die Summe aus Eigenfertigungszeit und Wareneingangsbearbeitungszeit verwendet. Sämtliche Zeiten sind in Tagen angegeben.

Das System prüft die Verfügbarkeit dann nur für diesen Zeitraum. Danach geht das System davon aus, dass jede beliebige Menge durch die Disposition lieferbar/verfügbar gemacht wird. Bedarfe, die nicht innerhalb der Wiederbeschaffungszeit gedeckt werden können, sind demzufolge frühestens nach Ablauf der Wiederbeschaffungszeit zu decken. Die Verfügbarkeitsprüfung mit Wiederbeschaffungszeit verlangt, dass in regelmäßigen, zeitlich kurzen Abständen disponiert wird, so dass den bestätigten Mengen auch tatsächliche Zugänge gegenüberstehen.

Eine Verfügbarkeitsprüfung ohne Berücksichtigung der Wiederbeschaffungszeit prüft die Verfügbarkeit zu jedem Bedarfszeitpunkt.

Abbildung 197: Verfügbarkeitsprüfung und Wiederbeschaffungszeit

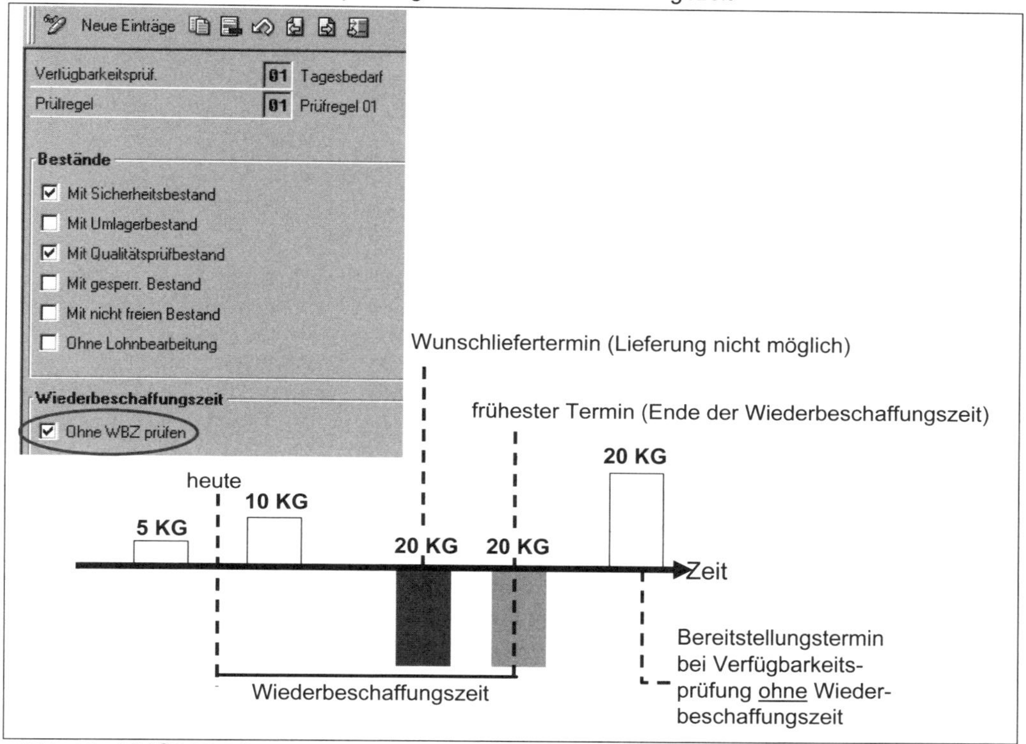

Bildschirmbild ©SAP AG

Die Menge, gegen die bei einem konkreten Fertigungsauftrag die Bedarfsmenge geprüft wird, ist die ATP-Menge (Available To Promise). Die ATP-Mengenberechnung beruht auf dem Prinzip der zeitlichen Zuordnung von Abgängen zu den zeitlich nächsten Zugängen. Das System prüft, ob ein Abgang durch einen Zugang gedeckt werden kann, der zeitlich den geringsten Abstand hat. Ist der Zugang größer als der Abgang, dann ergibt sich eine positive ATP-Menge. Ist der Zugang kleiner als der Abgang, so wird versucht, den Restbedarf über positive ATP-Mengen zu decken, die zeitlich vor dem Zugang-Abgang-Paar liegen. Sollte dies nicht möglich sein, müssen über die Disposition neue Zugänge (Bestellanforderungen oder Planaufträge) erzeugt werden. Die Prüfung erfolgt bei jedem Aufruf neu. Steht dem Abgang eine ausreichende ATP-Menge gegenüber, so wird die Bedarfsmenge zum Bedarfstermin bestätigt. Die ATP-Menge wird um die bestätigte Menge verringert. Geprüft wird wahlweise auf Werks- oder Lagerortebene.

Abbildung 198: ATP-Mengen

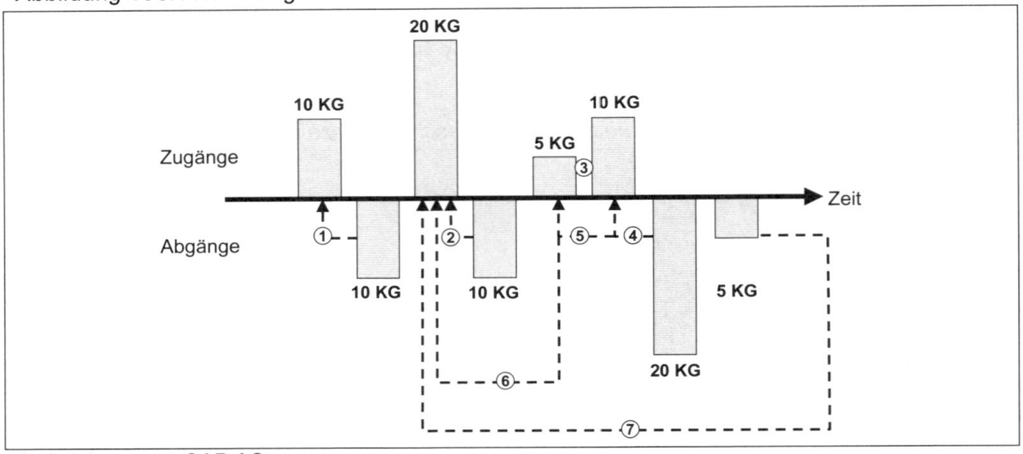

In Anlehnung an SAP AG

Die ATP-Mengenberechnung im Zeitablauf wird im Folgenden beschrieben:

1 Dem Abgang von 10 KG wird der Zugang von 10 KG zugeordnet. Die ATP-Menge des Zugangs beträgt dann 0 KG.
2 Der folgende Abgang wird dem Zugang von 20 KG zugeordnet. Die ATP-Menge des Zugangs beträgt 10 KG.
3 Bei den Zugängen über 5 KG und 10 KG ist die ATP-Menge zunächst auch 5 KG und 10 KG.
4 Der Abgang von 20 KG wird dem 10-KG-Zugang zugeordnet. Die ATP-Menge des Zugangs beträgt jetzt 0 KG.
5 Der „Rest" des Abgangs wird weiter mit dem 5-KG-Zugang verrechnet. Auch hier beträgt die ATP-Menge dieses Zugangs jetzt 0 KG.
6 Der immer noch verbleibende Rest von 5 KG wird mit einer zeitlich weiter vorne liegenden positiven ATP-Menge eines Zugangs verrechnet, d.h. mit der ATP-Menge des 20-KG-Zugangs. Die ATP-Menge beträgt hier nun 5 KG.

Im Gegensatz dazu wird die verfügbare Menge (beispielsweise) in der Disposition berechnet, indem Zu- und Abgangsmengen dem Lagerbestand hinzugerechnet bzw. abgezogen werden.

Abbildung 199: Verfügbare Menge in der Disposition

Material 99001IVHF Innova Vital Mischung
Dispobereich 1100 Berlin
Werk 1100 Dispomerkmal PD Materialart HALB

Datum	Dispoel.	Daten zum Dispoelem.	Zugang/Bedarf	Verfügb. Menge
28.09.2001	W-BEST			1.599,500
19.06.2001	SK-BED	99001IV05	850-	749,500
11.07.2001	AR-RES	99001IV05	100,500-	649
13.07.2001	FE-AUF	000060002370/PP01/FR	400	1.049

Der im Materialstammsatz (Sicht Werksbestand) vom System angegebene frei verwendbare Bestand umfasst nur den tatsächlichen aktuell vorhandenen Bestand. Reservierungen, Zugänge aus Bestellungen und ähnliche Dispositionselemente werden nicht berücksichtigt.
Die für einzelne Vorgänge notwendigen Kapazitäten werden gegen freie Kapazitäten der Arbeitsplätze geprüft. Sind nicht ausreichend Kapazitäten verfügbar, so kann per Dialog eine manuelle Einplanung vorgenommen werden.

7.4.4 Terminierung

Die Terminierung ermittelt die Fertigungstermine und Kapazitätsbedarfe. Es werden die Fertigungszeiten gemäß den Vorgabewerten im Arbeitsplan berechnet und diese dann in Abhängigkeit von bereits vorhandenen Kapazitätsbedarfen eingeplant.
Für die Terminierung sind wieder einige Customizing-Einstellungen notwendig. In Zuordnung zur Auftragsart und Werk wird beispielsweise für die Feinterminierung festgelegt, dass vorwärts und pausengenau terminiert wird. Bei Eröffnung des Fertigungsauftrags muss also der Eckstarttermin angegeben werden. Je nach Einstellung der Terminierungsart (vorwärts, rückwärts, etc.) kann auch eine exakte Startuhrzeit im Auftrag gepflegt werden. Bei den Pausen wird Bezug auf die an den Arbeitsplätzen verfügbare Kapazität (Einsatzzeit) genommen. Die Berechnung von Rüst-, Bearbeitungszeit etc. stützt sich auf die im Arbeitsplatz, Register Terminierung, gepflegten Formeln. Der Arbeitsplatz ergibt über den Arbeitsplan.

Abbildung 200: Terminierung

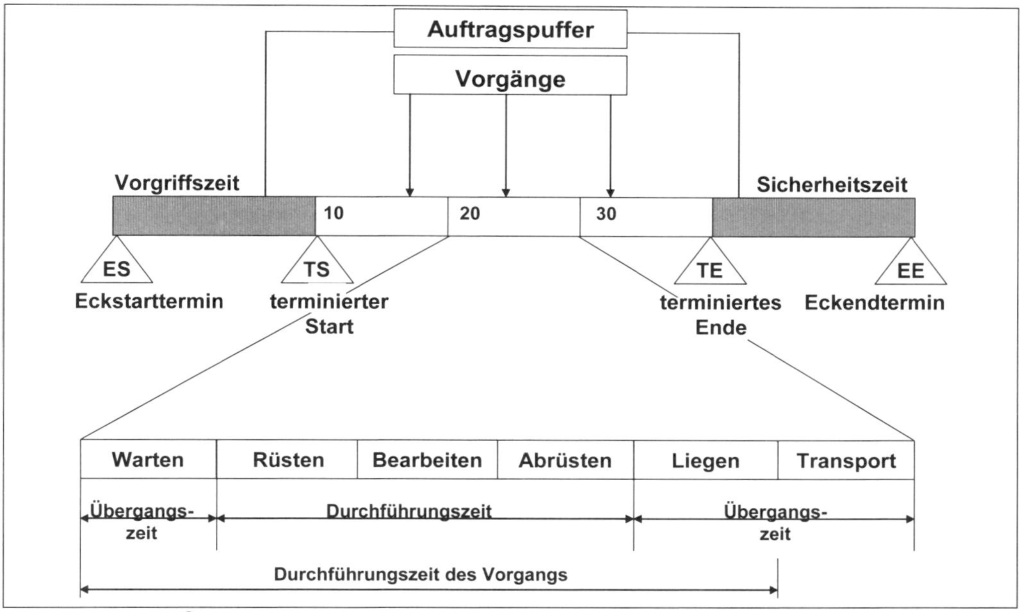

In Anlehnung an ©SAP AG

Neben den zeitlichen Vorgaben für Rüsten, Bearbeitungszeiten, Abrüsten etc. werden auf Vorgangsebene Angaben zu Warte-, Liege und Transportzeiten in Arbeitsplätze bzw. Arbeitsplänen berücksichtigt. Die Wartezeit dient als Möglichkeit zeitliche Verzögerungen auf Vorgangsebene aufzufangen. Es wird zwischen minimaler und normaler Wartezeit unterschieden. Dadurch ergibt sich eine früheste oder späteste terminliche Lage eines Vorgangs.

Bei der frühesten Lage wird keine bzw. die minimale Wartezeit[45] berücksichtigt, bei der spätesten Lage entsprechend die normale Wartezeit.
Weitere zeitliche Puffer können auf Auftragsebene gesetzt werden. Um eventuelle Verspätungen bei der Bereitstellung von einzusetzendem Material aufzufangen und um bei Kapazitätsengpässen den terminierten Start in Richtung Eckstarttermin zu verschieben kann eine Vorgriffszeit gesetzt werden. Störungen während des Fertigungsprozesses, die das terminierte Ende weiter in die Zukunft verschieben können über die Sicherheitszeit als Endpuffer abgesichert werden. Die beiden Puffer werden über den Horizontschlüssel[46] im Materialstammsatz (Sicht Disposition 2) zusammengefasst. Indem ein Auftrag für ein Material angelegt wird, werden automatisch die materialspezifischen Puffer für den Auftrag gesetzt. Mit dem Horizontschlüssel verbunden sind noch zwei weitere zeitliche Größen, den Eröffnungs- und den Freigabehorizont. Der Eröffnungshorizont bestimmt die Anzahl von Arbeitstagen, die von einem Planstarttermin, vorgegeben aus einem Planauftrag, abgezogen werden. Dieser Termin ist der Auftragseröffnungstermin, also der Zeitpunkt zu dem der Planauftrag (erzeugt durch die Disposition) zu einem Fertigungsauftrag umgewandelt wird. Der Disponent kann sich so einen zusätzlichen Puffer schaffen. Der Eröffnungshorizont wird nur bei Rückwärtsterminierung und Planaufträgen mitgerechnet. Die zweite Größe ist der Freigabehorizont. Wieder wird eine bestimmte Anzahl von Arbeitstagen vom terminierten Start abgezogen. Der sich ergebende Zeitpunkt ist der Termin zu dem der Fertigungsauftrag freigegeben werden muss, damit pünktlich mit der Fertigung begonnen werden kann.

Abbildung 201: Eröffnungs- und Freigabehorizont

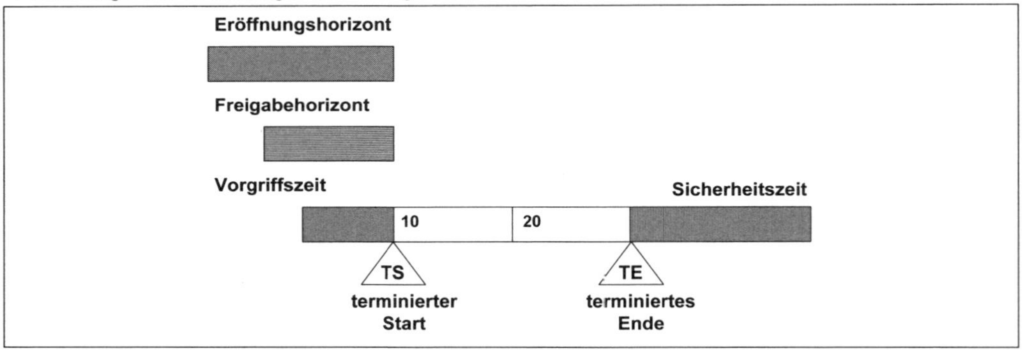

Die Werte des Horizontschlüssels werden im Auftragskopf vorgeschlagen und sind änderbar. Weitere Ausführungen zur Freigabe von Fertigungsaufträgen finden sich im folgenden Kapitel.

7.4.5 Auftragsfreigabe

Damit auch tatsächlich produziert werden kann, muss der Auftrag freigegeben werden, d.h. nur ein (rechtzeitig) freigegebener Auftrag kann zum terminierten Start in Produktion gehen. Der Zeitraum zwischen Eröffnung und Freigabe kann für diverse betriebliche Vorbereitungen verwendet werden. Es erfolgt dann eine manuelle Freigabe. Wird kein Puffer zwischen Eröffnung und Freigabe benötigt, dann kann der Auftrag automatisch freigegeben werden.

[45] Wartezeit, die ein Auftrag mindestens vor der Bearbeitung am Arbeitsplatz liegt.

[46] Pflege im Customizing in Zuordnung zum Werk.

Die automatische Freigabe kann im Materialstammsatz (Sicht Arbeitsvorbereitung) über die Pflege des Felds „Fertigungssteuerungsprofil“ bewerkstelligt werden. Ein Fertigungsauftrag für dieses Material würde automatisch nach Eröffnung und Verfügbarkeitsprüfung den Status „Freigegeben“ (FREI) erhalten. Die verschiedenen Fertigungssteuerungsprofile (auch ohne Freigabe) werden im Customizing gepflegt. Der Status FREI ermöglicht den tatsächlichen Produktionsstart.

Erst nach Auftragsfreigabe erfolgt die Übergabe des Fertigungsauftrages an die Produktion. Es können Einzel-, Sammel- und Vorgangsfreigaben durchgeführt werden. Ohne Auftragsfreigabe haben die Reservierungen aus dem Fertigungsauftrag rein dispositiven Charakter. Die Materialien werden nicht entnommen. Es finden für diesen Auftrag keine Lagerbewegungen statt. Rückmeldungen können nicht ausgeführt werden. Die Freigabe hebt diese (und weitere) Beschränkungen auf.

Nach der Freigabe ist der Druck der Arbeitspapiere möglich. Arbeitspapiere sind Dokumente wie Steuerkarten für Maschinen, Zeit- und Lohnscheine für die Rückmeldung, Materialentnahmescheine etc. „Druck“ umfasst hier auch die Darstellung über den Bildschirm.

Abbildung 202: Fertigungssteuerungsprofil

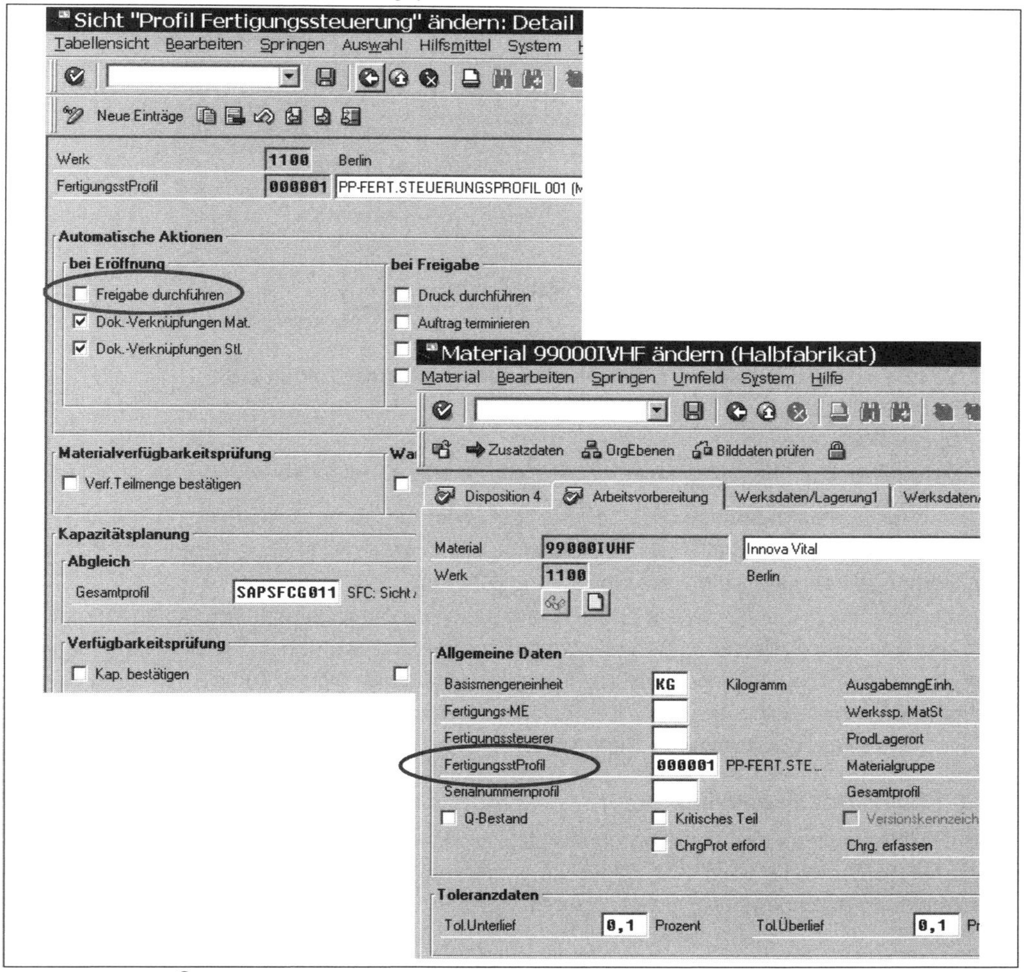

Bildschirmbilder ©SAP AG

7.4.6 Rückmeldungen

Rückmeldungen sollen Auskunft über Gut- und Ausschussmengen geben. Weiter sollen sie über Beginn- und Endzeiten der Produktion, die in Anspruch genommenen Arbeitsplätze und Mitarbeiter informieren. Bezugspunkte für eine Rückmeldung können sein:

- Auftrag,
- Vorgang,
- Einzelkapazität.

Ist eine Rückmeldung zum Auftrag bereits erfolgt, so kann keine vorgangsbezogene Rückmeldung des Fertigungsauftrages mehr erfolgen. Umgekehrt kann auch bei einer nur teilweise erfolgten vorgangsbezogenen Rückmeldung keine auftragsbezogene Rückmeldung mehr erfolgen. Der Benutzer muss sich für eine Art der Rückmeldung entscheiden.
Voraussetzung für die Rückmeldung ist der Status „Freigegeben“ oder zumindest „Teilfreigegeben“ im Fertigungsauftrag. Rückmeldungen können automatisch aus einem R/3-fremden Betriebsdatenerfassungssystem übernommen werden oder in R/3 manuell erfasst werden.

Abbildung 203: Rückmeldung von Ist-Daten

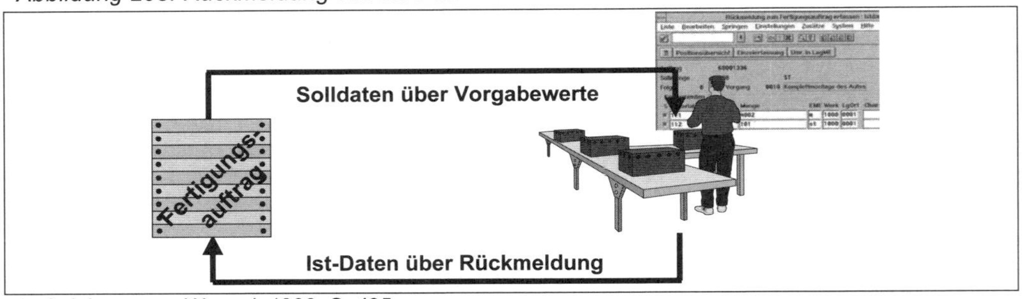

In Anlehnung an Wenzel, 1999, S. 495.

Für die Ist-Daten-Rückmeldung gibt es verschiedene Rückmeldearten z.B.:

- Einzelrückmeldung,
- Sammelrückmeldung,
- Standardrückmeldung (Rückmeldung der Soll-Werte als Ist-Werte) .

Jede erfasste oder automatisch erzeugte Rückmeldung kann vollständig rückgängig gemacht, d.h. storniert werden.[47] Die Rückmeldungen sorgen – wie alle anderen vorhergehenden Vorgänge - für eine Auftragsaktualisierung (Status).
Für die Fertigung eines Materials müssen die durch die Auftragsfreigabe entstandenen Reservierungen in physische Lagerbewegungen umgesetzt werden. Die Materialentnahme kann zu zwei Zeitpunkten geschehen. Entweder direkt als eigenständiger Vorgang bevor rückgemeldet wird oder retrograd, d.h. bei der Rückmeldung des Vorgangs/Auftrags, dem die jeweilige Materialkomponente zugeordnet ist.

7.4.6.1 direkte Materialentnahme

Die durch eine eigene Anwendung unterstützte direkte Materialentnahme gilt als Warenausgang mit der Bewegungsart 261 „Warenausgang zum Auftrag“. Sie wird im Ablauf vor der Rückmeldung durchgeführt und zwar zu dem Zeitpunkt zu dem die Materialien aus dem La-

[47] Vgl. Wenzel, 1999, S. 497.

ger tatsächlich für die Produktion entnommen werden. Analog zum Wareneingang im Einkauf wird ein Materialbeleg erstellt, der die Bestandsmengenveränderung dokumentiert.

Abbildung 204: Verbuchung der Materialentnahme

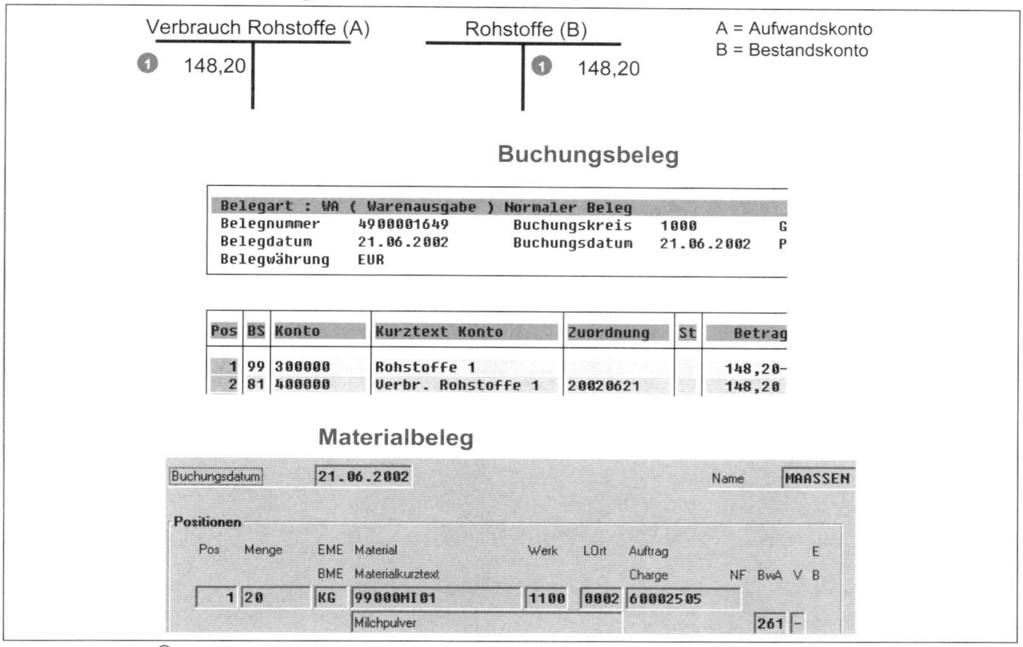

Bildschirmbild ©SAP AG

Ebenso entsteht ein Buchhaltungsbeleg. Die automatische Kontenfindung stützt sich wieder auf die Bewertungsklasse (Bestandskonto) und den Kontomodifikationsschlüssel der Bewertungsart (Verbrauchskonto). Konkret erfolgt eine Soll-Buchung vom Aufwandskonto auf die Haben-Seite des Bestandskontos. Die Abbildung 204 zeigt die Buchung am Beispiel einer Materialentnahme für einen Fertigungsauftrag im Wert von 148,20 € (20 KG).

Die Materialentnahme erfolgt mit Bezug zur Auftragsnummer oder Reservierungsnummer. Daher können die Materialkomponenten des Fertigungsauftrags zur Entnahme vorgeschlagen werden. Alle als entnommen gepflegten Materialkomponenten werden mit ihren Ist-Kosten im Auftrag nach Kostenart und Herkunft festgehalten. Eine ungeplante Entnahme, bspw. weil die im Auftrag angegebene Menge zu gering oder das Material gar nicht im Auftrag aufgeführt war, ist zulässig. Das System verlangt dafür die Auftragsnummer. Als Bewegungsart kann wieder die Art mit dem Schlüssel 261 verwendet werden. Da die Entnahme ungeplant ist, werden keine Vorschlagsdaten angeboten. Die Ist-Kosten des Auftrags werden der ungeplanten Entnahme entsprechend fortgeschrieben.[48]

7.4.6.2 Retrograde Materialentnahme

Anstelle der Warenausgangsbuchung bei der Materialentnahme ist auch eine retrograde Entnahme und damit die Buchung des Warenausgangs bei der Rückmeldung möglich. Bis dahin behalten die Materialien den Status reserviert und werden bei dispositiven Vorgängen als nicht frei verfügbar angesehen. Im Customizing der Rückmeldeparameter muss das

[48] Vgl. Möhrlen, SAP®-Kompendium, 1999, S. 389.

Kennzeichen „Warenbewegungen“ auf „off“ gesetzt werden, so das in der Warenbewegungsübersicht innerhalb der Rückmeldung nur retrograd zu entnehmende Materialien angezeigt werden. Die „nicht-retrograden“ Materialien müssen über die direkte Materialentnahme verbucht werden.

Abbildung 205: Customizing Rückmeldung

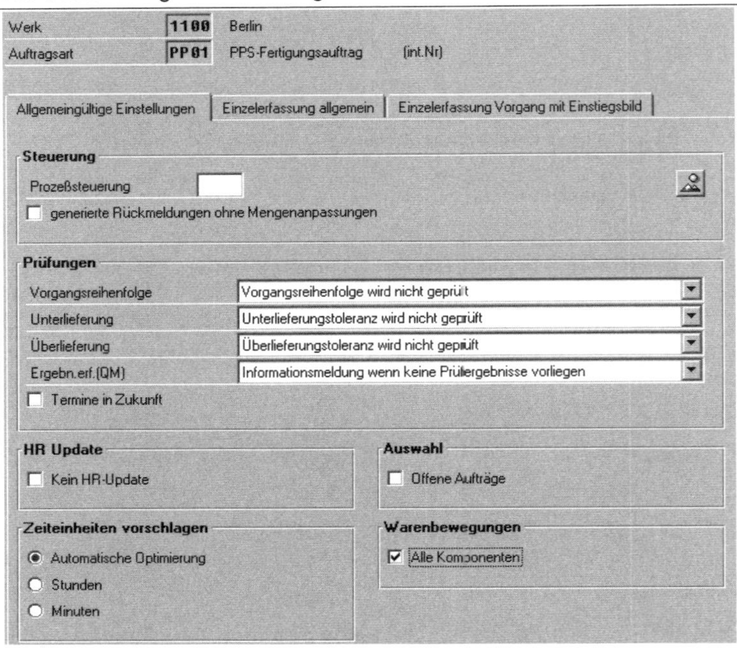

©SAP AG

Ist das Kennzeichen gesetzt, dann werden alle Materialien des Vorgangs, unabhängig davon ob sie als retrograd gekennzeichnet sind, zur Rückmeldung über tatsächlich verbrauchte Mengen angezeigt und auch verbucht. Es ist zu beachten, dass keine zusätzliche Materialentnahme durchzuführen ist, da sonst die Materialien doppelt auf den Auftrag gebucht werden.

Das Kennzeichen, ob ein Material retrograd zu entnehmen ist, kann wahlweise im Materialstammsatz (Sicht Disposition 2), im Arbeitsplatz oder im Arbeitsplan gepflegt werden. Die Verbuchung im Rahmen der Rückmeldung erfolgt bei Sicherung der Rückmeldung.

Abbildung 206: retrograde Warenentnahme im Zeitablauf

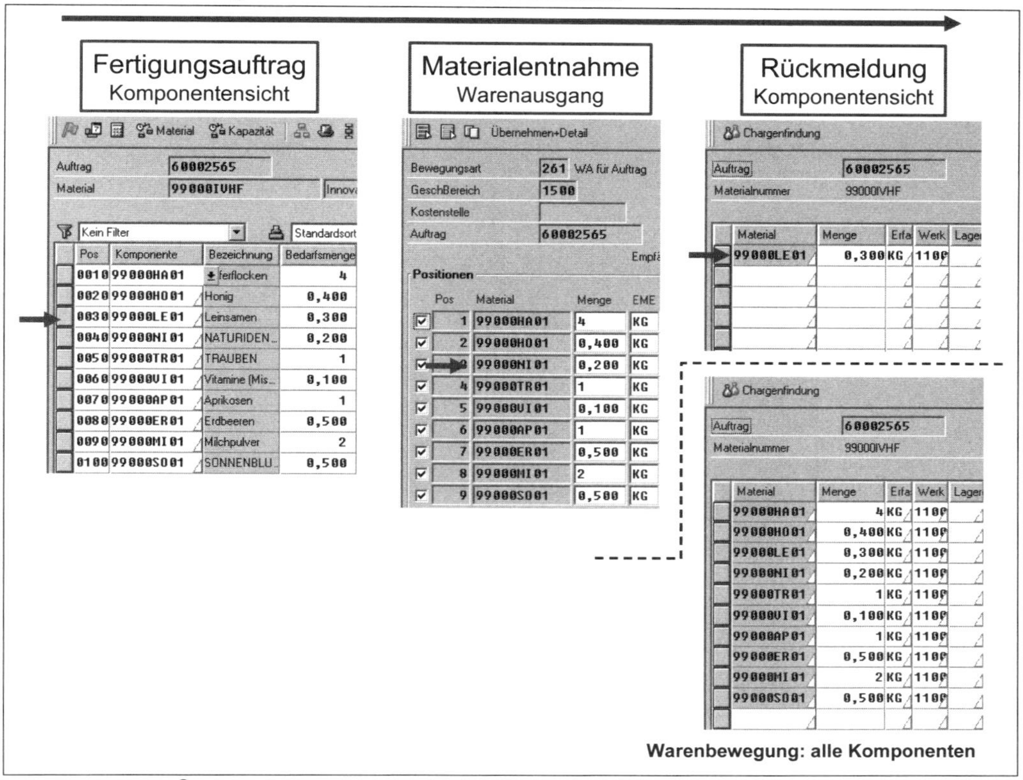

Bildschirmbilder ©SAP AG

7.4.7 Abrechnung und Wareneingang

Nach erfolgreicher Fertigung wird die Gutmenge als interne Warenbewegung in das Lager gebucht. Der Auftragsstatus wird aktualisiert. Die Lieferung aus dem Auftrag in das Lager führt zu einer Buchung vom Bestandskonto (fertige- bzw. unfertige) Erzeugnisse auf das Aufwands-/Ertragskonto Bestandsveränderungen. Der Fertigungsauftrag wird dadurch im Gegenzug entlastet.

Die Bewertung der gefertigten Materialien ist vom Preissteuerungskennzeichen des Materials (Materialstammdaten, Sicht Buchhaltung 1) abhängig. Bei der Preissteuerung S wird ein eventueller Unterschied zwischen dem gepflegten Bewertungspreis und den Herstellkosten im Preisdifferenzenkonto verbucht. Ist die Preissteuerung V im Stammsatz eingestellt und wird zu Herstellkosten bewertet, dann können Änderungen des gleitenden Durchschnittspreises verursacht werden. In Fortführung des Beispiels aus Abbildung 204 wird in der folgenden Abbildung die Verbuchung des Wareneingangs abgebildet. Die Bewertung erfolgt exakt zu den Herstellkosten von 500.

Abbildung 207: Verbuchung des Wareneingangs zum Auftrag in das Lager

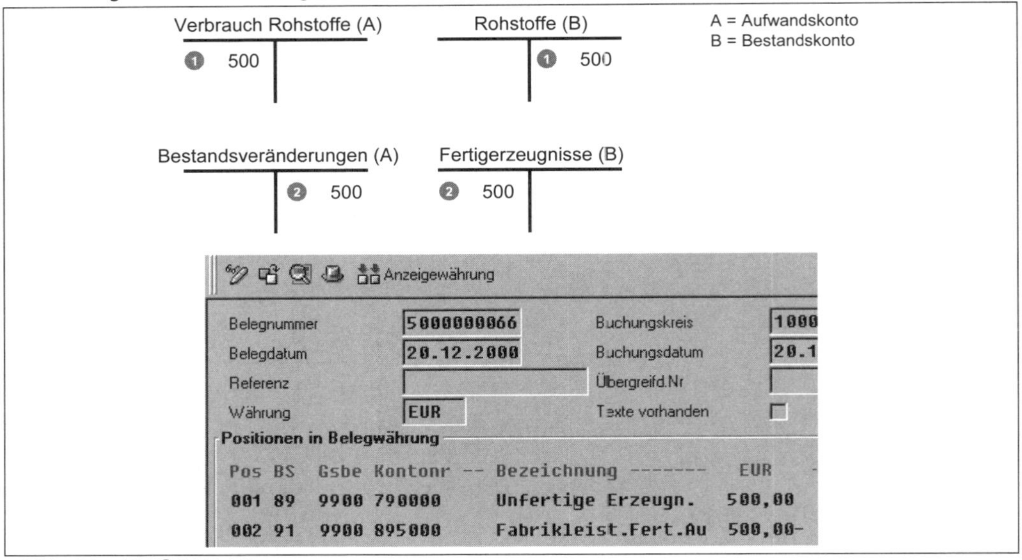

Bildschirmbild ©SAP AG

Die Wareneingangsbuchung wird mit der Bewegungsart „Wareneingang zum Auftrag in das Lager“ (Schlüssel 101) durchgeführt. Bei der Ablieferung in das Lager werden die im Fertigungsauftrag gepflegten Daten des Wareneinganges überprüft (z.B. auf Einhaltung von Über/Unterlieferungstoleranzen). Die Mengenerhöhung, d.h. die Erhöhung des Lagerbestandes, wird parallel zur finanzwirtschaftlichen Verbuchung durchführt.
Der Wareneingang kann automatisch als letzter Vorgang des Fertigungsauftrages (Einstellung im Fertigungssteuerungsprofil) oder manuell erfolgen.

Abbildung 208: Materialbeleg

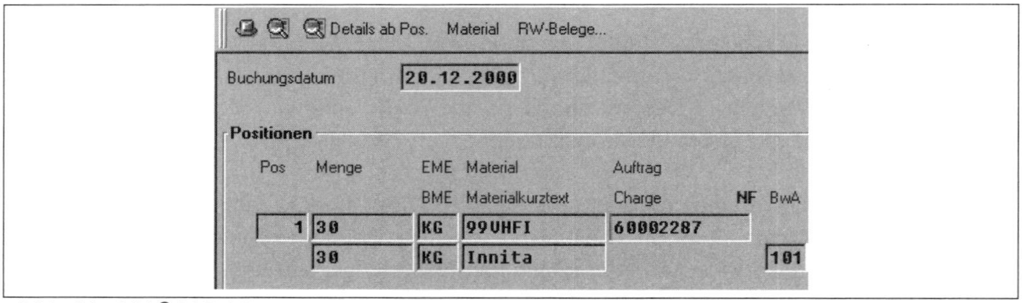

Bildschirmbild ©SAP AG

Bei der Entlastung des Fertigungsauftrags können auch alternative Empfängerobjekte anstelle des gefertigten Materials belastet werden, wie z.B. ein Kundenauftrag.
Fertigungsaufträge, die nicht mehr benötigt werden, (z.B. als Vorlage für neue Aufträge) werden archiviert und stehen damit den Prozessen in R/3 nicht mehr zur Verfügung. Zu gegebener Zeit können diese Aufträge dann physisch gelöscht werden.
Ein Fertigungsauftrag kann vorzeitig beendet werden, weil er beispielsweise nicht ordnungsgemäß durchgeführt wurde oder die Produktion nicht mehr notwendig ist. Der Abbruch wird über die Anwendung „technischer Abschluss“ realisiert. Es werden alle Reservierungen hin-

sichtlich Materialien und Kapazitäten gelöscht. Entstandene Bestellanforderungen (z.B. für Fremdvorgänge) werden ebenfalls gelöscht. Änderungen am Auftrag nach einem technischen Abschluss sind nicht mehr möglich. Es können aber noch weitere Buchungen mit Bezug zum Auftrag vorgenommen werden, z.B. für noch nicht gepflegte Rückmeldungen.
Die im Rahmen der Materialentnahme und dem Wareneingang von Erzeugnissen vorgestellten finanzwirtschaftlichen Buchungsschritte basieren auf dem so genannten Gesamtkostenverfahren. Das Gesamtkostenverfahren ist ein Verfahren zur Erstellung der Gewinn- und Verlustrechnung. Bei diesem Verfahren werden zunächst sämtliche Aufwendungen, die im Rahmen der Produktion anfallen, direkt als Aufwand verbucht (Materialentnahme/Rückmeldung). Gleiches gilt für weitere Aufwendungen wie Personal. Allerdings kann handelsrechtlich nur dann Aufwand in einer Periode 1 geltend gemacht werden, wenn die hergestellten Produkte (zum Aufwand) auch in der Periode 1 verkauft wurden. Der Aufwand von Produkten, die zwar in Periode 1 hergestellt wurden, aber in Periode 1 nicht verkauft wurden, muss also herausgerechnet werden. Die Aufwandseite der Gewinn- und Verlustrechnung (GuV) soll letztlich nur die Herstellungskosten der Produkte ausweisen, denen Umsatzerlöse (Erträge) gegenüberstehen. Dies gelingt, indem Mehrungen des Bestandes an fertigen und unfertigen Erzeugnissen in Höhe ihrer Herstellungskosten den Umsatzerlösen hinzugerechnet und Bestandsminderungen von den Umsatzerlösen abgezogen werden. Die Bestandveränderungen werden durch eine „körperliche" Bestandserfassung (Inventur) am Ende der Berichtsperiode erfasst. Dies erschwert im Prinzip eine unterjährige Berichterstattung.[49] Wie die Abbildung 207 aber zeigt, ist in R/3 durch die zeitgenaue Verbuchung beispielsweise eine monatliche Saldenanzeige für ein Erzeugniskonto möglich. In der Abbildung 209 wird das Beispiel fortgeführt. Fertigerzeugnisse zu Herstellkosten von 250 € werden verkauft. Mit der Buchung des Warenausganges bei Lieferung wird die Bestandsminderung an Fertigerzeugnissen gebucht (Bestandsveränderungen werden abhängig vom Vorgang in dem in IDES 4.6C verwendeten Kontenplan auf Konten mit der Nummer 89x gebucht).
Bei Rechnungserstellung (Faktura) wird der Buchhaltungsbeleg zur Verbuchung der Umsatzerlöse (406 € inkl. Steuern) erstellt. Die Aufwendungen in der Periode insgesamt betragen 500 €. Die Berechnung der tatsächlichen Aufwendungen geschieht, indem die nach dem Verkauf verbleibende Bestandsmehrung von 250 € zu den Umsatzerlösen hinzugerechnet wird.
Parallel dazu kann – nach entsprechender Vorbereitung im Customizing – das im angloamerikanischen Raum bevorzugte Umsatzkostenverfahren zur Erstellung der GuV verwendet werden. In Abgrenzung zum Gesamtkostenverfahren werden den Umsatzerlösen lediglich die Herstellungskosten des Umsatzes gegenübergestellt. Erst mit dem Zugang von Umsatzerlösen wird Aufwand in Höhe der Herstellungskosten verbucht. Die Sammlung dieser Kosten geschieht u.a. unter Zuhilfenahme der Kosten- und Leistungsrechnung.
Beide Verfahren führen – bei ansonsten gleicher Bewertung - letztlich zum gleichen Überschuss. Nach § 275 Abs. 1 HGB kann die Aufstellung der GuV wahlweise nach dem Gesamt- oder dem Umsatzkostenverfahren erfolgen.

[49] Vgl. Coenenberg, 1990, S. 284 f.

Abbildung 209: GuV nach dem Gesamtkostenverfahren (vereinfachtes Beispiel)

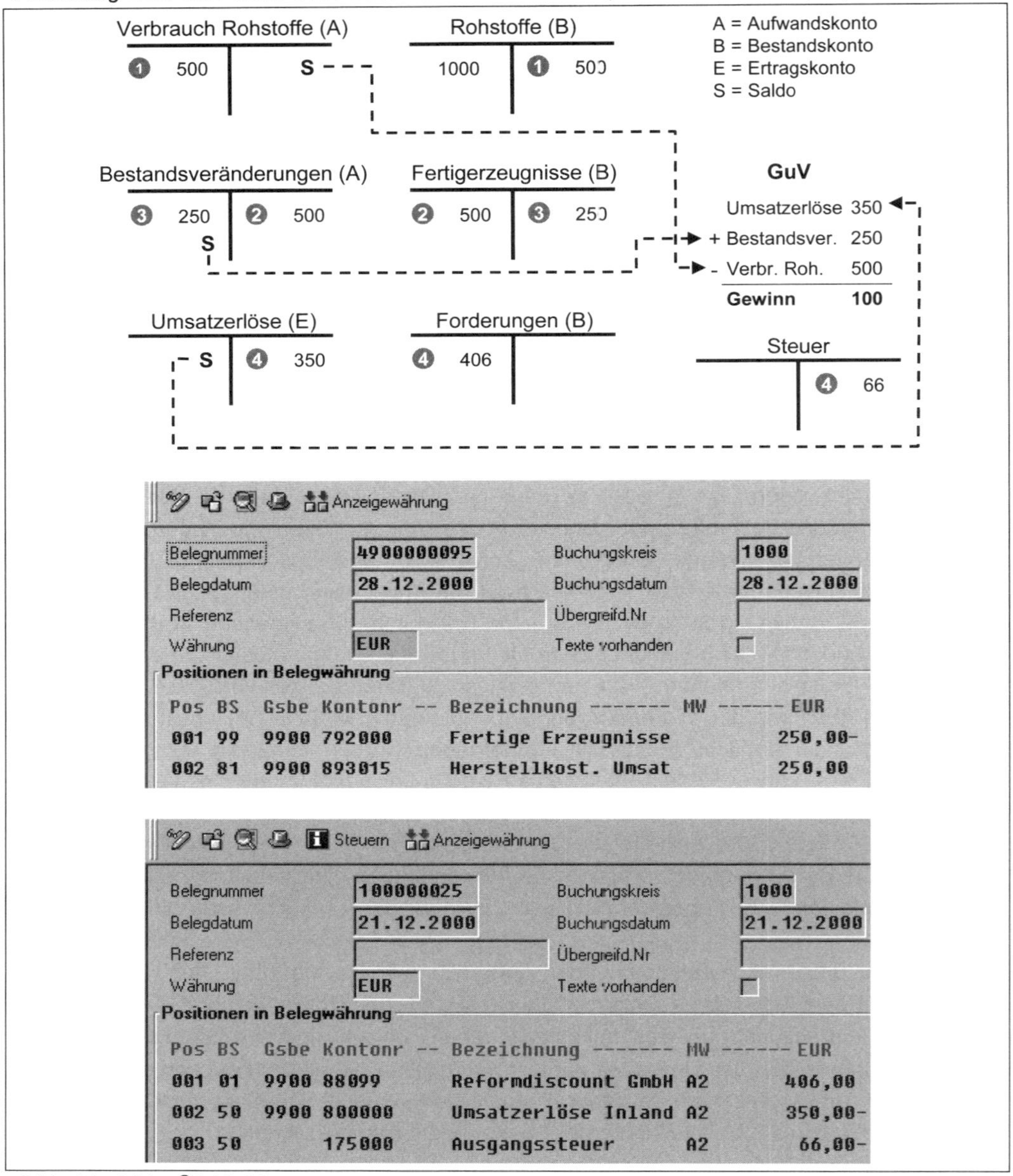

Bildschirmbilder ©SAP AG

7.4.8 Fallstudie - Fertigungsauftrag

Die Halbfabrikate und Fertigerzeugnisse werden auf Lager gefertigt. Zunächst sind für alle zu produzierenden Erzeugnisse manuell Fertigungsaufträge anzulegen und diese dann rückzumelden (es könnten auch mittels Disposition Planaufträge erstellt werden). Abschließend erfolgen die Wareneingangsbuchung der Erzeugnisse und eine Kontrolle der Ist-Kosten.

Aufgabe 24

Legen Sie Fertigungsaufträge manuell an (ohne Disposition). Von jedem Fertigerzeugnis sollen je 200 kg produziert werden. Daraus ergibt sich für die Halbfabrikate Innova Vital und Nussper Trio eine Mindestproduktionsmenge von je 400 kg. Dementsprechend ist für die Verfügbarkeit von Rohstoffen und Verpackungsmaterialien gemäß den Rezepturen aus den Stücklisten zu sorgen, falls dies noch nicht erfolgt ist. Planen Sie wahlweise Ausschussmengen. Nutzen Sie u.a. die Daten in den Pflegeanleitungen.

Hinweis: Das Anlegen der Fertigungsaufträge für die Halb- und Fertigerzeugnisse ist nur möglich, wenn für diese vorab die Buchhaltungssicht innerhalb des Materialstammes gepflegt wurde.

Aufgabe 25

Der Produktionsprozess wurde durch die Auftragsfreigabe gestartet. Zur Ermittlung der Ist-Kosten sind nun Rückmeldungen zum Fertigungsauftrag notwendig. Die zurückgemeldeten Werte sind so einzupflegen, dass sie den geplanten Werten entsprechen (Plan = Ist). Im Bereich Personal sind die innerhalb der Fallstudie angelegten Mitarbeiter und Strukturen zu verwenden. Die Fertigungsaufträge werden auftragsbezogen zurückgemeldet. Da die Materialien retrograd zu entnehmen sind, erfolgt die Ausbuchung über die Rückmeldung. Die Ausnahme hiervon bilden die Verpackungsmaterialien. Diese sind – sofern notwendig - über die Materialentnahme auszubuchen.

Aufgabe 26

Buchen Sie die Wareneingänge für die Halbfabrikate und Fertigerzeugnisse. Bei den Halbfabrikaten geht jeweils ein Kilogramm verloren.

Lagerort Halbfabrikate: 0900

Lagerort Fertigerzeugnis: 0002

Aufgabe 27

Kontrollieren Sie abschließend die entstandenen Ist-Kosten Ihrer Fertigungsaufträge und gehen Sie dabei wie in den Bildschirmbildern beschrieben vor.

Nachfolgend die verwendbaren Pflegeanleitungen:

- Fertigungsauftrag anlegen,
- Fertigungsauftrag auftragsbezogen rückmelden,
- Materialentnahme,
- Fehlerhafte Warenbewegungen nachbearbeiten,
- Wareneingang in das Lager buchen,
- Wareneingang stornieren,
- Endrückgemeldete Rückmeldung stornieren,
- Ist-Kosten kontrollieren.

Fertigungsauftrag anlegen

FENSTER	MENUEPFAD/EINGABE
	LOGISTIK ⇨ PRODUKTION ⇨ FERTIGUNGS-STEUERUNG ⇨ AUFTRAG ⇨ ANLEGEN ⇨ MIT MATERIAL
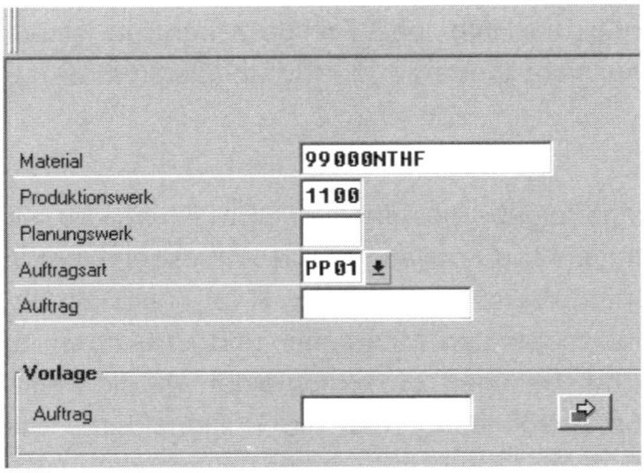	**Fertigungsauftrag anlegen: Einstieg** Material:*xx000NTHF* ▸ (xx = Gruppennummer) Fertigungsaufträge müssen sowohl für die Halbfabrikate als auch für die Fertigerzeugnisse angelegt werden, jedoch nicht für das Basismüsli. Produktionswerk: *1100* ▸ Werk, in dem das Material produziert wird. Das Planungswerk muss nur dann angegeben werden, sofern Produktionswerk und das Werk für den Wareneingang (Planungswerk) voneinander abweichen. Auftragsart: *PP01* ▸ Schlüssel, der die Aufträge hinsichtlich ihrer Verwendung unterscheidet (hier: interne Vergabe der Auftragsnummer) weiter
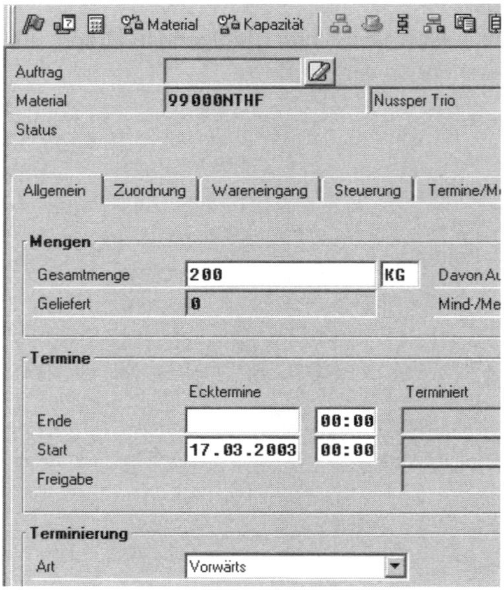	**Fertigungsauftrag anlegen: Kopf** Gesamtmenge: *y KG* ▸ Zu produzierende Menge unter Berücksichtigung des zu erwartenden Ausschusses. Davon Ausschuss: *0* ▸ Menge, die voraussichtlich als Ausschuss anfallen wird. R/3 berechnet die daneben ausgewiesene Prozentzahl. Start: *„heute“* TerminierArt: *Vorwärts* ▸ Das Ende-Datum wird dann bei der Terminierung automatisch berechnet. weiter ▸ Arbeitsplan und Stückliste werden übernommen. Die Materialverfügbarkeit wird geprüft. Ist nicht ausreichend Material vorhanden, dann erscheint eine Meldung.

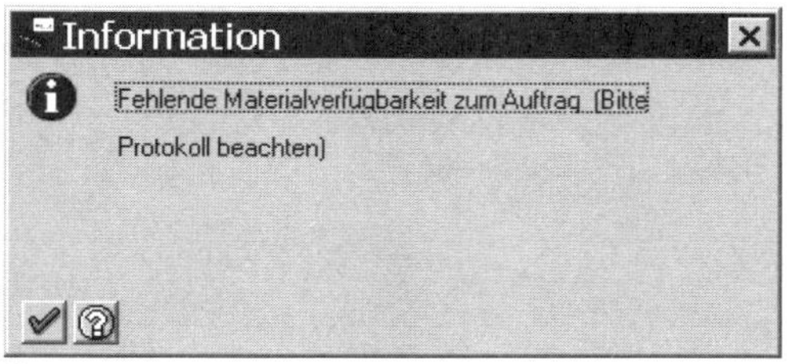

Über **SPRINGEN** ⇨ PROTOKOLLE ⇨ VERFÜGBARKEIT MATERIAL kann das Protokoll und damit die Fehlteile eingesehen werden.

Sind alle Materialien verfügbar, dann erscheint:

▸ Die Terminierung wird auch automatisch durchgeführt. Die Termine werden unter Berücksichtigung der Kapazitäten und deren Einsatzzeiten an den Arbeitsplätzen (aus dem Arbeitsplan) ermittelt.

Die Stati EROF, ABRV und MABS werden gesetzt. EROF steht für Fertigungsauftrag eröffnet. ABRV steht für die Abrechnungsvorschrift für Produktkostensammlung. MABS zeigt an, dass die Materialverfügbarkeit geprüft wurde.

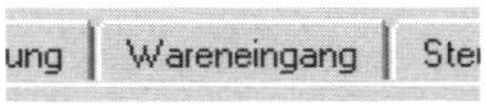

▸ weitere Bearbeitung unter Wareneingang

Fertigungsauftrag anlegen: Kopf

Lagerort: *0101*

▸z.B. Kühlhaus, der entsprechende Lagerort ist dem Materialstammsatz oder der Pflegeliste der Halbfabrikate und Fertigerzeugnisse zu entnehmen.

Über Vorgänge, Komponenten oder Folgen können übernommene Daten (Arbeitspläne, Stückliste) noch an aktuelle Situationen angepasst werden bzw. detaillierter angezeigt werden. Mit gelangt man jederzeit wieder zum Auftragskopf zurück.

anklicken, um zur Komponentenübersicht des Fertigungsauftrages zu gelangen.

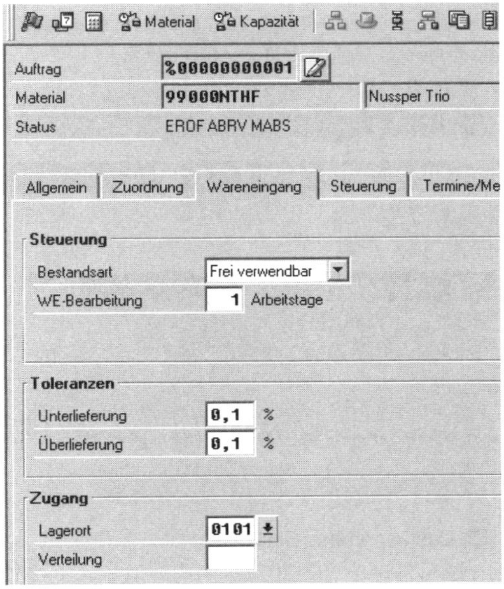

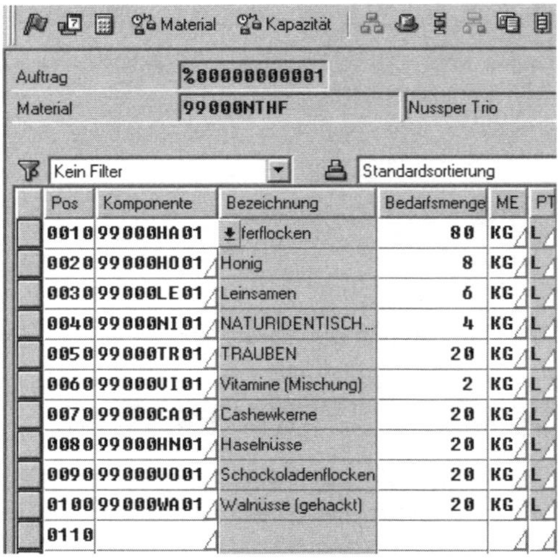

Fertigungsauftrag anlegen : Komponentenübersicht

- In die Spalte Lagerort (LOrt) muss für jedes Material der gewünschte Lagerort der Lagerentnahme eingepflegt werden, da es grundsätzlich möglich ist, Materialien in mehreren Lagerorten vorzuhalten und die Entnahme nur aus einem bestimmten Lagerort zu wünschen.
- Eine Auswahl des Lagerortes kann mittels F4-Suchhilfe oder über einen Klick auf erfolgen.

Mit gelangt man wieder zum Auftragskopf zurück.

- Durch Anklicken von Material wird die Prüfung der Materialverfügbarkeit (erneut) angestoßen. Dies kann erforderlich sein, wenn die Produktionsmenge oder die notwendigen Mengen der Einsatzmaterialien verändert werden.
- Ob eine erneute Verfügbarkeitsprüfung notwendig ist, erkennt man an dem Kürzel NMVP (Materialverfügbarkeit nicht geprüft) im Statusfeld unterhalb der Materialnummer.

- Nach erfolgter Verfügbarkeitsprüfung erscheint die folgende Meldung in der Statuszeile:

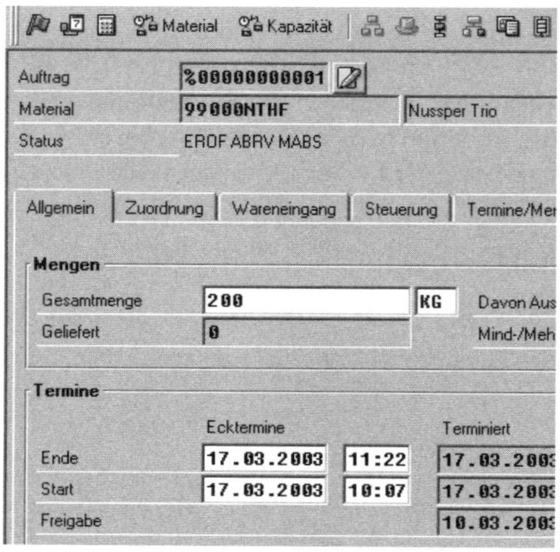

Fertigungsauftrag anlegen: Kopf

Kapazität anklicken.

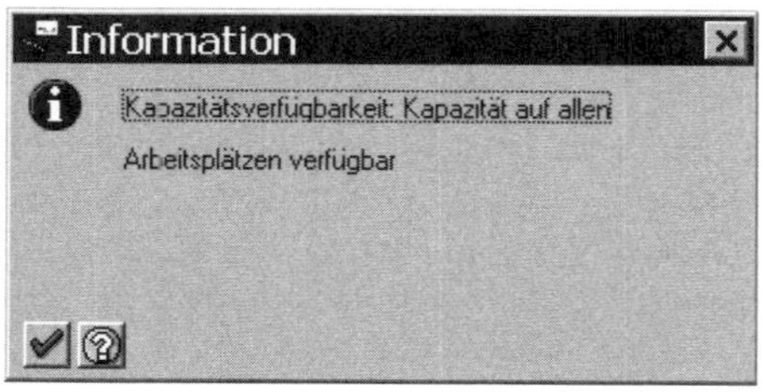

Bestätigen des Hinweises.

Bei Bedarf kann die Terminierung nochmals ausgeführt werden mit , allerdings muss dann

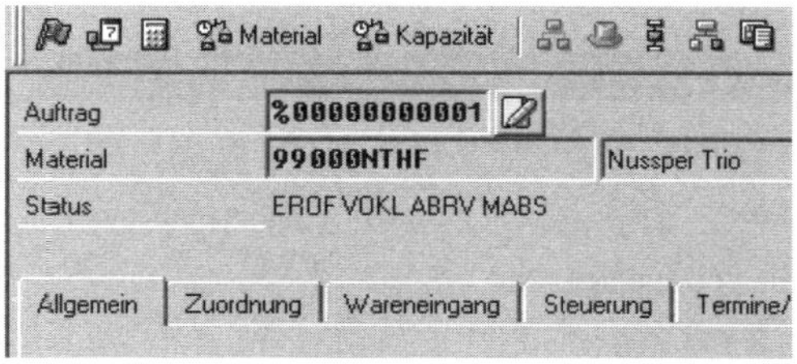

Kostenart	Kostenart (Text)	Plankosten gesamt
400000	Verbrauch Rohstoffe 1	768,86
619000	Dir.Leistungsverr. Fertigungsstunden	38,51
620000	Dir.Leistungsverr. Maschinenkosten	5,21
625000	Direkte Leistungsverr. Rüsten	0,42
625000	Direkte Leistungsverr. Rüsten	0,70
655100	Gemeinkostenzuschlag Rohmaterial	38,44
655300	Gemeinkostenzuschlag Verwaltung	170,43
655400	Gemeinkostenzuschlag Vertrieb	127,82
Belastung		**1.150,39**
895000	Fabrikleistung Fertigungs-Aufträge	851.234,00-
Lieferung		**851.234,00-**
		850.083,61-

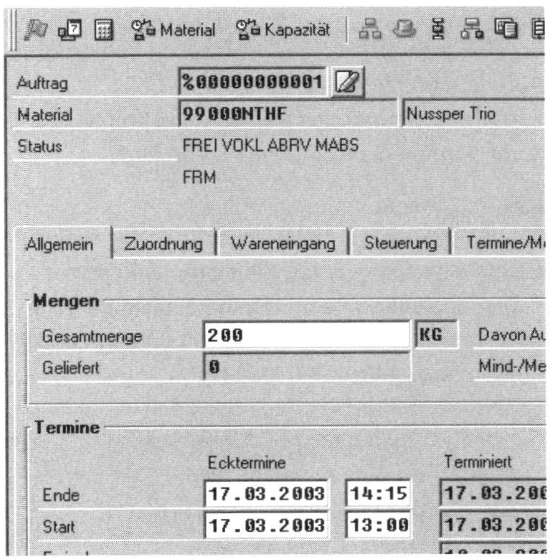

auch die Verfügbarkeitsprüfung nochmals durchgeführt werden.

anklicken, um die Kosten des Auftrages zu ermitteln. In der Statuszeile erscheint eine Ausführungsmeldung.

Kosten wurden ermittelt -> Siehe Kostenanzeige

▸ Der Status VOKL (Auftrag vorkalkuliert) wird hinzugefügt.

SPRINGEN ⇨ KOSTEN ⇨ ANALYSE

Fertigungsauftrag anlegen

▸ Hier kann die Kalkulation im Plan und Ist für den jeweiligen Fertigungsauftrag betrachtet werden. Ist der Fertigungsauftrag noch nicht zurückgemeldet, so sind lediglich die Plankosten sichtbar.

▸ Die Position „895000 Fabrikleistung Fertigungsauftrag“ stellt den Wert der Entlastung zum Zeitpunkt der Rechnung dar, d.h. im Prinzip Menge multipliziert mit dem Bewertungspreis (Herstellkosten!) aus dem Materialstammsatz (Sicht Buchhaltung 1).

Mit den Bericht wieder verlassen.

Fertigungsauftrag anlegen: Kopf

Freigabe anklicken

▸ Auftrag wird damit für die Produktion freigegeben.

zum Sichern des Auftrages.

Auftrag wurde mit der Nummer 60002632 gesichert

Wahlweise kann der Auftrag auch nachträglich über AUFTRAG ⇨ FUNKTIONEN ⇨ FREIGEBEN freigegeben werden.

Materialentnahme

FENSTER	MENUEPFAD/EINGABE

LOGISTIK ⇨ MATERIALWIRTSCHAFT ⇨ BESTANDSFÜHRUNG ⇨ WARENBEWEGUNG ⇨ WARENAUSGANG

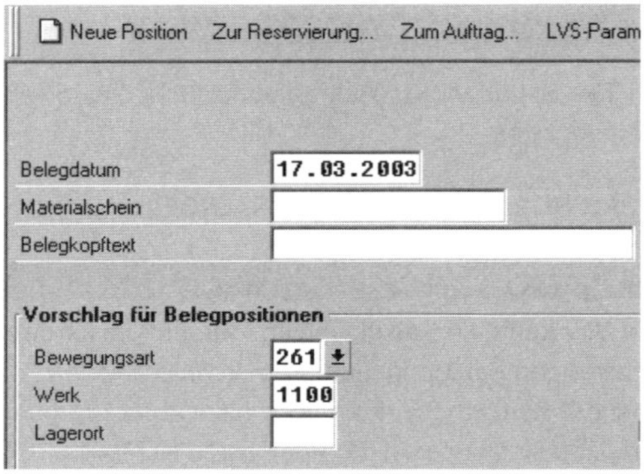

Warenausgang erfassen: Einstieg

Belegdatum: *Entnahmetag*

Werk: *1100*

Bewegungsart: *261*

anklicken, um einen Bezug zum Fertigungsauftrag herzustellen. Die Bewegungsart 261 „Verbrauch für Auftrag aus dem Lager“ wird automatisch vom System eingesetzt.

Auftrag: *60002633*

‣ Auftragsnummer des Fertigungsauftrages, dadurch werden die Komponenten ermittelt.

 weiter

‣ Erscheint die folgende Meldung, dann ist der Fertigungsauftrag vermutlich noch nicht freigegeben, weswegen keine Materialentnahmen auf den Auftrag gebucht werden können.

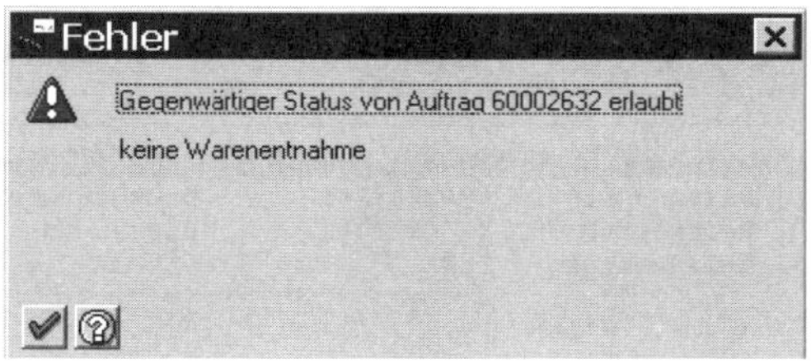

Erscheint die folgende Meldung, dann dürfen die zu entnehmenden Materialien nur retrograd entnommen werden (d.h. über die Rückmeldung).

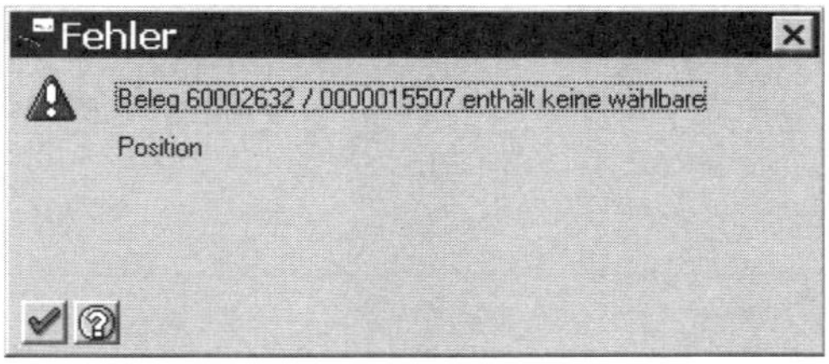

Warenausgang erfassen: Auswahlbild

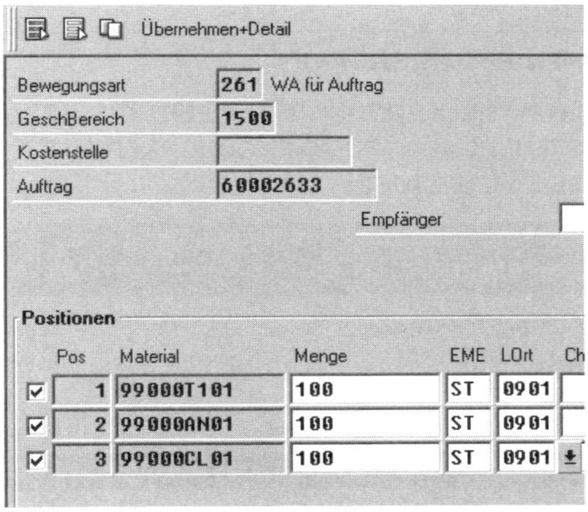

Lagerort: *0901*

Es werden nur die nicht-retrograden Materialien angezeigt. Zur Erinnerung das Fertigerzeugnis Nussper Trio 1kg Tüte besteht aus

99000NTHF,
99000T101,
99000AN01,
99000CL01.

99000NTHF soll aber retrograd, d.h. über die Rückmeldung, entnommen werden. Es wird daher nicht angezeigt.

übernehmen

Warenausgang erfassen: Übersicht

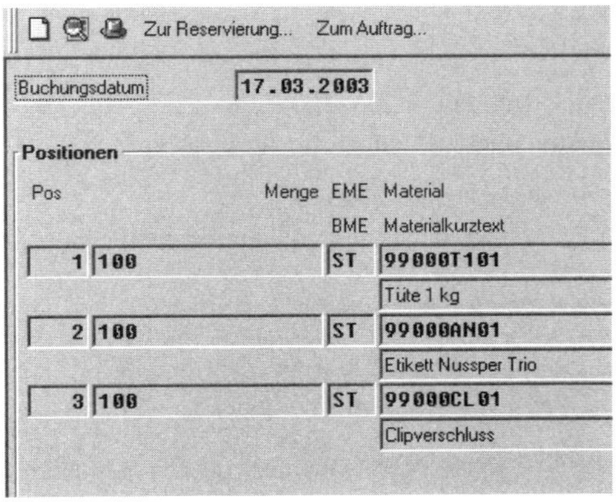

sichern

Beleg 4900000106 gebucht

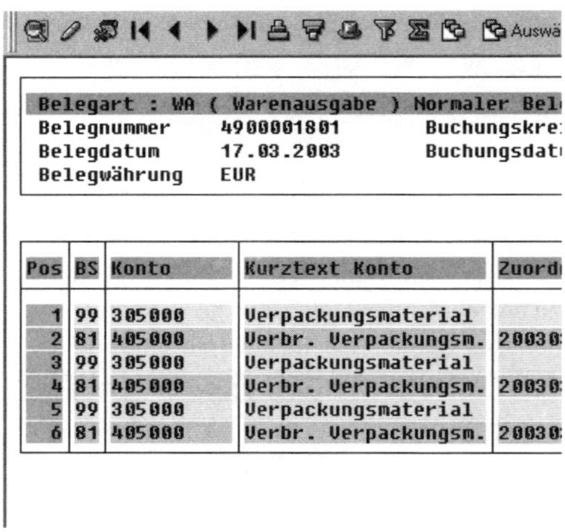

▸ Der zugehörige Buchhaltungsbeleg zeigt die durchgeführten Veränderungen bei den Bestandswerten.

Fertigungsauftrag auftragsbezogen rückmelden

FENSTER	MENUEPFAD/EINGABE
	LOGISTIK ⇨ PRODUKTION ⇨ FERTIGUNGSSTEUERUNG ⇨ RÜCKMELDUNG ⇨ ERFASSEN ⇨ ZUM AUFTRAG
	**Rückmeldung zum Fertigungsauftrag erfassen: Einstieg** Auftrag: *60002632* weiter
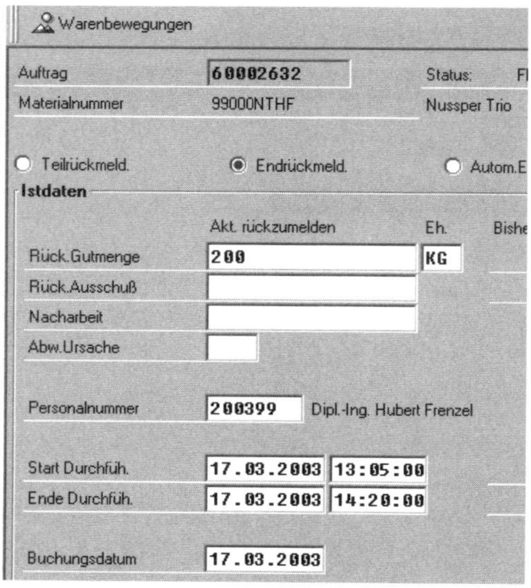	**Rückmeldung zum Fertigungsauftrag erfassen** Endrückmeld. ▸ Es werden keine weiteren Rückmeldungen erwartet. Rück.Gutmenge: *200 ST* ▸ Gutmenge wie geplant zurückmelden. Personalnummer: *2003xx* ▸ Personalnummer des neu eingestellten Mitarbeiters. Start Durchfüh.: *tt.mm.jjjj hh:mm:ss* Ende Durchfüh.: *tt.mm.jjjj hh:mm:ss* ▸ Durchführungszeiten wie geplant. Warenbewegungen anklicken, um die geplanten Warenmengen zu bestätigen bzw. zu korrigieren.

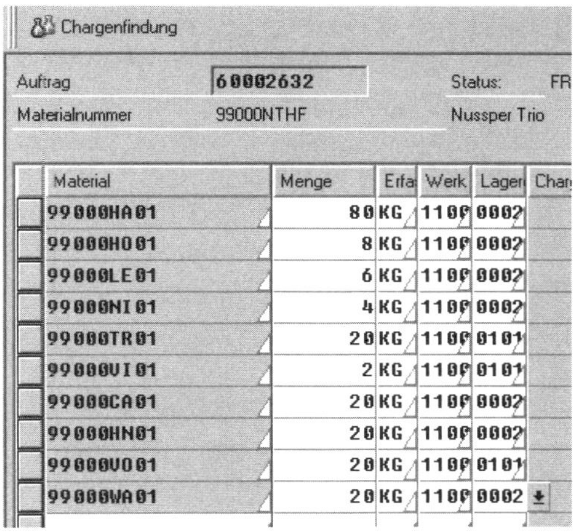

Rückmeldung zum Fertigungsauftrag erfassen: Warenbewegungen

- Hier könnten die Warenbewegungen einer abweichenden Realität angepasst werden.
- U.U müssen die Lagerorte gepflegt werden

zurück zum Kopfbild oder

zum Speichern der Rückmeldung.

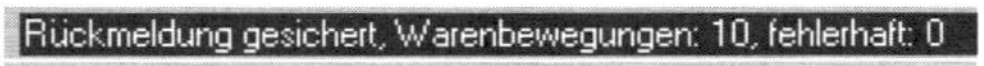

Fehlerhafte Warenbewegungen nachbearbeiten

FENSTER	MENUEPFAD/EINGABE

- Wenn Fehler bei der Warenbewegung aufgetreten sind (siehe Meldung in Statuszeile nach Rückmeldungsbuchung), können diese nachbearbeitet werden, so dass die Warenbewegungen richtig durchgeführt werden können. Häufigster Fehler bei der Fallstudie: Pflege der Lagerorte bei den Rückmeldungen vergessen.

LOGISTIK ⇨ PRODUKTION ⇨ FERTIGUNGSSTEUERUNG ⇨ RÜCKMELDUNG ⇨ NACHBEARBEITUNG ⇨ WARENBEWEGUNG

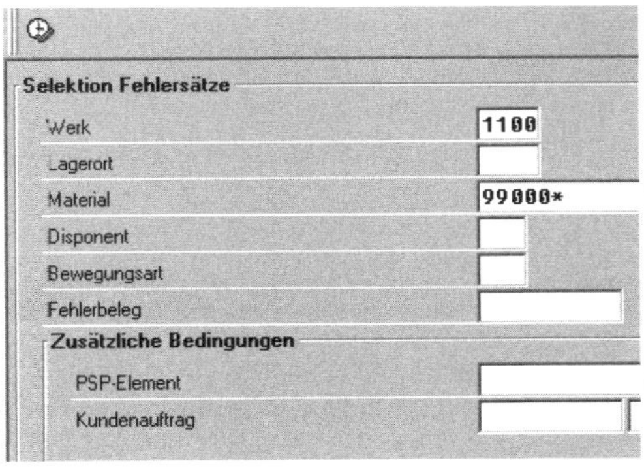

Nachbearbeitung von Fehlersätzen aus automatischen Warenbewegungen

- Eingabe von Werten zur Selektion

Werk: *1100*

Material: *xx000**

ausführen

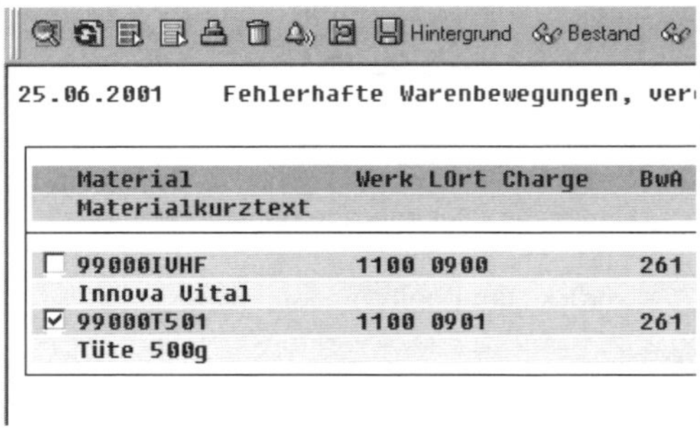

Fehlerhafte Warenbewegungen, verdichtete Anzeige

Materialien auswählen, die nachbearbeitet werden sollen ☑.

Fehler anzeigen anklicken, um den Fehlergrund zu erfahren.

Ändern Detail anklicken, um die Warenbewegung nachzubearbeiten.

Die eventuelle Änderung sichern.

Wareneingang in das Lager buchen

FENSTER	MENUEPFAD/EINGABE
	LOGISTIK ⇨ MATERIALWIRTSCHAFT ⇨ BESTANDSFÜHRUNG ⇨ WARENBEWEGUNG ⇨ WARENEINGANG ⇨ ZUM AUFTRAG

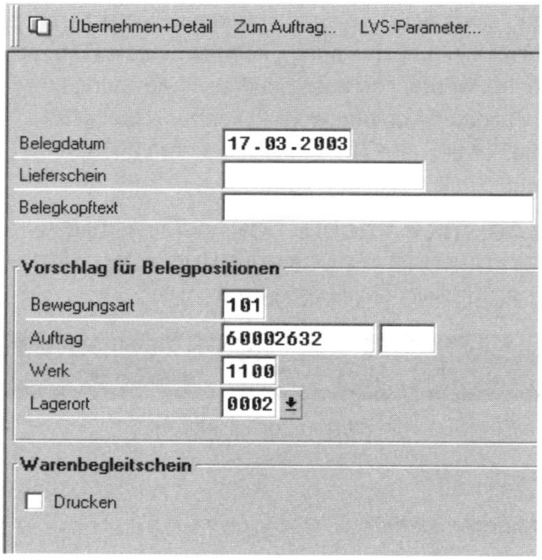

Wareneingang zum Auftrag: Einstieg

Bewegungsart: *101*

- Wareneingang zum Auftrag in das Lager.

Auftrag: *60002632*

- Auftragsnummer des angestoßenen Fertigungsauftrages.

Werk: *1100*

- Berlin.

Lagerort: *0002*

weiter

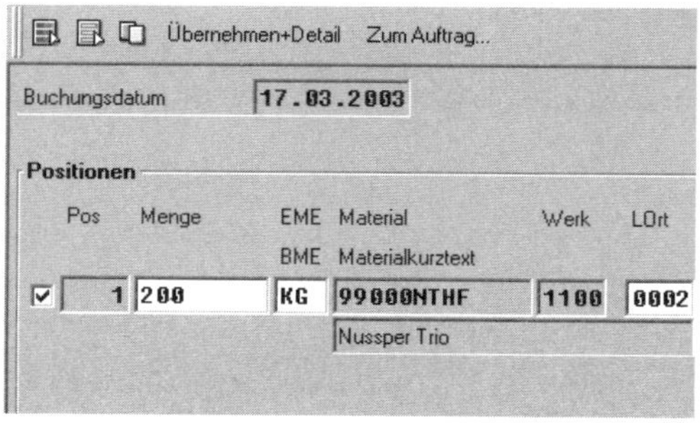

Wareneingang zum Auftrag: Neue Position

- Vorgeschlagene Werte können übernommen werden, sofern die Mengen stimmen, d.h., der Lagermitarbeiter gibt hier an, wie viele Fertigerzeugnis tatsächlich ins Lager eingehen. Der tatsächliche Ausschuss der Produktion und andere Verluste sind hier also zu berücksichtigen (vielleicht hatte ja zwischendurch jemand Lust auf Müsli).

W: FA Auftragsmenge um 1,000 KG unterschritten

▸ Warnmeldung, dass die Auftragsmenge um 1,0 KG unterschritten wurde (Ausschuss). Diese Meldung tritt bei einer entsprechend vom Vorschlag abweichenden Menge auf.

Mit weiter kann die Warnung „quittiert" werden.

▸ Die zu erfassende Gutmenge wird automatisch übernommen.

Herstelldatum: *keine Eingabe*
▸ Halbfabrikate werden hier unmittelbar weiterverarbeitet und tragen somit kein Haltbarkeitsdatum.

übernehmen

Wareneingang zum Auftrag: Übersicht 0001 / 0001

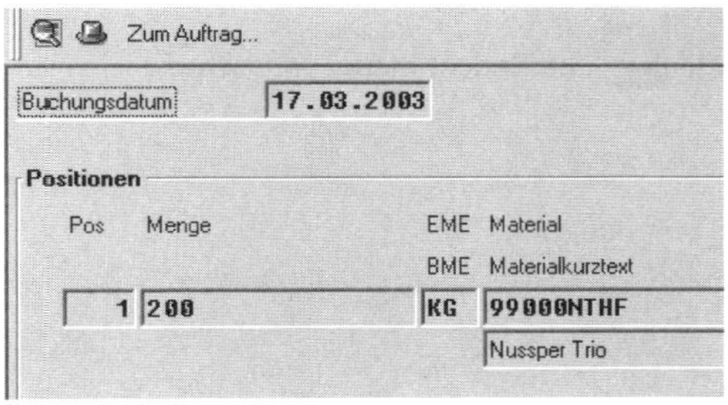

sichern

Beleg 5000003613 gebucht

Ist-Kosten kontrollieren

FENSTER	MENUEPFAD/EINGABE
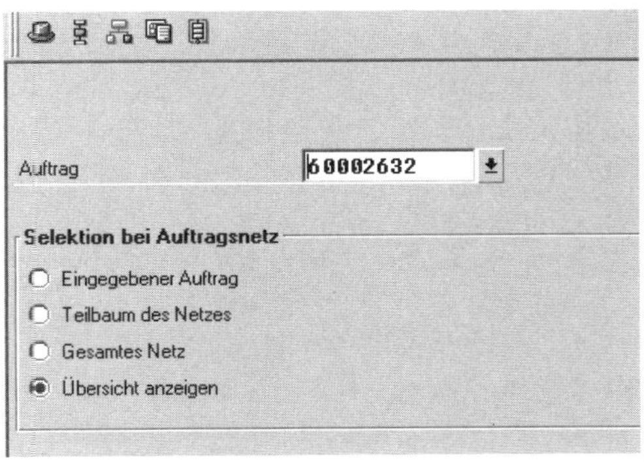	**LOGISTIK** ⇨ PRODUKTION ⇨ FERTIGUNGS-STEUERUNG ⇨ AUFTRAG ⇨ ANZEIGEN **Fertigungsauftrag anzeigen: Einstieg** Auftrag: 60002632 ▸ Die richtige Auftragsnummer ist den eigenen Unterlagen zu entnehmen. weiter

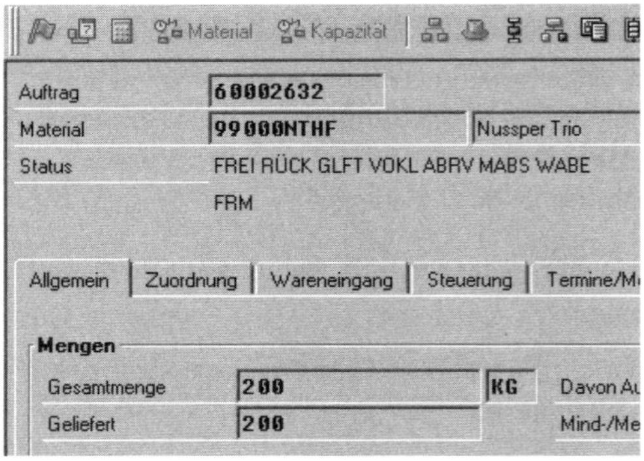

Fertigungsauftrag anzeigen: Kopf

Weitere Stati sind hinzugekommen, z.B. RÜCK (rückgemeldet).

SPRINGEN ⇨ KOSTEN ⇨ ANALYSE

Analysieren Kosten: Ergebnis

- Ansicht des Plan/Ist-Vergleichs der Kosten, verursacht durch den Fertigungsauftrag.
- Nachdem der Fertigungsauftrag zurückgemeldet wurde, sind auch die Ist-Kosten kalkuliert.

Mit den Bericht wieder verlassen.

Wareneingang stornieren

<table>
<tr><th>FENSTER</th><th>MENUEPFAD/EINGABE</th></tr>
<tr><td></td><td>LOGISTIK ⇨ MATERIALWIRTSCHAFT ⇨ BESTANDSFÜHRUNG ⇨ WARENBEWEGUNG ⇨ WARENEINGANG ⇨ ZUM AUFTRAG</td></tr>
<tr><td>
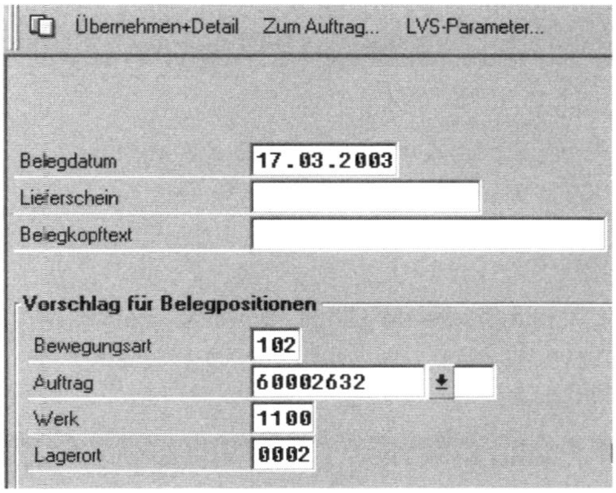

</td><td>
Wareneingang zum Auftrag: Einstieg
Bewegungsart: 102
▸ Wareneingang zum Auftrag in das Lager – Storno.
Auftrag: 60002632
weiter
</td></tr>
<tr><td>
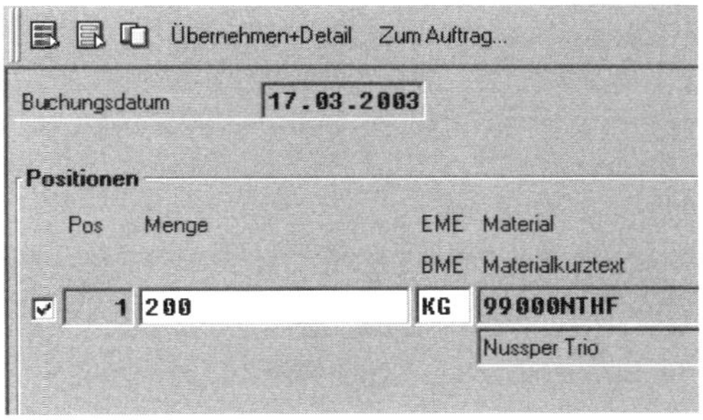

</td><td>
Wareneingang zum Auftrag: Auswahlbild 0001
▸ Die angezeigten Daten werden storniert.
übernehmen und sichern
Beleg 5000003614 gebucht
</td></tr>
</table>

Endrückgemeldete Rückmeldung stornieren

FENSTER	MENUEPFAD/EINGABE

LOGISTIK ⇨ PRODUKTION ⇨ FERTIGUNGS-STEUERUNG ⇨ RÜCKMELDUNG ⇨ STORNIEREN

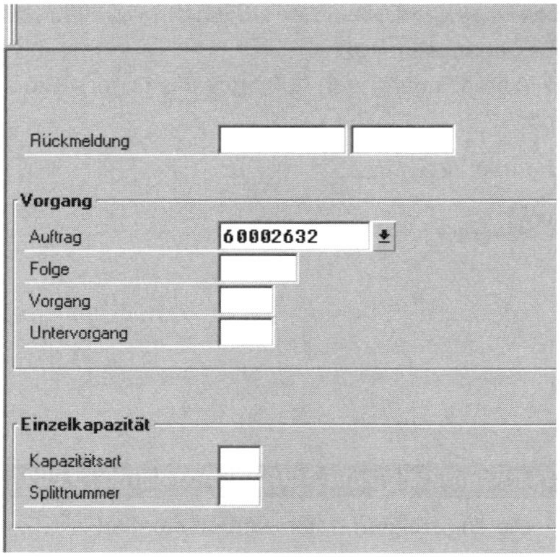

Rückmeldung zum Fertigungsauftrag stornieren: Einstieg

Auftrag: *60002632*

‣ Wahlweise können hier vorab schon Folgen oder Vorgänge ausgewählt werden.

 weiter

‣ Sind mehrere Vorgänge vorhanden und es wurde vorab keine ausgewählt, so wird ein Auswahlbild gezeigt.

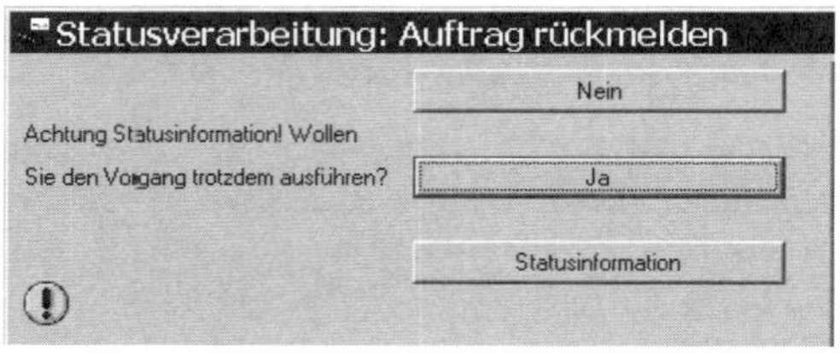

Ja

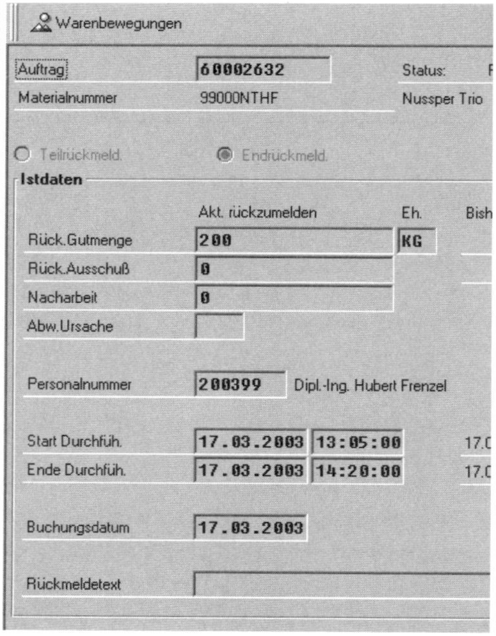

Rückmeldung zum Fertigungsauftrag stornieren: Istdaten

Register können zur Datenanzeige verwendet werden.

Endgültige Stornierung über  sichern

8 Vertrieb

Die Anwendungskomponenten des Vertriebs (SD) unterstützen die Vertriebsaktivitäten mit Anwendungen zur Auftrags-, Versand- und Lieferungsbearbeitung sowie der Fakturabearbeitung. Die Anwendungen sollen an einem Beispiel dargestellt werden:

- Gibt der Kunde eine Bestellung auf, so wird ein Auftrag mit den gewünschten Produkten, den Verkaufspreisen und dem Wunschlieferdatum erfasst.
- Die Ware wird zusammengestellt und kommissioniert (d.h. für die Lieferung vorbereitet), der Warenausgang verbucht und dazu ein Lieferschein gedruckt.
- Eine Rechnung zu dem Auftrag wird verbucht (Forderung) und an den Kunden gesendet (Nachricht).

Der Vertriebsvorgang endet mit dem Zahlungseingang des Kunden. Optional kann dem Kundenauftrag eine Anfrage vom Kunden bzw. ein Angebot vorausgehen. Auch im Vertrieb gilt wieder das Belegprinzip. Die Abbildung 210 zeigt den Vertriebsablauf am Beispiel der Fallstudie.

Abbildung 210: Kunde und Unternehmen im Vertriebsprozess

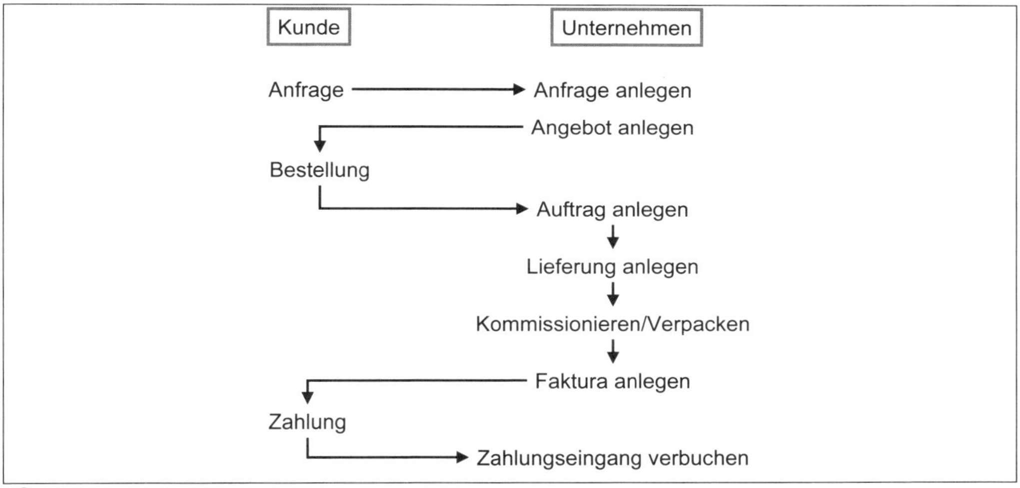

©SAP AG

Es ist besonders zu bemerken, dass der Vertrieb sowohl mit der Produktion als auch mit dem Einkauf kommunizieren muss. So wird beispielsweise im Rahmen einer kundenindividuellen Produktion nach Eingang des Kundenauftrages der Bedarf an die Produktion übergeben. Diese greift dann wieder auf Daten der Materialwirtschaft zurück. Im Rahmen der anonymen Produktion wird in der Regel auf Lager produziert und anschließend über die Vertriebsorganisation verkauft.

8.1 Organisationsebenen für den Vertrieb

Die Organisationsebenen im Vertrieb bilden im Prinzip eine eigene Einheit. Sie werden wegen ihrer relativen Loslösung von der Hauptachse Mandant-Buchungskreis häufig auch als „eigenes Unternehmen" betrachtet. Die Organisationsebenen des Vertriebs umfassen im Wesentlichen die Elemente:

- Verkaufsorganisation,
- Vertriebsweg,
- Sparte,
- Vertriebsbereich.

Die Verkaufsorganisation repräsentiert den verkaufenden Bereich des Unternehmens. Sie definiert die verkaufende Organisation im (handels)rechtlichen Sinne, d.h. sie ist verantwortlich bei Produktmängeln, Produkthaftung oder Regressansprüchen. Sämtliche Geschäftsvorfälle des Vertriebs werden jeweils innerhalb einer Verkaufsorganisation abgewickelt. Darüber hinaus kann über die Bildung von Verkaufsorganisationen eine regionale Untergliederung der Verkaufsgebiete vorgenommen werden z.B. in ein Verkaufsgebiet Westfalen und ein Verkaufsgebiet Rheinland. Es können demnach mehrere Verkaufsorganisationen existieren.
Zur Abbildung verschiedener Absatzkanäle, über die ein Kunde beliefert werden kann (z.B. Verkauf an Groß- oder Einzelhändler oder Werkverkauf direkt an den Endverbraucher), können innerhalb der Verkaufsorganisation Vertriebswege eingerichtet werden. Da dieses Element nur interne Wirkung hat, können die Vertriebswege anstelle von Absatzkanälen auch nach Leistungen für eine bestimmte Produktart differenziert werden. Beispielsweise könnte das Neu-, Wartungs- und Modernisierungsgeschäft bei Eisenbahnwaggons durch Vertriebswege in R/3 repräsentiert werden.
Die Vertriebswege wiederum können in Verkaufsprodukte oder auch Leistungen gegliedert werden. Die Unterteilung kann sich sowohl auf einzelne Produkte wie z.B. Aufzüge und Fahrtreppen beziehen, es können aber auch Produktgruppen wie z.B. Medizintechnik und Entsorgungstechnik unterschieden werden. Das Ergebnis der Trennung wird als Sparte bezeichnet.
Die Verkaufsorganisation steht also für einen bestimmten Verkaufsbereich (rechtlich, Gebiet), der Vertriebsweg bestimmt grundsätzlich die Absatzkanäle und die Sparte differenziert Leistungen oder Produkte. Damit ein Reporting entlang dieser Ebenen bzw. Dimension möglich ist, werden die Ebenen den Stamm- und Bewegungsdaten mitgegeben. Welche Ebenenkombinationen zulässig sind, z.B. Verkaufsorganisation Nord, Vertriebsweg Großhändler, Sparte Reifen, wird im Customizing der Unternehmensstruktur festgelegt.

Abbildung 211: Kundenauftrag anlegen

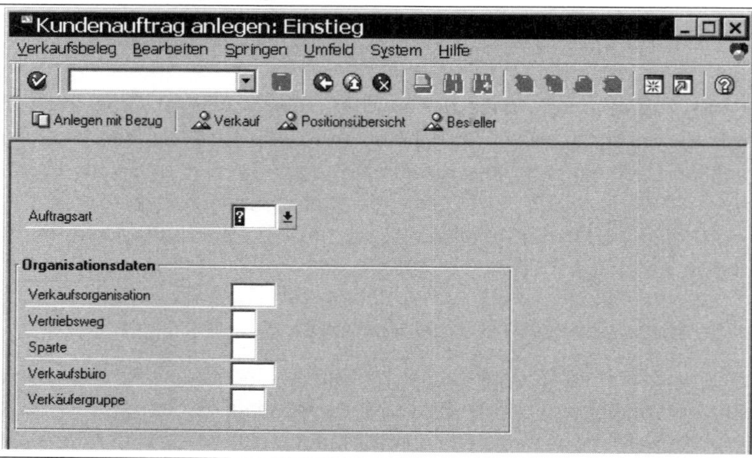

©SAP AG

Für Vertriebsaktivitäten ist also (im Customizing) die Einrichtung und Zuordnung der Verkaufsorganisation, des Vertriebswegs und der Sparte erforderlich. Für den Fall, dass ein Unternehmen eine derartige Differenzierung der Vertriebsaktivitäten nicht benötigt, müssen Vertriebsweg und Sparte trotzdem eingerichtet werden. So sei z.B. nur ein Vertriebsweg vorhanden und eine Unterscheidung von Sparten sei nicht sinnvoll. Dann sollten hier ein Vertriebsweg und eine Sparte eingerichtet und diese zusammen mit der Verkaufsorganisation allen entsprechenden Vorgängen zugeordnet werden.
Die Kombination aus Verkaufsorganisation, Vertriebsweg und Sparte wird als Vertriebsbereich bezeichnet. Mit dem Vertriebsbereich besteht zum einen die Möglichkeit, durchgängige Vertriebsstrukturen abzubilden, z.B. den Bücherverkauf (Sparte) durch Vertreter (Vertriebsweg) im Großraum Köln (Verkaufsorganisation). Zum anderen kann die Definition der genannten Schlüssel eines Vertriebsbereiches auch an den Anforderungen eines quantitativen Controllings ausgerichtet sein, um beispielsweise Verkaufszahlen oder Kosten auszuwerten. Die Abbildung 212 zeigt noch einmal die Strukturelemente Verkaufsorganisation, Vertriebsweg und Sparte mit ihren Abhängigkeiten. Die Verkaufsorganisation ist direkt dem Mandanten „unterstellt", was durch die gestrichelte Verbindung angedeutet wird. Tatsächlich erfolgt die Anbindung der Vertriebsstrukturen über Werk und Buchungskreis.

Abbildung 212: Vertriebsbereich

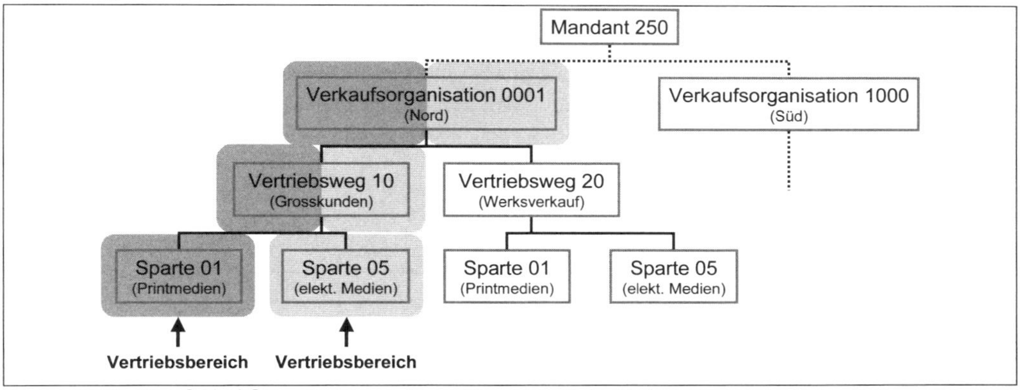

In Anlehnung an SAP AG

Die Verknüpfung zur Hauptachse Mandant – Buchungskreis geschieht über die Geld- und Güterströme. Dazu wird i. S. der Güterströme die Kombination aus Verkaufsorganisation und Vertriebsweg (sog. Vertriebslinie) einem oder mehreren Werk(en) zugeordnet. Ein Werk kann mehrere Vertriebslinien „beliefern". Verkaufseinheiten können so von unterschiedlichen Werken (und deren angegliederten Lagern) Güter zum Zwecke des Verkaufs und Versands beziehen. Die folgende Abbildung gibt einen Einblick in die Zuordnung von Vertriebslinien (Verkaufsorganisationen-Vertriebsweg) und Werken. Die Vertriebslinie 1000-10 verkauft aus dem Werk 1000, 1100, etc., Vertriebslinie 1020-22 bezieht Material ebenfalls aus den Werken 1000 und 1100.

Abbildung 213: Beziehung zwischen Vertrieb und Materialwirtschaft

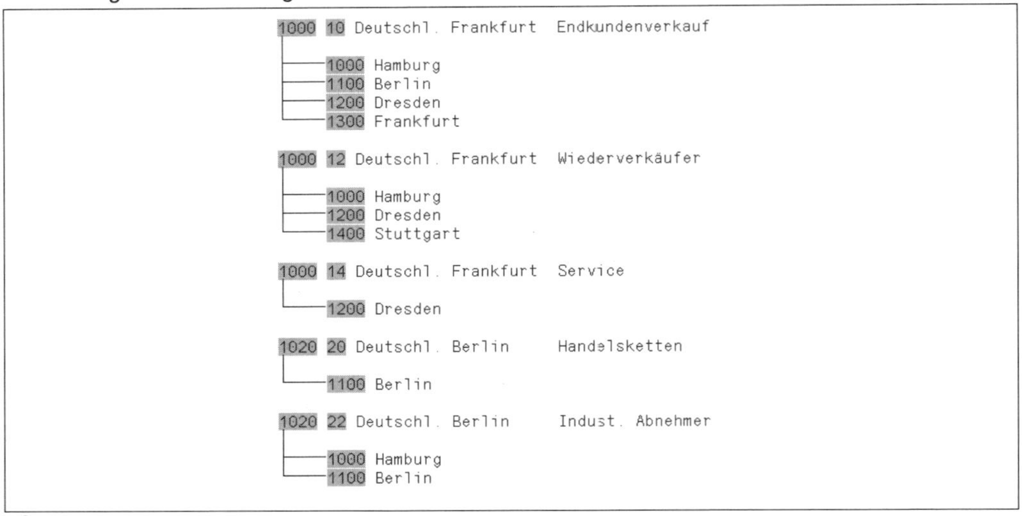

©SAP AG.

Zur Steuerung der finanzwirtschaftlichen Ströme erfolgt die Zuordnung der Verkaufsorganisation zu dem Buchungskreis, dem auch die vorgenannten Werke angehören. Aus Sicht der Verkaufsorganisation besteht zum Buchungskreis eine eindeutige Beziehung, d.h. eine Verkaufsorganisation kann nur einem Buchungskreis zugeordnet werden. Umgekehrt können einem Buchungskreis mehrere Verkaufsorganisationen zugeordnet werden.

Abbildung 214: Die Verkaufsstrukturen und ihre Anbindung an die übrige Struktur

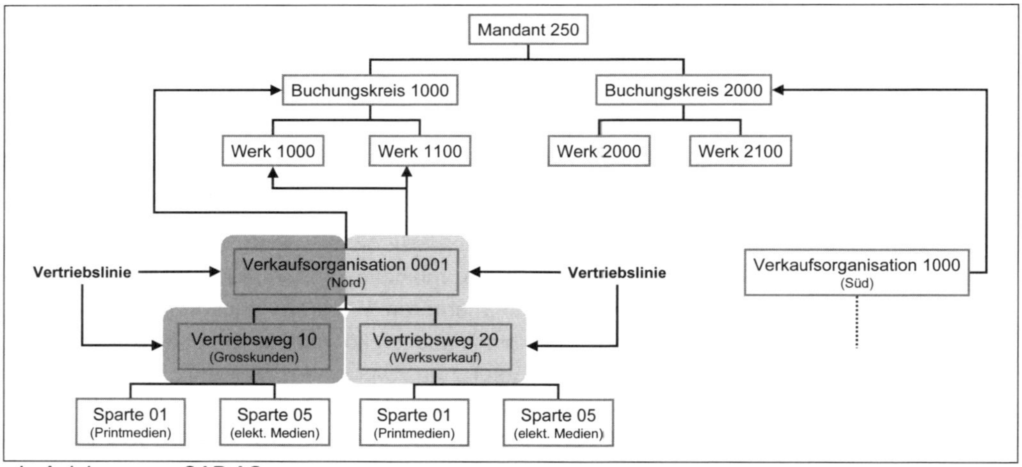

In Anlehnung an SAP AG

Die Abbildung 215 zeigt einen besonderen Zusammenhang. Dazu wird das Beispiel der Abbildung 53 fortgeführt. Die PCSTAR Deutschland GmbH ist ein eigenständiger Distributor für die Produkte der PCSTAR Production GmbH. Der Vertrieb der Production GmbH wird vollständig über den Distributor abgewickelt. Da die Verkaufsorganisation 2100 bzw. 2200 nur einem Buchungskreis (hier 1000) zugeordnet werden darf, besteht zunächst keine Möglichkeit, finanztechnisch an weitere Buchungskreise angebunden zu werden. Dies wäre aber notwendig, da die Vertriebslinien Waren von den Werken 2100 (Buchungskreis 2000) und

2200 (Buchungskreis 2000) bezieht und verkauft. Für die ordnungsgemäße Abrechnung erfolgt zwischen den beteiligten Buchungskreisen eine interne Fakturierung. So wird auch eine buchungskreisübergreifende Abwicklung möglich.

Abbildung 215: Güterströme aus Werken mit unterschiedlichen Buchungskreisen

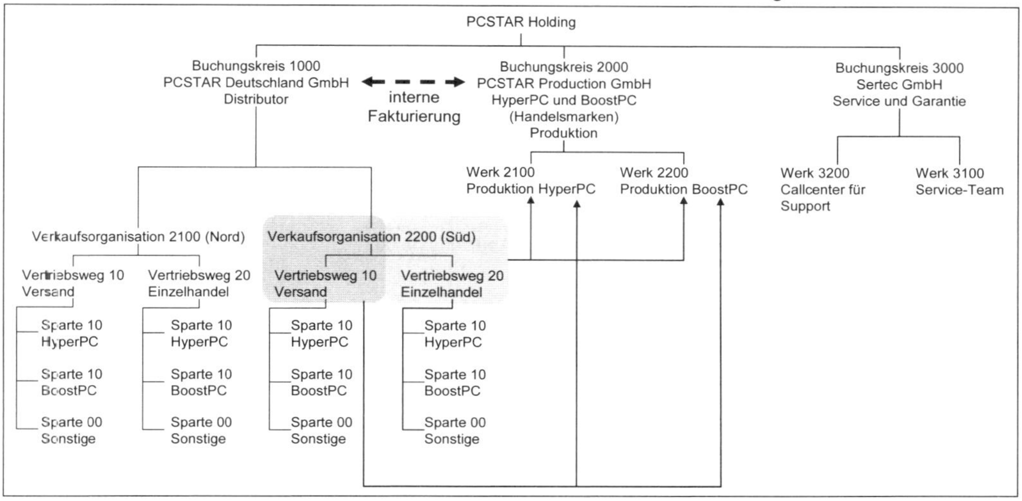

Zusätzlich lassen sich für die Werke erlaubte Vertriebswege definieren, so dass etwa für bestimmte Werke innerhalb einer Verkaufsorganisation der Vertriebsweg "Werksverkauf" erlaubt sein kann, für andere jedoch nicht.

Vertriebsbereiche mit Verkaufsorganisationen, Vertriebswegen und Sparten determinieren rechtliche und regionale Zuständigkeiten sowie die Produkte mit ihren Absatzkanälen. Standorte i.S. von Niederlassungen und Filialen mit ihren Mitarbeitern als Kontakt zum regionalen Absatzmarkt werden von den bisherigen Strukturen nicht berücksichtigt. Zur Abbildung solcher Verkaufsniederlassungen oder Geschäftsstellen kann unter R/3 das so genannte Verkaufsbüro, welches eben diesen Standort repräsentiert, eingerichtet werden. Das Werk als verkaufende Einheit (Werksverkauf) würde durch seine Festlegung als Vertriebsweg einen Verkaufsstandort repräsentieren, da mit dem Werk auch ein Standort (hier Werksstandort) verbunden ist.

Über das Verkaufsbüro können je nach Vertriebsorganisation mehrere Vertriebsbereiche betreut werden. Ein Verkaufsbüro muss, um in R/3 eingesetzt werden zu können, mindestens einem Vertriebsbereich (Verkaufsorganisation, Vertriebsweg, Sparte) zugeordnet werden. Umgekehrt kann ein Vertriebsbereich zu einem oder mehreren Verkaufsbüros in Beziehung stehen.

Dem Verkaufsbüro untergeordnet sind Verkäufergruppen und Verkäufer, d.h. die personelle Besetzung des Büros.

Abbildung 216: Verkaufsbüro und Verkaufsgruppen

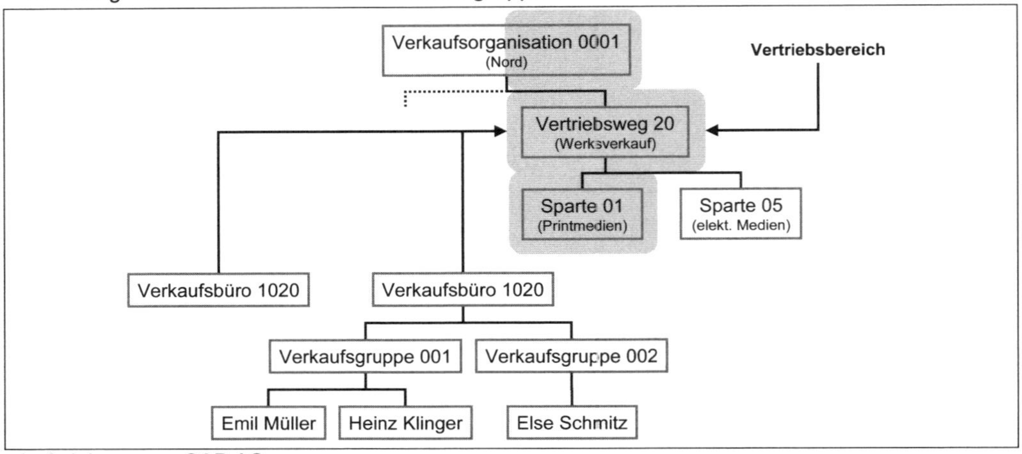

In Anlehnung an SAP AG

8.2 Stammdaten im Vertrieb

Entsprechend zum Einkauf müssen neben den Organisationsebenen wieder Stammdaten wie Kundenstammsätze, Preise, Materialstammdaten etc. gepflegt werden, damit Verkaufsbelege (Bewegungsdaten) erzeugt werden können.

8.2.1 Geschäftspartner

Produkte werden an Geschäftspartner verkauft. Geschäftspartner können Debitoren (Kunden), Kreditoren und das Personal sein. Ihre Daten werden in Stammsätzen verwaltet. Der Debitor ist der typische (externe) Kunde. Er kauft Produkte.

Zugleich kann ein Debitor auch ein Kreditor sein, d.h. der Geschäftspartner liefert und kauft Produkte. Die Verbindung zwischen den beiden Stammsätzen wird durch die Pflege der Kreditoren- und Debitorennummer jeweils im anderen Stammsatz hergestellt (Bereich Steuerung). Darüber hinaus sind Kreditoren für den Vertrieb relevant, wenn sie eine Leistung gegen Entgelt innerhalb des Vertriebsprozesses erbringen, z.B. Lieferung der Produkte an den Kunden durch einen Spediteur, wobei die Transportkosten zu Lasten des verkaufenden Unternehmens gehen. Für den Spediteur würde ein Kreditorenstammsatz angelegt.

Bei Verkauf von Produkten an das eigene Personal wird auf den Personalstammsatz, gepflegt im Arbeitsgebiet Personaladministration von R/3, zurückgegriffen.

Für Ansprechpartner muss kein eigener Stammsatz angelegt werden. Ansprechpartner werden im Debitorenstammsatz gepflegt.

Der Debitorenstammsatz ähnelt in seiner Struktur stark dem Kreditorenstammsatz. Es lassen sich wieder verschiedene Partnerrollen festlegen:

- Auftraggeber,
- Warenempfänger,
- Regulierer (begleicht Rechnung),
- Rechnungsempfänger.

Üblicherweise ist das Unternehmen, welches den Auftrag erteilt, auch der Warenempfänger, Regulierer und Rechnungsempfänger. Daher vereinigt die Partnerrolle Auftraggeber alle diese Rollen. Es muss nur ein Stammsatz angelegt werden. Sind die Rollen im Rahmen einer

Geschäftsbeziehung verteilt, z.B. wird der Auftrag durch eine zentrale Einheit erteilt, die Waren aber an Filialen geliefert, so würden hier zwei Stammsätze eingerichtet. Ein Stammsatz wird mit der Rolle Auftraggeber und einer mit der Warenempfänger angelegt. Es müssen also für eine Geschäftsbeziehung ebenso viele Stammsätze angelegt werden, wie Rollen (Auftraggeber + Anzahl der Abweichungen) auftreten.
Die spezielle Bild- und Feldauswahl geschieht in Abhängigkeit von der Rolle, beispielsweise werden für den Warenempfänger nur die zum Versand erforderlichen Daten wie Warenannahmezeiten gepflegt. Ebenso ist die Querverbindung zwischen Debitor und Kreditor nur für den Auftraggeber möglich. Die Steuerung der Bild- und Feldauswahl geschieht wie die Nummernvergabe (intern oder extern, Nummernkreis) über die Kontengruppe. Die Kontengruppe bietet wieder in Analogie zum Einkauf die Möglichkeit, einen „Sammelstammsatz" für Einmalkunden (CpD) einzurichten.
Zur Vermeidung von Datenredundanzen werden allgemeine Daten wie Name, Adresse, Telefonnummer auf Mandantenebene gehalten. Die Buchhaltungs- und Vertriebsdaten werden dann in eigenen Sichten bzw. Bereichen gepflegt. Damit können für einen Debitor Daten für verschiedene Vertriebsbereiche (Verkaufsorganisation, Vertriebsweg, Sparte) und zugeordnete Buchungskreise angelegt werden. Der Debitor wird also mit Bezug zu bestimmten Organisationsebenen angelegt.
Für Konsumenten ist ähnlich zum eher gewerblich orientierten CpD-Kunden eine aufwendige Datenpflege nicht notwendig. Individuell sind hier nur die allgemeinen Daten (persönliche Daten, Bankverbindung etc.). Die bei einer Belegerfassung (Auftrag) notwendigen Buchhaltungs- und Vertriebsbereichdaten werden über einen Referenzkundenstammsatz geholt. Die Steuerung der Pflege übernimmt die Kontogruppe 0170 Konsument.

Abbildung 217: Debitorenstammsatz und seine Daten

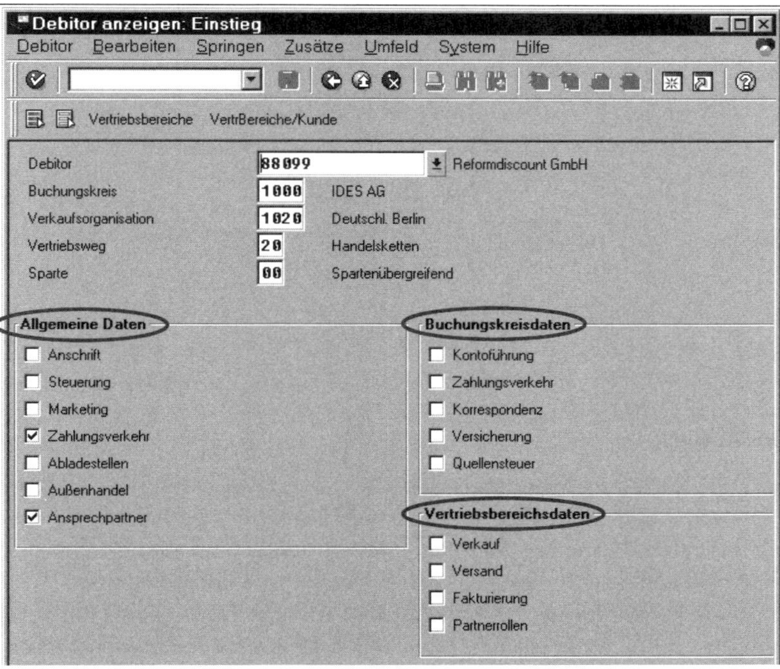

Bildschirmbild ©SAP AG

8.2.2 Materialstammdaten

Für den Verkauf eines Produkts (Material) sind Vertriebsdaten notwendig, auf die dann Verkaufsbelege im Vertriebsprozess zurückgreifen können, z.B. Steuersatz, Verkaufsmengeneinheiten, Verpackungsdaten.
Der Materialstammsatz ist um die Vertriebssichten zu erweitern. Dies ist nur für Materialien möglich, deren Materialart Vertriebsichten zulässt, z.B. FERT (Fertigerzeugnisse), HAWA (Handelswaren).
Die meisten Materialstammsichten sind mit Zuordnung zu einem Werk angelegt (Einkauf, Disposition etc.). Die Vertriebsichten werden prinzipiell einer Vertriebslinie zugeordnet. Eine Vertriebssicht, d.h. die Sicht Vertrieb allg./Werksdaten, kann zusätzlich einem Werk zugeordnet werden. Dadurch entsteht die Möglichkeit, in Abhängigkeit von Vertriebskanälen dem Material vertriebsrelevante Daten mitzugeben.
Die Angabe der Sparte ist nicht notwendig, da diese schon in der Grunddatensicht gepflegt wurde. Ein Material kann nur einer Sparte zugeordnet werden. Bei Bedarf kann dann durch Kombination der Schlüssel der Vertriebsbereich gebildet werden.
Die Abbildung 218 zeigt das Ebenenkonzept des Materialstammsatzes noch einmal auf. Für das Material sind zwei Vertriebslinien angelegt. Beide gelten für das Werk 1100. Das gleiche Material ist auch mit verschiedenen Sichten für das Werk 2100 gepflegt. Allerdings ist in Verbindung mit diesem Werk keine der Vertriebssichten gepflegt, so dass ein Verkauf des Materials in Verbindung mit dem Werk 2100 nicht möglich wäre.

Abbildung 218: Vertriebsichten im Materialstammsatz

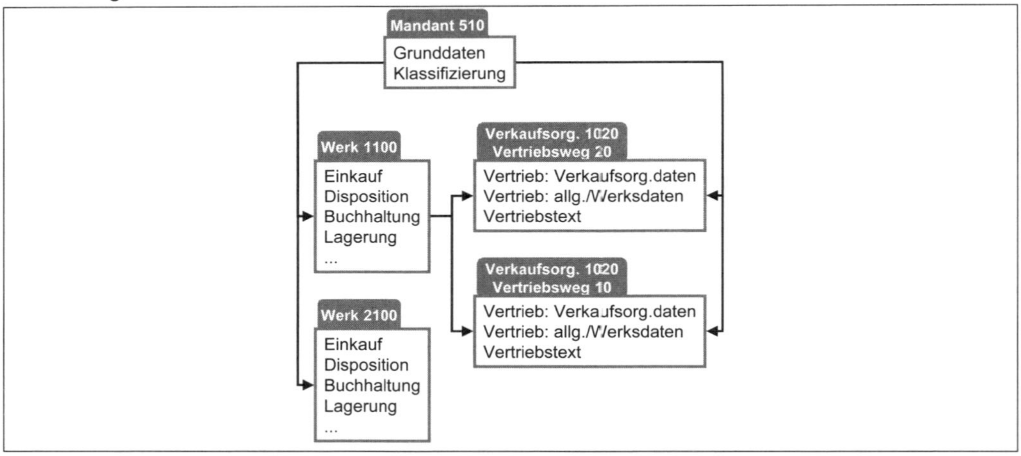

8.2.3 Preisfindung

Der Preis des Produkts bzw. Materials wird nicht im Stammsatz, sondern mittels einer eigenständigen Anwendung gepflegt. Ziel ist die Unterstützung der Vertriebsmitarbeiter mit einer automatischen Preisfindung. Bei der Pflege von Anfragen, Angeboten und insbesondere Aufträgen soll eine manuelle Preissuche, z.B. in Listen, nicht erforderlich sein.
Zunächst muss der Preis für ein Material gepflegt werden. Dieser Preis mit seinem Gültigkeitszeitraum und eventuellen Zu- und Abschlägen wird als Konditionssatz in eine Konditionstabelle geschrieben. Für die Pflege eines kundenspezifischen Preises werden die Verkaufsorganisation, der Vertriebsweg, der Kunde und das Material benötigt. Bei einem kunde-

nunabhängigen Preis wird die Eingabe von Verkaufsorganisation, Vertriebsweg und Material gefordert. Soll eine Preisliste angelegt werden, so erweitert sich die Eingabe um die Art der Preisliste (Internetpreisliste, Einzelhandelspreisliste etc.). Die Felder, die zur eindeutigen Bestimmung eines Materialverkaufspreises eingegeben werden müssen, werden über die Konditionstabellen bestimmt, dabei existieren eigene Konditionstabellen für kundenspezifische Materialpreise, für unabhängige Materialpreise, für Preislisten oder auch für Steuersätze

Ist ein Produkt voll steuerpflichtig und soll zudem ein Rabatt abgezogen werden, so ist eine Rechenregel, d.h. ein Kalkulationsschema zur Berechnung des richtigen Preises für eine Auftragsposition notwendig. Außerdem muss geregelt werden, welcher Preis als Basis für die Berechnung verwendet wird. Beispiel: Für ein Produkt ist ein Preis gepflegt. Zusätzlich wird für einen Kunden X ein vergünstigter Preis gepflegt. Bei der Suche nach dem Preis - für die weitere Berechnung – hat das System demnach zwei mögliche Preise zur Verfügung. Welcher Preis für die Auftragsposition verwendet wird, hängt von der im Customizing festgelegten Zugriffsfolge ab. Es wird hier also wieder das gleiche Preisfindungsprinzip angewendet wie im Einkauf.

Abbildung 219: Zugriffsfolge PR00

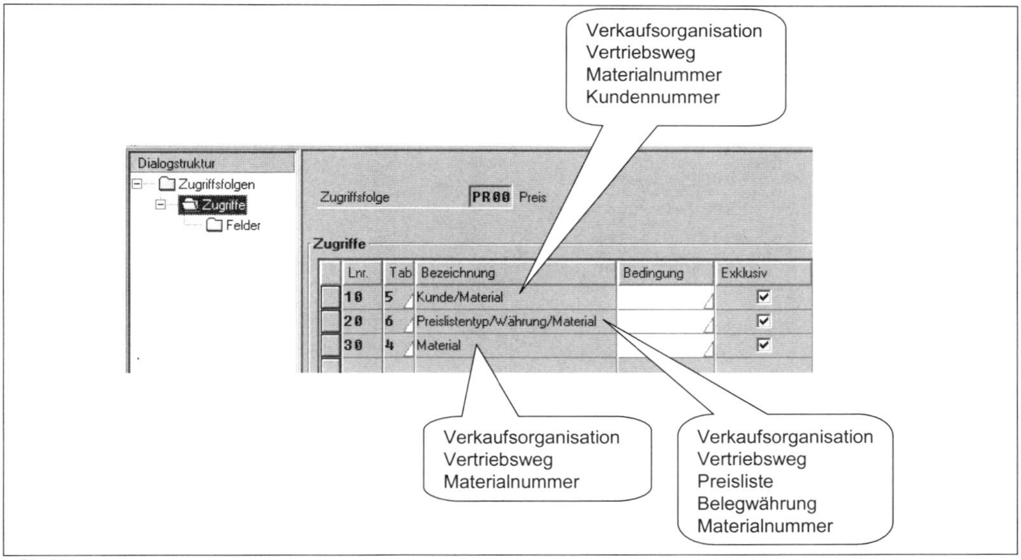

©SAP AG

Ein Beispiel für eine Zugriffsfolge zeigt die obige Abbildung 219. Für die Preisfindung wird zuerst untersucht, ob zum Material ein spezieller Kundenpreis existiert. Dazu wird die entsprechende Konditionstabelle mittels der Attribute Verkaufsorganisation, Vertriebsweg, Materialnummer und Kundennummer durchsucht. Danach werden eventuell gepflegte Preislisten durchsucht und zuletzt versucht R/3 einen gepflegten allgemeingültige Materialpreis zu finden (Verkaufsorganisation, Vertriebsweg, Materialnummer). Zwei Strategien sind möglich. R/3 merkt sich für die Auftragsposition immer den zuletzt gefundenen Preis. Auf das Beispiel angewendet würde die Zugriffsfolge PR00 den Materialpreis in der Auftragsposition präsentieren. Durch Manipulation der Zugriffsreihenfolge kann der zu ermittelnde Preis, d.h. der zuletzt gefundene, bestimmt werden. Zudem kann ein Exklusivkennzeichen gesetzt werden.

Wird ein Preis gefunden und hat er ein Exklusivkennzeichen, so wird dieser Preis für die Auftragsposition verwendet.

Das zur Berechnung anzuwendende Kalkulationsschema wird, ähnlich zum Einkauf, über Gruppierungen und Auftragsart ermittelt.

Das Kalkulationsschema wird im Prinzip über die Auftragsart und den Kundenstammsatz ermittelt. Die Auftragsart gruppiert Aufträge mit gleichen oder ähnlichen Eigenschaften, z.B. Terminauftrag, Sofortauftrag oder Internetauftrag. Die Auftragsart bestimmt ähnlich zu Kontengruppe, Materialart, Anlagenklasse etc. wieder Bildschirmaufbau, Nummernkreis usw. Die einzelnen Auftragsarten sind so genannten Belegschemata zugeordnet. Dem Debitor wird über den Kundenstammsatz das so genannte Kundenschema zugeordnet. Dieses dient wie das Belegschema der Findung des Kalkulationsschemas. Für Kombinationen aus Beleg- und Kundenschema in Zuordnung zu einem Vertriebsbereich sind im Customizing Kalkulationsschemata hinterlegt. Ein Kalkulationsschema enthält die Rechenregeln zur Ermittlung des Rechnungspreises. Da bei der Erstellung der Schemata im Customizing noch keine konkreten Zahlen (Preise, Mehrwertsteuersätze etc.) zur Verfügung stehen, werden Konditionsarten als Platzhalter eingesetzt, wie in der Abbildung 220 dargestellt.

Abbildung 220: Kalkulationsschemata im Vertrieb

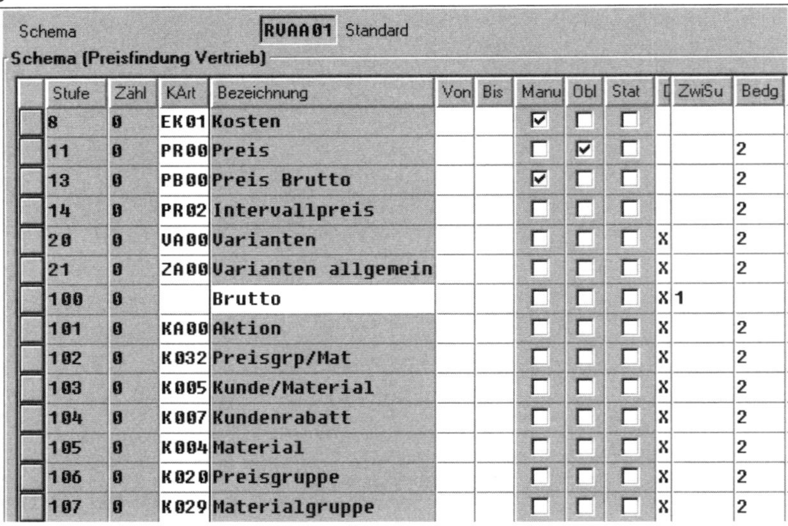
Schema RVAA01 Standard

Schema (Preisfindung Vertrieb)

Stufe	Zähl	KArt	Bezeichnung	Von	Bis	Manu	Obl	Stat	[	ZwiSu	Bedg
8	0	EK01	Kosten			☑	☐	☐			
11	0	PR00	Preis			☐	☑	☐			2
13	0	PB00	Preis Brutto			☑	☐	☐			2
14	0	PR02	Intervallpreis			☐	☐	☐			2
20	0	VA00	Varianten			☐	☐	☐	X		2
21	0	ZA00	Varianten allgemein			☐	☐	☐	X		2
100	0		Brutto			☐	☐	☐	X	1	
101	0	KA00	Aktion			☐	☐	☐	X		2
102	0	K032	Preisgrp/Mat			☐	☐	☐	X		2
103	0	K005	Kunde/Material			☐	☐	☐	X		2
104	0	K007	Kundenrabatt			☐	☐	☐	X		2
105	0	K004	Material			☐	☐	☐	X		2
106	0	K020	Preisgruppe			☐	☐	☐	X		2
107	0	K029	Materialgruppe			☐	☐	☐	X		2

Die Verbindung zwischen konkretem Preis und Konditionsart wird hergestellt, indem das Preisdatum bei der Pflege einer Konditionsart zugewiesen wird. Beim Preis geschieht dies automatisch, d.h. ein konkreter Preis wird im Standard automatisch unter der Konditionsart PR00 angelegt. Andere Konditionen wie Zu-/Abschlag, Fracht und Steuersatz bedürfen beim Einstieg einer Konditionsartenauswahl.

Die Konditionsart hat auch steuernde Funktionen. Sie bestimmt die Zugriffsfolge, mit der nach einer gültigen Kondition (z.B. Preis) gesucht werden soll.

Übertragen auf obiges Kalkulationsschema sucht das System jetzt nach einem Preis für ein Material mit der Konditionsart PR00. Dazu werden die Konditionstabellen mit ihren Konditionssätzen durchsucht. Ebenso werden die weiteren im Kalkulationschema enthaltenen Konditionsarten mit ihren konkreten Werten (sofern vorhanden) über Zugriffsfolgen bzw. Konditionstabellen ermittelt. Nachdem der Wert der letzten Konditionsart gesucht wurde, wird gemäß den Vorgaben des Schemas und der Konditionsart gerechnet und das Ergebnis in die Auftragsposition geschrieben bzw. die Rechnungssumme angezeigt.

Abbildung 221: Preisfindung

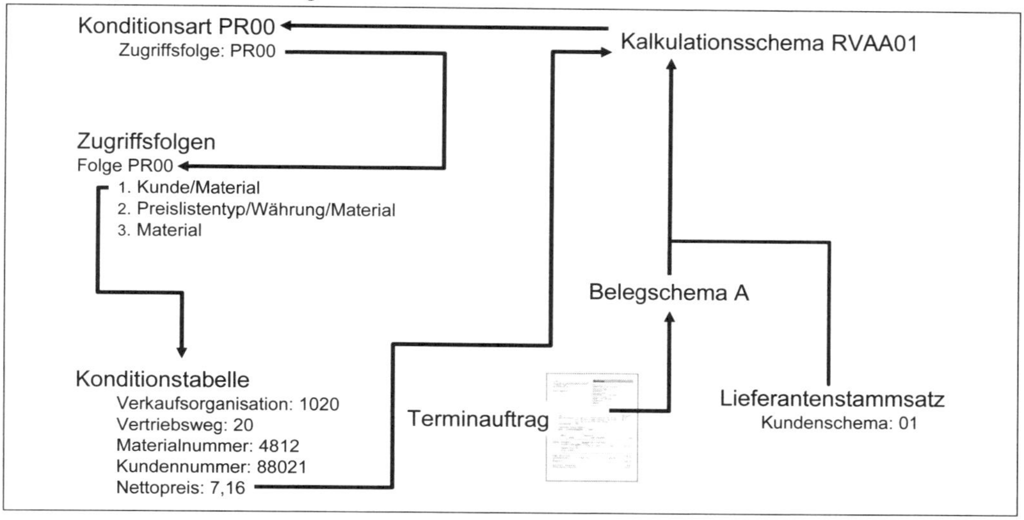

8.2.4 Kunden-Material-Infosatz

Der Kunden-Material-Infosatz ist von seiner Funktion her ähnlich dem Einkaufsinfosatz im Einkauf und dient somit der kundenindividuellen Ablage von Daten zu einem Material. Die Kerninformationen, die hier hinterlegt werden, sind:

- kundenindividuelle Materialnummer,
- kundenindividuelle Materialbezeichnung,
- kundenindividuelle Daten für die Lieferung und Liefertoleranzen,
- kundenindividuelle Vertriebstexte.

Bei einer Auftragserteilung würde u.U. das ERP-System des Kunden eine Bestellung generieren, die die Materialnummer aufführt, unter der der Kunde die Waren gepflegt hat. Diese weicht häufig von der im Unternehmen gepflegten Materialnummer ab. Die Zuordnung der kundenindividuellen Materialnummer zur Materialnummer des verkaufenden Unternehmens geschieht mittels der im Kunden-Material-Infosatz hinterlegten Informationen. Dadurch kann ein Auftrag auch mit den kundenindividuellen Materialnummern erfasst werden.

8.3 Fallstudie – Stammdaten im Vertrieb

Damit Müsli verkauft werden kann, müssen – wie bei der Beschaffung der Materialien – zunächst Stammdaten gepflegt werden. Zu diesen Stammdaten zählen:

- Debitoren (Kunden),
- Materialstammdaten (Vertriebssicht),
- Kundenmaterial-Info und
- Verkaufspreise für Fertigerzeugnisse.

Auf Basis dieser Stammdaten können dann Verkaufsbelege, insbesondere Kundenaufträge, erzeugt werden.

Aufgabe 28
Legen Sie zwei Debitoren (Geschäftspartner/Kunden) an. Verwenden Sie dazu die Daten aus der Pflegetabelle «Debitorenstammdaten». Zuständig für den Vertrieb ist die Verkaufsorganisation 1020 in Berlin. Es wird an Handelsketten verkauft (Vertriebsweg 20). Die Sparte hat den Schlüssel 00 (spartenübergreifend).

Aufgabe 29
Erweitern Sie aus Sicht des Fachbereichs Vertrieb die Verkaufsorganisation 1020 (Berlin) und den Vertriebsweg 20 (Handelsketten) um die folgenden Materialien:

- xx000NT10,
- xx000NT05,
- xx000IV10,
- xx000IV05.

Die Daten für die Vertriebssicht sind in der Pflegetabelle «Materialstammdaten Fertigerzeugnis - Vertriebssichten» aufgelistet.

Aufgabe 30
Verwendet der Kunde eine andere Materialnummer für dasselbe Material, so kann diese im Kundenmaterial-Infosatz hinterlegt werden.
Legen Sie zu den Fertigerzeugnissen (Nussper Trio 500g, Nussper Trio 1kg, Innova Vital 500g, Innova Vital 1kg) Kundenmaterial-Infos an. Die Daten finden sich in der Pflegetabelle «Kundenmaterial-Info».

Aufgabe 31
Abschließend müssen noch die Verkaufspreise für eine spätere Preisfindung gepflegt werden. Die Preise gelten pro Karton. Es ist eine Einzelhandelspreisliste zu pflegen. Verwenden Sie die Liste, die Verkaufsorganisation 1020 (Berlin) und den Vertriebsweg 20 (Handelsketten) als Konditionsschlüssel.

Artikel	**Verkaufspreis (ohne MwSt.)**
xx000NT10	66,00 EUR
xx000NT05	69,00 EUR
xx000IV10	91,00 EUR
xx000IV05	93,00 EUR

Richten Sie wahlweise Zusatzkonditionen, Staffeln oder Naturalrabatte ein. Diese können auch kundenindividuell sein.

Für die Aufgaben stehen die folgenden Pflegeanleitungen zur Verfügung:

- Debitor anlegen zentral (Vertriebs- und Buchhaltungssicht gemeinsam),
- Material (Fertigerzeugnis) erweitern: Vertriebssicht,
- Kunden-Material-Info anlegen,
- Verkaufspreis für ein Fertigerzeugnis pflegen.

Debitor anlegen zentral (Vertriebs- und Buchhaltungssicht gemeinsam)

<table>
<tr><th>FENSTER</th><th>MENUEPFAD/EINGABE</th></tr>
<tr><td></td><td>

LOGISTIK ⇨ VERTRIEB ⇨ STAMMDATEN ⇨ GESCHÄFTSPARTNER ⇨ AUFTRAGGEBER ⇨ ANLEGEN ⇨ GESAMT

‣ Aus Vertriebssicht kann ein Geschäftspartner unterschiedliche Rollen (z.B. Warenempfänger oder Rechnungsempfänger) haben, denen aus Buchhaltungssicht stets die Eigenschaft eines Debitors zukommt.

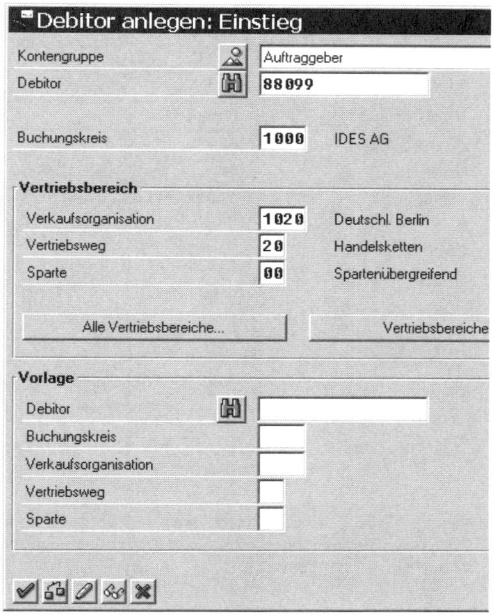

Kontengruppe: *Auftraggeber*
‣ Umfasst alle Partnerrollen; dient der Einordnung gleichartiger Konten in Gruppen; diesen Gruppen können Merkmale zugeordnet werden.

Debitor: *88yxx*

Buchungskreis: *1000*

Verkaufsorganisation: *1020*
‣ Übergeordnete Organisationseinheit aus der Vertriebssicht (Deutschland Berlin).

Vertriebsweg: *20*
‣ Art des jeweiligen Vertriebsweges, z.B. Handelsketten, Großabnehmer, Einzelhandel etc.

Sparte: *00*

</td></tr>
</table>

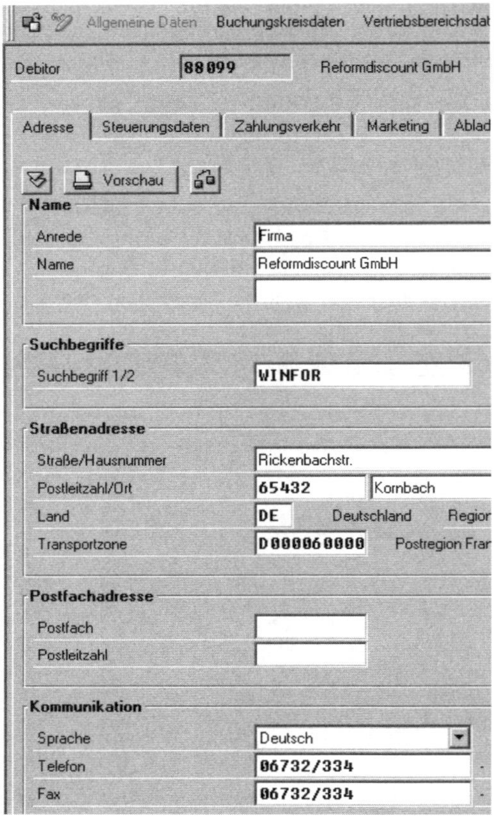

Debitor anlegen: Allgemeine Daten

Anrede: *Firma*

Name: *Reformhaus-Discount GmbH*

Straße/Hausnummer: *Rickenbachstr. 43*

Postleitzahl/Ort: *65432 Kornbach*

Land: *DE*

Suchbegriff: *Müsli*

▸ Vereinfacht das Wiederauffinden von Kreditoren.

Transportzone: *D000060000*

▸ Deutschland Frankfurt, Postleitzahlenbereich für Transportzwecke. Unter Berücksichtigung von Versandbedingungen und Transportgruppen schlägt das System später bei der Kundenauftrags- und Lieferbearbeitung eine Route vor.

Sprache: *DE*

Telefon: *06732/334-343*

Fax: *06732/334-800*

Steuerungsdaten

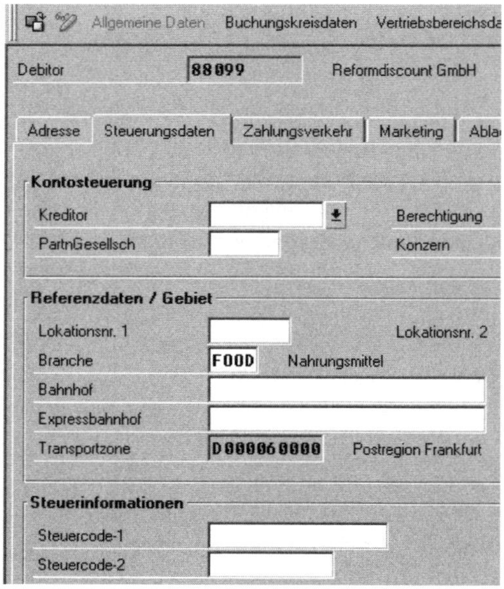

Debitor anlegen: Allgemeine Daten

Umsatzsteuer: ☑

▸ Ankreuzen, da wir sie dem Kunden in Rechnung stellen.

Branche: *FOOD*

USt-ID: *DE960025336*

▸ Umsatzsteuer-Identnummer, EU-weite Identifikationsnummer von Unternehmen für Steuerzwecke.

Zahlungsverkehr

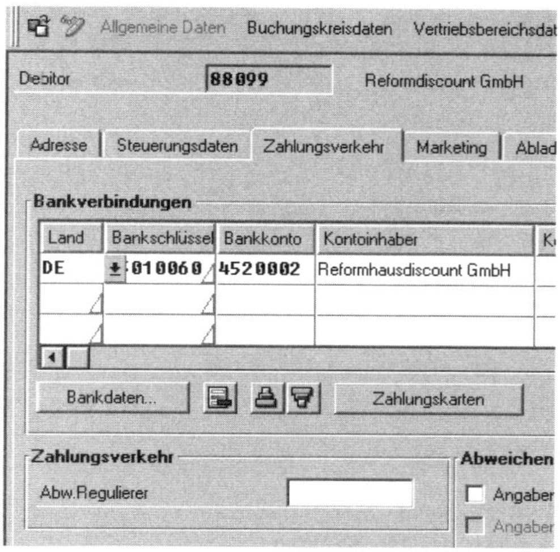

Debitor anlegen: Allgemeine Daten

Land: *DE*

Bankschlüssel: *25010060*
▸ Bankleitzahl

Bankkonto: *4520002*

Kontoinhaber: *Reformdiscount GmbH*

▸ Mit 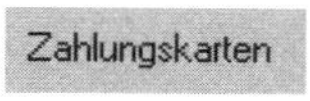 können auch EC-Karten etc. verwaltet werden.

 Marketing

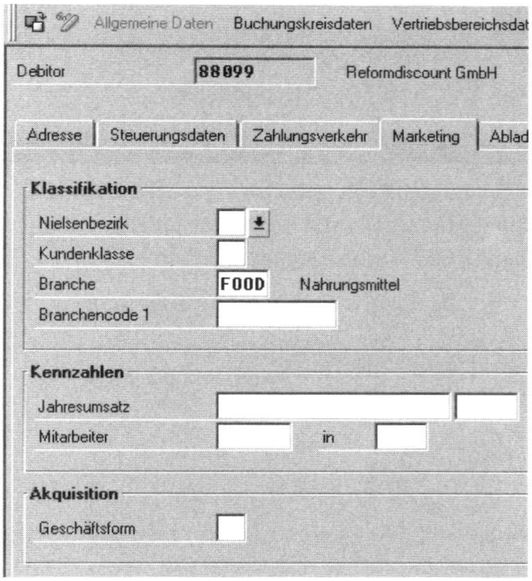

Debitor anlegen: Allgemeine Daten

Branche: FOOD

▸ Hier können Kennzahlen für die Marketing-Abteilung gepflegt werden.

 Abladestellen

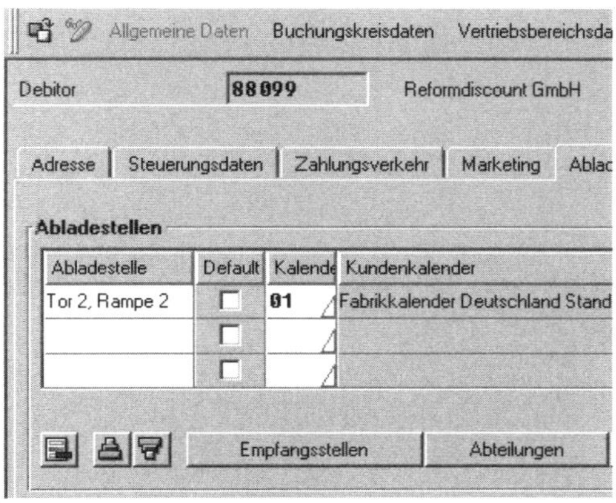

Debitor anlegen: Allgemeine Daten

Abladestelle: *Tor 2, Rampe 2*
▸ Bei mehreren Abladestellen kann hier auch ein Vorschlagswert festgelegt werden.

Kundenkalender: *01*
▸ Industriekalender Deutschland

 Warenannahmezeiten

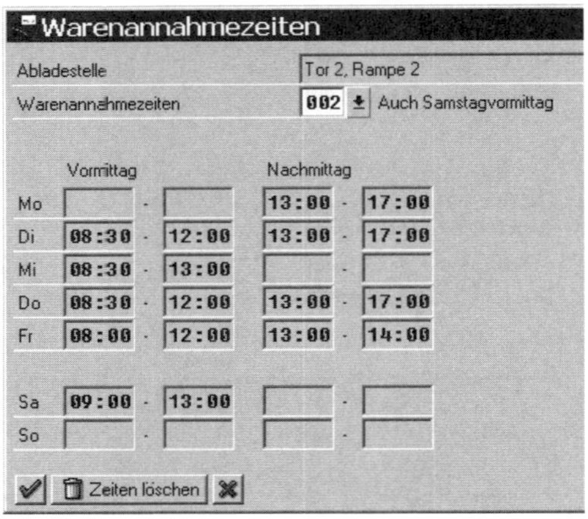

Warenannahmezeiten: *002*

▸ auch Samstagvormittag

Exportdaten

Debitor anlegen: Allgemeine Daten

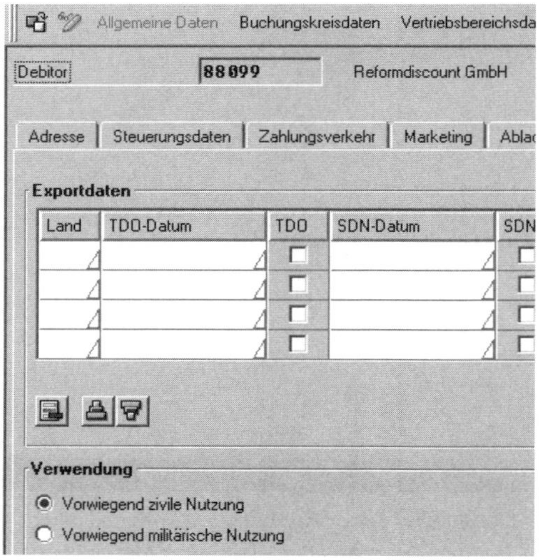

▸ Da es sich beim Müsli der Fallstudie nicht um ein militärisches Produkt handelt, erfolgen auf dieser Seite keine Eingaben, außer:

▸ Verwendung: *Vorwiegend zivile Nutzung*

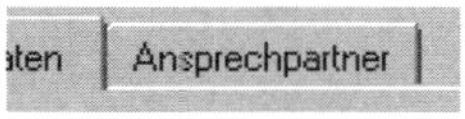

Ansprechpartner

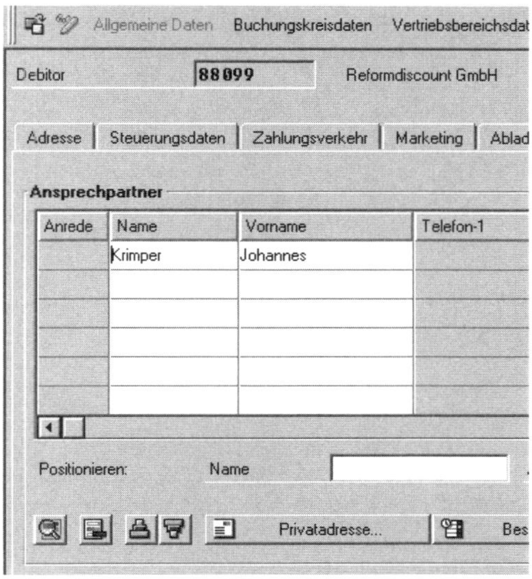

Debitor anlegen: Allgemeine Daten

Name: *Krimper*

Vorname: *Johannes*

Funktion: *0002*
▸ Einkauf

▸ Mittels [Details-Symbol] Details können noch weitere Angaben zu den Ansprechpartnern verwaltet werden.

Buchungskreisdaten anklicken, zur Pflege der buchungskreisabhängigen Daten.

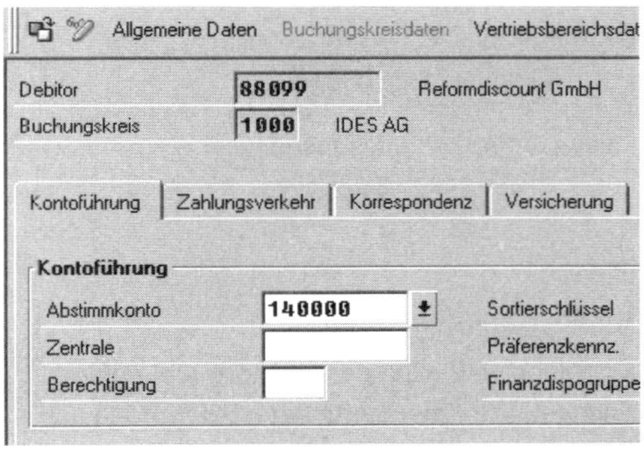

Debitor anlegen: Buchungskreisdaten

Abstimmkonto: *140000*
▸ Hauptbuchkonto, dem das Nebenbuchkonto dieses Debitors zugeordnet ist (Debitoren Inland).

Finanzdispogruppe: *E2*
▸ Dadurch wird die unterschiedliche Behandlung von Debitoren ermöglicht, die in verschiedene Dispositionsgruppen unterteilt sind (Debitoren Inland).

Zahlungsverkehr

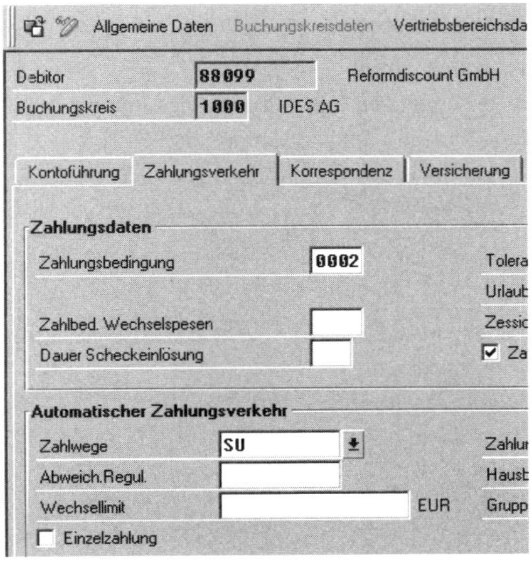

Debitor anlegen: Buchungskreisdaten

Zahlungsbedingung: *0002*
▸ entsprechend Auswahl

```
0002 innerhalb von 14 Tagen 3 % Skonto
     innerhalb von 30 Tagen 2 % Skonto
     innerhalb von 45 Tagen ohne Abzug
```

Zahlwege: *SU* oder *F4 oder* [Auswahl-Symbol]

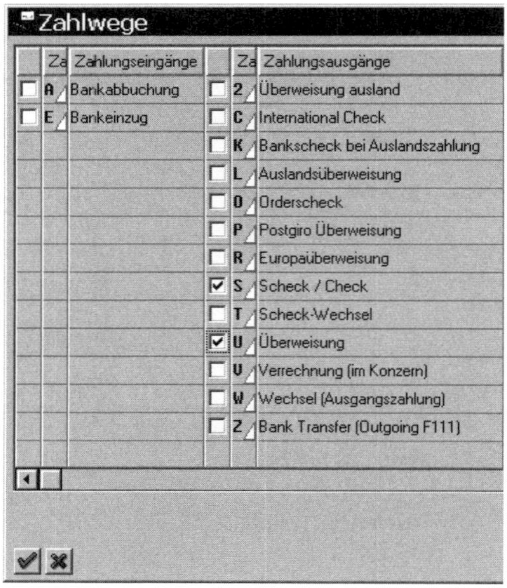

Zahlwege für Zahlungseingänge:

Zahlwege für Zahlungsausgänge:

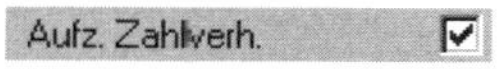

▸ Zahlungsverhalten des Debitors wird aufgezeichnet. Pro Kalendermonat werden Höhe und Anzahl der Zahlungen, sowie Verzugstage dokumentiert. Dies sollte nicht für CpD-Kunden verwendet werden.

Hausbank: *1000*

▸ Bank, von der Zahlungsausgänge erfolgen sollen. Wird vom Zahlungsprogramm benötigt.

Korrespondenz

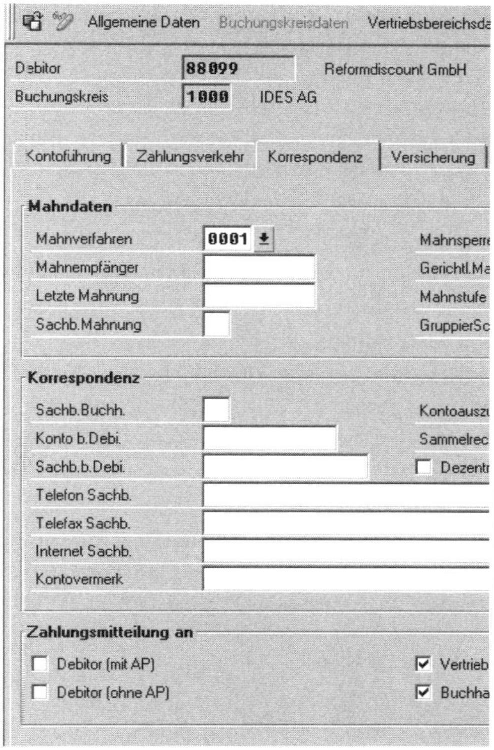

Debitor anlegen: Buchungskreisdaten

Mahnverfahren: *0001*

▸ Vierstufige Mahnung 14-tägig.

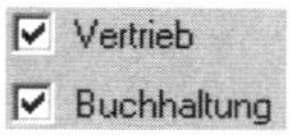

▸ Kennzeichen, das bewirkt, dass bei Buchungen auf das Debitorenkonto eine Zahlungsmitteilung an den Vertrieb bzw. die Buchhaltung versendet werden soll. Eine Zahlungsmitteilung kann eine Zahlungsbestätigung sein oder zur Klärung von Zahlungsdifferenzen auffordern.

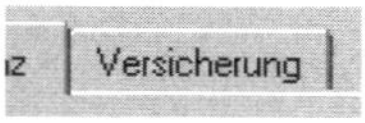

Versicherung

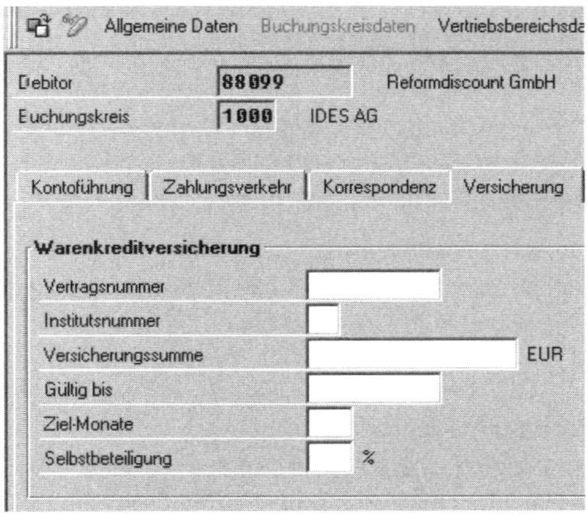

Debitor anlegen: Buchungskreisdaten

▸ Hier können Daten einer eventuell vorhandenen Police einer Warenkreditversicherung eingepflegt werden.

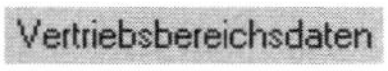

Vertriebsbereichdaten anklicken

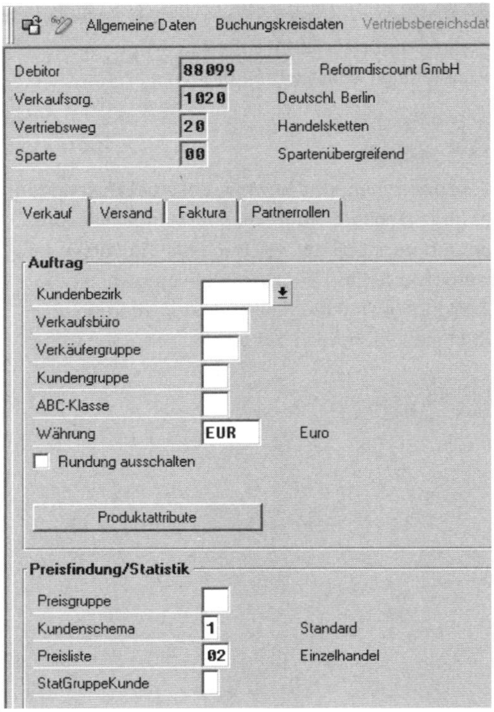

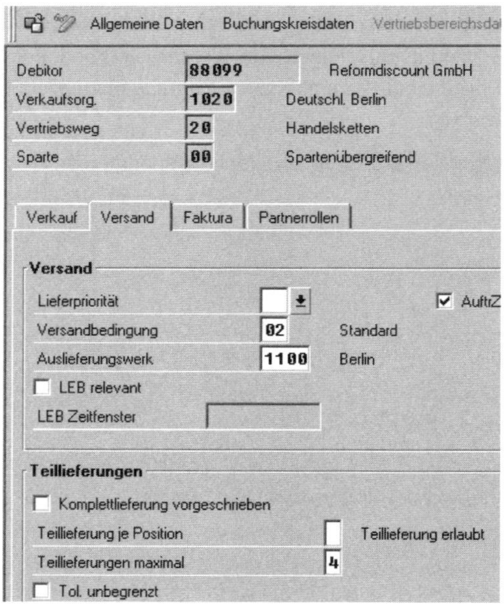

Debitor anlegen: Vertriebsbereichdaten

Auftr.Wahrscheinlichkeit: *95*

▸ Bei einer Anfrage von Reformdiscount über 10 Kartons Nussper Trio 1kg Tüte ergibt sich eine Auftragswahrscheinlichkeit von 9,5 Kartons. Diese Menge kann als Bedarfsmenge in die Produktionsplanung übernommen werden.

Währung: *EUR*

▸ Währung, in der mit dem Kunden abgerechnet wird.

Kundenschema: *1*

▸ Bestimmt zusammen mit dem Belegschema (Anfrage, Angebot, Auftrag etc) das Kalkulationsschema, welches zur Preisfindung in Verkaufsbelegen genutzt werden soll.

Preisliste: *02*

▸ Einzelhandel: Bei der späteren Preisfindung wird die entsprechende Preisliste neben kundenindividuellen Vereinbarungen und dem im Vertrieb gepflegten Materialpreis ebenfalls zur Preisermittlung herangezogen.

Versand

Debitor anlegen : Vertriebsbereichdaten

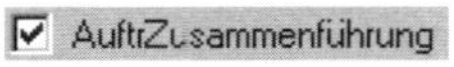

▸ Erlaubt die Zusammenführung von Aufträgen. System schlägt die Zusammenführung vor. Änderungen im Beleg sind sowohl auf Kopf- als auch auf Positionsebene möglich.

Versandbedingung: *02*

▸ Standard; Festlegung der Versandstrategie z.B. Transportmittel, Zeit, Route etc.

Auslieferungswerk: *1100*

Max.Teillieferungen: *4*

▸ Lieferung einer Position darf aus maximal 4 Teilen bestehen. Einstellung nur möglich, sofern im Feld zuvor Teillieferung erlaubt wurde.

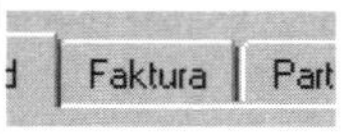

Faktura

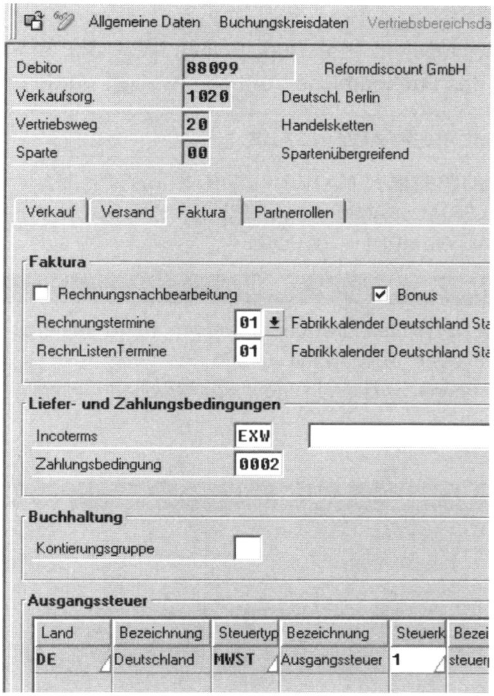

Debitor anlegen: Vertriebsbereichdaten

☑ Bonus

- Ankreuzen, sofern dem Kunden Boni gewährt werden sollen.

RechTermine: *01*

- Fabrikkalender Deutschland; Hier wird der Kalender definiert, der für die Rechnungstermine verwendet werden soll.

ReListenTermine: *01*

- Fabrikkalender Deutschland; Periodisch oder zu bestimmten Terminen erstellte Rechnungslisten.

Incoterms: *EXW*

- ab Werk

Zahlungsbed: *0002*

Steuerklass.: *1*

- steuerpflichtig; steuert u.a. die Findung des Steuersatzes im Verkaufsbeleg.

ura | Partnerrollen | Partnerrollen

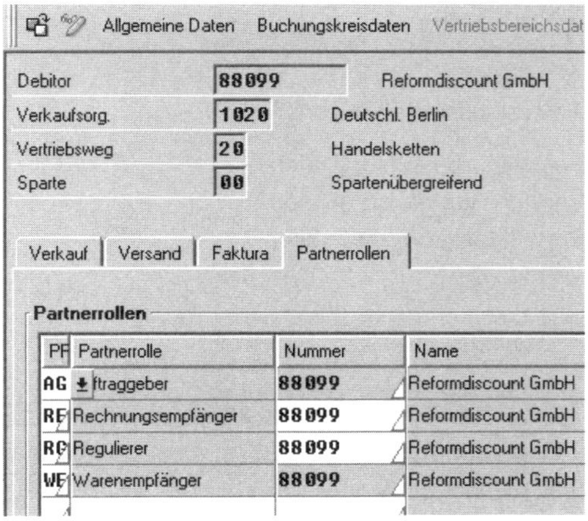

Debitor anlegen: Vertriebsbereichdaten

- Die Partnerrolle legt fest, als was (z.B. Auftraggeber, Rechnungsempfänger) dieser Debitor auftritt. Denkbar wäre etwa, dass die Lieferadresse von der Rechnungsadresse abweicht, wie etwa in großen Konzernen oder in Handelsunternehmen mit separaten Einkaufsorganisationen. Eine solche Konstruktion könnte mit der Funktion der Rollen abgebildet werden.

sichern

Material (Fertigerzeugnis) erweitern: Vertriebssicht

Die zuvor schon angelegten Fertigerzeugnisse (Nussper Trio 500g, Innova Vital 1kg, etc.) müssen in einem weiteren Schritt um die Daten des Fachbereichs Vertrieb erweitert werden.

<table>
<tr><th>FENSTER</th><th>MENUEPFAD/EINGABE</th></tr>
<tr><td>

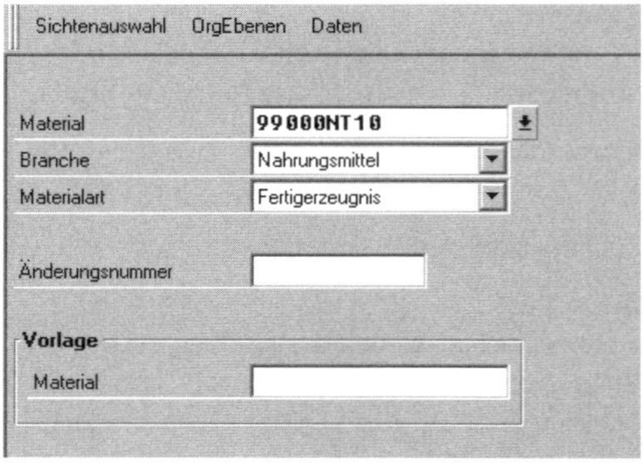

</td><td>

LOGISTIK ⇨ MATERIALWIRTSCHAFT ⇨ MATERIALSTAMM ⇨ MATERIAL ⇨ ANLEGEN ALLGEMEIN ⇨ SOFORT

Material anlegen: Einstieg

▸ Da Sichten hinzugefügt werden, muss „Material anlegen" ausgewählt werden.
Material: xx*000NT10 (mit xx = Gruppennummer)*

weiter

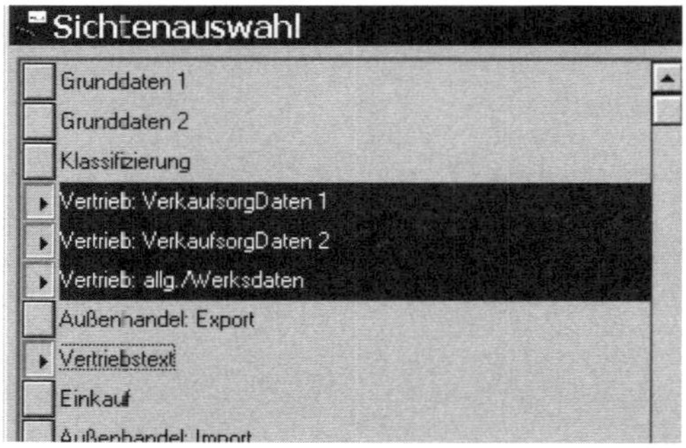

▸ Vertriebssichten auswählen

Vertrieb: VerkaufsorgDaten1
Vertrieb: VerkaufsorgDaten2
Vertrieb: allg./Werksdaten
Vertriebstext

weiter

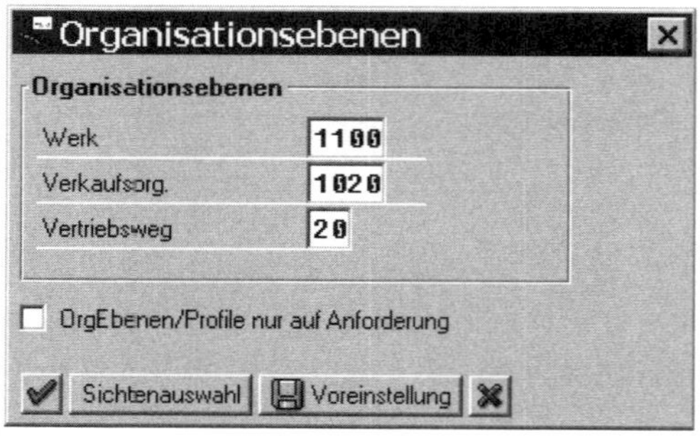

Werk: *1100*

Verkaufsorg.:*1020*

Vertriebsweg: *20*

▸ Handelsketten; das Material wird so für den

</td></tr>
</table>

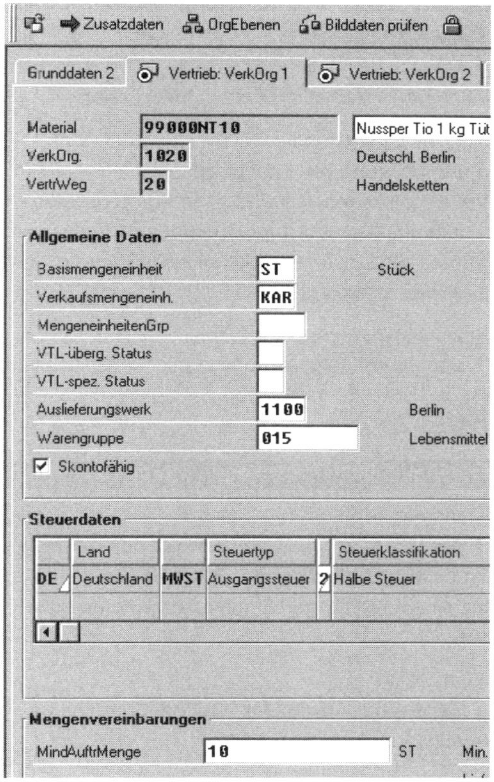

Vertriebsweg Handelsketten angelegt. Sollen auch Endkunden das Produkt bestellen können, so muss es dafür auch extra angelegt werden (Vertriebsweg: Endkundenverkauf).

 weiter (führt zur ersten ausgewählten Sicht)

Material 99000NT10 anlegen (Fertigerzeugnis)

Material existiert bereits und wird erweitert

Verkaufsmengeneinheit: *KAR*

Auslieferungswerk: *1100*

Skontofähig

▸ Gibt an, ob für das Material Skonto gewährt werden kann.

Ausgangssteuer: *2*

▸ Sofern nicht voreingestellt, die Steuerklassifikation auf halbe Steuer (Lebensmittel) setzen.

MindAuftrMenge: *10*

▸ Mindestauftragsmenge ist die Menge, die ein Kunde wenigstens von diesem Produkt bestellen muss. Angabe bezieht sich auf Verkaufsmengeneinheit.

Min.liefermenge: 10

▸ Mindestmenge, die wenigstens geliefert werden soll. Angabe bezieht sich auf Verkaufsmengeneinheit.

Liefereinheit: *1 KAR*

▸ Liefereinheit, von der ganzzahlige Vielfache geliefert werden, z.B. Liefereinheit 20 KAR, bedeutet, dass 20, 40, 60 usw. geliefert werden können, nicht aber 50 (würde im Auftrag eine Warnmeldung hervorrufen).

 weiter

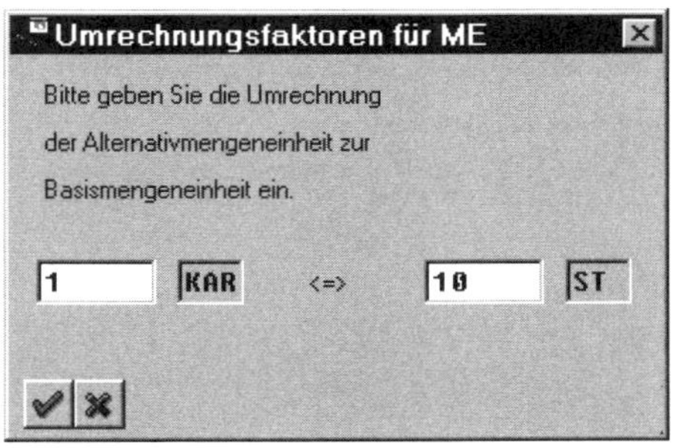

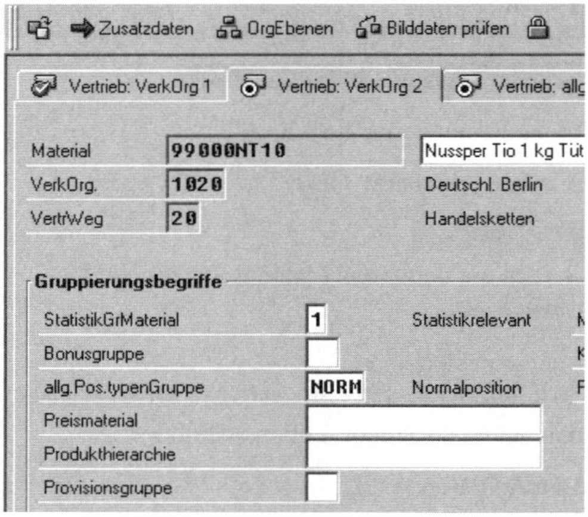

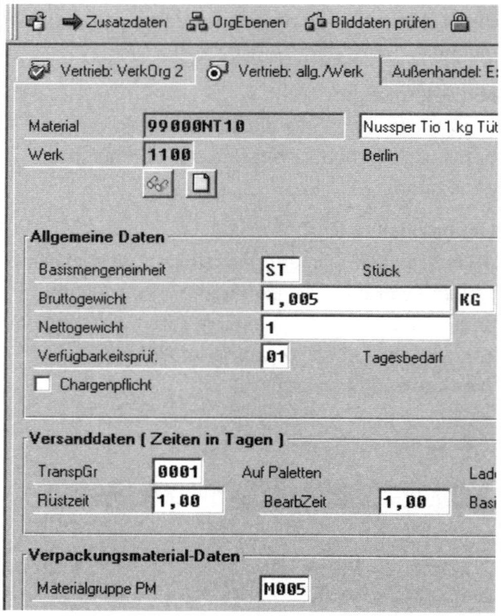

1 KAR ⇔ 10 ST

weiter

Material 99000NT10 anlegen (Fertigerzeugnis)

StatistikGrMaterial: *1*

‣ Dient zur Ermittlung von Daten, die das System im Logistikinformationssystem fortschreibt.

allg.Pos.typenGruppe: *NORM*

‣ Gruppierung von Materialien hinsichtlich der in Vertriebsbelegen verwendbaren Positionstypen. Indem das Material einer Gruppe zugeordnet wird, werden die für dieses Material zulässigen Positionstypen festgelegt.

Positionstypengruppe: *NORM*

‣ spezifiziert obige Gruppe

weiter

Material 99000NT10 anlegen (Fertigerzeugnis)

TranspGr: *0001*

‣ Gruppierung von Materialien mit den gleichen Transportanforderungen, z.B. alle Produkte, die mit einem Kühlwagen transportiert werden müssen.

Rüstzeit: *1*

‣ Rüsten der Arbeitsplätze für den Versand (mengenunabhängig).

BearbZeit: *1*

‣ Zeit für die Versandbearbeitung einer bestimmten Materialmenge.

Basismenge: *1200*

‣ Menge, auf die sich die Bearbeitungszeit bezieht, gemessen in der Basismengeneinheit (Stück).

Ladegruppe: *0002*

‣ Gabelstapler

Materialgruppe PM: *M005*

‣ Gruppiert Materialien, die die gleiche Versandhilfsmittelart benötigen.

weiter

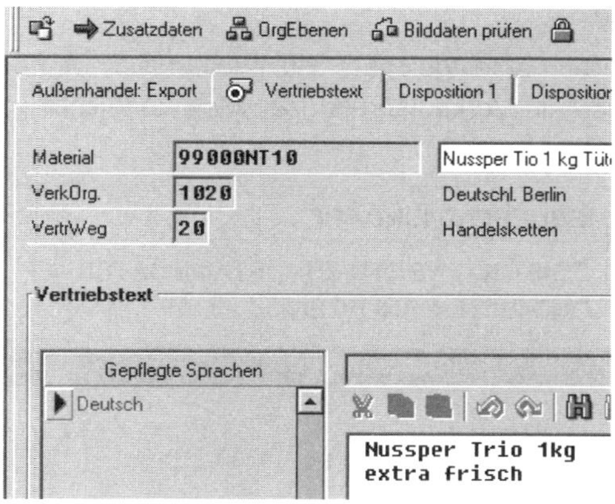

Material 99000NT10 anlegen (Fertigerzeugnis)

- Eingabe eines beliebigen Langtextes.

sichern

Kunden-Material-Info anlegen

FENSTER	MENUEPFAD/EINGABE

LOGISTIK ⇨ VERTRIEB ⇨ STAMMDATEN ⇨ ABSPRACHEN ⇨ KUNDEN-MATERIAL-INFO ⇨ ANLEGEN

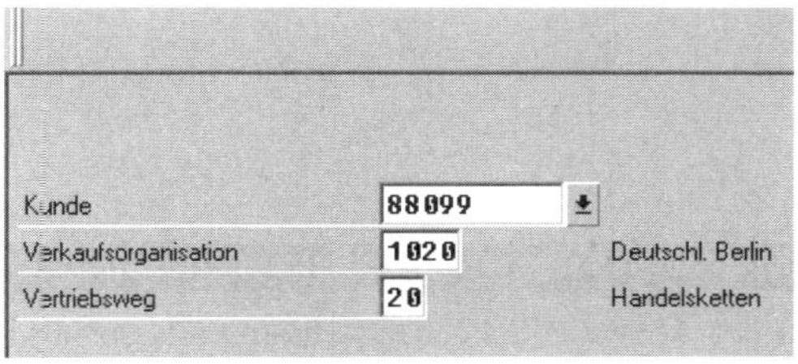

Kunden-Material-Info anlegen

Kunde: *88yxx*

Verkaufsorganisation: *1020*

Vertriebsweg: *20*

weiter

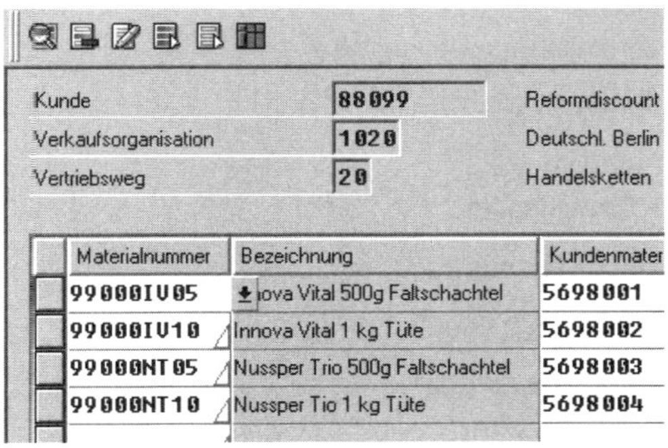

Kunden-Material-Info anlegen: Übersichtsbild

Material: *99000NT10*

Kundenmaterial: *5698001*

- Hier können alle weiteren Materialien eingetragen werden, die der Kunde typischerweise bestellt.

sichern

Verkaufspreis für ein Fertigerzeugnis pflegen

Bisher wurde nur der Bewertungspreis für das Material festgelegt (s. Buchhaltungssicht). Für die Preisfindung im Rahmen des Verkaufs muss ein Verkaufspreis (inkl. Gewinnaufschlag) gepflegt werden.

<table>
<tr><th>FENSTER</th><th>MENUEPFAD/EINGABE</th></tr>
<tr><td></td><td>LOGISTIK ⇨ VERTRIEB ⇨ STAMMDATEN ⇨ KONDITION ⇨ ANLEGEN</td></tr>
<tr><td>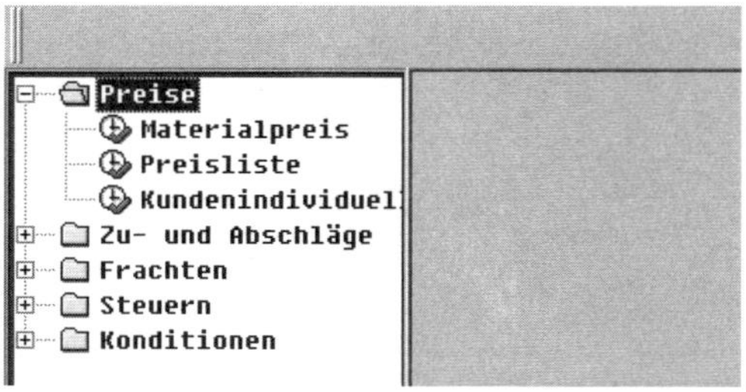
</td><td>Konditionssätze anlegen
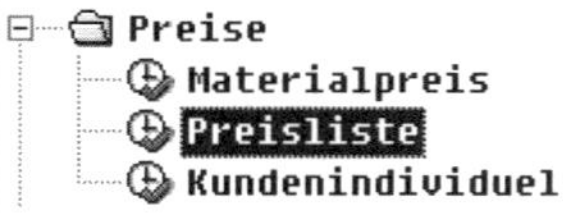

Bei Preisliste anklicken</td></tr>
<tr><td>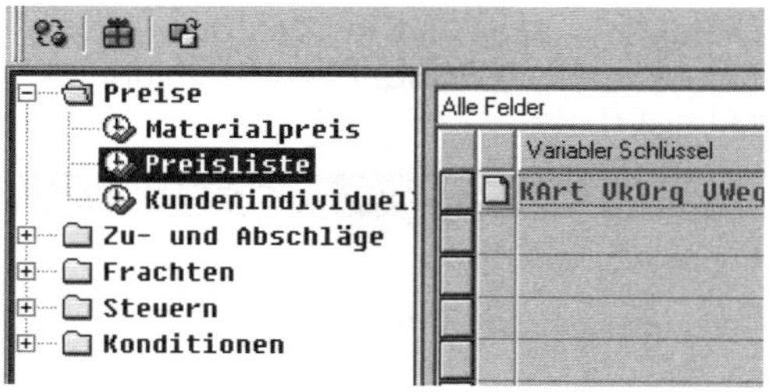
</td><td>Konditionssätze anlegen: Übersicht
Neu anklicken</td></tr>
<tr><td>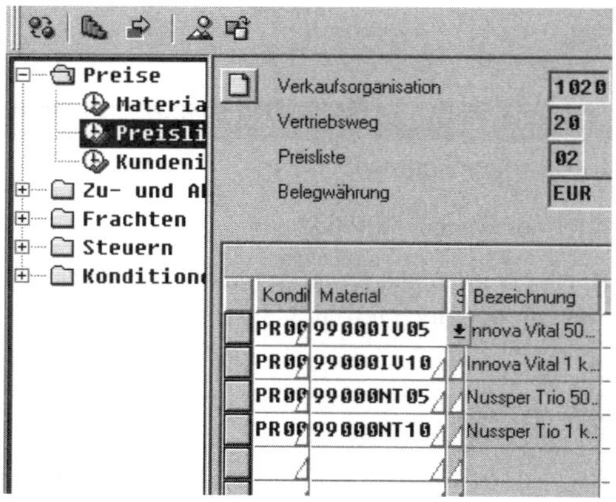
</td><td>Konditionssätze anlegen: Schnellerfassung
▸ Hier können für ein oder mehrere Fertigerzeugnis(se) Verkaufspreise festgelegt werden.
Verkaufsorganisation: 1020
Vertriebsweg: 20
Preisliste: 02
▸ Einzelhandel
Belegwährung: EUR
Material: 99000NT10
Betrag: 66,00 EUR
Einh.: EUR
pro: 1
ME: KAR
Gültig ab: heute
Um Staffeln anzulegen anklicken, für Zusatz-</td></tr>
</table>

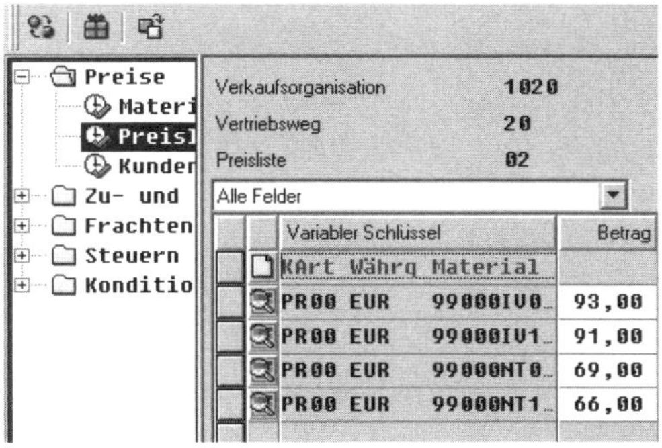

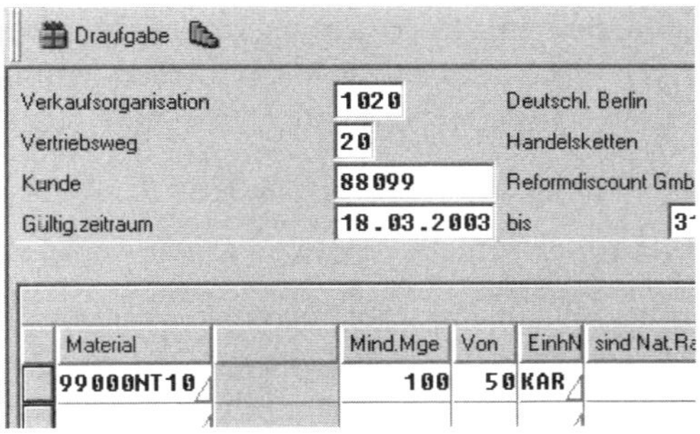

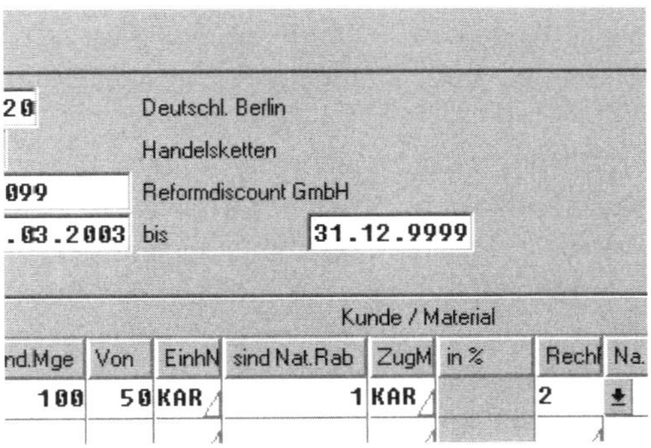

konditionen wie Rabatte anklicken. Dazu die Position (bzw. das Produkt) auswählen und Staffeln oder Rabatte anklicken. Eine zeitliche Begrenzung von Staffeln und Rabatten ist über entsprechende Angaben bei der Positionsgültigkeit möglich.

Übersicht anklicken

Konditionssätze anlegen: Übersicht

sichern oder wahlweise Naturalrabatt anklicken, um einen Naturalrabatt (Drein- oder Draufgabe) einzugeben.

Naturalrabatt (NA00) anlegen

Material: *99000NT10*

Mind.Mge: *50*

- ab 50 Kartons gibt es Naturalrabatt

von: *50*

- Naturalrabattmenge; Stückelung, bei der es jeweils Naturalrabatt gibt.

EinhN: *KAR*

sind Nat.Rab: *1*

ZugMgeEinh: *KAR*

Rechregel: *2*

- mit Einheitsbezug; Rechenregel legt fest, wie Zugabemenge berechnet wird. Z.B. hier bei Bestellung von 140 Kartons werden zwei Kartons zugegeben (100 / 50 x 1). Alternativ kann „anteilig" (z.B. 140 / 50 x 1 = 3 Kartons) oder ganze Einheit" (z.B. 140 / 50 = kein Naturalrabatt, da 140 kein vielfaches von 50) gewählt werden.

- Für je 50 Kartons gibt es einen Karton als Dreingabe, d.h. es werden nur 49 Kartons berechnet.

- Gegenteil ist Draufgabe: Ausprägung des Naturalrabatts, bei der zur bestellten Ware kostenlos zusätzliche Ware geliefert wird. Bei der Draufgabe muss es sich nicht um dasselbe Material handeln.

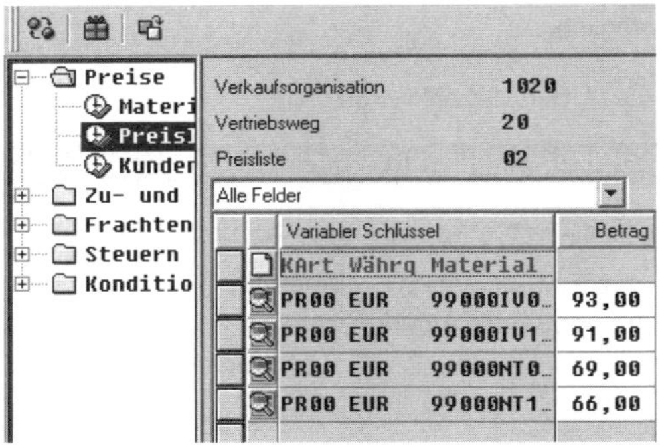

Es kann von der bestellten Ware abweichen

sichern

Die Konditionssätze für Naturalrabatt wurden gesichert

Konditionssätze anlegen: Übersicht

sichern

Die Konditionssätze wurden gesichert

8.4 Kreditmanagement

Da Debitoren häufig nicht unmittelbar Warenlieferungen bezahlen, können zur Vermeidung von Liquiditätsengpässen oder großen Forderungsausfällen Kreditlimits für Debitoren vergeben werden. Das System lässt dann gegenüber bestimmten Debitoren nur bestimmte Forderungshöhen zu.

8.4.1 Kreditkontrollbereich und Kreditlimits

Die Kreditlimits werden in Abhängigkeit vom so genannten Kreditkontrollbereich vergeben. Er fasst Geschäftsbereiche mit ihren Debitoren/Kunden für die Kreditüberwachung zusammen. Aufgrund seiner finanziell unternehmensextern orientierten Wirkungsweise wird der Kreditkontrollbereich an die Hauptachse „Mandant – Buchungskreis“ über den Buchungskreis angebunden. Ein Kreditkontrollbereich umfasst mindestens einen Buchungskreis, weshalb eine Unterteilung eines Buchungskreises in mehrere Kreditkontrollbereiche nicht möglich ist.
Aus Sicht des Vertriebs ist der Kreditkontrollbereich direkt dem Mandanten unterstellt und bildet so die höchste Vertriebsebene. In der folgenden Abbildung erhält der Debitor 222 zwei Kreditlimits, eines im Kontrollbereich 1000, wobei das Limit für beide Buchungskreise zusammen gilt, und ein weiteres im Kreditkontrollbereich 2000. Debitoren erhalten ihre maximalen Forderungshöhen jeweils in ihren Kontrollbereichen. Die Zuordnung der Debitoren zu einem Kreditkontrollbereich geschieht über die Verbindung Buchungskreis – Kreditkontrollbereich. Wenn Debitoren für mehrere Buchungskreise angelegt sind und der Kreditkontrollbereich ebenfalls diese Buchungskreise umfasst, dann werden die in Anspruch genommenen Kreditbeträge buchungskreisübergreifend in diesem Kreditkontrollbereich verwaltet. Vergebene Kreditlimits gelten somit immer für den Kreditkontrollbereich, unabhängig von der Anzahl enthaltener Buchungskreise.

Abbildung 222: Kreditkontrollbereich

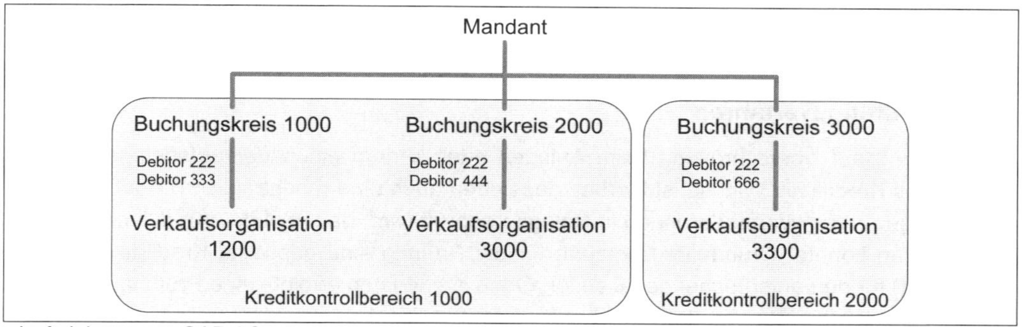

In Anlehnung an SAP AG

Abhängig von der Sichtweise können verschiedene Limits vergeben werden. Das Gesamtlimit setzt die Forderungsobergrenze über alle Kontrollbereiche hinweg. Unabhängig vom Kreditkontrollbereich dürfen die Forderungen eines Debitors in der Summe dieses Limit nicht übersteigen.

Das Einzellimit legt eine globale Obergrenze für einen Kunden unabhängig vom einzelnen Kreditkontrollbereich fest. Ein Debitor, der in verschiedenen Kreditkontrollbereichen geführt wird, darf in den einzelnen Kreditkontrollbereichen nicht mehr Forderungen aufbauen, als das Einzellimit erlaubt.

Das Kreditlimit gibt letztlich die maximale Forderungshöhe an, die ein Debitor in einem bestimmten Kreditkontrollbereich ausschöpfen darf. Die Forderungshöhe, die gegen das Kreditlimit geprüft wird, ergibt sich aus den aktuell bestehenden und den absehbaren Forderungen. Die bestehenden Forderungen ergeben sich aus den Rechnungen abzüglich Gutschriften und geleisteten Zahlungen. Die absehbaren Forderungen ergeben sich aus den angenommenen Aufträgen.

Das Gesamtlimit und das Einzellimit haben wegen ihrer Unabhängigkeit vom Kreditkontrollbereich eher zentralen, das Kreditlimit wegen der Abhängigkeit vom Kreditkontrollbereich eher dezentralen bzw. individuellen Charakter. Alle Limits haben einen eindeutigen Bezug zum einzelnen Debitor. Sie sind individuell.

Abbildung 223: Kreditlimit, Einzellimit und Gesamtlimit aus Sicht eines Debitors

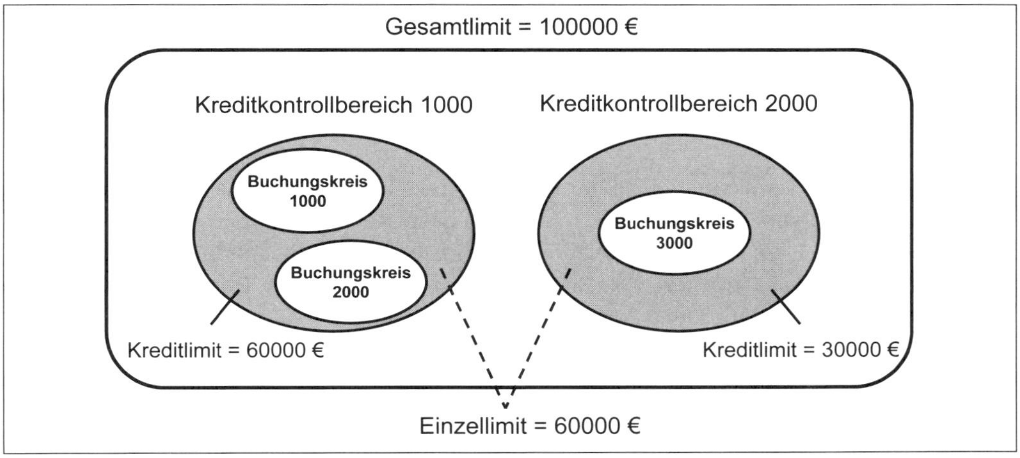

Die Vergabe des Kreditlimits erfolgt unter zweifacher Verprobung. Zum einen wird geprüft, ob die Summe der Kreditlimits das Gesamtlimit übersteigt. Ist dies nicht der Fall, wird weiter geprüft, ob das Kreditlimit kleiner oder gleich dem Einzellimit ist.

8.4.2 Prüfungsverfahren

Die Prüfung auf Überschreitung beim Anlegen oder Ändern eines Verkaufsbeleges erfolgt gegen das Kreditlimit. Wichtig ist hierbei, dass eben auch eine (nachträgliche) Änderung i.S. von Mengen- oder Wertänderungen in Belegen geprüft wird, da sonst das Kreditlimit umgangen werden könnte. Grundvoraussetzung für die Prüfung sind gepflegte Kreditdaten (insb. Kreditlimit) für den entsprechenden Debitor. Ohne Kreditdaten erfolgt keine Prüfung.
Geprüft werden die Summe des Nettobelegwerts und der Wert der offenen Posten (Kreditinanspruchnahme) gegen das Kreditlimit des Regulierers. Der Regulierer muss nicht mit dem Warenbesteller übereinstimmen (s. auch Partnerrollen).
Ob geprüft wird, hängt von den Verkaufsbelegen ab. Dazu wird der Verkaufsbelegart im Customizing ein Wert zugeordnet. Dieser bestimmt dann ob geprüft wird und wie das System reagieren soll:

- Kreditlimitprüfung nicht durchführen,
- Einfache Kreditlimitprüfung durchführen und Warnung,
- Einfache Kreditlimitprüfung durchführen und Error,
- Einfache Kreditlimitprüfung durchführen und Liefersperre.

Abbildung 224: Prüfung in Abhängigkeit zur Belegart

Verkaufsbelege zuordnen

VArt	Bezeichnung	Kredit prüfen	Kreditgruppe
AF	Anfrage		
AG	Angebot		
SO	Sofortauftrag	C	
TA	Terminauftrag	C	

KL	Kurzbeschreibung
	Kreditlimitprüfung nicht durchführen
A	Einfache Kreditlimitprüfung durchführen und Warnung
B	Einfache Kreditlimitprüfung durchführen und Error
C	Einfache Kreditlimitprüfung durchführen und Liefersperre

Bildschirmbilder SAP AG

Die Einstellung für Terminaufträge in der Abbildung bedeutet, dass eine einfache Kreditlimitprüfung durchzuführen ist, wobei eine Liefersperre gesetzt wird. Der Auftrag kann also gesichert werden. Die Lieferung der bestellten Waren kann aber erst nach Klärung weiterer betrieblicher Sachverhalte erfolgen, z.B. Rücksprache mit Vorgesetzten. Den Ablauf einer Kreditlimitprüfung zeigt die Abbildung 225.

Abbildung 225: Ablauf einfache Kreditlimitprüfung

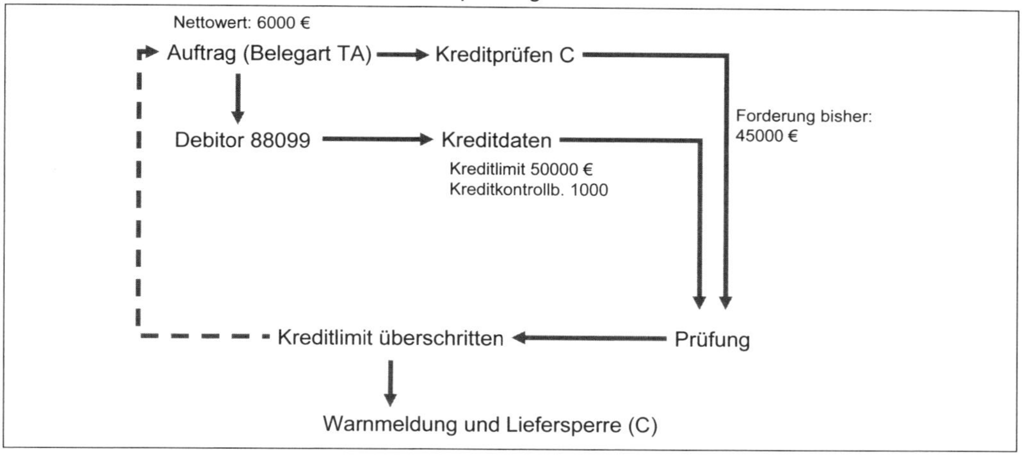

Das vorgestellte Prüfungsverfahren wird als einfache Kreditlimitprüfung bezeichnet. Die sog. automatische Kreditlimitprüfung erweitert die einfache Prüfung um verschiedene Aspekte. Beispielsweise können die Forderungssummen die gegen das Kreditlimit geprüft werden, in ihrer Zusammensetzung variiert werden, z.B.

- Statische Kreditlimitprüfung: Gesamtwert aus offenen Aufträgen, Lieferungen, Fakturabelegen und offenen Posten werden gegen das Kreditlimit geprüft.
- Dynamische Kreditlimitprüfung: prüft im Prinzip den gleichen Wert wie die statische Kreditlimitprüfung gegen das Kreditlimit, wobei für die offenen Aufträge ein Zeitlimit angegeben werden, kann bis zu dem offene Aufträge berücksichtigt werden sollen. Aufträge, die in ferner Zukunft liegen, können so aus der Prüfung ausgegrenzt werden.
- Kreditprüfung auf Basis vom maximalen Belegwert: Auftrags-/Lieferwert darf einen bestimmten Wert nicht übersteigen. Dies ist z.B. bei Neukunden sinnvoll.
- Veränderung von kritischen, d.h. kreditrelevanten Belegfeldern, z.B. verändern sich Zahlungsbedingungen gegenüber den Vorschlagswerten aus dem Debitorenstammsatz.
- Älteste offene Posten dürfen nur eine bestimmte Anzahl von Tagen überfällig sein.

Der parallele Einsatz der Prüfungsarten ist – mit Ausnahme der statischen und dynamischen Kreditlimitprüfungsart – möglich. Bei Bedarf können auch unternehmenseigene Kreditlimitprüfungsvarianten (über User-Exits) gestaltet werden. Für die automatische Kreditlimitprüfung müssen zusätzliche Einstellung im Customizing des Kreditmanagements vorgenommen werden. Vorgänge im Vertrieb, die eine Gleichbehandlung hinsichtlich der Kreditprüfung erfahren sollen, werden über die Kreditgruppe zusammengefasst. Verkaufsbelege, die anstelle der einfachen der automatischen Kreditlimitprüfung unterliegen sollen, bekommen das Kennzeichen „D“ für automatische Kreditkontrolle. Zudem werden sie der entsprechende Kreditgruppe zugeordnet (z.B. Sofort- und Terminauftrag zur Kreditgruppe Auftrag). Aus Sicht der Debitoren werden Risikoklassen hinsichtlich des vermuteten Ausfallrisikos in Abhängigkeit zum Kreditkontrollbereich gebildet. Die Zuordnung der Risikoklasse zu dem einzelnen Debitor geschieht über den Kreditdatenstammsatz des Debitors. Der anzuwendende Prüfungsumfang kann dann in Abhängigkeit vom Vorgang (Kreditgruppe) und Risikoklasse des Debitors (z.B. geringes Risiko) festgelegt werden.

Abbildung 226: Customizing der automatischen Kreditlimitprüfung

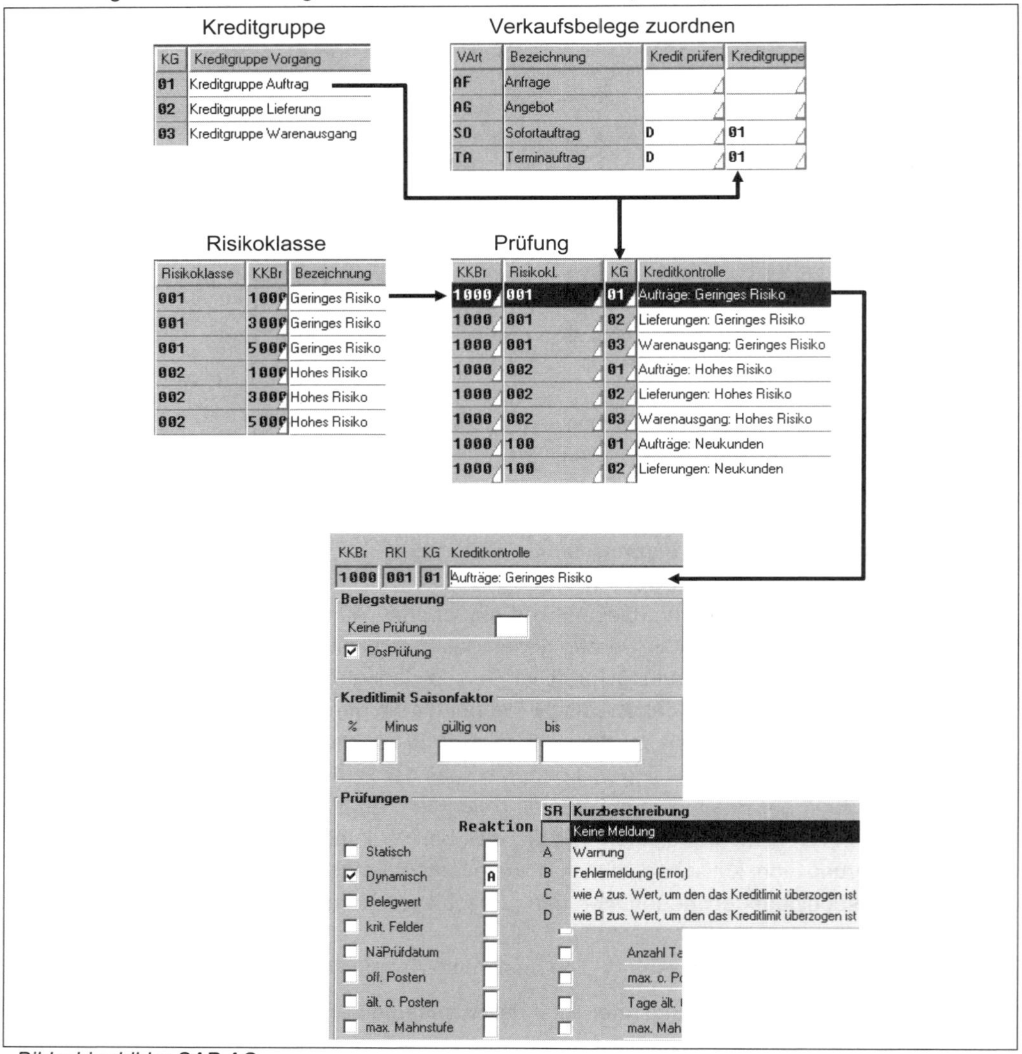

Bildschirmbilder SAP AG

Beispiel: Ein Terminauftrag für den Kunden 88099 wird angelegt. Terminaufträge sollen über die automatische Kreditkontrolle geprüft werden und gehören zur Kreditgruppe 01. Der Debitor gehört zu Risikoklasse 001 (geringes Risiko). Kreditgruppe, Risikoklasse und Kreditkontrollbereich führen als Schlüssel zum Prüfungsvorgehen (hier dynamische Prüfung). Es wird gegen das Limit von 50000 € geprüft. Bei Überschreiten erscheint im Auftrag eine Warnmeldung.

Für die Kreditkontrolle im vorgestellten Umfang muss die Debitorenbuchhaltung und der Vertrieb von R/3 im Einsatz sein. Falls nur die Debitorenbuchhaltung genutzt wird, erfolgt die Prüfung bei der Fakturabuchung. Kreditlimits sind nach Sichern sofort wirksam.

Trotz der u.U. verwirrenden Bezeichnungen der Prüfverfahren wird auch die einfache Kreditlimitprüfung automatisch – sofern die Einstellungen stimmen – vom System durchgeführt.

Abbildung 227: Ablauf automatische Kreditlimitprüfung

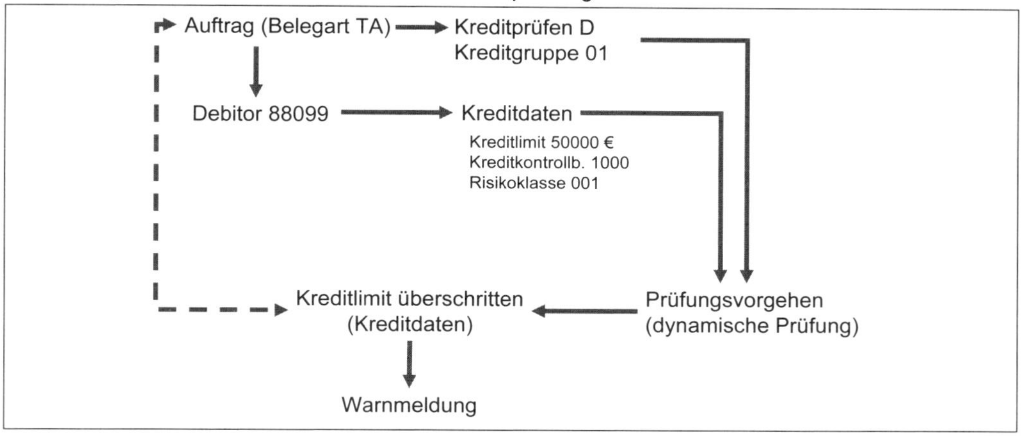

8.4.3 Fallstudie - Vergabe von Kreditlimits

Aufgabe 32

Für den Kunden Reformdiscount (88yxx) sollen ein frei wählbares Kreditlimit, ein Einzellimit und ein Gesamtlimit vergeben werden. Verwenden Sie die Daten der Pflegeanleitung.

Kreditlimit vergeben

FENSTER	MENUEPFAD/EINGABE
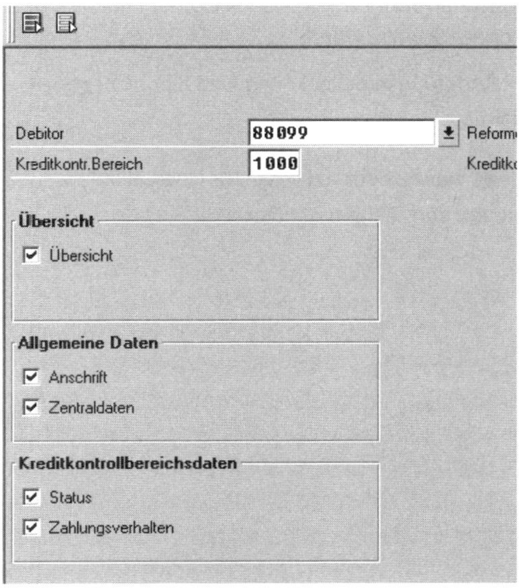	**RECHNUNGSWESEN** ⇨ FINANZWESEN ⇨ DEBITOREN ⇨ KREDITMANAGEMENT ⇨ STAMMDATEN ⇨ ÄNDERN **Debitor Kreditmanagement ändern: Einstieg** Debitor: *88yxx* ▸ Eingabe der Debitorennummer des gewünschten Kunden. Kreditkontr. Bereich: *1000* ▸ Kreditkontrollbereich Europa, dieser ist für den Buchungskreis der Fallstudie gültig. Ankreuzen der gewünschten Sichten mit ☑. ▸ Es sind mindestens die Sichten ☑ Zentraldaten und ☑ Zahlungsverhalten anzukreuzen, da in diesen die Einstellung der Kreditlimits erfolgt. ▸ In diesem Einstiegsbild ist bereits zu erkennen, dass sich das Kreditmanagement in SAP R/3 in eine zentrale (debitorbezogene) und eine dezentrale (debitor- und kreditkontrollbereichsbezogene) Sicht aufteilt. In der zentralen Sicht (Zentral-

daten) werden die Maximalvorgaben geschaffen, die dann in der dezentralen Sicht (Kreditbereichkontrolldaten) um das tatsächlich einzuhaltende Kreditlimit ergänzt werden.

weiter

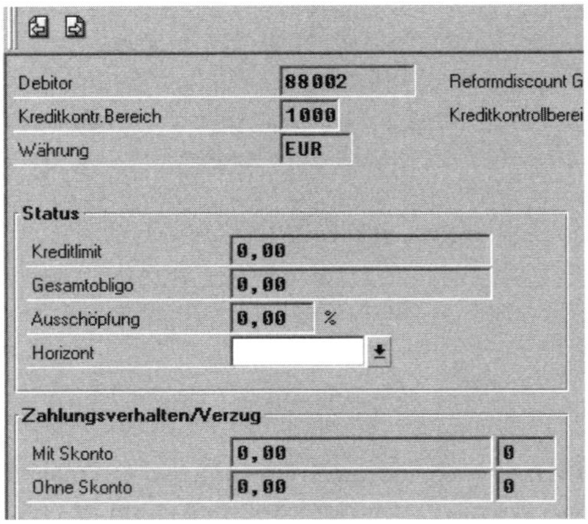

Debitoren Kreditmanagement ändern: Übersicht

- Diese Sicht gibt einen Überblick über das bisherige Zahlungsverhalten des angezeigten Debitors (hier: 88099) für den ausgewählten Kreditkontrollbereich (hier: 1000).
- Im Feld Horizont kann ein Datum eingegeben werden. Das System berücksichtigt dann lediglich diejenigen offenen Posten des Debitors zur Berechnung der Ausschöpfung des Kreditlimits, die innerhalb dieses Horizontes liegen.

Bisher wurde noch kein Zahlungsverhalten aufgezeichnet

- Bisher gab es keine Zahlungseingänge durch diesen Debitor.

weiter, oder zur Navigation zwischen den Sichten benutzen.

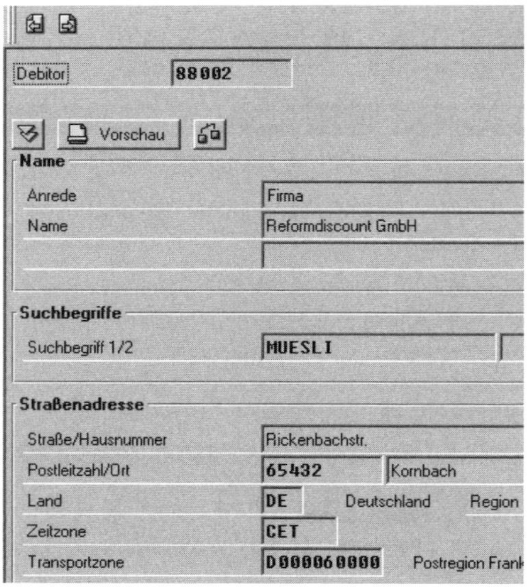

Debitoren Kreditmanagement ändern : Anschrift

- In dieser Sicht kann anhand der Anschriftdaten verifiziert werden, ob tatsächlich der richtige Debitor ausgewählt wurde.
- Änderungsmöglichkeiten sind hier nicht gegeben.

weiter, oder zur Navigation zwischen den Sichten benutzen.

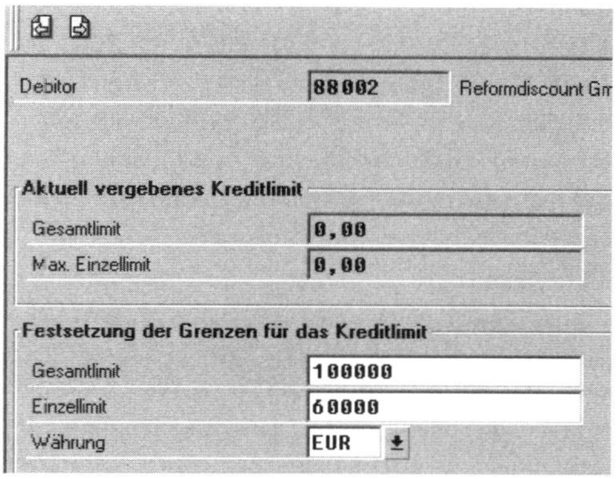

Debitoren Kreditmanagement ändern: Zentraldaten

Gesamtlimit: *100000*

▸ Hier ist dasjenige Limit einzugeben, welches der Debitor maximal insgesamt für alle Kreditkontrollbereiche erhalten darf, d.h. die Summe aller gewährten Kreditlimits darf das Gesamtlimit nicht überschreiten.

Einzellimit: *60000*

▸ Hier ist ein Limit einzugeben, welches als eine Art Vorgabewert für die tatsächlichen Kreditlimits der Kreditkontrollbereiche fungiert. Der Betrag, der hier eingegeben wird, ist der maximal mögliche Betrag für einen bestimmten Debitor, der als Kreditlimit für einen einzelnen, beliebigen Kreditkontrollbereich vergeben werden kann.

Währung: *EUR*

weiter

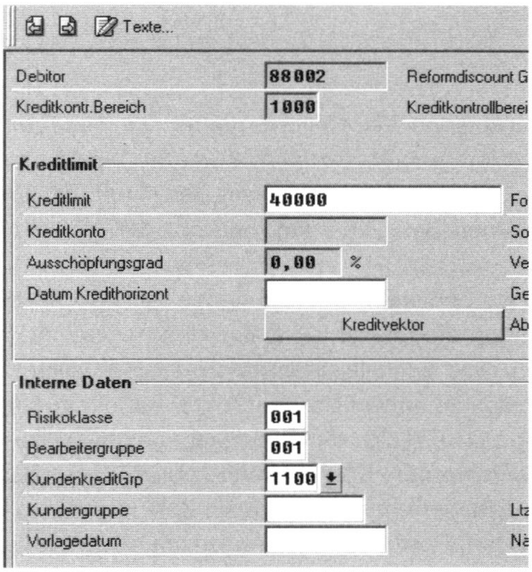

Debitoren Kreditmanagement ändern: Status

Kreditlimit: *40000*

▸ Hier wird das tatsächliche Kreditlimit, bezogen auf den Kunden und den Kreditkontrollbereich, vergeben. Dieses Limit ist vom Kunden tatsächlich einzuhalten. Es kann gleich hoch oder niedriger als das Einzellimit des vorherigen Bildschirmbildes sein. Die Summe dieser Kreditlimits darf das Gesamtlimit nicht überschreiten.

Risikoklasse: *001*

▸ Die Einordnung des Kreditors in Risikoklassen steuert das Verfahren (bzw. die Intensität) der Kreditprüfung, hier: Geringes Risiko.

Bearbeitergruppe: *001*

▸ Sachbearbeitergruppe der Kreditkontrolle, hier: Kunden mit geringem Risiko.

KundenkreditGrp: *1100*

▸ Gruppierungsbegriff, man kann die Kunden z.B. nach geografischen Gesichtspunkten gruppieren, hier: Großkunden Inland.

Vorlagedatum: *tt.mm.jjjj*

▸ beliebiges Datum, ca. 6 Monate in der Zukunft. Zur Anlage eines internen Wiedervorlagesystems der Kreditkontrolle kann hier ein Datum eingegeben werden, nach dem das Limit neu überprüft werden sollte.

Nächste Prüfung: *tt.mm.jjjj*

▸ beliebiges Datum, ca. 6 Monate in der Zukunft. Nach Ablauf dieses Datums wird das Kreditlimit des Debitors zur erneuten Überprüfung ausgeschrieben. Im Gegensatz zum Vorlagedatum findet hier eine systemgetriebene Überprüfung statt.

weiter

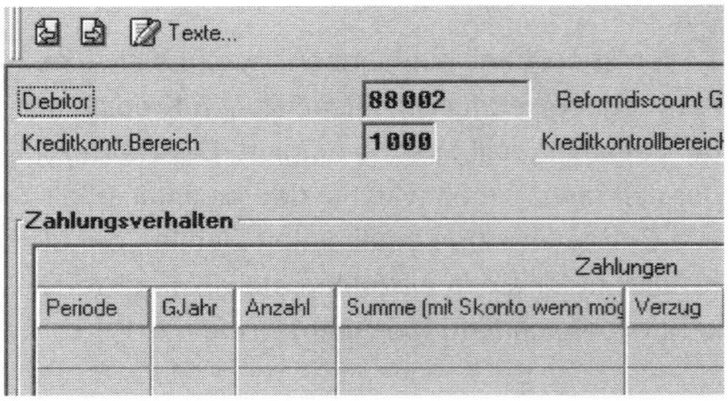

Debitoren Kreditmanagement ändern : Zahlungsverhalten

▸ In diesem Bildschirmbild wird das bisherige Zahlungsverhalten des Debitors in einer Übersicht dargestellt. Angezeigt werden die Zahlungen und Zahlungsverzüge.

▸ Aktuell sind noch keine Daten vorhanden:

Bisher wurde noch kein Zahlungsverhalten aufgezeichnet

anklicken zum Sichern.

8.5 Verkaufsbelege

Verkaufsbelege dokumentieren wie die Einkaufsbelege Geschäftsvorgänge. Zu den Verkaufsbelegen zählen beispielsweise Anfragen, Aufträge und Reklamationen. Sie haben den gleichen Aufbau wie alle bisherigen Belege, d.h. sie bestehen aus einem Belegkopf mit Daten für den gesamten Beleg (z.B. Debitorennummer, Belegwährung) und den Belegpositionen.

Ein Verkaufsbeleg kann sich diverser Stammdaten bedienen. Durch Eingabe der Debitorennummer in das Belegkopffeld Auftraggeber können die relevanten Daten des entsprechenden Kundenstammsatzes übernommen werden. Das bestellte Material wird auf Positionsebene eingegeben. Die Materialnummer als Schlüssel ermöglicht den Zugriff auf die in den Vertriebssichten im Materialstammsatz gepflegten Daten (z.B. Verkaufsmengeneinheit). Teilweise können die übernommenen Daten geändert werden. Ebenso können die Daten einer Position von denen des Belegkopfs abweichen, z.B. gelte grundsätzlich ein Zahlungsziel von 30 Tagen (Belegkopf), für eine der vorhandenen fünf Positionen können jedoch andere Zahlungsbedingungen gelten. Die Zahlungsbedingungen würden hier auf Positionsebene für die eine Position verändert. Weiter kann auf Daten aus Kunden-Material-Infosätzen zurückgegriffen werden.

Sind Vorgängerbelege vorhanden, so können auch diese zur Belegerstellung verwendet werden (bspw. wird aufgrund eines Angebots ein Auftrag erstellt). Zu beachten ist, dass zwischenzeitliche Veränderungen in Material- und Debitorenstammsatz im Auftrag für vorhandene Positionen nicht berücksichtigt werden. Das erstellte Angebot kann so auch tatsächlich in einen Auftrag umgesetzt werden. In Auftragspositionen wird nur dann auf die aktualisierten Stammsätze zurückgegriffen, wenn eine neue Position hinzugefügt wird. Bei Änderung von Stammsatzdaten, die im Verkaufsbeleg als Kopfdaten verwendet werden, findet auch beim

Hinzufügen von Positionen keine Aktualisierung statt. Daten des Belegkopfes beziehen sich stets auf alle Positionen.

Abbildung 228: Daten aus Vorgängerbelegen

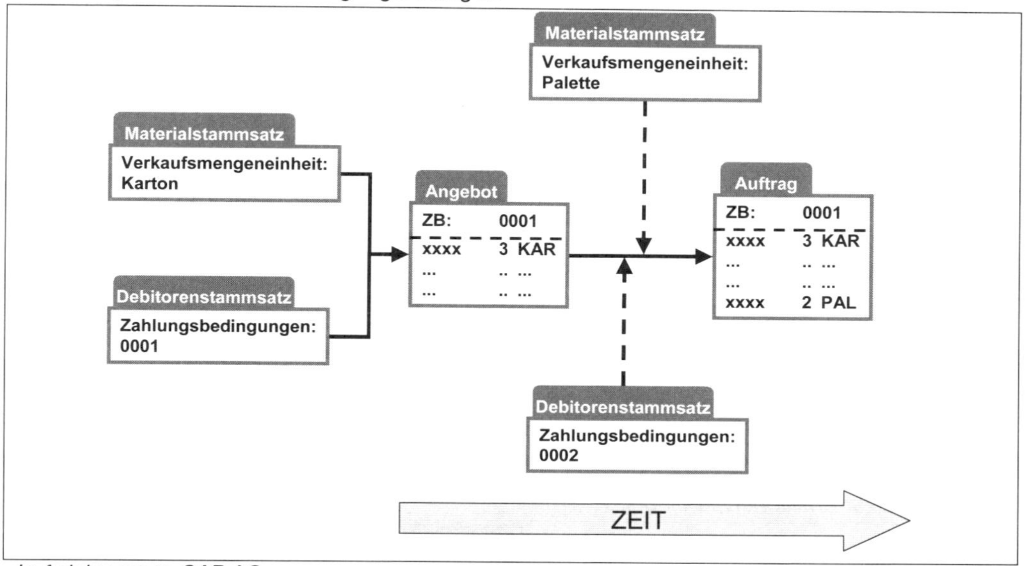

In Anlehnung an SAP AG

Ein Verkaufsbeleg bzw. seine Positionen können gelöscht werden. Dies ist allerdings nur dann möglich, wenn keine Folgebelege zu diesem Verkaufsbeleg bzw. zu seinen Positionen existieren. Der Beleg oder die Position wird in der Datenbank gelöscht. Ein späterer Zugriff ist damit nicht mehr möglich. Soll der Beleg oder die Position in späteren Analysen berücksichtigt werden, so sollte mit Absagegründen gearbeitet werden. Dazu kann der Position oder dem Beleg ein Absagegrund hinzugefügt werden.
In Abhängigkeit vom betriebswirtschaftlichen Vorgang können verschiedene Verkaufsbelegarten unterschieden werden. Die folgende Tabelle zeigt eine Auswahl.

Tabelle 3: Verkaufsbelegarten

Belegart	Abkürzung
Anfrage	AF
Angebot	AG
Kostenlose Lieferung	KL
Terminauftrag	TA
Barverkauf	BV

©SAP AG

Die Verkaufsbelegart umfasst dann wieder diverse vertriebsrelevante Steuerungsparameter.

8.5.1 Positionstypen

In einen Auftrag ist u.a. eine kostenlose Position aufgenommen worden (z.B. Werbegeschenk). Damit nun für diese Position keine Preisfindung durchgeführt wird, müsste die Position für das System ersichtlich als kostenlos gekennzeichnet sein. Ein weiteres Beispiel: Leihgut wird mit in den Auftrag hineingenommen. Auch hier soll wieder keine Preisfindung durchgeführt werden. Folglich dürfte diese Position auch in der Faktura rechnerisch nicht vorkommen. Gleiches gilt für eine Textposition.

Zur Kennzeichnung der Art oder Intention einer Position wird der so genannte Positionstyp eingesetzt. Dieser enthält – neben der Preisfindung – weitere Steuerungsparameter für die Weiterverarbeitung auf Positionsebene, beispielsweise ist für die Dienstleistung eine normale Lieferbearbeitung nicht erforderlich. Der Positionstyp wird vom System im Auftrag vorgeschlagen.
Ermittelt wird der Positionstyp über die im Materialstammsatz gepflegte Positionstypengruppe und die Verkaufsbelegart. Die Positionstypengruppe umfasst sämtliche für eine Belegart zulässigen Positionstypen.
Die Abbildung 229 zeigt das Beispiel eines Terminauftrags. Dieser enthält eine Position mit dem Material 9900NT10. Dem Material ist in der Materialstammsatzsicht Vertrieb: Verk.Org. 2 die Positionstypengruppe NORM zugeordnet. Die Kombination aus Positionstypengruppe NORM und Belegart TA ergibt in der Customizing-Tabelle den Positionstyp TAN (normale Position). Dieser wird im Auftrag vorgeschlagen. Für Positionen, die mit dem Typ TAN gekennzeichnet sind, wird eine Preisfindung durchgeführt. Außerdem sind sie fakturarelevant.
Alternativ könnte die Position manuell umgeschlüsselt werden und so als kostenlose Position TANN gekennzeichnet werden. Die für die manuelle Umschlüsselung (Pos.Typ.M.) zulässigen Positionstypen werden zusammen mit dem Vorschlagstyp in der Customizing-Tabelle festgelegt.

Abbildung 229: Positionstypenfindung

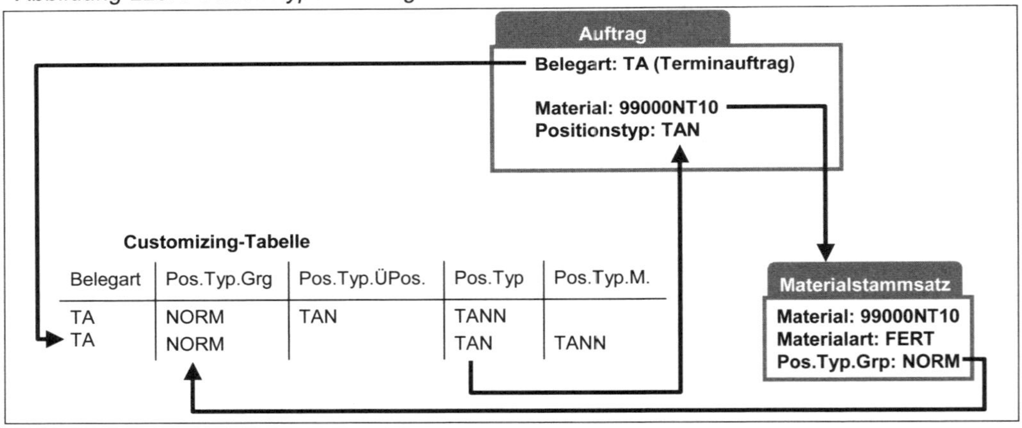

Die Positionstypengruppe im Materialstammsatz wird bei der Anlage des Stammsatzes vom System vorgeschlagen. Dazu wurde vorher im Customizing der Materialart eine Positionstypengruppe zugeordnet.
Für den Kauf einer bestimmten Menge eines Materials werde z.B. ein Naturalrabatt gewährt.[50] Für je 50 Kartons gebe es einen Karton als Dreingabe, d.h. es werden nur 49 Kartons berechnet. Die Dreingabenposition ist eine untergeordnete Position. Entsprechend der Einstellung im Customizing (Pos.Typ.ÜPos, s. Abbildung 229) wird ein Positionstyp für die untergeordnete Position vorgegeben. Für die Dreingabe wäre dies der Positionstyp TANN (kostenlose Position).

[50] S. Abbildung 230.

Abbildung 230: Positionstyp von untergeordneten Positionen

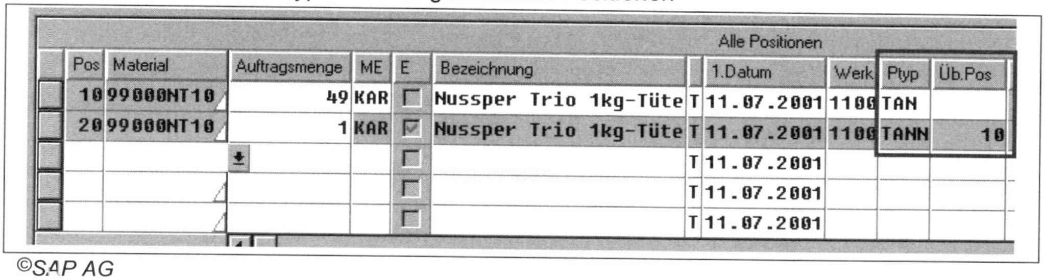

8.5.2 Verfügbarkeitsprüfung im Vertrieb

Ein Kunde bestellt Waren zu einem bestimmten Termin. Zur Überprüfung, ob dieser Termin eingehalten werden kann, wird bei der Auftragserstellung eine Verfügbarkeitsprüfung der gewünschten Materialien durchgeführt. Die Prüfung kann wieder auf Basis der ATP-Menge geschehen.

Abhängig von der über die Prüfgruppe im Materialstammsatz gewählten Prüfregel wird die Prüfung durchgeführt. Diese kann auch die Wiederbeschaffungszeit berücksichtigen. Vom Wunschlieferdatum des Kunden ausgehend wird rückwärts terminiert.

Unter Berücksichtigung von Transitzeit, Ladezeit, Richtzeit (Kommissionieren und Verpacken) und Transportdispositionsvorlaufzeit (Organisation des Transports) wird das Materialbereitstellungsdatum ermittelt. Transitzeit, Ladezeit etc. werden in Abhängigkeit von Versandstelle und Route im Customizing gepflegt. Wenn dem geplanten Abgang (Materialbereitstellung) ausreichend Zugänge gegenüberstehen, so wird die Menge bestätigt.

Bei einer Unterdeckung zum geforderten Materialbereitstellungstermin spielt die Wiederbeschaffungszeit eine wichtige Rolle. Die Wiederbeschaffungszeit ist die Zeit, die benötigt wird, um Material wieder bereitzustellen. Die Zeiten werden im Materialstammsatz festgelegt.[51]

Bei einer Prüfung mit Einbeziehung der Wiederbeschaffungszeit kann das gewünschte Material frühestens durch geplante Zugänge, spätestens aber zum Ende der Wiederbeschaffungszeit bereitgestellt werden. Liegt der geforderte Bereitstellungstermin zeitlich hinter dem Ende der Wiederbeschaffungszeit, so kann wunschgerecht geliefert werden. Liegt der geforderte Bereitstellungstermin innerhalb der Wiederbeschaffungszeit, dann verschiebt sich der mögliche Liefertermin entsprechend nach hinten. Bei einer Bestellung von 10 KG (s. Abbildung 231) kann zum ermittelten Bereitstellungstermin der Bedarf nicht gedeckt werden. Es sind nicht genügend Zugänge vorhanden. Der folgende Zugang reicht nicht aus, so dass erst am Ende der Wiederbeschaffungszeit das Material bereitgestellt werden kann. Das Wunschlieferdatum kann nicht eingehalten werden.

Bei einer Prüfung ohne Einbeziehung der Wiederbeschaffungszeit verschiebt sich der Bereitstellungstermin bis zu dem Zeitpunkt, an dem ausreichend Zugänge vorhanden sind. Der Liefertermin verschiebt sich ebenfalls nach hinten. Der Bedarf kann also erst gedeckt werden, wenn der Zugang von 15 KG erfolgt ist.

---

[51] S. auch Kapitel 7.4.3, S. 376.

Abbildung 231: Verfügbarkeitsprüfung mit und ohne Wiederbeschaffungszeit

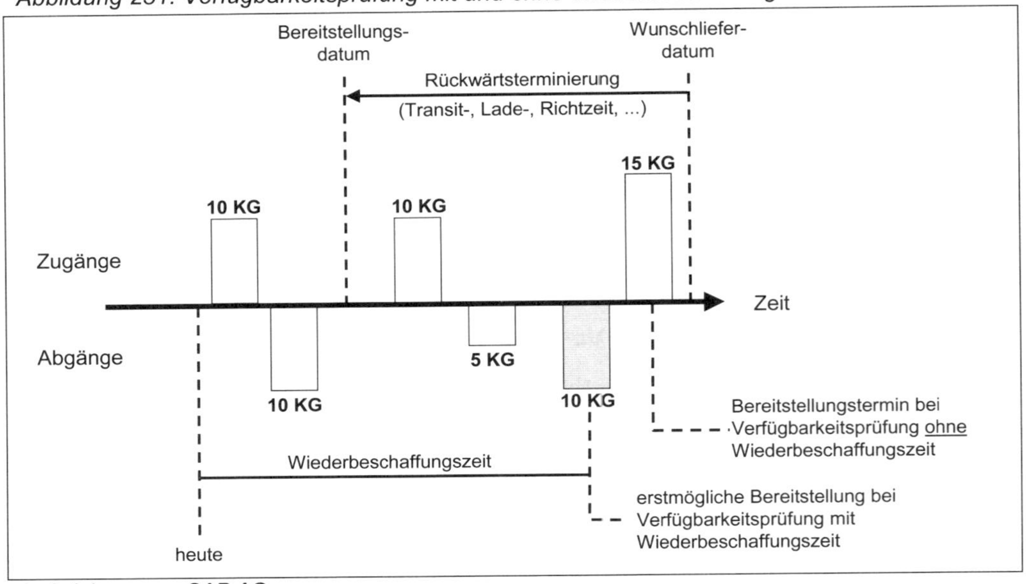

In Anlehnung an SAP AG

Die aus einer Unterdeckung resultierenden Bereitstellungs- und Liefertermine werden angezeigt. Dazu verzweigt das System aus der Auftragsposition heraus in die Verfügbarkeitskontrolle (nur bei Unterdeckung!). Die Liefervorschläge werden anhand des Beispiels in der Abbildung 232 erläutert.

Abbildung 232: Verfügbarkeitskontrolle und Liefervorschläge

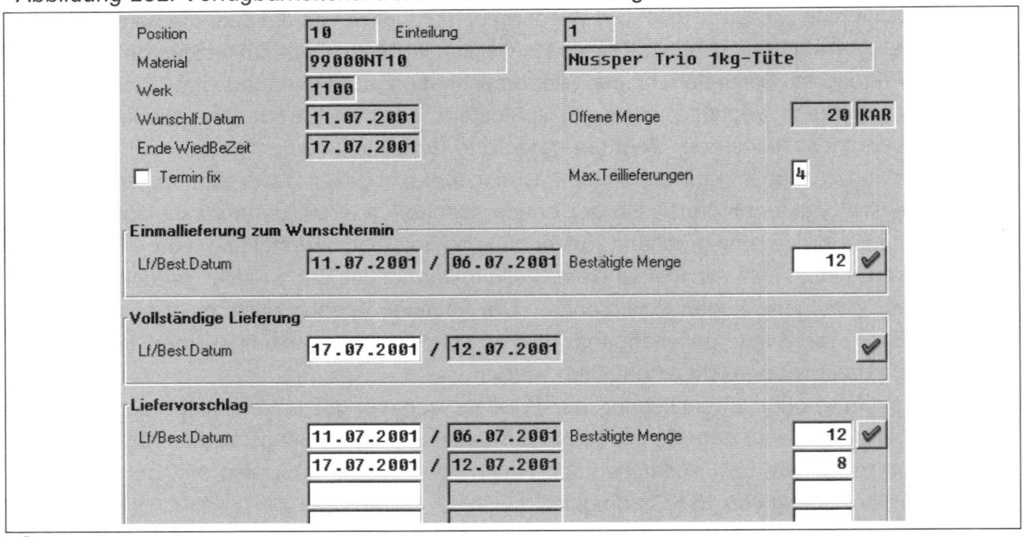

©SAP AG

Ein Kunde bestelle am 02.07. 20 Kartons des Materials 99000NT10. Die „Einmallieferung zum Wunschtermin" zeigt die Menge an (12 Kartons), die zum Wunschliefertermin (11.07.) verfügbar ist. Bereitstellungstermin sei der 06.07. Die Versandzeit betrage 3 Arbeitstage.

Der Bereich „vollständige Lieferung“ zeigt den Zeitpunkt an, zu dem die vollständige Menge von 20 Kartons geliefert werden kann (17.07.). Die Wiederbeschaffungszeit beträgt 8 Arbeitstage. Der Zeitpunkt liegt hinter dem Wunschlieferdatum. Für den Fall, dass auch zu einem späteren Zeitpunkt keine vollständige Lieferung möglich ist, wird hier kein Termin vorgeschlagen. Grundlage für die Terminberechnung sind die Wiederbeschaffungszeit oder, falls ohne Berücksichtigung der Wiederbeschaffungszeit geprüft wurde, die geplanten Zugänge.
Der „Liefervorschlag“ splittet die Lieferung in Teillieferungen entsprechend der geplanten Zugänge bzw. der Wiederbeschaffungszeit.
Die Liefertermine der Bereiche „Vollständige Lieferung“ und „Liefervorschlag“ werden durch eine Vorwärtsterminierung aus dem Materialbereitstellungstermin errechnet.

8.5.3 SD-Anfrage und SD-Angebot

Stellt ein Kunde oder Interessent eine Anfrage, so wird er in der Regel wissen wollen, ob die gewünschte Ware im Lager verfügbar ist, welche Konditionen sie hat oder ob Kataloge oder Verkaufsbroschüren zu der gewünschten Ware zur Verfügung stehen. Das System bietet für die Pflege einer Anfrage entsprechende Bildschirme und Datenfelder. Weiter können auch eine automatische Preisfindung durchgeführt und die Verfügbarkeit geprüft werden.
Die Erfassung einer Anfrage dokumentiert zum einen den Vorgang, zum anderen kann in der Folge bei der Erstellung eines Angebots oder eines Auftrages Bezug auf die Anfrage genommen werden, so dass der Arbeitsaufwand verringert wird.

Abbildung 233: Auftragswahrscheinlichkeit

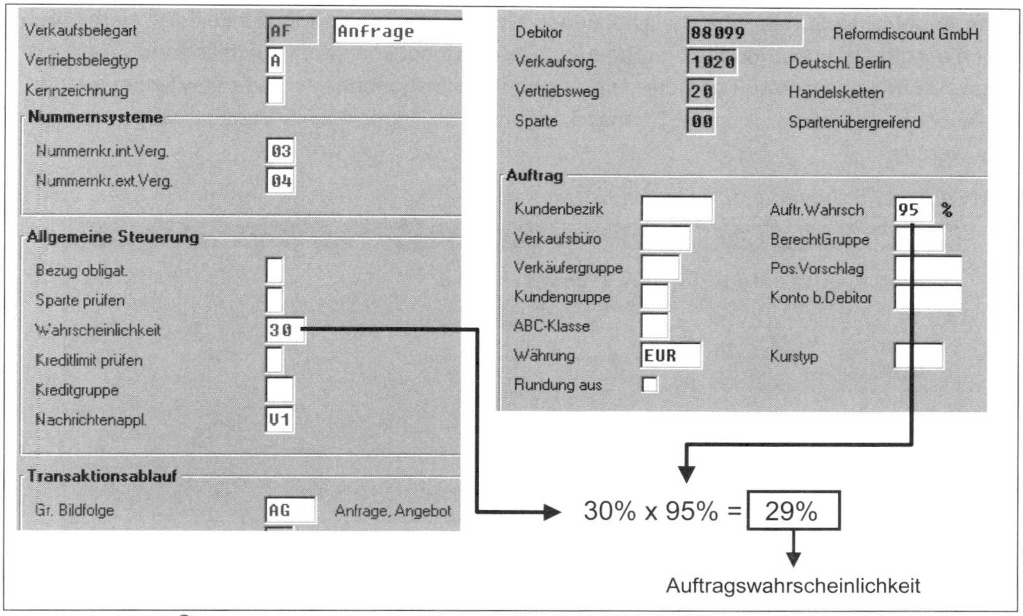

Bildschirmbilder ©SAP AG

Bei der Erstellung einer Anfrage oder auch eines Angebotes macht das System einen Vorschlag, wie wahrscheinlich es ist, dass der Kunde einen Auftrag erteilen wird. Die Auftragswahrscheinlichkeit berechnet sich aus der in der Verkaufsbelegart hinterlegten Wahrscheinlichkeit (Customizing) multipliziert mit der Auftragswahrscheinlichkeit im Kundenstammsatz.

Es gibt also eine pauschale vom Verkaufsbeleg abhängige Wahrscheinlichkeit, die durch die Auftragswahrscheinlichkeit im Debitorenstammsatz individualisiert wird.
Die Auftragswahrscheinlichkeit wird auf Positionsebene als Prozentsatz angezeigt. Sie stellt einen Vorschlag dar, der manuell geändert werden kann. Die berechneten oder eingegebenen Auftragswahrscheinlichkeiten dienen u.a. der Berechnung des erwarteten Auftragswerts (Wahrscheinlichkeit x Nettowert).

Abbildung 234: Auftragswahrscheinlichkeit und erwarteter Auftragswert

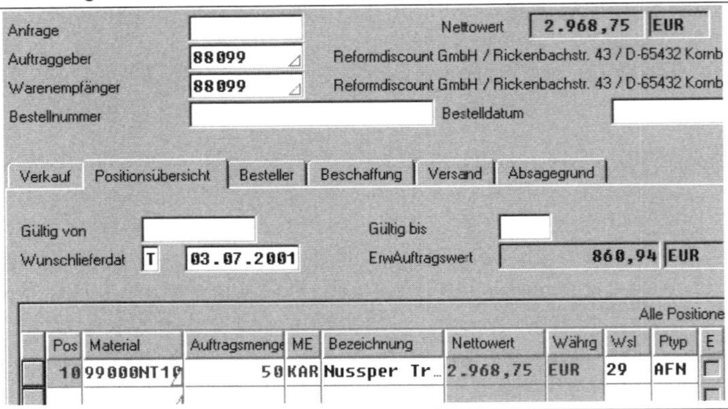

©SAP AG

Das System unterstützt die Erstellung einer Liste von Anfragen (und Angeboten), die nach der Auftragswahrscheinlichkeit sortiert ist.
Das Angebot stellt dann für das anbietende Unternehmen eine Möglichkeit dar, verbindlich auf die Anfrage eines Kunden zu reagieren. Das Angebot kann auf verschiedenen „Vorlagen" basieren. Beispielsweise kann die dem Angebot vorausgehende Anfrage verwendet werden. Positionen etc. werden kopiert. Ebenso können „alte" Angebote als Vorlage wieder verwendet werden.

Abbildung 235: Angebot anlegen mit Bezug

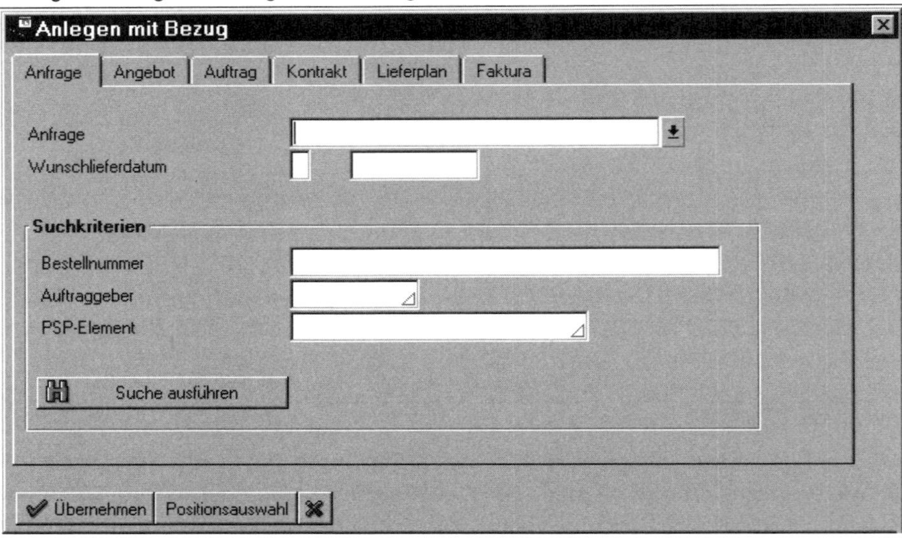

©SAP AG

Weiter werden Preisfindung und Verfügbarkeitsprüfung bei der Erstellung des Angebots durchgeführt.
Die Dokumentation der Vorverkaufsaktivitäten (Anfrage und Angebot) bietet sich im Prinzip immer dann an, wenn in späteren Vorgängen ein Rückgriff auf diese „Vorlage“ erfolgen soll und die Aktivitäten mittels Berichten bzw. Analysen ausgewertet werden sollen, beispielsweise um die Auftragswahrscheinlichkeit eines Kunden zu ermitteln.

8.5.4 SD-Auftrag

Beim Kundenauftrag können über die Auswahl der Belegart unterschiedliche Verkaufsvorgänge bzw. Auftragsformen abgebildet werden, z.B. Barverkauf, Sofortauftrag (Lieferung am gleichen Tag) oder Terminauftrag (Lieferung zu einem bestimmten Termin).
Der Auftrag greift – wie Anfrage und Angebot auch – auf Kunden- und Materialstammsätze zurück. Dabei werden Daten in den Auftrag übernommen oder dazu verwendet, Preisfindungen, Bedarfsübergaben (an die Disposition), Kreditlimitprüfungen oder Verfügbarkeitsprüfungen durchzuführen.
Weitere Funktionen sind die Versandterminierung sowie Versandstellen- und Routenermittlung (stehen auch in Anfrage und Angebot zur Verfügung).
Die vom System vorgeschlagenen Daten können – müssen aber nicht - als Grundlage für den anzulegenden Auftrag dienen.
Kundenaufträge können zur Arbeitserleichterung mit Bezug zu einem schon existierenden Beleg angelegt werden. Dies ist z.B. dann hilfreich, wenn ein Auftrag aufgrund eines zuvor gemachten Angebots zustande kommt. Beim Anlegen des Auftrags werden dabei alle relevanten Stammdaten aus dem Angebot übernommen. Analog zur Bestellung im Einkauf wird durch den Auftrag der Nachrichtendruck initiiert (gilt auch für Angebot).

8.5.5 Fallstudie – Auftrag

Aufgabe 33
Erstellen Sie zwei Kundenaufträge (Terminaufträge) mit folgenden Daten:

- Reformdiscount
  Nussper Trio 1kg 10 Kartons
  Nussper Trio 500g 3 Kartons
  Wunschliefertermin Heute + 6 Tage
- Feinkostgroßhandel Schubert
  Kdnummer von IV05 10 Kartons
  Kdnummer von NT05 8 Kartons
  Wunschliefertermin Heute + 3 Tage

Kundenauftrag anlegen

FENSTER	MENUEPFAD/EINGABE

LOGISTIK ⇨ VERTRIEB ⇨ VERKAUF ⇨ AUFTRAG ⇨ ANLEGEN

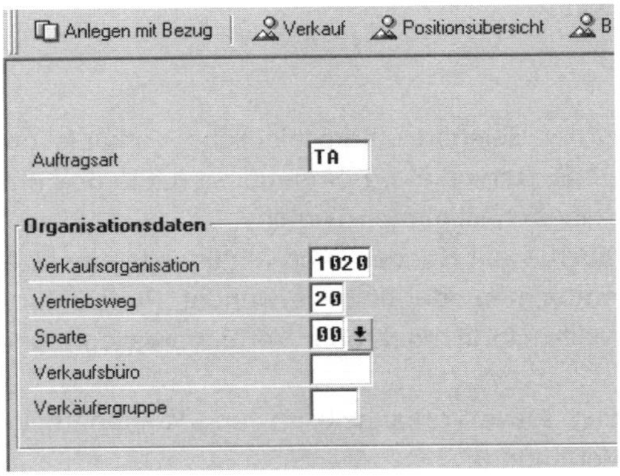

Kundenauftrag anlegen: Einstieg

Auftragsart: *TA*

▸ Terminauftrag

Verkaufsorganisation: 1020

Vertriebsweg: 20

Sparte: *00*

 anklicken

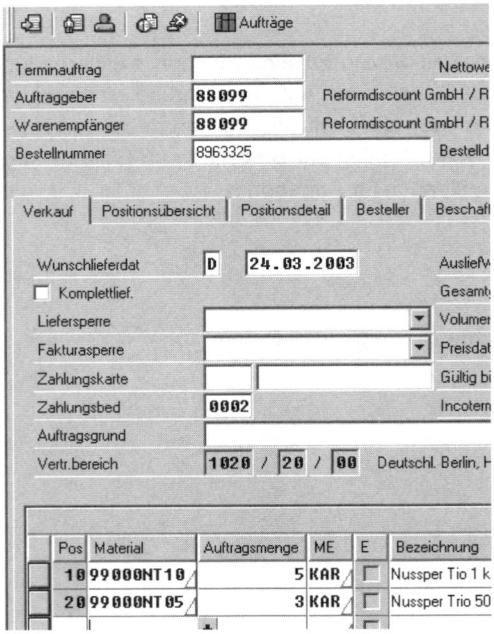

Terminauftrag anlegen: Übersicht

Auftraggeber: *88099*

▸ Reformhausdiscount

Bestellnummer: *8963325 (oder andere)*

▸ Nummer, unter der die Bestellung beim Kunden geführt wird.

Wunschlieferdatum: 24.03.2003

▸ Datum, zu dem der Kunde die Waren geliefert haben möchte. Entspricht der Vorschlag von R/3 nicht dem Wunschlieferdatum des Kunden, so sollte das Wunschlieferdatum geändert werden, bevor Auftragspositionen gepflegt werden, da bei bereits gepflegten Auftragspositionen ein geändertes Wunschlieferdatum nicht übernommen wird. Unabhängig davon können unterschiedliche Lieferdaten in den Positionen angegeben werden.

Falls das Wunschlieferdatum geändert wurde,  anklicken, um das Wunschlieferdatum zu aktualisieren. Das Datum wird in die (noch nicht gepflegten) Auftragspositionen übernommen.

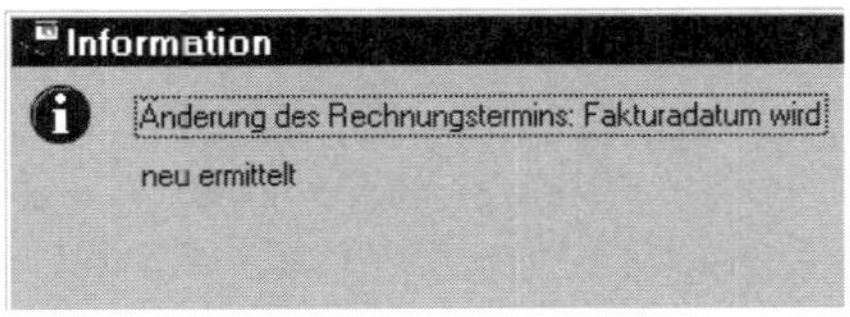

Material: xx000NT10 etc.

Auftragsmenge: 10

▸ Wahlweise kann auch die Kundenmaterialnummer eingegeben werden, sofern die Kunden-Material-Info gepflegt ist.

anklicken, Daten werden aktualisiert. Abhängig von den Stammdaten können verschiedene Meldungen bei bestimmten Positionen ausgegeben werden.

W: In Position 000010 bitte die Mindestauftragsmenge beachten: 10 ST

▸ Erscheint, da im Stammsatz von 99000NT05 eine Mindestauftragsmenge von 10 Kartons gepflegt worden war. Die Auftragsmenge kann korrigiert werden oder Warnung wird mit übergangen.

W: In Pos. 000010 bitte die Liefereinheit beachten: 10 ST

▸ Warnung, dass die im Stammsatz angegebene Verkaufsmengeneinheit von der Auftragsmengeneinheit abweicht. Korrigieren oder mit übergehen.

W: Die Mindestmenge von 50 KAR des Naturalrabatts wurde nicht erreicht

▸ Warnung bzw. Hinweis, dass Rabattstaffeln oder Naturalrabatte nicht erreicht wurden. Mit übergehen.

Pos	Material	Auftr.
10	99000NT10	
20	99000NT05	

Durch Markieren einer Position und anklicken von kann überprüft werden, ob das Material zum angegebenen Wunschliefertermin verfügbar ist.

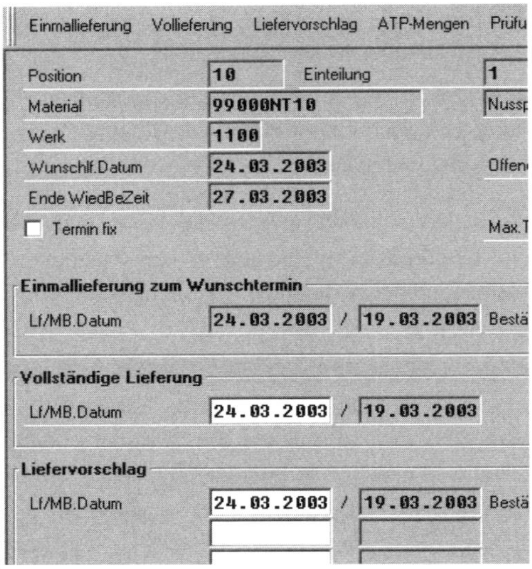

Terminauftrag: Verfügbarkeitskontrolle

▸ In die Verfügbarkeitskontrolle wird nur dann verzweigt, wenn Unterdeckung zum Bereitstellungstermin besteht. Die bestätigte Menge ist die aktuell zum Liefertermin 24.03.2003 lieferbare Materialmenge. Der 19.03.2003 ist Materialbereitstellungstermin, d.h. der Zeitpunkt, zu dem die Waren für den Versand bereit stehen.

▸ Das System schlägt drei Liefervarianten vor:

Einmallieferung zum Wunschtermin.
: Prüfung, ob das Wunschlieferdatum eingehalten werden kann.

Vollständige Lieferung
: Prüfung, ob zu einem beliebigen späteren Termin genügend Bestand für eine vollständige Lieferung vorhanden ist.

Liefervorschlag
: Prüfung, ob und zu welchen Terminen Teillieferungen möglich sind. Wird die Verfügbarkeitsprüfung unter Berücksichtigung der Wiederbeschaffungszeit (Materialstammsatz) durchgeführt, so wird das Datum nach Ablauf der Wiederbeschaffungszeit vorgeschlagen. Das System geht nach Ablauf der Wiederbeschaffungszeit davon aus, dass beliebige Mengen zur Verfügung stehen.

▸ Zur Berechnung des möglichen Liefertermins verwendet R/3 die Transitzeit, Ladezeit, Richtzeit (Kommissionieren und Verpacken) und die Transportdispositionsvorlaufzeit (Organisation des Transports). Die Zeiten werden in Abhängigkeit von Versandstelle und Route im Customizing gepflegt.

ATP-Mengen anklicken

▸ Übersicht über vorhandene Bestände sowie geplante Zu- und Abgänge.

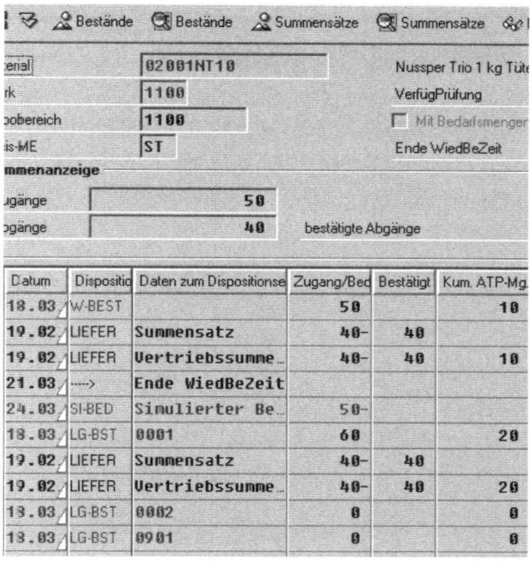

Verfügbarkeitsübersicht

- Legende Dispositionselemente:

W-BEST: Werksbestand
SI-BED: Simulierter Bedarf (50 Stück)
LIEFER: Lieferung
LG-BST: Lagerbestand

Prüfungsumfang anklicken

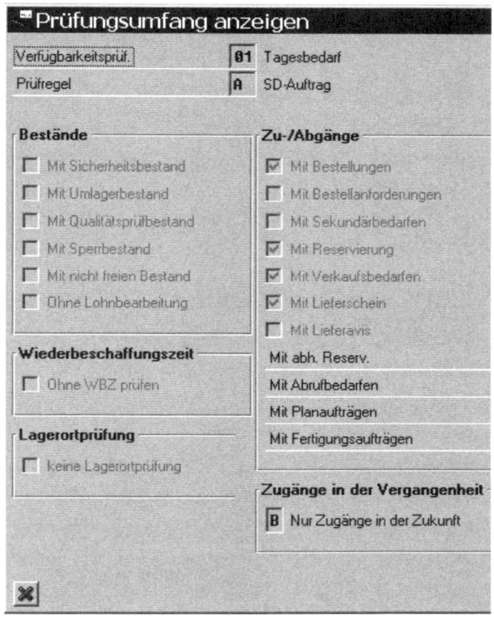

- Die Möglichkeit einer ATP-Mengenberechnung wird über die Dispositionsgruppe im Materialstammsatz eingeräumt. Welche Dispositionselemente bei der Verfügbarkeitsprüfung bzw. bei der ATP-Mengenberechnung berücksichtigt werden, hängt von dem im Customizing gepflegten Prüfumfang ab. Der Prüfumfang wird durch den Materialstammsatz und die Auftragsart bestimmt. Im Screen der Ausschnitt aus dem Customizing.

abbrechen

zurück

eine Liefervariante übernehmen

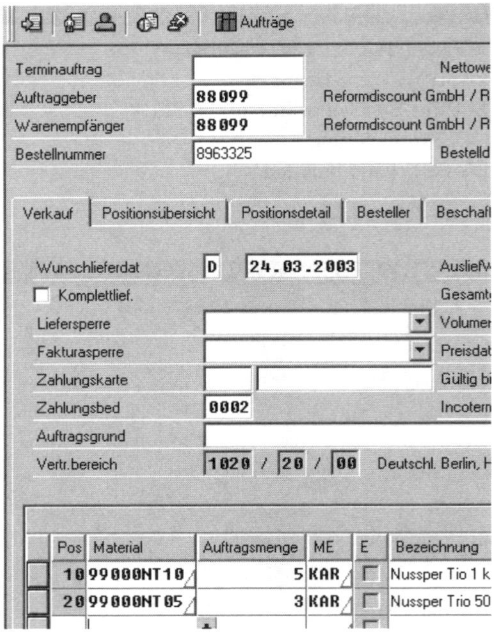

Terminauftrag anlegen: Übersicht

Verfügbarkeitsprüfung wurde durchgeführt

zu Versand wechseln

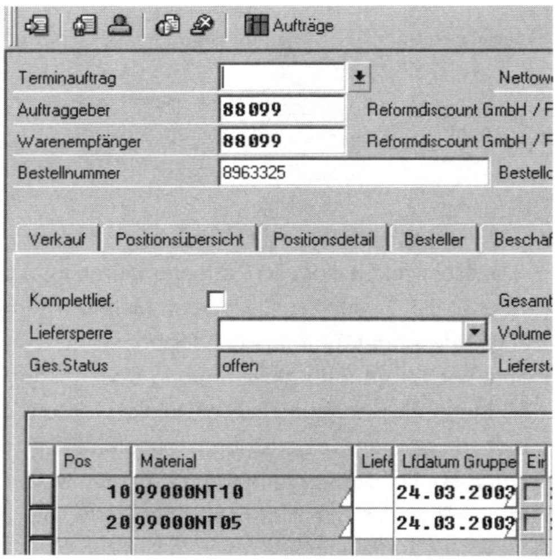

Terminauftrag anlegen: Übersicht

- Hier kann der Status des Kundenauftrages eingesehen werden.

sichern

Terminauftrag 6882 wurde gesichert

8.6 Versand

Der Versand ist für die Versandabwicklung zuständig. Auch im Versand gibt es wieder spezielle Strukturelemente, die helfen sollen, Bereiche im Unternehmen abzubilden. Die Versandstelle kann als oberste Einheit des Versands in mehrere Verladestellen (z.B. Rampe 1) gegliedert sein. Die Bearbeitung und Überwachung der Lieferaktivitäten geschieht in Bezug auf die Versandstelle. Die Versandstelle führt den Versand für mindestens ein Werk durch. Ein Werk kann umgekehrt mehrere Versandstellen haben. So können z.B. Versandstellen für verschiedene Transportarten (Bahn oder LKW) abgebildet oder nach Art der Versandhilfsmittel (Verpackungen) gegliedert werden.

Abbildung 236: Unternehmensstruktur des Versands

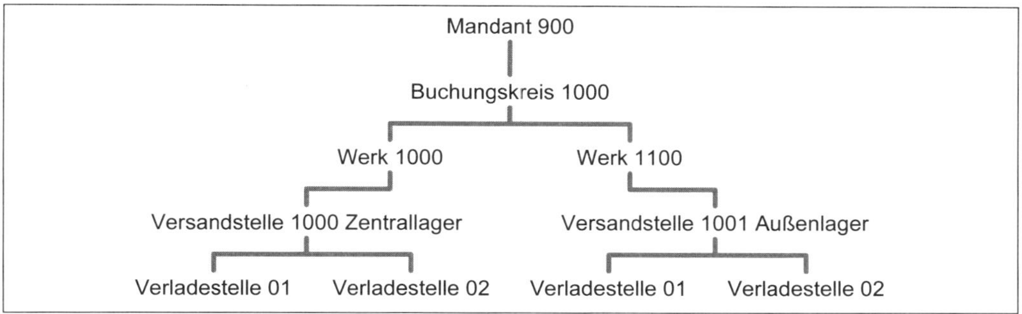

©SAP AG

8.6.1 Lieferung

Der Versandbeleg (Lieferung) besteht wieder aus einem Belegkopf (Versandstelle, Nummer des Auftragsgebers etc.) und aus Belegpositionen (Materialnummer, Liefermenge, Kommissionierdatum etc.). Bei der Erfassung des Versandbelegs werden versandrelevante Daten aus den Material- und Debitorenstammsätzen verwendet, wenn die Lieferung ohne Bezug zu Vorgängerbelegen erstellt wird. Bei Erstellung mit Bezug (zu einem Auftrag) werden die Daten fälliger Auftragspositionen übernommen. Fällig bedeutet hier, dass das Materialbereitstellungsdatum oder das Transportdispositionsdatum erreicht ist. Bestehen mehrere Einteilungen für eine Position, so wird nur die Einteilung in die Lieferung übernommen, die fällig ist. Die Erstellung einer Lieferung ist nur dann möglich, wenn:

- keine Liefersperren gesetzt sind (z.B. wegen zwischenzeitlichem Überschreiten des Kreditlimits),
- mindestens eine lieferbare Position im Auftrag ist (Menge größer Null),
- die lieferrelevanten Positionsangaben im Auftrag vollständig sind,
- die Ware verfügbar ist,
- die Ware für die Lieferung zugelassen (z.B. neue Produkte) ist.

Eine Lieferung wird immer vollständig von einer Versandstelle abgewickelt, wobei die einzelnen Auftragspositionen von unterschiedlichen Versandstellen bearbeitet werden können. Für jede Versandstelle ist dann eine eigene Lieferung anzulegen. Die Zuständigkeit einer Versandstelle für eine Auftragsposition ergibt sich aus der Kombination von:

- Versandbedingung (Debitorenstammsatz; z.B. Standard- oder Schnelllieferung),
- Ladegruppe (Materialstammsatz; z.B. Ware wird immer manuell verladen),
- Auslieferungswerk (Materialstammsatz).

Neben dem Vorschlag lassen sich im Customizing noch alternative Versandstellen festlegen. Ist die vorgeschlagene Versandstelle zum Auslieferungszeitpunkt überlastet, so kann die Versandstelle manuell auf eine gepflegte Alternative umgestellt werden. Die Lieferungsbearbeitung bietet für den Kunden die Möglichkeit, Aufträge zu splitten bzw. zusammenzuführen.
Da bei der Lieferung verschiedene Lieferungsvorgänge auftreten können (z.B. Nachschublieferung oder Retourenlieferung), lassen sich verschiedene Versandbelegarten unterscheiden. Die Versandbelegart wird bei Anlage mit Bezug zum Auftrag vom System vorgeschlagen. Bei

dem Auftrag kann es sich um einen Kundenauftrag oder einen Transportauftrag zur Umlagerung handeln. Mit der einzelnen Versandbelegart verbunden sind Steuerungselemente wie Nummernvergabe, erneute Routenermittlung, erlaubte Nachrichtenarten.
Zur Steuerung der einzelnen Lieferpositionen werden wieder spezielle Positionstypen für die Lieferung verwendet. Von diesen hängt beispielsweise ab, ob die Position für die Kommissionierung relevant ist, was bei einer Textposition nicht der Fall wäre.
Die im Auftrag für jede Position ermittelte Route (Transportweg und Transportmittel) kann in der Lieferung beibehalten werden. Sie kann aber auch bei Lieferungserstellung erneut ermittelt werden. Diese Möglichkeit hängt von der Versandbelegart ab. Die Routenermittlung ist immer das Ergebnis einer Kombination von:

- Versandstelle,
- Versandbedingung,
- Transportgruppe (Transporteigenschaft der Ware z.B. gekühlt transportieren) und
- Zielort.

Bei der Routenermittlung der Lieferung wird zusätzlich noch das Gewicht berücksichtigt. Dem Routenschlüssel können im Customizing Transportzeiten wie Transitzeit und Transportdispositionsvorlaufzeit für die Rückwärtsterminierung zugewiesen werden. Eine Konsistenzprüfung auf Routenveränderung wird durchgeführt.
Der Lieferungserstellung folgt die Kommissionierung der Materialien und das Verpacken. Kommissionieren bedeutet die termingerechte Bereitstellung der Ware in richtiger Menge und Qualität für den Versand. Wenn in der zugehörigen Position des Verkaufsbelegs noch kein Lagerort angegeben wurde und die Lieferposition für die Kommissionierung relevant ist, dann kann der Kommissionierlagerort für die Lieferposition automatisch ermittelt werden. Der Lagerort wird über eine Kommissionierregel ermittelt. Die Regel verwendet für die Ermittlung bestimmte Felder des Verkaufsbelegs. Die richtige Regel ergibt sich aus dem Verkaufsbelegtyp. Beispielsweise ist dem Verkaufsbelegtyp LF (Lieferung) die Regel „Mala" zugeordnet. Diese nutzt für die Lagerortfindung:

- die Versandstelle (aus dem SD-Auftrag),
- das Werk (aus dem SD-Auftrag/Materialstammsatz) und
- die Raumbedingung (aus dem Materialstammsatz, Sicht Allg. Werksdaten/ Lagerung 1).

Die Kommissionierregel Mala ist im R/3®-Standard enthalten. Bei Bedarf kann der ermittelte Lagerort manuell in der Lieferposition geändert werden. Beim Kommissionieren und Verpacken bleibt stets der Bezug auf den Lieferungsbeleg erhalten.
Für das Verpacken werden Versandhilfsmittel wie Kartons oder Paletten benötigt. Versandhilfsmittel werden als Material mit der Materialart VERP (Verpackung) angelegt. Diese Materialart bietet in der Sicht Vertrieb: allg./Werksdaten zusätzliche Felder für Verpackungsdaten.

Abbildung 237: Verpackungsdaten im Materialstammsatz

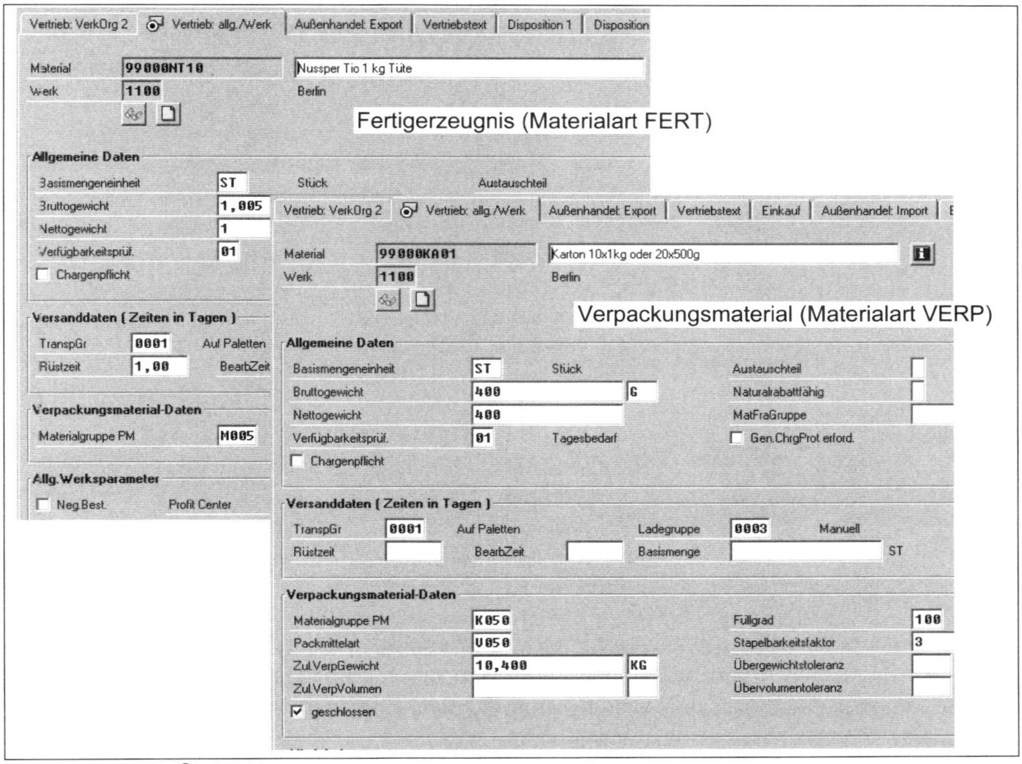

Bildschirmbilder ©SAP AG

Im Versand werden Paletten, Kartons etc. als Handling-Units (früher Versandelemente) bezeichnet. Handling-Units können selber auch wieder in andere Handling-Units gepackt werden (mehrstufiges Verpacken).

Abbildung 238: Verpacken von Handling-Units

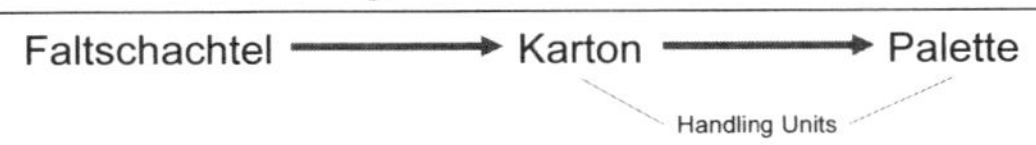

Um was für eine Handling-Unit es sich handelt bzw. wie verpackt werden, kann dann auf Basis der Customizing-Einstellungen final festgelegt werden. Relevant sind die Felder Materialgruppe PM und Packmittelart (nur bei Verpackungsmaterial) in der Sicht Vertrieb allg./ Werk.

- Materialgruppe PM = Was ist das für ein Materialtyp, z.B. kleine verpackbare Teile oder Kartons?
- Packmittelart nur bei Verpackungsmaterial = Was ist das für eine Verpackung?

Die Abbildung 239 zeigt die relevanten Felder von Materialien sowie deren zulässige Verpackungen. Beispielsweise darf Nussper Trio, da es zu den kleinen verpackten Teilen gehört, nur in Palettenkartons, Pick-Handling-Units und Gitterbox verpackt werden. Andere Verpackungstypen würden im Rahmen des virtuellen Verpackens von R/3 abgelehnt.

Abbildung 239: Zulässigkeit von Verpackungen

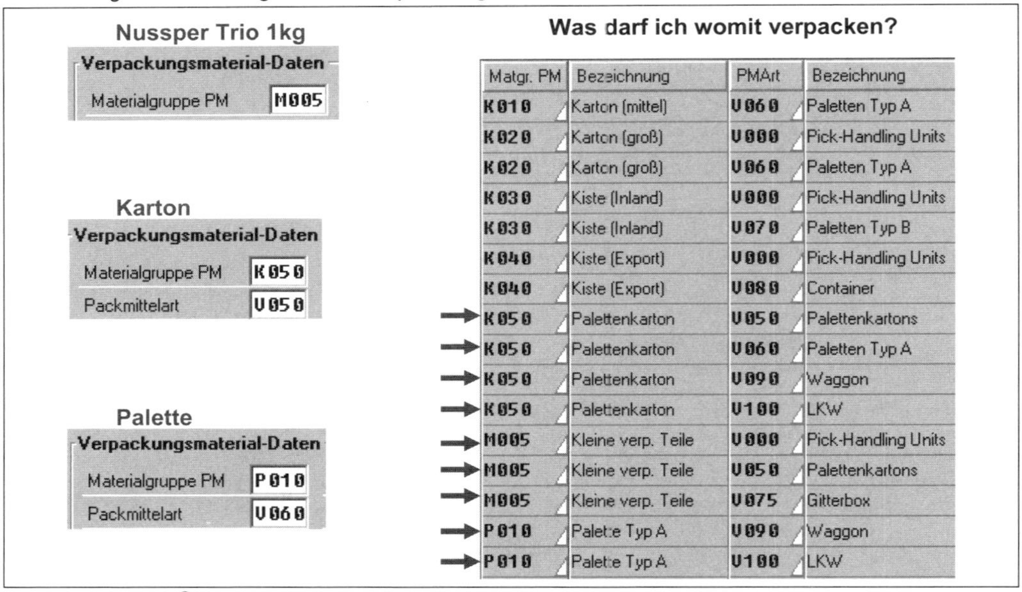

Bildschirmbilder ©SAP AG

Ein eventuell notwendiger Auspackvorgang wird unterstützt. Wie viel ein Verpackungsmaterial, z.B. Karton, an Waren aufnehmen kann, wird durch die Angabe des zulässigen Gewichts und/oder des zulässigen Verpackungsvolumens begrenzt. Die Angaben werden im Stammsatz des Verpackungsmaterials gepflegt.

Die Dokumentation der Verpackungsvorgänge ermöglicht u.a., die Bestandssituation von Verpackungsmaterial zu aktualisieren und im nachhinein festzustellen, was mit welcher Menge worin verpackt worden ist, falls Kundenreklamationen auftreten sollten.

Als Abschluss der Versandaktivitäten wird der Warenausgang durchgeführt, d.h. die Waren verlassen das Unternehmen bzw. das Werk. Der Materialbestand an Fertigerzeugnissen und Verpackungsmaterial wird entsprechend der Angaben im Versandbeleg mengen- und wertmäßig reduziert. Eine Änderung der Mengen im Warenausgangsbeleg ist nicht möglich. Die Lieferung wird in den Arbeitsvorrat der Faktura eingestellt (sofern nach Warenausgang fakturiert wird). Der Status von Vorgängerbelegen (wie der Auftrag) wird aktualisiert.

8.6.2 Transport- und Versandterminierung

Typischerweise werden Waren zu einem im Auftrag vereinbarten Termin dem Kunden geliefert. Bei der Auftragserfassung kann das Wunschlieferdatum des Kunden aufgenommen werden. Damit die Lieferung rechtzeitig eintrifft, berechnet das System den Termin, zu dem das Material bereitgestellt bzw. mit den Versandaktivitäten begonnen werden muss.

Zur Berechnung des Materialbereitstellungstermins werden Erfahrungswerte hinterlegt für:

- Transitzeit (Zeit für Warentransport zum Kunden),
- Ladezeit (Zeit für das Verladen der Ware),
- Richtzeit (Zeit für das Zuordnen, Kommissionieren und Verpacken),
- Transportdispositionsvorlaufzeit (Organisation des Transports, z.B. Reservieren von LKW bei einer Spedition).

Die Zeitangabe ist abhängig von der Customizing-Einstellung für die Versandstelle. Wenn Arbeitszeiten hinterlegt sind, können die Zeitangaben in Stunden, Minuten und Sekunden gemacht werden. Sind keine Arbeitszeiten hinterlegt, hat der Arbeitstag 24 Stunden. Gepflegt werden Arbeitstage mit zwei Nachkommastellen. Die Transitzeit kann nur in Arbeitstagen gepflegt werden.

Abbildung 240: Rückwärtsterminierung im Versand

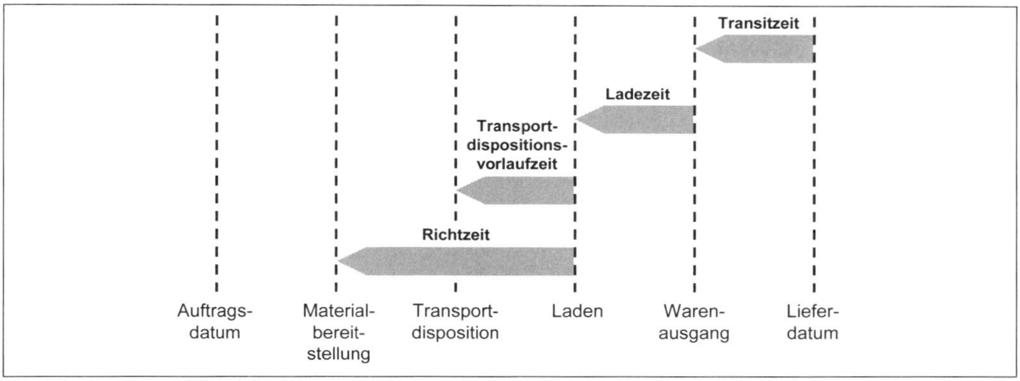

In Anlehnung an SAP AG

Zur Berechnung des Termins, an dem die Versandaktivitäten beginnen, müssen, damit der Wunschliefertermin eingehalten werden kann, vom Wunschlieferdatum die Transit-, die Lade- und die Richtzeit abgezogen (Rückwärtsterminierung) werden. Ist der Transportdispositionstermin (Wunschlieferdatum abzüglich Transit-, Lade- und Transportdispositionsvorlaufzeit) früher als der Materialbereitstellungstermin, so bildet der Transportdispositionstermin den Beginn der Versandaktivitäten. Für den Fall, dass der berechnete Start der Versandaktivitäten in der Vergangenheit liegt oder die Waren nicht verfügbar sind, wird anschließend eine Vorwärtsterminierung durchgeführt. Die für die Rückwärts- bzw. Vorwärtsterminierung verwendeten exakten Zeiten ergeben sich aus Versandstelle, Route, Gewicht und/oder Ladegruppe.

8.7 Fakturierung

Die Fakturierung stellt die zur Erstellung von Rechnungen auf Basis von Lieferungen und Leistungen erforderlichen Anwendungen. Zu den Fakturierungsfunktionen zählt die Erstellung von Gut- und Lastschriften.
Die Fakturierung erfolgt mit Zuordnung zu den Organisationsebenen Verkaufsorganisation, Vertriebsweg und Sparte. Dadurch können vertriebsbereichsbezogene Auswertungen gestaltet werden. Über die Verkaufsorganisation erfolgt die Zuordnung zum Buchungskreis, so dass Fakturadaten zielgerichtet übergeben werden können. Der Begriff Faktura wird für Belege, die Rechnungen, Gut- und Lastschriften, Proformarechnungen oder Stornierungen darstellen, verwendet. Die Belege werden über die Fakturaart unterschieden. Mit der Fakturaart sind wieder Steuerungsparameter verbunden. Ebenso besteht der Fakturabeleg aus einem Belegkopf (Belegwährung, Fakturadatum etc.) und –positionen (Fakturamenge, Positionsnettowert etc.). Eine Faktura kann explizit oder über die Bearbeitung eines Fakturavorrats erstellt werden.

Die Verbuchung der Forderung auf dem Debitorenkonto erfolgt mit dem Sichern der Faktura. Der Kreditrahmen wird weiter ausgeschöpft. Lieferung, Kommissionierung etc. verursachen keine Forderungserhöhung.

Abbildung 241: Buchungsbeleg der Faktura

Belegart : RV (Fakturaübernahme) Normaler Beleg

Belegnummer	100000203	Buchungskreis	1000	Geschäftsjahr	2003
Belegdatum	24.03.2003	Buchungsdatum	24.03.2003	Periode	03
Referenz	0090024735				
Belegwährung	EUR				

Pos	BS	Konto	Kurztext Konto	Zuordnung	St	Betrag	Text
1	01	88099	Reformdiscount GmbH		A2	574,59	
2	50	800000	Umsatzerlöse Inland	20030324	A2	330,00-	
3	50	175000	Ausgangssteuer		A2	37,59-	
4	50	800000	Umsatzerlöse Inland	20030324	A2	207,00-	

SAP AG

Die Rechnung als Fakturabeleg kann einen Auftrag, eine Lieferung oder einzelne Positionen als Basis haben. Die gewählte Basis hängt vom Zeitpunkt der Rechnungsstellung ab. Soll die Rechnung nach Lieferung der Ware erstellt und verschickt werden, so ist die Lieferung als Basis zu verwenden. Besteht die Absicht, das Geld vor Lieferung der Ware zu erhalten, dann wird die Rechnung mit Bezug zum Auftrag erzeugt. Rechnungen für erbrachte Dienstleistungen werden immer mit Bezug zum Kundenauftrag erstellt.

Nicht immer sind alle Positionen des Auftrags bzw. der Lieferung relevant für den Fakturabeleg. Ob eine Position überhaupt - beispielsweise in der Rechnung - aufgeführt werden soll, wird durch die Kopierbedingung bestimmt. Jeder Fakturaart werden im Customizing die Positionstypen zugeordnet, die der Beleg dann später aus dem Auftrag, der Lieferung oder Faktura (z.B. von Rechnung in Gutschrift) übernehmen soll.

Abbildung 242: Kopierbedingung Lieferung nach Faktura

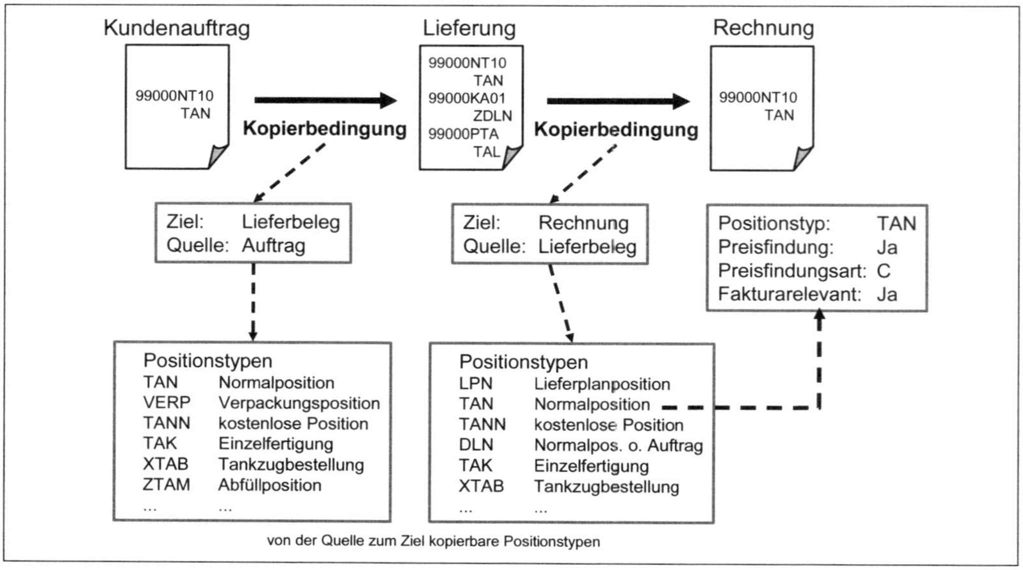

Wahlweise können bei Rechnungserstellung die Preise aus den Vorgängerbelegen übernommen werden oder über die Preisfindung (manuell oder automatischen) erneut berechnet werden. Beispiele:

(A) Preiselemente übernehmen und gemäß Staffel aktualisieren (Preise zum Zeitpunkt der Auftragserstellung, bei veränderter Liefermenge sollen die Staffeln neu ermittelt werden);
(B) komplett neue Preisfindung durchführen (alle Preise werden neu ermittelt);
(C) manuelle Preiselemente übernehmen, für die restlichen Preiselemente neue Preisfindung durchführen (manuell gepflegte Preise im Auftrag werden übernommen, alle anderen neu berechnet).

Die Art der Preisfindung für eine Position wird ebenfalls in der Kopierbedingung im Customizing der Faktura festgelegt. Mit Sicherung der Rechnung wird auf den Debitorenkonten und den Erlöskonten gebucht. Durch das parallele Buchen (Mitbuchtechnik) wird das Konto Forderungen im Hauptbuch aktualisiert.
Ein Rechnungssplitt bzw. eine Rechnungszusammenführung wird unterstützt.

8.8 Fallstudie – Versand und Faktura

Aufgabe 34
Nach der Produktion wurde das fertige Müsli in das Zentrallager 0002 eingestellt. Die Müsliprodukte werden für den Versand im Auslieferungslager 0001 verpackt. Die Bestände des Zentrallagers sind daher im Rahmen einer Umlagerbuchung vom Zentrallager ins Auslieferungslager umzubuchen.
Die Umlagerbuchung ist in zwei Schritten zu pflegen, d.h. es werden Materialien aus dem Zentrallager ausgelagert (1. Schritt) und in das Auslieferungslager eingelagert (2. Schritt). Die Umlagerung ist für alle verkaufsfähigen Produkte durchzuführen:

- xx000NT10,
- xx000NT05,
- xx000IV10 und
- xx000IV05.

Die Bestände sollen zu 80% umgelagert werden. Weiter sollen 50% der Bestände an Verpackungsmaterialien in das Auslieferungslager überführt werden.

Aufgabe 35
Die Verpackungsmaterialien Karton (xx000KA01) und Palette (xx000PTA) müssen um die Vertriebssichten erweitert werden. Insbesondere die unter den Vertriebssichten gefassten Verpackungsmaterial-Daten sind von Bedeutung. Die Palette zum Transport der Kartons (xx000PTA) ist ein Versandhilfsmittel auf Leihbasis, d.h. die Palette ist Verpackung und Leihgut zugleich. Damit die Palette als Verpackung im Rahmen der Lieferung verwendet werden kann, wurde das Material Palette ebenfalls als Verpackung angelegt. Da die Palette in der Bestandsführung als Leihgut gilt, bleibt sie stets Eigentum des Unternehmens. Der bewertete Bestand ändert sich damit beim Warenausgang nicht, allein die frei verfügbare Lagermenge wird geringer. Zudem wird die verliehene Palette als Sonderbestand geführt und bestimmten Kunden zugeordnet (Konsignationsbestand beim Kunden). Zur Abbildung dieses Prozesses ist es notwendig, für die Palette in der Sicht „Vertrieb: VerkaufsorgDaten 2" die Positionstypengruppe LEIH zu pflegen. Die Daten für die Erweiterung der Stammdaten

von Karton und Palette befinden sind im Anhang A in der Tabelle «Materialstammdaten Verpackungen – Vertriebssichten».

Aufgabe 36
Legen Sie die Lieferung entsprechend der Aufträge aus Aufgabe 33 an. Kommissionieren und Fakturieren Sie die Aufträge.

Für die Bearbeitung der Fallstudienaufgaben stehen folgenden Pflegeanleitungen zur Verfügung:

- Umlagerbuchung – Auslagerung,
- Umlagerbuchung – Einlagerung,
- Bestandsübersicht von Materialien
- Verpackungsmaterial erweitern,
- Lieferung anlegen,
- Lieferung kommissionieren (Kommissionierung auf Zuruf ohne Lagerverwaltung),
- Verpacken der Lieferung,
- Kommissionierung der Verpackungen und Warenausgang für die gesamte Lieferung buchen,
- Bestandsübersicht für die Paletten anzeigen,
- Faktura anlegen.

Umlagerbuchung - Auslagerung

FENSTER	**MENUEPFAD/EINGABE**
	LOGISTIK ⇨ MATERIALWIRTSCHAFT ⇨ BESTANDSFÜHRUNG ⇨ WARENBEWEGUNG ⇨ UMBUCHUNG
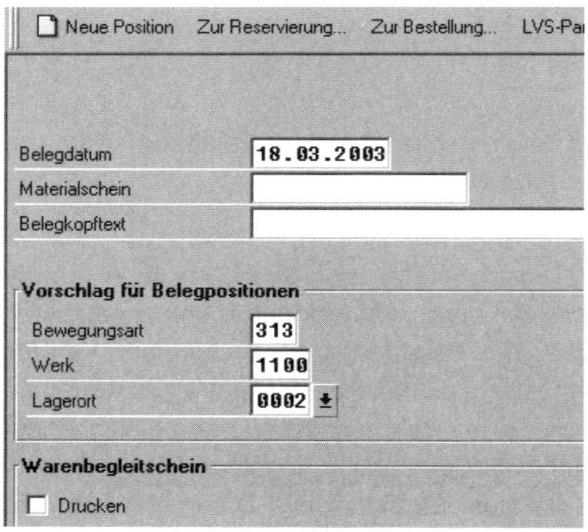	**Umbuchung erfassen : Einstieg** Bewegungsart: *313* ▸ Umbuchung Lagerort an Lagerort – Auslagerung. Werk: *1100* Lagerort: *0002* ▸ Lagerort, aus dem Material zur Umlagerung entnommen werden soll. weiter

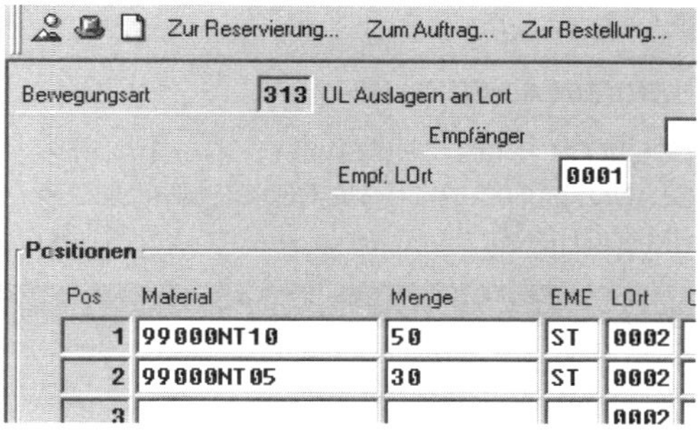

Umbuchung erfassen: neue Positionen

Empf. LOrt: *0001*

‣ Lagerort, zu dem die Materialien gebracht werden sollen, hier Auslieferungslager.

Material: *xx000NT10 etc.*

Menge: *50*

EME: *ST*

‣ Stück; Erfassungsmengeneinheit, d.h. die Mengeneinheit, die bei der Auslagerung verwendet werden soll.

LOrt: *0002*

‣ Eingabe ist nur dann notwendig, wenn der Lagerort vom vorher angegebenen Vorschlagswert abweicht, d.h. jede Position könnte einen unterschiedlichen Lagerort haben.

Belegkopf ändern

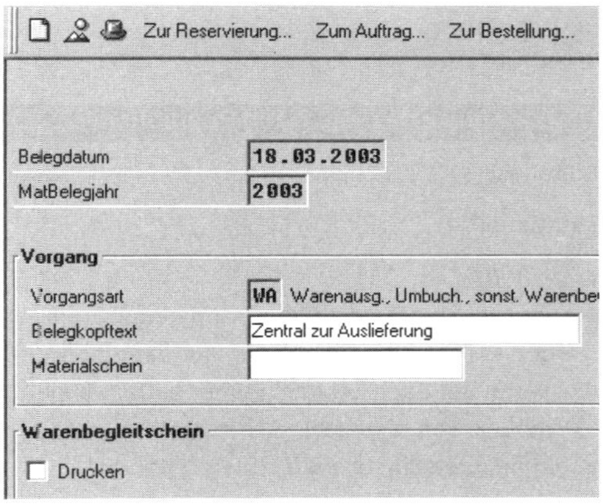

Umbuchung erfassen: Kopf ändern

Belegkopftext: *beliebiger beschreibender Text*

Sammelschein: ◉

‣ Sämtliche Positionen werden auf einem Warenbegleitschein aufgeführt (Gegenteil: Einzelschein).

sichern

Beleg 4900012351 gebucht

Umlagerbuchung - Einlagerung

FENSTER	MENUEPFAD/EINGABE
	LOGISTIK ⇨ MATERIALWIRTSCHAFT ⇨ BESTANDSFÜHRUNG ⇨ WARENBEWEGUNG ⇨ UMBUCHUNG
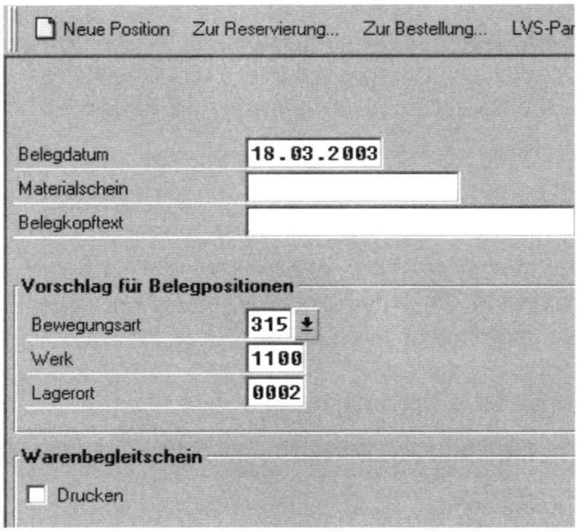	**Umbuchung erfassen : Einstieg** Bewegungsart: *315* ▸ Umbuchung Lagerort an Lagerort – Einlagerung. Werk: *1100* Lagerort: 000*1* ▸ Auslieferungslager; Lagerort in den Material aus Umlagerung eingestellt werden soll. weiter
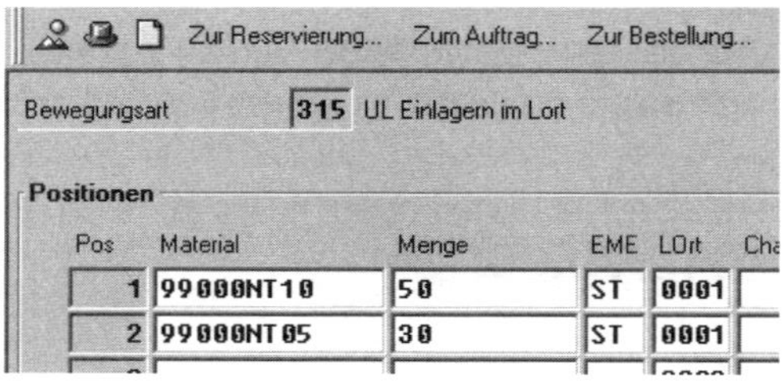	**Umbuchung erfassen: Neue Positionen** Material: *xx000NT10 etc.* Menge: *50* LOrt: *0001* ▸ Lagerort, an dem die Materialien eingelagert werden sollen. Eine Eingabe ist nur dann notwendig, wenn der Lagerort vom vorher angegebenen Vorschlagswert abweicht, d.h. jede Position könnte einen unterschiedlichen Lagerort haben. sichern Beleg 4900012352 gebucht

Bestandsübersicht von Materialien

FENSTER	MENUEPFAD/EINGABE
	LOGISTIK ⇨ INFOSYSTEME ⇨ LOGSITIK ⇨ BESTANDSFÜHRUNG ⇨ MATERIAL ⇨ BESTAND
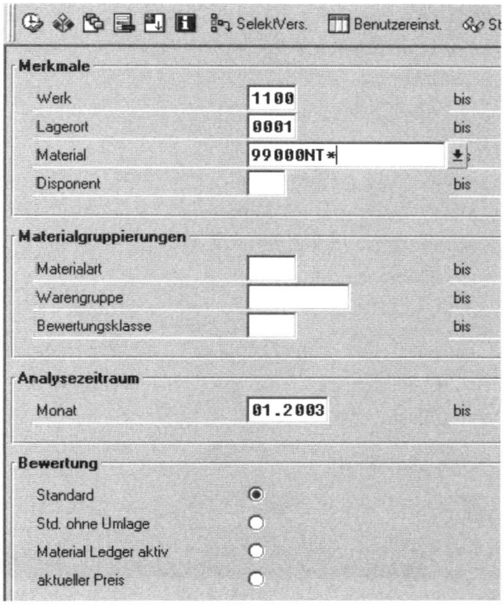	**Materialanalyse Bestand: Selektion** Werk: *1100* Lagerort: *0001* Material: *xx000NT** ▸ Bestände von beiden Nussper Trio Produkten werden anzeigt. ausführen
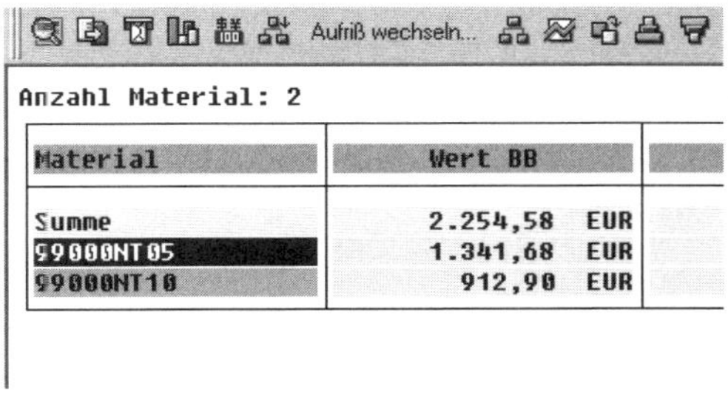	**Materialanalyse Bestand: Aufriss** ▸ „Grüne" Zeilen können detaillierter dargestellt werden. Dazu Zeile markieren und auf klicken.
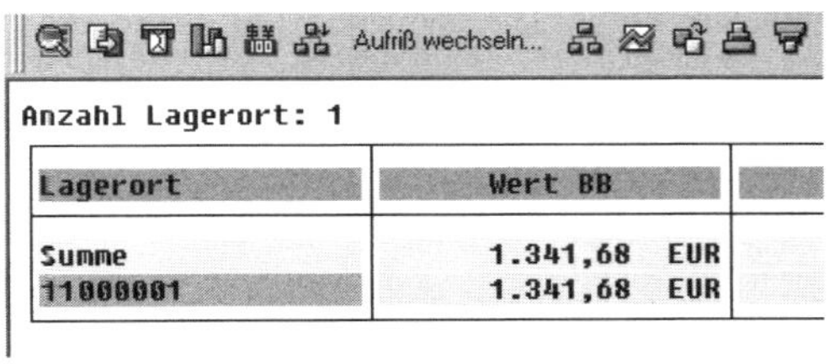	**Materialanalyse Bestand: Aufriss** ▸ Bericht braucht für die Fallstudie nicht gesichert zu werden.

Verpackungsmaterial erweitern

<table>
<tr><th>FENSTER</th><th>MENUEPFAD/EINGABE</th></tr>
<tr><td></td><td>LOGISTIK ⇨ MATERIALWIRTSCHAFT ⇨ MATERIALSTAMM ⇨ MATERIAL ⇨ ANLEGEN SPEZIELL ⇨ VERPACKUNG</td></tr>
<tr><td>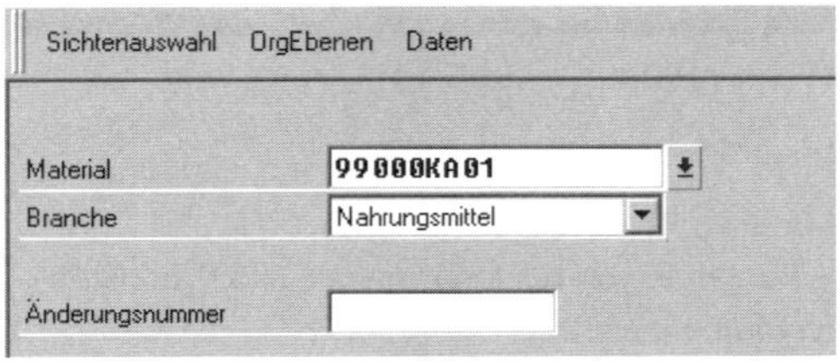
</td><td>Material anlegen (Einstieg)
Material: xx000KA01
▸ Karton
weiter
Vertrieb: VerkaufsorgDaten 1
Vertrieb: VerkaufsorgDaten 2
Vertrieb: allg./Werksdaten
▸ Sichtenauswahl
Werk: 1100
Verkaufsorg.: 1020
Vertriebsweg: 20</td></tr>
<tr><td>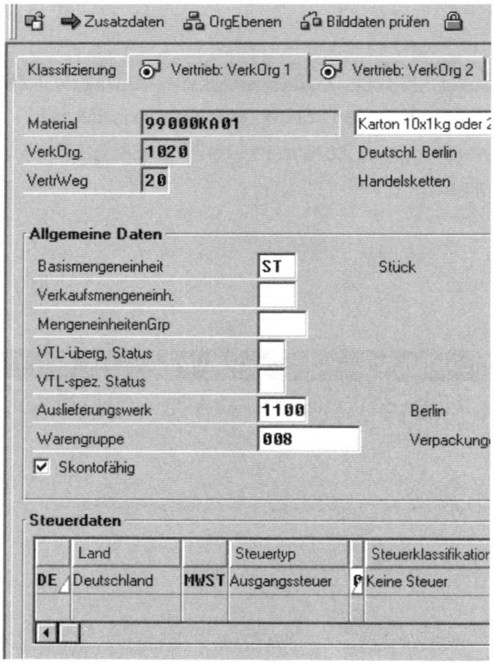
</td><td>Material 99000KA01 anlegen (Verpackung)
Auslieferungswerk: 1100
Sparte: 00
Ausgangssteuer: 0
▸ Keine Steuer
weiter</td></tr>
</table>

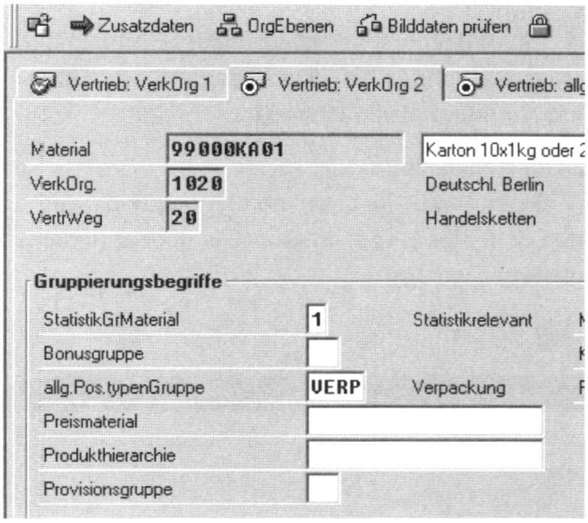

Material 99000KA01 anlegen (Verpackung)

StatistikGrMaterial: *1*

allg.Pos.typenGruppe: *VERP*

Positionstypengruppe: *VERP*

▸ Positionstypengruppen dienen zur Ermittlung von Positionstypen in Verkaufsbelegen. Anhand von Positionstypen wird bestimmt, wie mit Belegpositionen während des Vertriebsprozesses zu verfahren ist, z.B. ist eine kostenlose Position nicht fakturarelevant. Die Positionstypengruppe hat Vorrang vor der allg. Positionstypengruppe (kann auch in Grunddaten 1 gepflegt werden).

weiter

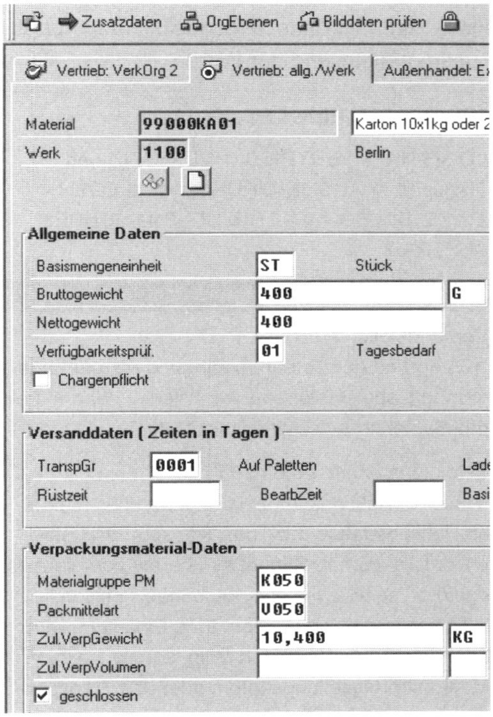

Material 99000KA01 anlegen (Verpackung)

Bruttogewicht: *400 G*

Nettogewicht: *400 G*

TranspGr: *0001*

▸ auf Paletten; Gruppierung von Materialien, die gleiche Anforderungen hinsichtlich des Transports haben.

Ladegruppe: *0003*

▸ Gabelstapler; Gleiche Anforderungen hinsichtlich der Verladung, z.B. Gabelstapler oder Zeit.

Materialgruppe PM: *K050*

Packmittelart: *V050*

▸ Bestimmt, welchen Karton es sich hier handelt (V050 Palettenkarton). Im Customizing werden Packmittelart(en) den Materialgruppen PM zugeordnet. Damit wird bestimmt, welche Materialien wie verpackt werden können, z.B. haben die angelegten Fertigerzeugnisse die Materialgruppe PM M005 (kleine verpackte Teile). Diese dürfen verpackt werden mit Verpackungen, denen bei der Packmittelart der Palettenkarton V050 zugeordnet ist. Die Kartons (99000KA01) haben die Materialgruppe PM und dürfen auf Paletten geladen werden (Palette Typ A V060).

Zul.VerpGewicht: *10,4 KG*

geschlossen: ☑

▸ Geschlossene Verpackungsmaterialien verändern bei Ladung nicht ihr Volumen. Der Karton behält immer die gleiche Größe. Die Europalette ist hingegen nicht geschlossen.

	Füllgrad: *100* ▸ Gibt prozentual an, inwieweit der Karton mit Müsli-Packungen befüllt werden darf. Das Feld hat nur informativen Charakter. Stapelkeitsfaktor: *3* ▸ Gibt an, wie viel übereinander gestapelt werden darf, hier dürfen drei Kartons übereinander gestapelt werden. sichern

Lieferung anlegen

Bei der Erstellung der Lieferung wird automatisch der zugrunde liegende Auftrag fortgeschrieben. Lieferungen stehen für die logische Zusammenstellung der Waren.

FENSTER	MENUEPFAD/EINGABE
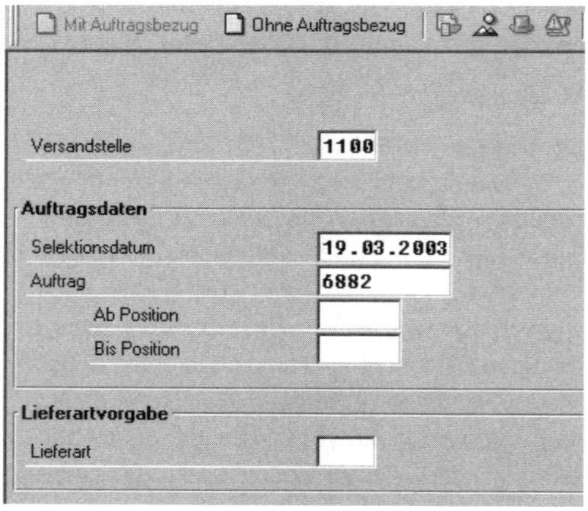	**LOGISTIK** ⇨ VERTRIEB ⇨ VERSAND und Transport ⇨ AUSLIEFERUNG ⇨ ANLEGEN ⇨ EINZELBELEG ⇨ MIT BEZUG ZUM KUNDENAUFTRAG **Auslieferung mit Auftragbezug anlegen** Versandstelle: *1100* ▸ Aufgrund der Versandbedingung 02, der Ladegruppe Gabelstapler und dem Werk 1100 ermittelt das System die Versandstelle 1100. Selektionsdatum: *19.03.2003* ▸ Lieferselektionsdatum wird gegen das Materialselektionsdatum bzw. das Transportdispositionsdatum geprüft. Stimmt es überein oder liegt es dahinter, so wird die entsprechende Position in die Lieferung übernommen. Eine Einteilung wird demnach für den Versand fällig, sobald sie das Materialbereitstellungsdatum oder das Transportdispositionsdatum erreicht. Auftrag: *6882* weiter

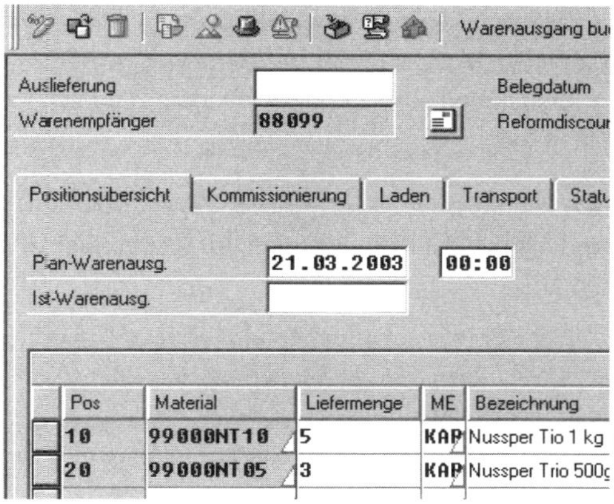

Lieferung anlegen: Übersicht Mengen

sichern

Lieferung 80008520 gesichert

Lieferung kommissionieren (Kommissionierung auf Zuruf ohne Lagerverwaltung)

Kommissionieren bedeutet die termingerechte Bereitstellung der Ware in richtiger Menge und Qualität für den Versand. Die Kommissionierung könnte auch schrittweise durchgeführt werden. Erst werden die Waren zusammengestellt und die Zusammenstellung dem System gemeldet. Danach erfolgt das Verpacken der Lieferung. Die verwendeten Verpackungsmaterialien werden dann in einem Folgeschritt im System „kommissioniert".

FENSTER	MENUEPFAD/EINGABE
	LOGISTIK ⇨ VERTRIEB ⇨ VERSAND UND VERSAND ⇨ AUSLIEFERUNG ⇨ ÄNDERN ⇨ EINZELBELEG
	**Auslieferung ändern** Lieferung: *80008520* weiter
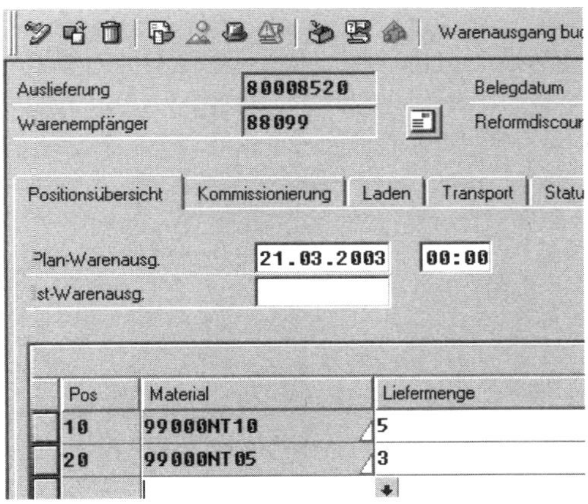	**Lieferung 8008520 ändern: Übersicht** 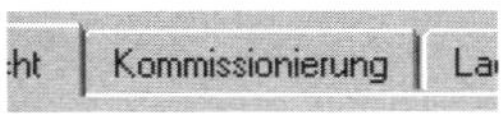 Kommissionierung

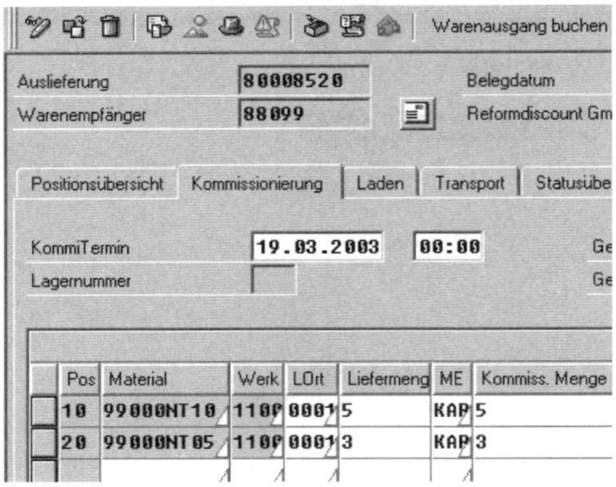

Lieferung 8008520 ändern: Übersicht

Kommiss. Menge: *gleich der Liefermenge*

- Bestimmt die Anlieferungsmenge in Verkaufseinheiten.

weiter; (Kommissionierungsstatus (KomStat) wird aktualisiert z. Zt. Status A „zu kommissionieren")

- Der Kommissionierungsstatus ist jetzt C (voll kommissioniert). Durch Markieren einzelner Positionen und können Details eingesehen werden.

sichern

Lieferung 80005154 gesichert

Verpacken der Lieferung

FENSTER	MENUEPFAD/EINGABE
	LOGISTIK ⇨ VERTRIEB ⇨ VERSAND UND TRANSPORT ⇨ VERPACKEN ⇨ AUSLIEFERUNG
	oder
	LOGISTIK ⇨ VERTRIEB ⇨ VERSAND UND VERSAND ⇨ AUSLIEFERUNG ⇨ ÄNDERN ⇨ EINZELBELEG

Auslieferung ändern

Lieferung: *80008520*

Verpacken anklicken

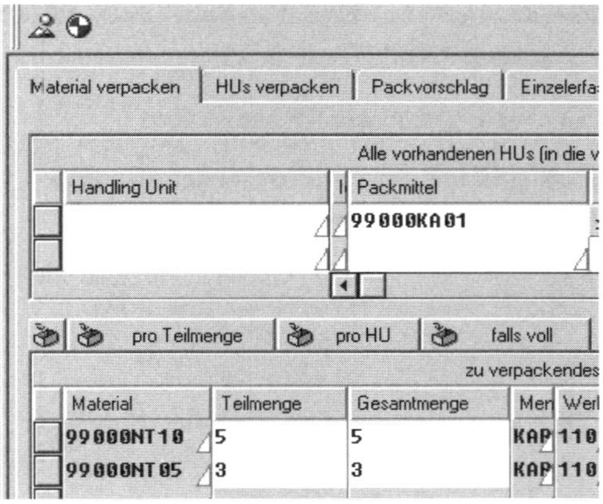

Lieferung 8008520 ändern: Übersicht

- Zunächst wird das Müsli in die Kartons verpackt.

Packmittel: xx*000KA01*

- Karton

- Handling Units befinden sich in der oberen Tabelle, zu verpackende Positionen befinden sich in der unteren Tabelle.

 weiter

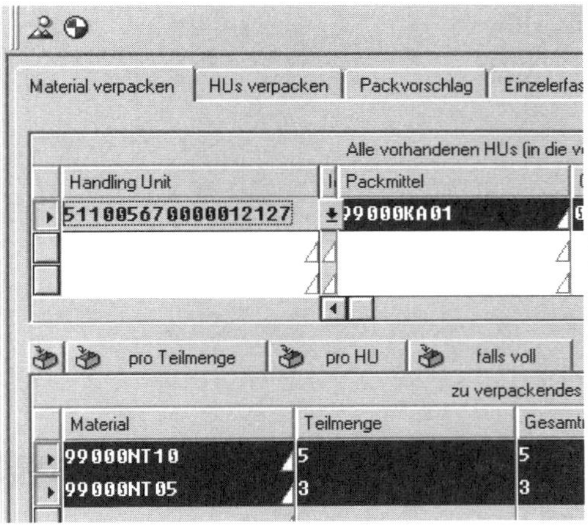

Lieferung 8008520 ändern: Übersicht

Positionen markieren, die in eine Handling Unit (Packmittel) verpackt werden sollen.

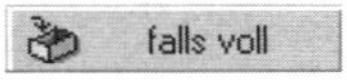

(neue Handling Unit „falls voll")

- Falls das markierte Packmittel voll ist, wird ein neues Packmittel verwendet bzw. angelegt.

- Jede Position muss einem Packmittel zugeordnet werden. Entsprechend der Festlegung im Materialstammsatz der Verpackung wird virtuell ein Fertigerzeugnis verpackt (hier 10,4 kg max. Gewicht, d.h. 10 x 1 kg oder 20 x 0,5 kg).

- Es kann auch eine Teilmenge verpackt werden, dazu muss im Feld Teilmenge die entsprechende Menge angegeben werden.

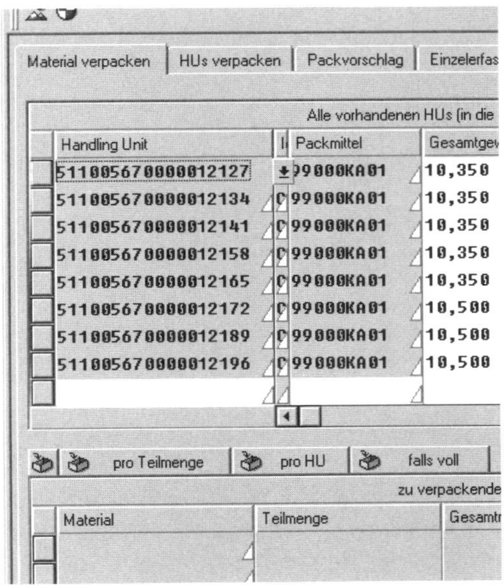

Lieferung 8008520 ändern: Übersicht

- 8 Kartons sind befüllt worden.

HUs verpacken

- Die Lieferung soll nun auf eine (oder mehrere) Palette(n) gepackt werden.

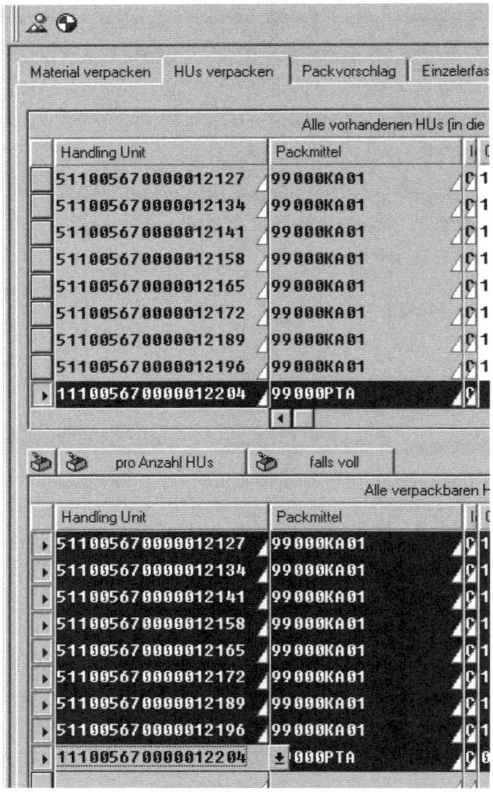

Lieferung 8008520 ändern: Übersicht

Packmittel: *99000PTA*

weiter (Daten werden aktualisiert)

Packmittel und die zu verpackenden Handling Units (Kartons) markieren.

falls voll (neue Handling Unit „falls voll“) anklicken

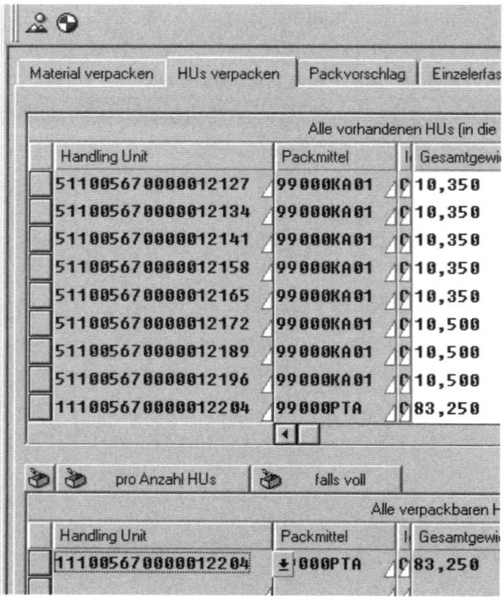

Lieferung 8008520 ändern: Übersicht

- 1 Palette ist befüllt worden.

führt zur Übersicht.

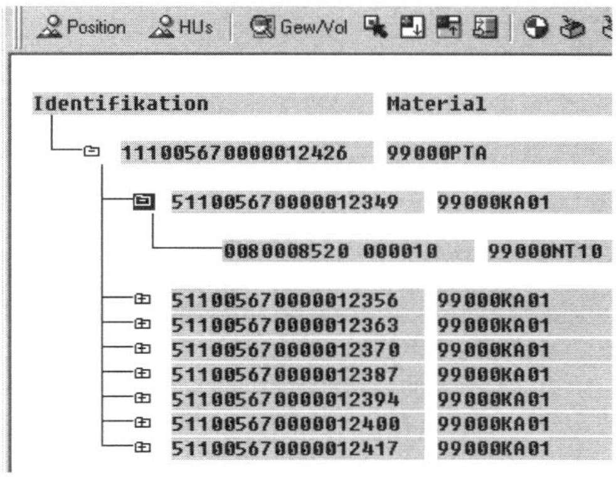

Bearbeiten von Handling Units zur Auslieferung 80008520

▸ Eine Übersicht hinsichtlich der Verpackungsfolge.

sichern

Lieferung 80008520 gesichert

Kommissionierung der Verpackungen und Warenausgang für die gesamte Lieferung buchen

FENSTER	MENUEPFAD/EINGABE
	LOGISTIK ⇨ VERTRIEB ⇨ VERSAND ⇨ WARENAUSGANG ⇨ ANLEGEN

Auslieferung ändern

Lieferung: *80008520*

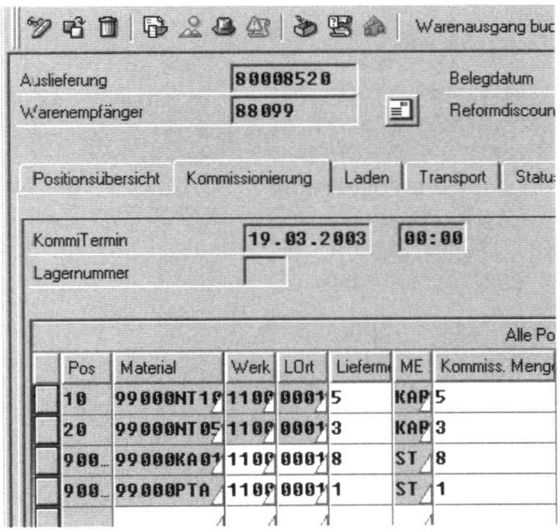

Lieferung 8008520 ändern: Übersicht

Kommiss. Mengen: *8 (99000KA01) etc.*

Warenausgang buchen

▸ Warenausgangsbuchung für die gesamte Lieferung initiieren.

sichern

Lieferung 80008520 gesichert

Bestandsübersicht für die Paletten anzeigen

<table>
<tr><th>FENSTER</th><th>MENUEPFAD/EINGABE</th></tr>
<tr><td></td><td>LOGISTIK ⇨ MATERIALWIRTSCHAFT ⇨ BESTANDSFÜHRUNG ⇨ UMFELD ⇨ BESTAND ⇨ BESTANDSÜBERSICHT</td></tr>
<tr><td>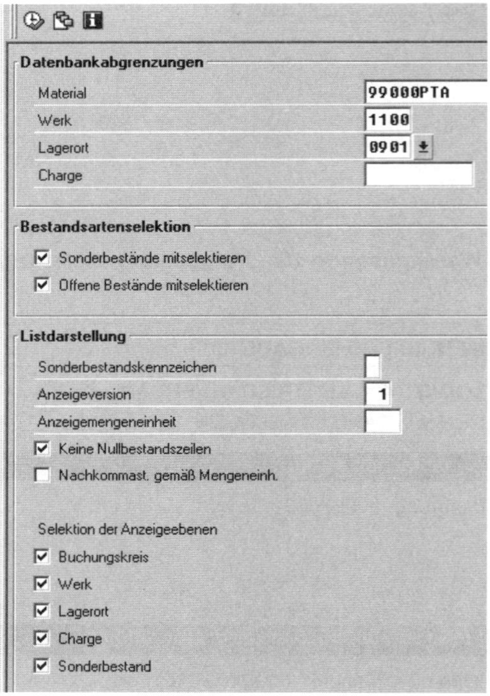
</td><td>Bestandsübersicht: Buchungskreis/Werk/Lagercharge
Material: 99000PTA
Werk: 1100
☑ Sonderbestände mitselektieren
▸ Leihgutbestände beim Kunden (Konsignation) gelten als Sonderbestand.
Anzeigeversion: 1
▸ Alle Bestandsarten werden angezeigt.
ausführen</td></tr>
<tr><td>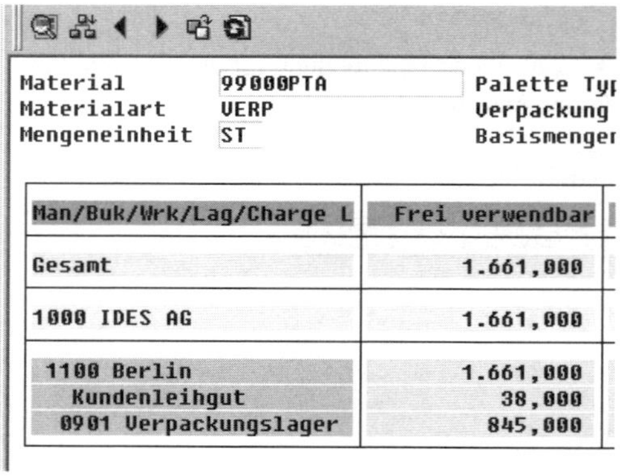
</td><td>Bestandsübersicht: Buchungskreis/Werk/Lagercharge
Kundenleihgut markieren
1100 Berlin
Kundenleihgut
0901 Verpackung
Details anklicken</td></tr>
</table>

Mit die Ansicht wieder verlassen.

Faktura anlegen

FENSTER	MENUEPFAD/EINGABE
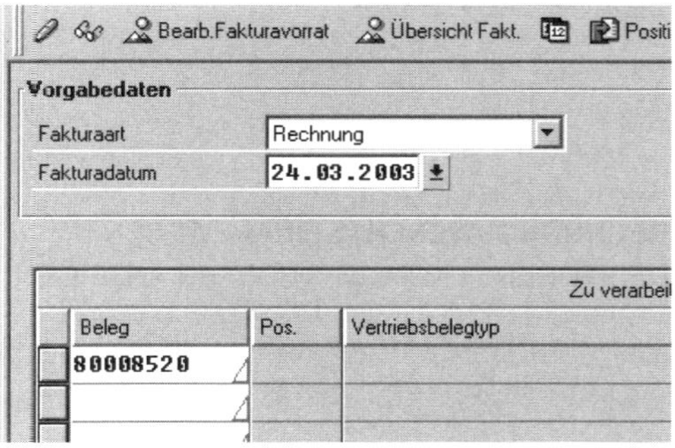	**LOGISTIK** ⇨ VERTRIEB ⇨ FAKTURIERUNG ⇨ FAKTURA ⇨ ANLEGEN **Faktura anlegen** Fakturaart: *Rechnung* Fakturadatum: *24.03.2003* Datum, an dem die Faktura angelegt wird. Beleg: *80008520* ▸ Belegnummer der Lieferung. In dieser Tabelle werden alle noch nicht bearbeiteten Lieferungen aufgelistet weiter

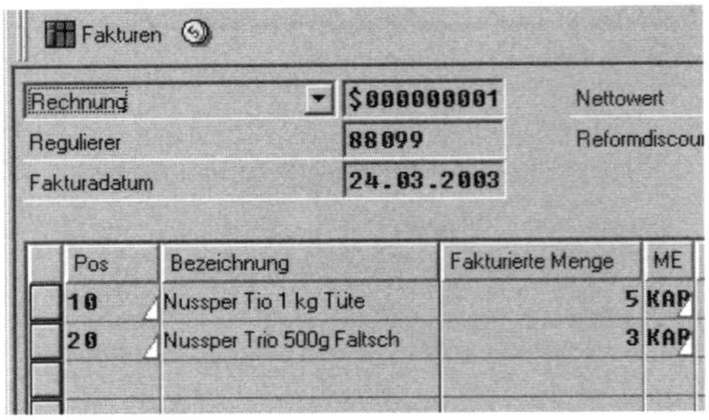

Faktura Rechnung (F1) anlegen: Übersicht – Fakturaposition

Kopfdatendetails oder sichern

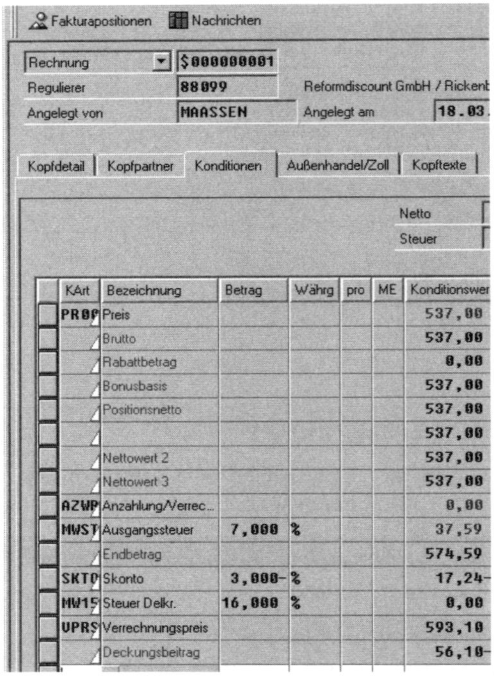

Faktura Rechnung (F1) anlegen: Kopfdaten

- Hier können Details des Rechnungskopfes eingesehen werden.

Nachrichten Nachrichten führt wieder zu dem aus dem Einkauf bekannten Bild:

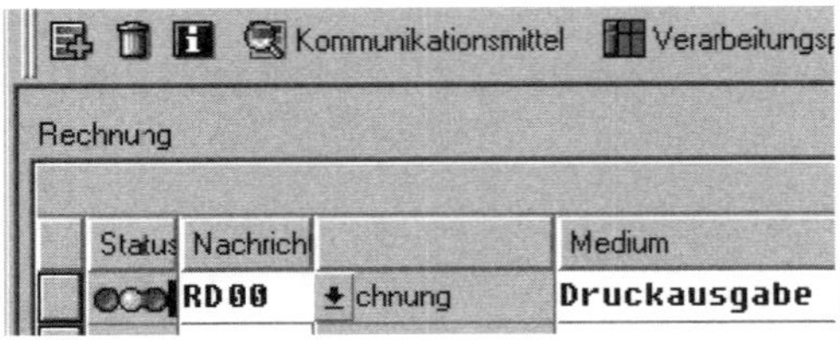

sichern

- Beleg wird direkt an die Buchhaltung übergeben (s. auch Folgebilder).

RECHNUNGSWESEN ⇨ FINANZWESEN ⇨ DEBITOREN ⇨ KONTO ⇨ POSTEN ANZEIGEN

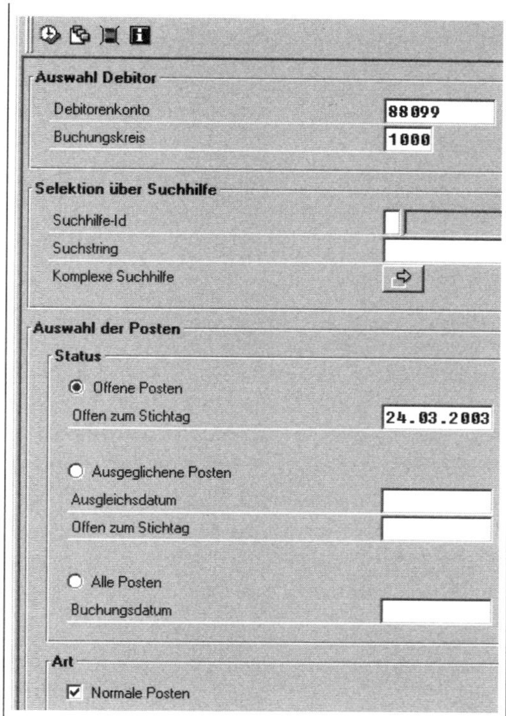

Debitoren Einzelpostenliste

Debitor: *88099*

Buchungskreis: *1000*

Offene Posten

Normale Posten

ausführen

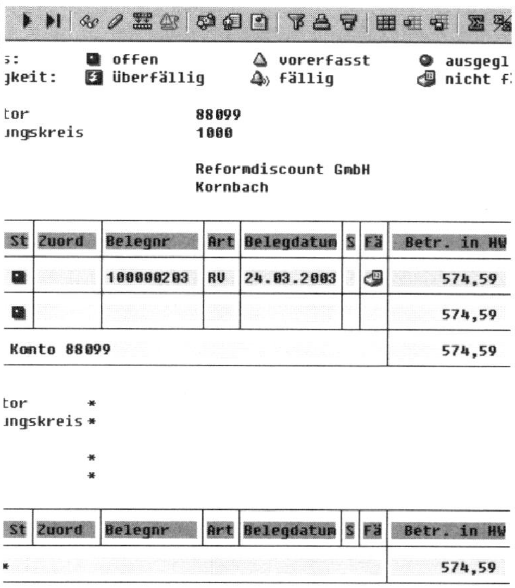

Debitoren Einzelpostenliste

- Bei dem Kunden Reformhausdiscount 88099 ist zurzeit ein Posten offen (Posten hat Kennzeichen **offen**).

9 Finanzwesen

Kern des R/3-Finanzwesens ist der Umgang mit denjenigen Unternehmensinformationen, die das externe Rechnungswesen betreffen. Das externe Rechnungswesen dient der zahlenmäßigen Darstellung einer Organisation für Zwecke externer Interessenten wie z.B. Kapitalanleger oder Fiskus. Die ermittelten Informationen sollen einen möglichst aktuellen Überblick über die Vermögens-, Finanz- und Ertragslage des Unternehmens vermitteln. Da die hierzu benötigten Daten in allen Bereichen einer Unternehmung anfallen, ergibt sich zwangsläufig eine starke Integration des R/3-Finanzwesens mit den übrigen Komponenten des Systems. So bestehen enge Beziehungen zu den Datenquellen der Materialwirtschaft, der Produktion, der Anlagenwirtschaft, des Vertriebs und der Personalwirtschaft. Die benötigten Daten (Stamm- und Bewegungsdaten) werden ohne Redundanzen in einem gemeinsamen Datenhaushalt (Datenbank) verwaltet. Das Finanzwesen selbst dient wiederum dem Controlling als Datenquelle, da sich die Analysen und Berechnungen des internen Rechnungswesens auf die Daten des Finanzwesens stützen. Das Controlling ermöglicht durch Umrechnung der Finanzwesendaten Auswertungen nach rein betriebswirtschaftlichen Gesichtspunkten für den unternehmensinternen Gebrauch. Die Datenbasis des internen Rechnungswesens wird durch die Aufwands- und Ertragsbuchungen des externen Rechnungswesens gebildet. Diese Integration von Finanzwesen und Controlling ist nur möglich, wenn die folgenden Voraussetzungen erfüllt sind:

- die Nutzung eines gemeinsamen Kontenplans (Einheitliches Nummernsystem für beide Teilbereiche);
- das Mitführen von Zusatzkontierungen bei der Belegerfassung (z.B. Kostenstelle, Auftragskontierung bei Sonderanforderungen für Controlling-Zwecke);
- die Einzelbelegverbuchungen erfolgen nach einem durchgängigen Belegkonzept (jede einzelne Buchung ist nach Typ und Inhalt dauerhaft nachvollziehbar und kann bspw. für Controlling-Zwecke anders zugeordnet werden als im klassischen Finanzwesen).

Den Mittelpunkt bildet die Hauptbuchhaltung, sie ist angesiedelt im Teilbereich Finanzwesen-General-Ledger (FI-GL). Die Hauptbuchhaltung stützt sich auf Daten, die mehrheitlich aus den folgenden Nebenbuchhaltungen bzw. Verzeichnissen stammen:

- Nebenbuchhaltungen im Modul FI;
- Kreditorenbuchhaltung (FI-AP, Lieferantenbuchhaltung);
- Debitorenbuchhaltung (FI-AR, Kundenbuchhaltung);
- Anlagenwirtschaft (AM bzw. FI-AA);
- Materialwirtschaft (MM) mit Einkauf, Bestandsverwaltung und Rechnungsprüfung (Ledger)
- Personalwirtschaft (HR) (periodische Datenübernahme in maschineller Form).

9.1 Konzepte des R/3-Finanzwesens

Das R/3-Finanzwesen beruht auf zwei Grundkonzepten, die für die Nutzung lediglich einer gemeinsamen Datenbasis von zentraler Bedeutung sind:

- Kontenprinzip und Mitbuchtechnik,
- Belegprinzip und Belegsteuerung durch Buchungsschlüssel.

9.1.1 Kontenprinzip und Mitbuchtechnik

Grundsätzlich werden im R/3-Finanzwesen die Stammdaten in Form von „Konten" geführt. Alle Konten sind über ihre Kontonummer eindeutig identifizierbar, sie sind in eine hierarchische Struktur von Kontoarten und Kontengruppen eingeordnet. Die verschiedenen Kontoarten entsprechen den Bereichen des Hauptbuchs, der Kreditoren- und Debitorennebenbücher. Innerhalb der Kontoarten findet eine weitere Unterteilung in Kontengruppen statt. Über die Auswahl einer Kontengruppe können für die jeweiligen Konten besondere Eigenschaften eingesteuert werden. So wird über die Kontengruppe die Art der Kontonummernvergabe (Numerisch, Alphanumerisch, Nummernintervall etc.) und die Bildauswahl bei der Stammdatenpflege im System festgelegt.

Die oberste Hierarchieebene der Kontenstruktur stellen die so genannten Kontenpläne dar. Sie sind Verzeichnisse aller verwendbaren Konten mit ihren Bezeichnungen, abgestimmt auf die unterschiedlichsten Anforderungen. Dies können z.B. landesspezifische rechtliche Gegebenheiten sein (Kontenpläne können als vorgefertigte und angepasste Teilmengen aus der Menge aller verfügbaren Konten bezeichnet werden). Im Rahmen der Anpassung von R/3 an das jeweils nutzende Unternehmen sind solche Kontenpläne für die verwendeten Buchungskreise im Rahmen des Customizing festzulegen.

Die Auswahl der weiter oben beschriebenen Kontengruppe erfolgt für die Hauptbuchkonten auf der Ebene des einzelnen Kontenplanes, so dass für jeden Kontenplan unterschiedliche Zuordnungen wählbar sind. Dies macht Sinn, da sich die in den Kontenplänen abgebildeten rechtlichen Spezifikationen zumeist in einer unterschiedlichen Bedeutung und Anordnung der jahresabschlussrelevanten Hauptbuchkonten äußern. Für die Nebenbuchkonten (Personenkonten) erfolgt die Auswahl der Kontengruppe auf Mandantenebene. Beispiele von Kontengruppen im Hauptbuch sind die Konten des Anlagevermögens sowie die Konten der Materialwirtschaft, für Kreditoren existiert bspw. die Kontengruppe Lieferant und im Debitorenbereich sind Auftraggeber und Rechnungsempfänger angelegt.

Alle Nebenbuchkonten sind mit den zugehörigen Hauptbuchkonten über Schlüssel verknüpft. Innerhalb der Nebenbuch-Stammdaten wird diese Verknüpfung über den Eintrag eines passenden Forderungs- oder Verbindlichkeitskontos des Hauptbuches hergestellt. Durch dieses Vorgehen wird in R/3 die so genannte Mitbuchtechnik ermöglicht. Das bedeutet, dass eine Buchung in einem Nebenbuch sofort zu einer entsprechenden Fortschreibung des Hauptbuches führt. Somit sind im jahresabschlussrelevanten Hauptbuch stets tagesaktuelle Daten für Analysen und Berechnungen verfügbar. Die folgende Abbildung stellt die Mitbuchtechnik am Beispiel einer Faktura für ein Debitorenkonto grafisch dar. Zunächst wird das Nebenbuchkonto des Debitors mit dem Fakturabetrag belastet. Dies führt zu einer entsprechenden Fortschreibung des Hauptbuches. Im Falle einer Zahlung wird zunächst das Nebenbuchkonto des Debitors gegen die Kasse oder ein Bankkonto glattgestellt. Durch die Mitbuchtechnik reduziert sich der Forderungsbestand im Hauptbuchkonto automatisch um den entsprechenden Betrag.

Abbildung 243: Die Mitbuchtechnik

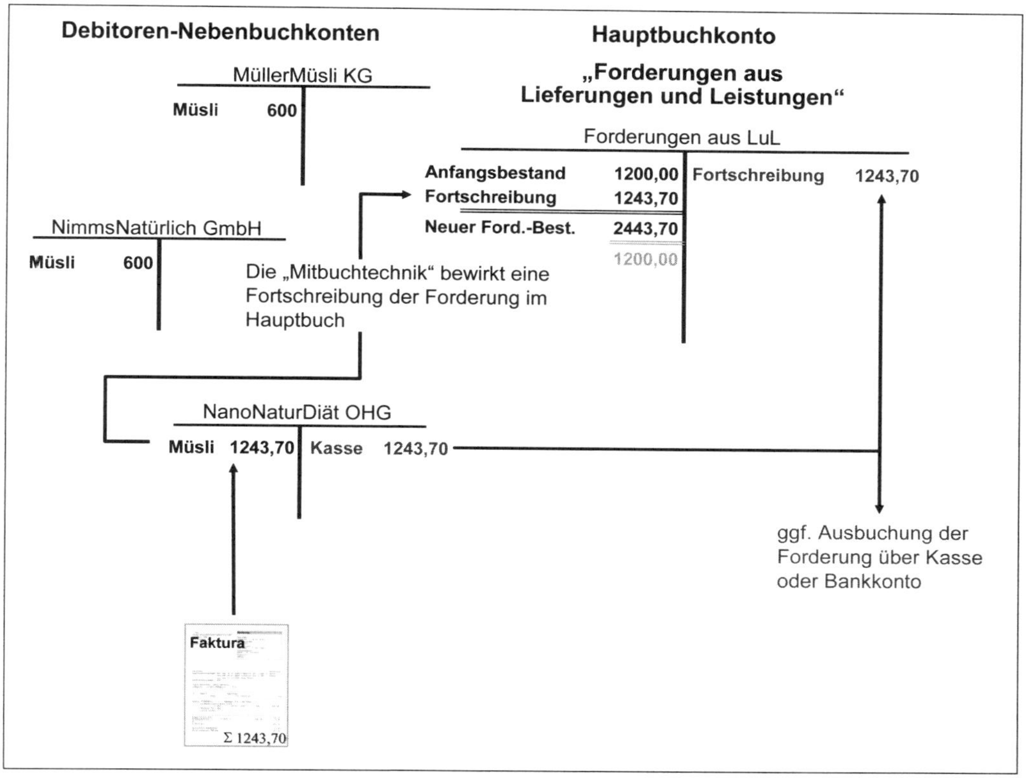

9.1.2 Belegprinzip und Belegsteuerung

Jeder Geschäftsvorfall wird in SAP R/3 in einem eigenen Beleg erfasst. Dies dient der Dokumentation der Vorgänge im Unternehmen und genügt – bei finanzwirtschaftlich relevanten Vorgängen - den handelsrechtlichen Buchhaltungsgrundsätzen. Die zu erfassenden Buchungen werden vom System nur dann zugelassen, wenn sich nach der Buchung ein Saldo von Null der Soll- und Habenseite des Beleges ergibt. Ein Buchhaltungsbeleg beinhaltet genau einen Belegkopf und beliebig viele einzelne Belegpositionen, die jeweils genau eine Buchung auf einem Konto des R/3-Systems verursachen.

Innerhalb eines einzelnen Beleges werden Steuerschlüssel vergeben, die das Verhalten des Systems bei der weiteren Belegverarbeitung steuern. Ein Beispiel eines solchen Steuerschlüssels ist die Belegart, die für jeden Beleg einmalig vergeben wird. Sie bestimmt die Art der Buchung; z.B. kann es sich um eine Sachkontenbuchung (Belegart SA) oder um eine Anlagenbuchung (Belegart AA) handeln. Durch die Einsteuerung einer Belegart kann so auf unterschiedliche buchhalterische Anforderungen eingegangen werden, wenn sie Erfassung und Inhalt des Buchhaltungsbeleges betreffen. Über die Belegart wird weiterhin die Vergabe der Belegnummern gesteuert. Belegarten werden im Customizing des R/3-Systems gepflegt.

Abbildung 244: Belegarten in SAP R/3

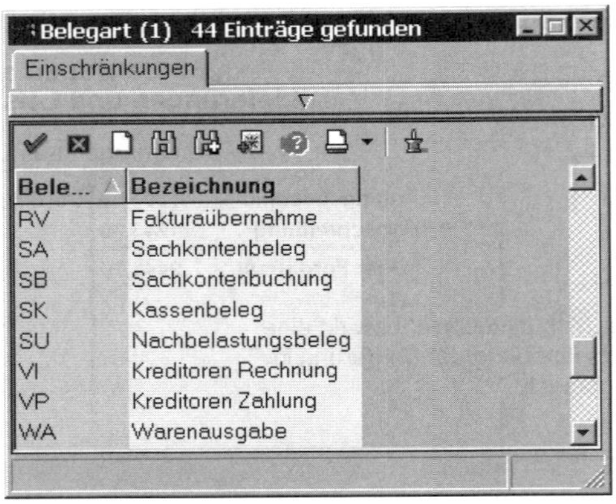

©SAP AG

Ein weiterer Steuerschlüssel ist der Buchungsschlüssel der einzelnen Buchungspositionen. Er legt fest, ob es sich z.B. um eine Soll- oder Haben-Buchung handelt, ob Debitoren- oder Kreditorenkonten angesprochen werden dürfen. Außerdem können Erfassungsbesonderheiten, die sich nur auf einen einzelnen Buchungsschritt beziehen, über den Buchungsschlüssel gesteuert werden. Dem Benutzer werden dann angepasste Erfassungsbildschirme präsentiert.

Abbildung 245: Auswahl der positionsspezifischen Buchungsschlüssel

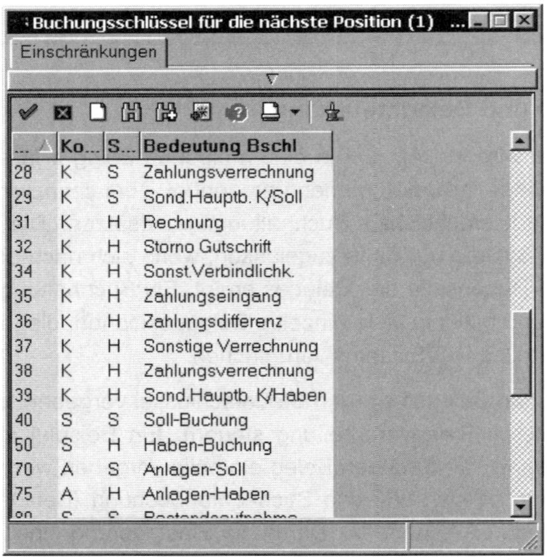

©SAP AG

Prinzipiell gilt auch für Belege des Finanzwesens, dass sie nur verbucht werden, wenn sie vollständig sind. Es müssen daher bestimmte Belegelemente vorhanden sein. Dazu zählen beispielsweise das Belegdatum, die Belegart, Belegwährung, der Buchungskreis, die Beträge in den Belegpositionen. Weitere Bedingung für die Verbuchung eines FI-Belegs ist ein

Saldo von Null, d.h. sämtliche Belegpositionen müssen – Soll und Haben gegenübergestellt – einen Saldo von Null aufweisen. Ziel dieser Prüfungen ist es, inkonsistente oder unvollständige Eingaben bzw. Belege zu verhindern.

Für die zeitversetzte Arbeit mit Belegen kann ein Beleg zwischengespeichert werden. Dies wird zum einen durch eine Merker-Funktion unterstützt, d.h. der Beleg weist keine (inhaltlichen) Fehler auf und soll auch zeitnah verbucht werden (nur „störte" vielleicht gerade die Mittagspause). Zum anderen kann ein Beleg auch vorerfasst werden, d.h. die endgültige Verbuchung muss beispielsweise noch mit einem Sachbearbeiter geklärt werden.

9.2 Zahlungseingang - Ausgleichen

Über Zahlungseingangsbelegbuchungen wird ein Ausgleich offener Posten angestrebt. Der Ausgleich kann entweder manuell oder maschinell durch das System geschehen. Zur Verdeutlichung des unter R/3 realisierten Konzepts wird im Folgenden das manuelle Ausgleichen betrachtet.

Prinzipiell können nur offene Posten ausgeglichen werden, die auf Konten mit Offene-Posten-Verwaltung gebucht werden. Debitoren- und Kreditorenkonten werden automatisch mit Offene-Posten-Verwaltung geführt. Für Sachkonten und damit auch für die Bankunterkonten (Konten für Ausgangsschecks, Ausgangsüberweisungen, Scheckeingang und Bankeinzug) muss dies im Stammsatz angegeben werden.

Das Buchen mit Ausgleichen soll am Beispiel eines Schecks erläutert werden. Zunächst wird die Belegposition erfasst, d.h. der Scheckeingang (Bankunterkonto). Dann kann die offene Position ausgewählt werden, die ausgeglichen werden soll, also eine bestimmte Rechnung. Zur Findung der auszugleichenden offenen Posten stellt R/3 diverse Suchfunktionalitäten bereit. Sind die richtigen Posten gefunden, ist eine Nachbearbeitung, z.B. eine Skontokorrektur, möglich. Abweichungen werden innerhalb der im Customizing gesetzten Toleranzgrenzen akzeptiert und werden als Aufwand auf einem Aufwandskonto verbucht. Nach der Auswahl des oder der offenen Posten wird der Posten im Debitorenkonto ausgeglichen. Die Mitbuchtechnik aktualisiert entsprechend das Abstimmkonto in der Hauptbuchhaltung. Die Posten werden als ausgeglichen gekennzeichnet.

In einem weiteren Arbeitsschritt wird der Scheck nun bei der Bank eingereicht. R/3 kann diesen Prozess mit der in seiner Bankbuchhaltung enthaltenen Scheckeinreicherliste unterstützen. Die Bank sendet anschließend einen Kontoauszug zurück. Dies kann papierbasiert oder in elektronischer Form sein. Der elektronische Kontoauszug kann per Batch-Input-Verfahren in das System geladen werden. Der papierbasierte Kontoauszug muss durch manuelle Buchung in das System eingegeben werden. Beiden gemeinsam ist der Ausgleich des offenen Postens, des Scheckeingangskontos gegen das Bankkonto. Das Bankkonto wird somit nur parallel zum Girokonto mitgeführt.

Abbildung 246: Buchen mit Ausgleich

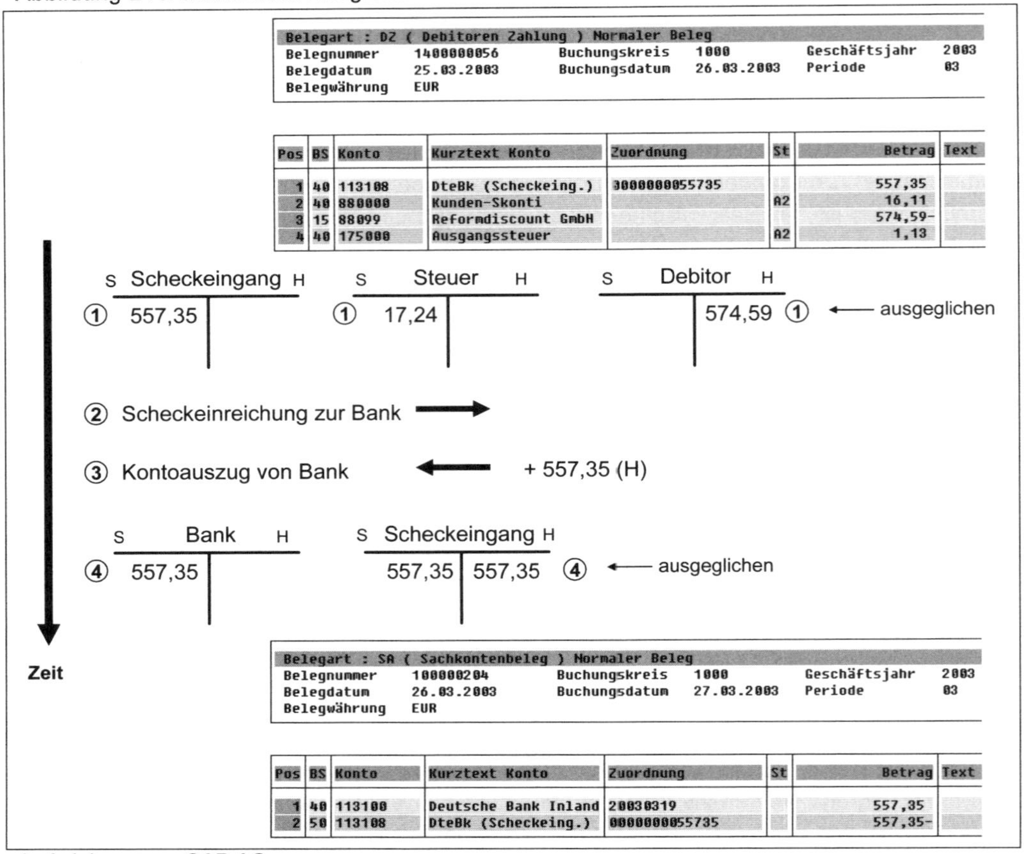

In Anlehnung an SAP AG

9.3 Fallstudie – Zahlungseingang per Scheck

Der Kunde Reformdiscount GmbH zahlt (ausnahmsweise) die Rechnung per Scheck. Ziel ist nun die Verbuchung des Schecks im R/3-System.

Aufgabe 37

Buchen Sie zunächst den Zahlungseingang. Ordnen Sie dem Scheck die richtige Forderung zu, so dass diese ausgeglichen wird. Der Scheck wird – bis zur Einlösung und Gutschrift auf dem Bankkonto – auf das Scheckeingangskonto (Zwischenkonto) gebucht. Das Scheckeingangskonto ist ein Bankunterkonto mit der Kontonummer 113108. Der Scheck entspricht dem Fakturabetrag.

Aufgabe 38

Nachdem der Scheck bei der Bank (eventuell per Scheckeinreicherliste) eingereicht wurde, wird nun auf Basis des Kontoauszugs die Zahlung dem Bankkonto (Kto-Nr. 113100) gutgeschrieben. Die bisher bestehende Verrechnung über das Bankunterkonto Scheckeingang wird dadurch aufgelöst. Damit wird das Bankkonto vom Unternehmen nur „mitgeführt“.

Für die abschließende Pflege der Fallstudie stehen zwei Pflegeanleitungen zur Verfügung:

- Zahlungseingang,

- Verrechnung auflösen.

Zahlungseingang

FENSTER	MENUEPFAD/EINGABE
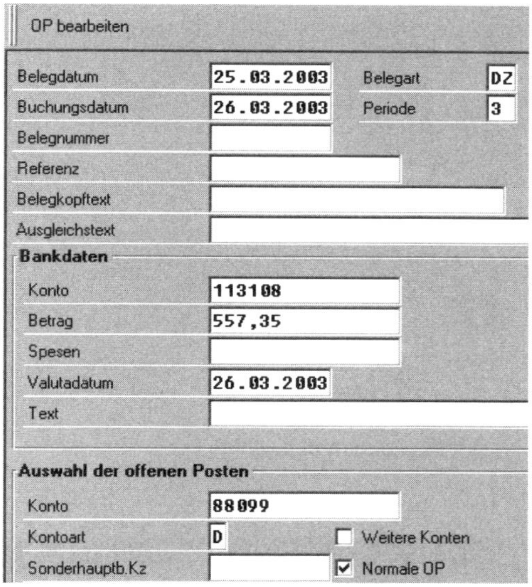	**RECHNUNGSWESEN** ⇨ FINANZWESEN ⇨ DEBITOREN ⇨ BUCHUNG ⇨ ZAHLUNGSEINGANG **Zahlungseingang buchen: Kopfdaten** Belegdatum: *25.03.2003* ▸ Datum des Orginalbelegs, hier der Scheck; Datum sollte jünger sein als Rechnungsdatum. Buchungsdatum: *26.03.2003* Belegart: *DZ* ▸ Debitorenzahlung Buchungskreis: *1000* Währung: *EUR* Konto: *113108* ▸ Bankunterkonto Scheckeingang. Dient bis zur Gutschrift auf dem Bankkonto als Zwischenkonto. Damit offene Posten ausgeglichen werden können, ist ein entsprechendes Kennzeichen im Sachkontenstammsatz gesetzt worden. Betrag: *557,35* ▸ Betrag auf dem Scheck (abzüglich Skonto) Konto: *88099* ▸ Kontonummer des Debitors, dient zur Findung der offenen Posten. Kontoart: *D* ◉ andere ▸ Im Bereich „Weitere Selektion" können für die Auswahl der auszugleichenden Forderungsposten Kriterien angegeben werden. ✓ weiter

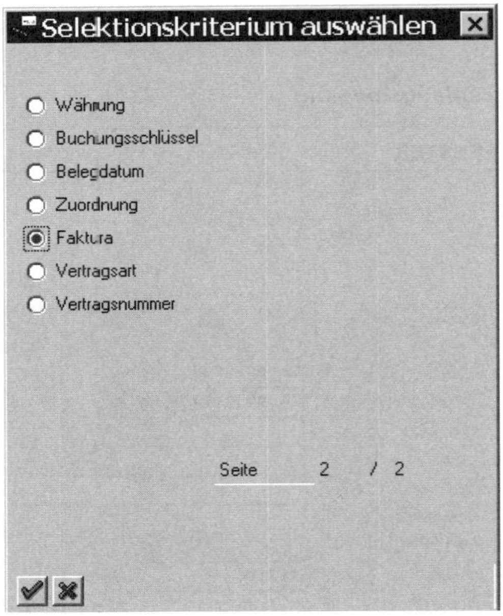

„Bild ab"- Taste auf der Tastatur verwenden, um auf Seite 2 zu gelangen.

Faktura Faktura auswählen

Zahlungseingang buchen: Selektieren Offene Posten

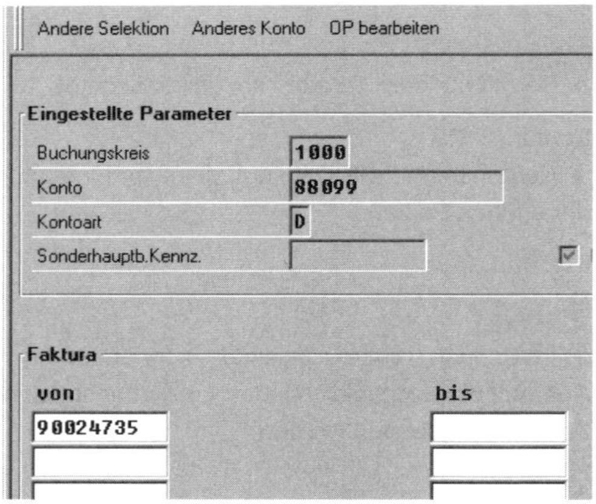

Faktura von: 90024735

OP bearbeiten Offene Posten bearbeiten

Zahlungseingang buchen: Terminauftrag: Offene Posten bearbeiten

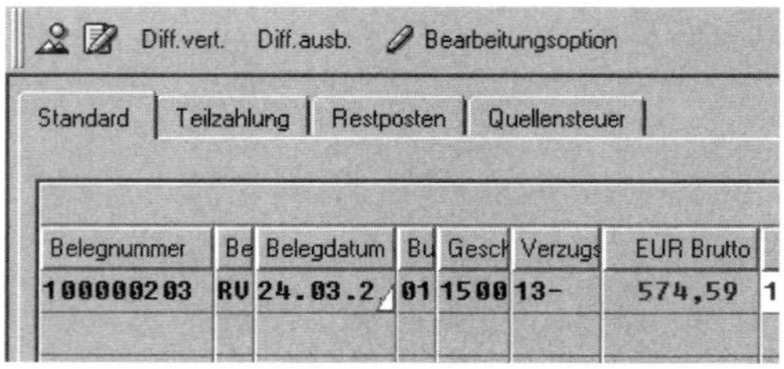

- Hier kann der Skontobetrag noch verändert werden. Bei Betragsdifferenzen werden je nach Höhe der Differenz die entsprechenden Differenzbuchungen angestoßen.
- Verzugstage: -13; Es sind noch 13 Tage bis zum Verstreichen der Skontofrist

Belegnummer	Be	Belegdatum	B
100000203	RV	24.03.2	0

Mit markieren den Posten markieren, der mit dem Scheck ausgeglichen werden soll. Zeile wird farbig.

sichern oder Übersicht

Zahlungseingang buchen: Anzeige Übersicht

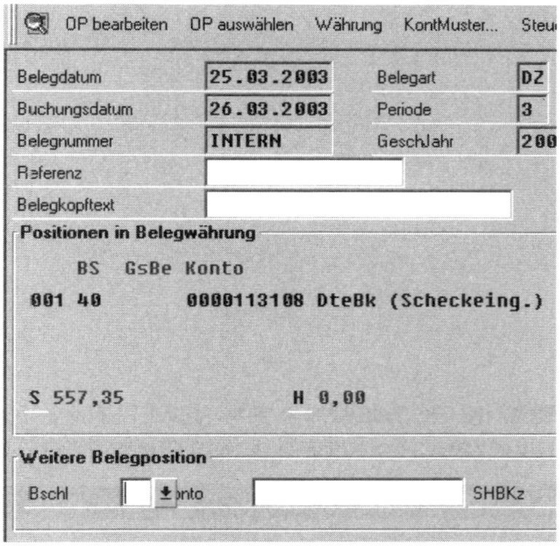

▸ Hier wird der Teil des Buchungssatzes gezeigt, der dem ausgewählten Posten gegenübersteht.

sichern

Beleg 1400000056 wurde im Buchungskreis 1000 gebucht

RECHNUNGSWESEN ⇨ FINANZWESEN ⇨ DEBITOREN ⇨ KONTO ⇨ POSTEN ANZEIGEN

Debitoren Einzelpostenliste

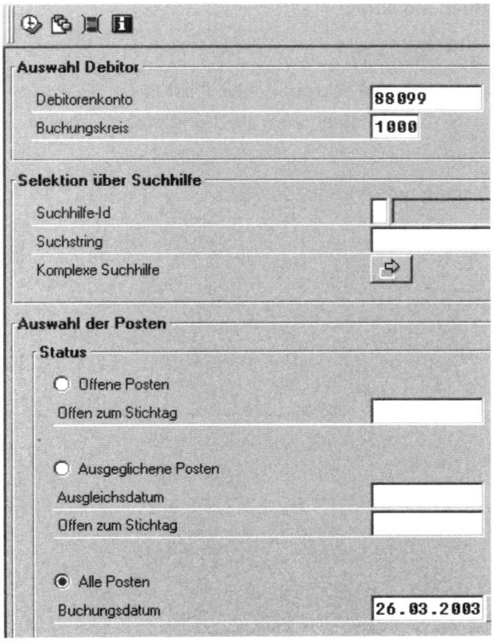

Debitorenkonto: *88099*

Buchungskreis: *1000*

Alle Posten

▸ Es werden sowohl offene Posten als auch ausgeglichene Posten zum Buchungsdatum angezeigt.

Buchungsdatum *26.03.2003*

ausführen

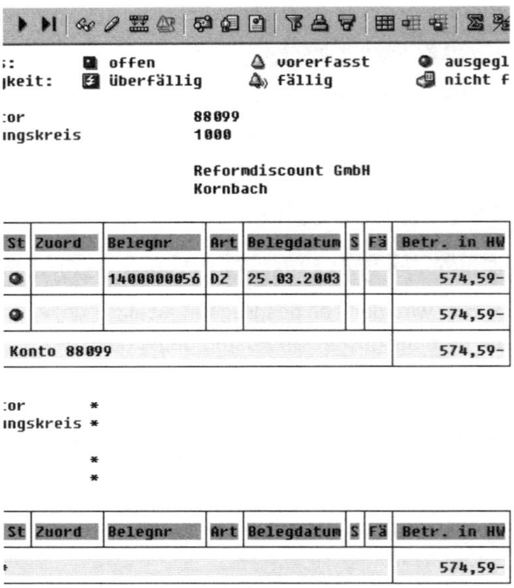

Debitoren Einzelpostenliste

- Es sind keine offenen Posten mehr vorhanden (Posten hat Kennzeichen **ausgegl.**).

RECHNUNGSWESEN ⇨ FINANZWESEN ⇨ HAUPTBUCH ⇨ KONTO ⇨ POSTEN ANZEIGEN

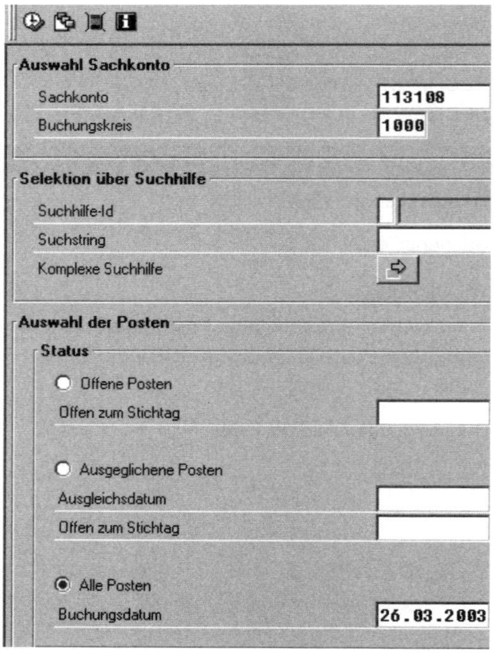

Sachkonten Einzelpostenliste

- Anzeige der Posten auf dem Scheckeingangskonto.

Sachkonto: *113108*

Buchungskreis: *1000*

Alle Posten

- Es werden sowohl offene Posten als auch ausgeglichene Posten zum Buchungsdatum angezeigt.

Buchungsdatum *26.03.2003*

ausführen

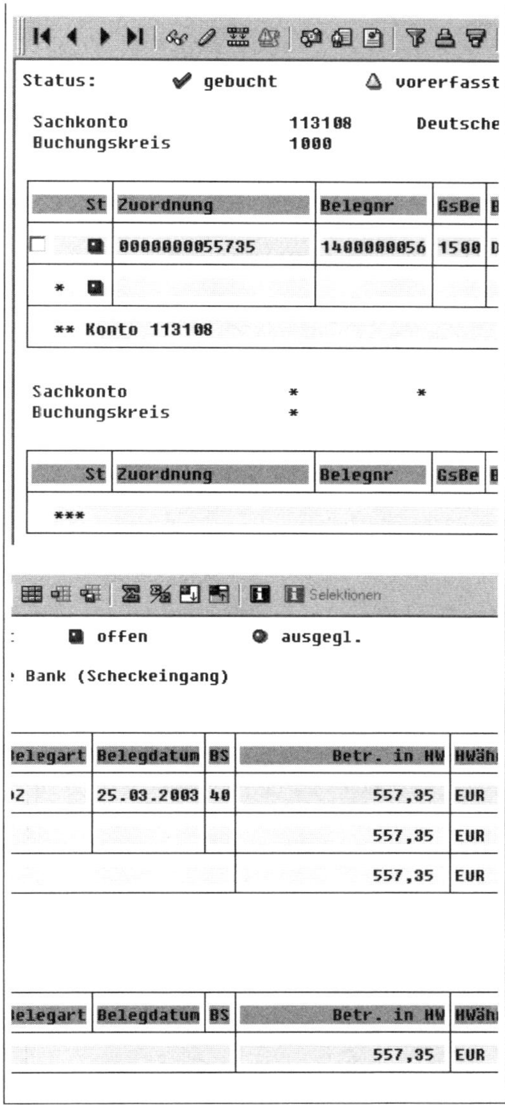

Sachkonten Einzelpostenliste

▸ Der Scheckbetrag von 557,35 EUR wird mit dem Kennzeichen ■ **offen** geführt. Das Scheckverrechnungskonto muss also in einem zweiten Schritt ebenfalls ausgeglichen werden.

Verrechnung auflösen

Der Scheck wurde bei der Bank eingereicht und dem Bankkonto (Girokonto) gutgeschrieben. Die Gutschrift auf dem Bankkonto (Girokonto) wird im Folgenden in das R/3-System gepflegt. Die bisherige Verrechnung wird aufgelöst/ausgeglichen.

FENSTER	MENUEPFAD/EINGABE
	RECHNUNGSWESEN ⇨ FINANZWESEN ⇨ HAUPTBUCH ⇨ BUCHUNG ⇨ VERRECHN. AUFLÖSEN
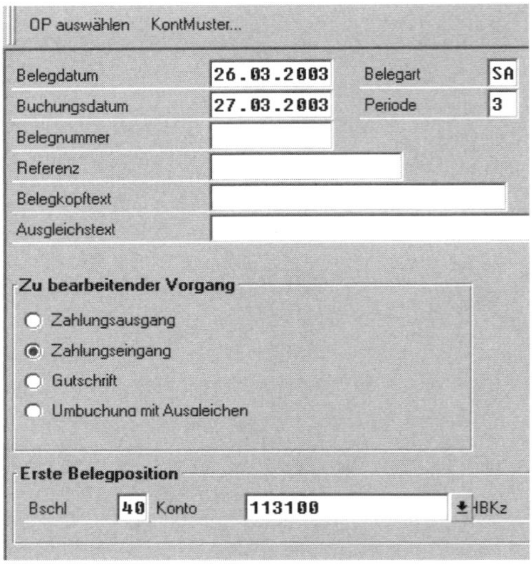	**Verrechnung auflösen: Kopfdaten** Belegdatum: *26.03.2003* ▸ Datum des Kontoauszugs Buchungsdatum: *27.03.2003* Belegart: *SA* ▸ Sachkontenbeleg Buchungskreis: *1000* Währung: *EUR* ▸ Konto wird in EUR geführt ◉ Zahlungseingang Bschl: *40* ▸ Buchungsschlüssel; steuert die Erfassung von Belegpositionen. Legt beispielsweise fest, ob es sich um eine Soll- oder Haben-Buchung handelt. 40 steht für eine Soll-Buchung. Konto: *113100* ▸ Bankkonto ✓ weiter
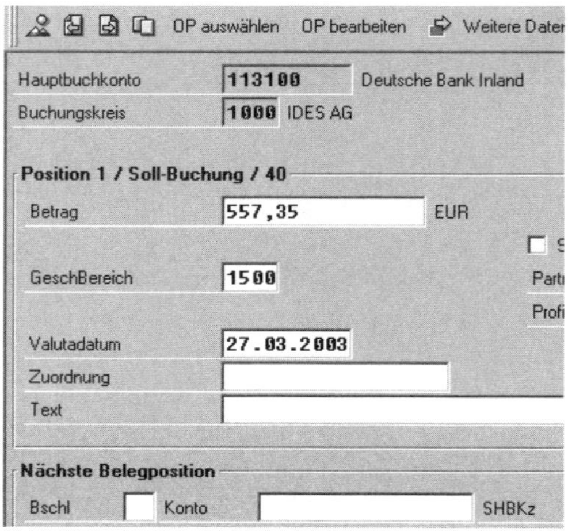	**Verrechnung auflösen: Hinzufügen Sachkontenposition** Betrag: *557,35 EUR* ▸ Betrag des Schecks. GeschBereich: *1500* ▸ Bei Bedarf können weitere Belegpositionen angegeben werden. OP auswählen offene Posten auswählen ▸ Suche nach der entsprechenden Habenposition auf dem Scheckeingangskonto.

Verrechnung auflösen: Selektieren offene Posten

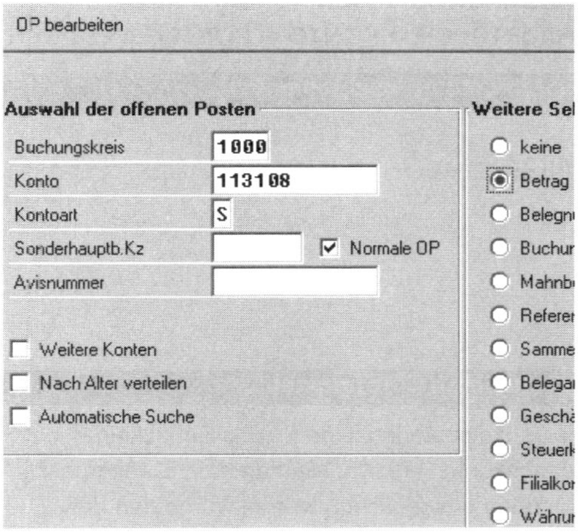

Buchungskreis: *1000*

Konto: *113108*

- Scheckeingang

Kontoart: *S*

- Sachkonto

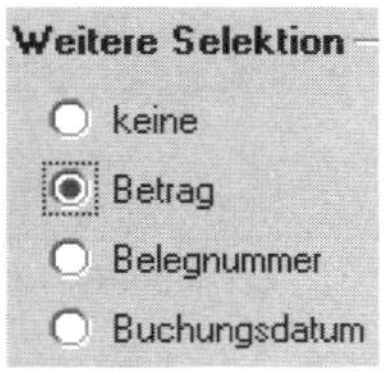

weiter

Verrechnung auflösen: Eingeben Selektionsbedingungen

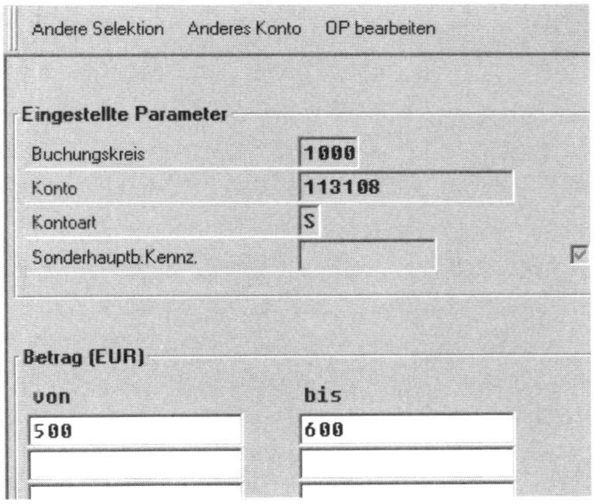

Betrag (EUR) von: 500

Betrag (EUR) bis: 600

OP bearbeiten anklicken

Verrechnung auflösen: Offene Posten bearbeiten

Zuordnung	Belegnummer
0000000055735	1400000056

Zeile/Posten auswählen, indem in die Zeile geklickt und zum markieren gewählt wird.

sichern

Beleg 100000204 wurde im Buchungskreis 1000 gebucht

RECHNUNGSWESEN ⇨ FINANZWESEN ⇨ HAUPTBUCH ⇨ KONTO ⇨ POSTEN ANZEIGEN

Sachkonten Einzelpostenliste

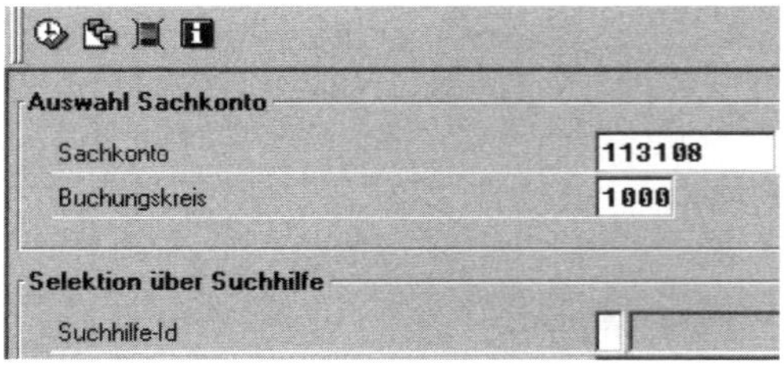

ausführen

Sachkonten Einzelpostenliste

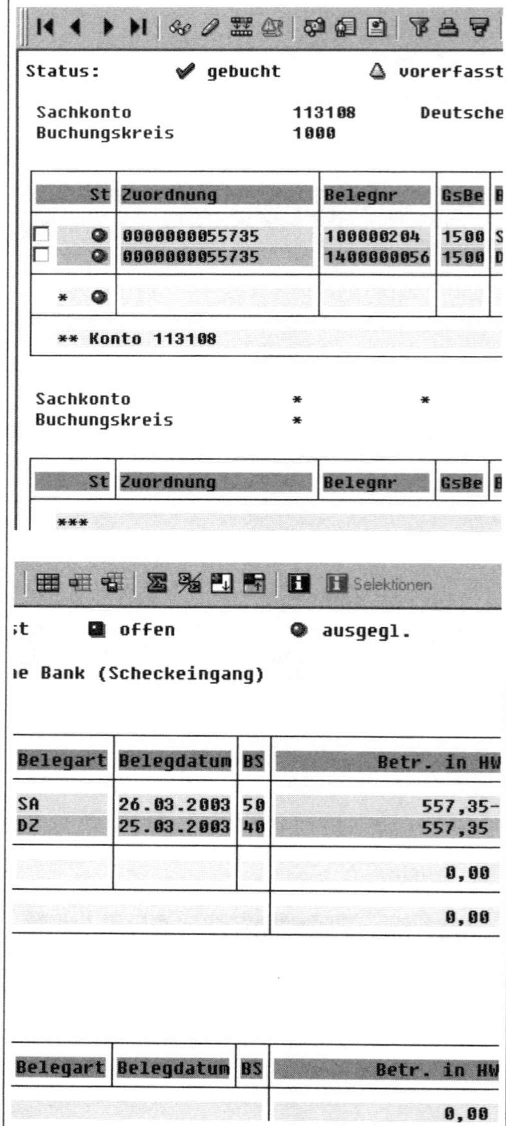

‣ Einzelpostenanzeige für das Scheckeingangskonto: 113108. Nachdem die Debitorposition oben ausgeglichen wurde, wurde nun die Scheckeingangsposition ausgeglichen.

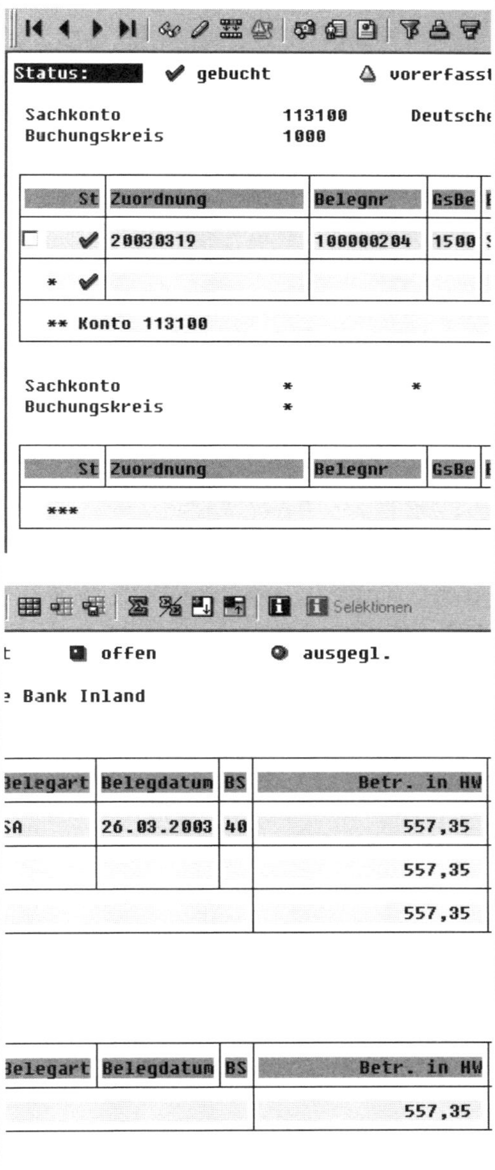

Sachkonten Einzelpostenliste

- Einzelpostenanzeige für das Bankkonto 113100.

10 Informationssystem

Viele Unternehmen haben die Bedeutung der Informationsgewinnung- und Auswertung als einen wichtigen Faktor ihres Erfolges erkannt. Die Analyse kritischer Kennzahlen zu betrieblichen Vorgängen leistet einen Beitrag zur langfristigen Unternehmenssicherung und verhilft den Unternehmen, notwendige Maßnahmen rechtzeitig einzuleiten. Aus diesem Grund wurden in SAP R/3 zwei Informationssysteme, das Logistik- (LIS) und das Führungsinformationssystem integriert.
Das Führungsinformationssystem liefert Daten zu relevanten Faktoren aus internen und externen Quellen, deren Aufbereitung für das höhere Management erfolgt. Zu den internen Quellen zählen beispielsweise das Rechnungswesen, die Kostenrechnung und das Logistikinformationssystem mit Daten zur Finanz- und Auftragslage, während externe Quellen zusätzliche Informationen, beispielsweise zu Aktien- und Wechselkursen, bereitstellen. Das Führungsinformationssystem und die Unternehmensplanung greifen auf dieselbe Datenbasis zurück. Der Datenpool wird im Customizing unternehmensindividuell gepflegt und mit Daten versorgt. Diese Datenbasis lässt sich in Datenbereiche, sogenannte Aspekte, einteilen, die einzeln auswertbar sind. Entsprechend den individuellen Anforderungen einzelner Unternehmen besteht die Möglichkeit verschiedene Aspekte zu pflegen. Für die Auswertung der Daten aus der EC-EIS-Datenbank steht die Recherche, ein dialogorientiertes Informationssystem, zur Verfügung. Das Führungsinformationssystem steht im Prinzip in Konkurrenz zum Business Warehouse der SAP.
Neben dem Führungsinformationssystem beinhaltet R/3 das so genannte Logistikinformationssystem, dessen Einsatz die Erstellung von Berichten zu unterschiedlichen Informationsbedarfen unterstützt. Dieses wird im Folgenden vorgestellt.

10.1 Logistikinformationssystem

Anders als das Führungsinformationssystem integriert das Logistikinformationssystem mehrere Informationssysteme zur Befriedigung unterschiedlicher Informationsbedarfe.

- Einkauf,
- Vertrieb,
- Fertigung,
- Bestandsführung,
- Instandhaltung,
- Qualitätsmanagement/Prüfabwicklung.

Das Logistikinformationssystem fungiert als Kontroll-, Steuerungs- und Planungsinstrumente.

Abbildung 247: LIS als Kontroll-, Steuerungs- und Planungsinstrument

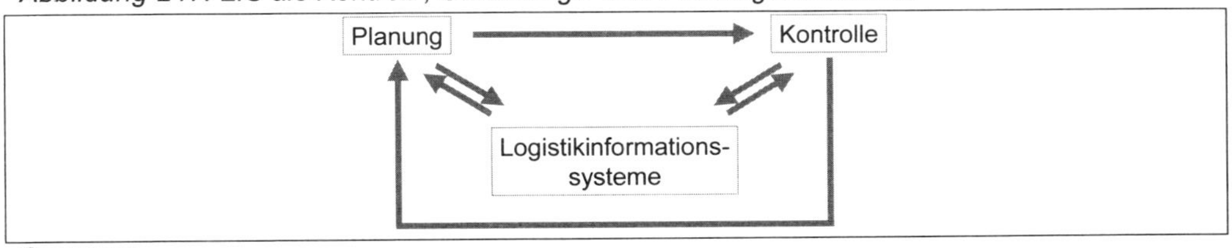

©SAP AG

Die Standardanalysen des Logistikinformationssystems basieren auf Informationsstrukturen, so genannten Statistikdateien, in denen relevante Kennzahlen aus den einzelnen Anwendungen zusammengefasst sind. Neben der Erfassung und Verdichtung von Ist-Daten können Entscheidungen durch die Gegenüberstellung von Plandaten unterstützt und überprüft werden. Allerdings erfordert der sinnvolle Einsatz des Logistikinformationssystems die Ermittlung der Prozesse und Funktionen, zu denen Auswertungsbedarfe bestehen. Die Identifizierung der relevanten Selektionsparameter erfordert gewisse Kenntnisse der in R/3 hinterlegten Unternehmensstruktur bzw. der Organisationsebenen.

Abbildung 248: Bedeutung der Unternehmensstrukturen für die Berichtserstellung

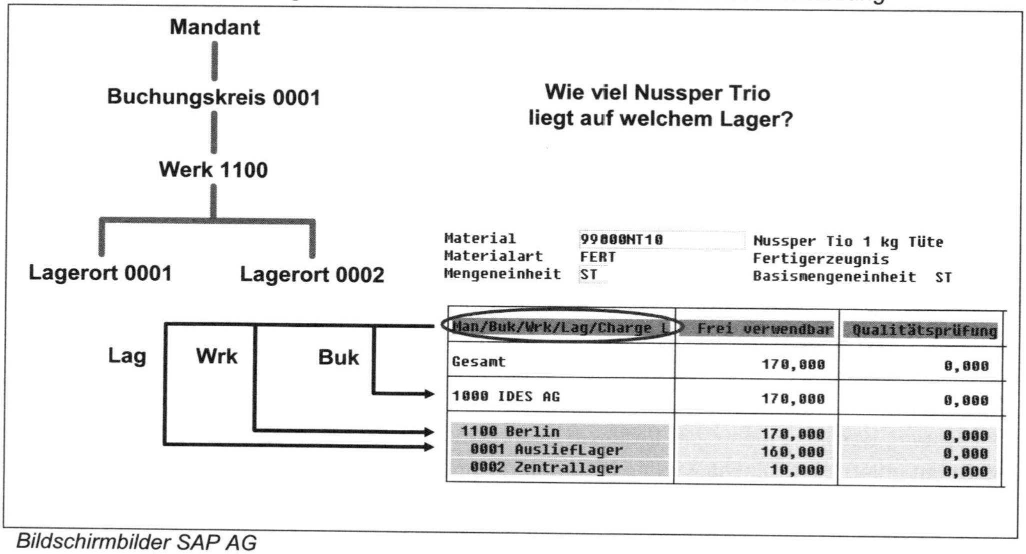

Bildschirmbilder SAP AG

Die Auswertung der Bestandsveränderungen, in Abhängigkeit vom Informationsbedarf, wird auf Mandanten-, Buchungskreis- oder auf Werksebene vorgenommen. Entsprechend der selektierten Organisationsebenen liest der Bericht die Daten aus der Datenbank.
Standardanforderungen an das Berichtswesen lassen sich oftmals durch so genannte Standardberichte, die bereits in R/3 -System integriert sind, erfüllen. Die Befriedigung komplexerer Auswertungsbedarfe erfolgt durch die Definition eigener Berichte mit dem Report Painter oder dem Report Writer.

10.1.1 Berichtsbestandteile

Bei der Definition eines Berichtes sind notwendige Berichtsbestandteile zu pflegen, die zur erfolgreichen Ausführung eines Berichts erforderlich sind. Hierzu zählen der Berichtskopf, die allgemeinen Selektionen und Vorgaben für die Zeilen und Spalten des Berichtes. Mit der Auslieferung des R/3 -Systems werden Standardelemente bereitgestellt, die zur Erleichterung der Berichtsdefinition optional herangezogen werden können.

Abbildung 249: Berichtsbestandteile

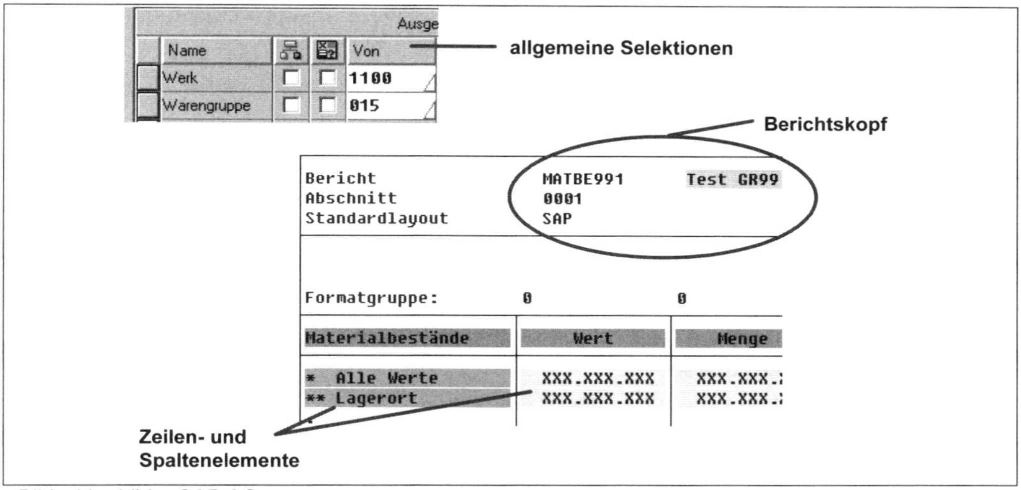

Bildschirmbilder SAP AG

- **Berichtskopf**

Bei der Definition eines Berichtes ist zunächst der Berichtskopf zu pflegen. Durch die Angabe einer Berechtigungsgruppe ist es möglich den Bericht nur ausgewählten Personen zur Verfügung zu stellen. Dieses Vorgehen empfiehlt sich insbesondere bei der Auswertung sensibler Daten, die vor dem Zugriff unberechtigter Dritter zu schützen sind. Auch die Zuordnung eines Layouts, das bei der Ausführung des Berichtes zu übernehmen ist, erfolgt im Berichtskopf.

Abbildung 250: Berichtskopf

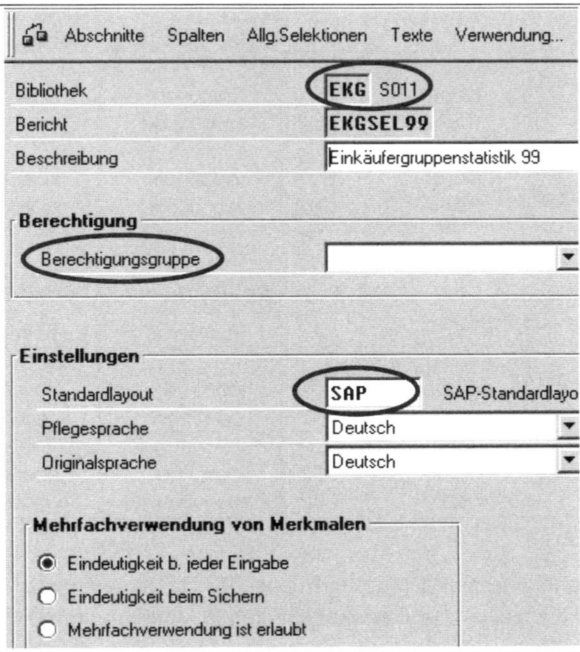

Bildschirmbild ©SAP AG

Zur Pflege eines individuellen Layouts bietet R/3 eine eigenständige Funktion. Wird kein Berichtslayout angegeben, erfolgt die Ausgabe des Berichts automatisch im Standardlayout SAP. Voreinstellungen für den Export eines Berichtes auf einen Applikations- oder Präsentationsserver können durch entsprechenden Exportparameter eingestellt werden.

- **Allgemeine Selektionen**

Allgemeine Selektionen sind Merkmale und Merkmalswerte, die für den gesamten Bericht gelten und bei der Ausführung eines Berichtes nur einmal selektiert werden. Das jeweilige Merkmal ist in den Zeilen und Spalten nicht mehr verwendbar. Vorteile dieser Merkmale sind die Verringerung des Aufwandes bei der Berichtsdefinition und verkürzte Antwortzeiten bei der Ausführung eines Berichtes. Zu den allgemeinen Selektionen kann beispielsweise das Werk zählen, auf dem die Auswertungen des Berichtes basieren.

- **Berichtszeilen- und Spalten**

In Berichtsspalten stehen folgende Elementtypen zur Verfügung:

- Kennzahl mit Merkmalen: Kombination aus Basiskennzahl mit einem oder mehreren Merkmalen,
- Vordefinierte Kennzahl: vom System bereitgestellte Kennzahl mit Merkmalen,
- Formeln: numerische Wert- und Formelvariablen zur Berechnung von Werten für Spalten,
- Sets.

Für die Bezeichnung der Spalten besteht die Möglichkeit Kurz-, Mittel- und Langtexte zu pflegen, die bei der Ausgabe des Berichtes als Spaltenüberschrift Verwendung finden. Eine weitere Möglichkeit ist der Einsatz von Variablen als Spaltenüberschrift.

Abbildung 251: Zeilen- und Spaltenblöcke

		Spaltenblock 1	**Spaltenblock 2**
		Hauswährung	Konzernwährung
Zeilenblock 1	Kostenstelle 1000		
	Konto 001	xxxxxxxx	xxxxxxxx
	Konto 002	xxxxxxxx	xxxxxxxx
Zeilenblock 2	Kostenstelle 2000		
	Konto 001	xxxxxxxx	xxxxxxxx
	Konto 002	xxxxxxxx	xxxxxxxx

		Spaltenblock 1	**Spaltenblock 2**
		Konto 001	Konto 002
Zeilenblock 1	Kostenstelle 1000		
	Konto 001	xxxxxxxx	xxxxxxxx
	Konto 002	xxxxxxxx	xxxxxxxx
Zeilenblock 2	Kostenstelle 2000		
	Konto 001	xxxxxxxx	xxxxxxxx
	Konto 002	xxxxxxxx	xxxxxxxx

In Anlehnung an SAP AG

Die Pflege der Zeilenelemente ist mit der Pflege der Spaltenelemente vergleichbar. Allerdings können in Berichtszeilen nur Basiskennzahlen in Verbindung mit Merkmalen und For-

meln, aber keine vordefinierten Kennzahlen verwendet werden. Es ist möglich, für eine Zeile mehrere Merkmale anzugeben und für diese eine gewünschte Reihenfolge zu bestimmen. Wurde ein Merkmal bereits in einer Zeile verwendet, ist dieses in den Zeilen des Berichtes nicht weiter einsetzbar. Allerdings ist die Verwendung eines Merkmals in verschiedenen Zeilenblöcken durchaus möglich.
Mit der Funktion expandieren ist für die einzelnen Merkmale bestimmbar, ob im Bericht Einzelwerte, eine Gesamtsumme oder Einzelwerte mit Summen und Zwischensummen ausgegeben werden. In der Standardeinstellung des Systems ist das Kennzeichen „nicht auflösen" aktiv. Daher wird im Bericht für das Merkmal standardmäßig nur eine Summenzeile ausgegeben.

Abbildung 252: Pfad expandieren

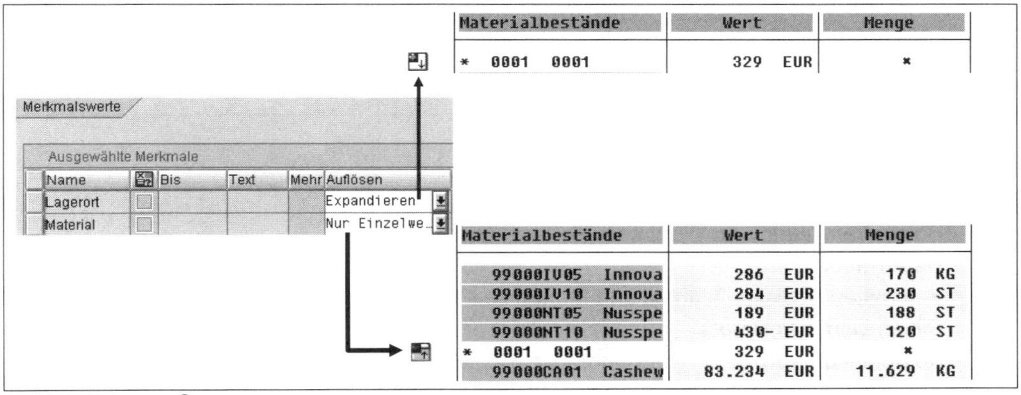

Bildschirmbilder ©SAP AG

Für den Fall, dass häufig vergleichbare Spalten beziehungsweise Zeilen in Berichten Verwendung finden, empfiehlt sich der Gebrauch von Vorlagen, deren Einsatz in diversen Berichten möglich ist. Zusätzlich besteht die Möglichkeit, die Definition einzelner Spalten- und Zeilen durch die Verwendung einer Kopierfunktion, leichter zu gestalten. Diese Kopien sind anschließend beliebig veränder- und anpassbar.

10.1.2 Berichtsbausteine

Standardberichte und Berichte, deren Definition mit dem Report Painter beziehungsweise Writer erfolgte, basieren auf Berichtsbaussteinen, deren Einsatz in allen Berichten möglich ist. Allerdings setzt die Pflege dieser Bausteine bestimmte Kenntnisse voraus und erfordert eine gewisse Einarbeitungszeit. Auch hier stehen Standardbausteine zur Verfügung, deren Einsatz die Definition individueller Berichte erleichtert.

- **Sets**

Sets werden in vielen Teilkomponenten des R/3 -Systems (Berichtswesen, Planung, Allokation, usw.) verwendet. Bestimmte Werte oder Wertintervalle einer oder mehrerer Datenbankdimensionen werden in einem Setnamen zusammengefasst. Dies ermöglicht, für eine bestimmte Dimension, wie beispielsweise ein Konto, eine Kostenstelle oder einen Geschäftsbereich, aussagekräftige Werte zu erfassen.

- Die Anzahl der Merkmale bestimmt die Komplexität des Datenwürfels.
- Die Anzahl der Merkmalswerte bestimmt die Kantenlänge einer Dimension

Abbildung 253: Zusammenfassung von Wertintervallen in Sets

Merkmale: Kostenstelle
Konto

Spalten: Hauswährung
Konzernwährung

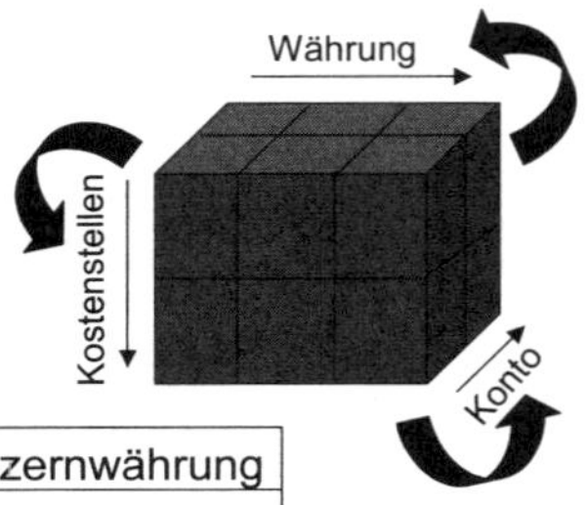

	Hauswährung	Konzernwährung
Kostenstelle 1000		
Konto 001	xxxxxxxx	xxxxxxxx
Konto 002	xxxxxxxx	xxxxxxxx
Kostenstelle 2000		
Konto 001	xxxxxxxx	xxxxxxxx
Konto 002	xxxxxxxx	xxxxxxxx

In Anlehnung an SAP AG

Unterscheidbar sind die folgenden Settypen:

- Basic-Sets
  Beinhalten Werte und Wertintervalle einer Dimension.
- Daten-Sets
  Beinhalten Basiskennzahlen und Merkmale für Währungen und Mengen.
- Single-Dimension-Sets
  Kombination von Basic-Sets und/oder Single-Dimension-Sets mit derselben Dimension. Single-Dimension-Sets dürfen auch Werte beinhalten.
- Multi-Dimension-Sets
  Kombination von Basic-Sets, Daten-Sets und Single- Dimension-Sets mit unterschiedlichen Dimensionen. Allerdings können Multi-Dimension-Sets nicht miteinander verbunden werden.

Unabhängig vom jeweiligen Typen weisen Setstrukturen einige Gemeinsamkeiten auf. So darf der Setname maximal 24 Zeichen umfassen. Die Informationen zur Datenbanktabelle und zur Dimension, eine kurze Beschreibung und der symbolische Name des Sets werden in den Setkopfinformationen festgelegt. Diese Informationen wirken sich auf alle Werte des Sets, die so genannten Setwerte aus.
Die Arbeit mit Sets ist eine einfache Möglichkeit, das System an geschäftliche Anforderungen anzupassen und bietet dem Anwender einige Vorteile:
Sets brauchen nur einmal definiert zu werden, sind danach beliebig oft verwendbar und stehen nach der einmaligen Pflege auch in anderen Modulen bereit. Beispielsweise ist es möglich, einen Set, der ursprünglich für das Berichtswesen vorgesehen war, auch in der Allokation zu verwenden. Bei der Erweiterung eines Sets um einen neuen Wert werden alle Stellen, die dieses Set ebenfalls in Anspruch nehmen, automatisch aktualisiert. Ein Bericht ist somit nicht zu ändern, sondern lediglich neu aus zu führen. Verwendete Werte können außerdem in Gruppen und Hierarchien zusammengefasst und tabellenübergreifend verwendet werden.

- **Variablen**

Variablen stehen für Daten, wie beispielsweise Geschäftsjahr oder Buchungskreis, deren Werte erst bei der Ausführung eines Berichtes festgelegt werden. Die Gültigkeit des Wertes

einer solchen Variablen ist dabei immer auf den aktuellen Bericht beschränkt. Wird dieser erneut ausgeführt, kann die Variable mit einem neuen Wert gefüttert werden.
Bei der Definition einer Variablen kann zwischen den folgenden Typen unterschieden werden:

- Wertvariable direkt pflegen und nur in Basic-Sets verwenden,
- Formelvariable mit einer Formel, die den Wert der Variablen bestimmt (nur in Basic-Sets verwendbar),
- Setvariable steht für ein definiertes Set, dass bereits Werte enthält (nur in Multi-Dimension-Sets anwendbar).

- **Kennzahlen**

Kennzahlen bestehen aus einer Kombination von Merkmalen und Basiskennzahlen. Ein Merkmal ist ein nicht-numerisches Feld wie Konto, Kostenstelle oder Geschäftsbereich. In älteren Release-Versionen werden solche Merkmale auch als Feld oder Dimension[52] bezeichnet. Numerische Wertfelder, wie Hauswährung, Gesamtkosten oder Leistungsmenge, definieren das aktuelle Release als Basiskennzahlen. Ältere Release-Versionen verwenden hier noch den Begriff Kennzahl, der in neueren Versionen die Kombination einer Basiskennzahl mit einem oder mehreren Merkmalen ausdrückt. Beispiele für Kennzahlen sind beispielsweise Ist-Kosten eines abgeschlossenen oder Plankosten des aktuellen Geschäftsjahres.

- **Standardlayout**

Jedem definierten Bericht wird ein Standardlayout zugeordnet, über welches die Festlegung des Formates für die Berichtsausgabe erfolgt. Hierzu zählen unter anderem das Seitenformat des Berichtes oder numerische Formate der Berichtsdaten. Zunächst wird den Berichten das Standardlayout SAP zugeordnet, dass von der SAP mit dem R/3 -System ausgeliefert wird. Die Pflege und Zuweisung eigener Layouts ist ebenfalls möglich.

- **Bibliothek**

Eine Bibliothek ist eine ausgewählte Sammlung von Merkmalen, Kennzahlen und Basiskennzahlen aus den Einträgen der Report Writer Tabelle. Eine Veränderung oder Erweiterung dieser Tabelle um weitere Merkmale, Kennzahlen und Basiskennzahlen ist nicht möglich. Alle Berichte müssen einer Bibliothek zugeordnet sein und können nur die dort gepflegten Kennzahlen beinhalten. Bei der Pflege einer Bibliothek kann eine bereits vorhandene Bibliothek als Vorlage dienen und kopiert werden. Alternativ kann auch eine Bibliothek mit ausgesuchten Merkmalen, Kennzahlen und Basiskennzahlen aus der Report Writer Tabelle definiert werden. Die zusätzliche Angabe einer Benutzergruppe ermöglicht es, andere Benutzer von den Berichten einer Bibliothek auszuschließen.

- **Berichtsgruppe**

Eine Berichtsgruppe ist eine Sammlung von Berichten mit ähnlichen Datenbankselektionen zur Vermeidung von Mehrfachselektionen. Zur Verkürzung der Verarbeitungszeit sollten Berichte, die einen ähnlichen Datenbestand auswerten, in einer Berichtsgruppe zusammengefasst werden. Somit sind relevante Daten nur einmal zu lesen und auf die einzelnen Berichte zu verteilen. Die Ausführung eines Berichtes erfolgt erst, nachdem dessen Zuordnung in eine Berichtsgruppe erfolgte. Es besteht die Möglichkeit mehrere, Berichte einer Berichtsgruppe zuzuordnen und zwischen den einzelnen Berichten hin- und herzuwechseln.

---

[52] Vgl. Abbildung 253: Zusammenfassung von Wertintervallen in Sets.

Abbildung 254: Berichtsgruppe

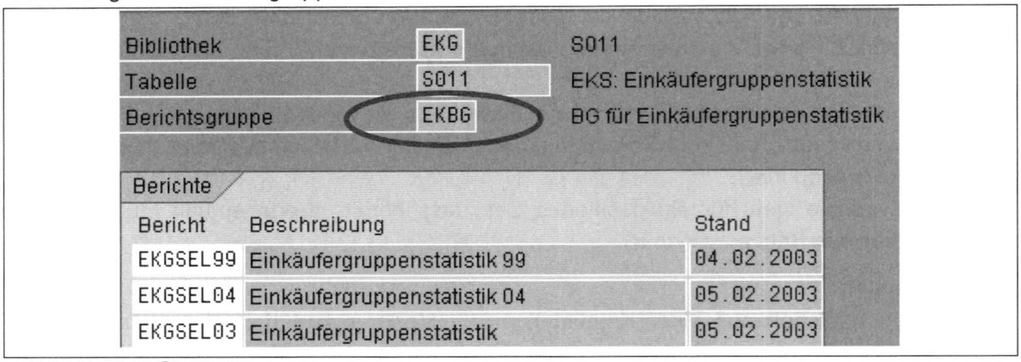

Bildschirmbild ©SAP AG

Die Berichtsgruppe zur Einkäufergruppenstatistik beinhaltet Auswertungen zum Werk 1100 - Einkaufsorganisation 1000. Lediglich die Selektion der Einkäufergruppe wird durch die Angabe entsprechender Sets im Rahmen der Berichtsdefinition differenziert.
Nachdem eine Berichtsgruppe gepflegt oder ein Bericht beziehungsweise ein im Bericht verwendetes Set geändert wurde, ist die Berichtsgruppe erneut zu generieren. Bei diesem Vorgang werden alle Berichte der Berichtsgruppe auf Fehler und Warnmeldungen geprüft und gesicherte Daten zur Berichtsgruppe gelöscht. Die Möglichkeit, einzelne Berichte, vor der Zuordnung zu einer Berichtsgruppe, auf Fehler zu prüfen, kann Zeiteinsparungen ergeben. Die Anzeige eventueller Warn- und Fehlermeldungen erfolgt in einem Dialogfeld.

10.2 Berichtserstellung

Für typische Informationsbedarfe stehen in R/3 Standardberichte zur Verfügung, die den allgemeinen Berichtsanforderungen genügen. Für umfangreichere Auswertungen bietet R/3, mit dem Report Painter und dem Report Writer, zwei Werkzeugen zur Berichtserstellung, die Möglichkeit eigenständige Berichte zu definieren.

10.2.1 Standardberichte

Zur Analyse und Auswertung betriebswirtschaftlicher Vorgänge bietet R/3 als Vorlage eine Anzahl von Standardberichten. Diese stehen vorerst im Auslieferungsmandanten 000 zur Verfügung, können aber in den Zielmandanten importiert und dort generiert werden. Für den Import von Standardberichten ist im Einführungsleitfaden (IMG) der jeweiligen Controllingkomponenten die entsprechende Funktion zu aktivieren. Hierbei ist gleichzeitig zu entscheiden, ob nur die Übertragung einzelner oder aller Berichte in den Zielmandanten erfolgen soll. Bevor ein importierter Bericht zu einem ablauffähigen Programm im Informationssystem wird, ist dieser zusätzlich zu generieren. Hierzu erfolgt die Generierung einer entsprechenden Berichtsgruppe im Zielmandanten.
Der generierte Standardbericht sollte nur als Vorlage dienen oder ist vor der Bearbeitung zu kopieren. Anders als bei der Berichtsvorlage, die nur in einer Bibliothek zur Verfügung steht, ist der Einsatz eines kopierten Berichtes auch in anderen Bibliotheken möglich. Jede direkte Veränderung eines Standardberichtes wird von den Kunden in Eigenverantwortung vorgenommen und wird beispielsweise bei Einspielung eines neuen Release unwirksam.

Abbildung 255: Standardbericht

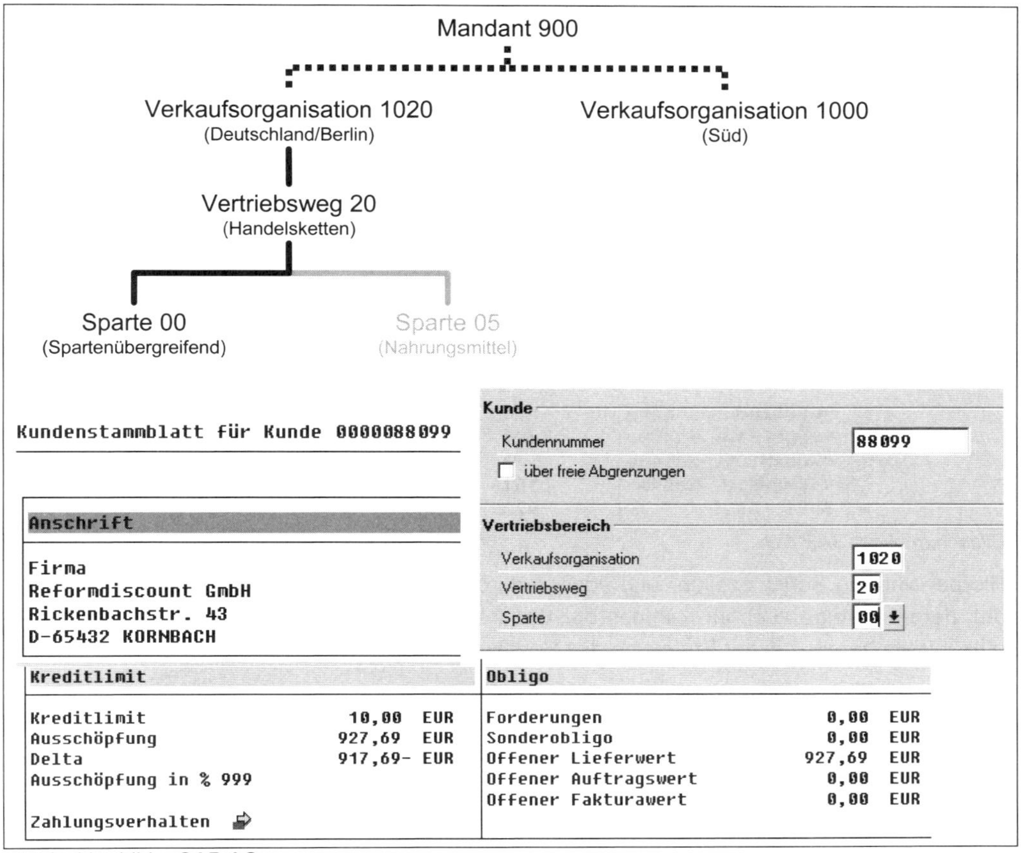

Bildschirmbilder SAP AG

Unter anderem können mit Standardberichten folgende Berichte erstellt werden:

- Bilanz,
- Gewinn- und Verlustrechnung,
- Wertentwicklungen,
- Anlagengitter.

Alle ausgelieferten Standardberichte funktionieren nach dem Gemeinkostenprinzip und wurden mit der Recherche[53] oder dem Report Painter erstellt.

10.2.2 Report Painter

Vorgefertigte Standardberichte der verschiedenen R/3 -Anwendungskomponenten erfüllen nicht immer die speziellen Anforderungen einzelner Unternehmen. Mit dem Report Painter ist es möglich, eigene Berichte zu erstellen, die den individuellen Informationsbedarfen des Berichtswesens genügen.

[53] Vgl. Kap. 9: Informationssysteme

Abbildung 256: Report Painter Bericht

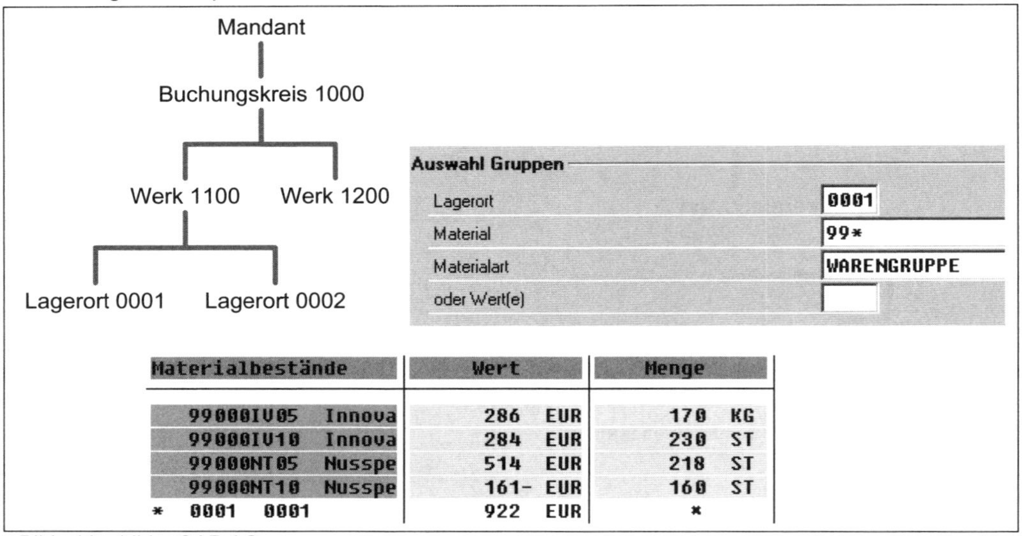

Bildschirmbilder SAP AG

Hierbei sind die Berichtszeilen- und spalten durch dieselbe graphische Oberfläche abgebildet, deren Anzeige auch im Rahmen der Berichtsausgabe erfolgt. Dies unterstützt die Layoutkontrolle bereits bei der Erstellung des Berichtes.

Abbildung 257: Layoutkontrolle mit dem Report Painter

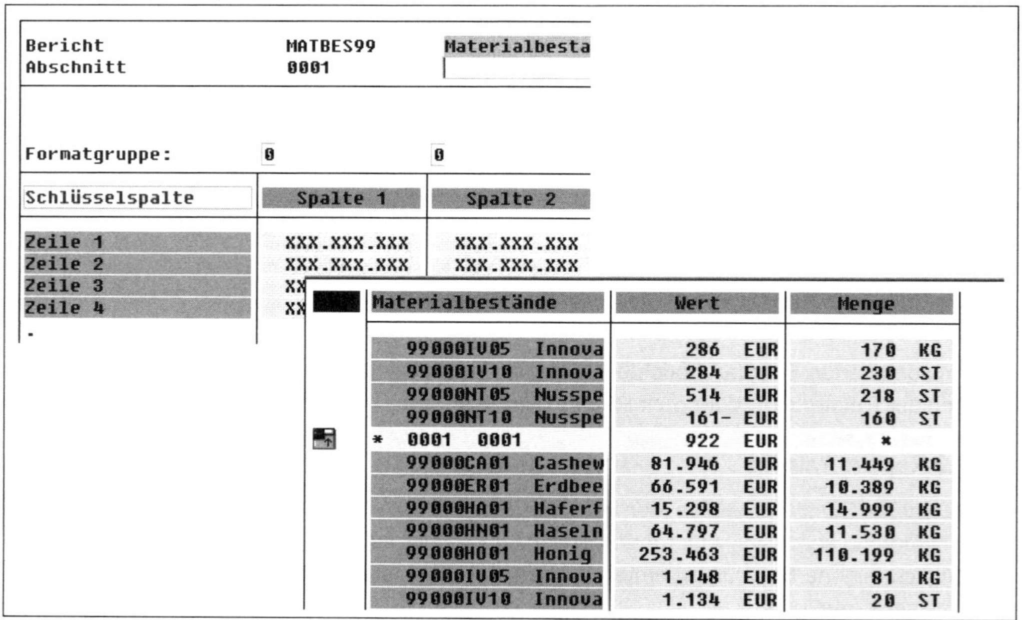

Bildschirmbilder ©SAP AG

Der Report Painter basiert technisch auf dem Report Writer und beinhaltet viele Funktionen, die dieser zur Verfügung stellt. Allerdings erfordert die Bedienung des Report Painters keine Kenntnisse der Report Writer Konzepte (bspw. Sets). Es besteht die Möglichkeit, vorgefertig-

te Standardelemente (Bibliotheken, Zeilen-, Spaltenvorlagen und das Standardlayout) der SAP bei der Erstellung eines Berichtes zu verwenden. Aber auch die Eingabe von Sets beziehungsweise Merkmalswerte kann direkt erfolgen. Anschließend wird der Bericht auf Fehler- und Warnhinweise geprüft und einer Berichtsgruppe zugeordnet.
Bevor der Bericht endgültig ausgeführt wird, besteht die Möglichkeit den Datenbereich weiter einzuschränken. Bei der Ausführung eines Report Painter Berichtes erfolgt die automatische Überführung in das Format des Report Writers. Berichte, die mit dem Report Painter erstellt wurden, können in das Report Writer Format überführt und mit allen Funktionen des Report Writers bearbeitet werden.

10.2.3 Report Writer

Neben dem Report Painter ist der Report Writer ein weiteres Werkzeug für die Erstellung eigener Berichte. Der Report Writer beinhaltet ähnliche Funktionen wie der Report Painter, ist aber insgesamt komplexer und setzt gewisse Kenntnisse voraus. Im Ganzen sind die Berichte des Report Writers komplexer und können nicht nur die speziellen (Report Painter), sondern die ganz speziellen Anforderungen des Berichtswesens berücksichtigen. Die Definition eines Berichtes erfordert auch hier die Festlegung relevanter Anforderungen. Ein Blick auf die Organisationsebenen kann hierbei hilfreich sein.

Abbildung 258: Report Writer Bericht

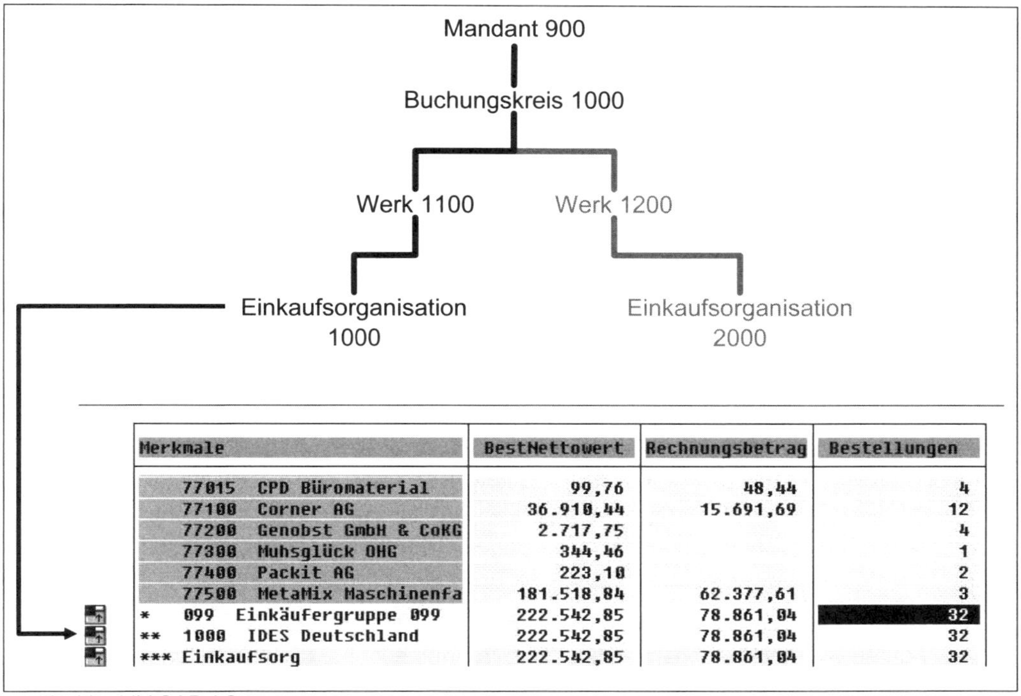

Merkmale	BestNettowert	Rechnungsbetrag	Bestellungen
77015 CPD Büromaterial	99,76	48,44	4
77100 Corner AG	36.910,44	15.691,69	12
77200 Genobst GmbH & CoKG	2.717,75		4
77300 Muhsglück OHG	344,46		1
77400 Packit AG	223,10		2
77500 MetaMix Maschinenfa	181.518,84	62.377,61	3
* 099 Einkäufergruppe 099	222.542,85	78.861,04	32
** 1000 IDES Deutschland	222.542,85	78.861,04	32
*** Einkaufsorg	222.542,85	78.861,04	32

Bildschirmbild SAP AG

Das Konzept dieses Werkzeugs basiert auf Berichtsbausteinen, deren Einsatz in jedem Bericht möglich ist. In Zeilen, Spalten und allgemeinen Selektionen sind Sets vielfach verwendbar. Durch den Gebrauch von Variablen finden unterschiedliche Optionen für Merkmals- und Gruppenwerte bei der Berichtsdefinition Berücksichtigung. Außerdem ist es möglich, die

Rangfolge verwendeter Merkmale zu variieren. Insgesamt erlaubt der Report Writer eigene Berichte flexibel zu gestalten und eignet sich für das multidimensionale Berichtswesen.
Auch bei Anwendung des Report Writers stehen Standardelemente (Bibliotheken, Zeilen- und Spaltenvorlagen und Standardlayouts) zur Verfügung, die von der SAP mit dem R/3 - System ausgeliefert werden.
Der fertig gestellte Bericht wird auf Fehler- und Warnmeldungen geprüft, die zu Fehlern bei der Berichtsausgabe führen könnten. Anschließend wird der Bericht einer Berichtsgruppe zugeordnet, bevor die, für den Ablauf des Berichtes notwendigen Programme generiert werden.
Vor der selbständigen Definition eigener Berichte, ist die Wahl zwischen dem Report Painter und Report Writer zu treffen. Im Vergleich zum Report Painter erfordert der Report Writer umfangreichere Funktionalitäten, mit deren Hilfe komplexere Auswertungen vornehmbar sind. Allerdings bedarf die Anwendung des Report Writers einer deutlich längeren Einarbeitungszeit. Die Vorteile des Report Painters liegen in der einfachen Handhabung und der graphischen Oberfläche, die bei der Berichtspflege angezeigt wird und eine direkte Layoutkontrolle erlaubt.

Abbildung 259: Report Painter und Report Writer im Vergleich

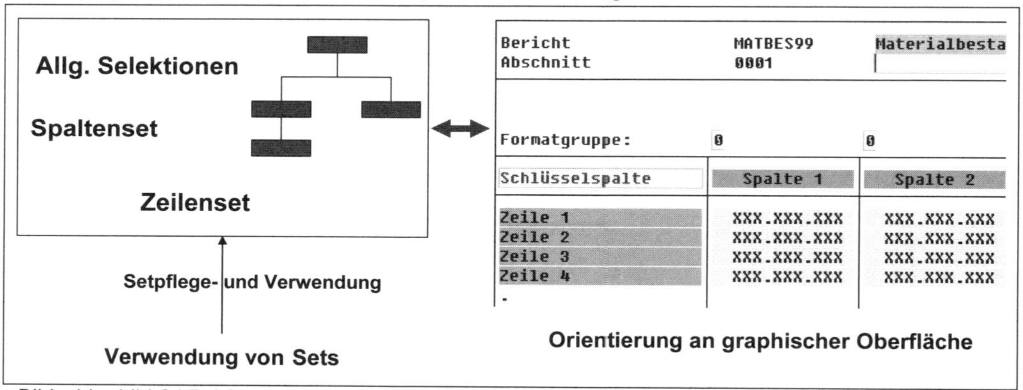

Bildschirmbild SAP AG

10.3 Fallstudie Berichtswesen

Mit den Aufgaben zum Berichtswesen wird geprüft, ob die Pflege der Fallstudie erfolgreich durchgeführt wurde. Hierzu werden Standardberichte, aber auch Report Painter und Report Writer Berichte verwendet. Es ist zu beachten, dass für die Auswertungen nur Daten, die zuvor mit der persönlichen Gruppennummer angelegt wurden, zu selektieren sind.

Aufgabe 39

Standardbericht: Kundenstammblatt zum Vertrieb und Aufträge zum Material

a) Führen Sie das Kundenstammblatt zum Vertrieb aus. Für die Auswertung sind nur die Debitoren auszuwählen, die zuvor eigenständig gepflegt wurden. Dieser Bericht wertet Daten zu den jeweiligen Debitoren, Aufträgen und zur Zahlungsabwicklung aus, die anschließend zur Kontrolle bereit stehen.
b) Dieser Standardbericht liefert detaillierte Informationen zu den eigenen Fertigungsaufträgen. Es sind nur die Fertigerzeugnisse mit den eigenen Gruppennummern für den Bericht zu selektieren.

Aufgabe 40

Report Painter Bericht zur Materialbestandsanalyse anlegen und ausführen

a) Legen Sie einen Report Painter Bericht zur Materialbestandsanalyse an. Dieser soll die Bestandsveränderungen der Materialien (Roh- / Verpackungsmaterialien, Leihgut) und Erzeugnisse (Halbfabrikate und Fertigerzeugnisse) je Lagerort analysieren. Durch Zu- und Abgänge einzelner Lagerbestände soll offensichtlich werden, ob erforderliche Bestellungen gebucht, notwendige Fertigungsaufträge angestoßen und die Erzeugnisse im Vertrieb abgesetzt worden.

b) Der angelegte Report Painter Bericht ist nun auszuführen. Hierzu ist der Wertebereich der Materialien so einzuschränken, dass nur die Materialien mit den jeweiligen Gruppennummern in dem Bericht dargestellt werden.

Aufgabe 41

Report Writer Bericht zur Einkäufergruppenstatistik anlegen und ausführen

a) Der Bericht zur Einkäufergruppenstatistik soll belegen, dass die Lieferanten gepflegt und die Bestellungen generiert wurden. Nur die eigene Einkäufergruppe, die im Rahmen der Berichtsdefinition im Zeilenblock berücksichtigt wird, soll in den Bericht aufgenommen werden.

b) Auch der Bericht zur Einkäufergruppenstatistik ist auszuführen. Hier sind keine weiteren Selektionen zur Einkäufergruppenstatistik vorzunehmen.

Für die Bearbeitung, der abschließenden Aufgaben zur Fallstudie, stehen die folgenden Pflegeanleitungen zur Verfügung:

- Vertrieb: Kundenstammblatt,
- Produktion: Aufträge zum Material,
- Report Painter Bericht zur Materialbestandsanalyse anlegen,
- Report Painter Bericht zur Materialbestandsanalyse ausführen,
- Report Writer Bericht zur Einkäufergruppe anlegen,
- Report Writer Bericht zur Einkäufergruppe ausführen.

Vertrieb: Kundenstammblatt

FENSTER	**MENUEPFAD/EINGABE**
	INFOSYSTEME ⇨ ALLGEMEINE BERICHTSAUSWAHL⇨ VERTIEB STAMMDATEN ⇨ GESCHÄFTSPARTNER ⇨ KUNDENSTAMMBLATT
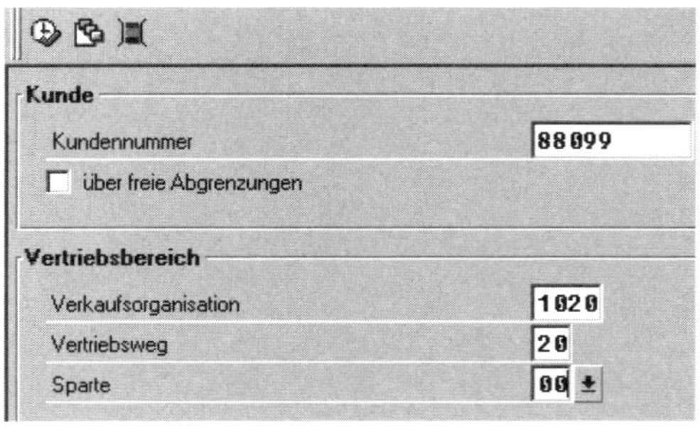	**Kundenstammblatt: Einstieg** Kundennummer: *88xxx bis: 88xxx* Verkaufsorganisation: *1020* Vertriebsweg: *20* Sparte: *00* ausführen

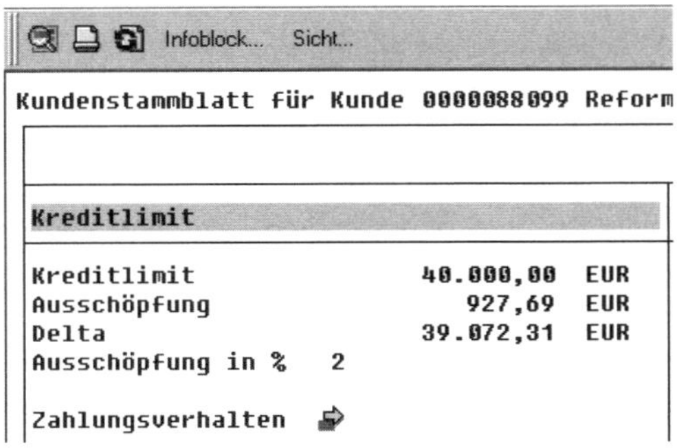	**Kundenstammblatt: anzeigen** Die Kundenstammdaten der Debitoren werden ausgegeben. ▸ Informationen, beispielsweise zur Ausschöpfung des Kreditlimits eines Debitors, können durch Scrollen eingesehen werden.
	**Kundenstammblatt drucken** **KUNDENSTAMMBLATT**⇨LISTE⇨AUSGEBEN ⇨DRUCKER Ausgabegerät: *Frontend-zzz* ☑ Sofort ausgeben und Drucken anklicken Bericht wurde gedruckt (Spoolauftragsnummer 0000028843)

Produktion: Aufträge zum Material

FENSTER	MENUEPFAD/EINGABE
	INFOSYSTEME ⇨ LOGISTIK ⇨ PRODUKTION ⇨ MATERIAL ⇨ FERTIGUNGSAUFTRAG ⇨ ZUM MATERIAL
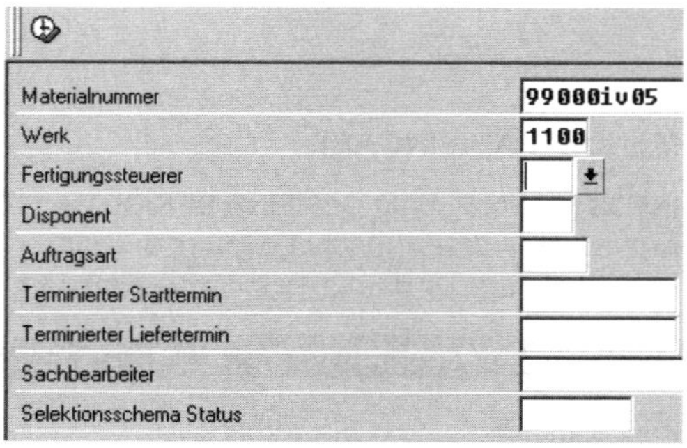	**Aufträge zum Material: Einstieg** Materialnummer: xx001iv05, bis: xx001nt10 Werk: *1100* ausführen

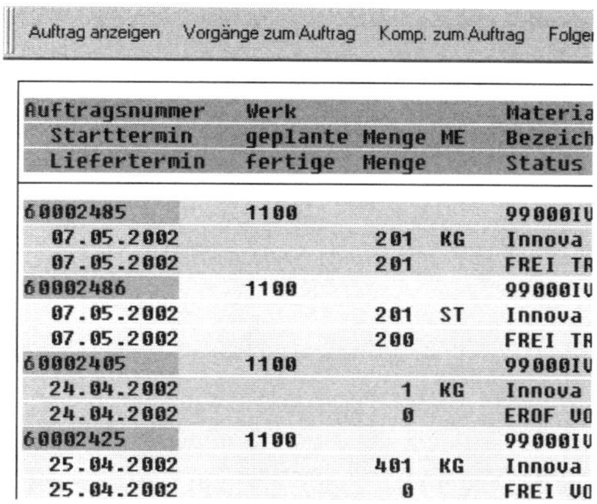

Aufträge zum Material: anzeigen

Zu den einzelnen Auftragsnummern werden detaillierte Informationen angezeigt.

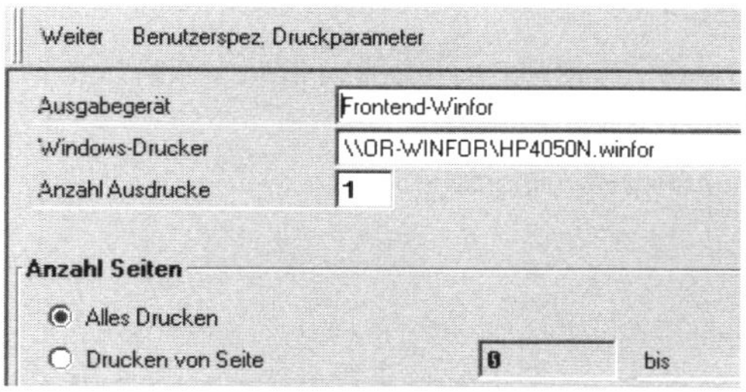

Aufträge zum Material: drucken

LISTE ⇨ DRUCKEN
Ausgabegerät: *Frontend-zzz*

☑ Sofort ausgeben und Drucken anklicken

Bericht wurde gedruckt (Spoolauftragsnummer 0000028843)

Report Painter Bericht zur Materialbestandsanalyse anlegen

FENSTER	MENUEPFAD/EINGABE
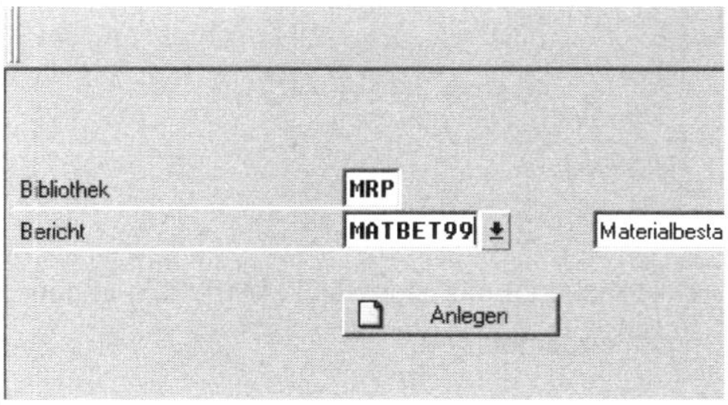	**INFOSYSTEME** ⇨ AD-HOC-BERICHTE ⇨ REPORT PAINTER ⇨ BERICHT ⇨ ANLEGEN

Bericht anlegen: Einstieg

Bibliothek: *MRP*

▸ Dem Bericht wird die Bibliothek MRP zugeordnet. Diese enthält Merkmale, Basiskennzahlen und Kennzahlen zur Materialbestandsanalyse.

Bericht: *MATBETxx*

▸ (xx = Gruppennummer)

Anlegen weiter

Bericht anlegen: graphische Berichtsstruktur

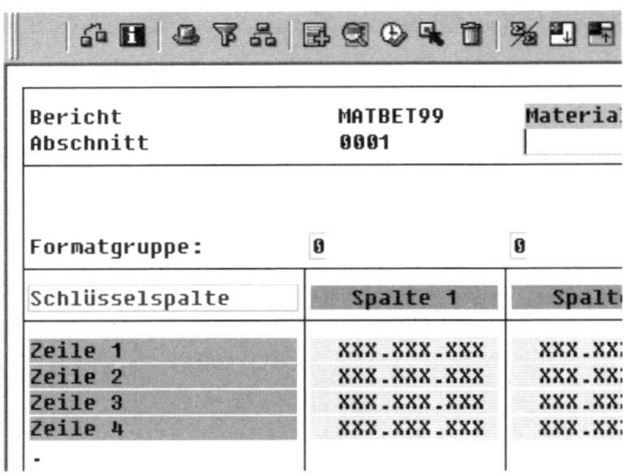

- Bei der Berichtsdefinition wird dieselbe graphische Oberfläche verwendet, die auch bei Ausgabe der Berichte angezeigt wird.

Bericht anlegen: Schlüsselspalte

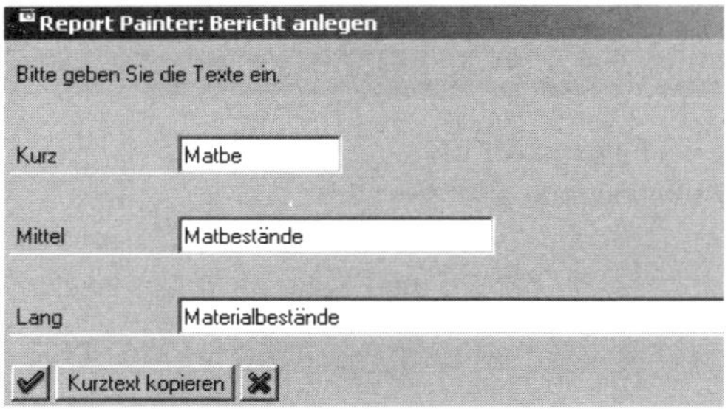

Schlüsselspalte doppelt anklicken

Texte für die Schlüsselspalte (Kurz, Mittel und Lang) umbenennen.

Lang: *Materialbestände*

✔

Bericht anlegen: allgemeine Selektoren

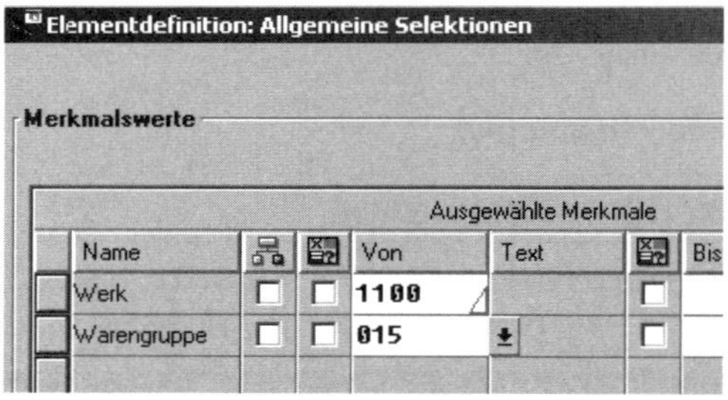

Bearbeiten ⇨ allgemeine Selektoren

Verfügbare Merkmale: *Werk und Warengruppe*

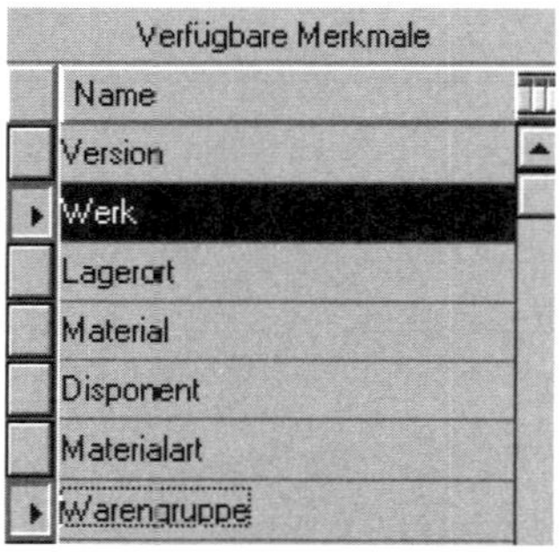

◀ anklicken, um ausgewählte Merkmale in den Bericht aufzunehmen.

Merkmalswerte:

Werk: *1100*

Warengruppe: *015*

Erst ✔ Prüfen, dann Bestätigen.

In der Statuszeile erscheint die folgende Meldung:

Die allg. Selektionen wurden erfolgreich hinzugefügt bzw. geändert

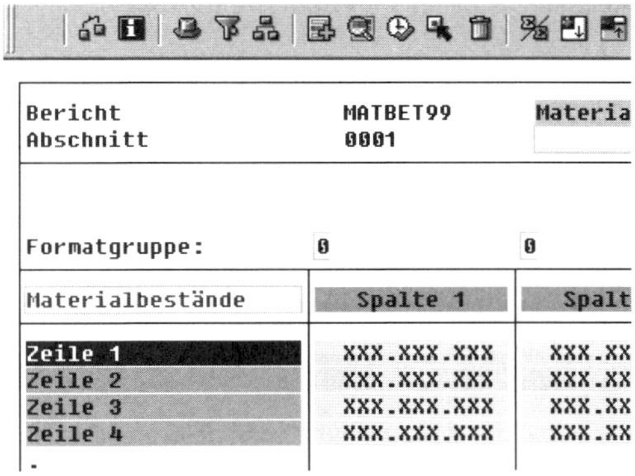

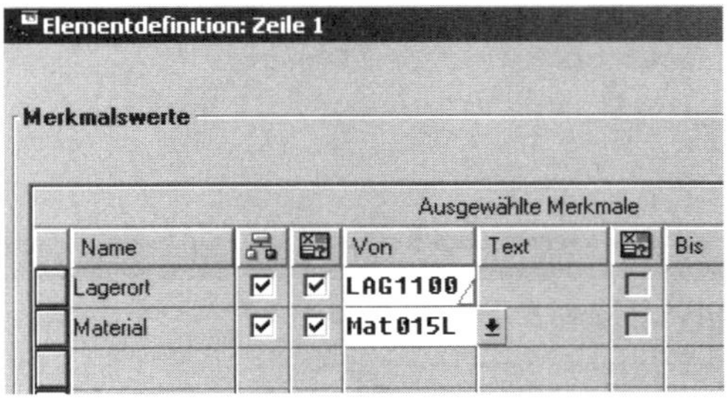

Bericht anlegen: Zeilen und Spalten definieren

Bei der Definition einzelner Berichtszeilen- und spalten wird der Cursor auf die jeweilige Position gesetzt.

 anklicken

Elementdefinition: Zeile 1

Verfügbare Merkmale: *Lagerort und Material*

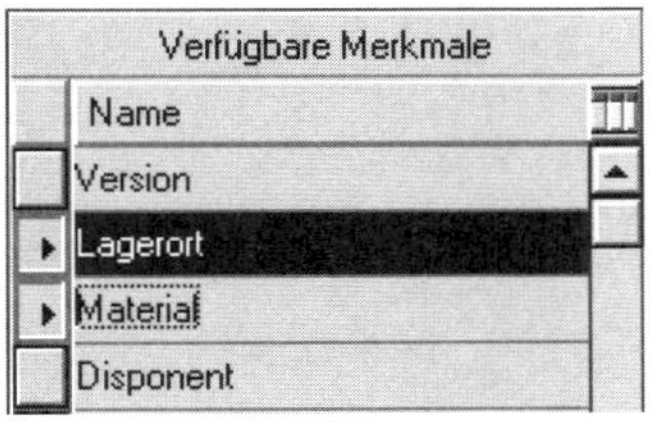

 anklicken

Merkmalswerte:

Lagerort: *LAG1100*

Material: *MAT015L*

- Der Wert des Von-Feldes wird als Set aufgefasst.
- Der Setname ist eine flexible Struktur zur Abbildung von Hierarchien und Mengen. In einem Set können bestimmte Werte oder Wertintervalle zusammengefasst und mehrere Sets zu einer Hierarchie gruppiert werden. Die Werte in Sets beziehen sich dabei auf eine Dimension innerhalb einer Datenbanktabelle.

- Der Wert des Von-Feldes wird als Name einer Variablen interpretiert.
- Variablen stehen für Daten, die unterschiedliche Werte annehmen können. Die Gültigkeit dieser Werte bezieht sich nur auf den aktuellen Bericht.

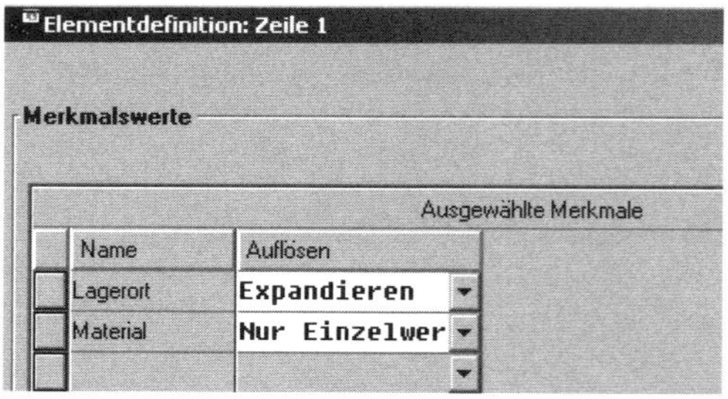

Auflösen: *Expandieren bzw. Nur Einzelwerte*

▸ Einzelne Merkmale können als Einzelwerte, Gesamtsummen oder Einzelwerte mit Summen und Zwischensummen interpretiert werden.

Erst ✔ Prüfen, dann Bestätigen

In der Statuszeile erscheint folgende Meldung:

Element Lagerort wurde erfolgreich hinzugefügt oder geändert

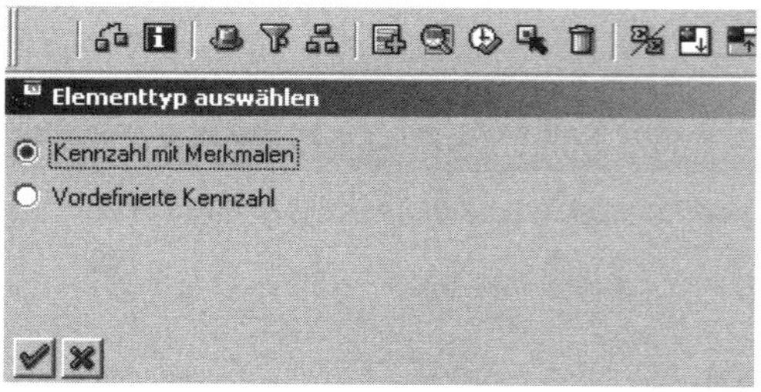

Elementtyp: Spalte 1

Cursor in der ersten Spalte positionieren und [Symbol] anklicken.

Elementtyp: *Kennzahl mit Merkmal*

✔

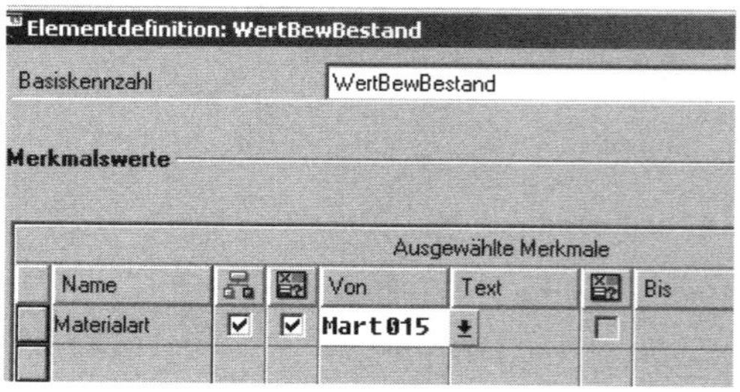

Elementdefinition: Spalte 1

Verfügbare Merkmale: *Materialart*

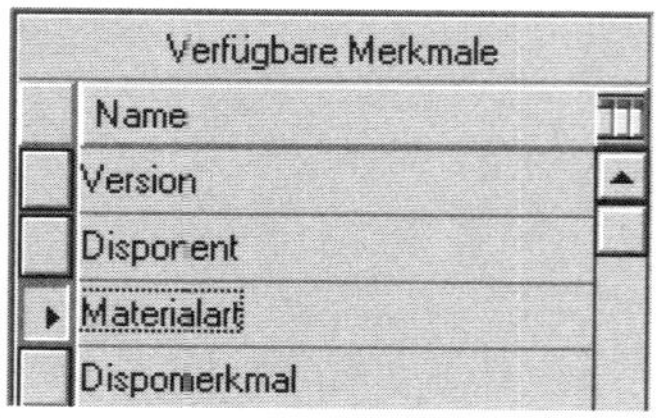

◀ anklicken

Basiskennzahl: *WertBewBestand*

Merkmalswerte:

Name: *Materialart*

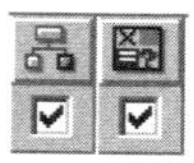

Beide auswählen.

Von: *Mart015*

Erst ✔ Prüfen, dann Bestätigen

Element WertBewBes wurde erfolgreich hinzugefügt oder geändert

Bericht: graphische Oberfläche

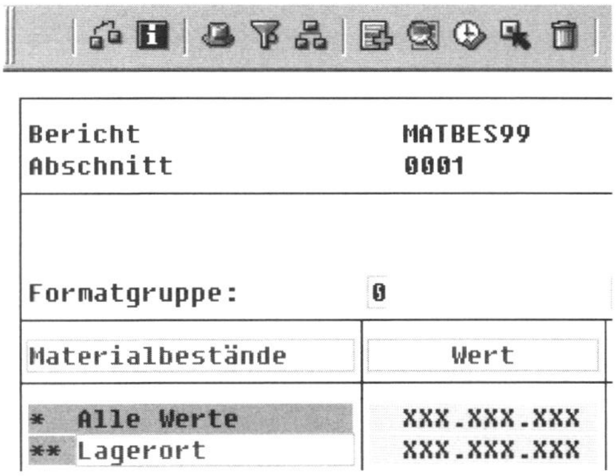

WertBewBes anklicken und die Spalte sinnvoll benennen.

Spaltenname: *Wert*

Cursor in der zweiten Spalte positionieren und anklicken.

Elementtyp: Spalte 2

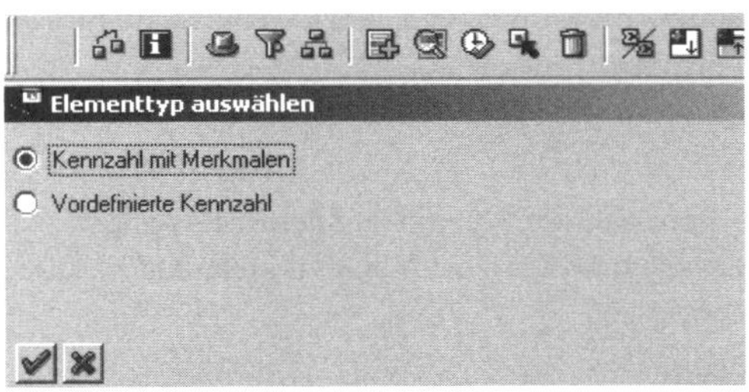

Elementtyp: *Kennzahl mit Merkmal*

Elementdefinition: Spalte 2

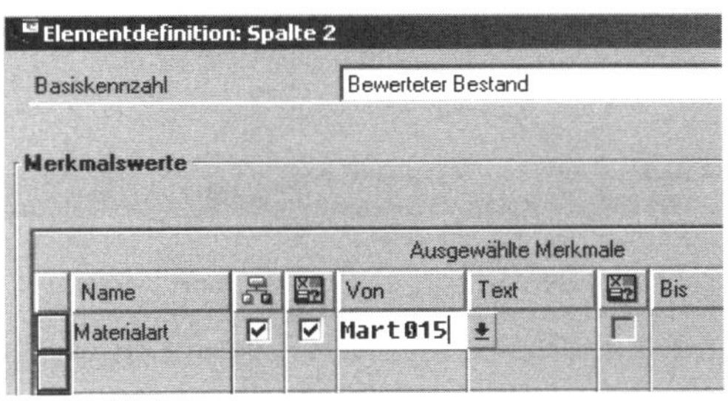

Verfügbare Merkmale: *Materialart*

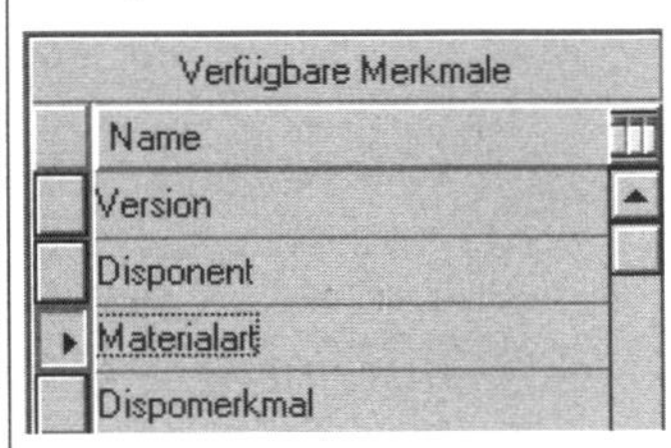

anklicken

Basiskennzahl: *Bewerteter Bestand*

Merkmalswerte:

Materialart: Mart015

beide auswählen

Von: *Mart015*

Erst Prüfen, dann Bestätigen auswählen

Element Bewerteter wurde erfolgreich hinzugefügt oder geändert

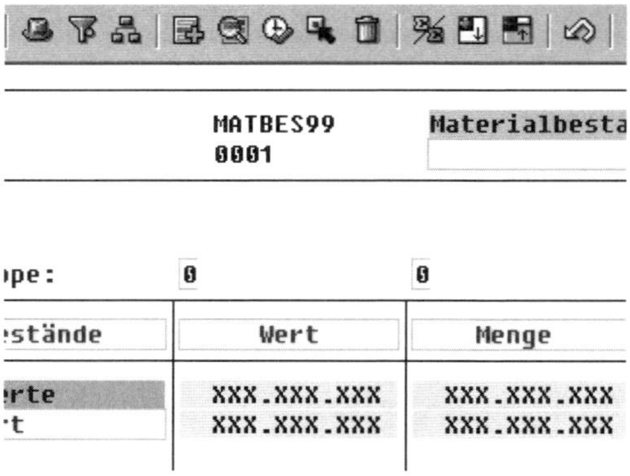

Bericht: graphische Oberfläche

Auch die 2. Spalte wird umbenannt.

Spaltenname: *Menge*

Bericht: Spaltenformat

Format ⇨ Spalten

☑ Einheit einblenden

‣ Formate, wie Währungs- oder Basismengeneinheiten, werden bei Ausführung des Berichtes dargestellt.

weiter

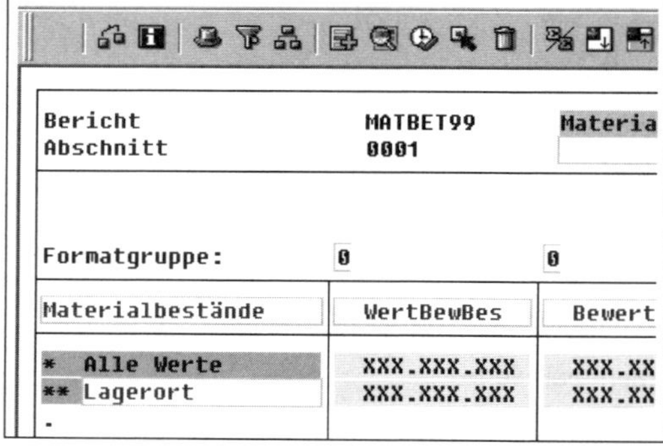

Bericht: prüfen und sichern

Bericht prüfen

Zeilen- und Spalten, die nicht definiert sind, werden bei Prüfung des Berichtes entfernt.

Es wurden keine Fehler festgestellt.

Bericht sichern

Bericht MATBES99 erfolgreich gesichert

Report Painter Bericht zur Materialbestandsanalyse ausführen

FENSTER	MENUEPFAD/EINGABE
	**INFOSYSTEME** ⇨ AD-HOC-BERICHTE ⇨ REPORT PAINTER ⇨ BERICHT ⇨ ANZEIGEN **Bericht anzeigen: Einstieg** Bibliothek: MRP Bericht: MATBETxx ▸ (xx=Gruppennummer) Den entsprechenden Bericht mit Doppelklick übernehmen.
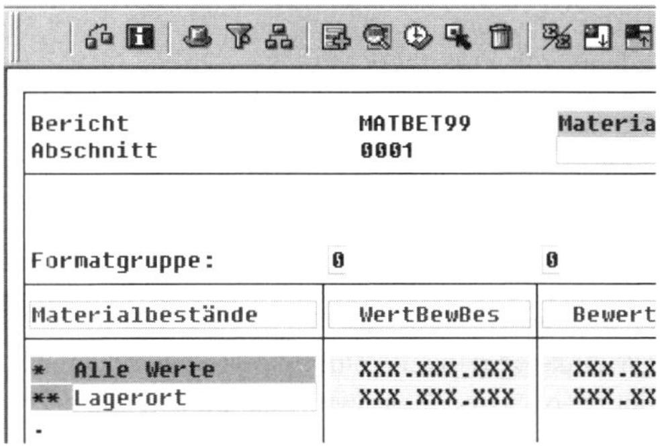	**Bericht anzeigen: graphische Oberfläche** Die graphische Oberfläche des ausgewählten Berichtes wird angezeigt. **Bericht** ⇨ Ausführen oder
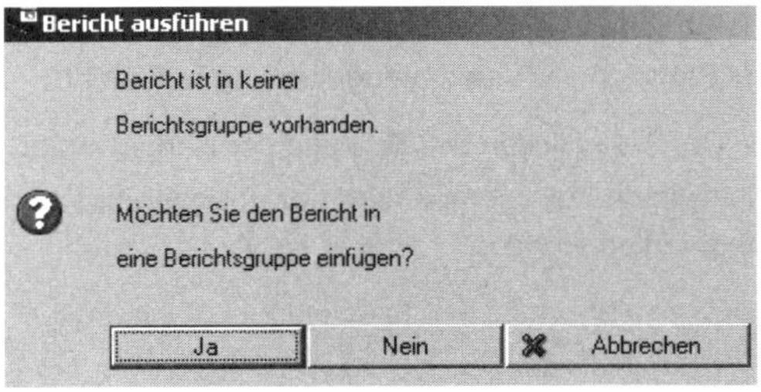	**Bericht ausführen: Berichtsgruppe** [Ja] anklicken, um den Bericht einer Berichtsgruppe zuzuordnen. ▸ Vor der Ausgabe müssen Berichte in eine Berichtsgruppe eingebunden werden. Eine Berichtsgruppe umfasst alle Berichte einer Bibliothek, die ähnliche Daten in unterschiedlicher Form aufbereiten.
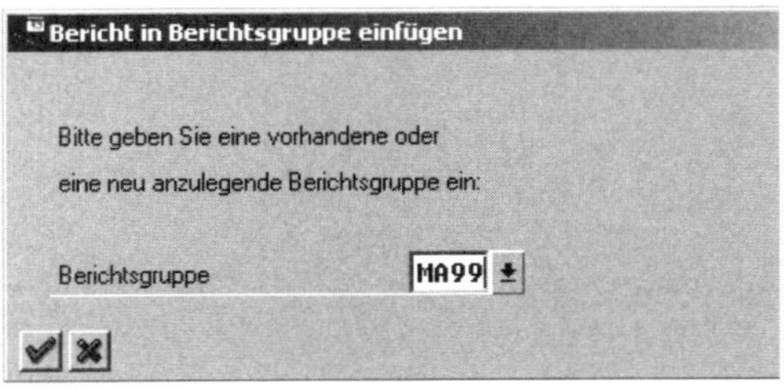	**Berichtsgruppe: einfügen** Berichtsgruppe: *MAxx* ▸ MAxx = Berichtsgruppe zur Materialanalyse der Gruppe xx. ✔ anklicken

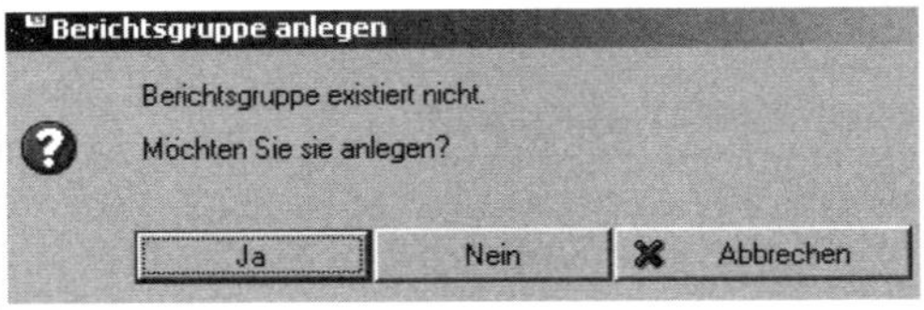

Berichtsgruppe: anlegen

Ja

In der Statuszeile erscheint folgende Meldung:

Berichtsgruppe MA99 wurde generiert

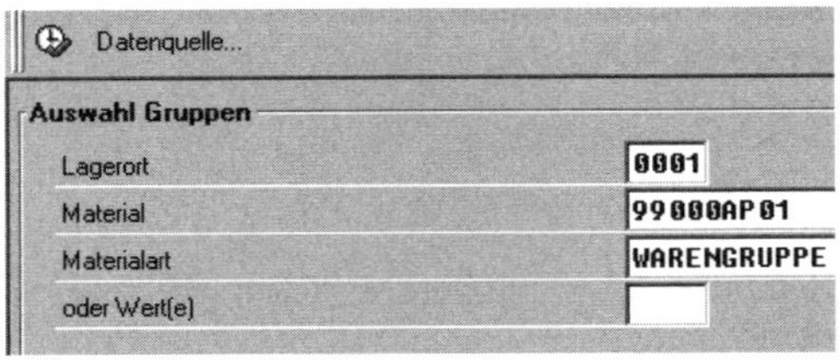

Berichtsgruppe ausführen: Einstieg

Lagerort: *0001*, bis:*0901*

Material: *xx001yy01*

(xx = Gruppennummer; yy = Materialkürzel)

▸ Der Wertebereich der Materialien wird so eingeschränkt, dass nur die Materialien der jeweiligen Gruppe in den Bericht aufgenommen werden.

Materialart: *Warengruppe*

anklicken, um den Bericht auszuführen.

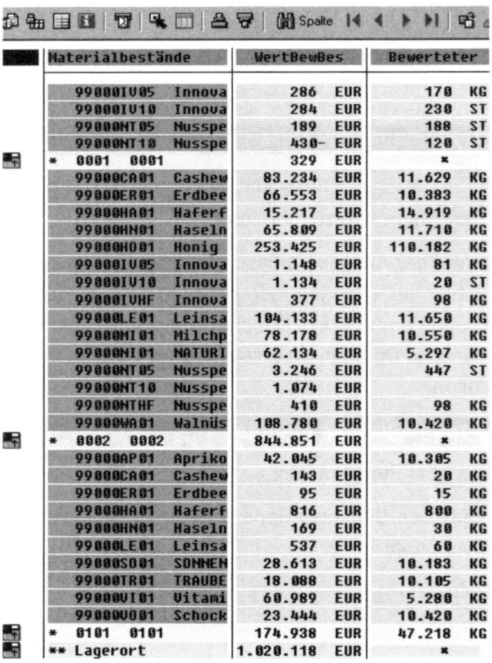

Materialbestände		WertBewBes		Bewerteter	
99000IV05	Innova	286	EUR	170	KG
99000IV10	Innova	284	EUR	230	ST
99000NT05	Nusspe	189	EUR	188	ST
99000NT10	Nusspe	430-	EUR	120	ST
* 0001	0001	329	EUR	*	
99000CA01	Cashew	83.234	EUR	11.629	KG
99000ER01	Erdbee	66.553	EUR	10.383	KG
99000HA01	Haferf	15.217	EUR	14.919	KG
99000HN01	Haseln	65.809	EUR	11.710	KG
99000HO01	Honig	253.425	EUR	110.182	KG
99000IV05	Innova	1.148	EUR	81	KG
99000IV10	Innova	1.134	EUR	20	ST
99000IVHF	Innova	377	EUR	98	KG
99000LE01	Leinsa	104.133	EUR	11.650	KG
99000MI01	Milchp	78.178	EUR	10.550	KG
99000NI01	NATURI	62.134	EUR	5.297	KG
99000NT05	Nusspe	3.246	EUR	447	ST
99000NT10	Nusspe	1.074	EUR		
99000NTHF	Nusspe	410	EUR	98	KG
99000WA01	Walnüs	108.780	EUR	10.420	KG
* 0002	0002	844.851	EUR	*	
99000AP01	Apriko	42.045	EUR	10.305	KG
99000CA01	Cashew	143	EUR	20	KG
99000ER01	Erdbee	95	EUR	15	KG
99000HA01	Haferf	816	EUR	800	KG
99000HN01	Haseln	169	EUR	30	KG
99000LE01	Leinsa	537	EUR	60	KG
99000SO01	SONNEN	28.613	EUR	10.183	KG
99000TR01	TRAUBE	18.088	EUR	10.105	KG
99000VI01	Vitami	60.989	EUR	5.280	KG
99000VO01	Schock	23.444	EUR	10.420	KG
* 0101	0101	174.938	EUR	47.218	KG
** Lagerort		1.020.118	EUR	*	

Bericht anzeigen: Materialbestandsanalyse

Die Anzeige des ausgeführten Berichts erfolgt mit der graphischen Oberfläche, die bereits aus der Pflege des Report Painter Berichtes bekannt ist.

▸ Für jeden Lagerort werden die vorhandenen Materialien wert- und mengenmäßig aufgeführt.

▸ Durch Anklicken des kann der Bericht in der jeweiligen Zeile komprimiert beziehungsweise expandiert werden.

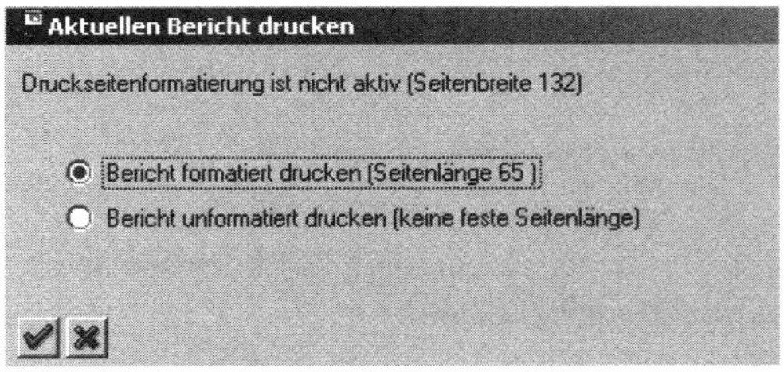

Bericht: Druckformat

Bericht ⇨ Drucken

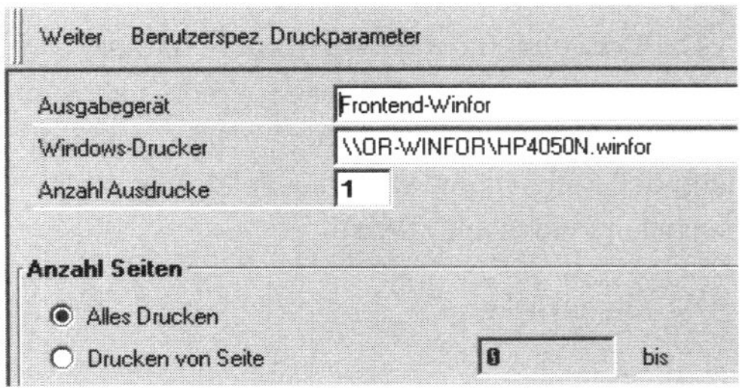

Bericht drucken: Druckparameter

Ausgabegerät: *Frontend-zzz*

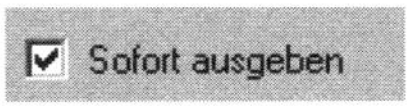 und  anklicken

In der Statuszeile wird die folgende Meldung angezeigt:

Report Writer Bericht zur Einkäufergruppe anlegen

FENSTER	MENUEPFAD/EINGABE
	INFOSYSTEME ⇨ AD-HOC-BERICHTE ⇨ REPORT PAINTER ⇨ REPORT WRITER ⇨ BERICHT ⇨ ANLEGEN

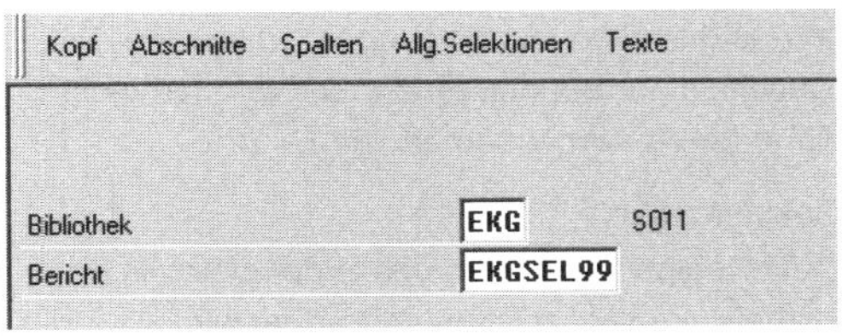

Bericht anlegen: Einstieg

Bibliothek: *EKG* (Einkäufergruppe)

▸ Dem Bericht wird die Bibliothek EKG zugeordnet. Diese enthält eine Sammlung von Merkmalen, Basiskennzahlen und Kennzahlen, die im Bericht zur Einkäufergruppenstatistik verwendet werden können.

Bericht: *EKGSELxx*

▸ (xx = Gruppennummer)

 weiter

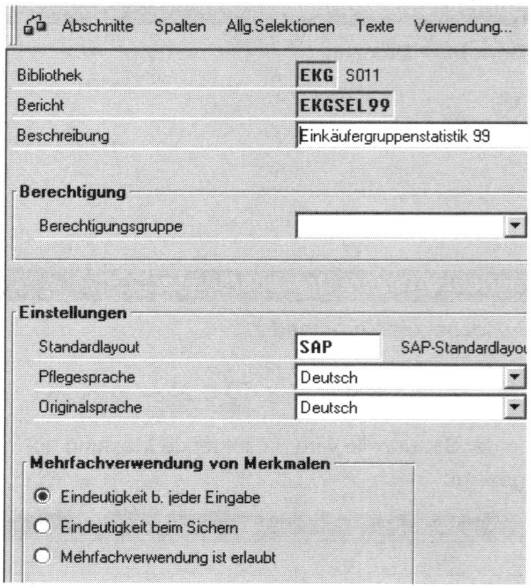

Bericht anlegen: Kopf

Beschreibung: *Einkäufergruppenstatistik xx*

Standardlayout: *SAP*

▸ Das Standardlayout definiert das Seitenformat und das numerische Format für Berichtsdaten zur Ausgabe von Berichten.

◉ Eindeutigkeit b. jeder Eingabe

▸ Die Verwendung von Merkmalen innerhalb eines Berichts ist sowohl in Zeilen, Spalten als auch in den allgemeinen Selektionen möglich. Die Prüfung der Verwendung wird im Kopf der Berichtsdefinition eingestellt werden.

Abschnitte anklicken

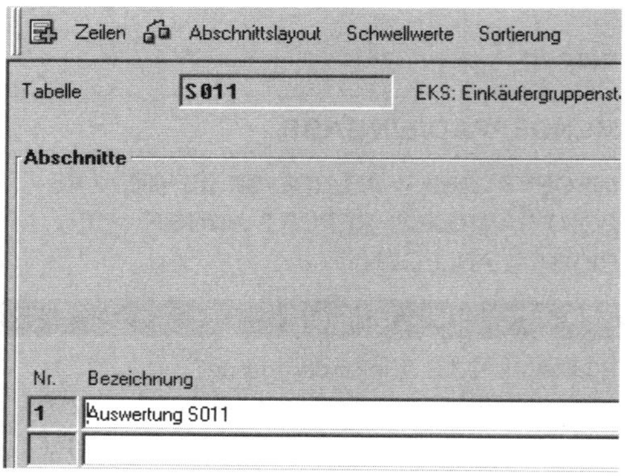

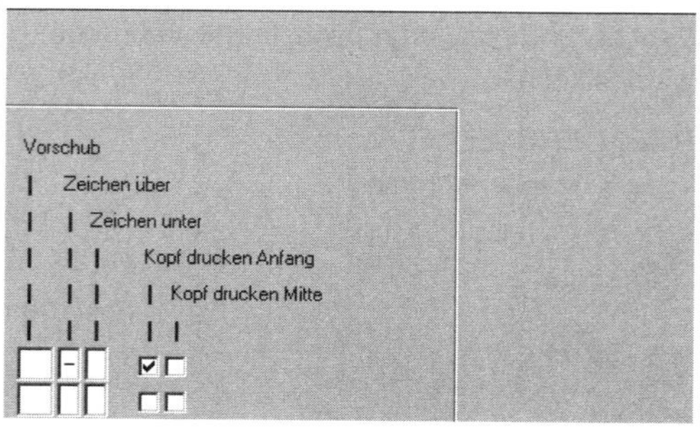

Bericht anlegen: Abschnitte

Tabelle: *S011*

▸ Name der Datenbank-Tabelle, über die der Report Writer berichtet.

Bezeichnung: *Auswertung S011*

▸ Ein Bericht kann aus mehreren Abschnitten bestehen, die aus einer Anzahl von Berichtszeilen- und spalten zusammengesetzt werden. Die Definition der Berichtszeilen- und Spalten muss für jeden Abschnitt neu erfolgen.

Zeichen über: -

▸ Beliebigen Zeichens, das in der Liste als Hervorhebungskennzeichen verwendet wird.

Kopf drucken Anfang: ✓

▸ Am Anfang einer neuen Druckseite soll die Spaltenüberschrift mitgedruckt werden.

Den Cursor auf den Abschnitt setzen, für den Berichtszeilen definiert werden sollen und

Zeilen anklicken

Bericht anlegen: Zeilenblock

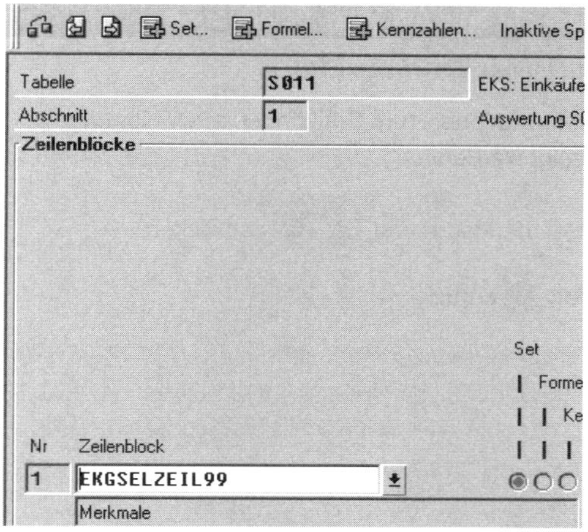

Zeilenblock: *EKGSELZEILxx*

(xx = Gruppennummer)

▸ Der Zeilenblock wird durch ein Set näher definiert.

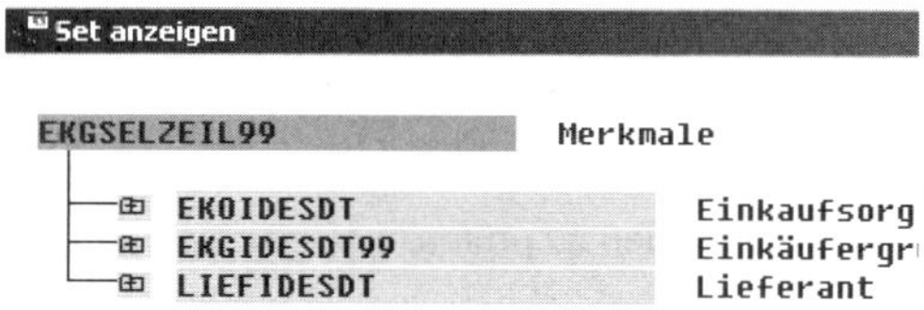

Detaillierte Informationen zu dem Set können angezeigt werden. Hierzu wird der Cursor auf den entsprechenden Zeilenblock gesetzt.

Set anklicken

Mit zurück zur Anwendung

SPRINGEN ⇨ Spalten

Bericht anlegen: Spaltenblock

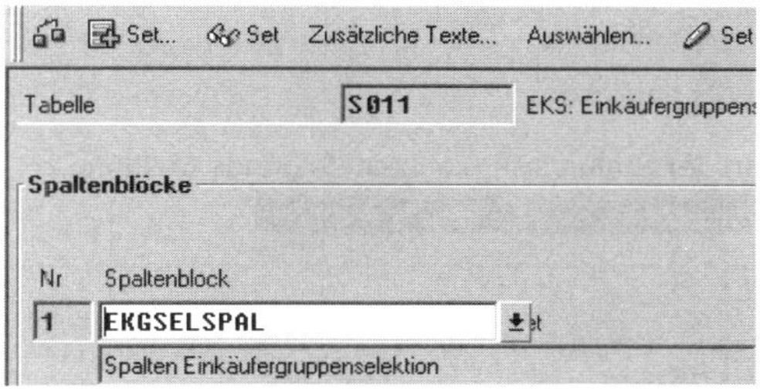

Spaltenblock: *EKGSELSPAL*

Auch hier können detaillierte Informationen zu dem Set angezeigt werden.

Set markieren und Set anklicken

Mit wird die Anzeige des Sets verlassen.

SPRINGEN ⇨ Allg. Selektionen

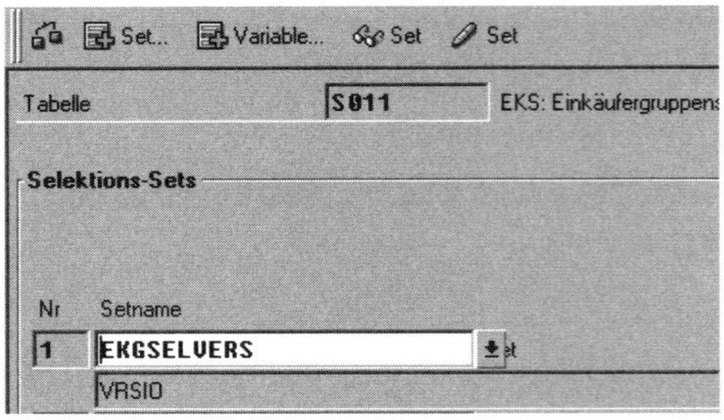

Bericht anlegen: Allg. Selektionen

Setname: *EKGSELVERS*

Informationen zum Set können auch hier angezeigt werden.

Set markieren und [Set] anklicken

Mit [X] zurück

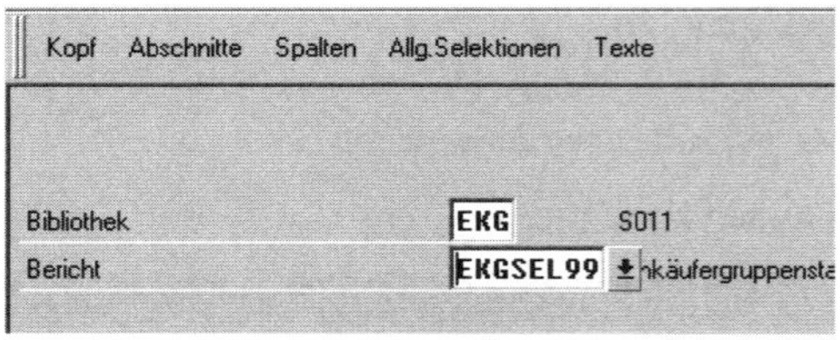

Bericht anlegen: Bericht prüfen und sichern

anklicken, um den Bericht auf Fehler- und Warnmeldungen zu prüfen.

Bericht EKSEL99 enthält keine Fehler

anklicken

In der Statuszeile erscheint folgende Meldung:

Bericht EKG EKSEL99 wurde gesichert

Report Writer Bericht zur Einkäufergruppe ausführen

FENSTER	MENUEPFAD/EINGABE
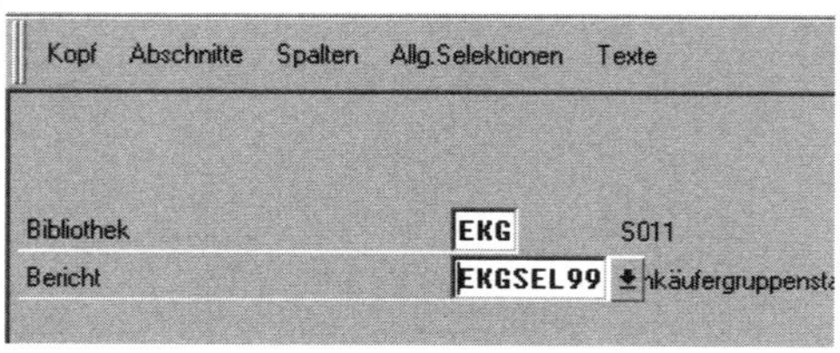	**INFOSYSTEME** ⇨ AD-HOC-BERICHTE ⇨ REPORT PAINTER ⇨ REPORT WRITER ⇨ BERICHT ⇨ ANLEGEN **Bericht ändern: Einstieg** Bibliothek: *EKG* (Einkäufergruppe) Bericht: *EKGSELxx* ▸ (xx = Gruppennummer) **Bericht** ⇨ Ausführen

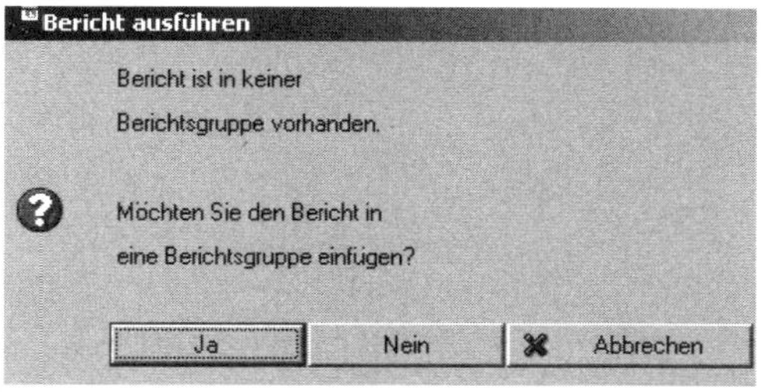

Bericht ausführen: Berichtsgruppe

Ja anklicken, um den Bericht einer Berichtsgruppe zuzuordnen.

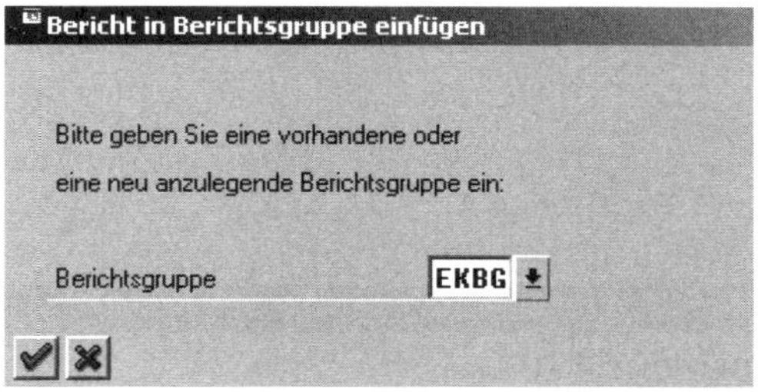

Berichtsgruppe: einfügen

Berichtsgruppe: *EKBG*

- EKBG = Berichtsgruppe für Einkäufergruppen-statistik

✔ anklicken

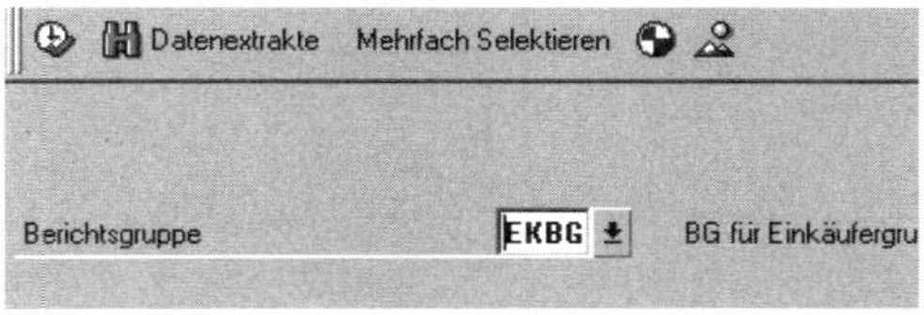

Berichtsgruppe ausführen: Einstieg

anklicken zur Generierung der Berichtsgruppe.

In der Statuszeile erscheint folgende Meldung:

Berichtsgruppe EKBG wurde generiert

anklicken

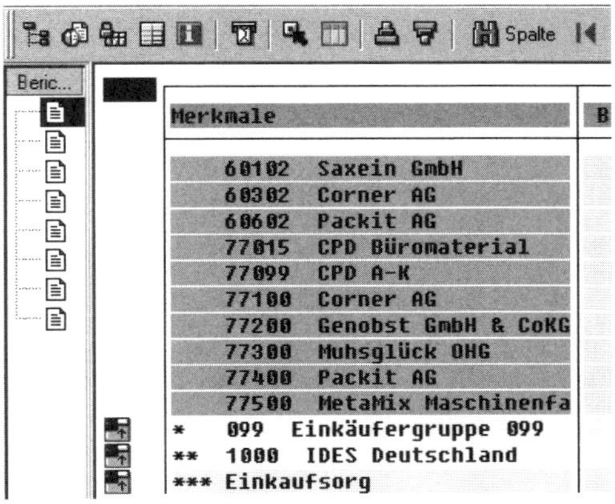

Bericht: Einkäufergruppenstatistik

Der zuvor angelegte Bericht ist aus den Berichten der Berichtsgruppe auszuwählen.

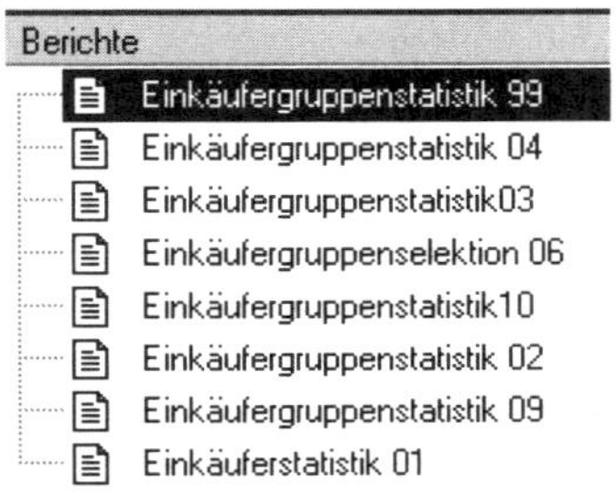

In dem Bericht werden nur die Daten der jeweiligen Einkäufergruppe ausgewertet.

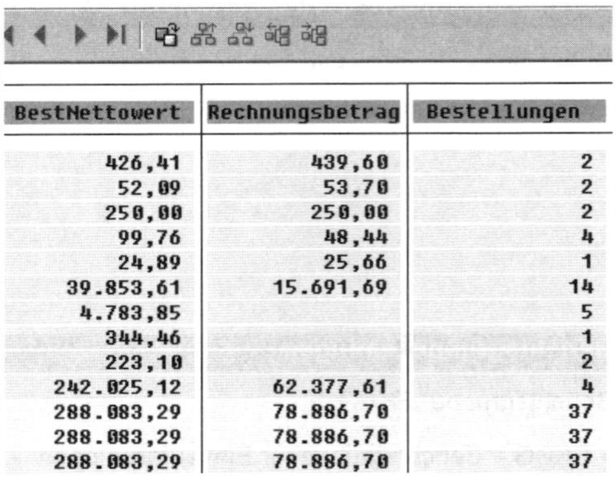

BestNettowert	Rechnungsbetrag	Bestellungen
426,41	439,60	2
52,09	53,70	2
250,00	250,00	2
99,76	48,44	4
24,89	25,66	1
39.853,61	15.691,69	14
4.783,85		5
344,46		1
223,10		2
242.025,12	62.377,61	4
288.083,29	78.886,70	37
288.083,29	78.886,70	37
288.083,29	78.886,70	37

Bericht: Einkäufergruppenstatistik drucken

BERICHT ⇨ Drucken

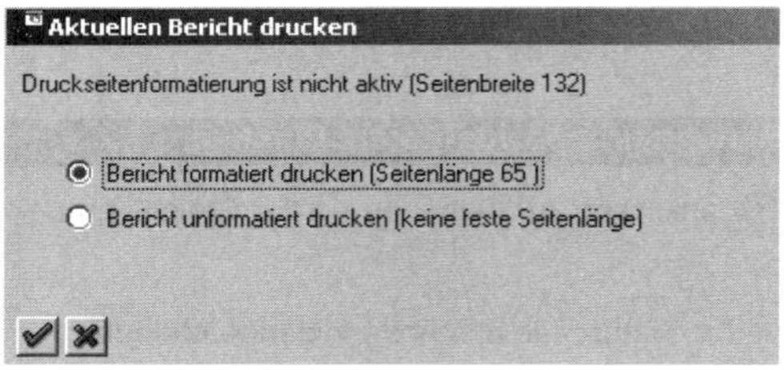

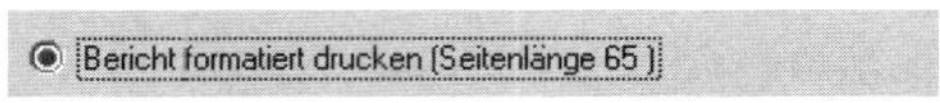

Bericht drucken: Druckparameter

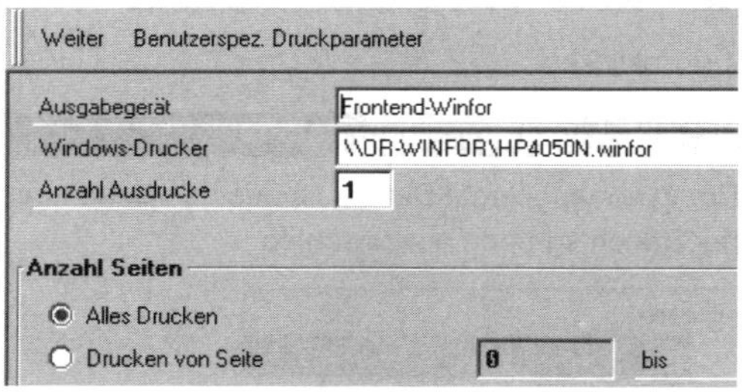

Ausgabegerät: *Frontend-zzz*

und Weiter anklicken

ZUSAMMENFASSUNG

Die Unterstützung der Geschäftsprozesse durch ERP-Software ist für die meisten Unternehmen unverzichtbar. Da die Erstellung und Entwicklung von ERP-Software häufig nicht zu den Kernkompetenzen von Unternehmen gehört, wird konfigurierbare Standardsoftware eingesetzt. Eine solche Standardsoftware ist SAP R/3.

Zu dieser Software wurde hier eine geschäftsprozessorientierte Einführung gegeben. Nach der Erläuterung von wichtigen Eigenschaften wurde die konkrete Arbeitsweise von SAP R/3 durch Kombination von Erklärung und Anwendung gezeigt. Die Vorgehensweise wurde durch eine umfassende Fallstudie vom Einkauf bis hin zum (Online-)Vertrieb bestimmt. Ziel der Fallstudie war die Herstellung von Müsliprodukten. Die Aufgabenstellungen wurden durch detaillierte Pflegeanleitungen inkl. Bildschirmbildern unterstützt.

Zunächst ist ein neuer Mitarbeiter über die Personalmaßnahme Einstellung auf eine zuvor eingerichtete Planstelle eingestellt worden. Die zum Verständnis der Pflegevorgänge notwendigen Erläuterungen waren der Fallstudie vorangestellt. Der Personalwirtschaft folgte die Materialwirtschaft. Material- und Kreditorenstammsätze sowie ihre Verbindungen (Einkaufsinfosätze, etc.) wurden angelegt. Auf dieser Basis wurden Bestellanforderungen und Bestellungen angelegt, gefolgt von Wareneingang und Rechnungsprüfung. Ebenso wurde eine Maschine (Anlage) angeschafft.

Nach dem erfolgreichen Einkauf wurden die operativen Voraussetzungen für die Produktion geschaffen. Dazu sind Fertigerzeugnisse, Stücklisten, Arbeitspläne und Arbeitsplätze angelegt worden. Gerade bei der sich anschließenden Produktion wurde der integrative Charakter von SAP R/3 deutlich. Der Fertigungsauftrag verwendete nicht nur die im Bereich der Produktion angelegten Daten, sondern griff über Stücklisten, Arbeitsplätze etc. beispielsweise auf Daten der Materialwirtschaft (Rohstoffe) und Personalwirtschaft (Mitarbeiter) zu. Der Verkauf Lieferung und Faktura in der Absatzvariante Großhändler wird gezeigt. Die Bezahlung einer Lieferung Müsli per Scheck und das abschließende Reporting runden die Fallstudie ab.

Sämtlichen Pflegevorgängen sind Erläuterungen zu Konzepten und Funktionsweisen der Softwarekomponenten insb. im Hinblick auf ihre betriebswirtschaftliche Verwendung vorangestellt. Erläuterungen und konkrete Pflege führen gemeinsam zu einem sicheren Verständnis. In der Erarbeitung eines Geschäftsprozesses über die Komponenten der Personalwirtschaft, Materialwirtschaft, Finanzwesen, Produktionsplanung und –steuerung, und Vertrieb wird die Integration der Daten und die Zusammenarbeit der Komponenten deutlich.

LITERATURVERZEICHNIS

Buck-Emden, R. u.a.; Die Client-Server-Technologie des SAP-Systems R/3; Bonn 1995

Buxmann, P.; König, W.: Organisationsgestaltung bei der Einführung betrieblicher Standardsoftware, in: Management & Computer, 4. Jg., 1996, S. 161-168

Buxmann, P.; König, W.: Empirische Ergebnisse zum Einsatz der betrieblichen Standardsoftware SAP R/3, in: Wirtschaftsinformatik, Heft 1, 1997, S. 331-338

Buxmann, P.; König, W.: Zwischenbetriebliche Kooperationen auf Basis von SAP-Systemen, Berlin et al., 2000

Coenenberg, A. G.: Kostenrechnung und Kostenanalyse, 3. Aufl., Landsberg/Lech 1997

Coenenberg, A. G.: Jahresabschluss und Jahresabschlussanalyse, 11. Auflage; Landsberg am Lech 1990

Deitermann, M.; Schmolke, S.:; Industrielles Rechnungswesen 2000

Friedl, G.; Hilz, C.; Pedell, B.: Controlling mit SAP, 4. Aufl., Wiesbaden 2005

Forsthuber, H.: Praxishandbuch SAP- Finanzwesen, Bonn 2005

Gadatsch, A: Der Einsatz von ERP-Systemen, in: WISU, Das Wirtschaftsstudium, Heft 06, 2005, S. 796-800

Gadatsch, A.; Frick, D.: SAP-gestütztes Rechnungswesen, Methodische Grundlagen und Fallbeispiele mit mySAP ERP® und SAP-BI®, 2. überarb. u. erw. Aufl., Wiesbaden 2005

Hastedt-Marckwarst, C.: Workflow-Management-Systeme; in: Informatik Spektrum, Heft 22; 1999

Hummel S.; Männel, W.: Kostenrechnung – Grundlagen, Aufbau und Anwendung; Wiesbaden 1990

Integrata AG [Hrsg.]: Seminarunterlagen, MM-Kompakt; Tübingen 1997

Integrata AG [Hrsg.]: Seminarunterlagen, HR-Überblick; Tübingen 1999

Keller, G., Teufel, T.: SAP R/3 prozessorientiert anwenden; 3. Aufl.; Bonn et al. 1999

Kimball, R.: The Data Warehouse Toolkit 1996

Klenger F.; Falk-Kalms, E.: Kostenstellenrechnung mit SAP R/3; 1. Aufl., Wiesbaden 1998

Klenger F.; Falk-Kalms, E.: Kostenstellenrechnung mit SAP R/3; 3. Aufl., Wiesbaden 2001

Klenger F.; Falk-Kalms, E.: Kostenträgerrechnung mit SAP R/3; Wiesbaden 2003

Möhrlen, R.; Kokot, F.: SAP-Kompendium, CD-ROM, Haar bei München 1998

Möhrlen, R.; Kokot, F.: SAP-Kompendium; Haar bei München 1998

Möhrlen, R.; Kokot, F.: SAP-Kompendium; Haar bei München 1999

Möhrlen, R.; Kokot, F.: Hrsg.]; SAP R/3 – Controlling; München 1999

Möhrlen, R.; Kokot, F. [Hrsg.]; SAP R/3 – Das Basisystem; München 1999

Pérez, M.: Geschäftsprozesse im Internet mit SAP R/3; München 1998

SAP AG [Hrsg.]; R/3 Online Dokumentation; http://help.sap.com/

Schwarz, R.: Controlling-Systeme, Wiesbaden, 2002

Thome, R.: Vom Customizing zur Adaption des Standardsoftwaresystems R/3; in:Schriften zur Unternehmensführung; Band 62, Wiesbaden 1998

Wenzel, P.: Betriebswirtschaftliche Anwendungen mit SAP R/3, Wiesbaden 1999

Wenzel, P.: Betriebswirtschaftliche Anwendungen des integrierten System SAP R/3, 2. Aufl., Braunschweig, Wiesbaden 1996

Will, L.; Hienger, C.; Straßenburg, F.; Himmer, R.; R/3-Administration, Bonn 1995.

www.sap.com.

ANHANG A – FALLSTUDIENDATEN

Tabelle 4: Materialstammdaten Rohstoffe Teil 1

	Aprikosen	Cashewkerne	Erdbeeren	Haferflocken	Haselnüsse
Materialart	ROH	ROH	ROH	ROH	ROH
Branche	Nahrungsmittel	Nahrungsmittel	Nahrungsmittel	Nahrungsmittel	Nahrungsmittel
Materialnummer	xx000ap01	xx000ca01	xx000er01	xx000ha01	xx000hn01
Werk	1100	1100	1100	1100	1100
LOrt	0101	0002	0101	0002	0002
Materialkurztext	Aprikosen (getrocknet)	Cashewkerne	Erdbeeren (gefriergetrocknet)	Haferflocken	Haselnüsse
Basismengeneinheit	KG	KG	KG	KG	KG
Warengruppe	015	015	015	015	015
Sparte	00	00	00	00	00
Materialgruppe PM	-	-	-	-	-
Klassenart	IDE	IDE	IDE	IDE	IDE
Bestellmengeneinheit	KAR = 5 KG	-	-	-	-
Einkäufergruppe	0xx	0xx	0xx	0xx	0xx
Einkaufswerteschlüssel	1	1	1	1	1
Sprache	DE	DE	DE	DE	DE
Langtext	beliebig	beliebig	beliebig	beliebig	beliebig
Dispositionsgruppe	0010	0010	0010	0010	0010
Dispomerkmal	VB	VB	VB	VB	VB
Meldebestand	50	50	25	200	50
Disponent	1xx	1xx	1xx	1xx	1xx
Dispolosgrösse	HB	HB	HB	HB	HB
Höchstbestand	200	200	100	800	200
Rundungswert	5	1	1	1	1
Beschaffungsart	F	F	F	F	F
Dispositionsbereich	1100-0yxx	-	1100-0yxx	-	-
retrograde Entnahmen	1	1	1	1	1
Planlieferzeit	1	1	1	1	1
Sicherheitsbestand	10	10	5	40	10
Periodenkennzeichen	W	W	W	W	W
Verfügbarkeitsprüf.	01	01	01	01	01
Temperaturbedingung	03	04	04	04	03
max. Lagerungszeit	5	5	5	5	3
Zeiteinheit	MON	MON	MON	MON	MON
Mindestrestlaufzeit	1	1	1	1	1
Gesamthaltbarkeit	6	6	6	6	4
Periodenkennzeichen	M	M	M	M	M
Bewertungsklasse	3000	3000	3000	3000	3000
Preissteuerung	V	V	V	V	V
Preiseinheit	1	1	1	1	1
GLD-Preis	4,08	7,61	6,41	1,02	5,80

Tabelle 5: Materialstammdaten Rohstoffe Teil 2

	Honig	Leinsamen	Milchpulver	Naturidentische Aromen	Sonnenblumen-kerne
Materialart	ROH	ROH	ROH	ROH	ROH
Branche	Nahrungsmittel	Nahrungsmittel	Nahrungsmittel	Nahrungsmittel	Nahrungsmittel
Materialnummer	xx000ho01	xx000le01	xx000mi01	xx000ni01	xx000so01
Werk	1100	1100	1100	1100	1100
LOrt	0002	0002	0002	0101	0002
Materialkurztext	Honig	Leinsamen	Milchpulver	Naturidentische Aromen (Mischung)	Sonnenblumenkerne
Basismengeneinheit	KG	KG	KG	KG	KG
Warengruppe	015	015	015	015	015
Sparte	00	00	00	00	00
Materialgruppe PM	-	-	-	-	-
Klassenart	IDE	IDE	IDE	IDE	IDE
Bestellmengeneinheit	-	KAR = 5 KG	KAR = 5 KG	-	-
Einkäufergruppe	0xx	0xx	0xx	0xx	0xx
Einkaufswerteschlüssel	1	1	1	1	1
Sprache	DE	DE	DE	DE	DE
Langtext	beliebig	beliebig	beliebig	beliebig	beliebig
Dispositionsgruppe	0010	0010	0010	0010	0010
Dispomerkmal	VB	VB	VB	VB	VB
Meldebestand	26	19	128	13	32
Disponent	1xx	1xx	1xx	1xx	1xx
Dispolosgrösse	HB	HB	HB	HB	HB
Höchstbestand	80	60	400	40	100
Rundungswert	1	5	5	1	1
Beschaffungsart	F	F	F	F	F
Dispositionsbereich	-	-	-	1100-0yxx	-
retrograde Entnahmen	1	1	1	1	1
Planlieferzeit	1	1	1	1	1
Sicherheitsbestand	4	3	20	2	5
Periodenkennzeichen	W	W	W	W	W
Verfügbarkeitsprüf.	01	01	01	01	01
Temperaturbedingung	04	04	04	04	03
max. Lagerungszeit	2	11	13	35	3
Zeiteinheit	MON	MON	MON	MON	MON
Mindestrestlaufzeit	1	1	3	12	1
Gesamthaltbarkeit	3	12	14	36	4
Periodenkennzeichen	M	M	M	M	M
Bewertungsklasse	3000	3000	3000	3000	3000
Preissteuerung	V	V	V	V	V
Preiseinheit	1	1	1	1	1
GLD-Preis	2,30	1,79	7,41	11,73	2,81

Tabelle 6: Materialstammdaten Rohstoffe Teil 3

	Trauben	**Vitamine**	**Vollmilch-Schokolade-Flocken**	**Walnüsse**
Materialart	ROH	ROH	ROH	ROH
Branche	Nahrungsmittel	Nahrungsmittel	Nahrungsmittel	Nahrungsmittel
Materialnummer	xx000tr01	xx000vi01	xx000vo01	xx000wa01
Werk	1100	1100	1100	1100
LOrt	0101	0101	0101	0002
Materialkurztext	Trauben (getrocknet)	Vitamine (Mischung)	Schokoladen-Flocken	Walnüsse (gehackt)
Basismengeneinheit	KG	KG	KG	KG
Warengruppe	015	015	015	015
Sparte	00	00	00	00
Materialgruppe PM	K020	K010	C010	K010
Klassenart	IDE	IDE	IDE	IDE
Bestellmengeneinheit	-	-	-	-
Einkäufergruppe	0xx	0xx	0xx	0xx
Einkaufswerteschlüssel	1	1	1	1
Sprache	DE	DE	DE	DE
Langtext	beliebig	beliebig	beliebig	beliebig
Dispositionsgruppe	0010	0010	0010	0010
Dispomerkmal	VB	VB	VB	VB
Meldebestand	64	6	64	64
Disponent	101	101	101	101
Dispolosgrösse	HB	HB	HB	HB
Höchstbestand	200	20	200	200
Rundungswert	1	1	1	1
Beschaffungsart	F	F	F	F
Dispositionsbereich	1100-0yxx	1100-0yxx	1100-0yxx	-
retrograde Entnahmen	1	1	1	1
Planlieferzeit	1	1	1	1
Sicherheitsbestand	10	1	10	10
Periodenkennzeichen	W	W	W	W
Verfügbarkeitsprüf.	01	01	01	01
Temperaturbedingung	03	03	03	03
max. Lagerungszeit	6	2	11	3
Zeiteinheit	MON	MON	MON	MON
Mindestrestlaufzeit	2	1	2	2
Gesamthaltbarkeit	7	3	12	4
Periodenkennzeichen	M	M	M	M
Bewertungsklasse	3000	3000	3000	3000
Preissteuerung	V	V	V	V
Preiseinheit	1	1	1	1
GLD-Preis	1,79	11,56	2,25	10,44

Tabelle 7: Materialstammdaten Verpackungen Teil 1

	Etikett Innova Vital	Etikett Nussper Trio	Clip	Faltschachtel Innova Vital	Faltschachtel Nussper Trio
Materialart	VERP	VERP	VERP	VERP	VERP
Branche	Nahrungsmittel	Nahrungsmittel	Nahrungsmittel	Nahrungsmittel	Nahrungsmittel
Materialnummer	xx000ai01	xx000an01	xx000cl01	xx000fi01	xx000fn01
Werk	1100	1100	1100	1100	1100
LOrt	0901	0901	0901	0901	0901
Materialkurztext	Etikett Innova Vital	Etikett Nussper Trio	Clipverschluss Tüten 500g und 1000g	Faltschachtel Innova Vital	Faltschachtel Nussper Trio
Basismengeneinheit	ST	ST	ST	ST	ST
Warengruppe	008	008	008	008	008
Sparte	00	00	00	00	00
Materialgruppe PM	-	-	-	-	-
Klassenart	IDE	IDE	IDE	IDE	IDE
Bestellmengeneinheit	-	-	-	-	-
Einkäufergruppe	0xx	0xx	0xx	0xx	0xx
Einkaufswerteschlüssel	1	1	1	1	1
Sprache	DE	DE	DE	DE	DE
Langtext	beliebig	beliebig	beliebig	beliebig	beliebig
Dispositionsgruppe	0010	0010	0010	0010	0010
Dispomerkmal	VB	VB	VB	VB	VB
Meldebestand	3.200	3.200	1.920	1.600	1.600
Disponent	1xx	1xx	1xx	1xx	1xx
Dispolosgrösse	HB	HB	HB	HB	HB
Höchstbestand	10.000	10.000	6.000	5.000	5.000
Rundungswert	1.000	1.000	1.000	500	500
Beschaffungsart	F	F	F	F	F
Dispositionsbereich	1100-0yxx	1100-0yxx	1100-0yxx	1100-0yxx	1100-0yxx
retrograde Entnahmen	-	-	-	-	-
Planlieferzeit	1	1	1	1	1
Sicherheitsbestand	500	500	300	250	250
Periodenkennzeichen	W	W	W	W	W
Verfügbarkeitsprüf.	01	01	01	01	01
Temperaturbedingung	04	04	04	04	04
max. Lagerungszeit	12	12	12	12	12
Zeiteinheit	MON	MON	MON	MON	MON
Mindestrestlaufzeit	-	-	-	-	-
Gesamthaltbarkeit	-	-	-	-	-
Periodenkennzeichen	-	-	-	-	-
Bewertungsklasse	3050	3050	3050	3050	3050
Preissteuerung	V	V	V	V	V
Preiseinheit	1	1	1	1	1
GLD-Preis	0,02	0,02	0,01	0,08	0,08

Tabelle 8: Materialstammdaten Verpackungen Teil 2

	Karton	Tüte 1kg	Tüte 500g	Palette Typ A
Materialart	VERP	VERP	VERP	VERP
Branche	Nahrungsmittel	Nahrungsmittel	Nahrungsmittel	Nahrungsmittel
Materialnummer	xx000ka01	xx000t101	xx000t501	xx000PTA
Werk	1100	1100	1100	1100
LOrt	0901	0901	0901	0901
Materialkurztext	Karton 10x1kg o. 20x500g	Tüte 1kg	Tüte 500g	Leih-Palette Typ A
Basismengeneinheit	ST	ST	ST	ST
Warengruppe	008	008	008	00803
Sparte	00	00	00	00
Materialgruppe PM	-	-	-	-
Klassenart	IDE	IDE	IDE	IDE
Bestellmengeneinheit	-	-	-	-
Einkäufergruppe	0xx	0xx	0xx	0xx
Einkaufswerteschlüssel	1	1	1	2
Sprache	DE	DE	DE	DE
Langtext	beliebig	beliebig	beliebig	beliebig
Dispositionsgruppe	0010	0010	0010	0010
Dispomerkmal	VB	VB	VB	VB
Meldebestand	640	960	3.200	64
Disponent	1xx	1xx	1xx	1xx
Dispolosgrösse	HB	HB	HB	HB
Höchstbestand	2.000	3.000	10.000	200
Rundungswert	500	500	500	1
Beschaffungsart	F	F	F	F
Dispositionsbereich	1100-0yxx	1100-0yxx	1100-0yxx	1100-0yxx
retrograde Entnahmen	-	-	-	-
Planlieferzeit	1	1	1	1
Sicherheitsbestand	100	150	500	10
Periodenkennzeichen	W	W	W	W
Verfügbarkeitsprüf.	01	01	01	01
Temperaturbedingung	04	04	04	-
max. Lagerungszeit	12	12	12	-
Zeiteinheit	MON	MON	MON	-
Mindestrestlaufzeit	-	-	-	-
Gesamthaltbarkeit	-	-	-	-
Periodenkennzeichen	-	-	-	-
Bewertungsklasse	3050	3050	3050	3050
Preissteuerung	V	V	V	V
Preiseinheit	1	1	1	2
GLD-Preis	0,11	0,03	0,02	29,14

Tabelle 9: Lieferantenstammdaten Teil 1

	Saxein GmbH	**Corner AG**	**Genobst GmbH & Co, KG**
Kreditorennr.	550xx	551xx	552xx
gepflegte Kreditorenr.	99001	99003	99004
Einkaufsorga.	1000	1000	1000
Buchungskreis	1000	1000	1000
Kontengruppe	0001	0001	0001
Suchbegriffe	freie Wahl	freie Wahl	freie Wahl
Straße	Sackstr.	Getreidegasse	Im Obstler
Hausnr.	7	87	12
Postleitzahl	50000	20000	77890
Ort	Köln	Hamburg	Laubingen
Land	de	de	de
Sprache	de	de	de
Region	05 - NRW	02 - Hamburg	08 - Baden Württemberg
Telefon	0221/4711-0	040/6555-0	07598/8899-0
Fax	0221/4711-800	040/6555-240	07598/8899-872
Ust-Id-Nr.	DE123456789	DE123456790	DE123456791
Branche	Nahrungsmittel	Nahrungsmittel	Nahrungsmittel
Land	de	de	de
Bankschlüssel	50013050	20050000	66015020
Bankkonto	1234567	7654321	4561237
Kontoinhaber	Saxein GmbH	Corner AG	Genobst GmbH & Co, KG
Bestellwährung	EUR	EUR	EUR
Zahlungsbeding.	0002	0002	0002
Icoterms	FH	FH	FH
Planlieferzeit	1	1	1
Partnerrolle	LF	LF	LF
Abstimmkonto	160000	160000	160000
Finanzdispogr.	A1	A1	A1
Zahlungsbeding.	0002	0002	0002
Zahlwege	U	U	U
Hausbank	1000	1000	1000
Mahnverfahren	0001	0001	0001

Tabelle 10: Lieferantenstammdaten Teil 2

	Muhsglück OHG	Packit AG	MetaMix Maschinenfabrik GmbH
Kreditorennr.	553xx	554xx	555xx
gepflegte Kreditorenr.	99005	99006	99002
Einkaufsorga.	1000	1000	1000
Buchungskreis	1000	1000	1000
Kontengruppe	0001	0001	0001
Suchbegriffe	freie Wahl	freie Wahl	freie Wahl
Straße	Wiesengrund	Gablerstr.	Berlenbacherstr.
Hausnr.	4	58	37
Postleitzahl	87562	60000	88231
Ort	Almersried	Frankfurt	Oberbaudorf
Land	de	de	de
Sprache	de	de	de
Region	09 - Bayern	06 - Hessen	09 - Bayern
Telefon	087/3300-0	069/600109-0	08772/453-332
Fax	087/3300-12	069/600109-800	08772/453-999
Ust-Id-Nr.	DE123456792	DE123456793	DE089876321
Branche	Nahrungsmittel	Nahrungsmittel	Maschinenbau
Land	de	de	de
Bankschlüssel	30080000	60050020	70030011
Bankkonto	3217654	9876543	12349876
Kontoinhaber	Muhsglück OHG	Packit AG	MetaMix GmbH
Bestellwährung	EUR	EUR	EUR
Zahlungsbeding.	0002	0002	0002
Icoterms	FH	FH	FH
Planlieferzeit	1	1	1
Partnerrolle	LF	LF	LF
Abstimmkonto	160000	160000	160000
Finanzdispogr.	A1	A1	A1
Zahlungsbeding.	0002	0002	0002
Zahlwege	U	U	U
Hausbank	1000	1000	1000
Mahnverfahren	0001	0001	0001

Tabelle 11: Einkaufsinfosatz

	Saxein GmbH	Corner AG	Genobst GmbH & Co, KG	Muhsglück OHG	Packit AG
Lieferant	55yxx	55yxx	55yxx	55yxx	55yxx
Material	siehe Tabelle "Einkaufsinfosatz Lieferanten und Preise Teil 1 und 2"				
Einkaufsorganisation	1000	1000	1000	1000	1000
Werk	1100	1100	1100	1100	1100
Infotyp	normal	normal	normal	normal	normal
Lief.Material	siehe Tabelle "Einkaufsinfosatz Lieferanten und Preise Teil 1 und 2"				
Planlieferzeit	1	1	1	1	1
Einkäufergruppe	wird automatisch aus Materialstammsatz übernommen				
Normalmenge	siehe Tabelle "Einkaufsinfosatz - weitere Daten"				
Mindestmenge	siehe Tabelle "Einkaufsinfosatz - weitere Daten"				
Restlaufzeit	wird automatisch aus Materialstammsatz übernommen				
Steuerkennzeichen	siehe Tabelle "Einkaufsinfosatz - weitere Daten"				
Rundungsprofil	siehe Tabelle "Einkaufsinfosatz - weitere Daten"				
Nettopreis	siehe Tabelle "Einkaufsinfosatz Lieferanten und Preise Teil 1 und 2"				
Bestelltext	freie Wahl				

Tabelle 12: Einkaufsinfosatz - Lieferanten und Preise Teil 1

		Saxein GmbH	Lief.Mat.nr.	Corner AG	Lief.Mat.nr.	Genobst GmbH & Co, KG	Lief.Mat.nr.
Rohstoffe	Aprikosen (getrocknet):					4,09 €	44ap4567
	Cashewkerne:			7,16 €	33chk23	8,06 €	44ca7780
	Erdbeeren (gefriergetrocknet):	6,78 €	11er1000	6,32 €	33eg2525	6,14 €	44er6006s
	Haferflocken:			1,02 €	33hf500s		
	Haselnüsse:			5,62 €	33hn400s	5,98 €	44ha2200
	Honig:						
	Leinsamen:			8,95 €	33le4444		
	Milchpulver:						
	Naturidentische Aromen:	10,99 €	11na1000				
	Sonnenblumenkerne:			2,81 €	33sbk1200		
	Trauben (getrocknet):					1,79 €	44tr4006
	Vitamine (Mischung):	11,25 €	11vi1000				
	Vollmilch-Schokolade-Flocken:	2,45 €	11vo2002				
	Walnüsse:			10,23 €	33wn1234	10,65 €	44vi1919
Verpackungen	Etikett Innova Vital:	0,01 €	11eiv700				
	Etikett Nussper Trio:	0,01 €	11ent600				
	Clip:						
	Faltschachtel Innova Vital:						
	Faltschachtel Nussper Trio:						
	Karton:						
	Tüte 1kg:	0,03 €	11t1678				
	Tüte 500g:	0,02 €	11t5s75				
	Palette Typ A:						

Tabelle 13: Einkaufsinfosatz - Lieferanten und Preise Teil 2

		Muhsglück OHG	Lief.Mat.nr.	Packit AG	Lief.Mat.nr.
Rohstoffe	Aprikosen (getrocknet):				
	Cashewkerne:				
	Erdbeeren (gefriergetrocknet):				
	Haferflocken:				
	Haselnüsse:				
	Honig:	2,30 €	55ho1001		
	Leinsamen:				
	Milchpulver:	37,05 €	55mi1001		
	Naturidentische Aromen:	12,48 €	55ha2001		
	Sonnenblumenkerne:				
	Trauben (getrocknet):				
	Vitamine (Mischung):	11,86 €	55vi2001		
	Vollmilch-Schokolade-Flocken:	2,05 €	55vo2001		
	Walnüsse:				
Verpackungen	Etikett Innova Vital:			0,02 €	66et0001
	Etikett Nussper Trio:			0,02 €	66et0002
	Clip:			0,01 €	662000cs
	Faltschachtel Innova Vital:			0,03 €	66fs0001
	Faltschachtel Nussper Trio:			0,03 €	66fs0002
	Karton:			0,15 €	66101kt
	Tüte 1kg:			0,02 €	66t1001
	Tüte 500g:			0,01 €	66t5001
	Palette Typ A:			29,98 €	66100ep

Tabelle 14: Einkaufsinfosatz – weitere Daten

		Normal-menge	Mindest-menge	Rundungs-profil	Steuerkenn-zeichen
Rohstoffe	Aprikosen (getrocknet):	180KG	3KG	-	V2
	Cashewkerne:	180KG	3KG	-	V2
	Erdbeeren (gefriergetrocknet):	90KG	2KG	-	V2
	Haferflocken:	600KG	25KG	0020	V2
	Haselnüsse:	180KG	3KG	-	V2
	Honig:	50KG	5KG	-	V2
	Leinsamen:	20KAR	1KAR	0020	V2
	Milchpulver:	200KAR	10KAR	0020	V2
	Naturidentische Aromen:	30KG	1KG	-	V2
	Sonnenblumenkerne:	90KG	2KG	-	V2
	Trauben (getrocknet):	180KG	6KG	-	V2
	Vitamine (Mischung):	10KG	1KG	-	V2
	Vollmilch-Schokolade-Flocken:	180KG	3KG	-	V2
	Walnüsse:	180KG	3KG	-	V2
Verpackungen	Etikett Innova Vital:	3000 ST	250 ST	-	VN
	Etikett Nussper Trio:	3000 ST	250 ST	-	VN
	Clip:	2000 ST	500 ST	-	VN
	Faltschachtel Innova Vital:	1800 ST	60 ST	-	VN
	Faltschachtel Nussper Trio:	1800 ST	60 ST	-	VN
	Karton:	500 ST	10 ST	-	VN
	Tüte 1kg:	1800 ST	30 ST	-	VN
	Tüte 500g:	1800 ST	30 ST	-	VN
	Palette Typ A:	50 ST	3 ST	-	VN

Tabelle 15: Orderbuch

		Saxein GmbH	Corner AG	Genobst GmbH & Co, KG	Muhsglück OHG	Packit AG	Einkaufs-organisation	Werk	Gültig ab	Gültig bis
Rohstoffe	Aprikosen (getrocknet):			x			1000	1100	heute	31.12.200x
	Cashewkerne:		x	x			1000	1100	heute	31.12.200x
	Erdbeeren (gefriergetrocknet):	x	x	x			1000	1100	heute	31.12.200x
	Haferflocken:		x				1000	1100	heute	31.12.200x
	Haselnüsse:		x	x			1000	1100	heute	31.12.200x
	Honig:				x		1000	1100	heute	31.12.200x
	Leinsamen:		x				1000	1100	heute	31.12.200x
	Milchpulver:				x		1000	1100	heute	31.12.200x
	Naturidentische Aromen: (Mischung):	x			x		1000	1100	heute	31.12.200x
	Sonnenblumenkerne:		x				1000	1100	heute	31.12.200x
	Trauben (getrocknet):			x			1000	1100	heute	31.12.200x
	Vitamine (Mischung):	x			x		1000	1100	heute	31.12.200x
	Vollmilch-Schokolade-Flocken:	x			x		1000	1100	heute	31.12.200x
	Walnüsse:		x	x			1000	1100	heute	31.12.200x
Verpackungen	Etikett Innova Vital:	x				x	1000	1100	heute	31.12.200x
	Etikett Nussper Trio:	x				x	1000	1100	heute	31.12.200x
	Clip:					x	1000	1100	heute	31.12.200x
	Faltschachtel Innova Vital:					x	1000	1100	heute	31.12.200x
	Faltschachtel Nussper Trio:					x	1000	1100	heute	31.12.200x
	Karton:					x	1000	1100	heute	31.12.200x
	Tüte 1kg:	x				x	1000	1100	heute	31.12.200x
	Tüte 500g:	x				x	1000	1100	heute	31.12.200x
	Palette Typ A:					x	1000	1100	heute	31.12.200x

Tabelle 16: Musterkalkulation

	Halbfertigerzeugnis Basismüsli		
Materialnummer	xx000bahfbt		
	Inhalt:	Basis	1000 KG
xx000ha01	Haferflocken	666,667 KG	
xx000ho01	Honig	66,667 KG	
xx000le01	Leinsamen	50,000 KG	
xx000ni01	Naturidentische Aromen (Mischung)	33,333 KG	
xx000tr01	Trauben (getrocknet)	166,667 KG	
xx000vi01	Vitamine	16,667 KG	

	Halbfertigerzeugniss Innova Vital		
Materialnummer	xx000ivhfbt	Basis	1000 KG
	Inhalt:		
xx000ivhfbt	HF Basismüsli	600 KG	
xx000ap01	Aprikosen (getrocknet)	100 KG	
xx000er01	Erdbeeren (gefriergetrocknet)	50 KG	
xx000mi01	Milchpulver	200 KG	
xx000so01	Sonnenblumenkerne	50 KG	

	Halbfertigerzeugnis Nussper Trio		
Materialnummer	xx000nthfbt	Basis	1000 KG
	Inhalt:		
xx000bahfbt	HF Basismüsli	600 KG	
xx000ca01	Cashew-Kerne	100 KG	
xx000ha02	Haselnüsse	100 KG	
xx000vo01	Vollmilch-Schokolade-Flocken	100 KG	
xx000wa01	Walnüsse	100 KG	

	Fertigerzeugnis Innova Vital 500g-Faltschachtel		
Materialnummer	xx000iv05bt	Basis	1000 Stück
	Inhalt:		
xx000ivhfbt	HF Müsli Innova Vital	500 KG	
xx000t501	Tüte 500g	1000 Stück	
xx000fi01	Faltschachtel Innova Vital	1000 Stück	

	Fertigerzeugnis Innova Vital 1kg-Tüte		
Materialnummer	xx000iv10bt	Basis	1000 Stück
	Inhalt:		
xx000ivhfbt	HF Müsli Innova Vital	1000 KG	
xx000t101	Tüte 1kg	1000 Stück	
xx000ai01	Aufkleber Innova Vital	1000 Stück	
xx000cl01	Clip	1000 Stück	

	Fertigerzeugnis Nussper Trio 500g-Faltschachtel		
Materialnummer	xx000nt05bt		
	Inhalt:	Basis	1000 Stück
xx000nthfbt	HF Müsli Nussper Trio	1 KG	
xx000t501	Tüte 500g	1000 Stück	
xx000fn01	Faltschachtel Nussper Trio	1000 Stück	

	Fertigerzeugnis Nussper Trio 1kg-Tüte		
Materialnummer	xx000nt10bt		
	Inhalt:	Basis	1000 Stück
xx000nthfbt	HF Müsli Nussper Trio	1000 KG	
xx000t101	Tüte 1000g	1000 Stück	
xx000an01	Aufkleber Innova Vital	1000 Stück	
xx000cl01	Clip	1000 Stück	

Tabelle 17: Materialstammdaten Halbfabrikat

	Basismuesli	Innova Vital	Nussper Trio
Materialart	HALB	HALB	HALB
Branche	Nahrungsmittel	Nahrungsmittel	Nahrungsmittel
Materialnummer	xx000bahf	xx000ivhf	xx000nthf
Werk	1100	1100	1100
Lort	0101	0002	0002
Materialkurztext	Basismuesli (Zwischenprodukt für Varianten)	Innova Vital Mischung	Nussper Trio Mischung
Basismengeneinheit	KG	KG	KG
Warengruppe	015	015	015
Sparte	00	00	00
Bruttogewicht	-	-	-
Nettogewicht	-	-	-
Gewichtseinheit	-	-	-
Materialgruppe PM	-	-	-
Klassenart	IDE	IDE	IDE
Dispostionsgruppe	0000	0010	0010
Dispomerkmal	ND	PD	PD
Meldebestand	-	-	-
Dispolosgröße	-	EX	EX
Höchstbestand	-	-	-
Disponent	-	1xx	1xx
Beschaffungsart	-	E	E
Dispositionsbereich	-	-	-
retrograde Entnahmen	-	1	1
WE-Bearbeitungszeit	-	1	1
Eigenfertigungszeit	-	1	1
Rüstzeit	-	-	-
Bearb.Zeit	-	-	-
Übergangszeit	-	-	-
Basismenge	-	-	-
Horizontschlüssel	-	000	000
Sicherheitsbestand	-	-	-
Periodenkennzeichen	-	W	W
Verfügbarkeitsprüf.	-	01	01
Fertigungsst-Profil	-	000001	000001
Tol.Unterlief/ Überlief	-	0,1%	0,1%
Temperaturbedingung	-	05	05
Behältervorschrift	-	01	01
max. Lagerungszeit	-	2	2
Zeiteinheit	-	MON	MON
Bewertungsklasse	-	7900	7900
Preissteuerung	-	S	S
Standardpreis	-	Herstellkosten	Herstellkosten

Tabelle 18: Materialstammdaten Fertigerzeugnis

	Innova Vital 500g-Faltschachtel	Innova Vital 1kg-Tüte	Nussper Trio 500g-Faltschachtel	Nussper Trio 1kg-Tüte
Materialart	FERT	FERT	FERT	FERT
Branche	Nahrungsmittel	Nahrungsmittel	Nahrungsmittel	Nahrungsmittel
Materialnummer	xx000iv05	xx000iv10	xx000nt05	xx000nt10
Werk	1100	1100	1100	1100
Lort	0002	0002	0002	0002
Materialkurztext	Innova Vital 500g-Faltschachtel	Innova Vital 1kg-Tüte	Nussper Trio 500g-Faltschachtel	Nussper Trio 1kg-Tüte
Basismengeneinheit	ST	ST	ST	ST
Warengruppe	015	015	015	015
Sparte	00	00	00	00
Bruttogewicht	0,51	1,005	0,51	1,005
Nettogewicht	0,5	1	0,5	1
Gewichtseinheit	KG	KG	KG	KG
Materialgruppe PM	M005	M005	M005	M005
Klassenart	IDE	IDE	IDE	IDE
Dispostionsgruppe	0010	0010	0010	0010
Dispomerkmal	VB	VB	VB	VB
Meldebestand	500	500	500	500
Dispolosgröße	HB	HB	HB	HB
Höchstbestand	10000	5000	10000	5000
Disponent	1xx	1xx	1xx	1xx
Beschaffungsart	E	E	E	E
Dispositionsbereich	-	-	-	-
retrograde Entnahmen	-	-	-	-
WE-Bearbeitungszeit	1	1	1	1
Eigenfertigungszeit	-	-	-	-
Rüstzeit	0,5	0,5	0,5	0,5
Bearb.Zeit	1	1	1	1
Übergangszeit	0,5	0,5	0,5	0,5
Basismenge	1000	1000	1000	1000
Horizontschlüssel	-	-	-	-
Sicherheitsbestand	20	10	20	10
Periodenkennzeichen	W	W	W	W
Verfügbarkeitsprüf.	01	01	01	01
Fertigungsst-Profil	000001	000001	000001	000001
Tol.Unterlief/ Überlief	0,1%	0,1%	0,1%	0,1%
Temperaturbedingung	05	05	05	05
Behältervorschrift	02	02	02	03
max. Lagerungszeit	1	1	1	1
Zeiteinheit	MON	MON	MON	MON
Bewertungsklasse	7920	7920	7920	7920
Preissteuerung	S	S	S	S
Standardpreis	Herstellkosten	Herstellkosten	Herstellkosten	Herstellkosten

Tabelle 19: Stückliste

	Halbfertigerzeugnis Basismüsli		
Materialnummer	xx000bahf	Basis	**0,600 KG**
	Inhalt:		
xx000ha01	Haferflocken	0,400 KG	
xx000ho01	Honig	0,040 KG	
xx000le01	Leinsamen	0,030 KG	
xx001ni01	Naturidentische Aromen (Mischung)	0,020 KG	
xx000tr01	Trauben (getrocknet)	0,100 KG	
xx004vi01	Vitamine	0,010 KG	

Variante	Halbfertigerzeugniss Innova Vital		
Materialnummer	xx000ivhf	Basis	**1,000 KG**
	Inhalt:		
xx000ap01	Aprikosen (getrocknet)	0,100 KG	
xx000er01	Erdbeeren (gefriergetrocknet)	0,050 KG	
xx000mi01	Milchpulver	0,200 KG	
xx002so01	Sonnenblumenkerne	0,050 KG	

Variante	Halbfertigerzeugnis Nussper Trio		
Materialnummer	xx000nthf	Basis	**1,000 KG**
	Inhalt:		
xx000ca01	Cashew-Kerne	0,100 KG	
xx000hn01	Haselnüsse	0,100 KG	
xx005vo01	Vollmilch-Schokolade-Flocken	0,100 KG	
xx006wa01	Walnüsse	0,100 KG	

	Fertigerzeugnis Innova Vital 500g-Faltschachtel		
Materialnummer	xx000iv05	Basis	1 Stück
	Inhalt:		
xx000ivhf	HF Müsli Innova Vital	0,500 KG	
xx000t501	Tüte 500g	1 Stück	
xx000fi01	Faltschachtel Innova Vital	1 Stück	

	Fertigerzeugnis Innova Vital 1kg-Tüte		
Materialnummer	xx000iv10	Basis	1 Stück
	Inhalt:		
xx000ivhf	HF Müsli Innova Vital	1,000 KG	
xx000t101	Tüte 1kg	1 Stück	
xx000ai01	Aufkleber Innova Vital	1 Stück	
xx000cl01	Clip	1 Stück	

	Fertigerzeugnis Nussper Trio 500g-Faltschachtel		
Materialnummer	xx000nt05		
	Inhalt:	Basis	1 Stück
xx000nthf	HF Müsli Nussper Trio	0,500 KG	
xx000t501	Tüte 500g	1 Stück	
xx000fn01	Faltschachtel Nussper Trio	1 Stück	

	Fertigerzeugnis Nussper Trio 1kg-Tüte		
Materialnummer	xx000nt10		
	Inhalt:	Basis	1 Stück
xx000nthf	HF Müsli Nussper Trio	1,000 KG	
xx000t101	Tüte 1000g	1 Stück	
xx000an01	Aufkleber Innova Vital	1 Stück	
xx000cl01	Clip	1 Stück	

Tabelle 20: Arbeitsplandaten Halbfabrikat

Folge 0

Vorgang 0010	0010
Arbeitsplatz	xxMM001
Steuerschlüssel	PP01
Bezeichnung	Müsli mischen
Basismenge	1000 kg
Rüstzeit	10 MIN
Maschinenzeit	250 MIN
Abrüstzeit	15 MIN

Folge 1

Vorgang	0010
Arbeitsplatz	xxMP001
Steuerschlüssel	PP01
Bezeichnung	Maschine bedienen und beaufsichtigen
Basismenge	1000 kg
Personalzeit	275 MIN

Tabelle 21: Arbeitsplandaten Fertigerzeugnis

Folge 0

Vorgang 0010	0010
Arbeitsplatz	xxMM001
Steuerschlüssel	PP01
Bezeichnung	Müsli abpacken
Basismenge	1000 St.
Rüstzeit	10 MIN
Maschinenzeit	200 MIN
Abrüstzeit	5 MIN

Folge 1

Vorgang	0010
Arbeitsplatz	xxMP001
Steuerschlüssel	PP01
Bezeichnung	Maschine bedienen und beaufsichtigen
Basismenge	1000 St.
Personalzeit	215 MIN

Tabelle 22: Debitorenstammdaten

Name	Reformdiscount GmbH	Feinkostgrosshandels-gesellschaft Schubert mbH
Debitorennr.	88yxx	88yxx
gepflegte Debitorenr.	88099	88098
Buchungskreis	1000	1000
Verkaufsorganisation	1020	1020
Vertriebsweg	20	20
Sparte	00	00
Kontengruppe	Auftraggeber	Auftraggeber
Anrede	Firma	Firma
Suchbegriffe	freie Wahl	freie Wahl
Straße	Rickenbachstr.	Am Kiesberg
Hausnr.	43	12
Postleitzahl	65432	20000
Ort	Kornbach	Hamburg
Land	de	de
Transportzone	D000060000	D000020000
Region	06 - Frankfurt	02 - Hamburg
Sprache	de	de
Telefon	freie Wahl	freie Wahl
Fax	freie Wahl	freie Wahl
Ust-Id-Nr.	DE960025336	DE960025337
Branche	FOOD	FOOD
Land	de	de
Bankschlüssel	25010060	70030011
Bankkonto	4520023	364421
Kontoinhaber	Reformdiscount GmbH	Schubert
Abladestelle	Tor 2, Rampe 2	Rampe 1, Schinkelstr. 1
Kundenkalender	01	01
Warenannahmezeiten	02	02
Verwendung	vorwiegend zivile Nutzung	vorwiegend zivile Nutzung
Ansprechpartner Name	Krimper	Johannes
Ansprechpartner Vorname	Siebert	Karl
Abstimmkonto	140000	140000
Finanzdispogr.	E2	E2
Zahlungsbeding.	0002	0002
Zahlwege	SU	Su
Hausbank	1000	1000
Mahnverfahren	0001	0001
Auftragswahrscheinlichkeit	95%	98%
Währung	EUR	EUR
Kundenschema	1	1
Preisliste	01	01
Versandbedingung	02	02
Auslieferungswerk	1100	1100
max. Teillieferung	4	6
RechTermine	01	01
ReListenTermine	01	01
Zahlungsbeding.	0002	0002
Kreditkontrollbereich	1000	1000
Icoterms	EXW	EXW
Steuerklasse	1	1
Partnerrolle	AB/RE/RG/WE	AB/RE/RG/WE

Tabelle 23: Materialstammdaten Fertigerzeugnis – Vertriebssichten

	Innova Vital 500g-Faltschachtel	Innova Vital 1kg-Tüte	Nussper Trio 500g-Faltschachtel	Nussper Trio 1kg-Tüte
Materialnummer	xx000iv05	xx000iv10	xx000nt05	xx000nt10
Werk	1100	1100	1100	1100
Verkaufsorg.	1020	1020	1020	1020
Vertriebsweg	20	20	20	20
Verkaufsmengeneinheit	KAR	KAR	KAR	KAR
Auslieferungswerk	1100	1100	1100	1100
Ausgangssteuer	2	2	2	2
allg. Positionstypen-gruppen	NORM	NORM	NORM	NORM
Positionstypengruppen	NORM	NORM	NORM	NORM
MindAutrMenge	5	10	5	10
Min.liefermenge	5	10	5	10
Liefereinheit	1 KAR	2 KAR	3 KAR	4 KAR
Umrechnungsfaktor	1 KAR = 20 ST	1 KAR = 10 ST	1 KAR = 20 ST	1 KAR = 10 ST
StatistikGrMaterial	1	1	1	1
Bruttogewicht	0,510	1,005	0,510	1,005
Nettogewicht	0,500	1,000	0,500	1,000
Gewichtseinheit	KG	KG	KG	KG
TranspGr.	0001	0001	0001	0001
Rüstzeit	1	1	1	1
BearbZeit	1	1	1	1
Basismenge	2400	1200	2400	1200
Ladegruppe	0002	0002	0002	0002
Materialgruppe PM	M005	M005	M005	M005
Versandhilfsmittel	-	-	-	-
zul.VerpGewicht	-	-	-	-
Langtext	freie Wahl	freie Wahl	freie Wahl	freie Wahl

Tabelle 24: Kundenmaterial-Info

	Innova Vital 500g-Faltschachtel	Innova Vital 1kg-Tüte	Nussper Trio 500g-Faltschachtel	Nussper Trio 1kg Tüte
Materialnummer	xx000iv05	xx000iv10	xx000nt05	xx000nt10
Kundenmaterial von Reformdiscount	5698001	5698002	5698003	5698004
Kundenmaterial von Feinkost Schubert	77008	77009	77010	77011

Tabelle 25: Materialstammdaten Verpackungen – Vertriebssichten

	Karton	Palette Typ A
Materialnummer	xx000ka01	xx000PTA
Werk	1100	1100
Verkaufsorg.	1020	1020
Vertriebsweg	20	20
Verkaufsmengeneinheit	-	-
Auslieferungswerk	1100	1100
Ausgangssteuer	0	0
allg. Positionstypen-gruppen	VERP	LEIH
Positionstypengruppen	VERP	LEIH
MindAutrMenge	-	-
Min.liefermenge	-	-
Liefereinheit	-	-
Umrechnungsfaktor	-	-
StatistikGrMaterial	1	1
Bruttogewicht	0,300	1,500
Nettogewicht	0,300	1,500
Gewichtseinheit	KG	KG
TranspGr.	0001	0001
Rüstzeit	-	-
BearbZeit	-	-
Basismenge	-	-
Ladegruppe	0002	0002
Materialgruppe PM	K050	P010
Versandhilfsmittel	V050	V060
zul.VerpGewicht	10,5 KG	100 KG
Langtext	freie Wahl	freie Wahl

ANHANG B – CUSTOMIZING-EINSTELLUNGEN

Die Pflege der Fallstudie, wie sie im Rahmen des Buches beschrieben wurde, erfordert je nach Systemeinstellung die Anpassung durch ausgesuchte Einstellungen im Customizing. Im folgenden werden die wesentlichen Customizing-Einstellungen auf Basis des IDES Release 4.6C zur Durchführung der Fallstudie vorgestellt.

Nr.	Bezeichnung	Beschreibung	Pfad	Einstellungen	MAE[54]
1	Lagerort Pflegen	Anlage eines neuen Lagers für Verpackungsmaterialien	Unternehmensstruktur ⇨ Definition ⇨ Materialwirtschaft ⇨ Lagerorte pflegen	Lagerort 0901 = Verpackungslager hinzugefügt.	nein
2	Einkäufergruppen anlegen	Individuelle Einkäufergruppe der Fallstudienteilnehmer	Materialwirtschaft ⇨ Einkauf ⇨ Einkäufergruppe anlegen	Einkäufergruppe 099 hinzugefügt für Einkaufsorganisation 1000	nein
3	Temperaturbedingung definieren	Möglichst realistische Temperaturbedingungen für die Materialien (Lebensmittel).	Logistik allgemein ⇨ Materialstamm ⇨ Einstellungen zu zentralen Feldern ⇨ Temperaturbedingungen definieren	Temperaturbedingungen 04 (20 Grad, 30% Luftfeuchtigkeit); 05 (15 Grad, 30% Luftfeuchtigkeit)	nein
4	Rundungsprofil pflegen	Rundungsprofil passt gegebene Mengeneinheiten an Liefer- und Transporteinheiten an.	Materialwirtschaft ⇨ Einkauf ⇨ Bestelloptimierung ⇨ Mengenoptimierung und erlaubte logistische Mengeneinheiten	Statisches Rundungsprofil 0020 angelegt; Schwellenwerte: 0,001; 40,000; 85,000; Rundungswert: 5,000; 50,000; 110,000	nein
5	Parallelverarbeitung in der Disposition festlegen	Verbesserung des Gesamtplanungslaufes	Materialwirtschaft ⇨ verbrauchsgesteuerte Disposition ⇨ verbrauchsgesteuerte Disposition festlegen	Destination für Parallelverarbeitung: Rechnername, Modi: 2	nein
6	Ausgabegeräte ändern	Festlegung möglicher Ausgabegeräte (lokale- und Netzwerkdrucker)	Basis ⇨ Systemadministration ⇨ Verwaltung externer Sicherheitssysteme ⇨ Sichere Netzwerkkommunikation ⇨ Kommunikation ⇨ Drucken mit SAPLPD ⇨ Ausgabegeräte ändern	Frontenddrucker hinzugefügt	nein
7	Periode verschieben / automatisch	Durchgängig Buchen mit automatischer Periodenverschiebung.	Transaktion SM36	Selektionsvariante: Persch; ABAP - Programmname: RMMMPERI, Periodische Jobs: monatlich.	nein
8	Währungsschlüssel	Währung wird für den Mandanten 900 in Euro geführt.	Transaktion SM30	In T000 den Währungsschlüssel für den Mandanten 900 auf Eur gesetzt.	ja
9	Lagerortdisposition je Werk festlegen	Kühllager muss dem Werk 1100 zugeordnet werden.	Produktion ⇨ Bedarfsplanung ⇨ Planung ⇨ Lagerort pro Werk festlegen	Lagerort 0101 dem Werk 1100 zugeordnet	nein
10	Warengruppe anlegen	Für die Müsliproduktion sind spezielle Maschinen für die Produktion von Lebensmitteln erforderlich.	Logistik allgemein ⇨ Warengruppe ⇨ Warengruppe anlegen	Warengruppe 071 (Maschine Food) angelegt	nein

[54] Mandantenunabhängige Einstellung.

Nr.	Bezeichnung	Beschreibung	Pfad	Einstellungen	MAE[55]
11	Standort festlegen	Eigenständiger Produktionsbereich für Nahrungsmittel (Müsli) innerhalb des Werks 1100.	Unternehmensstrukturen ⇨ Definition ⇨ Logistik allgemein ⇨ Standort festlegen	Standort 4 (Produktionsbereich Nahrungsmittel) für Werk 1100 angelegt	nein
12	Anlagenklasse vervielfältigen	Bestellung der Produktionsanlage erfordert die Basismengeneinheit Stück für die entsprechende Anlagenklasse.	Finanzwesen ⇨ Anlagenbuchhaltung ⇨ Anlagenbuchhaltung (lean implementation) ⇨ Organisationsstrukturen ⇨ Anlagenklassen ⇨ Anlagenklassen vervielfältigen	Für Anlagenklasse 2100 wird die Basismengeneinheit Stück festgelegt.	nein
13	Musterkalkulationsgruppe anlegen	Zur Durchführung der Musterkalkulation sind Musterkalkulationsgruppen notwendig.	Controlling ⇨ Produktkosten-Controlling ⇨ Produktkostenplanung ⇨ Muster- und Simulationskalkulation ⇨ Musterkalkulationsgruppen anlegen	Musterkalkulationsgruppe MUHF (Halbfabrikat) und MUFE (Fertigerzeugnis) für Kostenrechnungskreis 1000 angelegt	nein
14	Logisches System anlegen	Bestimmte Daten können nur im zentralen System des Kostenrechnungskreises gepflegt werden.	Basis ⇨ Application Link Enabling ⇨ Sender - und Empfängersystem vorbereiten ⇨ Logische Systeme einrichten ⇨ Logische Systeme benennen	Logisches System T90CLNT900 angelegt	ja
15	Logisches System dem Mandanten zuordnen	Das logische System muss dem Mandanten 900 zugeordnet werden.	Basis ⇨ Application Link Enabling ⇨ Sender - und Empfängersystem vorbereiten ⇨ Logische Systeme einrichten ⇨ Logische Systeme zurodnen	Logisches System T90CLNT900 dem Mandanten 900 zugeordnet.	ja
16	Kostenrechnungskreis pflegen und verteilen	Das logische System muss dem Kostenrechnungskreis 1000 zugeordnet werden	Controlling ⇨ Controlling allgemein ⇨ Organisation ⇨ Kostenrechnungskreis pflegen	Dem Kostenrechnungskreis wurde das logische System T90CLNT900 zugeordnet	nein
17	Eignung festlegen	Eignung (Akademiker) für Mitarbeiter im Rahmen der Müsliproduktion definieren.	Instandhaltung und Kundenservice ⇨ Wartungspläne, Arbeitsplätze, Arbeitspläne und FHM ⇨ Arbeitsplätze ⇨ Arbeitsplandaten ⇨ Eignung festlegen	Eignung 04 = Ingenieur hinzugefügt	nein
18	Lohngruppe bestimmen	Lohngruppe für Akademiker zur angemessenen Entlohnung anlegen	Personalmanagement ⇨ Personaladministration ⇨ Abrechnungsdaten ⇨ Basisbezüge ⇨ Tariflohngruppen und –stufen überarbeiten	Tariflohngruppen 1 und 2 für Ländergruppierung 01, Tarif 10, Tarifbereich 10 mit Lohnart MA90 angelegt.	nein
19	Parameter einstellen	Parameterbearbeitung für Vorgabewerteschlüssel	Produktion ⇨ Grunddaten ⇨ Arbeitsplatz ⇨ Allgemeine Daten ⇨ Vorgabewert ⇨ Vorgabewerteschlüssel festlegen	Parameter SAP_99 Abrüstzeit erzeugt	nein

[55] Mandantenunabhängige Einstellung.

Nr.	Bezeichnung	Beschreibung	Pfad	Einstellungen	MAE[56]
20	Vorgabewertschlüssel festlegen	Bearbeitung des Vorgabewerteschlüssels	Produktion ⇨ Grunddaten ⇨ Arbeitsplatz ⇨ Allgemeine Daten ⇨ Vorgabewert ⇨ Parameter festlegen	Parameter SAP_99 zum Schlüssel SAP2 hinzugefügt	nein
21	Formeldefinition Arbeitsplatz einrichten	Formeldefinition für Kapazitätsplanung, Terminierung, Kalkulation	Produktion ⇨ Grunddaten ⇨ Arbeitsplatz ⇨ Kapazitätsplanung ⇨ Formeln Arbeitsplatz ⇨ Formeldefinition Arbeitsplatz einrichten	Formeln bzw. Formelschlüssel für das Abrüsten gepflegt.	nein
22	Kapazität anlegen	Für die Terminierung des Arbeitsplatzes im Werk 1100 ist es erforderlich eine entsprechende Kapazität anzulegen.	Logistik ⇨ Produktion ⇨ Grunddaten ⇨ Arbeitsplatz ⇨ Vorschlagskapazität	Referenzkapazität REFKAP01 für das Werk 1100 wird auf sinnvolle Einsatzzeiten geändert (Kapazitätsarten 001 und 002).	nein
23	Hierarchie anlegen	Für die Nahrungsmittelproduktion im Werk 1100 muss eine entsprechende Hierarchie angelegt werden.	Logistik ⇨ Produktionsprozess ⇨ Stammdaten ⇨ Hierarchie ⇨ anlegen (Einstellung nicht im Customizing, sondern auf der SAP Ebene)	Hierarchie 1100 für das Werk 1100 angelegt	nein
24	Bildauswahl für Arbeitsplatz festlegen	Für die Arbeitsplatzart 0001 ist die Funktion "Springen Technologie" zu aktivieren.	Projektsystem ⇨ Strukturen ⇨ operative Strukturen ⇨ Netzplan ⇨ Arbeitsplatz ⇨ Bildauswahl für Arbeitsplatz	Bild 8 "Technologie" für Arbeitsplatzart 0001 hinzugefügt	nein
25	Positionstypenfindung für Lieferung	Positionstyp für Verpackungen, der nicht Fakturarelevant ist und bei dem keine Preisfindung durchgeführt wird. Typ DLN kopieren, wegen Namensraumkonvention neuen Typ mit Z beginnen (ZDLN)	Vertrieb ⇨ Verkauf ⇨ Verkaufsbeleg ⇨ Verkaufsbelegposition ⇨ Positionstyp definieren	Den neuen Positionstyp (ZDLN) für die Positionsfindung bei Lieferung definieren (Kopiervorlage DLN), soll keine Fakturarelevanz haben.	nein
26	Lieferungstypenfindung	Neuer Positionstyp muss Positionstypengruppe zugeordnet werden.	Logistic Execution ⇨ Versand ⇨ Lieferungen ⇨ Positionstypenverwendung festlegen	Positionstyp ZDLN dem Belege LF und MTPO VERP zugewiesen	nein
27	Planstelle Customizing Auftrag	Customizing Aufträge bei der Anlage einer Planstelle sind abzuschalten	SM30, Tabelle T77S0	Die Parameter TRSP CORR und TRSP ADMIN auf X setzen	ja
28	Terminierungsart festlegen	Eingabe von Start- und Endtermin bei Anlage eines Fertigungsauftrages	Produktion ⇨ Fertigungssteuerung ⇨ Vorgänge ⇨ Terminierung ⇨ Terminierungsart festlegen	Schalter aktivieren	nein
29	Bewertungsvariante festlegen	Kostenanalyse des Fertigungsauftrags mit den Preisen aus der Preissteuerung (Materialstammsatz - Buchhaltung1) und nicht mit geringstem Preis aus den Einkaufsinfosätzen verwenden	Produktion ⇨ Fertigungssteuerung ⇨ Integration ⇨ Auftragskalkulation ⇨ Bewertungsvariante festlegen	Strategie auf gleitenden Durchschnittspreis setzen	nein

[56] Mandantenunabhängige Einstellung.

Nr.	Bezeichnung	Beschreibung	Pfad	Einstellungen	MAE[57]
30	Terminierungsparameter für Fertigungsaufträge anlegen	Pro Werk, Auftragsart und Fertigungssteuerer die Parameter für die Terminierung von Fertigungsaufträgen festlegen	Produktion ⇨ Fertigungssteuerung ⇨ Vorgänge ⇨ Terminierung ⇨ Terminierungsparameter für Fertigungsaufträge	Für Werk 1100 und Auftragsart PP01 Terminierungsart auf Vorwärts gesetzt und pausengenaue Terminierung ausgewählt.	nein
31	Terminierungsart festlegen	Beim Starttermin eines Fertigungsauftrags soll die Uhrzeit mit bestimmbar sein.	Produktion ⇨ Fertigungssteuerung ⇨ Vorgänge ⇨ Terminierung ⇨ Terminierungsart festlegen	Bei Vorwärts Kennzeichen bei Ecktermine mit Uhrzeiten gesetzt.	nein
32	Schichtprogramm definieren	Schichtprogramme und -definition für verschiedene Gruppen, Arbeitspausenpläne und arbeitsplatzübergreifende Schichtdefinition	Produktion ⇨ Grunddaten ⇨ Arbeitsplatz ⇨ Kapazitätsplanung ⇨ Kapazitätsangebot ⇨ Schichtprogramm definieren	Müsliproduktion (GR02), Arbeitspausenpläne: Norm, Schichtdefinition (7,5 Std.), Schichtprogramm: 5 Arbeitstage	nein
33	Vorschlagsarbeitsplatz definieren	Vorschlagswerten für die Pflege der Arbeitsplätze (Verringerung des Erfassungsaufwandes)	Produktion ⇨ Grunddaten ⇨ Arbeitsplatz ⇨ Allgemeine Daten ⇨ Vorgabewert ⇨ Parameter festlegen	Gruppierung 01 (Schichtdefinition) gegen Gruppierung 02 ausgetauscht	ja
34	Kalkulationsvariante für Produktionsaufträge überprüfen	Steuerungsparameter für die Kalkulation zusammenfassen	Controlling ⇨ Produktkostencontrolling ⇨ Produktionsaufträge ⇨ Kalkulationsvarianten für Produktionsaufträge überprüfen	Kalkulationsvarianten: PPP1 = Fertigung Plan; PPP2 = Fertigung Ist	nein
35	Prüfungsumfang definieren	Prüfgruppe und Prüfregel (= Prüfumfang) für die Verfügbarkeitsprüfung festlegen	Produktion ⇨ Fertigungssteuerung ⇨ Vorgänge ⇨ Verfügbarkeitsprüfung ⇨ Prüfungsumfang definieren	Für Prüfgruppe 01 und Prüfregel PP den Schalter "ohne WBZ" auf off setzen	nein
36	Erlaubte Packmittel festlegen	Zuordnung von Packmittelarten zu den Materialgruppen der Packmittel legen zulässige Packmittel für das Verpacken fest.	Logistics Execution ⇨ Versand ⇨ Verpacken ⇨ erlaubte Packmittel festlegen	Karton Mittel (K010), Packmittelart: V000 (Pick Handling Units), V030 (Std. Karton mittel), V060 (Palette Typ A)	nein

[57] Mandantenunabhängige Einstellung.

SCHLAGWORTREGISTER

A

B

L

M

N

O

P

S

T

U

V

W

X

Z